Giacomo Leopardi

La vita
e le lettere

Scelta, introduzione biografica e note
di Nico Naldini
Prefazione di Fernando Bandini

Giacomo Leopardi: litografia (1830) da un ritratto di Luigi Lolli.

Prefazione

In uno degli epistolari più noti della nostra letteratura, quello del Leopardi, non vediamo mai il poeta parlare della sua poesia. Chi, poi, cercasse nell'epistolario quelle temperature spirituali da cui sono sorte le sue composizioni poetiche, rischierebbe anche in questo caso numerose delusioni. Nelle lettere al Giordani, ricche di accenti alla Afieri e animate da una calda eloquenza, il poeta disegna una sua figura di letterato eroico, eticamente superiore, secondo un modello rintracciabile negli scritti e nel folto epistolario dello stesso Giordani. Ma già col '19 il tono delle lettere al Giordani sta mutando, il sentimento della propria condizione rifugge da alfierismi, da slanci eroici e indugia su analisi e riflessioni di più approfondita interiorità. In sostanza l'epistolario leopardiano è eminentemente non-letterario; le lettere nascono da rapporti familiari e di amicizia o sono provocate, nel folto orizzonte degli altri corrispondenti, da scopi e necessità pratiche. L'unico riferimento esplicito al proprio lavoro poetico (che sia fornito di ampiezza e significato) è nella bella lettera al Melchiorri del marzo 1824, nella quale Leopardi parla del proprio metodo di composizione, della propria officina.

Resta la folta somma di notizie biografiche che l'epistolario contiene, ma si tratta in gran parte di confessioni d'infelicità, di sfoghi, di rimpianti, in un fitto alternarsi tra momenti di fredda razionalità e improvvisi abbandoni del cuore. E tuttavia anche chi ha cercato nell'epistolario il documento di una vita, la «storia di un'anima», ha dovuto ammettere che il Leopardi è spesso reticente, avaro dei propri sentimenti. «In complesso» scrive il Momigliano a proposito di questo epistolario, «il Leopardi toccò poche corde del suo intimo». Di questa sorta di pudore esiste nell'epistolario una articolata strategia: dal distacco delle quattro brevi lettere alla madre, al caloroso abbandono di alcune lettere al fratello Carlo o a Ranieri. Nel caso della madre, così clamorosamente assente dall'epistolario, la comunicazione è sentita come esplicito divieto, porta chiusa che non può essere varcata dalla scrittura comunicante se non con estrema titubanza e tremore. «Cara mamma», le scrive Giacomo da Roma nel gennaio 1823, «io mi ricordo ch'Ella quasi mi proibì di scriverle, ma intanto non vorrei che pian piano, Ella si scordasse di me. Per questo timore rompo la proibizione e le scrivo, ma brevemente...». Questo impegno di brevità appare in tutte le lettere alla madre, di solito composte di frettolose notizie di sé, di trasmissione di saluti da parte di parenti e amici. Ma proprio quella lettera da Roma ha una curiosa soscrizione: «Suo figlio d'oro Giacomo alias Mucciaccio». Mucciaccio era forse un antico appellativo usato da donna Adelaide per Giacomo bambino? E il ricordarlo, da parte del Leopardi, un ingenuo tentativo di esorcizzare un cuore temuto?

L'ultima lettera alla madre del '32, la più lunga fra le quattro, è una richiesta di assegno mensile. Leopardi si è deciso a rivolgersi a lei perché il padre, al quale per primo aveva fatto la richiesta, lo ha consigliato in questo senso. Ma la voce del poeta è fioca e imbarazzata: «Mia cara Mamma, io non le scrivo mai, ed ora lo fo per disturbarla con una preghiera. Ciò è molto spiacevole per me, ma Ella sa le cagioni del mio silenzio ordinario, e la necessità è la causa della straordinaria preghiera...»

La corrispondenza con la madre è quindi un fatto eccezionale, la normalità è costituita dal silenzio; le «cagioni» di esso, per quanto ne sia stato scritto, restano sigillate nel segreto di due cuori.

Ma l'incombente presenza materna è sentita dal Leopardi anche quando scrive al fratello Carlo: «Ti dirigo questa sotto il nome finto. In verità è una grande imprudenza il lasciar che le mie o tue lettere vadano in mano di Mamma». E chiede scusa di aver troppo controllato i suoi sentimenti, in una lettera precedente, a causa di questo timore: «In tal dubbio, mi bisognava scegliere espressioni vaghe e diverse da quelle dettate dall'animo...». Così da Bologna nel giugno del '26.

La lettera a Carlo che il poeta pensa, per una serie di circostanze, sia stata aperta dalla madre, è forse quella del 30 maggio precedente, dove egli parla, senza mai pronunciarne il nome, della sua «relazione» con Teresa Carniani Malvezzi: «Nei primi giorni che la conobbi, vissi in una specie di delirio e di febbre. Non abbiamo mai parlato di amore se non per ischerzo, ma vivivamo insieme un'amicizia tenera e sensibile, con un interesse scambievole, e un abbandono, che è come un amore senza inquietudine...».

È l'ipotesi di romanzo e di felicità a scontrarsi col timore dell'interdizione materna, anche se si tratta di un sentimento tutto spirituale, quasi uno spunto remoto della canzone *Alla sua donna*. Ma tutto ciò che «disinganna del disinganno» e si muove nell'ambito della gioia sembra per Leopardi destinato a subire l'ostilità della madre.

Se Leopardi tace con la madre, quasi un tabù della scrittura, il padre invece costituisce l'interlocutore obbligato, il referente che assomma in sé e prolunga la conflittualità del Leopardi con Recanati, con la propria educazione. Lo stesso stile delle lettere al padre è diverso, più attento alle linee della argomentazione, più elaborato nella sintassi. Il poeta fa largo uso della *captatio benevolentiae*, oscilla talvolta tra l'adulazione e la doppiezza. È capace di elogiare al padre i *Dialoghetti* e poi definirli, in un lettera al Melchiorri, «infamissimo sceleratissimo libro». Quando spiega a Monaldo le ragioni della precisazione, fatta apparire in diversi giornali, di non essere lui l'autore dei *Dialoghetti*, si accanisce in sottigliezze dialettiche che furono, possiamo supporre, assai poco convincenti per lo stesso destinatario: «Se i miei principii non sono precisamenti quelli che si professano ne' *Dialoghetti*, e ch'io rispetto in Lei ed in chiunque li professa di buona fede, non sono stati però mai tali, ch'io dovessi né debba né voglia disapprovarli...» (lett. 818). In verità il rispetto e la devozione di Giacomo per il padre sono in gran parte sinceri, ma devono colmare la lunga distanza che separa i due, distanza che provoca in Monaldo un'intensa sete di affetto da parte di Giacomo. «Ella mi riprende dell'aridità delle mie lettere...», scrive il poeta al padre da Pisa il 24 dicembre 1827; «Ella desidererebbe che io vedessi il suo cuore per un solo momento...». E la lettera si effonde in una eloquenza, qua e là retorica, professione d'amore per il padre. Ma c'è come la consapevolezza dell'impossibilità d'instaurare un rapporto che da molti anni si è guastato: «Se poi Ella desidera qualche volta in me più di confidenza e più dimostrazioni d'intimità verso di Lei, la mancanza di queste cose non procede da altro che dall'abitudine contratta sino dall'infanzia, abitudine imperiosa e invincibile, perché troppo antica e cominciata troppo per tempo». Eppure è col padre che Leopardi si apre alle confessioni più dolorose e terribili, a lui rivela il suo costante desiderio di morte e la certezza della prossimità della sua fine. Monaldo domina (non soltanto per la quantità delle lettere di cui è destinatario) l'epistolario leopardiano. A lui è diretta l'ultima, drammatica missiva del poeta. Curioso destino dei due: essi sono, nella diversità delle motivazioni e della grandezza, animati da un uguale invincibile corruccio verso il proprio tempo. E ambedue sono condannati (Monaldo per dogmatica cecità e viltà di fronte a donna Antici, Giacomo per infelicità del suo destino) all'assenza della gioia e al disamore.

Di più mite sostanza (notizie di libri, cronachette mondane, personaggi, notizie di parenti e amici) sono fatte le lettere che Giacomo invia alla sorella Paolina. La sorella è l'interlocutrice con la quale il Leopardi rivive e prolunga l'incanto di un'antica conversazione domestica. «Io, cara Pilla», scrive nell'ultima lettera inviata alla sorella nel dicembre 1835, «muoio di malinconia sempre che penso al gran tempo che ho passato senza riveder Voi altri... Se fosse necessario, ti direi che non sono mutato di uno zero verso voi altri, ma tra noi queste cose non si dicono se non per celia, ed io ridendo te lo dico».

Questo è il tono fondamentale delle lettere a «Pilla»: un dire per celia, ridendo. In nessuna di esse Leopardi usa, nel parlare della sua condizione, quei toni drammatici che si riscontrano in altre lettere ad altri destinatari; né Paolina fa altrimenti dal carcere del suo rabbioso zitellaggio; accenti diversi, prima di viva insofferenza, poi di fredda rassegnazione, si troveranno nella sua corrispondenza con le sorelle Brighenti. Giacomo è per Paolina «il mondo», un mondo sognato e irraggiungibile; il poeta lo sa, sente la calda ammirazione di cui lo avvolge la sorella e accetta volentieri il suo ruolo di persona celebre, informandola di avvenimenti culturali, di salotti mondani (ha perfino incontrato il «suo» Stendhal, aggettivo dove Giacomo esprime tutta l'ironica tenerezza per la sorella fervida ammiratrice dello scrittore francese, di cui ci piace pensare avesse letto, più che *Il rosso e il nero*, il saggio *De l'amour* e *Armance*).

A sua volta Paolina è, per Giacomo, «Recanati»; non il «natio borgo selvaggio», ma la Recanati della memoria, dei momenti lieti e struggenti, delle care consuetudini fraterne. Per questo la scrittura delle lettere a Paolina è così spontanea e felicemente trasandata: uno stile rapido, venato di arguzie, che procede sul filo di una narratività colloquiale. Con Paolina il poeta ritrova perfino la coprolalia divertita dei discorsi fatti tra bambini: «Salutami tanto Carlo, e digli che se non può cacare, non abbia difficoltà a farsi de' lavativi...». È la stessa libertà che Giacomo bambino usa nella lettera alla marchesa Volunnia Roberti, scrivendo in nome della Befana: «Ho pensato dunque di fermarmi un momento a fare la Piscia nel vostro Portone e poi a tirare avanti il mio viaggio. Bensì vi mando certe bagatelle per cotesti figliuoli, acciocché siano buoni ma ditegli che se sentirò cattive relazioni di loro, quest'altro Anno gli porterò un po' di Merda».

Già la seconda lettera dell'epistolario, destinata al padre, s'impennerà nei cieli della sapiente e imbalsamata eloquenza. Ma quelle a Paolina appartengono, stilisticamente e come temperatura sentimentale, al mondo perduto di quegli scherzi da ragazzi. Non si vuol dire che Leopardi tratti la sorella come un cuore semplice. Sia nella corrispondenza meno impegnata, sia in quella dove il tono si alza (nella lettera da Roma del 19 aprile 1823, ad esempio, nella quale Giacomo esorta Paolina a non sperare perché «la speranza è una passione turbolentissi-ma») egli ha sempre il senso della grande sensibilità e in-telligenza della sorella. In quello stesso giorno, scrivendo al fratello Carlo, così parlava di Paolina: «Noi due sia-mo fuori di questo pericolo; ma la poverina non ha an-cora *reso le armi alla fortuna*, come aveva fatto il Petrar-ca». C'è appunto nell'atteggiamento di Leopardi verso la sorella, in quella ostinazione a parlare con allegria di tutto e di niente, quasi un'ansia di protezione, la volontà di nascondere a Paolina non solo l'infelicità propria, ma di allontanare dallo stesso spazio della carta, che contie-ne le parole dell'affetto, l'ombra dell'altrettanto triste destino che attendeva la sorella nella solitudine di Reca-nati.

Tema centrale dell'epistolario, distribuito, sia pure in parti diverse, fra tutti i corrispondenti, è quello della propria malattia. Dell'infermità leopardiana, magari provocata dallo studio «matto e disperatissimo» cui il poeta si era applicato nell'adolescenza e nella prima gio-vinezza, tutti abbiamo letto nei manuali scolastici. Ma l'epistolario, di questo aspetto dell'esistenza di Leopardi, fornisce un quadro clamoroso e ossessionante. L'infer-mità appare quasi come l'urgenza primaria della comu-nicazione epistolare. Fin nell'agosto del 1819, nella lette-ra al conte Saverio Broglio (uno dei testi più schietti e fieri dell'epistolario), Leopardi fornisce una diagnosi delle sue malattie come procedenti dall'«animo»: «Ag-giungete le infinite e micidiali malinconie inevitabili nel mio carattere e in una vita come quella ch'io son costret-to a menare. Le quali mi rovinano la salute in modo che qualunque male mi sopravvenga una volta, non mi parte mai più...». Come in una filastrocca cumulativa, le ma-lattie vengono affabulate nell'epistolario secondo la loro successiva stratificazione sul corpo dolente del poeta, e tutte nominate. La prima in ordine di tempo è la «debo-lezza de' nervi oculari» che gli impedisce (o rende diffi-coltosi) gli amatissimi studi. Interviene poi una «debo-lezza» della testa che gli ostacola, oltre che la lettura, an-che la riflessione e il pensiero. È, in un certo senso, un'aggressione del corpo contro le sorgenti vitali dello spirito. Il tutto si svolge tra fasi alternanti di ottimismo e di sconforto. Scrive al Trissino il 13 ottobre 1820: «... La mia povera testa ha ripreso tanto di forza da poter essere applicata di tratto in tratto a qualche cosa....»; ma sette giorni dopo al Giordani: «Sento che la mia testa ricade nella debolezza passata». Quando, nel dicembre del '22, Leopardi compie il suo primo viaggio a Roma (a lungo sperato), le lettere che scrive a parenti ed amici parlano di fastidiosi geloni che si sono aperti e gli impediscono visite e frequentazioni. Se ne sta chiuso in camera, proclamandosi alla fine guarito (lettera a Carlo del 22 gennaio 1823) «dopo duecent'ore giuste di letto». Sembra quasi che inconsciamente il poeta si nasconda a quella città che tanto aveva desiderato di conoscere, che la «piaghetta» al piede sia una paura, un inconscio rifiuto a camminare per le strade del mondo.

Sguardo fisso al proprio corpo malato, e notizie di esso a parenti, amici, corrispondenti magari non conosciuti di persona. Con la devota Antonietta Tommasini si giustifica da Pisa il 31 gennaio del '28 di non averle scritto perché non voleva annoiarla «non avendo materia». Ma poi la *materia* è ancora la somma dei suoi mali, anche se vive in un «benedettissimo clima»; e prosegue: «Non posso fissare la mente in un pensiero serio per un solo minuto, senza sentirmi muovere una convulsione interna, e senza che lo stomaco mi si turbi, la bocca mi divenga amara, e cose simili». Il discorso sul proprio corpo malato diventa più ossessivo quando il Leopardi parla dei suoi dolori al basso ventre, delle sue «sciolte» alternate alle stitichezze. Talvolta Leopardi ricorre, in questo campo, alla *praeteritio* (in una lettera al Brighenti del giugno 1829: «Della mia salute e del mio stato permettimi ch'io non dica nulla»); e si sa che la *praeteritio*, nella definizione della retorica, è un riferimento alla situazione del discorso, e ribadisce nella fattispecie la centralità dell'argomento «malattia» nella corrispondenza leopardiana.

L'affabulazione della propria infermità prosegue fino all'ultima lettera dove fa l'apparizione l'ultimo male del poeta, sorto in concomitanza, quasi, con l'arrivo di una missiva del padre: «Ricevuta che l'ebbi, sono stato assalito per la prima volta da un vero e legittimo asma che m'impedisce il camminare, il giacere, il dormire...». La morte è già in agguato, ma non nascerà da quei mali che il poeta lamenta; arriverà dal contagio di quel colera che egli aveva elencato nella *Palinodia*, con forte antifrasi, tra quelle novità e invenzioni, come i commerci e le ferrovie, capaci di affratellare fra loro le nazioni diverse.

Qual è la realtà clinica di queste malattie? Penso che i lettori dell'epistolario se lo siano chiesto spesso. Il Leopardi stesso tende ad allontanare ogni sospetto: «Pare impossibile che si accusi d'immaginaria una così terribile incapacità d'occhi e di mente, una così completa infelicità di vita» (lett. 707). E in una lettera alla Tommasini del giugno 1830: «Tutti i miei organi, dicono i medici, sono sani; ma nessuno può essere adoperato senza gran pena, a causa di una estrema, inaudita sensibilità....». Di questo, dunque, si tratterebbe secondo il poeta: di una sensibilità dolorosa, di una fisicità fragile, destinata a reagire morbosamente all'impatto coi giorni dell'esistenza. Non è necessario scomodare G.W. Groddeck per supporre che l'origine delle malattie leopardiane consista in forti conflitti emozionali, capaci di colpire concretamente l'integrità del corpo. È certo, comunque, che Leopardi fa un uso sociale della sua infermità: essa gli permette di parlare di sé senza del tutto scoprire il suo animo; appare come una richiesta di comprensione ed affetto ed insieme una forma di difesa dalle richieste degli altri.

L'epistolario di Leopardi dimostra anche, pensiamo, che l'infelicità dei poeti (e quella sua in particolare) non è una cosa grande e romantica e che i suoi connotati sono quotidiani, grigi, spesso meschini, come accade a tutto il genere umano. Noi leggiamo con emozione le lettere del Leopardi perché abbiamo nella memoria le sue poesie e vi scopriamo quasi motivazioni e spunti di esse, come la trama intricata nel rovescio di un prezioso tappeto. Siamo in qualche maniera convinti che l'epistolario ci aiuterà a capire di più. Ma nell'epistolario ci capita d'imbatterci in un Leopardi diverso, che parla di illusioni e delusioni prive del dolce, melodioso afflato dei versi, che rivela debolezze, che non risparmia anche alle persone amate la descrizione minuta dei suoi malanni fisici, che ha un terribile spavento di vivere da solo (oh, quel violento e opportunistico linguaggio amoroso dei biglietti al Ranieri!). Ci riprende allora la convinzione che nessuna salvezza è venuta (né poteva venire) al Leopardi dalla propria poesia. E il dubbio su quale, tra i due mondi di parole, sia il più vero: se ci sia più verità, per quanto riguarda l'uomo Leopardi, nelle sue lettere o nelle sue poesie.
Una cosa è certa: che l'irradiamento della poesia leopardiana sull'epistolario è un effetto ottico e spesso c'impedisce di penetrare senza falso rispetto nel mondo delle cose che Leopardi scrive come in quello delle cose che sottace; che d'altronde era questo un destino inevitabile (che cioè la poesia di Leopardi si sovrapponesse alla sua vita, che la scrittura poetica trasformasse per induzione, nel corso del tempo, lo stesso senso della sua scrittura epistolare).

FERNANDO BANDINI

La vita e le opere*

Gens Leoparda

«Nacqui di famiglia nobile in una città ignobile della Italia.»[1] Sollevata su una linea di colli tra il mare e la catena appenninica, la città è Recanati, nella Marca Anconitana, «archetipo immortale»[2] della provincia un po' triste: durante la Restaurazione uno dei luoghi più arretrati e retrivi degli Stati della Chiesa. Il palazzo dei conti Leopardi, il più importante della città, è nella parte orientale denominata Monte Morello; e già nelle linee un po' tetre della facciata settecentesca e dell'atrio marmoreo, manifesta le esigenze di privatezza e privilegio dei proprietari, ma le grandi finestre che si aprono su orti, piazzette e gruppi di case umili variano l'atmosfera degli interni con immagini agresti e un contatto lontano con la vita del popolo.

La Gens Leoparda è una delle più antiche e il suo albero genealogico disegnato e incorniciato in una sala della biblioteca è folto e profondo con antenati presuli e magistrati, qualche guerriero, che risalgono fino al dodicesimo secolo. Una moltitudine di Leopardi abbracciando lo stato ecclesiastico — qualcuno muore in odore di santità — ha lasciato crescere il ramo principale secondo la legge che riserva il potere familiare al figlio primogenito.

Monaldo Leopardi e Adelaide Antici

Alla fine del '700 il capofamiglia è Monaldo Leopardi che sposa nel settembre del '97, contro il volere della propria madre, una marchesa diciannovenne di famiglia illustre ma di scarsa dote, Adelaide Antici. Il conte Monaldo, che prima di sposarsi e nei primi anni di matrimonio ha vissuto un suo «treno luminoso» di prodigalità, sventatezze e cattive speculazioni, coprendo le terre ereditate di ipoteche e spingendosi a un passo dalla prigione per debiti, trova un sostegno nella moglie che diventa così la sua «benedizione divina» e il suo «divino castigo». Quando, pochi anni dopo il matrimonio, la contessa Adelaide si impadronisce dell'amministrazione familiare, in crisi anche per i rivolgimenti economici del periodo napoleonico, rivela una sua dura natura pratica e per quarant'anni impone un regime domestico di economie ossessive, riuscendo a solvere l'ultimo debito senza mai abbassare il tono esteriore della casa, non rinun-

---

* Per le note vedi pp. CIII sgg.

ciando alle carrozze, né togliendo una sola livrea ai molti domestici.

Esentato dagli obblighi di capofamiglia e trattato da «pupillo bene sorvegliato e privo di danaro»,[3] Monaldo poco più che ventenne ha il tempo di una lunga vita per isolarsi nella sua grande biblioteca a coltivare una passione di umanista provinciale e a immergersi nelle polemiche dell'epoca come libellista banditore dei princìpi legittimistici più inconditi della nobiltà terriera.

«Uno dei gentiluomini più singolari dei suoi tempi,» racconta Alfredo Panzini, «la Chiesa e la Spada cioè il trono e l'altare, ebbero pochi difensori più strenui e convinti di lui [...] Né alto né basso era il signor Conte; né bello né brutto, rasato — s'intende — il volto e con la zazzera all'indietro. Vestì sempre di nero alla maniera dell'*Ancien Régime*, calzoni corti anche quando usavano lunghi, calze nere, scarpe basse con fibbie d'argento, cravatta bianca [...] curioso è il vanto di aver portato la spada ogni giorno, come i cavalieri antichi e di essere stato forse l'ultimo ‹spadifero› d'Italia [...] Dall'alto palazzo comitale nella sua Recanati egli guardava il mondo. Era in continua corrispondenza coi più famosi reazionari, gesuiti, legittimisti del tempo.»[4]

Adelaide, la sua «arciforastica consorte», facile ai «musi», a vent'anni ha già rinunciato al mondo, vendendo i suoi gioielli, chiudendo per sempre il suo guardaroba, non mettendo mai piede fuori di casa se non per andare in chiesa o ad assistere vecchi e malati. È alta e forte, con gli occhi azzurri come suo figlio Giacomo. Con indosso una vecchia zimarra, in testa un berretto da marinaio e ai piedi scarponi da contadino, dalle prime luci dell'alba alla notte fonda sorveglia l'andamento familiare con rigori e freddezze che daranno molta infelicità ai figli: «Lo sguardo di nostra madre ci accompagnava sempre: era l'unica sua carezza,»[5] raccontò Carlo; e Paolina che visse sempre con lei soffrendo più a lungo dei fratelli la sua possessività senza tenerezza e l'incessante censura domestica, la descrive più volte nelle lettere alle amiche: «Si dette il caso, quand'io era piccina piccina, o forse quando non ero nemmeno nata, che la gonna di mia madre s'intrecciò fra le gambe di mio padre, non so come. Ebbene, non è stato più possibile ch'egli abbia potuto distrigarsene. Se non era per questo fatto, noi ottenevamo tutto da papà, ch'è proprio buonissimo, di ottimo cuore, e ci vuole molto bene, ma gli manca il coraggio di affrontare il *muso* di mamà, anche per una cosa lievissima [...] Io vorrei che tu potessi stare un giorno solo in casa mia per prendere un'idea del come si possa vivere senza vita, senza anima, senza corpo [...] Vede (Adelaide) con gran dispiacere, anzi non vuol soffrire che io faccia amicizia con alcuno, perché (dice essa) ciò distoglie dall'amore di Dio; e non può vedere nessuna soprascritta di lettera a me diretta [...l Quello che io posso vedere dalla finestra è sempre sorvegliato da mia madre la quale gira per tutta la casa, si trova per tutto e a tutte le ore».[6]

1798-1808: un bambino amabilissimo

Nel pomeriggio del 29 giugno del 1798 nasce il loro primogenito che viene battezzato Giacomo Taldegardo Francesco Salesio Saverio Pietro. «Da bambino fu docilissimo,» racconta il padre, «amabilissimo, ma sempre di una fantasia tanto calda apprensiva e vivace, che molte volte ebbi gravi timori di vederlo trascendere fuori di mente.»[7]

L'anno dopo nasce Carlo, nel terzo anno Paolina e, un anno dopo l'altro, ancora sette figli di cui soltanto due sopravvivono alla prima infanzia: Luigi che morirà a 24 anni di tisi galoppante, e Pierfrancesco che assicurerà alla famiglia discendenti maschi.

Le responsabilità rendono più aspro e fanatico il carattere di Adelaide e le perdite dei suoi figli hanno per lei una ricompensa in cielo:

«[...] Non compiangeva quei genitori che perdevano i loro figli bambini, ma gl'invidiava intimamente e sinceramente, perché questi eran volati al paradiso senza pericoli, e avean liberato i genitori dall'incomodo di mantenerli. Trovandosi più volte in pericolo di perdere i suoi figli nella stessa età, non pregava Dio che li facesse morire, perché la religione non lo permette, ma gioiva cordialmente [...] Questa donna aveva sortito dalla natura un carattere sensibilissimo, ed era stata così ridotta dalla sola religione.»[8]

L'infamante profilo di Adelaide disegnato nello *Zibaldone* rispecchia la realtà del suo carattere sadico e bigotto, ma attraverso lontani filtri letterari, e chi lo descrisse «aveva forse in mente più i ‹Caratteri› di Teofrasto che la Signora Adelaide [...] Teofrasto lo ha aiutato ad obiettivare in modo così stridente la sorda relazione con la madre, che gravemente l'opprimeva, e di farsene freddamente un tema letterario» (Vossler).[9]

«La fanciullezza di Giacomo passò fra giuochi e capriole e studj; studj, per la sua straordinaria apprensiva, incredibili in quell'età.» (Il fratello Carlo).[10] È un bambino gracile ma forte e la sua faccia, con gli occhi chiari, ha «un so che di sospiroso e serio che essendo senza nessuna affettazione di malinconia le dava grazia...»[11] Sogna viaggi lontani sfogliando l'atlante, si appassiona alle favole raccontate dagli adulti, altre interminabili ne inventa lui per il fratello minore. «Nei giuochi e nelle finte

battaglie romane,» racconta Carlo, «che noi fratelli facevamo nel giardino, egli si metteva sempre per primo. Ricordo ancora i pugni sonori che mi dava!»[12] Giacomo per «odio pel tiranno» è Ettore o Pompeo «quantunque soccombente» e dà a Carlo il ruolo di Achille o Cesare. Celebra i suoi trionfi su un carrettino trascinato dai fratelli e dai figli dei contadini «Mio desiderio sommo di gloria da piccolo manifesto in ogni cosa.»[13] Ma la notte, il buio, le stanze deserte si riempiono per lui di chimere paurose e a letto palpita e si rattrappisce per l'angoscia. Lo spaventano ogni sorta di scoppi, tuoni di fulmini e spari di mortaretti festivi e ha orrore dei preti incappucciati in processione. La sua sensibilità si accende per simpatie o antipatie immediate anche per un nome, un tono di voce, un gesto. La morte di persone sconosciute lo rende triste, ha compassione per coloro che non avranno mai fama e si riempie di nostalgia alla partenza di persone che sa di non poter mai più rivedere. Si ausculta, controlla il respiro finché la tensione lo soffoca: in ogni senso e affetto porta una irrequietezza tormentosa. Il sentimento della morte è per lui precocissimo: «pianto e malinconia per esser uomo, tenuto e proposto da mia madre per matto.»[14] I telegrafici appunti con cui Leopardi descrive la sua infanzia nei *Ricordi d'infanzia e di adolescenza* (poche pagine appena abbozzate con alcune allusioni incomprensibili), si condensano sempre in esempi di instabilità, perdita, delusione, nostalgia: «essendo fanciullo io era menato a casa di qualcuno per visita ec., che coi ragazzini che v'erano intavolava ec. cominciava ec. e quando i genitori sorgevano e mi chiamavano ec. mi si stringeva il cuore, ma bisognava partire lasciando l'opera tal quale né più né meno a mezzo e le sedie ec. sparpagliate e i ragazzini afflitti ec. come se non ci avessi pensato mai, così che la nostra esistenza mi parve veramente un nulla, a veder la facilità infinita di morire.»[15]
Questi erano i lati in ombra della sua natura-destino ma come la notte non sempre lo spaventava col buio ed egli si rivolgeva incantato a contemplarla così la sua immaginazione comincia presto a disegnare per lui la felicità del mondo in una danza di apparenze ineffabili: «Io stesso mi ricordo di avere nella fanciullezza appreso coll'immaginativa la sensazione d'un suono così dolce che tale non s'ode in questo mondo; io mi ricordo d'essermi figurate nella fantasia, guardando alcuni pastori e pecorelle dipinte sul cielo d'una mia stanza, tali bellezze di vita pastorale che se fosse conceduta a noi così fatta vita, questa già non sarebbe terra, ma paradiso, e albergo non d'uomini ma d'immortali [...].»[16]
La sua infanzia trascorre fervida e felice ma il padre ri-

corda soprattutto il suo amore per le pratiche devote: «pochissimo dato ai sollazzi puerili, si divertiva solo molto impegnatamente con l'altarino. Voleva sempre ascoltare molte messe, e chiamava felice quel giorno in cui aveva potuto udirne di più».[17] La sua precocità è la prima garanzia di una riuscita straordinaria e il padre, «compagno dei loro trastulli» ed «emulo dei loro studi», vede nei progressi scolastici dei figli e specialmente di Giacomo, un incoraggiamento della provvidenza e sogna il giorno in cui lo riverirà come un grande prelato, cardinale o forse papa. «Lo instruì fino agli anni 9 di età il mio istesso istitutore Signor Don Giuseppe Torres ex gesuita americano di Vera croce [Vera Cruz], ma questo degnissimo sacerdote era già vecchio e infermo. Nel 1807 presi in casa il Signor D. Sebastiano Sanchini sacerdote di Mondaino diocesi di Rimino, il quale ammaestrò Giacomo e il suo minore fratello Carlo fino alli 20 di Luglio del 1812, in cui diedero ambedue pubblico sperimento di filosofia. In quel giorno finirono gli studii scolastici di Giacomo (allora di anni 14) perché il precettore non aveva più altro da insegnargli.»[18] Sono già incominciati gli anni dello «studio matto e disperatissimo» e Giacomo a undici anni maneggia perfettamente il latino e può gareggiare col padre in un'esibizione di bravura nella cerchia paesana.

«Avendo sempre nella prima età dormito nella stessa camera con lui, lo vedeva, svegliandomi nella notte tardissima, in ginocchio avanti il tavolino per potere scrivere fino all'ultimo momento col lume che si spegneva.» (Carlo).[19]

1809-1810

I libretti «puerili»

I dodicimila volumi raccolti da Monaldo coprono le pareti delle quattro stanze della biblioteca e il ragazzino studioso, abbandonati i testi scolastici, esplora il sapere: *Jurisprudentia*, *Historia sacra*, *Geographia*, *Literae humaniores* ... sono i cartelli sovrapposti a ciascun scaffale: «[...] alquanti buoni libri antichi in casa; leggere e meditare ostinato dove non altra materia a tanta attività di mente; gli fecero prima conoscere il mondo di duemil'anni addietro che il presente: e ciò che stupendo è, da quell'antico mondo perduto dedusse qual sia e quanto vaglia questo mondo nostro, fuori del quale viveva.» (Giordani).[1]

Col nome di Tirso Licedio partecipa coi fratelli alle sedute dell'Accademia de «I disuguali placidi» che Monaldo ha tratto dalle ceneri e sistemato per qualche anno in casa sua. Le idee di questo ambiente ai livelli più alti si improntano ai modelli culturali dell'illuminismo resi innocui e piegati all'ortodossia cattolica della Restaurazione. Per Monaldo interprete fidato e portavoce di questo mondo, la libertà dei popoli è «la più cara e fedele amica che abbia il demonio», mentre sono necessari la «sicurezza dei giudizi» e i «buoni ordini di polizia» che comprendono l'applicazione della «corda e della forca» contro l'opinione di quel «parabolano di Beccaria» poiché «il principe più pietoso è quello che tiene per primo ministro il carnefice».

I tre figli crescono con le idee del padre e Monaldo gode del suo prodigioso fanciullo: «Il y eut, à l'origine, imitation du père: mimetisme. Plus tard, ce qui était un grand jeu sérieux pour le père devint passion (quelque chose de ‹pas sérieux› dans le milieu provincial) pour le fils». (Larbaud).[2] Ma prima di trovare la propria libertà in questa passione che darà sempre più precisi segni di originalità, il giovane Leopardi deve esaurire il suo tirocinio scolastico con tante esercitazioni che «riportano a un preciso, arcaico e immobile contesto culturale; come gli scolari di tutti i tempi, anche il Leopardi ha pagato un grosso pedaggio prima di entrare nella vera cultura» (Corti).[3] Ma già in margine ai suoi studi scolastici nasce subito una sua letteratura «puerile», impressionante per la vastità delle letture e per la pronta fagocitazione dei testi che legge: dopo i maestri della scuola gesuitica, i poeti arcadici, i grandi classici greci e latini e qualche influentissimo testo poetico romantico come in *Nights Thoughts* dello Young e più tardi Ossian. Testi che riproduce con parafrasi, che imita con sapienti contaminazioni, con operazioni di incastro e *collage*, che complica con citazioni occultate. Accanto a questi esercizi letterari «compare già quell'umore personalissimo, la vena fra burlesca e satirica che darà vari segni di sé ed è già sintomo di distacco del giovane dall'ambiente che lo circonda» (Corti).[4] E il bambino di dieci, undici e dodici anni si sente già autore e trascrive le sue composizioni in verso e prosa in tanti libretti con il frontespizio ornato di fregi, di epigrafi, di disegni e di *ex-libris*, che sono già delle *plaquettes*: «Utilità e *scopo* degli studi rendutogli *vicino* e *immediato* coll'uso di compor libretti, e coprirli bene, e farli leggere.»[5] A dodici anni è già in grado di tracciare un «Indice delle produzioni di me Giacomo Leopardi dall'anno 1809 in poi», dove si può seguire il prodursi incessante di questi «libretti». Al 1809 appartengono alcune *Prose varie italiane*, cinque *Canzonette sopra la campagna* dove imita, parafrasa e contamina versi di autori antichi e moderni; i *Componimenti poetici di G.L. parte I* che si aprono col sonetto *La morte di Ettore* «la prima mia Poetica composizione» e con la traduzione di alcune *Odi* di Orazio. Del 1810 sono: altri *Com-*

ponimenti poetici, un poemetto di tre canti in sestine *Il Balaamo*, un secondo poemetto *Catone in Affrica* composto con vari metri, un terzo poemetto in versi sciolti *Le Notti puniche*, un quarto poemetto *Il Diluvio universale*; seguono *Carmina varia*, composizioni e traduzioni in latino da testi contemporanei e infine le *Dissertazioni accademiche* presentate da Giacomo all'Accademia paterna. Dell'epifania di quest'anno è anche la «Lettera alla befana», la prima lettera autografa in italiano conservata in casa Leopardi, indirizzata per scherzo alla Marchesa Volunnia Roberti, un'amica di Monaldo che teneva «conversazione» in casa sua, dove Giacomo accompagnava spesso il padre. Questa lettera «piccolo capolavoro di humour e di aristocratica disinvoltura» (Binni),[6] è intercettata dai genitori che commettono il primo sopruso censorio sull'opera di Leopardi.

La lettera alla Befana

Se la figura paterna è sempre dominante in questo periodo di formazione, la passione stessa con cui il giovane Leopardi affronta il mondo della cultura con «grandissimo, forse smoderato e insolente desiderio di gloria»,[7] lo porta presto al di fuori dei territori paterni e le sue ambizioni cadono sempre più in là dove, strappati i vincoli dell'educazione accademica, si trova subito tra le mani idee «pericolose».

«La cosa più notabile e forse unica in lui», Leopardi si descrive in terza persona, «è che in età quasi fanciullesca avea già certezza e squisitezza di giudizio sopra le grandi verità non insegnate agli altri se non dall'esperienza, cognizione quasi intera del mondo, e di se stesso in guisa che conosceva tutto il suo bene e il suo male [...]»[8]

1811-1812

Lo studio matto e disperatissimo

Tra i frequentatori di casa Leopardi c'è un profugo alsaziano, professore di storia ecclesiastica al seminario, Don Giuseppe Antonio Vogel, un erudito intelligente, latinista e orientalista, che ha suggerito al giovanissimo letterato di tradurre le odi oraziane e più tardi gli suggerirà di raccogliere appunti di riflessioni e di emozioni in un «caos scritto» cioè in uno *Zibaldone*. L'influsso del Vogel su Leopardi è poco documentato ma forse abbastanza stimolante durante la sua prima formazione.

Nel 1811 traduce *L'Arte poetica di Orazio travestita, ed esposta in ottava rima* e compone una tragedia in tre atti, *La virtù indiana*. Nell'anno successivo, un'altra tragedia *Pompeo in Egitto*, offerta al padre come dono natalizio e le *Dissertazioni filosofiche* in cui scarica tutti gli umori *ultras* circolanti nell'ambiente familiare facendosi militante reazionario.

«Datosi a studiare del tutto solo,» racconta Monaldo, «imparò la lingua greca senza nessun soccorso di voce umana, e coi soli libri che io gli provedevo a sua richiesta, oltre quelli che già avevo nella mia biblioteca. Così imparò la lingua ebraica, nella quale scriveva correntemente, e credo la sapesse assai bene. Una volta vennero a parlare con lui di lingua e di libri alcuni Ebrei di Ancona i quali si davano per dotti, e quantunque io non intendessi il linguaggio, mi accorsi bene che egli ne sapeva assai più di loro. Così pure senza nessun ajuto imparò la lingua francese, la spagnuola e l'inglese».[1]

La soddisfazione di Monaldo per la crescita di un ingegno così straordinario in casa sua, sembra compensarlo del suo *status* di grafomane inedito, autore di migliaia di pagine di tragedie, commedie, farse, poesie sacre e profane, con le quali riempie il suo tempo per poi confessare: «era meglio dormire che scrivere queste cose». Monaldo è migliore come storico di vicende locali, nelle lettere al figlio e agli amici, e nell'*Autobiografia* dove ci sono «pagine che reggono il confronto con l'evidenza logica e la bonaria rapidità delle situazioni dei *Mémoires* goldoniani» (Momigliano).[2]

Monaldo da tempo porta con sé carenze, contraddizioni e compensazioni in atto. È un caparbio con volontà malata, un dissimulatore che sbandiera princìpi di dirittura («la sua dissimulazione è profonda e eterna» scriverà il figlio), un ipocrita relativista che pronuncia verità assolute, un moralista con un passato di meschine follie mondane che fa scontare agli altri, un «buonsensaio» compiaciuto e vanitoso che si espone a polemiche pericolose, un legittimista che sfiora l'eresia, un retore che in qualche caso si fa acuto osservatore sociale e vivace polemista controcorrente, un tiranno domestico che ama teneramente i figli ma fa poco o nulla per aiutarli veramente. Infine Monaldo è una «testa quadra», un «Musoduro» che dopo essere ricorso a mille sotterfugi, con orgoglio spropositato afferma: «Tutto quello che mi ha avvicinato, ha fatto sempre a mio modo, quello che non si è fatto a modo mio, mi è sempre sembrato malfatto».[3] E questo mentre cede ogni autorità alla moglie e sfugge se stesso e gli altri e riesce persino a deridersi di un riso canagliesco. Dopo l'ammirazione infantile, il figlio avrà per lui rancori terribili che saranno sedati, mai definitivamente, dall'affetto ricorrente e avvolti da un trasparentissimo velo di ipocrisia: e tuttavia fuggirà molto presto da lui se non dalla sua casa, dove ancora per alcuni anni sarà sempre più sorvegliato, almeno dal mondo dei suoi pregiudizi. «Il rapporto che corre tra Monaldo e Giacomo sul piano sentimentale e familiare è identico a quello che corre tra Monaldo e il popolo sul piano politico e sociale. In ambedue i casi le esigenze complesse e profonde della vita stanno di fronte ad un'incompren-

Monaldo «testa quadra»

sione totale dovuta non già a malafede o a cattiveria bensì alle esigenze non meno sentite di quella che potremmo chiamare la non vita. Perciò il problema del reazionarismo di Monaldo nella vita italiana è quello di qualcosa di non vitale che invece di cadere e deporsi come dovrebbe nei fondi geologici della storia, trova ad un certo momento condizioni favorevoli per combattere e soverchiare tutto ciò che è vivo» (Moravia).[4]

1813

Il divino stato Ma in questo anno 1813 Giacomo Leopardi è un pallido pretino con una fresca tonsura che si aggira tra gli scaffali della biblioteca e passa i suoi giorni sui libri inseguendo lo splendente mito del mondo classico con una passione che a Giordani apparirà «unica e insanabile».

Gli occhi si fanno deboli e irritabili e non può più sopportare la luce dei candelabri; il corpo si rattrappisce e si fa deforme «scriatello e sottilissimo». La scoliosi alla spina dorsale è già avanzata e schiena e torace si incur-

Carlo Antici vano. Il padre sembra non accorgersene ma lo zio Carlo Antici, fratello maggiore di Adelaide che vive a Roma con la famiglia, passa lunghi periodi a Recanati ed è amico di Monaldo, ne è già allarmato: «Se i vostri figli,» scrive a Monaldo nel luglio del '13, «se Giacomo interrompesse la sua logorante applicazione con l'esercizio delle arti cavalleresche, cesserebbero i miei timori. Ma quando veggo e so che il suo lungo e profondo studio non è interrotto che da qualche sedentaria rappresentazione di cerimonie ecclesiastiche, io mi sgomento col pensiero che avete voi un figlio ed io un nipote di animo forte e di corpo gracile e poco durevole [...] Non lasciate sotto al moggio quella lucerna: mandatelo presto a Roma, dove specialmente nelle scienze, alle quali più inclina potrà in breve tempo giganteggiare. Se la separazione vi duole, il dovere di padre lo esige, e ne avrete compenso sublime.»[1]

Carlo Antici è un gentiluomo ambizioso, colto, intelligente («potremmo definirlo ‹il caratterista› del reazionarismo classicheggiante», Momigliano), che nella guerra in atto contro l'empietà giacobina non ha dubbi di contare sull'intelligenza del nipote per il quale già disegna e illustra un suo «modello di letterato cristiano». L'illuminismo reazionario di Carlo Antici ha programmi più vàsti di quelli di Monaldo, che mescola ai suoi furori astratti timidezze provinciali e orgogli campanilistici. Al cognato risponde negativamente: «Privandomi di lui, mi priverei nella mancanza vostra dell'unico amico che ho, e posso sperare, in Recanati e non mi sento disposto a questo sacrificio. S'egli poi gustasse una capitale, e se facesse il confronto con questa terra di rilegazione e di cecità, non saprebbe più viverci contento. Lasciamo al tempo il suggerire le risoluzioni opportune, ma per ora il mio sentimento è ch'egli sia meno dotto, *ma sia di suo padre*, e possa vivere tranquillo e lieto nel paese in cui l'ha collocato la Provvidenza ... Assicuratevi che la felicità di Giacomo è tutta nello studio e qui può attendervi meglio che altrove».[2]

Quando Giacomo a undici anni scrisse la favola de *L'Uccello* allevato «Entro dipinta gabbia» che vola via perché «Di libertà l'amore / Regna in un giovin cuore»,[3] non sapeva che questo suo simbolo di evasione infantile sarebbe stato irriso da una volontà familiare che di anno in anno lo voleva sempre più prigioniero.

«In questa biblioteca passò la maggior parte della sua vita, finché e quanto gli fu permesso dalla salute, distrutta da' suoi studi».[4]

Nel '13, quando Leopardi ha quindici anni, la prima fase dei suoi studi è avanzata assieme alla sua reclusione dal mondo e al progredire della deformazione fisica, quasi che sull'acquisto dell'erudizione «più pellegrina e recondita» e sul furore di quei «lavori immensi» pesi la fatalità di un debito da contrarre con la propria vita, debito che si dimostrerà inestinguibile. «Segregato dal mondo paterno e da ogni società, la sala paterna fu a lui come una Pompei, in cui si chiuse volontario a scavare, dove e come potea, e della quale divenne in breve cittadino» (De Sanctis).[5]

Mentre nel giro di pochi mesi si impadronisce della lingua greca e poi dell'ebraica, nello stesso periodo compila, con un poderoso lavoro di documentazione e di sfogio erudito, una *Storia dell'astronomia dalla sua origine all'anno 1811*.

1814

Nell'anno successivo si precisano meglio le sue ambizioni nella dedizione alla «pura e secca filologia», indirizzando le sue ricerche verso le zone più oscure e incerte del mondo della decadenza classica, su autori dimenticati di cui rimangono solo frammenti di opere. Su questo mondo di penombre da cui risaltano nomi suggestivi e pochi documenti, stende una complessa rete di notizie erudite, di ipotesi e ricostruzioni con cui provvisoriamente placa la passione di possedere il mondo attraverso la scienza dei testi.

Il primo lavoro è su Esichio Milesio, un letterato greco vissuto tra il quinto e il sesto secolo dopo Cristo e su una sua operetta intitolata *De viris doctrina claris* («Intorno agli uomini famosi in dottrina»). Traduce il testo, inizia un ampio commento, stende la biografia dell'autore.

Il secondo lavoro è dedicato alla *Vita di Plotino* scritta

Vir eruditissimus

dal suo discepolo Porfirio: *Porphyrii de vita Plotini et ordine librorum ejus Commentarius*. Interviene sul testo greco con emendazioni, lo traduce in latino e lo accompagna con un Commentario. Anni dopo il massimo studioso di Plotino, il Creuzer, utilizzerà gli interventi leopardiani per l'edizione critica della sua opera.

Lo zio Antici presenta questo lavoro a un poligrafo di larga notorietà mondana, l'abate Francesco Cancellieri il quale lo passa a un autentico dotto, David Akerblad: entrambi lodano e incoraggiano il «letterato di sedici anni» e con questi primi consensi, Antici torna a premere sul padre perché Giacomo si trasferisca a Roma: «Io dunque persisto a dire che tutto quello che sa e che saprà Giacomo, deve servire non per farne uno squallido compilatore o commentatore ma un gran Prelato e un gran Cardinale. Egli dunque deve recarsi nell'Accademia Ecclesiastica, dove è avidamente atteso...»[1]

L'anno '14 si conclude con altre esplorazioni nei luoghi più reconditi della classicità; traduce dal greco gli *Scherzi epigrammatici*, stende un commentario *Sulla vita e gli scritti di alcuni rétori greci del secondo secolo* e raccoglie materiali sulla vita dei Santi Padri della stessa epoca.

«Ma il povero autore,» scrive Monaldo al cognato Antici, «dimorante in Recanati e ristretto alla mia sola Libreria, deve lasciare nei suoi scritti spesse lagune per mancanza di libri e di codici [...]».[2]

Il «divino stato» di questi studi, con la speranza di un futuro ascendente e glorioso, occupa interamente il suo diciassettesimo anno: «La somma felicità possibile dell'uomo in questo mondo, è quando egli vive quietamente nel suo stato con una speranza riposata e certa di un avvenire molto migliore, che per esser certa, e lo stato in cui vive, buono, non lo inquieti e non lo turbi coll'impazienza di goder di questo immaginato bellissimo futuro. Questo divino stato l'ho provato io di sedici e diciassette anni per alcuni mesi ad intervalli, trovandomi quietamente *occupato* negli studi senz'altri disturbi, e colla certa e tranquilla speranza di un lietissimo avvenire».[3]

1815

La conversione letteraria

Nei mesi di maggio e giugno del '15 scrive l'*Orazione agl'italiani, in occasione della liberazione del Piceno* (dopo la sconfitta di Murat e la caduta dell'ultimo regno napoleonico); tra giugno e luglio il *Saggio sopra gli errori popolari degli antichi* e sempre in quell'estate la traduzione degli *Idilli* di Mosco («i primi accenni di poesia vera», De Robertis),[1] e la prima redazione della versione della *Batracomiomachia* attribuita a Omero. Infine il lavoro filologico di maggior impegno fino a questo momento:

uno studio di 250 pagine fittamente manoscritte, steso in latino sulla vita e le opere di Giulio Africano, altro autore della decadenza, e la traduzione commentata di quello che resta della sua opera *In Julium Africanum Jacobi Leopardi Recanatensis comitis Lucubrationes*. Nomi, frasi sparse, documenti interrotti: relitti galleggianti nel mare ignoto dell'antichità che l'acume delle interpretazioni, «quel tatto quasi divinatorio» delle congetture e restituzioni, si propongono di saldare e rendere perspicui; e i risultati rivelano il «filologo in senso stretto, l'interprete ed emendatore di testi, quale l'Italia ‹antiquaria› da lungo tempo non possedeva» (Timpanaro).[2] Il *Saggio* («primo esperimento durevole di prosa italiana», De Robertis)[3] e l'*Orazione* appartengono ancora alle battaglie reazionarie del padre ma il fervore razionalistico, l'entusiasmo morale e patriottico in senso antitirannico, già corrodono all'interno i dogmi correnti della Restaurazione.

Ma già nel corso del '15 Leopardi abbandona gli studi strettamente eruditi per la poesia: «Le circostanze mi avevan dato allo studio delle lingue, e della filologia antica. Ciò formava tutto il mio gusto: io disprezzava quindi la poesia. Certo non mancava d'immaginazione, ma non credetti d'esser poeta se non dopo letti parecchi poeti greci. (Il mio passaggio però dall'erudizione al bello non subitaneo, ma gradato, cioè cominciando a notar negli antichi e negli studi miei qualche cosa più di prima)».[4]

«La ‹conversione letteraria› in questa prima fase fu davvero letteraria in senso alquanto angusto, cioè retorica [...]. La vera conversione verrà dopo, tra il '17 e il '19, e sarà prodotta, più che dagli studi, da esperienze di vita: l'amicizia di Pietro Giordani, il primo amore, il sorgere della passione patriottica e liberale, e d'altra parte l'aggravarsi delle condizioni di salute, l'accentuato senso di isolamento e di infelicità» (Timpanaro).[5]

Alterna esplosioni di vitalità a stati depressivi: «Allegrezze pazze massime nei tempi delle maggiori angosce dove se non mi tenessi sarei capace di gittar sedie in aria ec, saltare, ec., e anche forse danneggiarmi nella persona per allegria».[6] La speranza di «qualche bene» si dissolve nell'ansia di ottenerlo e ogni «piacere» anche se ottenuto è inafferrabile perché non corrisponde alle speranze che l'hanno preceduto. Sono i pensieri di una lunga solitudine, e il pensiero diventa il carnefice di se stesso, scoprendo l'infelicità interiore mentre all'esterno gli occhi vedono anche in una rosa la sua sofferenza come analogia della sofferenza universale.

1816

L'esordio poetico «Toccò la calma e la felicità di chi crea, traducendo» (De Robertis).[1] Al '16 appartengono le due elaboratissime traduzioni del *Canto primo dell'Odissea* e del *Libro secondo dell'Eneide*. Ma già all'inizio di quest'anno il «vir eruditissimus» ritorna alle sue applicazioni filologiche non appena ha tra le mani gli scritti di un rétore latino, M. Cornelio Frontone. Le sue lettere a Marco Aurelio sono state appena esumate e pubblicate dal più dinamico e fortunato filologo dell'epoca, l'abate Angelo Mai, bibliotecario dell'Ambrosiana di Milano. Leopardi traduce ed emenda il testo latino premettendo un *Discorso sopra la vita e le opere* dell'autore e invia il suo lavoro al filologo milanese con una lettera dedicatoria. Sulla linea di un lavoro letterario tra l'esercizio e la creazione, compone due testi apocrifi, due *pastiches* virtuosistici: in italiano un *Inno a Nettuno* che attribuisce a uno scrittore «d'Atene, o per lo meno dell'Attica»; e due *Odi adespote* in greco con traduzione latina, che «M'appaiono assai belle, e di buon grado io le ascriverei ad Anacreonte».[2]

Antonio Fortunato Stella L'espertissima e un po' compiaciuta impostura, stampata l'anno dopo, viene accolta con successo perché parecchi letterati filologi credono alla sua autenticità. Sono i primi agognati riconoscimenti che persuadono Leopardi a intensificare le sue relazioni con Roma e con Milano. A Milano c'è l'editore-libraio Antonio Fortunato Stella che da alcuni anni è fornitore abituale di Monaldo; è anche editore di un periodico, «Lo Spettatore Italiano e Straniero». Lo Stella dopo un sondaggio dell'ingegno del giovane recanatese è pronto ad accogliere la sua collaborazione. In due numeri, del 30 giugno e del 15 luglio, appare il *Saggio di traduzione dell'Odissea* che è lo storico esordio letterario di Leopardi. Nei numeri successivi dello «Spettatore» appaiono le traduzioni degli *Idilli di Mosco* e della *Batracomiomachia*, con i discorsi introduttivi, il saggio *Parere sopra il Salterio Ebraico* e la dissertazione *Della fama di Orazio presso gli antichi*.

Vorrebbe aprirsi la strada verso un altro periodico milanese di più largo seguito, la «Biblioteca Italiana» diretta da Giuseppe Acerbi dal 1815 al 1826, finanziata dall'Austria secondo un abile programma culturale governativo. Leopardi invia due articoli: il primo su una recente traduzione di classici greci, l'altro è la *Lettera ai compilatori della Biblioteca italiana* che risponde al saggio *De l'esprit des traductions* di Madame de Staël: è il primo documento della sua poetica, una difesa del classicismo nazionale elaborato sulle culture greca e latina contro il cosmopolitismo romantico. Ma il direttore austriacante cestina i due articoli e non accetterà mai la collaborazione di Leopardi.

In luglio comincia la stesura della tragedia *Maria Antonietta*, rimasta incompiuta; traduce le *Iscrizioni greche triopee* e il poemetto pseudovirgiliano *Moretum* («La torta») che appare sullo «Spettatore» del gennaio '17. Tra tanti lavori eruditi, traduzioni e articoli di critica militante, la poesia originale si concreta in due momenti: in primavera con l'idillio funebre *Le Rimembranze* («Era in mezzo del ciel la curva luna»), seppure dopo qualche mese «riprovato assolutamente dall'autore»; in novembre, nello spazio di undici giorni, con un «composizione notturna fra il dolore» che è la cantica *Appressamento della morte*, nella quale «la vita di Leopardi entrò la prima volta in pieno nella sua poesia» (De Robertis).[3] Anche questa più tardi sarà rifiutata salvo, dopo molti ritocchi, un frammento del principio: «Spento il diurno raggio in occidente», che troverà posto nei *Canti* dell'edizione Starita del '35.

I giorni della composizione della cantica saranno rievocati in un appunto dello *Zibaldone* come uno dei tanti spostamenti progressivi del suo dolore esistenziale: «Ben è vero che anche allora quando le sventure mi stringevano e mi travagliavano assai, io diveniva capace anche di certi affetti in poesia, come nell'ultimo canto della *Cantica*».[4] E ancora anni dopo, il ricordo di quel «funereo canto» riaffiorerà in alcuni versi delle *Ricordanze*.

Il tempo di questo «appressamento» appartiene a una crisi più grave delle precedenti: la minaccia di «dover morire alla più lunga fra due o tre anni» determina i suoi rapporti con la malattia come fuga e liberazione.

E così il giovane «senza presente e senza futuro» si alterna al letterato ansioso di successo mentre l'esperienza concreta della sua desolazione personale e del dolore oggettivo («E morrò come mai non fossi nato, / Né saprà 'l mondo che nel mondo io m'era»),[5] crea uno svolgimento nella sua poetica: da quella giovanile d'immaginazione, che si rifà ai classici, alla moderna e sentimentale, maturata anche su esperienze neoclassiche e romantiche.

Le ultime prove poetiche del '16 mostrano «come il Leopardi cominciasse a muoversi — fra sollecitazioni di letture congeniali e l'affiorare di proprie tendenze — in una via di tensione espressiva corrispondente al suo crescente impeto sentimentale, al suo bisogno di alti compensi immaginativi, eroico-patetici, alla propria solitudine e al proprio disagio biografico» (Binni).[6]

Mentre da una parte il suo classicismo di forti passioni e grandi ideali e dall'altra il razionalismo filosofico nato nel secolo precedente su cui si sta maturando il suo pensiero, lo dispongono a una drammatica apostasia dal suo vecchio mondo provinciale, nel corso di quest'anno si accentua per sottili fratture interne anche il distacco dal mondo del padre, reso evidente dal suo rifiuto di farsi prete: «Quel mio padre che mi volea dottore vedutomi poi ec. disubbidiente ai pregiudizi ec. diceva in faccia mia in proposito de' miei fratelli minori che non si curava ec.».[7] Ma questo è solo un *escamotage* di Monaldo, e la sua volontà coperta di dissimulazione avrà ancora modo di pesare sulla vita e sul destino del figlio.

1817

Il primo amico,
Pietro
Giordani

«Pittura del bel gennaio del 17 donne che spandono i panni e tutte le bellezze di un sereno invernale gratissimo alla fantasia [...]»
«Gennaio del 1817 e lettura dell'Alamanni, e del Monti nell'aspettazione della morte e nella vista di un bellissimo tempo da primavera passeggiando [...]»[1]

Negli uffici dello Stella giacciono sia il *Frontone* che il *Saggio sugli errori popolari degli antichi*, «son per scrivergli che il freddo mi obbliga a domandarglieli per servizio del focolare domestico»; invece il *Secondo libro dell'Eneide* anch'esso inoltrato all'editore milanese nel settembre del '16 ha maggiori probabilità di venire stampato in una *plaquette*. Dopo aver provato «tutti i furori e le smanie dell'impazienza», il libretto, il cui vero editore è Monaldo che paga le spese della stampa raccomandando di far economia, esce il 21 febbraio. Lo stesso giorno, «con alquanto palpito», Leopardi spedisce tre lettere a Milano: al Monti, al Giordani e al Mai, offrendolo in omaggio secondo i cerimoniali della richiesta di benevolenza e confidando subito allo Stella: «sono impaziente di vedere l'esito di quella mia traduzione sopra la quale confido, così a quattr'occhi, che io fondo molte speranze». Ma basteranno pochi mesi perché egli stesso si convinca a rifiutare questo lavoro «miserabile e fanciullesco».

I tre destinatari dell'omaggio rispondono pochi giorni dopo: con cortesia il Mai che lo consiglia di trasferirsi «lasciando intatta la gloria e la stima di Recanati, in un teatro più degno della sua persona»; con una lettera amabile e spiritosa il Monti e con più calore di tutti Pietro Giordani. Con questo primo scambio di lettere del marzo del '17 ha inizio l'amicizia tra il famoso letterato e il giovinetto provinciale e le lettere che si scriveranno per tutta la vita formeranno uno dei più bei carteggi del secolo, al quale mancano purtroppo circa una ventina di lettere di Leopardi.

Giordani aveva allora quarantatré anni e un passato di successi, difficoltà esistenziali e pratiche (tra l'altro una tonaca di frate gettata alle ortiche) e di polemiche politiche e culturali che se non avevano inaridito la sua personalità generosa, intellettualmente alta e innovatrice, avevano teso certe corde della sua sensibilità rendendola sofferente anche per lievi frizioni. Era questo forse l'aspetto rovesciato e nevrotico della sua vitalità, dell'entusiasmo morale e della freschezza affettiva che lo avvicinavano ai giovani col desiderio disinteressato di aiutarli, anche se le sue generose intenzioni erano limitate dalla sua scarsa attitudine pratica a realizzarle. La sua conversazione, stimata da Gino Capponi «la più efficace delle sue prose», era colma di fascino, come attesta anche Byron che aveva voluto incontrarlo a Venezia. Negli scritti occasionali e nelle lettere private faceva vibrare, meglio che in opere più elaborate e paludate, la sua intelligenza con estri ironici e dissacratori, con appassionate invettive e un pathos eloquente che era proprio del suo io più sofferente e rivoltato. Aveva ricoperto vari incarichi mettendosi quasi sempre in urto col potere dal quale dipendeva. Era stato prefetto della Repubblica Cisalpina, docente di eloquenza e segretario dell'Accademia di Belle Arti di Bologna; a Milano era stato condirettore assieme al Monti e al naturalista Scipione Breislak della «Biblioteca Italiana», finchè, per contrasti interni, si erano dimessi tutti e tre lasciando la direzione all'Acerbi. Quando cominciò a scrivere a Leopardi era disoccupato, ma alla morte del padre, avvenuta poco dopo, ebbe un'eredità che lo sollevò dal problema economico. Anche se per Stendhal era un prosatore artificioso, «un oceano di parole», il suo stile aveva il calore effusivo delle sue idee impegnate nella battaglia civile oltre che letteraria contro l'autoritarismo della Restaurazione e le ingiustizie sociali e storiche. Così di volta in volta fu colmato di ammirazione e di disprezzo, relegato in esilio e carcerato a seconda delle occasioni da lui fornite ai suoi persecutori, preti e ministri di polizia: «Io me ne rido chè, se anche fossi impiccato non sarò mai sgiordanato». Come erede della tradizione illuminista e alfieriana, il suo classicismo era per la laicità della cultura e il progresso sociale, contro l'oscurantismo dei clericali «condensatori di tenebre», contro i tiranni politici, i proprietari egoisti, la lingua imbarbarita, la cultura provinciale, l'educazione classista, lo spiritualismo romantico: «che grande e splendido e terribile nemico di tutti i vili nemici del genere umano era quel Giordani: il solo veramente libero degli scrittori italiani moderni» (Carducci).[2]

Ciò che allora lo faceva «maitre à penser» e modello di stile letterario era il suo classicismo eloquente, sia pure impregnato di pregiudizi puristici, ma pieno di entusiasmo e di giuste vedute nel proposito di configurare un neoclassico modello di prosa italiana che avesse la semplicità e la trasparenza «della lingua del trecento unita allo stile greco».

«Il significato di questa amicizia nella formazione del Leopardi non è ancora del tutto chiaro, proprio per l'insufficiente valutazione che dell'ingegno e della personalità del Giordani hanno fatto in genere gli studiosi del Leopardi, a cominciare dal più grande di tutti, Francesco De Sanctis» (Timpanaro).[3]

All'influenza del Giordani, se pure come chiarificazione di ragioni che Leopardi ha già maturato per conto proprio, sicuramente appartiene la rottura dei legami superstiti con l'ideologia paterna divenuta ormai odiosa. Inoltre quell'amicizia subito ardente provoca un «tumulto di pensieri» di emozioni e di confidenze per la comunanza di interessi e di ideali, accresce la coscienza della sua «orrenda infelicissima vita» nel carcere recanatese, eccita nuove idee alla sua «conversione letteraria»: un ideale poetico di eloquenza civile e nobilmente patriottica, la coscienza della crisi storica italiana con la necessità della protesta etico-politica per un grande rinnovamento. Dentro questa sfera ideale presto nasceranno le due prime canzoni, *All'Italia* e *Sopra il monumento di Dante*.

Fin dal loro primo incontro epistolare, Giordani ha l'intuizione che l'oscuro traduttore di Virgilio possieda la forza mentale e stilistica per realizzare l'ipotesi ideale del «perfetto scrittore italiano», anche se per conto proprio e contro quei pregiudizi con i quali lo stesso Giordani va progettandola. E Giordani, mentre nelle prime lettere fornisce al suo corrispondente recanatese precetti di lingua e di stile, di fronte all'espandersi della forza creativa di Leopardi si mette in disparte per seguirne ammirato gli svolgimenti, anche se, per molto tempo, pochi o nessuno saranno disposti a condividere i suoi entusiasmi. È anche il primo a riconoscere, meglio di tanti specialisti, il valore dei suoi studi filologici e già nel 1818 progetta di raccoglierli in un «libretto rispettabile e non perituro», «come saggio di maravigliosi studi d'un giovine».

La loro amicizia si sviluppa con veemenza; Leopardi, con una serie iniziale di grandi e stupende lettere, per la prima volta si abbandona con concitazione appassionata a un confidente ideale che assieme alla sicurezza del giudizio offre le garanzie di un sentimento devoto. Attraverso Giordani infine ha per la prima volta un contatto reale con la cultura del suo tempo e stringe rapporti con personaggi che in modi diversi entreranno nella sua vita: Brighenti, Niccolini, Vieusseux, Arici, Montani e altri.

La nuova amicizia è riflettuta anche in una pagina dello *Zibaldone*: «[...] Trovo oggidì meno verisimile l'amicizia fra due giovani che fra un giovane, e un uomo di sentimento già disingannato del mondo, e disperato della sua propria felicità. Questo non avendo più desideri forti è capace assai più di un giovane d'unirsi ad uno che ancora ne abbia, e concepire vivo ed efficace interesse per lui, formando così una amicizia reale e solida quando l'altro abbia anima da corrispondergli [...] Applicate questa osservazione al caso mio col mio degno e singolare amico, e al non averne trovato altro tale, quantunque conoscessi ed amassi e fossi amato da uomini d'ingegno e di ottimo cuore».[4]

Nel gennaio del '17 traduce in italiano e annota, ben consapevole dell'eccellenza dei suoi interventi, un altro testo ritrovato e pubblicato dal Mai; si tratta del volgarizzamento, con note ed emendazioni al testo, dei frammenti delle *Antichità romane* di Dionigi d'Alicarnasso. È l'ultima prova della sua prima grande stagione di studi filologici: «una sorta di affannosa e struggente passione di riscoperta e quasi una fondamentale necessità di orientamento esistenziale.» (Solmi).[5] In giugno lo «Spettatore» pubblica la traduzione della *Titanomachia* di Esiodó, un «gherone della *Teogonia*» con una prefazione di sette paginette «il primo esempio di prosa vera che il Leopardi ci abbia lasciato.» (De Robertis).[6] Ai primi di agosto scrive (in difesa del Giordani contro l'abate Guglielmo Manzi, bibliotecario della Barberiniana di Roma) i cinque *Sonetti in persona di Ser Pecora fiorentino beccaio* che rimarranno inediti fino all'edizione bolognese dei *Versi* del '26. In luglio o in agosto inizia le prime annotazioni dello *Zibaldone*, il suo grande «diario» di 4526 pagine manoscritte che si estende fino al 4 dicembre del 1832. In novembre scrive il sonetto *Letta la vita di Vittorio Alfieri scritta da esso* e in dicembre inizia il *Diario del primo amore* che racconta la breve passione amorosa per la cugina Geltrude Cassi Lazzari. Fra il 15 e il 16 dicembre compone «con grandissima avidità» e ancora nel «caldo della malinconia» i versi dell'*Elegia I* (poi intitolata *Il primo amore*).

L'amicizia con Giordani alimenta nuove aspirazioni e desideri, ma gli scava intorno più profondi l'isolamento e la claustrofobia recanatesi. In casa dopo un primo disagio per l'incombente scontro con il padre, è subentrata una sorta di ribrezzo ad affrontare le cause che tormentano Giacomo: la deformità fisica «miserabile e dispregevolissima», la mancanza di libertà. I lunghi sfoghi con Giordani, il solo uomo che gli fa sentire «la compagnia più dolce che una solitudine disperata», corrispondono dentro la gerarchia familiare alla dissimulazione e al silenzio.
L'opposizione al padre è vissuta, in un senso più provvisorio di protesta domestica, anche da Carlo e Paolina,

Il primo amore

che aspettano con altrettanta trepidazione le lettere del Giordani, ritardate dalle poste «assassine», ma in realtà trattenute da Monaldo che confisca quelle non approvate dalla sua morale. I fratelli assistono il fratello leggendo per lui quando gli si indebolisce la vista per le continue oftalmie, ricopiando le sue lettere e i suoi scritti: «Mia sorella ed io eravamo i suoi confidenti, spesso i suoi copisti, i testimoni d'ogni suo lavoro [...]» (Carlo).[7]

Un avvenimento inatteso sconvolge la superficie ordinaria di questo periodo. L'11 dicembre del '17 arrivano a Recanati dei parenti di Pesaro che accompagnano una loro figlia in collegio. Per due giorni e tre notti il conte Lazzari e sua moglie Geltrude Cassi sono ospiti a casa Leopardi e Giacomo per la prima volta ha modo di stare vicino a un'avvenente signora al di fuori della cerchia delle conoscenze abituali.

Dopo due giorni di silenziosa contemplazione in cui ferve l'attrazione per un oggetto ignoto che sta svelando la sua seduzione, l'ultima sera il giovane Leopardi riesce a cancellare la distanza tra sé e la signora e chiacchierando e giocando agli scacchi, si espone all'irraggiamento amoroso della sua presenza: «[...] Alta e membruta quanto nessuna donna ch'io m'abbia veduta mai, di volto però tutt'altro che grossolano, lineamenti tra il forte e il delicato, bel colore, occhi nerissimi, capelli castagni, maniere benigne, e, secondo me, lontanissime dalle affettate [...]».[8]

L'immagine di questa donna «di forme, di maniere fatte pel cuor mio», che si è cristallizzata in corrispondenza di chissà quale archetipo amoroso (e veramente come immagine di bellezza ancestrale prenderà le sembianze del personaggio della Natura nell'operetta *Dialogo della Natura e di un Islandese*), crea novità sentimentali che Leopardi nomina per la prima volta: inquietudine indistinta, malinconia, qualche dolcezza, molto affetto, un desiderio sconosciuto in mezzo a tanti altri noti che perdono valore.

La signora si diverte al gioco degli scacchi, ride delle chiacchiere del cugino solitamente così ombroso e gli parla amabilmente. La notte della partenza degli ospiti, Leopardi è per molte ore insonne nel suo letto e l'immagine della donna fantasticata vortica in apparizioni febbrili, finché ai primi rumori del mattino egli tende l'orecchio avidamente per sentire per l'ultima volta la sua voce. La partenza gli dà sollievo perché allenta l'angoscia di non saper vivere il piacere di quella presenza amorosa che ha misure incolmabili e perché gli consente di raccogliersi in se stesso per decifrare la novità di quel sentimento.

«Un doloretto acerbo che mi prende ogni volta che mi

ricordo dei dì passati, [...] ed eccomi di diciannove anni e mezzo, innamorato.»

Il giorno della partenza degli ospiti è domenica e mentre la vita familiare riprende le sue consuetudini, Giacomo nella sua stanza, «in uno straordinario caso di sdoppiamento» (Solmi),[9] scrive le prime pagine di un *Diario del primo amore*: «ad oggetto di speculare minutamente le viscere dell'amore, e di poter sempre riandare appuntino la prima vera entrata nel mio cuore di questa sovrana passione».

Dopo altre due notti di sonno interrotto e delirante, riprende a scrivere una poesia incominciata subito dopo la partenza di Geltrude — probabilmente la prima stesura de *Il primo amore* — e la termina a letto nella mattina del martedì.

L'immagine della donna si va dileguando lasciando la scontentezza dell'inafferrabilità delle sue lusinghe e dell'impossibilità di esaurirle in una esperienza temporale: «mi pare che questo scontento mi s'affacci alla mente con un colore di avidità, come se venisse da un desiderio di godere più a lungo, e da una cieca ingordigia incontentabilissima [...]»

Dopo una settimana gli accessi di malinconia si diradano, ma dopo quell'esperienza di vita e di conoscenza il suo animo è «alquanto più alto e nobile dell'usato, e il cuore più aperto alle passioni», e gli fa scoprire in sé una carica sconosciuta di vitalità, un desiderio di vita ascendente. Da questa energia appena intuita si svolgerà in un futuro imminente un idealismo eroico da lanciare come sfida a un mondo storico noioso e meschino oltre che alla sua infelicità personale.

Il *diario* scritto in quei giorni dispiega una ricca descrizione analitica, eccitata ed avvalorata dalle sue recenti esperienze culturali: la *Vita* dell'Alfieri, lo psicologismo sensistico. «Con Stendhal Leopardi ha in comune la lucidità e la sobrietà del dettato, la disincantata precisione nel notare gli ombrosi trapassi, contraddizioni e ambiguità del sentimento, [...] egli nota il sorgere e il decadere degli impulsi, il succedersi degli stati complessi di agitazione, malinconia e atonia, fino a rilievi di carattere fisiologico, come l'insonnia e la disappetenza; quindi il lento declinare e sopirsi della passione, non immune da sempre più rare recrudescenze e soprassalti, fino al malinconico ravvisamento finale, e alla sua catalogazione nel passato prossimo come ‹ingresso› del giovane nell'esperienza amorosa» (Solmi).[10]

Tuttavia a un livello più interno, questa analisi della prima passione amorosa nel suo sorgere e intricarsi è quasi un esorcismo gettato tra sé e il mondo reale (le maniere benigne della signora al gioco degli scacchi, i suoi sorrisi, la sua voce udita per l'ultima volta), come a proteggersi contro l'eventualità di un concreto atto d'amore, rischioso e già perdente, mentre quello che egli veramente insegue è un ricorrente sogno d'amore, disegnato su fuggevoli apparizioni reali e colorato da un'ininterrotta immaginazione sentimentale, come alcuni anni più tardi confiderà a un suo corrispondente: «Plusieurs fois j'ai évité pendant quelques jours de rencontrer l'objet qui m'avait charmé dans un songe délicieux. Je savais que ce charme aurait été détruit en s'approchant de la réalité».[11]

1818

La visita del Giordani

Fin dal giugno del '17 Giordani ha promesso una sua visita a Recanati e per un anno Leopardi «suda il cuore a sgozzare» i giorni dell'attesa. Ma la data dell'arrivo promesso scivola lungo i mesi dell'anno. Finalmente il 16 settembre Giordani scende in una locanda di Recanati e Leopardi corre a incontrarlo uscendo di casa da solo per la prima volta: «Uscivamo sempre di casa accompagnati dall'ajo o dai nostri: la prima volta che Giacomo ne uscì da solo fu quando venne a trovarlo il Giordani, al quale andò incontro. E ne fu poi ripreso dal padre» (Carlo).[1] Monaldo, benché offeso dall'infrazione del figlio, accorre anche lui alla locanda e invita Giordani a casa sua per tutto il tempo del suo soggiorno. Preceduto dalla sua fama letteraria — anche Antici è desideroso di stringere la mano al «coltissimo Giordani» — fa subito un'ottima impressione sulla famiglia e Monaldo acconsente che il figlio lo accompagni per un giorno a Macerata e forse anche a Loreto. Giordani si trattiene cinque giorni e Carlo e Paolina partecipano alle conversazioni. Si sono ripromessi di parlare «d'infinite cose», di letteratura e di poesia, ma «avendo in serbo un nembo e una furia di pensieri», anche altri argomenti premono: il rapporto coi genitori, l'impossibilità di vivere a Recanati, l'ansia di un mezzo per uscirne; si parla anche di una sistemazione per Carlo e di un matrimonio per Paolina.

La visita del Giordani ha rianimato Leopardi dandogli nuove energie e speranze, compresa quella tenuissima e subito dileguata di un viaggio a Roma. Monaldo invece non tarda a pentirsi di aver aperto la sua casa a un miscredente: «La venuta sua fu l'epoca in cui li figli miei cangiarono pensieri e condotta ed io forse li perdetti allora per sempre. Fino a quel giorno, mai, *letteralmente mai*, erano stati un'ora fuori dell'occhio mio, e della madre [...] Coll'occasione della letteratura (Giordani) ha suggerito e favorito la corrispondenza di Giacomo con molti letterati di Italia. Fra questi vi sono spiriti pericolosi, inquieti. Il fatto sta che alla venuta di Giordani i miei figli cambiarono natura. Mi rispettano perché sono educati, e perché mi farei rispettare se nol facessero, ma non mi danno veruna soddisfazione. Abboriscono la patria che ogni uomo onesto deve amare e servire qualunque essa sia, e quale gli è stata destinata dalla providenza; abboriscono quasi la casa paterna, perché in essa si considerano estranei e prigionieri, e forse abboriscono me che con un cuore troppo pieno di amore per tutti, sono dipinto nella loro immaginazione corrotta come un tiranno inesorabile».[2]

Nelle discussioni con Giordani si è chiarito che il solo aiuto per uscire da Recanati può venire dallo zio Antici, il quale effettivamente conta di avvalersi delle sue molte relazioni alla corte papale per ottenere una sistemazione a Giacomo prima che agli altri fratelli. Sarebbe vacante il posto di direttore della Vaticana ma viene offerto al Mai. Si pensa allora a un rango inferiore nella stessa biblioteca e Antici, mentre compie i suoi sondaggi, non si trattiene dal versare sulla testa del nipote altri consigli per la sua carriera imminente: «Volete però intanto aprirvene la strada ampia e sicura? lasciate ogn'altra vostra letteraria fatica, e ponete soltanto ogni cura a continuare l'incominciata traduzione dell'*Odissea* [...] Dopo tante obblazioni recate alle Muse piacevoli, sagrificate alle Muse severe [...] Discendete dalla vetta del Parnaso, ed internatevi entro le cose che muovono gli uomini in questa valle di lacrime [...] Deponete per sempre quel volto tetro; alzate quella testa incurvata; aprite quella bocca tenacemente chiusa tutte le volte che state in compagnia dei vostri, o che in compagnia di altri non si parla di letteratura [...]».[3]

Il 27 marzo Leopardi spedisce allo Stella la prima parte di un «discorso» intorno alla poesia moderna. Completato entro l'anno, diventa il *Discorso di un italiano intorno alla poesia romantica* che sarà pubblicato postumo. In settembre scrive la canzone *All'Italia* e tra settembre e ottobre, «opera di dieci o dodici giorni», la canzone *Sopra il monumento di Dante che si preparava in Firenze*.

Il 19 ottobre spedisce il manoscritto delle due canzoni a Giordani perché le legga e le faccia stampare a Milano coi soldi «tratti dal mio privato erario». Dopo un mese il plico risulta perduto o confiscato dalla censura postale. Leopardi ricopia i due testi poetici e li invia al gentilissimo abate Cancellieri pregandolo di trovargli uno stampatore a Roma.

Celebra il suo ventesimo compleanno con un «argomento di elegia»: «Oggi finisco il ventesim'anno. Misero me che ho fatto? Ancora nessun fatto grande. Torpido giaccio tra le mura paterne. Ho *amato* τε σωλα, O mio core ec. non ho sentito passione non mi sono agitato ec. fuor-

ché per la morte che mi minacciava ec. O che fai? Pur sei
grande ec. ec. ec. Sento gli urti tuoi ec. Non so che vogli
che mi spingi a cantare a fare né so che, ec. Che aspetti?
Passerà la gioventù e il bollore ec. Misero ec. E come
πιακερῶ α τε senza grandi fatti? ec. ec. ec. O patria o patria mia ec. che farò non posso spargere il sangue per te
che non esisti più ec. ec. ec. che farò di grande? come
piacerò *a te*? in che opera per chi per qual patria spande-
rò i sudori i dolori il sangue mio?»[4]

1819

Una fuga
impedita
«[...] Accidia e freddezza e secchezza del gennaio ec. insomma del carnevale del 19 dove quasi neppur la vista
delle donne più mi moveva, e mio piacere allora della
pace e vita casalinga e inclinazione al fratesco [...]».[1]
Un lungo periodo che rimane il più diviso e infelice della
sua vita, comincia con l'inizio del '19: avrà presto un
frangente drammatico nel tentativo di fuga dalla casa
paterna e durerà fino al '22, quando finalmente con il
consenso familiare potrà raggiungere Roma.
In gennaio viene licenziato dal Bourlié «quell'obbrobrio
di stampa» delle due canzoni *All'Italia* e *Sopra il monu-*
mento di Dante, con una lettera dedicatoria al Monti:
324 copie per le quali l'abate Cancellieri è riuscito con
diplomazia e impiego di tempo a «carpirgli un *imprima-*
tur»: ma adesso pare tutto uno sforzo inutile perché
Leopardi, quando riceve le prime copie, per lo squallore
dell'edizione, è quasi invogliato a sopprimerla. Poi, confortato da Giordani e corretti gli errori di stampa, comincia a spedire i primi fascicoletti ai letterati che l'amico via via gli suggerisce, accompagnandoli con le solite
formule accattivanti. Il libretto andando *per manus ho-*
minum perviene al Monti, a Leonardo Trissino, a Giuseppe Grassi, a Giuseppe Montani, a Giulio Perticari e
altri che sono quei «rarissimi italiani viventi» dai quali
egli desidera farsi conoscere. Spedisce cinquanta copie
anche a un amico di Giordani, l'avvocato Pietro Brighenti che fa l'editore a Bologna e si è incaricato di
smerciarle, e un centinaio a un libraio di Ancona, mentre a Roma lo stesso zio Antici, che non è d'accordo sui
contenuti patriottici nazionali delle canzoni ma è orgo-
glioso del nipote, ne distribuisce altre a personaggi illustri del mondo romano.
Le due canzoni che hanno soprattutto una sostanza letteraria, per un malinteso sono accolte come esortazione
di ideali risorgimentali e riscontrano un clamoroso successo: «Queste parole sono state vero fuoco, l'abbiamo
ripetute noi, e le hanno ripetute morendo coloro che sono caduti per la cara e sacra patria nostra» (Settembrini).[2]

Il Monti e gli altri letterati si congratulano e a Milano in casa del conte Porro vengono lette in pubblico in una serata in cui è presente Silvio Pellico. «Si esclama di voi, come di un miracolo» gli scrive Giordani, ma a Recanati nessuno le commenta e il silenzio è ancora più teso in casa Leopardi. «Quando Giacomo stampò le prime Canzoni, i Carbonari pensarono che le scrivesse per loro, o fosse uno dei loro. Nostro padre si pelò per la paura».[3] Da Roma Carlo Antici consiglia l'allarmato Monaldo: «Vi mettete, non senza ragione, in orgasmo per l'impressione che possono aver fatta sull'animo del Figlio gli esagerati encomi di malsani Encomiatori. È un'evidenza per me, che non il pregio delle poesie, ma lo scopo delle medesime (da cui è affatto alieno l'animo e il cuore del Poeta) ha fruttato gli applausi di tanti liberali. Ma chi più di voi è in dovere e in diritto di aprirgli gli occhi, e di fargli sentire che i talenti datigli da Dio egli intieramente consacrarli a combattere vigorosamente le tante idee *rivoluzionarie* che fatalmente appestano, più o meno, l'atmosfera morale e politica dell'Italia?»[4] La censura familiare sulle lettere in partenza e in arrivo si fa più attenta perché dopo Giordani, altre pericolose amicizie stanno stringendosi attorno a Giacomo, come quel «professore di Lodi», Giuseppe Montani, al quale Leopardi scrive il 21 maggio una delle più importanti lettere dell'*Epistolario*, che noi conosciamo soltanto perché Leopardi conservava le minute o le copie, spesso di mano di Paolina.

L'originale è intercettato e distrutto da Monaldo dopo averlo fatto leggere al cognato Antici. E quest'ultimo ancora una volta esprime il suo sgomento: «Vi confesso che quella lettera scritta da Giacomo al Professore di Lodi, ed in quei termini, dopo le vostre paterne e sagge animadversioni, mi sgomenta assai [...] Bisogna convenire purtroppo, che il contagio del tempo è sommamente pericoloso, poiché le massime più perverse sono vestite sotto forme leggiadre tanto, da far prevaricare anche i santi attempati».[5] In marzo una grave «imbecillità de' nervi degli occhi» gli fa temere la cecità e gli impedisce «ogni minima contenzione del pensiero». Passa le giornate nella «biccoccaccia» di suo padre a misurare a passi i viali del giardino e le stanze, «con un certo fremito» si sporge sull'orlo della vasca del giardino ma poi si ritrae come a uno scampato pericolo. Libertà e gloria sono miraggi di un mondo lontano e Recanati si cancella in una «nebbia di tedio». Il diagramma della sua esistenza ha impennate e cadute: momenti di esaltazione, di fervore mentale sono cancellati da uno stato depressivo, la tentazione del suicidio è seguita dall'ansia di ribellarsi con un cambiamento definitivo, ma impedimenti inconsci cospirano a frustrarlo. Dopo una breve parentesi in cui sente riaprirsi l'animo al ritorno della primavera e scrive alcuni versi, già in maggio ritorna a essere «mezzo disperato» e a luglio la sua vita è «spaventevole»: l'orlo della vasca è l'immagine ricorrente dello scivolamento verso la morte.

«Quando l'uomo veramente sventurato si accorge e sente profondamente l'impossibilità d'esser felice, e la somma e certa infelicità dell'uomo, comincia dal divenire indifferente intorno a se stesso, come persona che non può sperar nulla, né perdere e soffrire più di quello ch'ella già preveda e sappia. Ma se la sventura arriva al colmo, l'indifferenza non basta, egli perde quasi affatto l'amor di sé (ch'era già da questa indifferenza così violato), o piuttosto lo rivolge in un modo tutto contrario al consueto degli uomini, egli passa ad odiare la vita, l'esistenza e se stesso, egli si abborre come un nemico, e allora è quando l'aspetto di nuove sventure, o l'idea e l'atto del suicidio gli danno una terribile e quasi barbara allegrezza [...]».[6]

Alla fine di luglio, sentendosi «disprezzato e calpestato da chicchessia», spinto dalla «noia orribile derivata dall'impossibilità dello studio» e da un «altro motivo» che non vuol confessare, di nascosto del padre si rivolge a un amico di famiglia a Macerata, per ottenere il passaporto per il Lombardo-Veneto con una lettera che è stata definita un capolavoro di ipocrisia, poiché lascia intendere che il padre è consenziente a questo viaggio.

«Dimostrava in quei giorni umor tetro, taciturnità sospetta. Io e la Paolina ce ne avvedemmo, e lo tenemmo d'occhio. Temevamo qualche funesta risoluzione». (Carlo).[7] La fuga da casa è un progetto pensato da tempo, vagamente accennato al Giordani, ma la decisione di attuare «quella formidabile risoluzione» che simbolicamente rappresenta la definitiva ribellione al passato, è disperata e quasi suicida: «la mia vita non valendo più nulla potevo gittarla».

Assieme alla richiesta del passaporto manda i suoi connotati: «Età 21 anni. Statura piccola. Capelli neri. Sopracciglia nere. Occhi cerulei. Naso ordinario. Bocca regolare. Mento simile. Carnagione pallida. Professione possidente». Dopo aver predisposto un arnese per scassinare la cassaforte del padre, prepara il suo congedo scrivendo due lettere. Una al fratello Carlo per spiegargli ciò che hanno discusso tante volte insieme: la certezza del suo fallimento, la vergogna per il suo corpo deforme, il desiderio dell'amore fisico; la seconda lettera, per il padre, è una terribile requisitoria che si conclude con un richiesta di perdono. Trattenuta dal fratello Carlo resterà ignota al padre e sarà pubblicata dopo la sua morte.

Dato il ristretto giro dei sospettosi burocrati provinciali, la notizia della richiesta del passaporto perviene a Monaldo battendo in tempestività tutte le astuzie del figlio. Il suo sgomento doloroso è sicuramente sincero, ma dosandone l'effetto e fingendo per di più di lasciarlo libero di partire, Monaldo riesce facilmente a far recedere il figlio: «le preghiere e il dolore mi legarono al mio patibolo irresolubilmente». In realtà Monaldo ha predisposto l'impedimento più sicuro impadronendosi del suo passaporto. La doppiezza del padre ferisce Giacomo più che la frustrazione della sua fuga.

«[...] Rovinatasi la vista, e obbligato a passare un anno *La conversione* intero (1819) senza leggere, si volse a pensare, e si affe- *filosofica* zionò naturalmente alla filosofia; alla quale, ed alla bella letteratura che le è congiunta, ha poi quasi esclusivamente atteso fino al presente».[8]
Dalla mitizzazione di questo periodo di sconfitte, di prostrazioni fisiche, di «mortifere malinconie» nasce la prima grande crisi pessimistica, in cui il suo pensiero, senza alcuna distrazione, è sollecitato ad oggettivare una inaudita antropologia negativa. Dopo tre anni dalla «conversione letteraria», il passaggio dall'erudizione alla poesia, l'anno '19 è contrassegnato dalla «conversione filosofica», il passaggio dalla poesia alla prosa, dalle lettere alla filosofia: «La mutazione totale in me, e il passaggio dallo stato antico al moderno, seguì si può dire dentro un anno, cioè il 1819, dove privato dell'uso della vista, e della continua distrazione della lettura, cominciai a sentire la mia infelicità in un modo assai più tenebroso, cominciai ad abbandonar la speranza e a riflettere profondamente sopra le cose [...] a divenir filosofo di professione (di poeta ch'io era), a sentire l'infelicità certa del mondo in luogo di conoscerla, e questo anche per uno stato di languore corporale, che tanto più mi allontanava dagli antichi e mi avvicinava ai moderni».[9]
Con una serie di antitesi concettuali, natura-ragione («La ragione è nemica d'ogni grandezza: la ragione è nemica della natura: la natura è grande la ragione è piccola»), ragione-illusione, antico-moderno, immaginazione-sentimento, reale-illusorio, bello-vero, poesia-filosofia, intelligenza-felicità, il suo «sistema» filosofico morale comincia a delinearsi dentro una delle più tremende esperienze esistenziali: «Io ero spaventato nel trovarmi in mezzo al nulla, un nulla io medesimo. Io mi sentiva come soffocare, considerando e sentendo che tutto è nulla, solido nulla».[10]
Contro l'«esperienza e la lugubre cognizione delle cose», e contro la follia della ragione, il soccorso fornito dalla natura benigna e provvida è rappresentato dalle illusio-

ni: l'amore, la gloria, il piacere, l'eroismo, tutti gli affetti e ideali presenti e lontani tessono un mitico linguaggio per l'unica salvezza dell'uomo.

«Le illusioni per quanto siano illanguidite e smascherate dalla ragione, tuttavia restano ancora nel mondo, e compongono la massima parte della nostra vita».[11]

Le lettere del '19 a Giordani, al padre, al fratello e all'amico che doveva procurargli il passaporto, il conte Saverio Broglio d'Ajano, risentono di ogni passaggio del dramma in corso, con qualche accentuazione dei suoi lati più miserevoli e sconfortati. Invece non vi è notizia delle poesie che va scrivendo in primavera e poi in autunno e delle molte pagine dello *Zibaldone*; questa discrezione sul suo lavoro poetico non verrà mai meno e gli unici riferimenti saranno soltanto pratici, editoriali e tipografici, con una fugace eccezione per la sorella Paolina. Un accenno nelle lettere di quest'anno riguarda i suoi «disegni letterari» che si moltiplicano ma saranno quasi tutti destinati a rimanere sulla carta.

Del marzo-aprile sono due canzoni dai temi a forti tinte patetiche, ispirate a fatti di cronaca: *Per una donna inferma di malattia lunga e mortale* e, un mese dopo, *Nella morte di una donna fatta trucidare col suo portato dal corruttore per mano ed arte di un chirurgo*.

Entrambe, dopo un primo tentativo di pubblicarle assieme alla canzone *Ad Angelo Mai*, saranno rifiutate e non troveranno posto in nessuna edizione dei *Canti*.

In maggio-giugno traccia le prime linee di un progettato romanzo autobiografico di tipo werteriano, di cui fan parte gli appunti dei cosiddetti *Ricordi d'infanzia e di adolescenza* più volte citati cui seguiranno le pagine di altri abbozzi autobiografici ai quali lavora in anni diversi designandoli con vari titoli: *Vita di Silvio Sarno, Storia di un'anima scritta da Giulio Rivalta, Vita del Poggio, Eugenio*.

In settembre scrive *L'infinito*; entro l'anno probabilmente l'idillio *Alla luna* e il frammento «Odi, Melisso: io vo' contarti un sogno» intitolato *Il sogno*, più tardi cambiato in *Lo spavento notturno*. Sono i primi *Idilli* «esprimenti situazioni, affezioni, avventure storiche del mio animo».
In autunno l'abbozzo teatrale *Telesilla*.

1820

Angelo Mai Continuano nel '20 solitudine, torpore, trafitture. Ma già in gennaio una notizia riesce a scuoterlo: lo «scopritor famoso» Angelo Mai, continuando alla Biblioteca Vaticana le sue rabdomanzie di antichi testi perduti, ha messo la mano su importanti frammenti del *De republica* di Cicerone. Leopardi, raccogliendo le sue «forze quasi spente», gli scrive per avere le bozze di stampa del testo. Già in occasione delle precedenti pubblicazioni curate dal paleografo (Frontone, Dionigi d'Alicarnasso), la revisione e il commento critico di Leopardi hanno apportato nuove interpretazioni ed emendazioni dei testi. Ma il Mai che «anche soltanto come editore delle proprie scoperte, fu, bisogna pur dirlo, troppo inferiore al suo compito» (Timpanaro),[1] è geloso della sua fama e si serve dei suoi contributi per correggere e colmare i vuoti del proprio lavoro senza mai citare Leopardi. Leopardi non tarderà ad accorgersi delle sue «non eccelse doti filologiche» (Timpanaro),[2] rispetto alla sua fortuna; e sarà presto deluso anche dalla sua freddezza complimentosa. Ma nel gennaio del '20 è ancora colmo di ammirazione per la «strepitosa scoperta». In «dieci o dodici giorni», facendola uscire «per miracolo dalla penna», scrive la canzone *Ad Angelo Mai quand'ebbe trovato i libri di Cicerone della Repubblica*, una poesia che «supera, anche se sparsa di ingenuità, la stessa *Ginestra*» (Ungaretti).[3]

Appena terminata la canzone che in realtà «parla di tutt'altro che di codici» bensì «di quello che più gli importa», si rivolge a Brighenti perché la stampi a Bologna assieme alle altre due canzoni del '19 (*Per una donna inferma* ecc. e *Nella morte di una donna* ecc.). Con una certa fretta, anche per sfruttare l'emozione suscitata dalla scoperta dell'opera ciceroniana; la stampa naturalmente è a sue spese.

L'amicizia con Pietro Brighenti

Con la risposta del Brighenti si apre un'altra sezione importante dell'epistolario dove la mano di Leopardi scorre con un calore raro e ricco di confidenze, mentre per altri corrispondenti vale quello che ha già affermato: «io non voglio farmi conoscere da tutti».

Una caratteristica misteriosa di questo personaggio attraversa la corrispondenza con Leopardi senza tradirsi nemmeno col più labile lapsus.

Pietro Brighenti, che durante il Regno Italico è stato funzionario di polizia e sottoprefetto a Cesena, negli anni dell'amicizia con Leopardi è titolare di sfortunate imprese nel campo dell'editoria, della musica lirica e del teatro. Vive a Bologna, in ristrettezze economiche, con la moglie ammalata e due figlie giovinette; la maggiore, Marianna, sta per diventare una cantante celebre e per molti anni sarà amica epistolare di Paolina Leopardi. Il Giordani che gli è molto attaccato e riconoscente per aver avuto la vita da lui salvata, lo considera così affidabile e generoso da suggerirgli di aiutare Leopardi a uscire da Recanati. Brighenti fin dalle sue prime lettere a Leopardi si lamenta delle umiliazioni della sua miseria. Fermando l'attenzione su alcune di queste frasi affiora forse il segreto della sua vita, nella forma dell'autodeni-

grazione espiatoria: «Si gettano sacchi d'oro a funzionari pomposi e ignoranti, e per gli studi si grida sempre che
è necessaria l'economia e che il tesoro pubblico fallirebbe se pagasse convenientemente le persone che agli studi
debbono impiegarsi; intanto persino gli spioni vanno in
cocchio, e sono la delizia de' circoli dei nostri patrizi».
Su questo fondo di frustrazione e di povertà, con qualche altro motivo che resta comunque sfuggente, il «povero diavolo» Brighenti «disposto, anzi appassionato,
per gli uffici polizieschi» (Chiarini), ha fondato il suo secondo mestiere che è appunto di spia della polizia austriaca e del duca di Modena, il peggiore dei regnanti
italiani. Oggetto delle sue «confidenze» sono le attività
degli intellettuali che entrano in relazione con lui. E con
uno sdoppiamento riuscito, firmandosi Luigi Morandini,
denuncia a ogni occasione anche amici come Giordani e
Leopardi, senza mai proiettare un'ombra di sospetto.
Soltanto dopo la sua morte, gli archivi della polizia austriaca forniranno casualmente la prova della sua professione segreta.
Brighenti rispondendo a Leopardi avanza la proposta di
raccogliere in un unico volumetto anche le due canzoni
precedenti *All'Italia* e *Sopra il monumento di Dante* e
Monaldo, che fruga nella corrispondenza del figlio con
una censura più rigida di quella degli stati autoritari,
viene così informato del progetto che disturberebbe i
suoi sonni se non intervenisse subito. E scrive all'avvocato Brighenti per proibire la stampa delle due prime
canzoni che lo avevano già tanto turbato; poi, con una
seconda lettera, proibisce anche *Per una donna inferma* e
Nella morte di una donna. Non le ha lette ma i titoli co-
municatigli dal Brighenti bastano per fargli immaginare
«mille sozzure». Leopardi, informato dall'amico editore
dell'interdizione paterna, vorrebbe rinunciare alla pubblicazione, poi rassegnato decide di far apparire la sola
canzone *Al Mai* che Monaldo considera innocua perché
dedicata a un «monsignore».
L'opuscolo di sedici pagine esce in luglio a Bologna per
le stampe di Iacopo Marsigli, con una lettera dedicatoria
al conte Leonardo Trissino, amico del Giordani. Alla
sua uscita: «Quella strana guardatura del mondo così af-
flittiva parve ubbìa di egra immaginazione, o mezzo artificioso di rilievo, e nessuno ci badò più che tanto» (De
Sanctis),[4] ma rinnova il successo delle due precedenti
nella lettura appassionata dei giovani patrioti, e come le
altre viene proibita dal governo del Lombardo Veneto.
L'azione tempestiva della censura questa volta è stata
forse guidata dallo stesso Brighenti che, in veste di Luigi
Morandini, ha segnalato i suoi contenuti alle autorità
austriache: «Questo è uno di quei malèfici libricciuoli

che per essere di poco volume e di poco costo, può esser letto da tutti [...] Io sarei quindi del rispettoso sentimento che quest'operetta dovess'essere soppressa».[5]

Il governo austriaco anche in seguito avrà provvedimenti da scagliare contro Leopardi fino a quello del principe di Metternich che personalmente proibirà l'introduzione in Germania di un suo «scritto irreligiosissimo».

Tra coloro che perseverano nel tentativo di sistemare Leopardi stanco delle «catene domestiche ed estranee» in qualche posto fuori di Recanati, oltre al «cuore impareggiabile» del Giordani che gli promette la cattedra di un liceo di Lodi, ora c'è anche il Brighenti che, in conflitto col suo *alter ego* Morandini, si interessa generosamente dell'amico poeta investigando la possibilità di un suo insediamento nella cattedra di eloquenza all'Università di Bologna. Altri tentativi li compie la zia Ferdinanda Melchiorri, sorella di Monaldo, che da poco si è trasferita a Roma e mantiene col nipote una affettuosa relazione epistolare. Nei primi mesi del '21 la zia Ferdinanda si rivolge direttamente al segretario di stato cardinale Ercole Consalvi chiedendo per il nipote la cattedra di letteratura latina alla Biblioteca Vaticana o, più modestamente, l'incarico di «scrittore». Le sue lettere al nipote sono piene di dolcissimi conforti: «nessuno mai toccò le piaghe del cuore di Giacomo con mani così lievi, da vera infermiera dell'anima, come questa pallida figura di donna, china e chiusa nella sua tristezza.» (Momigliano).[6] Dal loro carteggio scompariranno tutte le lettere di Leopardi, forse distrutte dalla stessa destinataria per cancellare la testimonianza degli sfoghi di Giacomo contro i genitori.

La zia Ferdinanda

Queste iniziative, coltivate con più o meno energia, tramontano senza grandi illusioni, anche per la resistenza passiva del padre, mentre Giordani vedendo chiaramente da che parte si è innalzato l'ostacolo alla sistemazione dell'amico, con caratteristica vaghezza per i problemi pratici, non ha meglio da suggerirgli che di cedere e farsi prete. Ma Leopardi non sembra più così ansioso di uscire di casa essendo diventato «di giorno in giorno più mansueto e paziente delle disgrazie».

Tra le tristissime lettere del '20 c'è quella splendida al Giordani del 6 marzo sugli effetti della primavera: «Questo è un piccolo capolavoro [...] queste non sono invenzioni poetiche, ma fenomeni dell'anima, vivi nella memoria, e riprodotti in modo immediato e semplice, fenomeni di quel novo spiracolo di vita che gli apriva la primavera.» (De Sanctis).[7]

È sempre al Giordani la risposta a quella sua, torbida-

mente apocalittica e più che inopportuna, del 18 giugno.
Leopardi, che tra poco scriverà *Bruto minore* e sta trac-
ciando nello *Zibaldone* molti pensieri sul suicidio, provocato dal pessimismo nervoso di Giordani risponde con
la forza mentale di chi sa vivere dentro il dolore. Parallel-
lamente, in data 26 giugno, scrive un lungo commento a
questa lettera nello *Zibaldone*: «Mentre io stava disgu-
statissimo della vita, e privo affatto di speranza, e così
desideroso della morte, che mi disperava per non poter
morire, mi giunge una lettera di quel mio amico, che
m'avea sempre confortato a sperare, e pregato a vivere
assicurandomi come uomo di somma intelligenza e gran
fama, ch'io diverrei grande, e glorioso all'Italia, nella
qual lettera mi diceva di concepir troppo bene le mie
sventure (Piacenza, 18 Giugno) che se Dio mi mandava
la morte l'accettassi come un bene, e ch'egli l'augurava
pronta a se e a me per l'amore che mi portava. Credere-
ste che questa lettera invece di staccarmi maggiormente
dalla vita, mi riaffezionò a quello ch'io avevo già abbandonato? e ch'io pensando alle speranze passate, e ai conforti e presagi fattimi già dal mio amico, che ora pareva
non si curasse più di vederli verificati, né di quella grandezza che mi aveva promessa, e rivedendo a caso le mie
carte e i miei studi, e ricordandomi la mia fanciullezza e
i pensieri e i desideri e le belle viste e le occupazioni del-
l'adolescenza, mi si serrava il cuore in maniera ch'io non
sapea più rinunziare alla speranza, e la morte mi spaventava? non già come morte, ma come annullatrice di tutta
la bella aspettativa passata. E pure quella lettera non mi
avea detto nulla ch'io non mi dicessi già tuttogiorno, e
conveniva né più né meno colla mia opinione [...]».[8]
Con una lettera del 1° giugno Brighenti gli domanda di
«regalare all'Italia» un tomo almeno delle sue lettere.
Questa proposta che si può dire l'atto germinale dell'*E-
pistolario*, è attraente per Leopardi il quale nella risposta
sottolinea quella «certa attenzione» che mette nello scrivere le sue lettere, testimoniata dalle correzioni che appone alle copie delle lettere già spedite.
All'autunno del '20 appartiene forse l'idillio *La sera del
dì di festa* che si fa eco delle molte espressioni dolenti
delle lettere e annotazioni dello *Zibaldone* di questo periodo. Al dicembre o ai primi del '21 appartiene l'altro
idillio *Il sogno* in cui compare il ricordo di Teresa Fattorini, figlia del cocchiere di casa Leopardi morta a ven-
t'anni (la futura «Silvia»), già incontrata in due appunti
dei *Ricordi d'infanzia*: «Canto mattutino di donna allo
svegliarmi, canto delle figlie del cocchiere e in particolare di Teresa [...] Storia di Teresa da me poco conosciuta
e interesse ch'io ne prendeva come di tutti i morti giovani in quello aspettar la morte per me.»[9]

Sull'amore del poeta per la ragazza recanatese c'è un ricordo di Carlo Leopardi: «Molto più romanzeschi che veri gli amori di Nerina (Maria Belardinelli) e di Silvia (Teresa Fattorini). Sì, vedevamo dalle nostre finestre quelle due ragazze, e talvolta parlavamo a segni. Amori, se tali potessero dirsi, lontani e prigionieri. Le dolorose condizioni di quelle due povere diavole, morte nel fiore degli anni, furono bensì incentivo alla fantasia di Giacomo a crear due de' più bei tratti delle sue poesie. Una era la figlia del cocchiere, l'altra una tessitora».[10]

In autunno, riprendendo a «scrivacchiare», compone alcuni dialoghi «quasi per vendicarmi del mondo» che sono i germi delle future *Operette morali*. Lo *Zibaldone* aumenta quest'anno di 276 pagine nel manoscritto originale.

1821

Con la salute migliorata si addensano nuovi progetti di lavoro, i «disegni letterari», per i quali non sarebbero «bastate quattro vite», che comprendono una biografia del patriota polacco Kosciuszko («per rispetto alla somiglianza che hanno le sventure della Polonia, a cui questo Generale volle fare riparo, con quelle d'Italia»), un romanzo storico «sul gusto della Ciropedia» («Il Romanzo dovrebb'essere pieno di eloquenza; rivolta tutta a muovere gl'Italiani, onde il libro fosse veramente nazionale e del tempo»), una serie di «Vite de' più eccellenti Capitani e cittadini italiani [...] destinate a ispirare l'amor patrio», abbozzi di tragedie, studi letterari, linguistici e grammaticali, titoli di «operette morali»; progetti che restano allo stato di intenzione o appena abbozzati.

La morale eroica

Scrive molti versi: nell'estate probabilmente *La vita solitaria* che chiude il primo ciclo degli idilli ed è forse ispirato dal soggiorno estivo nella tenuta di San Leopardo dove ogni anno la famiglia Leopardi va a villeggiare. Tra ottobre e novembre le canzoni *Nelle nozze della sorella Paolina* e *A un vincitore nel pallone* «che svolgono successivamente il tema educativo esaltando una vitalità eroica e piena» (Binni). Nel dicembre — «opera di venti giorni» — la canzone *Bruto minore* che porta «bruscamente alla luce paurosi elementi di protesta e di accusa, blasfema, sulle stesse illusioni-valori, sui limiti di resistenza della natura e sulla generale situazione dell'uomo virtuoso ed eroico (e ciò ai suoi massimi livelli) in un mondo esistenziale ingiusto e tirannicamente crudele e malvagio» (Binni).[1]

Dal 1 gennaio al 31 dicembre con annotazioni giornaliere — spesso tre o quattro nella stessa giornata — scrive poco meno di duemila pagine del manoscritto originale dello *Zibaldone*. Dentro questo grande diario intellettuale il suo pensiero avanza audacemente nel processo di distruzione delle vecchie credenze religiose alle quali è ancora legato da un antico sentimento, fino a spingersi a un'aspra denuncia del cristianesimo «contrario alla natura» e sola religione che «faccia considerare e consideri come male quello che naturalmente è, fu, e sarà sempre bene (anche negli animali) e sempre male il suo contrario; come la bellezza, la giovanezza, la ricchezza ec.»[2] Mentre le riflessioni sull'uomo contemporaneo puntano sulla dimostrazione della sua infelicità senza speranza dovuta al razionalismo privo di illusioni e al contrario sulla dimostrazione della felicità e pienezza di vita degli «errori» degli antichi, partecipi di una natura suscitatrice di forti passioni, di grandi fatti e di eroiche illusioni. Avanza anche nella critica della società moderna, del dispotismo della Restaurazione che ha fatto dilagare l'egoismo individuale e ha distrutto ogni ideale, della disumanità del mondo storico, della società civile razionalistica che toglie ogni felicità e libertà agli uomini.

Dalla crisi dell'anno 1821 esce tuttavia riconfermata la concezione di una natura provvidenziale, creatrice di illusioni, di energia fisica e spirituale per grandi ideali indirizzati al bene pubblico, che può essere degradata dalla ragione. «Egli ritiene Bruto l'ultimo degli antichi, invece è lui che si rivela tale. Egli è triste come un antico venuto troppo tardi» (Sainte Beuve). Ma presto anche questa idea della natura sarà capovolta nella rivelazione della sua feroce indifferenza; e questa idea distruttiva si intreccerà all'opposta concezione positiva lungo tutto il corso del pensiero leopardiano.

«La pazienza della noia in me divenne finalmente affatto eroica. Esempio de' carcerati, i quali talvolta si sono anche affezionati a quella vita».[3] Con uno stato d'animo più placato che nel recente passato, con «il riposo in luogo della felicità», ridendo alle spalle «di coloro che posseggono l'orbe terraqueo», trovando qualche conforto «ridendo dei nostri mali», traccia il primo diagramma del suo pensiero materialistico, invocando una morale «eroica» come rifiuto delle ingiustizie, del tragico comune destino, scegliendo il suicidio come protesta. Il suicidio è un tema ripercorso ossessivamente nelle riflessioni di questo periodo fino alla considerazione della sua legittimità in un mondo alienato dalla natura: «[...] e provava una gioia feroce ma somma nell'idea del suicidio».[4] «Il suicidio è una sua tentazione, non solo per sfuggire alle sofferenze reali, ma anche per vendicarsi della fortuna ed evitare il pericolo di cadere nell'inerzia della rassegnazione: quella rassegnazione così raccomandata dagli esempi familiari» (Biral).[5]

Anche il rapporto col padre si è superficialmente alleggerito, dando l'illusione — proprio in questo periodo — di una prossima resa del figlio al «partito dei saggi». Monaldo proseguirà in questa patetica dissociazione — amando suo figlio e non potendo comprenderlo — che cercherà ancora per qualche anno di coprire con querule illusioni, nel tentativo di placare la sua irritata gelosia, la sua affettività prepotente e ricattatoria, fino al momento in cui cedendo suo figlio a un destino inspiegabile, si chiuderà in un silenzio più dignitoso da cui farà filtrare soltanto la voce del suo affetto.

Nelle nozze della sorella Paolina è veramente una poesia di «occasione», scritta per l'imminente matrimonio della terzogenita di Monaldo, Paolina o «don Paolo» come la chiamano i fratelli o «Tutta-di-tutti» come la chiama il padre. Compagna di giochi e di studi dei fratelli, più tardi confidente di Giacomo e copista dei suoi scritti, anch'essa ha recalcitrato sulla strada indicata dai genitori che l'avrebbero rinchiusa volentieri in un monastero per evitare sperperi per la sua dote. Adesso ha ventun anni e coltiva, assieme alla venerazione per il fratello, un personale gusto letterario e uno stile di scrittura, ma il suo aspetto fisico è come lo descrive lei stessa a un'amica: «Mia madre non fece tempo a sacrificare alle grazie prima di partorirmi; gravida di 7 mesi cadde dalle scale, ed io mi affrettai tosto di uscire fuori per godere di questo bel mondo, di cui ora mi affretterei di uscire, se potessi. Confesso dunque a te, mia diletta, che Paolina Leopardi non è grande assai, non è grassa, non ha carnagione bianca, non ha capelli biondi, non ha occhi bianchi, non ha viso lungo, non ha bocca grande, non ha naso lungo — anzi il naso, ah! o forse per la fretta di uscir fuori, o perché mamà aveva cattivi modelli innanzi agli occhi (come dice), il mio naso ha della rassomiglianza con quello di Rosselane al tempo di Solimano secondo». Anche per Paolina, Recanati è un «orribile postaccio», un «canile», un «soggiorno abbominevole e odiosissimo», mentre dentro palazzo Leopardi un «sistema di vita veramente spaventevole» la tiene prigioniera. «Quello che io posso vedere dalla finestra è sempre sorvegliato da mia madre, (la quale) gira per tutta la casa, si trova per tutto, e a tutte le ore».[6] Gli atti più abituali richiedono una doppia vita di sotterfugi e se vuol scrivere o ricevere lettere delle sue amiche, sono necessarie manovre notturne, appostamenti, sussurri col suo complice don Sebastiano, pedagogo di casa. Col passare degli anni Paolina si adatterà alla sua reclusione, ma in questo autunno del '21 il suo sogno è di farsi portar via da un marito. Il primo candidato alle nozze per le quali Giacomo scrive la canzone-epitalamio, è il maturo vedovo Andrea Peroli. Dopo lunghe trattative la promessa è revocata da par-

Paolina
Leopardi

te dei Leopardi perché il fidanzato non soltanto è poco avvenente e di «nessuno spirito», ma preme per la dote perché è a corto di mezzi. Segue a poca distanza un secondo pretendente, il giovane Ranieri Roccetti di «poca entrata» ma di «geniale fisionomia»; Paolina se ne innamora e quando le nozze sembrano decise è proprio lei a disdirle perché sospetta il fidanzato di poca fedeltà e per tutta la vita rimane «con la sua immagine nel cuore, indelebilmente scolpita, e con il crudele dolore di non aver saputo ispirargli quell'amore che io sentivo per lui, ardente, furioso [...]».[7] Segue un'altra richiesta avanzata per la seconda volta dal Peroli; il fidanzato pretenderebbe seimila scudi di dote, la famiglia ne promette al massimo quattro o cinquemila e il Peroli si dilegua definitivamente. La dote di Paolina resta l'inciampo principale di queste trattative perché in realtà non è disponibile ed eventualmente potrà essere prelevata da quella di una ipotetica sposa di Carlo.

Negli anni successivi altri partiti con sempre minor censo e quarti di nobiltà saranno ricercati e proposti attraverso laboriose imbastiture da parenti e amici, soprattutto da Giacomo e da Giordani. Ci sarà un cavalier Marini di Roma, un Osvaldo Carradori di Pesaro, un signore di Urbino, un altro signore di Bologna. Ma appena accennata la loro presenza, i fidanzati di Paolina svaniscono contro gli ostacoli consueti.

Paolina resta zitella. Nel palazzo di Recanati sempre più vuoto, legge Stendhal e impara a memoria le lettere di Madame de Sevigné, traduce Xavier de Maistre e una vita di Mozart (che è forse quella di Stendhal) e scrive lettere incantevoli a Giacomo (quelle di Giacomo a lei sono le più commoventi dell'epistolario), alle amiche Marianna e Anna Brighenti, figlie dell'avvocato editore, a Antonietta Tommasini anch'essa amica di Giacomo, a Vittoria Lazzari, figlia del «primo amore» Geltrude Cassi. È sempre stata molto affezionata al padre e quando le simpatie liberali tramontano, partecipa alle sue battaglie *ultras* collaborando alla redazione delle riviste «La voce della ragione» diretta da Monaldo e «La voce della verità» di Modena.

In vecchiaia, invece di scomparire nelle ombre afone di palazzo Leopardi, ha l'estro di rinnovare tutto intorno a sé spendendo ingenti somme per il restauro del palazzo, per le scuderie, per i domestici e per il suo guardaroba che cambia fattura e colori a seconda della moda. Infine negli ultimi quattro anni di vita è spesso in viaggio: a Reggio Emilia per soccorrere le amiche Brighenti ridotte in miseria, a Napoli per visitare la tomba del fratello, ma senza avvertire Ranieri, e infine, per sfuggire il cattivo clima di Recanati, nel '68 va a soggiornare a Pisa, attratta dal ricordo di una lettera del fratello. E a Pisa muore il 13 marzo del '69.

1822-1823

Come ogni anno in autunno, la famiglia Antici lascia Recanati per rientrare nel palazzo di Roma. Nella seconda delle due carrozze in partenza il 17 novembre del '22, sale il nipote Giacomo che finalmente ha ottenuto il permesso di un lungo soggiorno fuori di casa. Monaldo ha ceduto anche per le insistenze di Antici, ma com'è nel «naturale» del suo carattere, la speranza nascosta che suo figlio rimanga presto deluso dalla vita romana e desideri ritornare a Recanati aleggia nella benedizione che gli impartisce al momento della partenza. La benedizione di Adelaide al contrario è una preghiera alla provvidenza perché il figlio trovi presto una sistemazione fuori di casa. Carlo e Paolina dopo i saluti piangono tutto il giorno.

Il viaggio verso Spoleto, dove sostano una giornata, e poi verso Roma, dura sei giorni; Leopardi nella carrozza dello zio don Girolamo (Momo) Antici, legge il *Don Quijote* in spagnolo, in greco Luciano e corregge il suo ultimo manoscritto. Qualche occhiata allo «scabro Apennino» fisserà nella sua memoria visiva alcune inquadrature che saranno trasferite anni dopo nelle ottave dei *Paralipomeni*.

A Roma avrebbe preferito abitare in una «dozzina buona e discreta» ma lo zio Carlo vuole averlo ospite in casa sua e lo sistema in una stanzetta all'ultimo piano del Palazzo Antici-Mattei.

La lunga attesa dell'evasione ha logorato molte speranze e desideri e quando Leopardi arriva a Roma si sente sperduto, «interamente solo e nudo in mezzo ai *suoi* parenti», sbalestrato in casa Antici, infastidito dal suo «orrendo disordine»; anche quello che Roma via via gli va rivelando lo mette subito in uno stato di crisi e i suoi giudizi si abbattono recisamente su quel «letamaio di letteratura, di opinioni e di costumi (o piuttosto usanze, perché i Romani, forse neanche gli Italiani, non hanno costumi)»; infine è respinto anche dalla vista delle donne, dall'«eccessiva frivolezza e dissipatezza di queste bestie femminine». Monumenti e opere d'arte sono appena intravisti. Il cugino Giuseppe Melchiorri e lo zio Carlo Antici lo introducono nelle case dei personaggi più ragguardevoli italiani e stranieri: cardinali, ministri, diplomatici, scrittori. Ricava soltanto impressioni di una società oziosa, frivola, indifferente; di una corte intrigante e superstiziosa; di una popolazione parassitaria e miserabile; di una cultura arretrata, accademica, passatempo di nobili.

Il viaggio a Roma

Soffre anche di muoversi in una città smisurata, in uno stato doloroso di spossessione di sé. I suoi giudizi sono di tagliente condanna e rigetto anche perché corrispondono ad una violenta presa di coscienza della propria alterità: di fronte ad una società così lungamente attesa e desiderata si rivelano drammaticamente le sue incongruenze con il mondo sociale, la sua incapacità di svolgere una vita esterna per la inconciliabilità delle sue esigenze ideali con una realtà meschina, mentre la sua deformità fisica è ora sotto gli occhi di tutti. «[...] la peggior cosa del mondo, e la maggiore infelicità dell'uomo si è trovarsi privo del bello e del vero, trattare, convivere con ciò che non è né bello né vero. Tale si è la sorte di chi vive nelle città grandi, dove tutto è falso, e questo falso non è bello, anzi bruttissimo (Roma, 13 Dicembre 1822).»[1]

«Il torto non era di Roma, ma era suo»[2] affermò De Sanctis; e Roma infatti proprio in quell'epoca è oggetto dei complimenti, eleganti come fiori del suo spirito, del viaggiatore Stendhal: «Les gens d'esprit à Rome ont du brio,... Je ne connais pas, en Europe, de salons préférables à ceux de Rome...»[3] «[...] ma il giudizio sulla realtà romana (specie se si considera la prospettiva leopardiana intransigente ed esigente) non era certo privo di una sua, anche se esagerata, validità.» (Binni).[4]

Anche l'incontro con i letterati coi quali è in corrispondenza da tempo provoca giudizi altrettanto perentori, «orrori e poi orrori»: il premuroso abate Cancellieri, considerato l'uomo più erudito di Roma, è «un fiume di ciarle»; il cugino Melchiorri è «quel coglione di Peppe»; il Mai che lo invita a pranzo è «compiacentissimo in parole, politico in fatti». È appena uscito il *De republica* e Mai gliene regala una copia provocando altra delusione: «la materia non ha niente di nuovo [...] l'utilità di questo libro non vale il suo prezzo».

«Andato a Roma, la necessità di conviver cogli uomini, di versarmi al di fuori, di agire, di vivere esternamente, mi rese stupido, inetto, morto internamente. Divenni affatto privo e incapace di azione e di vita interna, senza perciò divenir più atto all'esterna [...] quello stato fu forse il più penoso e il più mortificante che io abbia passato nella mia vita [...]»[5] Leopardi che pure da tempo considera la filologia un'occupazione secondaria nei confronti della poesia e della filosofia, cerca di farsi conoscere nell'ambiente romano ripresentandosi come filologo, grecista ed erudito, e tra dicembre e gennaio prepara per il periodico romano «Effemeridi letterarie» tre «bagattellissime», come scrive al fratello con ricercata ironia: la recensione ai *Sermoni* di Filone d'Alessandria pubblicati da G.B. Aucher, una serie di note critiche sul *De repu-*

blica di Cicerone e infine le *Annotazioni sulla Cronaca d'Eusebio* anch'essa pubblicata dal Mai. Uno di questi saggi capita sotto gli occhi del più eminente degli storici stranieri residenti in Italia, Barthold Georg Niebuhr il quale desidera conoscere subito l'autore. Il Niebuhr e altri studiosi stranieri incontrati a Roma come F.G. Reinhold, ministro del Re dei Paesi Bassi, Friedrich Wilhelm Thiersch, grecista dell'università di Monaco, Christian Carl Josias von Bunsen, archeologo e segretario dell'ambasciata prussiana dove Niebuhr è ministro (personaggi molto noti della Pleiade della cultura tedesca insediata con incarichi diplomatici nella curia romana), non tardano ad accorgersi che il malinconico giovane provinciale nipote di Antici è l'unico filologo promettente in Italia e suo «conspicuum ornamentum« come dirà il Niebuhr. La conoscenza di questi e di altri letterati stranieri come il belga A. Jacopssen, i loro inviti a pranzo con conversazione «alla francese», sono gli unici risultati confortanti del suo soggiorno romano. *Gli amici stranieri: Niebuhr, Bunsen, Jacopssen*

Il ministro prussiano sta per trasferirsi all'università di Bonn e chiede al segretario di stato cardinale Consalvi di trovare una sistemazione a Leopardi come regalo per il suo congedo dall'Italia. «Mi stimerei fortunato se gli ultimi momenti in questo paese fossero utili ad un collega filologo», gli scrive il Niebuhr, consigliandolo di portare a mano una supplica al segretario di stato. E Consalvi fa chiedere al Leopardi se è disposto a indossare l'abito di corte, che è una mezza misura tra lo stato prelatizio e quello laicale. Se accetta, una rapida carriera gli si apre davanti, governatore di provincia o cardinale. Leopardi, dovendo decidere *de agenda vita*, chiede consigli ai parenti ma poi, come ha stornato in precedenza altre sollecitazioni al sacerdozio, decide che la sua vita «deve essere più indipendente che sia possibile» e rinuncia all'abito paonazzo. Ma non a un impiego qualsiasi; rivolge allora le sue speranze a un modesto impiego secolare come quello di cancelliere del censo in qualche centro provinciale. La morte di Papa Pio VII e la conseguente eclissi del Cardinale Consalvi vanificano per il momento ogni speranza e Leopardi, mentre considera sempre più «inverosimile» un impiego pontificio, accarezza il sogno di farsi «portar via da qualche forestiere o inglese o tedesco o russo». Bunsen, succeduto a Niebuhr nella carica di ambasciatore, si prende anche l'eredità di continuare l'opera in favore del loro protetto.

A Roma Leopardi fa «una vita molto divagata». Le lunghe passeggiate fatte da solo o col cugino Melchiorri sotto i soli del mite inverno, nelle vie del centro con qualche puntata nelle strade malfamate, gli inviti a pranzo che lo costringono a spostamenti lungo «strade interminabili» con «gran moto ed esercizio di corpo», gli hanno fatto acquistare, come scrive Antici al padre, «non poco in salute». Ma, aggiunge lo zio, «il suo contegno silenzioso è per altro sempre lo stesso, e son sicuro, che se io a varie riprese in tavola non cercassi di carpirgli qualche monosillabo, egli non parlerebbe più di quello che parlava alla mensa paterna ciò peraltro deve convincer voi che il di lui silenzio (tanto per voi doloroso) non nasceva da animo disgustato, ma da inveterata — ed ormai non più vincibile abitudine [...] io sperarei che potesse gettare la base di un collocamento tanto dall'ottima Adelaide inculcato [...]»[6] Uno dei tanti amici presentatigli dal cugino Melchiorri è il cavalier Marini che, gentilissimo e colto, mette a disposizione la sua bella biblioteca dove passano buona parte delle mattinate. È direttore generale del catasto e quindi può influire sulla ricerca di un impiego per Giacomo; e poiché è vedovo e cerca moglie gli viene proposta Paolina, sempre ansiosa di collocarsi; Giacomo è incaricato di sondare il Marini che benché cinquantenne è «dieci volte più amabile di quel che fosse Peroli» e «trattabilissimo circa la dote». Ma il Marini dopo qualche vaga promessa scompare e ricompare già sposato con una signora di Rieti.

Passato il momento più crudo dell'inverno che lo ha costretto a letto coi geloni per duecento ore, risanato da un precoce tepore, si estasia al ballo di carnevale in via del Corso «veduto con la lorgnette». La notte del 5 febbraio assiste al Teatro Argentina alla *Donna del lago* e ha un'impressione indimenticabile della musica «stupenda» di Rossini.

Quando in marzo la «primavera comincia a farsi vedere» frequenta la biblioteca Barberina dove, per interessamento del Cancellieri, ha ottenuto l'incarico di catalogare i codici greci. La speranza che l'ha indotto a questo lavoro è di fare qualche scoperta che lo metta in gara col Mai. E infatti trova «un'operetta greca sconosciutissima», un'orazione di Libanio che ricopia senza farsi notare dai sorveglianti della biblioteca. Esagerando l'importanza di questo ritrovamento, la mostra al Niebuhr che si impegna a pubblicarla in Germania. Il Mai che ha scoperto per conto proprio lo stesso testo in un altro codice, precede Leopardi nella pubblicazione e Leopardi che non aveva mai protestato quando il Mai ripubblicava le proprie scoperte plagiando i suoi molti contributi filologici, si offende dell'indelicatezza a proposito di Libanio, la giudica un atto di gelosia dispettosa e tronca per sempre i rapporti col monsignore.

Durante il soggiorno romano, l'offerta di lavoro più consistente gli viene dall'editore Filippo De Romanis che gli propone la traduzione di tutto Platone; da anni lo zio

Antici la auspica *ad majorem dei gloriam* contro l'ateismo e il materialismo del secolo. Leopardi è «quasi dell'impegno» e domanda consiglio al padre. Monaldo, conti alla mano, gli dimostra che il guadagno promesso dall'editore oltre a essere disdicevole a un nobile che deve offrire gratuitamente il frutto delle sue eleganti occupazioni, è inferiore a quello che guadagna il loro cuoco; soprattutto si dimostra contrario a un impegno che lo trattenga fuori di casa: «Per parte mia vi riterrò sempre domiciliato nella casa vostra paterna, e nel Paese dove riposano le ceneri dei padri vostri e miei». Tuttavia gli promette che ogni anno potrà ritornare a Roma a trascorrere i mesi invernali e per dimostrare subito il senso allargato dei propri propositi dichiara al figlio che potrà fin d'ora invitare a Recanati «qualunque vi piaccia, e giudichiate capace di diradare, almeno per pochi momenti, la opacità del nostro soggiorno. La mamma vostra potrà talora imbruttirsene ma può darsi questo piccolo dispiacere».
Alla fine di aprile, seguendo gli spostamenti stagionali degli Antici, un'altra carrozza lo riporta a Recanati. Nell'imminenza del ritorno dopo più di cinque mesi di assenza, scrive al fratello che a Recanati spera di trovare non altro che «amicizia e amore».

Le lettere scritte da Roma tra il novembre del '22 e l'aprile del '23, sono quasi tutte indirizzate ai familiari; in ordine di frequenza: al padre, a Carlo, a Paolina. Ci sono anche due lettere alla madre che pur gli aveva proibito di scriverle e per lei si firma il «suo figlio d'oro Giacomo — alias — Mucciaccio». E la madre gli risponde «Caro Carissimo figlio...» con una lettera del 29 novembre dove «un laconismo che nasce dal di dentro stringe in una saldissima unità tutti i motivi; uno scrittore che volesse fare l'etopeia di Adelaide Antici, troverebbe qui tutti gli elementi necessari, e difficilmente li saprebbe disporre in un ordine così vitale». (Momigliano)[7] Delle lettere indirizzate al suo «confidente universale» Carlo, alcune sono intestate a una supposta Sofia Ortis o a un Leonida Termopili per impedire che cadano in mano dei genitori e il loro occhio spazi su una spregiudicatezza che li avrebbe sconvolti, ad esempio dove descrive la volgarità e l'indifferenza delle donne romane, peraltro mai sfiorate: «e senza queste nessuna occupazione o circostanza della nostra vita ha diritto di affezionarci o compiacerci». Sempre a Carlo descrive la visita fatta alla tomba del Tasso, in una lettera del 20 febbraio del '23, il «vero e unico capolavoro del periodo romano» (Binni).[8]
Piene di sollecitudine commovente sono le lettere alla sorella per confortarla delle sue smanie e delle sue dispe-

razioni. Un caso a sé è rappresentato dalla lettera in francese ad A. Jacopssen, un giovane letterato belga incontrato in casa di Reinhold: per una di quelle aperture apparentemente inspiegabili ma in realtà motivate dal profondo nelle persone di solito molto riservate, Leopardi gli ha offerto subito la sua amicizia e le sue confidenze; a Roma l'ha incontrato molte volte e da Recanati gli scrive il 23 giugno una lettera «interessante, perché molto pensata, scritta con un linguaggio filosofico, che dà indizio dei suoi studi e dei suoi autori favoriti, e dove è il succo dei suoi pensieri sulla vita» (De Sanctis).[9]

Alla prima parte dell'anno, precedente il viaggio a Roma, appartengono le tre canzoni del '22: *Alla primavera o delle favole antiche*, «opera di 11 giorni», composta nel gennaio; nel maggio tra il 13 e il 19 l'*Ultimo canto di Saffo* che «intende di rappresentare l'infelicità di un animo delicato, tenero, sensitivo, nobile e caldo, posto in un corpo brutto e giovane». Del luglio è la canzone *Inno ai Patriarchi o de' principii del genere umano*, composta in diciassette giorni.

Come premessa al *Bruto minore* in marzo scrive in prosa la *Comparazione delle sentenze di Bruto Minore e di Teofrasto vicini a morte*.

Il 29 ottobre inizia la traduzione del *Martirio de' Santi Padri del Monte Sinai e dell'eremo di Raitù* ecc., «fatta sullo stile del trecento, con arcaismi a bella posta, per farla passare come antica» e che sarà finita a Roma il 1° dicembre.

Nei primi dieci mesi del '22 scrive pochissime lettere agli amici e se ne giustifica col Brighenti: «io mi prendo questa confidenza di tacere alcune volte più a lungo dell'ordinario, perché mi rendo conto che non mi dimenticheranno per questo, né lasceranno d'amarmi...» Allo *Zibaldone* lavora con impegno disuguale: 327 pagine prima della partenza, a Roma una cinquantina e al ritorno a Recanati, dal maggio al dicembre del '23, 1.500 pagine manoscritte: un intero volume fitto di note grammaticali, di appunti di linguistica, considerazioni psicologiche, giudizi sulla poesia antica e moderna.

Ai primi di maggio ritorna «all'oscurità e al silenzio di Recanati». In casa la tensione coi genitori si è placata: l'esperienza della lontananza ha reso meno aspri i confini della nuova segregazione recanatese. Da adesso in avanti Recanati e il luogo «altro» dove è richiamato dall'amicizia e dall'ambizione, sono i punti terminali di un moto oscillatorio che durerà tutta la vita: quando sarà fuori ricercherà col ricordo le poetiche immagini del suo paese e il calore della sua famiglia; quando ritornerà nell'ossessione claustrale di Recanati (su cui continuerà a versare i suoi immaginosi vituperi, deformandone letterariamente l'immagine reale) sarà attratto dal mondo esterno che lo precipiterà sempre nella noia e nell'infelicità.

Adesso, al suo ritorno, Roma proietta nei contorni recanatesi la nostalgia di lontani piaceri non provati e insieme la grande animazione spirituale di una totale, disperata rinuncia. Si chiude in una solitudine ancora più accentuata: «Non mi vergogno di dire che non amo nessuno, fuorché me stesso, per necessità di natura, e il meno che mi è possibile».

Tra i pochissimi amici che entrano in casa sua c'è il fedele Francesco Puccinotti che diventerà medico celebre e che ha lasciato una testimonianza di quel periodo; ma è sempre Monaldo che descrive la vita del figlio con maggiori particolari: «Quando era in casa si levava di buon'ora e studiava tutta la mattina, poi buona parte del giorno. Poi passeggiava due o tre ore di seguito, su e giù dentro una sala, e per qualche ora all'oscuro. Io lo chiamavo Malco ed egli ne rideva. Finito il passeggio all'un'ora dopo l'Ave Maria, si metteva a sedere circondato dai suoi Fratelli, e con essi conversava amichevolmente un pajo di ore; indi si ritirava, e quando poteva tornava allo studio. Levate quelle due ore era ordinariamente silenzioso; mai però burbero e scortese, e quando se gli dirigeva il discorso o rispondeva con brevi e cortesi parole, o pure sorrideva. Alla mensa siedeva vicino a me, ed aspettava che se gli mettesse la vivanda nel piatto, non volendo incomodarsi a prenderla; e neppure voleva il fastidio di tagliarla con coltello. Toccava a me il tagliare a minuto le sue vivande, altrimenti le stracciava con la sola forchetta, overo impazientito le ripudiava. Non sò dire quante forchette rompesse per quella sua avversione all'uso del cortello».[10]

La «causa comune» dei fratelli contro la tirannia dei genitori, con il viaggio a Roma perde il suo scopo principale e al suo ritorno un inizio di distacco anche affettivo avviene con Carlo, il fratello prediletto, l'«altro me stesso», amato con «amor di sogno». Le lettere che gli scrive e continuerà a scrivergli negli anni successivi da Bologna e da Firenze sono le più sciolte e le più ricche di confidenze ispirate dalla profondità del suo sentimento fraterno. Il vero distacco da Carlo avverrà molto più tardi quando li divideranno altre vicissitudini. Ma il 30 giugno di quest'anno scrive nello *Zibaldone*: «L'amicizia, non che la piena ed intima confidenza tra' fratelli, rade volte si conserva all'entrar che questi fanno nel mondo, ancorché siano stati allevati insieme, ed abbiano esercitato l'estremo grado di questa confidenza sino a quel momento; e per di più seguano ancora a convivere [...]

Carlo Leopardi

questa confidenza così fortemente stabilita e radicata si perde per la varietà che s'introduce nel carattere de' fratelli mediante il commercio cogli altri individui della società [...].»[11]

«Carlo era quasi in tutto il papà. Concepiva allo stesso modo libertà e patria. Sonetteggiava, traduceva in verso [...]» (De Sanctis).[12]

È un ragazzo robusto di ventidue anni, «alto e fatticcione», adatto alla vita attiva e Giordani infatti gli consiglia la carriera militare. Buon conoscitore dell'inglese, si rifare lo stile di Sterne, scrive versi, si veste di luci romantiche e imita le disperazioni del fratello con una «contraffazione sgraziata» (Levi).[13]

Con gli anni, l'imitazione romantica, il fuoco murattiano e le ambizioni letterarie della gioventù evaporano lasciandolo sempre più abulico, intristito, inselvatichito. La famiglia aveva previsto per lui il matrimonio con una donna ricca, ma dopo alcuni *flirts* Carlo si innamora di una cugina povera Paolina Mazzagalli e la sposa contro il volere dei genitori. Per molti anni vive fuori di casa, in un distacco sempre più accentuato dalla famiglia e dal fratello Giacomo. Dopo la morte della prima moglie, sessantenne sposa la governante di un amico, Teresa Teja, autrice più tardi di un disinvolto e discutibile memoriale sulla famiglia Leopardi.

Carlo Leopardi muore senza eredi a settantanove anni e poiché ha esercitato per lungo tempo l'usura sia pure in forme non eccessive, lascia ai suoi concittadini un ricordo ingrato, al contrario del rimpianto lasciato dal padre.

Gli anni '22-'23 sono fusi dal viaggio a Roma. Dopo le canzoni del '22, ritorna con un lungo intervallo alla poesia con la traduzione della *Satira di Simonide sopra le donne* e, nel settembre del '23, con la canzone *Alla sua donna*, scritta in sette giorni, «meditazione eccelsa e quasi prefazione alle *Operette*» (De Robertis),[14] dedicata alla illusione delle illusioni, alla *donna che non si trova*, «un'immagine scorporata e astrale del suo stesso disperato bisogno di illusioni e di amore collocato così in alto da sfuggire la contaminazione della triste realtà» (Binni).[15]

«L'autore non sa se la sua donna (e così chiamandola, mostra di non amare altra che questa) sia mai nata finora, o debba mai nascere; sa che ora non vive in terra, e che noi non siamo suoi contemporanei; la cerca tra le idee di Platone, la cerca nella luna, nei pianeti del sistema solare, in quei de' sistemi delle stelle. Se questa Canzone si vorrà chiamare amorosa, sarà pur certo che questo tale amore non può né dare né patir gelosia, perché, fuor dell'autore, nessun amante terreno vorrà fare all'amore col telescopio».[16]

Questa canzone, così presentata ironicamente, a sua volta si isola in un lungo periodo di stasi poetica che, con l'eccezione dell'«occasionale» epistola *Al conte Carlo Pepoli* e del *Coro di morti* che apre l'«operetta» *Dialogo di Federico Ruysch e delle sue mummie*, arriva fino a *Il risorgimento* e al ciclo dei canti pisano-recanatesi del '28.

Con *Alla sua donna* le canzoni sono dieci. Dopo aver «dato sesto a molti lavorucci che lo imbarazzavano» e lasciati da parte per il momento gli «idilli», l'8 dicembre spedisce il manoscritto delle canzoni al Brighenti perché le stampi. La spesa è di quaranta scudi che Leopardi ha accumulato con qualche regalo e col mezzo paolo di diaria che riceve dalla madre. Per quasi un anno le bozze di stampa dei versi e delle note che li accompagnano passano dalle mani di Leopardi a quelle di Brighenti attraverso successive correzioni meticolose. I plichi indirizzati a Recanati sono intestati a un supposto Alberto Popoli per eludere la vigilanza paterna. Quella governativa è impossibile eluderla e per due volte il libretto viene proibito; a un terzo tentativo riceve l'*imprimatur* e quindi viene licenziato col titolo *Canzoni del conte Giacomo Leopardi* nel settembre del 1824, in 500 copie.

1824

A Recanati la sua vita riprende a scorrere «più uniforme del movimento degli astri» e a Giordani che da lontano trepida per lui, appare di nuovo un «bambino infelice» nel carcere della sua casa.

Le poche lettere scritte in questo periodo depongono delicate consolazioni nell'animo degli amici più cari: «Godi della bella stagione», scrive al Brighenti, «che forse non è indegna di consolare un filosofo de' mali trattamenti degli uomini». Ma non ricerca più l'antico calore che lo ravvicinava agli amici lontani coll'entusiasmo delle passioni comuni. Un colloquio più esclusivo è in atto nel corso del '24: con un sorriso metafisico Leopardi rincorre e contempla il «vero» che ha già tanto «odiato e detestato» e svolgendo il suo pensiero dentro questo «arcano infelice e terribile della vita dell'universo», si affaccia alla metafisica materialistica effondendosi nella descrizione della tragica negatività del reale, della miseria umana ineluttabile, del vuoto perenne e dell'ansietà senza limiti dell'esistenza. Il suo pessimismo storico e psicologico evoluto in pessimismo cosmico e universale, con un solo atto distrugge ogni forma di spiritualismo assieme ai miti e alle certezze del suo tempo: la speranza cristiana assieme all'ottimismo laico, la superbia umanistica con la sua concezione antropocentrica, la presunta felicità del mondo antico assieme alle sue illusioni e ai suoi ideali magnanimi. Anche il mito della bontà e provvi-

Un libro di sogni poetici, d'invenzioni e di capricci malinconici

denzialità della natura oscilla verso il polo opposto della sua spietata indifferenza, come potere nemico dell'uomo. «La malattia dette al Leopardi una coscienza particolarmente precoce ed acuta del pesante condizionamento che la natura esercita sull'uomo, dell'infelicità dell'uomo come essere fisico [...] l'esperienza della deformità e della malattia non rimase affatto nel Leopardi un motivo di lamento individuale, un fatto privato e meramente biografico, nemmeno un puro tema di poesia intimistica ma divenne un formidabile strumento conoscitivo. Partendo da quell'esperienza soggettiva il Leopardi arrivò a una rappresentazione del rapporto uomo-natura che esclude ogni scappatoia religiosa.» «La grandezza di Leopardi — e il suo isolamento nell'intelligencija europea — sta proprio nell'aver rifiutato questo sbocco religioso.» (Timpanaro).[1]

Il 19 gennaio del '24 incomincia a scrivere la *Storia del genere umano*, terminata il 7 febbraio; tre giorni dopo incomincia il *Dialogo d'Ercole e di Atlante* e quindi di seguito, a distanza di pochi giorni l'una dall'altra fino a novembre inoltrato, compone il *corpus* principale delle *Operette morali*: venti dialoghi, favole, schizzi grotteschi che formano «un libro di sogni poetici, d'invenzioni e di capricci malinconici».

«Tutto l'anno '24, lavorando, lavorando, chiese solo a sé la forza, agli altri nulla, ai libri soccorsi di nulla, ch'erano per lui qualcosa, e respirare, quando la sorte lo consentiva, ai dì sereni.» (De Robertis).[2]

Con la nascita delle *Operette* «frutto della sua vita finora passata», varate su molti pensieri sparsi dello *Zibaldone*, il materialismo filosofico leopardiano si riveste delle splendore di una lingua inaudita, di crude luci satiriche e di una poetica grazia che allontana la sua «filosofia» su uno schermo di poetiche proiezioni fantastiche: «Il più vero segreto delle *Operette morali* è nella nascita della struttura sintattica e stilistica, dove più si addensa e puntualizza il sentimento del poeta e dove si rivela l'alterno moto dell'idoleggiamento, tra divertito e meravigliato di quelle fantasie e del successivo loro allontanamento nella lucidità e amarezza della riflessione.» (Solmi).[3]

Il '24 è un anno di scarsa corrispondenza («Anche il suo stile epistolare è mutato, non ha sfoghi né abbandoni; ha preso il colore della vita ordinaria», De Sanctis):[4] anche col Giordani che un nuovo ordine di esilio ha allontanato da Parma. A Firenze si è legato a un gruppo di intellettuali che frequentano la casa di un ex mercante originario di Ginevra, Giampietro Vieusseux, detto anche «il secondo granduca», che da qualche anno ha fondato sul modello di analoghe biblioteche inglesi un «Ga-

Giampietro Vieusseux

binetto di lettura scientifico-letteraria»; poi nel '21 assieme a Gino Capponi ha fondato una rivista culturale destinata alla fama storica, l'«Antologia», che già annovera tra i suoi collaboratori Capponi, Montani, Niccolini, Tommaseo, Colletta e altri grandi intellettuali cattolicoliberali. Giordani porta all'interno di questo circolo fiorentino la sua ammirazione per lo sconosciuto poeta marchigiano, e sollecita Leopardi a mettersi in relazione col Vieusseux e a collaborare alla sua rivista.

Un primo scambio di lettere tra Leopardi e Vieusseux basta a suscitare un reciproco desiderio di conoscenza e di collaborazione e Leopardi che nell'«Antologia» trova subito il pregio di «non parer fattura italiana», interrompe la stesura delle *Operette*, secondo una probabile interpretazione cronologica, per scrivere tra il 10 marzo e i primi di aprile il *Discorso sopra lo stato presente dei costumi degl'Italiani*, per destinarlo all'«Antologia»: ma resterà incompiuto e inedito tra le sue carte.

Quando esce il libretto delle dieci *Canzoni* stampate a Bologna dal Nobili, Leopardi «contentissimo della stampa, carta, caratteri» lo fa distribuire ai letterati di Roma, Bologna e Milano e poiché è sempre «sepolto e segregato affatto dal resto del mondo», chiede agli amici notizie di come è stato accolto: «Ci è qui di quell'ingenuo e di quel fanciullesco, che è la grazia in quella grandezza» (De Sanctis).[5]

Il cugino Melchiorri da Roma e il Brighenti da Bologna riferiscono i giudizi più diffusi: le sue poesie sono oscure, ripetitive, scritte in una lingua «non bastantemente pura». Anche Giuseppe Montani sull'«Antologia», in un cenno che serve da annuncio di una più lunga recensione del Giordani, rivela una lettura difensiva: «per la moltitudine queste canzoni son oggi sì forti che produrranno piuttosto stupore che commozione». Mentre lo scritto del Giordani non viene pubblicato per ragioni di censura, Leopardi reagisce alla delusione con disinvolta sprezzatura: «[...] io provo sempre un gran piacere quando sono informato del male che si dice di me».

«Com'è caro, quando si prende gioco della plebe letteraria contemporanea, che trovava quelle canzoni vere stranezze, una negazione del senso comune!» (De Sanctis).[6]

Nel '24, finita la prima stesura delle *Operette*, cessano anche le annotazioni dello *Zibaldone*: più di 4000 pagine manoscritte composte per la maggior parte tra il '20 e il '24, cui poche altre centinaia se ne aggiungono negli anni successivi, ma quasi tutte di carattere filologico.

Snervato dalla tensione spesa sulle *Operette*, sul finire dell'anno anche lo stato fisico peggiora, «lo stomaco ridotto all'ultimo disordine gl'intima il *manum de tabula*».

Annoiato da «ogni cosa che tenga di affettuoso e di eloquente», angosciato da un riacutizzato senso di reclusione e di inerzia, dall'impotenza a dare «alcun saggio» di
sé e senza speranza di darlo in futuro, cerca di vincersi
progettando altri lavori: una serie di traduzioni da Senofonte, Platone, Teofrasto, che forse gli faranno cogliere
l'occasione di uscire nuovamente da Recanati.

1825

Il viaggio a
Milano e il
primo
soggiorno
bolognese

Il saggio di Pietro Giordani «Scelta di prosatori italiani»
che appare sull'«Antologia» del gennaio '25 in forma di
lettera al Capponi, discute e delucida i traguardi del
«perfetto scrittore italiano» e con un breve paragrafo dedicato al suo «ingegno immenso e stupendo» dà a Leopardi una notorietà che nessuno dei suoi libretti gli ha
mai ottenuta.
Se ne compiacciono Antici e von Bunsen che fanno pervenire una copia della rivista al cardinale Della Somaglia, il nuovo Segretario di Stato; e per uno di quei paradossi correnti nelle società autoritarie, la lode di un anti-
conformista blasfemo come Giordani sollecita un nuovo
interessamento per Leopardi da parte della gerarchia
pontificia.
Leopardi precedendo questa nuova fase di tentativi che
prevede inutili e che forse avversa inconsciamente, raccoglie il «gentile e amoroso invito» dell'editore Stella a
recarsi a Milano per dirigere l'edizione completa delle
opere di Cicerone con testo latino, traduzione italiana e
note. Monaldo descrive nella «lettera-memoriale» al Ranieri la sua partenza: «Trovandosi qua lontano quasi affatto da ogni uomo di sapere e di ingegno si sentiva involontariamente scontento, e nel suo isolamento lo af-
fliggevano assai più del solito la sua malinconia abituale
e le sue apprensioni sulla salute. Una sera di Luglio 1825
(credo alli 14) mentre prendevamo il caffè, mi disse che
aveva senza dubbio un qualche vizio organico e gli resta-
vano pochi mesi o giorni da vivere. Lo confortai convenientemente, lo assicurai sopra i suoi allarmi, e soprattutto lo consigliai ad uscire di casa e passeggiare, cosa
che non faceva da più mesi. Immediatamente prese il
cappello, uscì e passeggiò due ore. Tornato a casa, mi
disse che stava meglio e mi chiese licenza di andare a
Bologna e a Milano dove il tipografo Stella ed altri lo
desideravano per certe imprese letterarie. Due giorni dopo partì [...]».[1]
Con il viatico di suo padre: «Piaccia al Signore che questo suo viaggio lo giovi nel corpo e non lo danneggi nel-
l'anima [...] Spero che con ciò lascerà di desiderare im-
piegucci dal Governo [...]»;[2] con l'augurio dello zio Antici che fuori di casa impari a vincere la sua natura taci-

turna poiché *verba ligant homines* e con un piccolo prestito ottenuto dal prozio Ettore Leopardi, il 12 luglio «mettendosi tutto in mano al destino» parte per Bologna, prima tappa del viaggio, dove arriva dopo cinque giorni «stanco ma sano» e con gli occhi «migliorati assai». Amici vecchi e nuovi lo aspettano: senza averlo sperato, riabbraccia anche il suo Giordani, grande *chaperon* ciarliero e «ficcanaso» che lo delude un po', ma si lascia trascinare nelle case dei letterati bolognesi che gli fanno subito «gran carezze e onori». La salute migliorata, la città «quietissima, allegrissima, ospitalissima» gli danno un gran sollievo. Tra i nuovi conoscenti, il conte Carlo Pepoli, Anna Sampieri, Paolo Costa, il conte Mosca, presentatigli dal Giordani e dal «brav'uomo» Brighenti, c'è un conte veneziano di ventitré anni Antonio Papadopoli, «ricchissimo e studiosissimo», di aspetto attraente, torturato dall'epilessia e condannato a una morte precoce. Con lui nasce un'amicizia istantanea che si svolge su quei piani sublimati, quasi di risarcimento interiore, che saranno caratteristici del mondo affettivo di Leopardi, dopo i grandi affetti familiari.

Antonio Papadopoli

Sarebbe «tentatissimo» di fermarsi a Bologna ma l'appuntamento con lo Stella lo obbliga a proseguire il viaggio e il 27 luglio fa vettura per Milano. Il 13 agosto sulla rivista del Brighenti «Il Caffè di Petronio», appare anonimo l'idillio *Il sogno*.

Arrivato a Milano, ospite a casa dello Stella, sospira per Bologna. Milano vive nei rigori permanenti del regime austriaco, ai quali si è aggiunto lo choc delle persecuzioni del '20 e '21. È estate e molte delle persone che avrebbe desiderato incontrare sono in villeggiatura. Va a trovare il Monti ma la sua «sordità spaventosa *glielo* rende inutile» e rinuncia a vederlo una seconda volta. A Milano anche se si trova «trés a mon aise» non gli piace nulla: la casa che lo ospita è «la peggior locanda» per il suo «tuono mercantile»; la città è «veramente insociale», «provinciale», «sciocca, morta, microscopica e nulla»; il lavoro per lo Stella è «abbominevole» per le sue «cure fastidiosissime». La sua andata a Milano che era il centro delle lotte politiche e culturali progressive coincide con la fase iniziale del suo disimpegno politico. «Con una lunga e ferma resistenza» riesce a rifiutare la «noiosa» e «inutile» impresa ciceroniana propostagli dallo Stella e dopo aver «combinato gli elementi di un'edizione latina e di un'altra latina e italiana» scrivendo i due *Manifesti* e la *Notizia bibliografica per un'edizione di tutte le opere di Cicerone*, la cede nelle mani dell'abate Francesco Maria Bentivoglio e il 26 settembre è già sulla via del ritorno a Bologna.

L'incontro con lo Stella tuttavia è valso a fissare un accordo «per lavori fatti e da farsi» che gli frutterà un mensile di dieci scudi. Il primo di questi impegni che gli graveranno addosso per alcuni anni, è un'edizione commentata delle *Rime* del Petrarca. Inoltre, quasi a smentire speranze di migliori impieghi, appena arrivato a Bologna si accorda col conte Papadopoli e con un «ricchissimo signore greco» per fornir loro in casa lezioni di latino e greco, aggiungendo così qualche scudo al mensile dello Stella. Monaldo lo disapprova da lontano perché si umilia a lavori venali, per di più pagati pochissimo.

Da Roma i suoi protettori, sollecitati dal Bunsen, continuano a guardare al suo futuro e anche il nuovo Segretario di Stato si è convinto di dover utilizzare un così grande ingegno per la «pubblica utilità».

La prospettiva che si apre per prima, suggerita da Giordani e da Brighenti, è quella del segretariato dell'Accademia di Belle Arti di Bologna, presto bloccata da un ostacolo burocratico. Allora gli stessi patrocinatori romani gli aprono la strada verso la «cattedra combinata» di eloquenza greca e latina all'Università di Roma, ma dopo molte lettere e colloqui rassicuranti, lo stipendio risulta insufficiente e Leopardi stesso ne è poco attratto «attesa la timidità del *suo* carattere» a trattare con una scolaresca «sempre insolente». Insiste invece per il posto di segretario a Bologna e per ottenerglielo adesso c'è addirittura l'interessamento personale di Papa Leone XII «tutto propenso a proteggerlo». Il fratello Carlo indirizza le sue lettere al «Caro Segretario» e tutti ormai sono certi di averlo sistemato, quando il cardinale camerlengo di Bologna rivolgendosi direttamente a Sua Santità espone i motivi che invece consigliano di tener Leopardi lontano da quel posto dovendosi «dubitare della rettitudine delle sue massime, sapendosi essere egli molto amico ed intrinseco di persone già note per il loro non savio pensare, e avendo, *benché con molta astuzia*, fatti trapelare i suoi sentimenti assai favorevoli alle nuove opinioni morali e politiche in odi italiane da lui stampate l'anno trascorso in Bologna» e pertanto è più prudente impiegarlo a Roma dove sarà meglio «vegliato nella sua morale e politica condotta».[3]

Anche se sporadicamente altri sforzi saranno compiuti in seguito, specialmente dal Bunsen che gli proporrà una cattedra di letteratura latina in Germania, con questa dichiarazione ufficiale si perdono le speranze di trovare un'occupazione a Leopardi e coloro che se ne sono interessati si ritraggono variamente delusi. Lo zio Antici da Roma dichiara «qui ho fatto il possibile per vederlo collocato; ma egli non ha creduto annuire alle condizioni che esigevano». Mentre Bunsen scrive a Niebuhr: «Leopardi ed io siamo stati completamente ingannati; *di ripe-*

tute promesse, non solo verbali ma scritte, nulla è stato fatto per lui.»[4]

Alcuni anni dopo la baronessa Bunsen, testimone di tutte le trattative, riassumerà da un punto di vista attendibile le ragioni della loro inutilità: «La spiegazione di questa noiosa storia di speranze rimesse e deluse era semplicemente questa: che la corte di Roma calcolò di stancare l'opposizione di Leopardi ad entrare nella Chiesa. Nel caso di quest'atto di sottomissione egli poteva domandare qualunque emolumento. Ma neppure l'estrema pressione del bisogno poteva rendere il Leopardi suscettibile di corruzione ipocrita.»[5] Eppure un atto di ipocrisia Leopardi l'aveva già commesso, sotto l'incalzare dello zio Antici, scrivendo al Bunsen una lettera «ostensibile» che sarebbe stata consegnata al Segretario di Stato e da questi mostrata al papa. Leopardi con questa lettera del 3 agosto del '25, scritta quasi con le stesse parole suggeritegli da Antici, si impegna, sia pure con studiate perifrasi e, per così dire, con elementi retorici fuorvianti, a concepire quell'opera che era tanto attesa dal suo «straordinario sapere», promettendo di «giovare alla società, cercando di rimettere in piedi quei principi, senza i quali la medesima società è veramente un'idea contraddittoria di se stessa». E esprime la sua «indicibile gioia» perché «la generosa pietà del regnante Sommo Pontefice, e la bontà del suo dottissimo Ministro, mi apre insperatamente la strada di venire alla Capitale del mondo Cattolico, e quivi con tutti i mezzi necessari impiegarmi in lavori che possano essere conformi alle benefiche mire di tanto Principe».

«L'ipocrisia era così diffusa, ed imposta dall'alto, che anche il nostro poeta fu costretto, in un momento della sua vita, ad inchinarsi ai potenti. Ma la sua intera opera è una delle più alte espressioni di spirito libero che abbiamo avuto in Italia» (Biral).[6]

Mentre Leopardi scrive la sua lettera «insincera», sia Antici che Bunsen cercano invano di tener nascosta l'uscita del volume delle *Canzoni* i cui principi sono «a contro senso dei principi di governo». Bunsen anzi si meraviglia che sia stato dato il permesso della stampa mentre Antici, per ogni evenienza, raccomanda al nipote: «Siate cauto, e se ve ne parlano, mostrate sempre di dare ai quei poetici capricci un senso diverso da quello che apparisce.»

Ritornando a Bologna il 29 settembre Leopardi trova alloggio presso una famiglia di ex cantanti, gli amorevoli coniugi Aliprandi, in un «appartamentino» attiguo al Teatro del Corso, dove gli vengono serviti anche i pasti. E poiché Bologna è veramente, come la vuole Stendhal, «il quartier generale della musica in Italia», la sua stanza è «piena zeppa di musica» eseguita nel vicinissimo teatro. Il freddo precoce, il giorno 31 ottobre ci sono appena tre gradi sopra lo zero, lo «incomoda grandemente» e lo costringe per riscaldarsi a rinchiudersi tutto il giorno dentro un sacco di piume.

Come pedagogo itinerante esce ogni giorno di casa per recarsi dai suoi due allievi per le «seccantissime importunissime lezioni» che gli «sventrano la giornata», mentre il resto del tempo lo dedica al lavoro per lo Stella. L'effetto benefico del soggiorno bolognese con le «passeggiate bellissime» e l'animazione che gli creano intorno tanti amici affettuosi, si esaurisce in fretta. Anche le sue finanze decadono fino a costringerlo a vendere l'orologio quando in novembre i suoi due allievi cessano di pagarlo: Papadopoli perché è partito e il giovane greco perché si è stufato delle lezioni di latino più in fretta del suo maestro.

Alla fine dell'anno termina la traduzione, iniziata nel gennaio, di alcune «operette morali scelte da autori greci»: i *Ragionamenti morali*, l'*Orazione areopagitica* di Isocrate e il *Manuale* di Epitteto; e progetta una scelta di *Pensieri* di Platone.

Con l'inizio del nuovo anno «quel porco giudeo Stella», come lo chiama il Giordani, gli aumenta di dieci scudi il mensile perché dedichi tutto il suo tempo al Petrarca.

Il 3 novembre scrive nello *Zibaldone*: «Io sono, si perdoni la metafora, un sepolcro ambulante, che porto dentro di me un uomo morto, un cuore già sensibilissimo che più non sente.»[7]

1826

L'illusione meravigliosa dell'amore

Durante l'«infernale inverno» di Bologna è costretto a sospendere le passeggiate campestri e a rinchiudersi nella sua stanza rimanendo a letto molte ore al giorno perché il freddo gli rende «penoso il tavolino» dove sta commentando il Petrarca.

Agli amici confida spesso i suoi molti mali: insonnia, geloni, emicranie, stitichezza, «riscaldazioni» di intestini e di reni, congiuntiviti, i disturbi del freddo, del caldo, della luce, del rumore. Malesseri fisici e sintomi nevrotici si sovrappongono ad accentuare la sua ipersensibilità dolorosa. Anche l'«allegria interna», resistente al peggio, se ne è andata lasciandolo «senza appoggio e senza amore». I suoi amici invece sono molto affettuosi con lui, lo invitano a pranzo, a teatro, al passeggio, lo introducono nelle case più interessanti, soprattutto gli segnalano con ogni mezzo la loro ammirazione. Per la prima volta si sente un grande letterato riconosciuto da un mondo che tuttavia non è esente dai suoi attacchi per la «miseria in genere filologico» e archeologico di Bologna al cui confronto «Roma è una Lipsia» e perché «non si sa altro che fare sonetti; e letterato e sonettista son sinonimi».

Più di una volta il suo primo soggiorno bolognese è sfiorato dall'amore. In casa Brighenti ci sono le due figlie e forse è attratto da Marianna che studia canto e trascorre con lui pomeriggi di malinconiche confidenze. Il suo sguardo accarezza spesso un'altra bella ragazza modenese che abita nella sua stessa pensione ed è «distinta per un paio d'occhi che a me paion belli».
Delle molte gentilezze che riceve dagli amici, si sdebita offrendo i regali che gli spedisce il padre: bariletti d'olio, fichi secchi, forme di formaggio fresco e invecchiato, che gli fanno «molto onore» alle tavole bolognesi.
Ai primi di febbraio gli pare di rinascere perché è quasi primavera e può riprendere le passeggiate in campagna, ma già in aprile fa troppo caldo e la primavera gli dà «inquietezza di nervi» disturbandogli lo stomaco e il ventre. In questo periodo posa per l'unico ritratto dal vero eseguito a matita dal pittore Luigi Lolli che dovrebbe ornare un'edizione delle sue opere complete, progettata ma non attuata dal Brighenti.

Partendo da Recanati nel luglio dell'anno precedente, Leopardi ha portato con sé il manoscritto delle *Operette morali* e lo ha affidato al Giordani per cercare uno stampatore a Firenze. Alcuni mesi di silenzio gli danno il sospetto che Giordani «non ci pensa punto» e vorrebbe chiedergli la restituzione del manoscritto. In realtà prevedendo difficoltà con la censura, l'amico lo ha presentato al Vieusseux perché ne estragga una anticipazione come sondaggio tra i lettori dell'«Antologia». Il testo avrebbe dovuto comparire con un saggio introduttivo dello stesso Giordani, ma il Vieusseux, giudicandolo a sua volta pericoloso per la censura, lo sostituisce con una breve nota che precede i tre testi prescelti: il *Dialogo di Torquato Tasso e del suo Genio familiare*, il *Dialogo di Cristoforo Colombo e Pietro Gutierrez*, il *Dialogo di Timandro e Eleandro*. «Umiliati» da molti errori di stampa, appaiono nell'«Antologia» del gennaio '26.
È un esordio inopportuno di Leopardi nel mondo della cultura toscana, poiché proprio attraverso le parole di Eleandro del terzo dialogo, l'autore svolge la sua «apologia contro i filosofi moderni», deridendo l'idea borghese di progresso che proprio a Firenze e all'interno del gruppo Vieusseux è una bandiera. Le reazioni negative non mancano, eccitate dal Tommaseo che appena qualche mese prima ha visto bocciare dallo Stella il suo programma per l'edizione ciceroniana dopo le critiche mossegli

da Leopardi. La pubblicazione dei tre dialoghi tacciati dal Tommaseo di «mediocrità fredda e arrogante», è giustificata dal Vieusseux come un riguardo fatto al Giordani che li aveva esaltati: «Le sciocche lodi del Giordani gli hanno fatto torto molto. Non v'è dubbio, egli (Leopardi) non è quel che si credeva; ma non credo che di lui si possa dire ‹arrogante mediocrità›. Ho delle sue lettere confidenziali che mostrano il pensatore istruito, e l'ottimo cittadino».[1] E obbedendo ai desideri di Leopardi che non vuole vedere pubblicati altri stralci di un'opera che considera unitaria, Vieusseux gli rispedisce il manoscritto. «Che quelle tre prose fossero (e fossero destinate a rimanere), di gran lunga, quanto di meglio aveva e avrebbe pubblicato l'‹Antologia›, il buon Vieusseux non lo sospettò nemmeno» (Timpanaro).[2]
Lo Stella non abbandona ai suoi estri il nuovo collaboratore e mentre Leopardi è ancora impegnato a commentare il Petrarca («da quest'opera non aspetto né onore né piacere alcuno, bensì noia ineffabile e riso di molti che mi conoscono...»), gli propone il compendio di un trattato grammaticale del '600 e subito dopo un saggio di cui gli fornisce anche il titolo, *Spirito dell'attuale letteratura italiana*: ma Leopardi riesce a respingere entrambe le richieste. Altre volte è lui stesso a volersi impegnare in programmi di difficile esecuzione come il *Dizionario filosofico e filologico* da estrarre dall'«immenso volume manoscritto, o scartafaccio» che è il suo *Zibaldone*; o, ancora dalle stesse carte, un'*Enciclopedia delle cognizioni inutili, e delle cose che non si sanno*. Propone anche una *Raccolta di moralisti greci* avendo già tradotto i *Ragionamenti* di Isocrate e il *Manuale* di Epitteto di cui è «soddisfatto assai» e vorrebbe stamparlo in una «edizioncina molto elegante» e invece resterà inedito sul tavolo dello Stella.
All'offerta di pubblicare le *Operette*, l'editore propone di farle apparire a puntate sulla rivista «Nuovo Ricoglitore» oppure a dispense in una collezione «amena ed istruttiva per le donne gentili»: ma Leopardi dopo aver quasi rinunciato a pubblicarle, convince lo Stella a farne un volume a sé.
Tra il dicembre del '25 e il gennaio del '26 escono nella rivista dello Stella i primi sei *Idilli* («ma sono bagatelle» scrive a Carlo); in giugno escono i due volumi delle *Rime di Francesco Petrarca, colla interpretazione composta dal conte Giacomo Leopardi*.

Leopardi che forse si innamorò soltanto di qualche rara e distante apparizione femminile che aveva la bellezza misteriosa e l'assolutezza della natura (la ragazzetta recanatese «instabile come un'ape», Silvia, Nerina...) e in quel mistero riscompariva, per due volte almeno patì lo stato doloroso dell'infatuazione amorosa nella situazione concreta, ambigua e snervante, di una relazione prolungata.

Una bionda contessa bolognese, Teresa Carniani Malvezzi, non più giovane e «non in tutto nemica al viril sesso» come constatò il Monti durante la loro relazione, invitava nel suo salotto i letterati più in vista, ed essendo ella pure poetessa e traduttrice dal latino e dall'inglese, attendeva i loro giudizi e sollecitava i loro appoggi con «strisciante ricerca di plauso» (Gambarin).[3] Quando conobbe Leopardi nella primavera del '26 stava scrivendo un suo «poemettuccio» *La cacciata del tiranno Gualtieri*, e cominciò a invitarlo a casa trattenendolo dall'Ave Maria alla mezzanotte passata per leggergli i suoi versi e ascoltare piangendo quelli dell'amico, avvincendolo con «lo sguardo tenero, tremante, / di due nere pupille».[4] Tra l'iniziale «illusione meravigliosa» suscitata dalla letteratissima dama, che Leopardi si affrettò a comunicare al fratello con la lettera del 30 maggio, e la finale dichiarazione «quella puttana della Malvezzi», passa un'intera estate alla fine della quale Leopardi, dopo una prima promessa di felicità, resta impigliato nell'immancabile delusione quando la dama gli fa capire l'inopportunità delle sue frequenti e interminabili visite; e cade in un groviglio di pettegolezzi, nelle rimostranze di un marito geloso e infine nell'invenzione di aneddoti comico-patetici che non moriranno più.

Teresa Carniani Malvezzi

A Bologna Leopardi fa la sua prima e unica apparizione pubblica la sera del 28 marzo per leggere, in un'adunanza solenne dell'Accademia dei Felsinei, la sua epistola *Al conte Carlo Pepoli*. Gli amici gli fanno credere di essere stato ascoltato con ammirazione ed egli si illude di aver ottenuto un successo che «molto assomiglia alla felicità»; invece la sua voce fioca, il suo «tetro umore» e il difficile significato dei versi, come notò un testimone, hanno diffuso soltanto noia e malessere nell'uditorio.

Alcune conoscenze fatte in questo periodo sono destinate a diventare legami cari e duraturi: col poeta Carlo Pepoli, destinatario dell'*Epistola*, autore del libretto dei *Puritani* di Bellini, «a very pretty man», come lo chiamerà Carlyle quando sarà esule a Londra; e con la famiglia Tommasini, con Giacomo medico illustre, sua moglie Antonietta appassionata di problemi educativi, e la romantica figlia Adelaide sposata Maestri, che per tanti anni riversò su Leopardi una sollecitudine così insistente, una così amorosa richiesta di confidenze dolorose e sublimi che egli, pur ricambiandola con la massima gra-

Gli amici bolognesi: Pepoli, Tommasini, Maestri

titudine, per una volta la trafisse in una pagina dello *Zibaldone*: «Troppe cure assidue insistenti, troppe dimostrazioni di sollecitudine, di premura, di affetto (come sogliono essere quelle di donne), noiosissime e odiose a chi n'è l'oggetto, anche venendo da persone amorosissime».[5]

Dopo diciotto mesi di «una vita bastantemente comoda e libera come l'aria, che è tutto quello che io desidero», un senso di insicurezza comincia ad insidiarlo assieme al richiamo intermittente della famiglia e di Recanati. In autunno, non volendo andare incontro a un altro «inverno o inferno bolognese» e forse preoccupato dai continui torbidi e dalle repressioni, ardendo dal desiderio di riabbracciare specialmente Carlo, il 3 novembre parte da Bologna e il 12 arriva a Recanati con un «viaggio incredibilmente pessimo».
Si ripromette di fermarsi solo per un breve periodo prima di passare a Roma oppure a Firenze dove il Giordani cerca di attirarlo: «ci troverai tutto quel bene che a questi tempi si può avere in questo mondaccio. Troverai anche da muover la penna con lucro...»
Il nuovo impegno che si è scelto per soddisfare le attese dello Stella è un'antologia della prosa italiana che sarà la *Crestomazia italiana cioè scelta di luoghi insigni o per sentimento o per locuzione raccolti dagli scritti italiani in prosa di autori eccellenti d'ogni secolo per cura del conte Giacomo Leopardi*. È un'altra impresa tormentosa che però allo Stella «piace moltissimo».

1827

Ritorno a Recanati e il primo soggiorno fiorentino

All'arrivo a Recanati si chiude in casa e per cinque mesi resta «non visibile». Al padre, al quale da lontano scrive lettere lunghe e affettuose, anche se congegnate con formule diplomatiche e riserve mentali, non parla quasi mai per «un'abitudine imperiosa e invincibile» e gli tiene nascoste le sue pubblicazioni che non siano quelle innocue erudite, per non dispiacergli. Conversa invece ogni sera coi fratelli e passeggia all'interno della casa «bestemmiando» contro il freddo, sentendosi subito fuori «del suo centro» e impaziente di andarsene. Quando raramente esce di casa si inoltra in viottoli solitari perché il «gobbetto di Montemorello» teme l'occhio dei recanatesi e degli «animali pari loro» e contro i compaesani mette a segno nuovi, innocui e splendidi fulmini verbali. «Gl'italiani posseggono l'arte di perseguitarsi scambievolmente e di *se pousser à bout* colle parole, più che alcun'altra nazione [...]».[1] I recanatesi adulti lo chiamano il «saccentuzzo» o «il filosofo» o «l'eremita»; una volta in farmacia il commento è più lungo: «Quant'è presentuoso quel gobbaccio».[2] I ragazzi con più sadica fantasia cantilenano al suo passaggio: «Gobbus esto / fammi un canestro / fammelo cupo / gobbo fottuto.» E Leopardi scriverà al padre: «Disprezzato e fuggito, come sono stato necessariamente a Recanati...»

Dopo qualche mese di solitudine accerchiante che «comincia a fare il suo solito effetto», gli sembra di non poter più resistere in quel «vero sepolcro dei vivi» e invoca una nuova liberazione. Ma la solitudine è anche lo scafandro protettivo del suo pensiero e il rumore delle guerre, l'agitazione delle idee rivoluzionarie, che giungono a Recanati già con un'eco affievolita, non oltrepassano i muri della sua biblioteca: «Quegli al contrario che ha l'abito della solitudine, pochissimo s'interessa, pochissimo è mosso a curiosità dai rapporti degli uomini tra loro e di sé cogli uomini [...]».[3] La ricca biblioteca del padre è il solo vantaggio che Recanati gli offre e là passa gran parte del tempo a togliere dagli scaffali centinaia di volumi, a fare «letture infinite di numero e di lunghezza» e a trascrivere i passi scelti per la sua *Crestomazia* della prosa, con la quale «attenta alla maestà della letteratura italiana e cerca di renderla facile, amena, intellettualmente eccitante e moderna» (Bollati).[4]

In gennaio finalmente appare il volume dei *Versi* stampato mesi prima a Bologna, che viene accolto con l'elogio del Montani nell'«Antologia» del dicembre del '27: «L'autore delle *Canzoni*, a cui i posteri assegneranno il luogo che loro conviene presso a quello di Dante e alle più gravi del Petrarca, si trova pure in questi *Versi*...»

Passato l'inverno senza troppa noia né nuove malattie, avendo quasi ultimato la *Crestomazia* e corrette le bozze di stampa delle *Operette*, facendosi precedere da un biglietto gentile e amaro per la Malvezzi, alla fine di aprile riparte per Bologna senza un'idea del futuro.

Partito da Recanati il 23 aprile, arriva a Bologna con un «viaggio ottimo veramente» il 26 e trova alloggio alla Locanda della Pace nel Corso.

Bologna anche questa volta lo rianima: frequenta gli amici e va all'Opera «e non mai in platea». In maggio già si rallegra di una «perfetta estate». In giugno l'amico Papadopoli gli annuncia l'uscita dei *Promessi sposi* che «pare sia molto inferiore all'aspettativa».

Questo secondo e ultimo soggiorno bolognese dura meno di due mesi perché presto decide di trasferirsi a Firenze dove è atteso da Giordani. Si muove dopo aver esaurito lo scopo del suo incontro con lo Stella, consegnargli i materiali della *Crestomazia*, che uscirà entro l'anno, accordarsi per altri lavori e riottenere lo stipendio mensile che l'editore gli ha sospeso durante la permanenza a Recanati con questa trovata: che egli vivendo in casa dei genitori, non necessitava di danaro.

Il 7 giugno del '27 lo Stella licenzia le prime copie delle *Operette morali* che hanno ottenuto il *publicetur* grazie all'ammirazione suscitata nel censore ecclesiastico. Il 10 giugno, senza aver cercato di rivedere la Malvezzi, anzi tenendosi polemicamente lontano da lei, lascia Bologna e con un giorno di viaggio raggiunge Firenze dove si mette a pensione presso la Locanda della Fontana, vicino alle Logge del Grano.

Gli amici toscani: Colletta, Vieusseux, Capponi

Dieci anni prima a Stendhal era piaciuta come «La Ville la plus propre de l'Univers»[5] ma per Leopardi, dopo poche settimane, Firenze non è certamente il luogo da scegliere «per consumare questa vita».

Assente la cordialità e introvabile il buon'umore bolognese, la vita è molto più costosa mentre i soldi dello Stella arrivano sempre in ritardo. Giordani ha preparato la sua venuta destando molto interesse intorno a lui e i letterati fiorentini gli prodigano «molte gentilezze» ma lo accostano più con stima che con ammirazione. Pochi giorni dopo il suo arrivo, il 26 giugno, il Vieusseux, da quel grande organizzatore culturale che è, gli dedica uno dei suoi ricevimenti cui partecipano i collaboratori della «Antologia» e i loro simpatizzanti: un gruppo di intellettuali che annovera i letterati toscani più in vista: Gino Capponi, G.B. Niccolini e altri assieme ad alcuni profughi dall'Italia settentrionale e meridionale come Giuseppe Montani, Pietro Colletta, Gabriele Pepe, Giuseppe Poerio, Niccolò Tommaseo. Il granducato lorenese col suo governo «assoupissant», come lo definisce Stendhal, col suo assolutismo mitigato che concede qualche circolazione alle idee moderate, offre, ancora per qualche anno, rifugio agli esiliati dagli stati più repressivi, facendo di Firenze la capitale letteraria italiana. Palazzo Buondelmonti a Santa Trinita riunisce i tre punti del richiamo intellettuale fiorentino: la casa del Vieusseux, il «Gabinetto scientifico e letterario» e la redazione dell'«Antologia».

Alla serata che lo festeggia assieme al commediografo Alberto Nota, Leopardi appare al Vieusseux con la sua «air continuel de souffrance», mentre un altro invitato lo ricorda con più dettagli: «L'aria del sembiante è viva e gentile, il corpo è alquanto difettoso per altezza di spalle, il tratto dolce e modesto; parla ben poco, è tinto di pallore e sembrami malinconico.» (Mario Pieri).[6]

Ben presto però dovrà rifiutare altri inviti perché, prima una «flussion d'occhi» con enfiagione delle palpebre, poi un mal di denti che lo spaventa «come un ragazzo» e infine le solite ombre della sua malinconia «nera e solida», lo imprigionano nella stanza d'albergo, sempre al buio «come un pipistrello». «Qui ho conosciuto molti», scrive al padre in luglio, «ma ho fatto poche amicizie, e ci vivo poco contento; ma fino alla stagione fresca non posso muovermi». In agosto passa dalla malinconia alla prostrazione, «un morto passa le giornate meglio di me»; per scrivere una lettera impiega più giorni essendo costretto a un «ozio più triste della morte»; agli amici scrive di voler tornare a Recanati per morire in mezzo ai suoi. Il lavoro che ha messo in programma per lo Stella è l'*Enciclopedia delle cognizioni inutili*, con l'intenzione di realizzarla in modo che sia letta «per forza da ogni sorta di persone». A causa della debolezza degli occhi sarà presto costretto a rinunciare a questo progetto.

Coi letterati fiorentini che «generalmente pensano e valgono assai più dei bolognesi», l'intesa è superficiale e ben presto si fanno valere tanto le loro riserve su Leopardi quanto il suo profondo dissidio da tutto il gruppo. Ciò che distingue la cultura fiorentina, l'entusiasmo filantropico e l'ottimistica fiducia nel progresso, il suo utilitarismo che letterariamente si concreta nell'ideale dello scrittore «utile»; il suo moderatismo conciliante, il suo illuminismo deterso da ogni estremismo e uno spiritualismo orientato verso ideali di riforme religiose e sociali non potevano che sospingere Leopardi nell'isolamento, con l'occulto ma talvolta manifesto ostracismo dato all'estremismo ideologico del suo pensiero. Questo ambiente di cultura cattolico-moderata non può trovare nessun accordo o conforto in quello che Leopardi va scrivendo proprio in questi giorni, come il *Dialogo di Plotino e di Porfirio* o come alcune pagine dello *Zibaldone*: «Tutto è male. Cioè tutto quello che è, è male; che ciascuna cosa esista è un male; ciascuna cosa esiste per fin di male; l'esistenza è un male e ordinata al male; il fine dell'universo è il male; l'ordine e lo stato, le leggi, l'andamento naturale dell'universo non sono altro che male, né diretti ad altro che al male. Non v'è altro bene che il non essere: non v'ha altro di buono che quel che non è; le cose che non son cose: tutte le cose sono cattive [...]»[7] Questo spirito di Arimane maturato su un nichilismo alto e tragico, potentemente pensato e trasmesso da Leopardi, è, per così dire, rimosso dall'*élite* fiorentina che trova più comodo mascherare le proprie generiche riserve nei suoi confronti con silenzi corrugati (non leggendo ad esempio le sue *Operette*) o con le maledicenti spiritosaggini del Tommaseo, che però non corrispondono allo spirito educato dell'«Antologia».

Il 3 settembre un grande ricevimento in casa del Vieusseux festeggia Manzoni arrivato a Firenze con la madre, la moglie, sei bambini e quattro domestici. Tra gli invitati a onorare il «fameux richiamo» come dice Vieusseux, ci sono i collaboratori dell'«Antologia», Giordani, entusiasta e impertinente, e Leopardi «rincantucciato e solo», che scambia poche parole col festeggiato. Anche se la madre di Manzoni concepirà subito molta simpatia per Leopardi e le figlie piangeranno sui suoi versi, Manzoni non ha lasciato testimonianze scritte della sua conoscenza di Leopardi ma solo qualche sbrigativo, negativo giudizio in colloqui privati, mentre Leopardi stringe in brevi commenti epistolari l'impressione che gli deriva dall'incontro con un uomo degno del successo che gli ha visto crescere intorno, senza tacere le proprie riserve soprattutto sulla sua prosa.

Le *Operette morali* sono uscite già da alcuni mesi ma il Capponi che ha il volume sul suo tavolo scrive al Vieusseux di non avere ancora voluto leggerle, mentre il Colletta confida al Capponi di sembrargli impossibile che gli piacciano «in istampa se *gli* dispiacquero in scrittura». Se ne ammira lo stile e la lingua: il Tommaseo sostiene che è «il libro meglio scritto del secolo nostro; ma i principii, tutti negativi, non fondati a ragione, ma solo a qualche osservazione parziale, diffondono e nelle immagini e nello stile una freddezza che fa ribrezzo, una desolante amarezza».[8] E il Manzoni, con una testimonianza indiretta, sembra concordare: «Comme style, on n'a peut-être rien écrit de mieux dans la prose italienne de nos jours.»[9] Ma si tratta di un'ammirazione esterna, di pregi accademici, che rifiuta in realtà gli altissimi contenuti delle *Operette*. Già nell'estate del '27 è iniziata quella «crudele disattenzione dimostrata sempre per un'opera, grande certo almeno quanto i *Canti*, e grande quanto, ad esempio, i *Promessi sposi*...» (De Robertis).[10] Giuseppe Montani, il più assiduo e intelligente collaboratore letterario dell'«Antologia», nell'articolo che dedica nel febbraio del '28 alle *Operette* rappresenta «anche sul piano ideologico, la punta massima ed eccezionale di fileleopardismo a cui l'‹Antologia› potesse giungere. Ma non a caso quell'articolo, pur così dissonante da ciò che quasi tutti gli altri ‹antologici› pensavano del Leopardi, rivela pur sempre un invalicabile distacco dal materialismo pessimistico delle *Operette*» (Timpanaro).[11] Leopardi ricopiò questo articolo e lo conservò tra le sue carte; tuttavia il suo orgoglio ferito per l'insuccesso delle *Operette* ha un'eco nelle lettere a Papadopoli del 25 febbraio del '28 e a Giordani del 5 maggio dello stesso anno.

1828
In autunno, con la salute migliorata ma col timore di af-

frontare la gelida tramontana degli Appennini che spaz-
za le strade di Firenze, e la nebbia che le riempie quando
non c'è vento, Leopardi si cerca un posto per i suoi
«quartieri d'inverno». Dietro suggerimento di Giordani
sceglie Pisa e dopo aver informato lo Stella, parte da Firenze il 9 novembre.

L'immagine dei sette mesi trascorsi a Pisa dopo lo   *Il soggiorno*
«scompisciamento generale» di Firenze, comprende una   *pisano*
tregua concessa ai suoi mali fisici e una grazia diffusa in
una città che si fa eco di memorie antiche e lontane.
L'autunno pisano sembra una primavera e anche durante il «mansuetissimo» inverno il poeta «molto contento
di quest'aria» e senza pastrano, può fare «gran moto»
ogni giorno.
Ha trovato alloggio in una casa di via della Faggiuola
presso la famiglia Soderini che gli ha fatto «patti molto
discreti» anche per i pasti, compresi i dolci: cialde e
stiacciatine. La sua camera è a ponente sopra un grande
orto aperto fino all'orizzonte.
In casa vive una ragazza bionda e ricciuta che si chiama
Teresa e molti anni dopo racconterà che sì, il conte le
faceva un poco la corte: «Quando tornava a casa, Giacomo sonava il campanello in un modo speciale: io lo
conoscevo; Giacomo ci si divertiva: mi affacciavo e lui
... vedesse come rideva!» ... «Inquieto sempre: di ogni
più piccola cosa si faceva una croce» ... «Se veniva a fargli visita qualche persona volgare, non apriva mai bocca» ... «Voleva essere chiamato Giacomo» ... «Aveva
paura di essere canzonato, brutto com'era. Nessuna
donna, diceva, avrebbe potuto amarlo sul serio...».[1] E un
po' della grazia adolescente di Teresa «pupille tenere»
cadrà in un verso del *Risorgimento* e in una pagina dello
Zibaldone: «[...] Ma veramente una giovane dai sedici ai
diciotto anni ha nel suo viso, ne' suoi moti, nelle sue voci, salti, ec. un non so che di divino, che niente può ag-
guagliare».[2]
Anche a Pisa trova subito «assai buona accoglienza». Il
filologo Gaetano Cioni e il professor Giovanni Rosini
sono i suoi intermediari con la società pisana «cortese
come la sua aria, con una cordialità non pericolosa». Lo
presentano come «uomo celebre» procurandogli «accoglienze, distinzioni e ricerche». «Dame belle colte» lo invitano «senza violenza» alle loro «conversazioni»: Laura
Parra, amata da Alessandro Poerio e poi moglie di Giuseppe Montanelli, Sofia Vaccà, Margaret Mason, pseudonimo di Lady Mountcashell, grande amica di Shelley,
annegato cinque anni prima nel golfo di La Spezia.
Qualcuno per conoscerlo sale le scale del suo alloggio
ma le visite troppo frequenti lo annoiano: «Leopardi sta

in Pisa contento», scrive Colletta a Capponi, «bene, invischiato colle signore più eleganti della città.» Indossa un elegante soprabito turchino, peccato — dice Teresa — che cambi la camicia soltanto una volta al mese: «gli scienziati son tutti sudici, ma lui un po' troppo». «Tutti mi vogliono bene» scrive al padre ed è festeggiato ed applaudito anche dagli studenti dell'università.

Suo compagno inseparabile è l'invadente, rumoroso Giovanni Rosini, «grosso come un pachiderma», che Leopardi sopporta con straordinaria indulgenza. A Rosini, che insegna eloquenza a Pisa, ha sorriso l'idea di scrivere la continuazione dei *Promessi sposi* e senza tregua gli passa i capitoli che via via scrive, e Leopardi legge e corregge un po', con un'impercettibile vena di malizia nei confronti del Manzoni. Contro la sua «divinizzazione» fatta dal Tommaseo ha già protestato col Vieusseux. Rosini, per cancellare le prove della revisione che potrebbe togliergli qualche merito, deciderà di distruggere tutte le lettere di Leopardi, non sapendo che sarebbero state diligentemente conservate le sue.

Da Firenze gli amici gli scrivono spesso, specialmente il Vieusseux, tutti chiedono sue notizie e una sera di fine novembre Vieusseux, Giordani, Tommaseo, brindano assieme a Stendhal alla sua salute.

Dalla composizione dell'ultima poesia scritta a Bologna, l'epistola *Al Pepoli*, sono passati due anni; e dopo che le muse sembravano averlo «abbandonato intieramente», a Pisa nel mese di aprile scrive in pochi giorni *Il risorgimento*: «Chi dalla grave, immemore / quiete or mi ridesta? / che virtù nova è questa, / questa che sento in me?»,[3] e nello stesso mese, tra il 19 e il 20, *A Silvia*, il primo grande canto del ciclo «pisano-recanatese».

Una splendida distrazione dai suoi pensieri, ricordi amorosi del passato, speranze risorte, sembrano galleggiare nella luce innamorata del cielo pisano e venirgli incontro nelle vie dove passeggia ogni giorno e dove sorprende consonanze con le strade recanatesi: senza spostare o sminuire le certezze della sua filosofia «disperata ma vera» e facendo circolare dentro essa uno spirito leggero di riscatto esistenziale, si sente aprire alla vita con nuove speranze e illusioni. «La privazione di ogni speranza, succeduta al mio primo ingresso nel mondo, appoco appoco fu causa di spegnere in me quasi ogni desiderio. Ora, per le circostanze mutate, risorta la speranza io mi trovo nella strana situazione di aver molta più speranza che desiderio, e più speranze che desideri ec. (Pisa 19, 1828.)»[4]

Dopo il lungo intervallo prosastico della distruzione filosofica di ogni illusione, la ripresa poetica si realizza nei ritmi festosi del *Risorgimento* e nell'alta musica memoriale di *A Silvia*: «La sua poesia rappresenta piuttosto quanto di quel mondo, che fu così duramente assoggettato al potere distruttivo delle idee, le è riuscito di salvare e di riconquistare volta a volta» (Solmi).[5]

Il successo di pubblico della *Crestomazia* della prosa ha invogliato lo Stella a proporne una analoga per la poesia e il Leopardi accetta subito perché l'impresa «non vuol troppa applicazione» e gli permette di accantonare la più impegnativa *Enciclopedia delle cognizioni inutili*. Lavora con lentezza e controvoglia durante l'inverno e la primavera; in luglio «pessimamente soddisfatto» spedisce allo Stella la «maledetta crestomazia» che gli è costata «un terribile dispendio d'occhi». Stella convinto di un altro successo la pubblica entro l'anno.

Ai primi di maggio da Recanati arriva la notizia che Luigi, il fratello spensierato che non amava i libri e preferiva gli attrezzi da falegname e suonare il flauto, è morto di tisi galoppante all'età di ventiquattro anni. «Il mio dolore in questa cosa non ha linguaggio», scrive al padre e vorrebbe unirsi subito a lui, ma è trattenuto dalle solite difficoltà a mettersi in viaggio e gli scrive la bugia che può consolarlo: di aver preso i SS. Sacramenti.
Quando annuncia agli amici fiorentini il suo ritorno imminente, Vieusseux è affettuosamente disposto «a faire ménage» con lui. Il 7 giugno lascia la «bell'aria» di Pisa per tornare a Firenze, che questa volta è solo una tappa del viaggio di ritorno.

Mentre Leopardi passa da Firenze a Pisa e di nuovo a Firenze, il cavaliere Bunsen insegue ancora la chimera di una sua sistemazione e poiché in Italia ha raccolto soltanto delusioni, gli propone la cattedra di studi danteschi all'Università di Bonn. Un progetto attraente ma inattuabile perché la sua salute è di nuovo peggiorata: per attraversare il tratto di strada tra Pisa e Firenze ha studiato orari e condizioni climatiche, finché si è deciso a compierlo di notte; ora è trattenuto a Firenze perché le notti sono troppo brevi «per poter fare un viaggio di qualche lunghezza senza prendere sole».
Ritornano i lamenti della malattia e della solitudine: soffre di una «flogosi lenta agl'intestini», il caldo si è dichiarato un «nemico peggiore che mai fosse il freddo», mentre Firenze ai suoi occhi peggiora ogni giorno: «Questi viottoli che si chiamano strade mi affogano, questo sudiciume universale mi ammorba ...»
«Leopardi sta peggio di qualunque infermo, o moribondo, o morto», confida Colletta a Capponi, «però che è più morto del morto vero: il vento, l'aria, la luce, ogni

cibo, ogni moto, la fatica, l'ozio, tutto gli nuoce». L'antico ministro e generale dell'esercito napoletano Pietro Colletta è uno dei più eminenti esuli a Firenze attratto nella cerchia del Vieusseux; molto ammalato e già vecchio a poco più di cinquant'anni, sta dedicando le ultime forze alla stesura della sua *Storia del Reame di Napoli* in continuazione di quella del Giannone, e gli amici dell'«Antologia» lo aiutano nella revisione dei suoi scritti. Sempre insoddisfatto del proprio stile e allarmato dal diffuso gusto romantico, vorrebbe sottoporli anche a Leopardi e lo invita nella sua villa in campagna per l'estate, ma Leopardi è inamovibile nella sua stanza alla Locanda della Fontana, dove tra le altre tristezze pensa all'inutilità della gloria letteraria: «Oggi veramente ciascuno scrive solo pe' suoi conoscenti.»[6] La sua solitudine è innanzi tutto il rifiuto dei compromessi che contrassegnano il suo tempo, e il suo disimpegno in quel «secolo di ragazzi» è un'alta sfida intellettuale.

Le lettere degli amici, particolarmente dei Tommasini e dei Maestri, sono piene di allarmi e di sgomenti, con i soliti eccessi sospirosi di Adelaide: «Comunichiamoci, egregio Amico, le nostre sventure; giacché nullo rimedio io trovo migliore di siffatta comunicazione». Madre e figlia vanno a trovarlo per una settimana portandogli «i giorni più lieti che *egli* abbia avuti in Firenze». In mezzo a tanta sensibilità, la Maestri fa correre anche un aiuto più concreto: alcune boatte di *Caradà fino di lusso* che è il suo preferito tabacco da fiuto.

Quando gli è possibile uscire, frequenta i «lunedì» del Vieusseux e anche le «conversazioni» di Carlotta de' Medici Lenzoni che ha il pregio «di amare le lettere e le arti più di quanto non sogliono le dame italiane» e fa spicco tra le signore fiorentine «sciocchissime, ignorantissime e superbe».

Alla fine di giugno Alessandro Poerio gli presenta il ventiduenne cavaliere napoletano Antonio Ranieri in viaggio d'istruzione per l'Europa, col quale inizierà presto un'affettuosa corrispondenza.

Alla fine di agosto un altro avvenimento sconvolge le regole familiari di Monaldo: Carlo invece di scegliere una moglie ricca per le opportune trasfusioni di dote, si è promesso — come si è già visto — alla cugina Paolina Mazzagalli e i suoi genitori, decisi a impedire le nozze, provocano una guerra tra famiglie cui assiste tutta Recanati. Le lettere più apprensive di questo periodo sono per il fratello dal quale teme «qualche risoluzione funesta». Carlo invece, dopo qualche sfogo di pessimismo romantico, finirà per aver ragione dell'opposizione dei suoi e sposerà la cugina, ma sarà costretto a uscire di casa, sparendo in una lunga esistenza incolore.

Allo Stella, dopo la consegna dell'antologia poetica, ancora promette la disegnata *Enciclopedia*, ma come un proposito sempre più vago perché gli manca tutto, occhi, energia, tranquillità per una simile impresa; comunque lo Stella assicura di inviargli lo stipendio fino a novembre, data presumibile del suo ritorno a Recanati.

Nei cinque mesi del secondo soggiorno fiorentino prima di sparire nell'«orrenda notte di Recanati» scrive soltanto due paginette di prefazione alla *Crestomazia* poetica e meno di un centinaio di pagine dello *Zibaldone*.

Il 10 novembre del '28, tristemente salutato sotto la pioggia dal Vieusseux che gli ha portato le provviste per il viaggio, Leopardi sale sulla diligenza che attraversa gli Appennini facendo tappa a Perugia. Suo compagno di viaggio e di interminabili discussioni è un pretino torinese di 27 anni, di nome Vincenzo Gioberti; lo ha conosciuto a una riunione del Gabinetto Vieusseux e sono subito diventati amici. Anche lui è atteso a Recanati dove sarà ospitato per alcuni giorni.

Negli anni successivi Leopardi e Gioberti si scriveranno un certo numero di lettere ma di Leopardi se ne salverà una sola, le altre andranno perdute durante la prigionia e l'esilio del Gioberti. Della sua amicizia per Leopardi una testimonianza vola sino a noi: «[...] uno de' cuori più generosi e benevoli che io m'abbia conosciuto; tanto che, essendo io stato suo amico, avendolo non solo amato, ma sto per dire adorato [...]»[7]

1829

Nell'appartamento che Monaldo gli ha preparato nella sua grande casa, ben riparato e riscaldato, passa le giornate in una deliberata carcerazione; si fa servire i pasti in camera e mangia da solo masticando lentamente: «Del resto io posso per la mia inclinazione alla monofagia esser paragonato all'uccello che i greci chiamavano porfirione [...]»[1] Esce qualche volta a passeggiare nei soliti luoghi reconditi, a lunghi passi, con le mani dietro la schiena: «[...] appena avverrà due o tre volte l'anno, che io possa dire di passeggiare con tutto il mio comodo per rispetto al caldo, al freddo, al vento, all'umido, al tempo e simili cose».[2] Agli amici scrive con «villanissimo laconismo» perché ha di nuovo disturbi agli occhi e alcune lettere sono di mano di Paolina: «Starò qui non so quanto, forse sempre... Fo conto di aver terminato il corso della mia vita».

Monaldo, che è a Roma per affari, ha visto svanire i suoi sogni di felicità domestica: Carlo vive nella famiglia della moglie e si è separato da tutti, anche da Giacomo; Luigi è morto; in casa sono rimaste Adelaide, Paolina e il giovanissimo Pierfrancesco. Gli anni non hanno am-

Nell'orrenda notte di Recanati

morbidito il carattere di Adelaide, anzi la sua ultima tirannia domestica l'ha esercitata da poco su Carlo. Paolina ha trent'anni, le spalle ingobbite e non esce mai di casa; è prigioniera della madre e riesce a vivere un poco della vita del mondo scrivendo segretamente alle sue amiche. Ancora sogna il suo ultimo pretendente, il più bello, che è diventato attore di teatro; adora il fratello, ma è al padre che si è donata e copre le ultime inquietudini della gioventù con pratiche devote.

A Pisa Leopardi aveva sognato le sue «vie dorate e gli orti» ma adesso Recanati è di nuovo il luogo della maledizione. Chiuso in una solitudine resa più disperata dalla certezza di non poterne uscire, ammalato di occhi, di stomaco, di nervi, incapace di leggere e di scrivere, in tre mesi tra l'agosto e il settembre del '29 compone uno dopo l'altro i quattro canti della sua grande poesia, chiusi dentro quattro date che sono le scadenze di un miracolo che si ripete: 26 agosto - 12 settembre: *Le ricordanze*; 17 - 20 settembre: *La quiete dopo la tempesta*; 20 - 29 settembre: *Il sabato del villaggio*; 22 ottobre: inizio del *Canto notturno di un pastore errante dell'Asia*, l'ultimo degli idilli «pisano-recanatesi».

Il *Canto* rimane interrotto per tutto l'inverno; anche le lettere e le annotazioni dello *Zibaldone* diradano in questo periodo, di una «malinconia che è oramai poco men che pazzia». Ma il suo pensiero, in mezzo a tante pressioni negative, avanza e supera il vecchio pessimismo in un rapporto nuovo nell'antinomia uomo-natura, che sarà la base del suo nuovo pensiero morale: «La mia filosofia, non solo non è conducente alla misantropia, come può parere a chi la guarda superficialmente, e come molti l'accusano; ma di sua natura esclude la misantropia, di sua natura tende a sanare, a spegnere quel mal umore, quell'odio, non sistematico, ma pur vero odio, che tanti e tanti, i quali non sono filosofi, e non vorrebbono esser chiamati né creduti misantropi, portano però cordialmente a' loro simili [...] La mia filosofia fa rea d'ogni cosa la natura, e discolpando gli uomini totalmente, rivolge l'odio, o se non altro il lamento, a principio più alto, all'origine vera de' mali de' viventi (2 gennaio 1829)».[3]
Anche lontano, trapiantato nella «vilissima zolla di Recanati», gli amici non lo dimenticano; Giordani gli scrive: «Mi è un vero tormento al cuore la tua situazione», e Vieusseux: «l'avervi visto partire con tempo tanto cattivo mi faceva star in pena», e quindi tutti gli altri: Colletta, Gioberti, Brighenti, Antonietta Tommasini e suo marito Giacomo che è diventato protomedico della sovrana di Parma; la loro figlia Adelaide che gli scrive alle tre del mattino, lettere che nessuno deve leggere, Antonio Pa-

padopoli che lo invita a Venezia, Carlo Pèpoli pronto a riaccoglierlo a Bologna, il suo affittacamere pisano che chiede notizie della sua salute, l'insopportabile Rosini che vorrebbe fargli correggere altri manoscritti, lo Stella con cui ormai scambia soltanto dei saluti, Alessandro Poerio che spera di scrivere un verso degno di essere da lui letto, e infine il giovane Ranieri al quale scrive: «Per amor mio che vi amo pur tanto, procurate di scacciar via i pensieri malinconici il più che potete». A ciascuno di questi amici dice che suo padre non può o non vuole mantenerlo fuori di casa: «io non domanderei, né, se dimandassi, otterrei mai nulla».

Si stabiliscono allora, per così dire, due correnti di richiamo, una dalla Toscana con Colletta: «È veramente debito comune de' buoni tirarlo da quel Tartaro», e con Vieusseux: «Mio desiderio ardente di poter combinare la vostra traslocazione definitiva da Recanati a Firenze, voi malgrado».

L'altra corrente è quella emiliana con la famiglia Tommasini-Maestri che lo invita insistentemente a Parma. In mezzo c'è Monaldo che prende tempo nella speranza che il figlio dopo tanti anni di fughe e di ritorni accetti finalmente di fermarsi nella sua casa dove non gli manca niente. Sembra non sia passato il tempo che lo ha visto crescere e diventare un poeta celebre: ma anche Leopardi perseverando nello stato di «figlio di famiglia» è un poco complice del congelamento adolescenziale del suo rapporto affettivo col padre. Un rapporto che da parte di Monaldo è pieno di cautele e di rinvii, se lui che legge migliaia di libri non ha ancora letto le *Operette morali*; suo figlio gliele tiene nascoste, è vero, ma non al punto che Monaldo non sappia che il volume circola in commercio.

Colletta vorrebbe essere il suo «mezzano» e trovargli un qualche «impieguccio» a Livorno o a Firenze e intanto gli apre la sua casa. I Maestri, per vincere le sue resistenze, gli fanno intravedere una cattedra all'università che assurdamente è di zoologia e di mineralogia: speranza poco coltivabile da parte di Leopardi che in quelle scienze è «a dir proprio un asino», non è «dottorato in nessuna facoltà» e infine scopre che lo stipendio è irrisorio e che la cattedra in sé è un impiego poco probabile, come è sempre accaduto nel suo passato. In realtà queste offerte di impiego sono poco più che pretesti escogitati dagli amici per vincere la sua ritrosia a pesare sugli altri, scambiando per ritrosia un insopprimibile desiderio di dipendere soltanto da se stesso. Infine la strada più efficace per la sua liberazione la escogita il generale Colletta offrendogli un sussidio mensile anonimo che gli sarà versato ogni mese da un gruppo di benefattori segreti, all'oscuro del nome del beneficato; sussidio che può considerare come preferisce: un prestito, un anticipo *a valoir* sui ricavi delle sue future pubblicazioni, un dono. I benefattori sono tutti gli amici dell'«Antologia». La lettera del Colletta, che equivale a un atto di clemenza del destino, arriva a Recanati poche ore dopo che Leopardi ha scritto disperatamente al Vieusseux annunciandogli il suo arrivo a Firenze «per cercar salute o morire» e pregandolo di trovargli un modo di campare senza guardare a umiliazioni, con trattenimenti letterari in casa o lezioni di qualunque genere, di grammatica, di lingua e simili.

Un premio perduto Questa lettera al Vieusseux del 21 marzo del '30 è l'ultimo anello di una catena di speranze e di delusioni. Diciotto mesi prima, Leopardi aveva inviato le sue *Operette* al segretario dell'Accademia della Crusca, per partecipare al premio quinquennale riservato a «una produzione di meriti singolari, cioè che all'importanza della materia unisse purità ed eleganza di stile». Il gran giurì di cui fanno parte Niccolini e Capponi si è riunito più volte e le *Operette* sono giunte in finale, ma l'ultima votazione del 9 febbraio del '30 ha dato la vittoria all'opera *Storia d'Italia dal 1789 al 1814* di Carlo Botta con 13 voti; un voto è andato a *La sacra Scrittura illustrata con monumenti assiri ed egiziani* dell'ebraista Michelangelo Lanci; un voto (forse del Capponi) alle *Operette morali*. Uno dei giudici ha confessato di non aver capito la prima delle *Operette*, *La storia del genere umano*, con quel capovolgimento del pensiero tradizionale per cui la malvagità umana è conseguenza dell'infelicità e non viceversa. Un altro ha biasimato i concetti che «tendono a far crollare le basi di ogni moralità». Nemmeno gli amici lo hanno realmente sostenuto pur sapendo che il premio di mille scudi avrebbe rappresentato l'unico mezzo concreto per la sua liberazione. Il caro Vieusseux prende un mese di tempo per trovare il coraggio di comunicargli la sconfitta e Leopardi, quando la apprende, non ha una parola di commento e ringrazia l'amico: «Addio, mio tenero e inapprezzabile amico. Io non posso nulla, non sono nulla...» Quando la salvezza arriva da parte del Colletta, Leopardi, deponendo l'«antica alterezza», accetta il sussidio anonimo degli «amici di Toscana». Con questo «primo barlume del crepuscolo nelle regioni polari», dopo sedici mesi di una «notte orribile» si accinge a partire da Recanati. Il 9 aprile termina la stesura del *Canto notturno* che conchiude il mito di Recanati.

La mattina del 30 aprile molte cose si compiono per l'ultima volta: Leopardi esce dalla casa dei suoi antenati, abbraccia la madre, la sorella, il fratello Pierfrancesco, saluta la gente di casa, sale sulla diligenza che passa per Recanati. Agli ultimi saluti è assente il conte Monaldo:

«Io lo viddi quasi di trafugo e senza abbracciarlo, la sera del 29, perchè il cuore non mi reggeva alla partenza, e lo viddi per l'ultima volta».[4]

1830

Dopo una sosta di qualche giorno a Bologna, il 9 maggio riattraversa gli Appennini battuti dalla tormenta, inseguito dalle proteste della Malvezzi («povera donna!») che non è stata degnata di una visita, e il 10 arriva «senza disgrazie» a Firenze. Il viaggio gli ha giovato e viaggiare sembra essere diventato il suo «stato naturale».

Il secondo soggiorno fiorentino

Per un mese alloggia alla solita Locanda della Fontana, poi passa a una pensione vicino alla Cappella di San Lorenzo, ma le «campane sul capo», «sette ragazzi sempre in moto», e le correnti d'aria, lo costringono a cercarsi un altro alloggio. Alla fine di agosto si sistema in via del Fosso, in un «quartierino con caminetto» già abitato negli ultimi mesi del soggiorno precedente, ospitato amorevolmente, come uno studente povero, dalle «sue» donne, le signorine Busdraghi: «Esse erano ancora in età ben giovanile, ma l'amore era scancellato dal loro volto; si vedeva che la gioventù n'era sparita per sempre».[1]

Fin dai primi giorni è «affollato di visite», gli amici lo festeggiano, lo complimentano per la sua «buona ciera». Il più assiduo è il generale Colletta, promotore del «peculio» e già un po' prevaricatore nell'organizzare la sua vita. Forse con l'intento di restituire le somme che via via riceve e non potendo per l'impedimento agli occhi metter mano ai promessi «disegni letterari», si propone di pubblicare una nuova edizione delle sue poesie con l'aggiunta delle più recenti; in luglio è pronto il manifesto che annuncia i versi «parte ristampati, parte nuovi: gli stampati si troveranno riformati molto dall'autore». Il manifesto è distribuito tra gli amici per la raccolta delle sottoscrizioni e le lettere di accompagnamento hanno l'urgenza di una richiesta di soccorso: «Laconicamente: ho un grandissimo bisogno di danari, se voglio star fuori di casa». In novembre le sottoscrizioni pervenute sono circa 700 e il Colletta stende un accordo col libraio Piatti per la stampa del volume e il compenso da versare all'autore nella misura di 80 zecchini, la somma più alta percepita da Leopardi per diritti d'autore. Le lettere di questo periodo sono messaggi secchi e brevi da cui traspare leggerezza e fervore. Quasi a compensazione della lunga reclusione appena terminata, malgrado gli occhi ammalati, non si chiude in casa ma esce a ogni ora del giorno, indossando un elegante «abito turchino» ridotto all'ultima moda, coi petti lunghissimi. Con tono sicuro affronta la vita sociale, mentre la notorietà per la prima volta lo allieta: «mi si dà la bella combinazione che pre-

cisamente nel contorno di casa mia ho dodici case di conoscenti e di amici dove passar le ore». Tra le mete mondane cui l'ha indirizzato l'amico Alessandro Poerio c'è la
casa di un botanico illustre, il professore Antonio Targioni-Tozzetti che ha una bella moglie di nome Fanny
«tutta letteratura e signoria» (Poerio).

Antonio
Ranieri

«Fu di statura mediocre, chinata ed esile, di colore bianco che volgeva al pallido, di testa grossa, di fronte quadra e larga, d'occhi cilestri e languidi, di naso proffilato,
di lineamenti delicatissimi, di pronunziazione modesta e
alquanto fioca, e d'un sorriso ineffabile e quasi celeste».[2]
L'autore di questo ritratto, il migliore dell'iconografia
letteraria leopardiana, è il giovane Antonio Ranieri, conosciuto a Firenze tre anni prima. All'inizio di settembre
Ranieri ritorna a Firenze da un *tour* europeo compiuto
assieme al futuro storico neoguelfo Carlo Troya. È un
bel ragazzo biondo di ventiquattro anni, espansivo, con
una voce calda, che vive con leggerezza al di sopra dei
suoi mezzi e rincorre la vita come una fantasia romantica. Quando si presenta nella stanza di Leopardi, trova
quello che la sua immaginazione ha deciso di fargli trovare: il poeta «malatissimo e inconsolabile», piangente
in una camera illuminata da una tetra lucerna. È una
scena nella quale il giovane napoletano, che diventerà
scrittore di cascami romantici, penetra volentieri per
non uscirne più. Immediatamente offre il suo aiuto inau-
gurando il «meschino apostolato» a fianco del poeta.
Tuttavia al di là delle sue mitomanie partorite successivamente, la reale immagine del poeta sofferente e solo
penetra nella sensibilità del giovane napoletano, arresta,
per così dire, i moti volubili del suo animo e lo rende disponibile a una duratura vocazione di assistenza accettata con entusiasmo.
«Era in lui sovrabbondanti qualità affettive che faceva
traboccare disordinatamente. E per dire i casi più me-
morandi, le fece traboccare su Giacomo Leopardi, le fece traboccare sulla propria sorella (che si chiamava anch'essa Paolina), tanto da tentarne una sorta di deifica-
zione negli ultimi suoi scritti; le fece traboccare su certi
uccellini che si portava dietro con la gabbia fin nelle sedute della Camera quando fu eletto deputato; e le fece
traboccare per ultimo sopra a due serve di casa, che nel
testamento lasciò depositarie di tutti i manoscritti del
Leopardi e dei suoi» (Wis).[3]
Che cosa abbia legato Leopardi a Ranieri è una questio-
ne discussa, compresa l'insinuazione più ovvia e meno
convincente di un sodalizio omofilo. Avrà scoperto in
Ranieri, nella sua vita disordinata e avventurosa, giova-
nili riserve affettive e vitali espresse con gli accattivanti

modi napoletani volti a sdrammatizzare le cose serie e a drammatizzare le cose fatue; avrà scoperto il senso di una dedizione senza calcoli e una compagnia gradevole senza obblighi, infine la sua immaginazione sarà stata sedotta dalla possibilità di vivere, attraverso l'amico, una gioventù che gli era stata negata, partecipando ai suoi drammi amorosi piuttosto che farsi occupare dai propri tetri pensieri. Fin da questo secondo incontro fiorentino, Ranieri occupa negli ultimi anni della vita di Leopardi, un posto che in gioventù era appartenuto a Giordani, con minori consensi intellettuali, naturalmente, ma con più ampie aperture sentimentali.

Ranieri promette a Leopardi quell'aiuto che lo salverà dal ritorno a Recanati, e da questo momento diventa il suo compagno indissolubile: «[...] avvinto immediatamente dal non so che d'attraente che esercitava quella natura dolorosa e possente; dopo alcune assenze, Pilade raggiunge il suo Oreste, si unì a lui sin dal novembre del 1830 per non lasciarlo più sino alla morte» (Sainte-Beuve).[4]

La vanteria senile di Ranieri di essere stato il mecenate di Leopardi è stata dimostrata, con accanimento persino eccessivo, falsa; è vero invece che, durante i sette anni di sodalizio i due hanno diviso a metà il loro magrissimo bilancio familiare, avendo entrambi un uguale sussidio dalle rispettive famiglie.

Decisa la loro futura convivenza, i due amici sono subito attratti in un rapporto turbinoso con l'amore, il danaro, le malattie, i viaggi, le rispettive famiglie e le città di Firenze, Roma e Napoli.

Ranieri si ferma a Firenze meno di un mese. Come durante il suo giro culturale in Europa si è forse più riversato sulle grazie femminili che sulle discipline storiche coltivate ufficialmente, anche adesso sta rincorrendo una donna, Maria Maddalena Signorini di Pelzet, attrice della compagnia Mascherpa. In ottobre la Pelzet va a recitare a Roma, Ranieri la insegue e Leopardi scrive per lui una lettera di presentazione all'amico archeologo Pietro Ercole Visconti: «Ti raccomando il mio amicissimo Antonio Ranieri Cavaliere Napoletano, *qui mores hominum multorum vidit et urbes*, giovane d'ingegno raro, di ottime lettere latine e greche, di cuore bellissimo e grande. Desidera acquistar conoscenze massimamente di giovani e di belle donne, desidera cercare nelle Biblioteche...» Ma già alla fine di ottobre Leopardi, che ha rinunciato in attesa del ritorno dell'amico a passare l'inverno a Pisa, lo attende ansiosamente e fa preparare per lui una camera vicina alla sua.

Louis De Sinner Un altro personaggio che in questo periodo entra nella vita di Leopardi appartiene al suo mondo intellettuale: è il filologo svizzero Louis De Sinner, presentatogli dal Vieusseux. De Sinner, come otto anni prima Niebuhr e altri studiosi stranieri, ha la rivelazione del suo genio filologico e stringe con Leopardi un'amicizia immediata. Per Leopardi è un «amico così dotto, così affettuoso e cordiale, così infaticabile, col quale passerei delle lunghe ore imparando e comunicando de' sentimenti che pochi intendono». Gli fa consegna formale dei suoi manoscritti filologici che De Sinner porta con sé a Parigi, dove insegna, con la promessa di pubblicarli al più presto, assicurando danaro e un gran nome al suo autore. Lo studioso svizzero tenterà con i propri mezzi di introdurre l'opera leopardiana sia in Francia che in Germania, ma fallirà nello scopo principale di far pubblicare le sue opere filologiche, di cui farà apparire soltanto un estratto nel '35 nel «Rheinisches Museum» intitolandolo *Excerpta e schedis criticis Jacobi Leopardi comitis*, che scontenterà Leopardi per i molti errori.

Dopo un primo entusiasmo, De Sinner, che come filologo è al di sotto di Leopardi, forse si convince che i suoi contributi sono superati. Ci vorranno quarantacinque anni perché il loro valore sia riscoperto all'estero nella lode di un altro filologo-filosofo, Friedrich Nietzsche: «Leopardi è l'ideale moderno di un filologo».

Tuttavia il «trombettamento» del De Sinner ottiene di far tradurre in Germania alcune *Operette*, poesie e saggi filologici e soprattutto riesce a interessare all'opera di Leopardi il massimo critico letterario francese, il Sainte-Beuve, che nel 1844 le dedicherà un saggio famoso.

1831

I «Canti» In primavera escono i *Canti* con la lettera dedicatoria «Agli amici suoi di Toscana»: «Ho perduto tutto: sono un tronco che sente e pena. Se non che in questo tempo ho acquistato voi: e la compagnia vostra, che m'è in luogo degli studi, e in luogo d'ogni diletto e di ogni speranza, quasi compenserebbe i miei mali, se per la stessa infermità mi fosse lecito goderla quant'io vorrei [...]».[1]

Molte prenotazioni sono rimaste insoddisfatte, ma il libro incontra più riserve che elogi e all'articolo entusiastico di Montani sull'«Antologia», corrispondono più numerose in privato le diffidenze: «Ti dico all'orecchio che nulla mi è piaciuto», scrive Colletta al Capponi, «la medesima eterna, ormai insopportabile melanconia: gli stessi argomenti, nessuna idea, nessun concetto nuovo; tristezza affettata, qualche seicentismo: stile bello».[2] È probabilmente l'opinione diffusa nell'ambiente fiorentino, e la distrazione con cui si leggono le sue nuove poesie è la misura ultima della sua solitudine e del suo isolamento: «Fin dal *Parini* egli era preparato a sentirsi poco inteso e da pochissimi; ma poco inteso come artista nel senso speciale e di scuola. È questo infortunio è fonte anche di orgoglio. Ma sentirsi negato o irriso o tollerato come poeta del suo più intimo e umano affetto e sentimento, come in gran parte gli avvenne a Firenze, a questo Leopardi dolorò e non resse. Alla radice della sua polemica filosofica in prosa e in versi dal '30 in poi, vi è un dolore di poeta, di un uomo misconosciuto, di irriso delle sue miserie biografiche» (Bacchelli).[3]

L'anno del «peculio toscano» è finito e il 1° aprile il generale Colletta, augurandogli che «Possa l'Italia pregiar l'opere vostre quanto esse meritano», gli manda l'ultimo assegno. La voluta confusione del generale, che fa apparire come uscite dalle sue tasche le somme versate, è solo espressione del dissimulato ma solido disappunto nei confronti di Leopardi per non avere ottenuto l'attesa revisione della sua opera. Leopardi invece aveva fatto solo superficiali e rari interventi grammaticali giudicando che l'opera avesse uno stile autosufficiente. La fine del «peculio» reintroduce il problema della sopravvivenza che verrà affrontato più tardi; nel frattempo la primavera del '31 scorre senza altri problemi. Leopardi sta «straordinariamente bene», mangia quattro volte al giorno, bibite e gelati ogni sera, studia pochissimo, non lavora e volentieri fa il perdigiorno. Esce spesso per andare dal Vieusseux o nei salotti delle signore dove, come al solito, è timidissimo, «ritroso e silenzioso» in mezzo al «[...] secco ed aspro / mondano conversar [...]».[4] Le sue mete predilette sono i salotti di Carlotta Lenzoni e quello di una signora francese grande amica del Giordani, malinconica e un po' deforme «mais douée de beaucoup d'esprit et de goût, et fort instruite»,[5] la principessa Charlotte Bonaparte, da poco vedova del cugino Napoleone Luigi, che ha messo sottosopra Firenze per trovare il poeta e invitarlo a casa sua, a Palazzo Serristori.

«Una dama bellissima e gentilissima (anzi la bellezza e l'amabilità stessa) mi prega di proccurarle degli autografi di persone distinte in letteratura e in politica o in armi», scrive al De Sinner il 1° giugno. *Fanny Targioni Tozzetti*

La dama bellissima è Fanny Targioni che l'amico Poerio gli ha presentato nell'estate precedente, una signora molto chiacchierata nella società fiorentina: «Dicesi che Carlo Torrigiani sia attualmente il favorito», scrive Alessandro Poerio a Ranieri, «altri nominarono Luigi Mannelli. Ci è pure chi pretende che Gherardo Lenzoni e il marchese Lucchesini di tempo in tempo facciano incur-

sioni sull'antico dominio. Io non posso indurmi a credere di sì prudente donna così licenziose novelle, e credo
che di quattro amanti almeno due sieno favolosi...»[6] Oltre a questi signori del *gratin* fiorentino la «bella Fanny»
forse non sa ancora di avere un altro ammiratore non dichiarato nel poeta che da alcuni mesi la frequenta assi-
duamente; o forse l'ha intuito, ma non mostra di accorgersene essendo a metà lusingata e a metà inorridita.
Quando a questo elenco di amanti reali, inventati o solo
desiderati da Fanny, si aggiungerà Antonio Ranieri che
ha tutte le carte in regola per esserlo, Leopardi sarà accolto nominativamente in un *ménage a trois* che per lui
avrà molte sublimazioni fantastiche, mescolate a degra-
danti tormenti, e nessuna gioia di atti concreti. «Le pays
des chimères est en ce monde le seul digne d'être habi-
té...» ha trascritto poco tempo prima dai *Pensées* di
Rousseau. Tuttavia in questa primavera fiorentina il
poeta accorre a lei con i segni manifesti della sua misera
passione e i fiori dell'appartamento di Aspasia profuma-
no i giorni del suo amore.
L'immagine di Fanny, passando da lontano in molti versi (il poeta le dedicherà un intero ciclo) si riflette in uno
specchio di grazie neoclassiche, di pose incestuose, «e-
rinni» nel cuore del poeta. Vista più da vicino è soltanto
la bella moglie snob di un professionista, che ha l'hobby
di collezionare autografi illustri e giovani amanti tra i
quali veramente non ha mai fatto posto al poeta, se non
per vaghe civetterie.
La bella Fanny in estate parte per i bagni di mare a Livorno, poi va in campagna e per un lungo periodo non
vedrà più il suo poeta innamorato né il giovane Ranieri
da cui è lei ad essere attratta.
L'inizio di questa passione così poco attuabile e commentata dagli amici con imbarazzo doloroso, diventa
nelle mani del poeta l'ispirazione del ciclo lirico cosid-
detto di Aspasia, che inizia con *Il pensiero dominante*,
scritto in questo periodo.

A Roma con   In ottobre la compagnia Mascherpa trasferisce le sue re-
Ranieri   cite al Teatro Valle di Roma, Lena Pelzet parte e Ranieri
decide un altro inseguimento, ma questa volta si fa accompagnare da Leopardi che in ogni caso non avrebbe
voluto staccarsi da lui.
Partono il 1° ottobre e per le spese del viaggio e del soggiorno romano impiegano i magri avanzi del «peculio»,
gli zecchini del Piatti e qualche scudo di Monaldo; in
più una cambiale di duemila lire fiorentine che dopo un
giro complicato finirà per ricadere sulle spalle di Leopardi.
A Roma Leopardi si sente subito in un «esilio acerbissimo» mentre gli amici, gelosi di questa fuga assieme a
Ranieri, intrecciano congetture sul viaggio. Giordani di-

ce che è andato a Roma per farsi prete: «È vero che ti fai prelato? Avvisami ch'io impari a chiamarti Monsignor Leopardi, e sappia sin quando potrò chiamarti Giacomino, che a mio gusto vale un po' meglio».

Carlo e Paolina suppongono che si sia allontanato per amore di Carlotta Bonaparte, Monaldo teme che sia stato esiliato per motivi politici. Di fronte a questi ed altri pettegolezzi, Leopardi cerca di non far trapelare le vere cause del viaggio che rispondono al suo desiderio di non lasciare l'amico solo ed esposto a «qualche pazza e irreparabile risoluzione» e allo stesso tempo di rendere meno tormentosa, con la lontananza, la sua passione per Fanny.

Si sistemano in un appartamento di via delle Carrozze, ma è subito scontentissimo dell'abitazione, del costo della vita, delle troppe visite. Al contrario lo zio Antici gli dà il sospetto di non volerlo invitare a casa sua. Conosce il poeta Giuseppe Gioachino Belli, frequenta il Bunsen ma non si fa vedere dal Mai.

In novembre si trasferiscono in via Condotti e subito deve mettersi a letto per due settimane per un «reuma di petto». Quando guarisce va a passeggiare nella «favorita Piazza del Popolo», in un clima di «verissima primavera», ma ha sempre paura di furti, assassini e anche dei pettegolezzi che il loro strano *ménage* suscita.

A Natale riceve da Monaldo una mancia di quaranta scudi, ma le «necessità urgentissime della giornata» ingoiano i suoi risparmi. Mentre è ancora a Roma, in febbraio assiste al grande successo (sei edizioni in cento giorni, traduzioni in tedesco, francese, olandese) di un pamphlet reazionario intitolato *Dialoghetti sulle materie correnti nell'anno 1831* che propone slogan di straordinaria facilità: «La libertà è una pazzerella», «La libertà è la più cara e fedele amica che abbia il demonio», «La stampa è una fiumana di veleno e di bitume ardente che corre ad appestare ed incendiare la terra». L'autore è anonimo ma è subito identificato in Monaldo Leopardi. Per un maligno scambio tra padre e figlio e per sfruttare la pubblicità di una sua conversione, molti indicano in Giacomo l'autore di quel libro; e Leopardi che lo giudica «infame, infamissimo, scelleratissimo» è costretto a inviare una smentita ad alcuni giornali: «Non voglio più comparire con questa macchia nel viso».

Quando in marzo la Pelzet, finita la stagione al Valle, parte per Bologna, anche Ranieri e Leopardi riprendono la strada del ritorno: «Parto senza aver riveduto San Pietro, né il Colosseo, né il Foro, né i Musei, né nulla: senza aver riveduta Roma».

Arrivano a Firenze il 22 marzo con gran sollievo di Leopardi per gli scampati pericoli reali e immaginari, per non essere più costretto a frequentare la Pelzet e soprattutto con la speranza che il vecchio Ranieri acconsenta a dilazionare il ritorno di Antonio a Napoli.

1832

Al ritorno nella «cara e benedetta Toscana», Leopardi e Ranieri vanno ad abitare in un appartamento di via dei Banchi con due finestre che danno su Piazza Santa Maria Novella, a pochi passi da casa Targioni.

Le loro difficoltà economiche si sono aggravate dopo che Leopardi ha declinato l'offerta del Vieusseux di una collaborazione fissa all'«Antologia», col più alto compenso mai dato; ma Leopardi è ormai incapace della minima applicazione.

Una prospettiva più avventurosa è offerta da un editore di Livorno, disposto a finanziare un settimanale che per i primi numeri sarà diretto da Leopardi, al quale potrà poi subentrare Ranieri. Il suo programma promette sincerissimi pareri intorno a libri nuovi, traduzioni di cose recenti e poco note ecc. Si intitolerà «Lo spettatore fiorentino»; e già parte con un ironico attacco al furore utilitaristico dei *clercs* fiorentini. «I suoi collaboratori,» afferma il preambolo, «non sono filosofi; non conoscono, propriamente parlando, nessuna scienza; non amano la politica, né la statistica né l'economia pubblica o privata. Come essi non sono nulla, così è molto difficile a definire che cosa debba essere il loro Giornale [...] Crediamo ragionevole che in un secolo in cui tutti i libri, tutti i pezzi di carta stampata, tutti i fogliolini di visita sono utili, venga fuori finalmente un Giornale che faccia professione d'essere inutile».[1] E forse per questo periodico scrive la penultima delle *Operette*, il *Dialogo di un venditore di almanacchi e di un passeggere*. Il progetto si blocca subito perché la censura del Buongoverno nega il permesso di pubblicazione.

«Nulla si conclude in affari»: i guadagni promessi dal De Sinner dalla pubblicazione dei manoscritti filologici sono chimere e dalla Francia e dalla Germania arrivano soltanto copie di riviste di cultura con traduzioni di «canti» e «operette» con commenti che ripropongono la solita assimilazione del pessimismo del poeta ai suoi mali fisici, contro la quale ancora una volta è costretto a protestare con la lettera scritta in francese al De Sinner il 24 maggio: «Prima di morire, voglio protestare contro questa invenzione della debolezza e della volgarità e pregare i miei lettori di dedicarsi a demolire le mie osservazioni e i miei ragionamenti piuttosto che ad accusare le mie malattie». Protesta che porta alla sua più alta conclusione nell'ultima *operetta* composta in questo periodo, il *Dialogo di Tristano e di un amico*: «[...] so che, malato o sano, calpesto la vigliaccheria degli uomini, rifiuto ogni consolazione e ogn'inganno puerile, ed ho il coraggio di sostenere la privazione di ogni speranza, mirare intrepidamente il deserto della vita [...]».

L'impossibile ricerca di danaro alla fine obbliga Ranieri a subire l'ordine del padre di ritornare a Napoli. Parte nella seconda metà di luglio con la promessa di un rapido ritorno. Sceglie però un itinerario divagante per più mesi, che passa per Bologna dove recita la Pelzet, e quindi prosegue per la via delle Marche: «Pervenuto, a forza di buoi, su Recanati, mi nacque desiderio di vedere il *patrio tetto* delle *Ricordanze*. Ma spuntava appena l'aurora; e la fermata era brevissima. Scesi frettoloso, e dissi a un fanciullo che mi venne innanzi: ‹Dov'è la casa del conte Leopardi?›» Ranieri arriva davanti all'ingresso nel momento in cui Monaldo sta uscendo per andare in chiesa: «Il dialogo fu cortese, ma freddo e breve, com'era breve la distanza fra la casa e la chiesetta; giunti ai gradini della quale, egli mi si accommiatò, e ne andò in mattutino. Aveva un cappello a larghissime falde, calzoni corti a ginocchio, scarpe con grosse fibbie di metallo bianco, era da capo a pie' tutto a nero, e portava sotto il braccio sinistro una maniera di grosso Breviario».[2]

Dopo aver imparato il maneggio delle «cambialette» come ultima risorsa, finalmente Leopardi decide di inviare al padre «un gran letterone» supplicando un vitalizio di 12 scudi mensili, quanti ne passa a Carlo, il minimo per sopravvivere. Monaldo gli manda un po' di danaro ma tergiversa sull'impegno definitivo, finché lo consiglia di rivolgere la richiesta alla madre. Alla fine dell'anno il sussidio è accordato, riempiendo il suo animo di «tenera gratitudine», in quella misura minima richiesta, mentre le entrate di casa Leopardi sono così aumentate da permettere alla contessa Adelaide, oltre al pagamento delle rate dei vecchi debiti, l'acquisto di nuove terre. Dopo la partenza di Ranieri la sua salute peggiora; passa intere giornate a letto *abîmé* di debolezza», estenuato dal caldo, con la febbre, alzandosi soltanto per qualche ora di notte perché non sopporta la luce; ha il terzo «reuma di petto» in dieci mesi, con violente emicranie, e i nervi fragilissimi sono trafitti dai più lievi rumori. Quando può uscire va dal Vieusseux o attraversa Piazza Santa Maria Novella, avanza fino al Canto degli Aranci in via Ghibellina e si affaccia al portone dei Targioni: «[...] come tremar son uso / all'amaro calcar della tua soglia»,[3] con le tasche piene di autografi di persone illustri per la collezione di Fanny. Fanny che lo vede «così malsano e di tristo umore», dissimulando la ripugnanza per il suo cat-

tivo odore e per gli occhi cisposi, si dedica alla lettura
dei suoi versi e alla sua conversazione, con un'ammirazione che il poeta sognante scambia per allettamento
amoroso. Messa forse al corrente della passione di Leopardi dai pettegolezzi, finge ancora di non accorgersene,
facilitata dai silenzi del poeta. L'amore per la Targioni,
se dal punto di vista della cronaca fiorentina di quei
giorni è un avvenimento pietoso e deriso, per la storia
sentimentale del poeta è una grande esperienza di sé e
del mondo: «[...] la vita a' suoi occhi ha un aspetto nuovo, già mutata per lui di cosa udita in veduta, e d'immo-
ginata in reale; ed egli si sente in mezzo ad essa, forse
non più felice, ma per dir così, più potente di prima, cioè
più atto a far uso di sé e degli altri».[4]
Un «tono risoluto, di certezza che contraddistingue quest'ultimo Leopardi più virile e ‹persuaso› del valore della
sua personalità e del suo mondo ideale sentito più chiaramente insieme come ‹suo› e come ‹vero›» (Binni).[5]
Quando arriva il culmine dell'estate anche Fanny parte
per i bagni di mare; il 16 agosto Leopardi che se ne lamentò più tardi
lettera in cui si riflettono come in un breve lampo le fi-
gurazioni poetiche di *Amore e morte*, poesia scritta probabilmente prima dell'estate: «E pure certamente l'amore e la morte sono le sole cose belle che ha il mondo...»
Soltanto due lettere indirizzate a Fanny ci sono pervenute, altre forse sono state distrutte.

Passa la solitaria estate del '32 «da' più diletti amici abbandonato» poiché ha interrotto i rapporti quasi con
tutti, compreso il Giordani che se ne lamentò più tardi
col Brighenti: «Quando a Firenze andavo a trovarlo,
non mi parlava.» Manda a Ranieri ogni due o tre giorni
smarriti e iperbolici messaggi di poche righe scritte nelle
tenebre della sua vista. Invoca il suo ritorno, «tremando» per lui, per la sua passione che lo fa «per più lati
infelice».
Quando la Pelzet in questo periodo rompe la sua relazione con Ranieri perché non si fida della sua costanza, anche Fanny perde il suo ultimo amante che parte per gli
Stati Uniti, lasciando un posto vacante che lei attende
sia occupato proprio da Ranieri. Fanny in realtà desidererebbe anche allontanarlo da Leopardi che rappresenta
un «grande inciampo nel cammin della sua vita»; ma
Leopardi accetta subito un gioco di rinunce e sostituzio-
ni che avrebbero stroncato chiunque, fuorché il suo animo romanticamente dissociato, sognante e realistico a
un tempo; e si dispone a servire la nuova situazione, soprattutto per non perdere l'amico.
«Ma l'ultimo anno di Firenze, e quel che fu espresso delirio per Aspasia alla quale egli non lo confessò mai, lo

aveva smagliato. Aveva un'idea greca e michelangiolesca della bellezza e della fortuna come un segno di predilezione divina: lo dimostrano i suoi pensieri su Achille, nello *Zibaldone*, e, nell'*Ottonieri* sulla bruttezza di Socrate, e sempre dove che parli della gioventù. Così si spiega che non fosse geloso di Ranieri presso Fanny, anzi al contrario ci vedesse più volentieri lui che altri. Ma in ogni modo quella storia dei due amici e della Targioni-Tozzetti, colla Pelzet di mezzo, è funesta e umiliante» (Bacchelli).[6]

In novembre scrive probabilmente *Consalvo*, anche'esso ispirato all'amore per Fanny. L'ultimo accenno alla donna, contenuto nei biglietti inviati a Ranieri, è del 29 gennaio del '33; subito dopo è probabile sia avvenuta la loro rottura, in qualche modo misterioso ma sicuramente banale e che meglio corrispondeva a Fanny. Per Leopardi è la caduta di un mito, e forse in questo periodo, comunque prima del settembre del '33, scrive *A se stesso* e l'abbozzo dell'inno *Ad Arimane*: «Re delle cose, autor del mondo, arcana / Malvagità, sommo potere e somma / Intelligenza, eterno / Dator de' mali [...] Perché, dio del male, hai tu posto nella vita qualche apparenza di piacere? l'amore? ... per travagliarci col desiderio, col confronto degli altri, e del tempo nostro passato ec.? [...] Non posso, non posso più della vita».[7]

«Quale sia stata l'effettiva realtà, oggi per sempre sepolta, di quelle passioni e relazioni, solo è dato congetturare (sembra facile, e non lo è) dai dati biografici» (Solmi).[8]

Una congettura fatta sull'eros leopardiano è che egli abbia conosciuto dell'amore soltanto la traiettoria ascendente, adolescenziale, sublimata in quel «pay des chimères» disegnato da Rousseau: «Il folgore di desiderio appassionato che si riflette così vivamente nella poesia *Aspasia* non merita il nome di amore. Risulterebbe da queste testimonianze poetiche che Leopardi non abbia conosciuto di questo sentimento burrascoso se non la prima metà, la più pura, la più dolorosa, ma anche la più divina, e che non abbia mai esperimentato una felicità intera. Ma queste sono soltanto congetture sul nascondiglio più misterioso di quel nobile cuore» (Sainte-Beuve).[9]

E infatti i biografi che si son posti il problema della «purezza» sessuale di Leopardi si sono scontrati con un minimo di testimonianze. Per il fratello Carlo, durante la pubertà «provò funestamente precoce la sensibilità della natura. Anticipò di quattro o cinque anni l'età dello sviluppo! Indi, com'egli mi confessò poi, tutti i mali fisici della sua vita.»[10] Per l'età più matura, altri testimoni e biografi negano una sua vita amorosa. Per Terenzio Mamiani, non si lasciò indurre «a far sacrificio alla voluttà»;[11] per Ranieri «si portò intatto nel sepolcro il fiore della sua verginità»;[12] per Giuseppe Chiarini, non ha «mai osato fare a nessuna, non che altro, una dichiarazione d'amore, salvo che in sogno».[13] Non la negano invece, pur con i loro eufemismi, tre storici leopardisti: per Mestica: «Né si fa torto al Leopardi ricordando ch'egli non rifuggiva dalle inclinazioni erotiche insite nella natura umana»;[14] Antona-Traversi ammette «briciole di voluttà pregustate»;[15] per Moroncini infine «non si portò intatto quel fiore».[16]

Ma anche questa controversia, sulla verginità sessuale di Leopardi, che vale quel che vale, può essere definitivamente abbandonata: «Leopardi resta per noi sempre atteggiato in un assorto e tremendo soliloquio. La sua teoria e la sua esperienza erotica (checché abbiano escogitato certi biografi per attribuirgli un figliuolo o, almeno, dei rapporti sessuali) hanno un suggello di castità che soltanto discutere sarebbe sconveniente e oltraggioso» (Muscetta).[17]

Nel 1832 probabilmente comincia a raccogliere i centoundici *Pensieri*, tratti e rielaborati dallo *Zibaldone*, di cui proprio in questo anno cessano del tutto le annotazioni. Il volume dei *Pensieri* («sui caratteri degli uomini e sul loro comportamento nella società», come scrive al De Sinner) uscirà postumo nel 1845 curato dal Ranieri.

1833

Con Ranieri a Napoli

A metà di quell'inverno tristissimo «già l'Arno è ghiacciato più volte da sponda a sponda» e Leopardi resiste nel freddo di Firenze in attesa del ritorno dell'amico: «le materasse ben ribattute ti aspettano già da più mesi in tua camera». Le sue brevi «letteracce» al Ranieri sono scritte in stato di quasi cecità, fino al marzo quando i medici giudicano salva la vista. Queste letterine contornano il reale desiderio e bisogno dell'amico con sovraeccitate espressioni amorose, traslati e iperboli che rispondono a quella «sensibilità» messa in voga dal Rousseau e che non dovrebbero imbarazzare nessun lettore moderno. Ai primi di aprile il «molto invocato» Ranieri, dopo aver ricevuto un ultimo messaggio — «Dio mi conceda di rivederti prima che io muoia» —, parte da Napoli e il 20 aprile alle quattro del mattino entra nella stanza del poeta a riprendere il «solito meschino apostolato». Racconta che lo stesso Re di Napoli gli ha dato la sua parola perché vada liberamente a Firenze e torni in patria quando vuole, magari portando con sé l'amico «a rifarsi di quest'aria».

In realtà i due amici non hanno ancora deciso nulla: se restare a Firenze, se andare a Napoli, se espatriare. Poi avendo per altre prove constatato l'impossibilità di una sistemazione a Firenze, in settembre decidono la partenza per Napoli, dove Ranieri può contare sull'aiuto dei parenti.

Le poche, affettuosissime lettere giunte a Recanati in questo periodo, hanno distribuito, col solito moto oscillatorio, la speranza di un suo ritorno, ritardato dalle fatalità più ricercate, e la decisione di non mettervi più piede. La partenza per Napoli è comunicata al padre con molto riguardo, come una meta provvisoria decisa all'improvviso per ragioni di salute. Paolina piange per il dolore senza poter desiderare il suo ritorno: «no, noi non lo possiamo desiderare», scrive alla Brighenti, «ché ci è innanzi agli occhi il suo malcontento orribile, la sua disperazione!»

Il 2 settembre lasciano Firenze. La città che si era offerta a un poeta malcompreso ma amato e sorretto nelle sue sofferenze, si è rinchiusa in se stessa. Molti amici sono scomparsi: il Colletta morto, Giordani e Poerio banditi; il governo granducale, impaurito per le sommosse in altre parti d'Italia, ha aumentato il rigore repressivo e il 26 marzo sopprime l'«Antologia», «spelonca e ordigno dell'umanità». Capponi e altri si stanno salvando con l'esercizio della prudenza e del buon senso, combattendo l'idea stessa di una rivoluzione o di un mutamento radicale.

In questo ambiente anche per Leopardi sono cessate le ragioni di sopravvivenza e di attrattiva: dal ritorno da Roma in poi ha sentito aumentare attorno a sé la freddezza, l'isolamento, il disagio per la sua inascoltata filosofia, le sue opinioni intolleranti, i suoi sarcasmi e i suoi lamenti. Un misto di rispetto, antipatia e compassione circonda la sua persona. Il Capponi negli ultimi tempi lo ha sfuggito, solo il Vieusseux gli conserva intatta la sua amicizia.

Dopo una sosta di tre settimane a Roma, arrivano a Napoli il 1° ottobre del 1833. I due «eterni e legittimi compagni», come li chiama l'ingelosita Fanny, sono accolti affettuosamente dai parenti di Ranieri e la sorella Paolina, che ha sedici anni, offre a Leopardi la stessa dedizione del fratello.

Napoli gli si rivela subito un soggiorno piacevole, per la dolcezza del clima e l'indole benevola degli abitanti.

Affittano un appartamentino ammobiliato in un quartiere popolare vicino a Piazza San Ferdinando. La proprietaria, inorridita dall'aspetto di Leopardi, sospettandolo ammalato di tisi, li obbliga ad andarsene al più presto e dopo due mesi passano «alla migliore aria di Napoli», nella parte alta della città sulle pendici del Vomero, nella Strada Nuova Santa Maria Ognibene, dove si fermano dal 4 dicembre del '33 al 4 maggio del '35. Le finestre si aprono su tutto il golfo da Posillipo al Vesuvio, del quale Leopardi contempla «ogni giorno il fumo ed ogni notte la lava ardente». La vita napoletana in un primo tempo infonde a Leopardi ottimismo e speranze di lavoro, anche se ha ripristinato subito il suo «perfettissimo isolamento» e frequenta soltanto i parenti e gli amici di Ranieri: Carlo Troya, l'avvocato Giuseppe Ferrigni che ha sposato Enrichetta Ranieri, Francesco Ranieri, il medico Francesco Mannella, Giuseppe Poerio e Alessandro, che tornerà da Parigi nel '35, Raffaele Conforti, un insegnante greco, Costantino Margaris, e qualche straniero di passaggio: l'archeologo Enrico G. Schulz, il poeta August von Platen.

«Il primo aspetto del Leopardi, presso il quale il Ranieri mi condusse il giorno stesso che ci conoscemmo», scrive von Platen nel suo *Diario* del 5 settembre del '34, «ha qualche cosa di assolutamente orribile, quando uno se l'è venuto rappresentando secondo le sue poesie. Leopardi è piccolo e gobbo, il viso ha pallido e sofferente, ed egli peggiora le sue cattive condizioni col suo modo di vivere, poiché fa del giorno notte e viceversa. Senza potersi muovere e senza potersi applicare, per lo stato dei suoi nervi, egli conduce una delle più miserevoli vite che si possano immaginare. Tuttavia, conoscendolo più da vicino, scompare quanto v'è di disaggradevole nel suo esteriore, e la finezza della sua educazione classica e la cordialità del suo fare dispongon l'animo in suo favore. Io lo visitai spesso.»[1]

1834

Un paese semibarbaro e semiaffricano

La prima poesia che scrive a Napoli, nella primavera del '34, è *Aspasia*, l'ultimo canto del suo amore fiorentino, pensato come un consuntivo della sua passione, in un monologo graffiante e misogino, rivolto alla donna amata e già umiliata col nome infamante dell'etera concubina di Pericle. Ma infine anche sulla Fanny reale ricade un po' di giustizia, quando nei versi di *Aspasia* afferma di non aver amato lei, ma un'amorosa idea, figlia della sua mente. Che questa idea e la Fanny reale siano incommensurabili, lo attestano le lettere che la signora fiorentina continua a scambiare con Ranieri, lamentandosi di essere stata dimenticata: «E di Leopardi che n'è? io già sono nella sua disgrazia, non è vero? ed il grand'*amore* si convertì in ira: ciò mi è accaduto sovente, perché nella filza de' miei adoratori ho avuto certi camorri da far paura ...» e tuttavia non manca mai di salutare il *brav'uomo*, il *benedett'uomo*, il *buon Leopardi*, il *povero nostro Leopardi*. Quando nel '35 all'uscita di *Aspasia* il pettegolezzo fiorentino resusciterà il ricordo dell'infelice passione, Fanny si difenderà in buona fede: «Voi più di ogni altro», scrive a Ranieri, «sapete se *mai* diedi la menoma lusinga a quel povero uomo del Leo, e se il mio carattere è tale da prendersi gioco d'un infelice e d'un bravo uomo come lui. Quando me ne parlavi, *in certi tempi* io m'inquietavo, e non volevo, né anco credevo vere certe cose, come non le credo ancora...»[1]

La prima parte del soggiorno napoletano è considerata da entrambi una sosta precaria ma priva di «alcun disegno positivo di cambiamento» e tuttavia con la «ferma risoluzione di partire di giorno in giorno». Impossibilità pratiche e un progressivo fatalismo li fanno invece scivolare nelle circostanze e nelle persone offerte dal caso, mentre i progetti di lavoro o di evasione sono tanto numerosi quanto poco realizzabili.
Contano di trasferirsi a Parigi e, con l'aiuto di De Sinner, avviare una collezione di classici italiani; poi orientano le loro speranze verso la Prussia con l'assistenza del Niebuhr; poi sono attratti da Palermo dove Leopardi potrebbe tenere un corso straordinario di eloquenza all'università; a un certo momento considerano anche l'eventualità di un ritorno a Firenze. E Leopardi intanto scrive al padre una serie di lettere bellissime che riannodano i vincoli affettivi di un tempo, placando ogni contrasto, promettendo da una stagione all'altra il suo imminente ritorno a casa.

1835

Quanto a Napoli, i benefici effetti del suo clima dopo un anno lo hanno abbastanza risanato; ma anche lì è scivolato in fretta sul versante dell'abborrimento, desiderando di «sradicarsi al più presto» da quel «paese semibarbaro e semiaffricano».

Progetti e polemiche

Dopo molte partenze immaginarie, nessuno sa quanto sia vero il suo desiderio di allontanarsi da Napoli, anche perché ormai ogni decisione è sospesa alle pigre fantasticherie di Ranieri, mentre la mancanza di danaro rende veramente impossibile qualsiasi progetto.
La salute continua a migliorare mettendolo in grado di cercare qualche guadagno. Il primo progetto, studiato col Troya, riguarda la riesumazione del periodico «L'Ateneo» che era stato diretto dal Ferrigni; il secondo è di pubblicare una raccolta di opuscoli mensili originali o tradotti; infine del giugno del '35 è il tentativo di aprire una scuola privata, ma subito viene negato il permesso per le solite ragioni della sua miscredenza. Altri progetti *more solito* naufragano uno dopo l'altro. Più concreto sembra essere il contratto editoriale firmato il 9 luglio

del '35 con lo stampatore Saverio Starita per la pubblicazione di tutte le sue opere «in non meno di sei volumi»
di cui due o tre di scritti inediti, con un compenso per
l'autore di 5 ducati a foglio di stampa. Nella seconda
metà del settembre '35 esce il volume dei *Canti* arricchi-
to dei versi scritti tra il '31 e il '35: le poesie del «ciclo di
Aspasia»: *Consalvo, Il pensiero dominante, Amore e morte, A se stesso, Aspasia*; le due «sepolcrali», scritte forse
nella primavera del '35: *Sopra un basso rilievo antico sepolcrale, dove una giovane morta è rappresentata in atto di
partire, accomiatandosi dai suoi* e *Sopra il ritratto di una
bella donna scolpito nel monumento sepolcrale della medesima* e infine la *Palinodia al marchese Gino Capponi*. Nel
gennaio del '36 appare il primo dei due volumi previsti
per le *Operette morali* «corrette e accresciute», ma viene
subito confiscato dalla censura governativa, offrendo il
pretesto al «pidocchioso libraio» Starita che ha pubblicato «la più infame edizione che ha potuto, di carta, di
caratteri, e di ogni cosa» a non mantenere l'impegno di
versare il compenso pattuito.
I due amici cadono di nuovo in «istrettezze assai forti»
che rendono «duro lo stare» e non concedono di partire.
Lo stesso zio Antici protesta contro Monaldo per il futi-
le assegno che gli manda: «per un uomo della sua prosa-
pia, della sua età e de' suoi acciacchi, è un'offesa alla
giustizia distributiva».[1]

Nel maggio del '35 i due amici si trasferiscono nella loro
ultima casa in comune, alla Salita Santa Teresa degli
Scalzi, tra la Villa Reale e i mercatini popolari di Foria,
nella zona di Capodimonte allora al limite estremo della
città, con un'aria asciuttissima e quasi campestre. L'appartamento ha cinque stanze che adesso ospitano anche
la sorella di Ranieri, Paolina «una simpatia di prima forza», e il «finissimo cuoco» Pasquale.
Mentre continua a «lodarsi della sua salute», un'aria di
svago circonda le sue giornate napoletane: «Passeggiava
ora per Toledo, ora lungo il curvo e spazioso lido del
mare. Visitava assai frequentemente ora Mergellina e
Posillipo, ora Pozzuoli e Cuma. Scendeva da Capodimonte alle catacombe, e dal Vesuvio a Pompei o ad Ercolano ... Napoli l'attraeva come la stella attrae il piane-
ta»[2] e lo scandalizzato Ranieri riferisce inoltre che si fer-
mava a «giocare stranamente al lotto, dando insino i numeri al popolino».[3] Indossa un vecchissimo soprabito,
forse lo stesso che lo inorgogliva a Pisa e per il quale —
ricorda Ranieri — ha un «affetto incredibile», ma che
adesso lo fa scambiare per un mendicante, però con un
bel fazzoletto al collo; passa dalle case degli amici, dove
si fanno interminabili discussioni letterarie, al caffè

«Due Sicilie» in Largo della Carità dove, seduto all'aperto, divora *les glaces à la napolitaine* del famoso sorbettaio Vito Pinto che finirà onorato per «l'arte onde barone è Vito» in un verso dei *Nuovi credenti*.

Al cuoco Pasquale ha commissionato un elaborato menù di 49 piatti leggerissimi: cappellini al burro, bodin di riso, bignés di patate ...

Va anche agli spettacoli del Teatro Mercadante «dove mi par di vederlo ancora, appoggiato del gomito destro sul parapetto, farsi il solecchio pe' lumi che lo ferivano, ed, insieme con Margaris, che gli era in piedi alle spalle, godersi amendue il famoso *Socrate immaginario* dell'abate Galliani, musicato da Paisiello e cantato da Lablache» (Ranieri).[4]

Chi invece non ha alcuna simpatia per lui sono gli intellettuali napoletani. Quando lo vedono passeggiare col suo «umor misantropico», con la sua aria inaccessibile, si scambiano battute su *o' ranavuottolo*. «Giacomo in questi ultimi anni era divenuto sdegnosissimo del pettegolezzo letterario»[5] e i letterati lo osservano ostilmente quando sta seduto per ore al caffè a mangiare gelati. Non amano nemmeno i suoi libri e all'uscita dei *Canti* e delle *Operette* la setta letteraria napoletana vocifera contro di lui e la rivista di cultura «Il Progresso» gli dedica frequenti rimproveri e allusioni sprezzanti, mentre l'opinione corrente lo condanna anche come poeta: «[...] nel tutto è stato sinora pessimamente accolto, avendo immensamente detratto egli stesso alla fama che l'aveva preceduto» (Gargallo).[6]

L'ostilità dei letterati napoletani romantici e spiritualistici, riproduce con più deboli schermi intellettuali quella dei fiorentini. Leopardi, al quale malgrado il disinteresse e l'isolamento non sfugge niente, perde per un momento la pazienza e contro la petulanza di quell'ambiente che «né il bel sogno giammai, né l'infinito»,[7] detta nell'autunno del '35 un'acre satira, *I nuovi credenti*, che però vieterà al Ranieri di pubblicare.

Il Ranieri non si trattiene dal descrivere l'esito vano dei tentativi compiuti da altri letterati di far apprezzare i loro lavori: «Delle molte sciocche [pubblicazioni inviategli in omaggio] poi, egli faceva un tristo governo, servendosene, ove la carta ne fosse morbida per le sue consuetudini mattinali e facendone insino parte agli amici per l'uso medesimo.»[8]

«In effetti, se Leopardi si mostra irridente verso l'ideologia del suo tempo, le rugiadose speranze dei ‹nuovi credenti› intinte di spiritualismo cattolico e romantico, la perfettibilità del genere umano, le ‹magnifiche sorti e progressive› vantate dalle gazzette sulla scia dei primi ‹miracoli› del progresso tecnico, non è certo per effetto del processo di ripiegamento tradizionalistico sopraggiunto all'epoca della Restaurazione, bensì di un raffronto con gli spregiudicati ‹lumi› dell'età illuministica e rivoluzionaria, e correlativa loro acre rivendicazione.» (Solmi).[9]

In questo periodo conclude un'opera cui sta lavorando da alcuni anni, un lungo poemetto in ottave: *I Paralipomeni della Batracomiomachia*: «Composti cronologicamente insieme ai Canti napoletani e ai *Pensieri*, sono in sostanza posteriori a tutto Leopardi, paralipomeni di nome e di fatto [...] Egli è stanco, e trae partito da grande artista della sua stanchezza, si disimpegna dei suoi pensieri, e per l'ultima volta. Leopardi non vi polemizza più con niente e con nessuno, neppure col proprio dolore [...] È lo stile del sorriso, lo stile del sottinteso per gusto di bravura» (Bacchelli).[10]

L'opera di Leopardi circola invece con grande ammirazione nella scuola puristica del marchese Basilio Puoti, dove Leopardi, invitato ad assistere a una lezione, intravvedrà lo scolaro Francesco De Sanctis, destinato a diventare il suo più grande critico. «Quando venne il dì, grande era l'aspettazione [...] Ecco entrare il conte Giacomo Leopardi [...] Tutti gli occhi erano sopra di lui. Quel colosso della nostra immaginazione ci sembrò a primo sguardo, una meschinità. Non solo pareva un uomo come gli altri, ma al di sotto degli altri. In quella faccia emaciata e senza espressione tutta la vita s'era concentrata nella dolcezza del suo sorriso [...]» (De Sanctis).[11]

L'epistolario degli ultimi anni è l'immagine rattrappita di una vicenda combattuta da troppe difficoltà, mancanza di danaro, aggressione di malattie vecchie e nuove. I soli amici che Leopardi ricorda sono i più fedeli: il Giordani che è stato arrestato a Parma e rilasciato dopo tre mesi, il De Sinner che è in trattative con uno stampatore parigino per l'edizione francese dell'opera di Leopardi che falliranno subito; poi i Tommasini e i Maestri, dediti ormai al culto della sua amicizia, il Bunsen che offre l'ultimo soccorso. Con i parenti, mentre diradano le lettere a Carlo e a Paolina, si intensifica il rapporto col padre, anche se Monaldo, amareggiato dall'assenza del figlio, si sente deluso e irritato e qualche volta fa tardare i necessari soccorsi. Ranieri distruggerà tutte le lettere dei parenti di Leopardi per quella sua vanità di apparire l'unico benefattore dell'amico, come se non fosse bastata alla gratitudine dei posteri la sua assistenza concreta e quella dei suoi familiari. Antonio e Paolina sono sempre pronti alle sue richieste: di leggere per lui, di scrivere sotto dettatura, di correre a chiamare il medico, a comprare i dolciumi che preferisce, le zeppole di San Giuseppe, i mandorlati, i canditi.

1836-1837

A Torre del Greco

All'inizio del '36 progetta ancora di partire per Recanati. In primavera Antonio, Paolina, il cuoco Pasquale e Leopardi si trasferiscono sopra Torre del Greco in un «casinuccio» prestato dal Ferrigni. Il luogo li incanta: fanno escursioni sulle pendici del Vesuvio, arrivano fino a Ercolano e a Pompei. In casa, Leopardi chiacchiera con il fattore che gli racconta le leggende della terra vulcanica. Vi trascorrono tutta la primavera, durante la quale Leopardi scrive le sue ultime due poesie: *Il tramonto della luna* e *La ginestra o il fiore del deserto*.

In giugno ritornano a Napoli, e in agosto sono di nuovo in campagna quando scoppia il colera: «Questo ignoto e sinistro morbo», ricorda De Sanctis, «dopo di aver spaventato mezza Europa, piombò sopra Napoli come un flagello. Le immaginazioni furono colpite; la paura rendeva irresistibile l'epidemia».[1] Leopardi contagiato dal terrore del suo amico Platen, che scappa da Napoli per andare a morire di spavento a Siracusa, non vuole ritornare in città e chiuso dentro Villa Ferrigni non si muove per sette mesi, mentre Ranieri fa la spola con Napoli, lasciandolo spesso solo poiché il cuoco Pasquale è stato tra le prime vittime del contagio. Durante l'inverno il casolare è gelido e umido e Leopardi rivive le sofferenze dell'inverno bolognese con tutto il corteggio dei suoi mali abituali cui si aggiunge una «spaventevole ftiriasi» mentre peggiora la congestione cardiaca cronica che gli gonfia le gambe e rende difficoltoso il respiro. Orribili immagini di morte lo inseguono. Parenti e amici sono di nuovo in ansia per lui. Passato il terribile inverno «correndo ciascun giorno sei pericoli di vita ben contati, imminenti e realizzabili d'ora in ora» e, allentatasi la furia del colera, nel febbraio del '37 ritornano a Napoli.

Il dolore immedicabile degli amici

Abbastanza ristabilito, esce talvolta a passeggiare lungo le strade di Foria «senza vedere alcuno»; accarezza anche il progetto di partire per Roma, ma il contagio colerico riprende a diffondersi raggiungendo presto la massima intensità e rinnovando «nell'egra fantasia i terrori d'un modo di morte incognito e abbominoso» (Ranieri).[2]

In maggio è di nuovo ammalato: un ginocchio gonfio e livido, l'occhio destro minacciato di cateratta; non riesce a respirare, non può «né camminare né giacere né dormire». Quando può, con voce impercettibile detta a Ranieri le strofe finali dei *Paralipomeni*. I medici consigliano di nuovo l'aria vulcanica, ma la partenza è differita di giorno in giorno per raccogliere le energie sufficienti al viaggio. Ogni giorno sogna di partire e di arrivare fino a Nisida, a Capri, sulle rovine del palazzo dove è morto Tiberio. Detta a Ranieri alcune lettere agli amici. Giordani gli scrive un'ultima lettera il 5 giugno rimasta senza risposta: «spero che tu non dimentichi o dispregi tanto mio amore costante». Il 27 maggio detta l'ultima lettera per il padre, promettendo ancora il suo ritorno.

Il mattino del 14 giugno è un giorno non peggiore degli altri per il suo stato fisico; la carrozza è finalmente pronta per la partenza: Leopardi beve una tazza di cioccolata e scherza con i suoi amici che dovranno assisterlo ancora per quarant'anni perché, come si sa, gli asmatici sono longevi. Rimanda di ora in ora il momento di salire in carrozza, poi sente crescere l'asma e Ranieri manda ancora una volta a chiamare il medico Mannella.

«Si rallegrò del nostro arrivo, ci sorrise; e, benché con voce alquanto più fioca e interrotta dell'usato, disputò dolcemente col Mannella del suo mal di nervi, della certezza di mitigarlo col cibo, della noia del latte d'asina, de' miracoli delle gite e del voler di presente levarsi per andare in villa. Ma il Mannella, tiratomi destramente da parte, mi ammonì di mandare incontanente per un prete; che d'altro non v'era tempo. Ed io incontanente mandai e rimandai e tornai a rimandare al prossimo convento degli agostiniani scalzi. In questo mezzo, il Leopardi, mentre tutti i miei gli erano intorno, la Paolina gli sosteneva il capo e gli asciugava il sudore che veniva giù a goccioli da quell'amplissima fronte, ed io, veggendolo soprappreso da un certo infausto e tenebroso stupore e tentavo di ridestarlo con gli aliti eccitanti or di questa or di quella essenza spiritosa; aperti più dell'usato gli occhi, mi guardò più fisso che mai. Poscia: ‹Io non ti veggo più›, mi disse come sospirando. E cessò di respirare; e il polso né il cuore battevano più [...]».[3]

Muore alle cinque del pomeriggio per collasso cardiaco. La sua salma, sottratta alla fossa comune dei morti per colera, viene seppellita da Ranieri nella Chiesa di San Vitale. Paolina scrive nel registro di casa di Recanati: «A dì 14 giugno 1837 morì nella città di Napoli questo mio diletto fratello divenuto uno dei primi letterati di Europa. Fu tumulato nella Chiesa di San Vitale, sulla via di Pozzuoli. Addio, Caro Giacomo: quando ci rivedremo in paradiso?»

Qualche giorno dopo Giordani scrive a un amico: «Non è da dolere che abbia finito di penare; ma sì che per 40 anni abbia dovuto desiderare di morire: questo è il dolore immedicabile...»[4]

NICO NALDINI

Guida bibliografica

Per un completo panorama della bibliografia critica su Leopardi si rimanda alle «Indicazioni bibliografiche» del volume n. 102 di questa collana: G. Leopardi, *Canti*, introduzione, commenti e note di Fernando Bandini, apparso nel 1975.

L'edizione fondamentale delle lettere leopardiane è l'*Epistolario di G. Leopardi*, nuova edizione ampliata, con lettere dei corrispondenti e note illustrative a cura di Francesco Moroncini, Firenze, Le Monnier, 1934-1941, in sette volumi. Il settimo volume è stato curato da Giovanni Ferretti con giunte e correzioni più un indice analitico a cura di Aldo Duro.

L'edizione successiva dell'Epistolario è costituita dalle *Lettere*, quinto e sesto volume di *Tutte le opere di G. Leopardi* a cura di Francesco Flora, Milano, Mondadori, 1949. L'edizione del Flora condotta su quella del Moroncini con una nuova revisione degli autografi contiene alcune lettere in più ma è senza il corredo delle lettere dei corrispondenti. Sull'edizione del Flora è stata condotta quella di Walter Binni con la collaborazione di Enrico Ghidetti, nel primo dei due volumi di *Tutte le opere*, Firenze, Sansoni, 1976.

Dell'epistolario leopardiano sono state pubblicate varie scelte commentate; ricordiamo le più recenti: G. De Robertis, *Epistolario*, Firenze, Le Monnier, 1933; I. Riboni, *Storia di un'anima, Lettere scelte dall'Epistolario*, Milano, Vallardi, 1935; M. Capucci, *Lettere*, Firenze, Salani, 1958; Sergio e Raffaella Solmi, *Lettere*, Torino, Einaudi, 1977, già apparso in: G. Leopardi, *Opere* (vol. n. 52 tomo II della collana «La letteratura italiana. Storia e testi»), Milano-Napoli, Ricciardi, 1966; Ugo Dotti, *Storia di un'anima, scelta dall'Epistolario*, Milano, Rizzoli, 1982.

La presente scelta si basa: per le lettere leopardiane sull'edizione curata da W. Binni ed E. Ghidetti; per le lettere dei corrispondenti e per le note sull'*Epistolario* curato da F. Moroncini.

STUDI CRITICI SULL'EPISTOLARIO

Una bibliografia particolare sull'*Epistolario* è il *Saggio bibliografico sull'epistolario leopardiano (1945-1949)* di A. Tortoreto, in «Convivium», IV, 1951.

F. De Sanctis, *Sullo Epistolario di G. Leopardi* (1856), in *Saggi critici*, a cura di L. Russo, vol. I, Bari, Laterza, 1952.
G. De Robertis, *Le Lettere come storia di un'anima* (1937), in *Saggio sul Leopardi*, Firenze, Vallecchi, 1960, 4ª ed.

G. Ferretti, *Alle origini dell'Epistolario leopardiano*, in «Giorn. stor. d. Letter. Ital.», CXIII, 1939.

A. Momigliano, *Il carteggio di Leopardi* (1941), in *Cinque Saggi*, Firenze, Sansoni, 1945.

V. Borghini, *Del purismo del Leopardi e della sua prosa epistolare*, in *Dal Barocco al neoclassicismo*, Torino, S.E.I., 1946.

E. Bigi, *Le Lettere del Leopardi* (1950), in *Dal Petrarca al Leopardi*, Milano-Napoli, Ricciardi, 1954.

S. Timpanaro jr., *Appunti per il futuro editore dello «Zibaldone» e dell'epistolario leopardiano*, in «Giorn. stor. d. Letter. Ital.», CXXXV, 1958, fasc. 412.

Leone A. De Castris, *Momenti dell'epistolario leopardiano*, in «Convivium», XXVII n.s., 1954, fascc. IV e V.

W. Binni, *La lettera del 20 febbraio 1823* (1963), in *La protesta di Leopardi*, Firenze, Sansoni, 1977, 3ª ed.

STUDI E TESTIMONIANZE BIOGRAFICHE

T. Mamiani, *Manzoni e Leopardi*, in «Nuova Antologia», XXIII, 1873.

A. Ranieri, *Sette anni di sodalizio con G. Leopardi*, Milano, Giannini, 1880 (cfr. la più recente edizione, Milano, Garzanti, 1979, con un'introduzione di G. Cattaneo e una nota di A. Arbasino).

F. Montefredini, *La vita e le opere di G. Leopardi*, Milano, Dumolard, 1881.

T. Teja Leopardi, *Note biografiche sopra Leopardi e la sua famiglia*, Milano, Dumolard, 1882.

G. Piergili, *Nuovi documenti intorno alla vita e agli scritti di G. Leopardi*, Firenze, Le Monnier, 1882 e *Vita di G. Leopardi scritta da esso*, Firenze, Sandron, 1899.

Monaldo Leopardi, *Autobiografia*, a cura di A. Avòli, Roma, Befani, 1883 (parzialmente ristampata da Longanesi, Milano, 1971) e *«Lettera memoriale» a Antonio Ranieri*, in *Carteggio inedito di varii con G. Leopardi*, a cura di G. e R. Bresciano, Torino, Rosenberg, 1932.

F. De Sanctis, *La giovinezza*, in *Opere*, a cura di G. Savarese, Torino, Einaudi, I, 1961.

C. Antona-Traversi, *Studi su G. Leopardi, con notizie e documenti sconosciuti e inediti*, Napoli, Dekken, 1887, e *Documenti e notizie intorno alla famiglia Leopardi per servire alla compiuta biografia del poeta*, Firenze, Libreria Münster, 1888.

Paolina Leopardi, *Lettere a Marianna ed Anna Brighenti*, a cura di E. Costa, Parma, Battei, 1887 e *Lettere inedite* a cura di Giampiero Ferretti, introduzione di F. Fortini, Milano, Bompiani, 1979.

G. Mestica, *Studi leopardiani*, Firenze, Le Monnier, 1901.

G. Chiarini, *Vita di G. Leopardi*, Firenze, Barbera, 1905.

F. Flora, *Leopardi e Aspasia*, in «Nuova Antologia»,

gennaio-febbraio 1928.

G. Ferretti, *Leopardi, Studi biografici*, Firenze, Ofiria Editrice, 1928 e *Vita di G. Leopardi*, Bologna, Zanichelli, 1940.

G.A. Levi, *G. Leopardi*, Messina-Milano, Principato, 1931.

F. Moroncini, *Purezza del Leopardi*, in «Italia letteraria», 21 maggio 1933.

I. Origo, *Leopardi: a biography*, New York-Oxford, University Press, 1935; *Leopardi. A study in solitude*, London, Hamilton, 1953 (cfr. trad. ital., Milano, Rizzoli, 1974).

G. Gambarin, *L'unico amore del Leopardi a Bologna*, in «Giorn. stor. d. Letter. Ital.», vol. CXIII, a. LVII, fasc. 339,1939.

A. Baldini, *Il Sor Pietro, Cosimo Papareschi e Tutta-di-tutti*, Firenze, Le Monnier, 1941.

M. Saponaro, *Leopardi*, Milano, Garzanti, 1941 (cfr. nuova edizione, Milano, Mondadori, 1952).

A. Panzini, *Casa Leopardi*, Firenze, Le Monnier, 1948.

R. Wis, *G. Leopardi, studio biografico*, Helsinki, Società neofilologica, 1959.

N.N.

Note

1 *Storia di un'anima* in Giacomo Leopardi, *Tutte le opere*, introduzione a cura di Walter Binni con la collaborazione di Enrico Ghidetti, 2 voll., Firenze, Sansoni, 1976, I, p. 366.
2 Valéry Larbaud, *Lettre d'Italie*, in *Oeuvres*, Paris, Gallimard, 1957, pp. 803-827.
3 Teresa Teja Leopardi, *Note biografiche sopra Leopardi e la sua famiglia*, Milano, Dumolard, 1882, p. 9.
4 Alfredo Panzini, *Casa Leopardi*, Firenze, Le Monnier, 1948, pp. 144-48.
5 Teresa Teja Leopardi, *op. cit.*, p. 29.
6 Paolina Leopardi, *Lettere a Marianna ed Anna Brighenti*, a cura di Emilio Costa, Parma, Battei, 1887, pp. 8, 40, 53.
7 «Lettera memoriale» di Monaldo Leopardi a Antonio Ranieri in *Carteggio inedito di varii con Giacomo Leopardi*, a cura di G. e R. Bresciano, Torino, Rosenberg, 1932, pp. 478-82.
8 *Zibaldone*, 353-55.
9 Karl Vossler, *Leopardi*, trad. it di T. Gnoli, Napoli, Ricciardi, 1925, pp. 92-93.
10 Appendice all'*Epistolario*, a cura di P. Viani, Firenze, Le Monnier, 1925, III, p. 478.

11 *Ricordi d'infanzia e di adolescenza*, in *Tutte le op.*, cit., I, p. 359.
12 Appendice all'*Epistolario*, a cura di P. Viani, cit., III, p. 478.
13 *Ricordi d'infanzia...*, cit., p. 364.
14 Ivi, p. 360.
15 Ivi, p. 362.
16 *Discorso di un italiano intorno alla poesia romantica*, in *Tutte le op.*, cit., I, p. 919.
17 «Lettera memoriale» di Monaldo Leopardi a A. Ranieri, cit.
18 Ivi.
19 Appendice all'*Epistolario*, a cura di P. Viani, cit., III, p. 475.

1809-10
1 Pietro Giordani, *Delle Operette Morali di G.L.*, in *Scritti*, IV, Milano, 1857, p. 152. Citato da G. Carducci in *Degli spiriti e delle forme nella poesia di G.L.*, Bologna, Zanichelli, 1898, p. 27.
2 Valéry Larbaud, *op. cit.*
3 *Entro dipinta gabbia. Tutti gli scritti inediti, rari e editi, 1809-1810 di G.L.*, a cura di Maria Corti, Milano, Bompiani, 1972, p. 311.
4 Ivi, p. 60.
5 *Alla vita del Poggio*, in *Tutte le op.*, cit., I, p. 365.
6 Walter Binni, *La protesta di Leopardi*, Firenze, Sansoni, 1977, 3ª ed., p. 19.
7 Lettera a Giordani del 21 marzo 1817.
8 *Alla vita abbozzata di Silvio Sarno*, in *Tutte le op.*, cit., I, p. 365.

1811-12
1 «Lettera memoriale» di Monaldo Leopardi a A. Ranieri, cit.
2 Attilio Momigliano, *Cinque saggi*, Firenze, Sansoni, 1945, p. 154.
3 Monaldo Leopardi, *Autobiografia*, Milano, Longanesi, 1971, p. 16.
4 Alberto Moravia, *L'uomo come fine*, Milano, Bompiani, 1976, 5ª ed., p. 76.

1813
1 Monaldo Leopardi, *Autobiografia*, con appendice di A. Avòli, Roma, Befani, 1883 (lettera del 15 luglio 1813), p. 279.
2 Ivi (lettere del 22 luglio e 21 dicembre 1813), pp. 279-81.
3 *Entro dipinta gabbia*, cit., p. 161.
4 Lettera a Carlo Pepoli del ... 1826 (sono sconosciuti giorno e mese).
5 Francesco De Sanctis, *Nuovi saggi critici*, Napoli, Morano, 1879, p. 111.

1814

1 In *Epistolario di G.L.*, a cura di Francesco Moroncini, 7 voll., Firenze, Le Monnier, 1934-1941, I, p. 13.
2 Ivi, p. 17.
3 *Zibaldone*, 76.

1815

1 Giuseppe De Robertis, *Saggio sul Leopardi*, Firenze, Vallecchi, 1960, 4ª ed., p. 13.
2 Sebastiano Timpanaro, *La filologia di Giacomo Leopardi*, Bari, Laterza, 1978, 2ª ed., p. 10.
3 G. De Robertis, *op. cit.*, p. 30.
4 *Zibaldone*, 1741.
5 S. Timpanaro, *op. cit.*, p. 21.
6 *Ricordi d'infanzia...*, cit., I, p. 361.

1816

1 G. De Robertis, *op. cit.*, p. 15.
2 In *Tutte le op*, cit., I, pp. 296 e·304.
3 G. De Robertis, *op. cit.*, p. 22.
4 *Zibaldone*, 144.
5 *Appressamento della morte*, canto V, vv. 59-60.
6 W. Binni, *La protesta di Leopardi*, cit., p. 26.
7 *Ricordi d'infanzia...*, cit., I, p. 363.

1817

1 *Ricordi d'infanzia...*, cit., I, pp. 363 e 360.
2 Giuseppe Chiarini, *Memorie della vita di G. Carducci*, Firenze, Barbera, 1907, 2ª ed., p. 153.
3 Sebastiano Timpanaro, *Classicismo e illuminismo nell'Ottocento italiano*, Firenze, Nistri-Lischi, 1965, p. 110.
4 *Zibaldone*, 104.
5 Sergio Solmi, *Studi e nuovi studi leopardiani*, Milano-Napoli, Ricciardi, 1975, p. 4.
6 G. De Robertis, *op. cit.*, p. 48.
7 Appendice all'*Epistolario*, a cura di P. Viani, cit., III, p. 477.
8 *Diario del primo amore*, in *Tutte le op.*, cit., I, p. 353 e sgg.
9 Sergio Solmi, *op. cit.*, p. 118.
10 Ivi, pp. 117-18.
11 Lettera a A. Jacopssen del 3 giugno 1823.

1818

1 Appendice all'*Epistolario*, a cura di P. Viani, cit., III, pp. 481-82.
2 Lettera di Monaldo Leopardi a Pietro Brighenti del 3 aprile 1820 in Appendice all'*Autobiografia*, a cura di A. Avòli, cit., pp. 298-99.
3 Lettere di Carlo Antici del 9 dicembre 1818 e del 26 dicembre 1818 in *Epistolario*, ed. Moroncini, cit., I, pp. 199, 205.
4 *Argomenti di elegie*, in *Tutte le op.*, cit., I, pp. 330-31. Le grafie ebraica e greca intendevano celare il significato delle parole. (Le parole originariamente scritte in ebraico qui sono stampate in corsivo.)

1819

1 *Ricordi d'infanzia...*, cit., I, p. 360.
2 Citato da G. Carducci in *Le tre canzoni patriottiche di Giacomo Leopardi*, in *Opere*, XVI, p. 191.
3 In Appendice all'*Epistolario*, a cura di P. Viani, cit., III, p. 485.
4 Lettera di Carlo Antici a Monaldo Leopardi del 10 aprile 1819, in *Epistolario*, ed. Moroncini, cit., I, p. 220.
5 Ivi.
6 *Zibaldone*, 87.
7 In Appendice all'*Epistolario*, a cura di P. Viani, cit., III, p. 483.
8 Lettera a Carlo Pepoli, cit.
9 *Zibaldone*, 144.
10 Ivi, 85.
11 Ivi, 213.

1820

1 S. Timpanaro, *La filologia di G.L.*, cit., p. 26.
2 Ivi, p. 84.
3 Giuseppe Ungaretti, *Secondo discorso su Leopardi*, in «Paragone», anno I, n. 10, ottobre 1950, pp. 23-24.
4 F. De Sanctis, *Leopardi*, a cura di A. Asor Rosa, Milano, Feltrinelli, 1958, p. 130.
5 In *Epistolario*, ed. Moroncini, cit., II, p. 58.
6 Attilio Momigliano, *op. cit.*, p. 148.
7 F. De Sanctis, *Leopardi*, cit., p. 119.
8 *Zibaldone*, 137-38.
9 *Ricordi d'infanzia...*, cit., I, pp. 361-62.
10 In Appendice all'*Epistolario*, a cura di P. Viani, cit., III, p. 482.

1821

1 Walter Binni, *La protesta di Leopardi*, cit., pp. 67, 71.
2 *Zibaldone*, 2456.
3 Ivi, 280.
4 Ivi, 506.
5 Bruno Biral, *La posizione storica di Giacomo Leopardi*, Torino, Einaudi, 1978, p. 77.
6 Lettere di Paolina Leopardi a Marianna Brighenti del 31 marzo e del 20 settembre 1830, cit., pp. 40, 98.
7 Ivi, p. 100.

1822-23

1 *Zibaldone*, 2653-54.
2 F. De Sanctis, *Leopardi*, cit., p. 167.
3 Stendhal, *Promenades dans Rome*, Paris, Calman Lévy, I, pp. 40-43.
4 W. Binni, *La protesta di Leopardi*, cit., p. 79 n.
5 *Zibaldone*, 4420.
6 Lettera di C. Antici a M. Leopardi del 18 dicembre 1822, in *Epistolario*, ed. Moroncini, II, pp. 197-98.

7 A. Momigliano, *op. cit.*, p. 156.
8 W. Binni, *op. cit.*, p. 79.
9 F. De Sanctis, *Leopardi*, cit., p. 173.
10 «Lettera memoriale» di Monaldo Leopardi a Antonio Ranieri, cit.
11 *Zibaldone*, 2862.
12 F. De Sanctis, *Leopardi*, cit., p. 55.
13 Giulio Augusto Levi, *Giacomo Leopardi*, Messina-Milano, Principato, 1931.
14 G. De Robertis, *op. cit.*, p. 84.
15 W. Binni, *op. cit.*, p. 82.
16 *Annotazioni alle dieci canzoni stampate a Bologna nel 1824*, in *Tutte le op.*, cit., I, p. 57.

1824
1 S. Timpanaro, *Classicismo e illuminismo nell'Ottocento italiano*, cit., pp. 157-58 e *Antileopardiani e neomoderati nella sinistra italiana*, in «Belfagor» (1975, pp. 129-56, 395-428; 1976, pp. 1-32, 159-200), 31 marzo 1976, p. 197.
2 G. De Robertis, *op. cit.*, p. 159.
3 S. Solmi, *op. cit.*, p. 13.
4 F. De Sanctis, *Nuovi saggi critici*, cit., p. 519.
5 Ivi, p. 515.
6 Ivi, p. 520.

1825
1 «Lettera-memoriale» di Monaldo Leopardi a A. Ranieri, cit.
2 Lettere di M. Leopardi a C. Antici del 9 luglio 1825 e del 18 giugno 1825, in *Epistolario*, ed. Moroncini, III, pp. 161, 164.
3 In *Epistolario*, ed. Moroncini, III, p. 251.
4 Lettera di K. Bunsen a G. Niebuhr del 30 gennaio 1826, in *Epistolario*, ed. Moroncini, III, pp. 274-75.
5 Frances Baroness Bunsen, *A Memoir of Baron Bunsen*, citato da Moroncini in *Epistolario*, III, p. 275.
6 B. Biral, *op. cit.*, p. 130 n.
7 *Zibaldone*, 4149.

1826
1 Lettera di G.P. Vieusseux a N. Tommaseo del 17 agosto 1826, in *Tommaseo-Vieusseux*, *Carteggio inedito*, a cura di Raffaele Ciampini e Petre Ciureanu (I vol. 1825-34), Roma, Edizioni di storia e letteratura, 1956, pp. 48-9.
2 S. Timpanaro, *Antileopardiani e neomoderati...*, cit., in «Belfagor», 31 marzo 1976, p. 175.
3 Giovanni Gambarin, *L'unico amore del Leopardi a Bologna*, in «Giornale storico della letteratura italiana», vol. CXIII, anno LVII, fascicolo 339, 1939, p. 274.
4 *Al conte Carlo Pepoli*, vv. 75-76.
5 *Zibaldone*, 4512.

1827

1 *Discorso sopra lo stato presente dei costumi degli italiani*, in *Tutte le op.*, cit., I, p. 975.

2 Camillo Antona Traversi, *Studi su G.L., con notizie e documenti sconosciuti e inediti*, Napoli, Dekken, 1887, p. 78.

3 *Zibaldone*, 4138.

4 Giulio Bollati, Introduzione alla *Crestomazia Italiana. La Prosa di G.L.*, Torino, Einaudi, 1968, p. XVI.

5 Stendhal, *Rome, Naples et Florence*, cit., p. 209.

6 Mario Pieri, *Della vita di Mario Pieri corcorese, scritta da lui medesimo*, citato da Moroncini in *Epistolario*, IV, pp. 265-66.

7 *Zibaldone*, 4174.

8 Citato da Moroncini, in *Epistolario*, ed. Moroncini, IV, p. 284.

9 Citato da C.A. Sainte-Beuve, in *Portraits Contemporains*, Paris, Didier, 1846, III, p. 89.

10 G. De Robertis, *op. cit.*, p. 119.

11 S. Timpanaro, *Antileopardiani e neomoderati...*, cit., in «Belfagor», 31 gennaio 1976, p. 22.

1828

1 Intervista a cura di Ettore Botteghi, citata da Roberto Wis in *Giacomo Leopardi. Studio biografico*, Helsinki, Società Neofilologica, 1959, pp. 104-111.

2 *Zibaldone*, 4310.

3 *Il Risorgimento*, vv. 81-84.

4 *Zibaldone*, 4301.

5 S. Solmi, *op. cit.*, p. 8.

6 *Zibaldone*, 4354.

7 Vincenzo Gioberti, *Del primato morale e civile degli Italiani*, Torino, Utet, 1946, III, p. 272.

1829

1 *Zibaldone*, 4248.

2 Ivi, 4423.

3 Ivi, 4428.

4 «Lettera memoriale» di M. Leopardi a A. Ranieri, cit.

1830

1 *Zibaldone*, 4331.

2 Antonio Ranieri, *Notizia intorno agli scritti, alla vita e ai costumi di Giacomo Leopardi*, premessa alle *Opere di G.L.*, Firenze, Le Monnier, 1845, I, p. XXVII; ora in A. Ranieri, *Sette anni di sodalizio con G. Leopardi*, con un'introduzione di G. Cattaneo e una nota di A. Arbasino, Milano, Garzanti, 1979, pp. 113-134.

3 Roberto Wis, *op. cit.*, pp. 126-27.

4 C.A. Sainte-Beuve, *op. cit.*, p. 112.

1831

1 *Agli amici suoi di Toscana*, in *Tutte le op.*, cit., I, p. 53.

2 In *Lettere di Gino Capponi e di altri a lui*, raccolte e pubblicate da Alessandro Carraresi, Firenze, Le Monnier, 1882, I, p. 332.
3 R. Bacchelli, *Leopardi, commenti letterari*, Milano, Mondadori, 1960, p. 60.
4 *Il pensiero dominante*, vv. 33-34.
5 Lettera di Giacomo a Paolina del 2 luglio 1831.
6 Lettera di Alessandro Poerio a Antonio Ranieri del 18 maggio 1830, in Francesco Flora, *Leopardi e Aspasia*, «Nuova Antologia», gennaio-febbraio 1828.
7 *Zibaldone*, 4500.

1832
1 *Lo spettatore fiorentino. Preambolo*, in *Tutte le op.*, cit., I, p. 992.
2 Antonio Ranieri, *Sette anni di sodalizio con Giacomo Leopardi*, cit., pp. 43-45.
3 *Consalvo*, vv. 137-38.
4 In *Pensieri*, LXXXII, in *Tutte le op.*, cit., I, pp. 238-39.
5 Walter Binni, *La nuova poetica leopardiana*, Firenze, Sansoni, 1979, 3ª ed., p. 13.
6 R. Bacchelli, *Leopardi...*, cit., p. 62.
7 *Ad Arimane*, in *Tutte le op.*, cit., I, p. 350.
8 S. Solmi, *op. cit.*, p. 58.
9 Sainte-Beuve, *op. cit.*, p. 105.
10 Appendice all'*Epistolario*, a cura di P. Viani, cit., III, p. 478.
11 Terenzio Mamiani, *Manzoni e Leopardi*, «Nuova Antologia», XXIII, 1873, p. 780.
12 A. Ranieri, *Notizia intorno agli scritti...*, cit., I, p. XXVI.
13 Giuseppe Chiarini, *Vita di Giacomo Leopardi*, Firenze, Barbera, 1921, p. 103.
14 Giovanni Mestica, *Studi leopardiani*, Firenze, Le Monnier, 1901, p. 64.
15 C. Antona Traversi, *op. cit.*, p. 248.
16 F. Moroncini, *Purezza del Leopardi*, in «Italia Letteraria», 21 maggio 1933.
17 Carlo Muscetta, prefazione a *Memorie e pensieri d'amore di G.L.*, Torino, Einaudi, 1943, p. XIV.

1833
1 Cesare De Lollis, *Gli ultimi anni del Platen*, «Nuova Antologia», a. XXXII, fascicolo 21, 1° novembre 1897.

1834
1 F. Flora, *Leopardi e Aspasia*, cit.

1835
1 Lettera di C. Antici a M. Leopardi del 4 dicembre 1835, in *Epistolario*, ed. Moroncini, VI, p. 336.
2 Lettera di A. Ranieri a A. D'Ancona del 29 giugno 1880, in Appendice a *Sette anni di sodalizio*, Napoli, Ricciardi,

1920, p. 150.

3 A. Ranieri, *Notizia intorno agli scritti..*, cit., p. XXIV.

4 A. Ranieri, *Sette anni di sodalizio...*, cit., p. 64.

5 Lettera di A. Ranieri a M. Leopardi del 18 luglio 1837, in *Nuovi documenti intorno alla vita e agli scritti di G.L.*, a cura di Giuseppe Piergili, Firenze, 1882, p. 249.

6 Lettera di Tommaso Gargallo a Michele Amari del 2 dicembre 1835, in *Epistolario*, ed. Moroncini, VI, p. 282.

7 *I nuovi credenti*, v. 99.

8 Lettera di A. Ranieri a M. Leopardi del 18 luglio 1837, cit.

9 S. Solmi, *op. cit.*, pp. 35-36.

10 R. Bacchelli. *Leopardi...*, cit., pp. 63, 66.

11 F. De Sanctis, *La Giovinezza*, Opere, Torino, Einaudi, I, pp. 74-75.

1836-37

1 F. De Sanctis, *La Giovinezza*, cit., pp. 100-102.

2 A. Ranieri, *Supplemento intorno alla vita e agli scritti di G.L.*, ora in *Sette anni di sodalizio...*, cit., p. 141.

3 A. Ranieri, *Sette anni di sodalizio...*, pp. 145-46.

4 Lettera di P. Giordani a Paolo Toschi del 12 luglio 1837, in *Epistolario*, ed. Moroncini, VI, p. 361.

N.N.

LA VITA E LE LETTERE

Avvertenza

Nel testo delle lettere i tre puntini tra parentesi quadre sono la sutura di un passo soppresso. Questi tagli, arbitrari come la presente scelta e ogni altra scelta, riguardano quel minuzioso scambio di notizie e pareri filologici e linguistici che Leopardi ebbe con alcuni dei suoi corrispondenti, e che forse avrebbe resa meno partecipe l'attenzione del lettore non specialista. Più frequentemente riguardano formule epistolari abituali, richieste pratiche o dichiarazioni affettive, insistite da una lettera all'altra, appartenenti a varie sfere di rapporti di cui il lettore ha già fatto ampia conoscenza. I passi delle lettere dei corrispondenti servono a precisare le linee di questi rapporti, ma in molti casi hanno un valore autonomo, letterario e sentimentale.

Le traduzioni delle lettere CIX e CCCXVII sono di Andrea Zanzotto.

1810-1817

I · ALLA SIGNORA MARCHESA ROBERTI[1]

(a mano)   [*s. d., ma Recanati, Epifania del 1810?*]

Carissima Signora. Giacché mi trovo in viaggio volevo fare una visita a Voi e a tutti li Signori Ragazzi della Vostra conversazione, ma la neve mi ha rotto le tappe e non mi posso trattenere. Ho pensato dunque di fermarmi un momento per fare la piscia nel vostro portone, e poi tirare avanti il mio viaggio. Bensí vi mando certe bagattelle per cotesti figliuoli, acciocché siano buoni, ma ditegli che se sentirò cattive relazioni di loro, quest'altro anno gli porterò un po' di merda. Veramente io voleva destinare a ognuno il suo regalo, per esempio a chi un corno, a chi un altro, ma ho temuto di dimostrare parzialità, e che quello il quale avesse li corni curti invidiasse li corni lunghi. Ho pensato dunque di rimettere le cose alla ventura, e farete cosí. Dentro l'anessa cartina trovarete tanti biglietti con altrettanti numeri. Mettete tutti questi biglietti dentro un orinale, e mischiateli ben bene con le vostre mani. Poi ognuno pigli il suo biglietto, e veda il suo numero. Poi con l'anessa chiave aprite il baulle. Prima di tutto ci trovarete certa cosetta da godere in comune e credo che cotesti Signori la gradiranno perché sono un branco di ghiotti. Poi ci trovarete tutti li corni segnati col rispettivo numero. Ognuno pigli il suo, e vada in pace. Chi non è contento del corno che gli tocca, faccia a baratto con li corni delli compagni. Se avvanza qualche corno lo riprenderò al mio ritorno. Un altr'anno poi si vedrà di far meglio.

Voi poi Signora carissima avvertite in tutto quest'anno di trattare bene cotesti Signori, non solo col caffè che già si inten-

---

1 La marchesa Volunnia Roberti, amica di Monaldo Leopardi che frequentava la sua «conversazione» assieme ai figli.

de, ma ancora con pasticci, crostate, cialde, cialdoni, ed altri regali, e non siate stitica, e non vi fate pregare, perché chi vuole la conversazione deve allargare la mano, e se darete un pasticcio per sera sarete meglio lodata, e la vostra conversazione si chiamarà la conversazione del pasticcio. Frattanto state allegri, e andate tutti dove io vi mando, e restateci finché non torno, ghiotti, indiscreti, somari, scrocconi dal primo fino all'ultimo.

LA BEFANA

[*Recanati*] *Di casa ai 24 Decembre 1810*

Carissimo e stimatissimo signor Padre. Il ritrovarmi in quest'anno colle mani vuote non m'impedisce di venire a testificar-
le la mia gratitudine augurandogli ogni bene dal Cielo nelle
prossime festive ricorrenze. Certo che ella saprà compatirmi
per la mia sventura, lo faccio colla stessa animosità, colla quale
solea farlo negli anni trascorsi. Crescendo la età crebbe l'audacia, ma non crebbe il tempo dell'applicazione. Ardii intraprendere opere più vaste, ma il breve spazio, che mi è dato di occupare nello studio, fece che laddove altra volta compiva i miei
libercoli nella estensione di un mese, ora per condurli a termine ho d'uopo di anni. Quindi è che malgrado le mie speranze,
e ad onta del mio desiderio, non mi fu possibile di terminare
veruno di quelli, che mi ritrovo avere cominciati. Tuttoché però mi vedessi inabile ad adempiere all'atto di dovere, che la co-
stumanza fra noi da qualche tempo addottata ha congiunto alla
Sacra vicina festività; fece nondimeno la viva gratitudine ai di
lei beneficj, da me gelosamente serbata nell'animo, che osassi
anche in quest'anno di presentarmi a lei per augurarle a viva
voce quella prosperità che di continuo le auguro nel mio cuore.
I vantaggi da lei proccuratimi in ogni genere, ma specialmente
in riguardo a quella occupazione, che forma l'oggetto del mio
trastullo,[2] mi ha riempito l'animo di una giusta gratitudine,
che non posso non affrettarmi a testimoniarle. Conosco la cura
grande, che ella compiacesi di avere pei miei vantaggi, e dietro

---

1 I figli di Monaldo, nella ricorrenza del Natale, erano soliti donare al padre un'elabo-
razione letteraria, qui definita «libercolo».
2 Le molte ore di studio quotidiano nella biblioteca paterna.

alla chiara cognizione, viene come indivisibile compagna la riconoscenza. Se ella non conobbe fin qui questo reale sentimento del mio cuore, a me certo se ne deve il rimprovero, sí come a quello, che non seppe verso la sua persona mostrarsi cosí ossequioso come ad un figlio sí beneficato era convenevole di fare con un Padre sí benefico. Amerei, che ella illustrato da un lume negato dalla natura a tutti gli uomini potesse nel mio cuore leggere a chiare note quei sentimenti, che cerco di esprimerle colle parole. Non v'ha in esse né esagerazione, né menzogna. Non potendo ella penetrare nel mio interno, può sicuramente riposare sulla testimonianza della mia penna.

Rinnuovati i voti sinceri per la sua perpetua felicità, mi dichiaro col più vivo sentimento Suo U.mo Obb.mo Figlio.

III · A VINCENZO MONTI, MILANO[1]

Recanati 21 Febbraio 1817

Stimatissimo sig. Cavaliere. Se è colpa ad uomo piccolo lo scrivere non provocato a letterato grande, colpevolissimo sono io, perché a noi si convengono i superlativi delle due qualità. Né altro posso allegare a mia scusa che la smania incomprensibile di farmi noto al mio principe (poiché suddito le sono io certo, come amatore quale che sia delle lettere), e il tremito che provo scrivendo a lei, che scrivendo a re non mi avverrebbe di provare. Riceverà per mia parte dal sig. Stella, miserabilissimo dono, la mia traduzione del secondo libro della *Eneide*, anzi non dono, ma argomento di riso al traduttore della *Iliade* primo in Europa, e al grande emulo del grande Annibal Caro.[2] Ed ella rida, ché il suo riso sarà di compassione, e la sua compassione più grata ed onorevole a me che l'invidia di mille altri. Non la prego che legga il mio libro, ma che non lo rifiuti; ed accettandolo, mi faccia chiaro che ella non si tiene offeso dal mio ardimento, con che verrà a cavarmi di grande ansietà. Ed io le ne saprò grado assaissimo, e riputandomi suo debitore, cercherò via di mostrarmele veramente umilissimo devotissimo servitore Giacomo Leopardi.

1 Per Vincenzo Monti cfr. *Nota sui corrispondenti*, p. 583 e *Introduzione* p. XXVIII.
2 Annibal Caro (1507-1566), letterato marchigiano, autore di sonetti «Mattaccini», di *Lettere* e di una celebre traduzione in versi sciolti dell'*Eneide*.

IV · A PIETRO GIORDANI, MILANO[1]

Recanati 21 Febbraio 1817

Stimatissimo Signore. Odiando io fieramente il mezzano[2] in letteratura (con che non vengo a odiare me stesso che sono infimo), ben so che appena a due o tre altri potrei rivolgermi in Italia se non mi volgessi a lei. Il che è gran tempo che bramo di fare, ma non ho ardito mai, ed ora fo con tema pigliandone l'opportunità dal libro che le sarà offerto in mio nome dal sig. Stella.[3] E per prima cosa la prego caldissimamente che mi perdoni l'audacia di scriverle il primo e d'aggiugnerle il carico d'un libro, né voglia punirmene con recarsela ad offesa. Il libro stesso, mostrandole la mia miseria, mi punirà. Tolga Iddio ch'io le ricerchi il suo giudizio su di esso. Ben le dico quanto si può sinceramente quello che già le sarà notissimo avvenire come a me a molti altri, che io, sapendo sopra qualunque opera letteraria il parere anco di venti letterati, fo conto di non saper nulla quando non so il suo. Né sono sì scempio che non conosca valere assai più una sua riprensione, che la lode di cento altri; ma anco per riprendere bisogna leggere, e la lettura di un migliaio di versi cattivi è supplicio intollerabile ad un vero letterato. Se le piacerà di non rigettare la mia povera offerta, io potrò, ricordandomene, dir qualche volta per vanto che il dono di un mio libro fu accettato da lei. Che se mi è lecito chiederle altro favore, la supplico che non isdegni di tenermi sempre per innanzi di lei, stimatissimo Signore, umilissimo devotissimo servitore Giacomo Leopardi.

1 Per Pietro Giordani cfr. *Introduzione* p. XXVIII.
2 *il mezzano*: la mediocrità.
3 Antonio Fortunato Stella, libraio-editore milanese, pubblicò i primi scritti di Leopardi. Cfr. *Nota sui corrispondenti*, p. 583 e *Introduzione*, p. XXVI.

Milano 8 Marzo 1817

Egregio e carissimo Sig.r Conte. Dirò cosa alquanto strana, ma vera. Mi si gela il cuore tutte le volte che mi accade di ricevere il dono di qualche libro, e non so mai trovare la via di rispondere al donatore, perché le novantanove per cento la coscienza è in conflitto colla creanza. Sia lode al cielo, e a tutte le sante Muse che questa volta la creanza è d'accordo colla coscienza, o che ambedue si abbracciano come la Giustizia e la Pace del Salmista. Voglio dire ringraziato sia Dio che posso lodarvi senza gravarmi di alcun peccato. Dico adunque, e il dico sinceramente, che la vostra versione del *secondo dell'Eneide* mi è piaciuta e mi piace sopra ogni credere. Né per questo giurerò che ella sia senza difetti: ché anzi non pochi me ne saltano agli occhi, e qualcuno ancora non lieve. Ma le bellezze diffuse per tutto il corpo del vostro lavoro son tante, e tale è l'impasto del vostro stile, che la ragione della Critica o non ha tempo, o non ardisce di fermarsi sopra le mende; delle quali col maturarsi degli anni, e coll'internarvi sempre più nei segreti dell'arte voi stesso un giorno vi accorgerete e vi farete ottimo castigatore di voi medesimo. Intanto siate contento, anzi superbo dei primi passi che avete fatto in una carriera che al volgo sembra sì facile, e a chi ben intende, è la più ardua di quante mai possa correre l'umano intelletto. E state sano. Vostro Obbligatissimo Servitore ed Amico.

Milano 12 Marzo [1817]

Signor Contino pregiatissimo. Non si meravigli di ricevere così presto una mia seconda lettera.[1] Quando ebbi la sua gentilissima 21 febraio, sapevo ch'ella era un signore, d'ingegno e di studi raro; ma non sapevo la sua età: però sinceramente credetti che quella lettera o per isbaglio mi fosse inviata dal suo segretario, quando VS. l'avesse destinata ad altr'uomo; o che VS. volesse burlarsi di me. Quindi risposi con animo alquanto sospeso; vergognandomi di riconoscere quelle tante lodi, che o non erano a me dirette, o certamente non mi convenivano. Ma avendo poi saputo la sua gioventù, non ho piú dubitato che VS. e a me proprio, e non da beffa scrivesse: avendo io potuto imparare che i giovani sono buoni, leali, e facilmente affettuosi: e non dovette parermi né impossibile né strano che, essendo per avventura venuto a notizia di VS. chc io amo gli studi amati da lei, e che forse più da una grande malignità di fortuna che da natura fui impedito di fare in essi qualche cosa; ella mi pigliasse affetto, e coll'affetto stranamente ingrandisse il mio piccolo valore. Onde non devo ricusare sí generoso affetto; ma accettandolo restargliene grato ed obligato.

Maggior consolazione ricevo da quello che riconosco di publico bene nell'essere in sí pochi anni venuto a sí alto segno di sapere un signore come lei. Di questo voglio con tutto il cuore ringraziarla, e pregarla istantemente che prosiegua; animandosi a ciò da un pensiere ch'io non so se finora sarà stato avvertito da lei, e che a me giace in mente dacché ho potuto conoscere il

1 Giordani aveva già risposto con una lettera del 5 marzo, prima di ricevere la copia del *Secondo libro dell'Eneide.*

12

fondo delle cose umane. Ella vede a che stato miserabile sono caduti gli studi nella povera Italia. Sperare che li rialzi il favore de' príncipi è speranza stoltissima: niente il vogliono; e poco ancora il potrebbono. La sola speranza ragionevole è nella nobiltà italiana. Se in ogni parte non pochi signori cospireranno ad abbracciare con forte amore, e promuovere fervorosamente gli studi, non passeranno quindici o vent'anni, che l'Italia ritornerà grande e gloriosa. Mi diletta il pensare nel novecento il Conte Leopardi (che già amo) sarà numerato tra' primi che alla patria ricuperarono il male perduto suo onore. Anch'ella s'imbeva di questo pensiero; e le allevierà le fatiche, e le addolcirà le amarezze che negli studi anche a' signori (benché meno che agli altri) si attraversano.

Ho letto il suo libro: e non gliene dirò nulla di mio. So che gliene hanno scritto due uomini sommi, e miei amicissimi, Monti e Mai.[2] VS. dee lor credere; perché sono sinceri quanto son grandi; e parlando meco dicon di lei forse più di quello che scrivono: e certo con gran ragione. E io voglio congratularmi seco di due cose che mi promettono che VS., essendo giunta in sí pochi anni a tal segno che mai forse in pari età non fu tocco da altro ingegno: salirà ancora, e arriverà ad altezza affatto sublime. Ne piglio argomento da quel caldo amore che vedo in lei per gl'ingegni grandi, che oggidí son pochi; e mi apparisce da ciò ch'ella scrive al Monti e al Mai, dignissimi d'esser da lei tanto riveriti, e di tanto amar lei. In secondo luogo mi rallegra che VS., non contenta di molto leggere i classici, anche si eserciti a tradurne: esercizio che mi pare affatto necessario a divenir grande scrittore, e proprio all'età giovane: onde fa pietà il povero Alfieri, accortosene tardi, e postosi di cinquant'anni a quell'opera che sarebbegli stata utilissima trent'anni innanzi. Vede VS. i pittori, come siano impossessati de' principii, darsi a copiare le tavole de' maestri piú eccellenti; per imparare in qual modo la natura meglio s'imiti e si esprima. Cosí agli scrittori bisogna; e saviamente col suo maturo giudizio lo ha presto inteso VS., la quale ben presto sarà un onore d'Italia; come già è un miracolo di Recanati. Non pensa VS. di fare per l'Italia

2 Per Angelo Mai cfr. *Nota sui corrispondenti*, p. 583 e *Introduzione*, pp. XXVI, XXVIII, XL.

un giro, per conoscere quel moltissimo che vi è di cose belle, e quel poco che abbiamo d'uomini valenti? Milano ha pure il Monti e il Mai, che meriterebbero anche assai piú lungo viaggio. Si è qui stampato ora un libretto raccogliendo alcune cosette mie vecchie.[3] Appunto perché è cosa forse da vergognarsene, e certo da non superbirne, voglio mandarlo a VS. in segno di confidenza; e come piccolissima mole gliel mando per la posta: ma perché le poste si dilettano di confische, gradirò un cenno di VS. che le sia arrivato.

Mi perdoni la prolissità di queste ciancie; colle quali temo d'averla fastidita, mentre volevo pur mostrarle che non per animo cupo, ma per cautela ragionevole fu meno aperto il mio primo scrivere. E per fine con affettuosissima riverenza me le do e dono, mio bravissimo e amabile signor Contino, suo cordial servo.

---

3 È il volume *Alcune prose* di P. Giordani, Milano, Silvestri, 1817.

VII · A PIETRO GIORDANI, MILANO

Stimatissimo e carissimo Signore. Che io veda e legga i caratteri del Giordani, che egli scriva a me, che io possa sperare d'averlo d'ora innanzi a maestro, son cose che appena posso credere. Né Ella se ne meraviglierebbe se sapesse per quanto tempo e con quanto amore io abbia vagheggiata questa idea, perché le cose desideratissime paiono impossibili quando sono presenti. Voglio che a tutto quanto le scriverò ora e poi Ella presti intiera fede, anche alle piccolissime frasi, perché tutte, e le lo¹ prometto, verranno dal cuore. Questo voglio: di tutto l'altro la pregherò. La mia prima lettera fu opera più del rispetto che dell'affetto, perché questo, grato ed onorevole cogli eguali, spesso è ingiurioso co' superiori. Ora che Ella con due carissime lettere me ne dà licenza, sia certa che con tutto l'affetto le parlerò. Del quale Ella ben s'appone che sia stata causa la sua eccellenza negli studi amati da me. Di Lei non mi ha parlato altri che i suoi scritti, perché qui dove sono io, non è anima viva che parli di Letterati. Ma io non so come si possa ammirare le virtù di uno, singolarmente quando sono grandi ed insigni, senza pigliare affetto alla persona. Quando leggo Virgilio, m'innamoro di lui; e quando i grandi viventi, anche più caldamente. I quali Ella ottimamente dice che sono pochissimi, e però tanto più intenso è l'affetto diviso fra tre o quattro solo. Ella che sa quanta sia la rarità e il prezzo di un uomo grande, non si meraviglierà di quello che scrivo al Monti e al Mai, né penserà che io non senta quello che scrivo, né che vo-

1 *le lo*: glielo.

lessi umiliarmi e annientarmi innanzi a loro, se fermamente
non credessi di doverlo fare: e certo in farlo provo quel piacere
che l'uomo naturalmente prova in fare il suo debito. Non so
dirle con quanta necessità, stomacato e scoraggiato dalla mediocrità che n'assedia, e n'affoga, dopo la lettura de' Giornali e
d'altri scrittacci moderni (ché i vecchi non leggo, facendomi
avvisato della piccolezza loro il silenzio della fama) credendo
quasi che le lettere non diano più cosa bella, mi rivolga ai Classici tra i morti, e a Lei e a' suoi grandi amici tra i vivi, co' quali
principalmente mi consolo e mi rinforzo vedendo ch'è pur viva
la vera letteratura. Quando scrivendo o rileggendo cose che abbia in animo di pubblicare m'avvengo a qualche passo che mi
dia nel genio (e qui le ricordo la promessa fattale di parlarle
sinceramente) mi domando come naturalmente, che ne diranno
il Monti, il Giordani? perché al giudizio de' non sommi io non
so stare, né mi curerei che altri lodasse quello che a Lei dispiacesse, anzi lo reputerei cattivo. E quando qualche cosa che a
me piace non va a gusto ai pochi ai quali la fo leggere, appello
alla sentenza di Lei e dell'amico suo, e per vero dire sono ostinato; né quasi mai è accaduto che alcuno in fatto di scritture
abbia cangiato il parer mio. Spesso m'è avvenuto di compatire
all'Alfieri, il cui stile tragico, in quei tempi di universale corruzione, parea intollerabile, né so cosa sentisse quel sommo italiano, vedendo il suo stile condannarsi da tutti, i letterati più
famosi disapprovarlo, il Cesarotti, allora tanto lodato, pregar
lui pubblicamente che lo dovesse cangiare;[2] né come potesse
tenersi saldo nel buon proposito, e rimettersi nel giudizio della
posterità, che ora è pronunciato, e le sue tragedie dice immortali. Certo quel trovarsi solo in una sentenza vera fa paura, e a
noi medesimi spesso la costanza par caponaggine, la noncuranza degli sciocchi giudizi, superbia, il credere d'intenderla
meglio degli altri, presunzione. Buon per l'Alfieri che tenne
duro, se non l'avesse fatto, ora sarebbe di lui quel ch'è de' suoi
giudici.

Io ho grandissimo, forse smoderato e insolente desiderio di
gloria, ma non posso soffrire che le cose mie che a me non

2 Nella *Lettera su le tragedie Ottavia, Timoleone e Merope*, in V. Alfieri, *Opere*, XXII, Piacenza, Maino, 1811, pp. 198-99.

piacciono, siano lodate, né so perché si ristampino con più danno mio, che utile di chi senza mia saputa le ridà fuori. Le quali cose Ella leggendo, avrà riso, ma quel riso certo non fu maligno, e di ciò son contento. E perché mi perdoni la pazzia d'averle messe in luce, le dico che quasi tutto il pubblicato da me, non si rivedrà mai più, consentendo io, e che altre due veramente grosse (non grandi) opere già preparate e mandate alla stampa ho condannato alle tenebre.[3]

Del secondo dell'*Eneide* che ancora non ho sentenziato, non ha da me avuto esemplare altro Letterato che i tre a Lei noti. A questi soli e con effusione di cuore ho scritto, soddisfacendo, benché con alquanto palpito, a un vecchio e vivo desiderio. Che il mio libro avesse molti difetti lo credea prima, ora lo giurerei perché me lo ha detto il Monti; carissimo e desideratissimo detto. A lui non iscrivo perché temo d'increscergli, ma Lei prego che ne lo ringrazi in mio nome caldamente. Ma ad un cieco è poca cosa dire Tu esci di strada; se non se gli aggiunge Piega a questa banda. Niente m'è tanto caro quanto l'intendere i difetti di una cosa mia, perché ne conosco l'immensa utilità, e mi pare che visto una volta e notato un vizio, abbia poi sempre in mente di schivarlo. Ma a niuno ardisco chiedere che me li mostri, perché so esser cosa molestissima il ripescare i difetti di un'opera, singolarmente quando il cattivo è più del buono. Intanto Ella sappia che una copia del mio libro è già tutta carica di correzioni e cangiamenti. Vorrei qualche volta essermi apposto e aver levato via quello che a Lei e al Monti dispiace, ma non lo spero. Ella dice da Maestro che il tradurre è utilissimo nella età mia, cosa certa e che la pratica a me rende manifestissima. Perché quando ho letto qualche Classico, la mia mente tumultua e si confonde. Allora prendo a tradurre il meglio, e quelle bellezze per necessità esaminate e rimenate a una a una, piglian posto nella mia mente, e l'arricchiscono e mi lasciano in pace. Il suo giudizio m'inanimisce e mi conforta a proseguire.

Di Recanati non mi parli. M'è tanto cara che mi somministrerebbe le belle idee per un trattato dell'Odio della patria, per

3 Il *Volgarizzamento delle opere di M.C. Frontone* e il *Saggio sopra gli errori popolari degli antichi*, del 1815.

la quale se Codro non fu *timidus mori*,[4] io sarei *timidissimus vivere*. Ma mia patria è l'Italia per la quale ardo d'amore, ringraziando il cielo d'avermi fatto Italiano, perché alla fine la nostra letteratura, sia pur poco coltivata, è la sola figlia legittima delle due sole vere tra le antiche, né certo Ella vorrebbe che la fortuna l'avesse costretto a farsi grande col Francese o col Tedesco, e internandosi ne' misteri della nostra lingua compatirà alle altre e agli scrittori a' quali bisogna usarle; come spessissimo è avvenuto a me, che tanto meno di lei conosco la mia lingua, la quale se mi si vietasse di adoperare con darmisi pieno possedimento di una straniera, io credo che porrei la speranza di divenir qualche cosa nella vera letteratura, e lascerei gli studi.

Quello ch'Ella dice del bene che i nobili potrebbon fare alle lettere, è verissimo, e desidero ardentemente che il fatto lo mostri una volta. Il suo dire m'infiamma e mi lusinga: ma io non credo di poter vincere la mia natura e l'altrui. Nondimeno Ella può esser certa che se io vivrò, vivrò alle Lettere; perché ad altro non voglio né potrei vivere.

Ma per le lettere mi dà grandissima speranza il suo Libro,[5] dono grato a me quanto sarebbe stato una nuova opera del Boccaccio o del Casa, e tanto più che de' suoi scritti con niun danno suo e moltissimo nostro Ella è sempre stata avara col pubblico. Ho già cominciato a leggerlo, né posso credere che con questi esempi innanzi agli occhi la gioventù Italiana voglia seguitare a scrivere male. A ogni modo s'è guadagnato assai, e niuno ora vorrebbe tornare alla metà o al fine del settecento. Dagli altri suoi scritti avea argomentato la dilicatezza del suo cuore e la finezza rarissima della sua tempera: ma in questi e nelle sue carissime lettere ne veggo leggiadrissime dipinture. Niente dico dell'avvenenza dello scrivere, perché queste cose mi paion sacre e da non profanarsi col parlarne a sproposito.

Tanto ho ciarlato che le avrò fatto venir sonno. Le sue Lettere m'han dato animo. Ho veduto ch'Ella è un signore da sopportarmi, e da acconciarsi anche ad istruirmi. E perché vedesse quanto io confidi nella bontà sua, ho scritto allo Stella che le

4 Codro, re leggendario di Atene. Cfr. Orazio, *Odi*, III, XIX, 2.
5 *Alcune prose* di P. Giordani, cit.

mandi un mio manoscritto.[6] Vorrei che lo esaminasse, e prima di tutto mi dicesse se le par buono per le fiamme, alle quali io lo consegnerei di buon cuore immantinente. È brevissimo, ma non voglio che s'affanni a leggerlo e molto meno a rispondermi. Mi brillerà il cuore ogni volta che mi giungerà una sua lettera, ma l'aspettazione e il sapere ch'Ella ha scritto a suo bell'agio m'accresceranno il piacere. Con tutta l'anima la prego che mi creda e mi porga occasione di mostrarmele vero e affettuosissimo servo Giacomo Leopardi.

6 La cantica *Appressamento della morte*.

VIII · DI PIETRO GIORDANI[1]

Milano 15 Aprile [1817]

Signor Contino carissimo. Questa le parlerà de' nostri studi: non per *fare il maestro*: ché starei piuttosto eternamente muto: ma per amor di lei e degli studi e di me, giova cercare in comune quali opinioni possono esserci più utili. Dico dunque che mi pare che a divenire scrittore bisogni prima tradurre che comporre; e prima comporre in prosa che in versi. Ella vede anche in pittura che prima di comporre si copiano lungamente i disegni e i dipinti de' maestri. La principal cosa nello scrivere mi pare la *proprietà* sí de' concetti e sí dell'espressioni. Questa proprietà è più difficile a mantenere nello stile che deve abbondar di modi figurati, come il poetico, che nel più semplice e naturale, com'è il prosaico: e però stimo da premettere al tentar la poesia un lungo esercizio di prosare. [...] Io poi vorrei pregarla a leggere e tradurre de' prosatori greci più antichi, Erodoto, Tucidide, Senofonte, Demostene, che sono candidissimi e ottimi fra tutti; e per aver colori da imitare quella loro pittura, leggere i trecentisti. Spero ch'ella sia persuasa che l'ottimo scrivere italiano non possa farsi se non con lingua del trecento, e stile greco. Chi forma il proprio stile sui latini, lo avrà sempre meno fluido, meno semplice, meno gentile, meno tenero, meno pieghevole, meno dolce, meno affettuoso, meno vario. E poi ella si accorgerà facilmente quanto maggior amicizia e parentela abbia colla nostra lingua la greca che la latina: e

---

1 Testo integrale in *Epistolario* di Giacomo Leopardi, a cura di Francesco Moroncini (completato da G. Ferretti e fornito di indice analitico a cura di A. Duro), 7 voll., Firenze, Le Monnier, 1934-41, vol. I, pp. 73-75.

dove i latinismi per lo più ci riescono duri e strani, una grandissima quantità di maniere greche ci verrebbero spontanee, naturali e avvenentissime. [...]

Ho letto la sua cantica;[2] la quale renderó allo Stella: e a VS. ne parleró sinceramente come a me stesso. Primieramente mi ha molto contristato un timore che la sua delicata complessione abbia patito dal soverchio delle fatiche, e le dia quelle tante malinconie. Le ripeto dunque le preghiere fatte nella mia ultima, e le ripeto con fervidissima istanza; che pensi di acquistar vigore al corpo, senza il qual vigore non si puó gran viaggio fare negli studi: pensi a procurarsi robustezza e giocondità di spiriti, e prontezza di umori, cogli esercizi corporali e coi divertimenti. È da filosofo non amar la vita e non temere la morte piú del giusto: ma fissarsi nel pensier continuo della morte cotanto spazio quanto ne vuole il componimento di quella cantica, non mi par cosa da giovinetto di dieciotto anni, al quale la natura consente di viverne bene ancora sessanta, e l'ingegno promette di empierli di studii gloriosi. Pensi dunque, io la supplico, a rallegrarsi e invigorirsi: e invece di allettare i pensieri malinconici, li sfugga. L'indole malinconica in atto di allegria è quel temperamento d'ingegno che può produrre le belle cose: ma l'attuale malinconia è un veleno, che piú o meno distrugge la possa della mente. Io poi non sono giudice di poesie, se non come quel ciabattino giudicava le pitture. Nondimeno come uno del popolo dirolle, che questa cantica non mi pare certamente *da bruciare*; e né anche però la stamperei così subito. Credo che VS. rileggendola dopo alquanti mesi vi troverà forse molti segni di felicissimo ingegno; e forse ancora qualche lunghezza, qualche durezza, qualche oscurità. Il far conoscere quanto ella sia grande straordinariamente di dieciott'anni lo ha già conseguito, e già tutti lo sanno. Ora ella può pretendere di non metter fuora se non lavori che non abbisognino non dico di scusarsi ma neppure di lodarsi per la poca età. [...]

2 *Appressamento della morte.*

Recanati 30 Aprile 1817

Oh quante volte, carissimo e desideratissimo Signor Giordani mio, ho supplicato il cielo che mi facesse trovare un uomo di cuore d'ingegno e di dottrina straordinario, il quale trovato potessi pregare che si degnasse di concedermi l'amicizia sua. E in verità credeva che non sarei stato esaudito, perché queste tre cose, tanto rare a trovarsi ciascuna da sé, appena stimava possibile che fossero tutte insieme. O sia benedetto Iddio (e con pieno spargimento di cuore lo dico) che mi ha conceduto quello che domandava, e fatto conoscere l'error mio. E però sia stretta, la prego, fin da ora tra noi interissima confidenza, rispettosa per altro in me come si conviene a minore, e liberissima in Lei. Ella mi raccomanda la temperanza nello studio con tanto calore e come cosa che le prema tanto, che io vorrei poterle mostrare il cuor mio perché vedesse gli affetti che v'ha destati la lettura delle sue parole, i quale se 'l cuore non muta forma e materia, non periranno mai, certo non mai. E per rispondere come posso a tanta amorevolezza, dirolle che veramente la mia complessione non è debole ma debolissima, e non istarò a negarle che ella si sia un po' risentita delle fatiche che le ho fatto portare per sei anni. Ora però le ho moderate assaissimo; non istudio più di sei ore il giorno, spessissimo meno, non iscrivo quasi niente, fo la mia lettura regolata dei Classici delle tre lingue[1] in volumi di piccola forma, che si portano in mano agevolmente, sì che studio quasi sempre all'uso de'

---

1 Greca, latina e italiana.

Peripatetici,[2] e, *quod maximum dictu est*,[3] sopporto spesso per molte e molte ore l'orribile supplizio di stare colle mani alla cintola. O chi avrebbe mai pensato che il Giordani dovesse pigliar le difese di Recanati?[4] O carissimo Sig. Giordani mio, questo mi fa ricordare il *si Pergama dextrâ*.[5] La causa è tanto disperata che non le basta il buono avvocato né le ne basterebbero cento. È un bel dire: Plutarco, l'Alfieri amavano Cheronea ed Asti. Le amavano e non vi stavano. A questo modo amerò ancor io la mia patria quando ne sarò lontano: ora dico di odiarla perché vi son dentro, ché finalmente questa povera città non è rea d'altro che di non avermi fatto un bene al mondo, dalla mia famiglia in fuori. Del luogo dove s'è passata l'infanzia è bellissima e dolcissima cosa il ricordarsi. È un bellissimo dire, qui sei nato, qui ti vuole la provvidenza; dite a un malato: se tu cerchi di guarire, la pigli colla provvidenza; dite a un povero: se tu cerchi d'avvantaggiarti, fai testa alla provvidenza; dite a un Turco: non ti salti in capo di pigliare il battesimo, ché la provvidenza t'ha fatto Turco. Questa massima è sorella carnale del Fatalismo. Ma qui tu sei dei primi, in città più grande saresti dei quarti e dei quinti. Questa mi par superbia vilissima e indegnissima d'animo grande. Colla virtù e coll'ingegno si vuol primeggiare, e questi chi negherà che nelle città grandi risplendano infinitamente più che nelle piccole? Voler primeggiare colle fortune, e contentarsi di far senza infiniti piaceri, non dirò del corpo del quale non mi preme, ma dell'animo, per amore di comando e per non istare a manca, questa mi par cosa da tempi barbari e da farmi ruggire e inferocire. Ma qui puoi esser utile più che altrove. La prima cosa, a me non va di dar la vita per questi pochissimi, né di rinunziare a tutto per vivere e morire a pro loro in una tana. Non credo che la natura m'abbia fatto per questo, né che la virtù voglia da me un sacrifizio tanto spaventoso. In secondo luogo, ma che crede Ella

2 Filosofi aristotelici che speculavano passeggiando.
3 «Ciò che è il colmo a dirsi.»
4 In una lettera non riprodotta del 6 aprile.
5 Virgilio, *Eneide*, II, 291-2. Il passo intero è: «Se un braccio avesse potuto difendere Pergamo, certo il mio braccio l'avrebbe difesa». Sono le parole di Ettore morto che compare in sogno a Enea esortandolo a fuggire; qui stanno a significare che la difesa di Recanati è altrettanto disperata di quella di Troia.

mai? Che la Marca e 'l mezzogiorno dello Stato Romano sia come la Romagna e 'l settentrione d'Italia? Costì il nome di letteratura si sente spessissimo: costì giornali accademie conversazioni librai in grandissimo numero. I Signori leggono un poco. L'ignoranza è nel volgo, il quale se no, non sarebbe più volgo: ma moltissimi s'ingegnano di studiare, moltissimi si credono poeti filosofi che so io. Sono tutt'altro, ma pure vorrebbero esserlo. Quasi tutti si tengono buoni a dar giudizio sopra le cose di letteratura. Le matte sentenze che profferiscono svegliano l'emulazione, fanno disputare parlare ridere sopra gli studi. Un grand'ingegno si fa largo: v'è chi l'ammira e lo stima, v'è chi l'invidia e vorrebbe deprimerlo, v'è una turba che dà loco e conosce di darlo. Costì il promuovere la letteratura è opera utile, il regnare coll'ingegno è scopo di bella ambizione. Qui, amabilissimo Signore mio, tutto è morte, tutto è insensataggine e stupidità. Si meravigliano i forestieri di questo silenzio, di questo sonno universale. Letteratura è vocabolo inudito. I nomi del Parini dell'Alfieri del Monti, e del Tasso, e dell'Ariosto e di tutti gli altri han bisogno di commento. Non c'è uno che si curi d'essere qualche cosa, non c'è uno a cui il nome d'ignorante paia strano. Se lo danno da loro sinceramente e sanno di dire il vero. Crede Ella che un grande ingegno qui sarebbe apprezzato? Come la gemma nel letamaio. Ella ha detto benissimo (e saprà ben dove) che gli studi come più sono rari meno si stimano, perché meno se ne conosce il valore. Così appuntino accade in Recanati e in queste provincie dove l'ingegno non si conta fra i doni della natura. Io non sono certo una gran cosa: ma tuttavia ho qualche amico in Milano, fo venire i Giornali, ordino libri, fo stampare qualche mia cosa: tutto questo non ha fatto mai altro recanatese *a Recineto condito*.[6] Parrebbe che molti dovessero essermi intorno, domandarmi i giornali, voler leggere le mie coserelle, chiedermi notizia dei letterati della età nostra. Per appunto. I Giornali come sono stati letti nella mia famiglia, vanno a dormire nelle scansie. Delle mie cose nessuno si cura e questo va bene; degli altri libri molto meno: anzi le dirò senza superbia che la libreria nostra non ha

6 «Dalla fondazione di Recanati», detto ironicamente.

eguale nella provincia, e due sole inferiori. Sulla porta ci sta scritto ch'ella è fatta anche per li cittadini e sarebbe aperta a tutti.[7] Ora quanti pensa Ella che la frequentino? Nessuno mai. Oh veda Ella se questo è terreno da seminarci. Ma e gli studi, le pare che qui si possano far bene? Non dirò che con tutta la libreria io manco spessissimo di libri, non pure che mi piacerebbe di leggere, ma che mi sarebbero necessari; e però Ella non si meravigli se talvolta si accorgerà che io sia senza qualche Classico. Se si vuol leggere un libro che non si ha, se si vuol vederlo anche per un solo momento bisogna procacciarselo col suo danaro, farlo venire di lontano, senza potere scegliere né conoscere prima di comperare, con mille difficoltà per via. Qui niun altro fa venir libri, non si può torre in prestito, non si può andare da un librario, pigliare un libro, vedere quello che fa al caso e posarlo: sì che la spesa non è divisa, ma è tutta sopra noi soli. Si spende continuamente in libri, ma la spesa è infinita, l'impresa di procacciarsi tutto è disperata. Ma quel non avere un letterato con cui trattenersi, quel serbarsi tutti i pensieri per sé, quel non potere sventolare e dibattere le proprie opinioni, far pompa innocente de' propri studi, chiedere aiuto e consiglio, pigliar coraggio in tante ore e giorni di sfinimento e svogliatezza, le par che sia un bel sollazzo? Io da principio avea pieno il capo delle massime moderne, disprezzava, anzi calpestava, lo studio della lingua nostra, tutti i miei scrittacci originali erano traduzioni dal Francese, disprezzava Omero Dante tutti i Classici, non volea leggerli, mi diguazzava nella lettura che ora detesto: chi mi ha fatto mutar tuono?[8] la grazia di Dio ma niun uomo certamente. Chi m'ha fatto strada a imparare le lingue che m'erano necessarie? la grazia di Dio. Chi m'assicura ch'io non ci pigli un granchio a ogni tratto? Nessuno. Ma pognamo che tutto questo sia nulla. Che cosa è in Recanati di bello? che l'uomo si curi di vedere o d'imparare? niente. Ora Iddio ha fatto tanto bello questo nostro mondo, tante cose belle ci hanno fatto gli uomini, tanti uomini ci sono che chi non è insensato arde di vedere e di conoscere, la terra è piena di meraviglie, ed io di dieciott'anni potrò dire, in questa

7 «Filiis amicis civibus / Monaldus de Leopardis / Bibliothecam / A. MDCCCXII.»
8 *tuono*: gusto.

caverna vivrò e morrò dove sono nato? Le pare che questi desideri si possano frenare? che siano ingiusti soverchi sterminati? che sia pazzia il non contentarsi di non veder nulla, il non contentarsi di Recanati? L'aria di questa città l'è stato mal detto che sia salubre. È mutabilissima, umida, salmastra, crudele ai nervi e per la sua sottigliezza niente buona a certe complessioni. A tutto questo aggiunga l'ostinata nera orrenda barbara malinconia che mi lima e mi divora, e collo studio s'alimenta e senza studio s'accresce. So ben io qual è, e l'ho provata, ma ora non la provo più, quella dolce malinconia che partorisce le belle cose, più dolce dell'allegria, la quale, se m'è permesso di dir così, è come il crepuscolo, dove questa è notte fittissima e orribile, è veleno, come Ella dice, che distrugge le forze del corpo e dello spirito. Ora come andarne libero non facendo altro che pensare e vivendo di pensieri senza una distrazione al mondo? e come far che cessi l'effetto se dura la causa? Che parla Ella di divertimenti? Unico divertimento in Recanati è lo studio: unico divertimento è quello che mi ammazza: tutto il resto è noia. So che la noia può farmi manco male che la fatica, e però spesso mi piglio la noia, ma questa mi cresce, com'è naturale, la malinconia, e quando io ho avuto la disgrazia di conversare con questa gente, che succede di raro, torno pieno di tristissimi pensieri agli studi miei, o mi vo covando in mente e ruminando quella nerissima materia. Non m'è possibile rimediare a questo né fare che la mia salute debolissima non si rovini, senza uscire di un luogo che ha dato origine al mal e lo fomenta e l'accresce ogni dì più, e a chi pensa non concede nessun ricreamento. Veggo ben io che per poter continuare gli studi bisogna interromperli tratto tratto e darsi un poco a quelle cose che chiamano mondane, ma per far questo io voglio un mondo che m'alletti e mi sorrida, un mondo che splenda (sia pure di luce falsa) ed abbia tanta forza da farmi dimenticare per qualche momento quello che soprattutto mi sta a cuore, non un mondo che mi faccia dare indietro a prima giunta, e mi sconvolga lo stomaco e mi muova la rabbia e m'attristi e mi forzi di ricorrere per consolarmi a quello da cui volea fuggire. Ma già Ella sa benissimo che io ho ragione, e me lo mostra la sua seconda lettera, nella quale di proprio moto mi esortava a fare un giro per l'Italia, benché poi (e so ben io perché) con lodevolissima intenzione della quale le sono sinceramente grato, abbia voluto parlarmi in altra guisa.[9] Laonde ho cianciato tanto per mostrarle che io ho per certissimo quello che Ella ha per certissimo.

Le dirò sinceramente, poiché mel chiede, in qual maniera il cielo (che per questo ringrazio di cuore) m'abbia fatto conoscere Lei e desiderare ch'Ella lo sapesse. Il povero Marchese Benedetto Mosca (il quale so che ella amava)[10] Cugino carnale di mio padre, venne un giorno a fare una visita di sfuggita ai suoi parenti, e quell'unica volta noi due parlammo insieme, dico parlammo, perché quando io era piccino ed egli fanciullo avevamo bamboleggiato insieme qui in Recanati per molto tempo, ed allora io gli avrò cinguettato. Dopo non l'ho veduto più, ma so che m'amava e volea rivedermi, e forse presto ci saremmo riveduti, per lettere certamente, perché io appunto ne preparava una per lui che sarebbe stata la prima, quando seppi la sua morte, e di questa morte che ha troncato tanto non posso pensare senza spasimo e convulsione dell'animo mio. Mi disse dunque di Lei questo solo: che conosceva e, se non fallo, avea avuto maestro il Giordani il quale, soggiunse (ed io ripeto le sue stesse parole, e la sua modestia sel soffra per questa volta), è adesso *il primo scrittore d'Italia*. O pensi Ella se i primi scrittori d'Italia si conoscevano in Recanati. Io avea allora 15 anni, e stava dietro a studi grossi, Grammatiche, Dizionari greci ebraici e cose simili tediose, ma necessarie. Non vi badai proprio niente. Ma nel cominciare dell'anno passato, visto il suo nome appiè del manifesto della *Biblioteca Italiana*,[11] mi ricordai di quelle parole, e avuti i volumetti della *Biblioteca*, seppi quali fossero gli articoli suoi prima per conghiettura e poi con certezza quanto a uno o due e questo mi bastò per ravvisarli poi tutti. Ora che vuole che le dica io? Se le dirò che essi diedero stabilità e forza alla mia conversione che era appunto sul cominciare, che gustato quel cibo, le altre cose moderne

9 Nella lettera del 12 marzo.
10 Il Giordani gli aveva indirizzato una lettera a stampa intitolata *Dubbi sopra un luogo di Giovenale*, in «Biblioteca Italiana», marzo 1816.
11 Periodico letterario stampato a Milano dal 1816 al 1841, diretto da Giuseppe Acerbi.

che prima mi pareano squisite, mi parvero schifissime, che attendea la *Biblioteca* con infinito desiderio e ricevutala la leggea con avidità da affamato, che avrò letti e riletti i suoi articoli una diecina di volte, che ora che non ci son più mi vien voglia di gittar via i quaderni di quel giornale, ogni volta che ricevendoli non vi trovo niente che faccia per me, la sua modestia s'irriterà. Le confesserò candidamente che non so se non i titoli e di due sole delle sue opere, voglio dire della versione di Giovenale e del *Panegirico*,[12] e colla stessa schiettezza le dirò che io pensava di procacciarmi qualche sua cosa, quando ricevetti da Lei veramente graditissime le sue prose tutte d'oro, sulle quali ho certe cose da dirle, ma perché poco vagliono certamente, e la lettera è già lunga assai e m'ha cera di voler esser lunghissima, le serberò a un'altra volta.

Vedo con esultazione che Ella nella soavissima sua dei 15 Aprile discende a parlarmi degli studi. Risponderò a quanto Ella mi scrive, dicendole sinceramente quando le sue opinioni si siano scontrate nella mia mente con opinioni diverse, acciocché Ella veda quanto io abbia bisogno ch'Ella mi faccia veramente da maestro, e compatendo alla debolezza e piccolezza de' pensieri miei si voglia impacciare di provvederci. Che la proprietà de' concetti e delle espressioni sia appunto quella cosa che discerne lo scrittor Classico dal dozzinale, e tanto più sia difficile a conservare nell'espressioni, quanto la lingua è più ricca, è verità tanto evidente che fu la prima di cui io m'accorsi quando cominciai a riflettere seriamente sulla letteratura: e dopo questo facilmente vidi che il mezzo più spedito e sicuro di ottenere questa proprietà era il trasportare d'una in altra lingua i buoni scrittori. Ma che quando l'intelletto è giunto a certa sodezza e maturità e a poter conoscere con qualche sicurezza a qual parte la natura lo chiami, si debba di necessità comporre prima in prosa che in verso, questo le dirò schiettamente che a me non parea. Parlando di me posso ingannarmi, ma io le racconterò, come a me sembra che sia, quello che m'è avvenuto e m'avviene. Da che ho cominciato a conoscere un poco il bello, a me

12 La versione di Giovenale era di un gesuita pavese omonimo del Giordani. Il *Panegirico* è un'operetta laudatoria. Il titolo completo è: *Napoleone legislatore, ossia Panegirico allo Imperator Napoleone per le sue imprese civili*, Brescia, Bettoni, 1810.

quel calore e quel desiderio ardentissimo di tradurre e far mio quello che leggo, non han dato altri che i poeti, e quella smania violentissima di comporre, non altri che la natura e le passioni, ma in modo forte ed elevato, facendomi quasi ingigantire l'anima in tutte le sue parti, e dire, fra me: questa è poesia, e per esprimere quello che io sento ci voglion versi e non prosa, e darmi a far versi. Non mi concede Ella di leggere ora Omero Virgilio Dante e gli altri sommi? Io non so se potrei astenermene perché leggendoli provo un diletto da non esprimere con parole, e spessissimo mi succede di starmene tranquillo e pensando a tutt'altro, sentire qualche verso di autor classico che qualcuno della mia famiglia mi recita a caso, palpitare immantinente e vedermi forzato di tener dietro a quella poesia. E m'è pure avvenuto di trovarmi solo nel mio gabinetto colla mente placida e libera, in ora amicissima alle muse, pigliare in mano Cicerone, e leggendolo sentire la mia mente far tali sforzi per sollevarsi, ed esser tormentato dalla lentezza e gravità di quella prosa per modo che volendo seguitare, non potei, e diedi di mano a Orazio. E se Ella mi concede quella lettura, come vuole che io conosca quei grandi e ne assaggi e ne assapori e ne consideri a parte a parte le bellezze, e poi mi tenga di non lanciarmi dietro a loro? Quando io vedo la natura in questi luoghi che veramente sono ameni (unica cosa buona che abbia la mia patria) e in questi tempi spezialmente, mi sento così trasportare fuor di me stesso, che mi parrebbe di far peccato mortale a non curarmene, e a lasciar passare questo ardore di gioventù, e a voler divenire buon prosatore, e aspettare una ventina d'anni per darmi alla poesia, dopo i quali, primo, non vivrò, secondo, questi pensieri saranno iti; e la mente sarà più fredda o certo meno calda che non è ora. Non voglio già dire che secondo me, se la natura ti chiama alla poesia, tu abbi a seguitarla senza curarti d'altro, anzi ho per certissimo ed evidentissimo che la poesia vuole infinito studio e fatica, e che l'arte poetica è tanto profonda che come più vi si va innanzi più si conosce che la perfezione sta in un luogo al quale da principio né pure si pensava. Solo mi pare che l'arte non debba affogare la natura e

29

quell'andare per gradi e voler prima essere buon prosatore e poi poeta, mi par che sia contro la natura la quale anzi prima ti fa poeta e poi col raffreddarsi dell'età ti concede la maturità e posatezza necessaria alla prosa. Non dona Ella niente niente a quella *mens divinior* di Orazio?[13] Se sì, come vuole ch'ella stia nascosta e che chi l'ha non se n'accorga nel fervor degli anni alla vista della natura, alla lettura dei poeti? e accortosene com'è possibile che dubiti e metta tempo in mezzo e voglia prima divenire buon prosatore, e poi tentare com'Ella dice, quasi con incertezza e paura, la poesia? O vuol Ella che quella mente divina sia una favola o se ne sia perduta la razza? e quale è dunque il vero poeta? Chi ha studiato più? E perché non tutti che hanno studiato ed hanno un grande ingegno sono poeti? Non credo che si possa citare esempio di vero poeta il quale non abbia cominciato a poetare da giovanetto; né che molti poeti si possano addurre i quali siano giunti all'eccellenza, anche nella prosa, e in questi pochissimi, mi par di vedere che prima sono stati poeti e poi prosatori. E in fatti a me parea che quanto alle parole e alla lingua, fosse più difficile assai il conservare quella proprietà senza affettazione e con piena scioltezza e disinvoltura nella prosa che nel verso, perché nella prosa l'affettazione e lo stento si vedono (dirò alla fiorentina) come un bufalo nella neve, e nella poesia non così facilmente, primo, perché moltissime cose sono affettazioni e stiracchiature nella prosa, e nella poesia no, e pochissime che nella prosa nol sono, lo sono in poesia, secondo, perché anche quelle che in poesia sono veramente affettazioni, dall'armonia e dal linguaggio poetico son celate facilmente, tanto che appena si travedono. Io certo quando traduco versi, facilmente riesco (facendo anche quanto posso per conservare all'espressioni la forza che hanno nel testo) a dare alla traduzione un'aria d'originale, e a velare lo studio; ma traducendo in prosa, per ottener questo, sudo infinitamente più, e alla fine probabilmente non l'ottengo. Però io avea conchiuso tra me che per tradur poesia vi vuole un'anima grande e poetica e mille e mille altre cose, ma per tradurre in prosa un più lungo esercizio ed assai più lettura, e forse anche (che a me pare necessarissimo) qualche anno di dimora in paese dove si

13 «La mente divina è l'ispirazione», Orazio, *Satire*, I, IV, 43.

parli la buona lingua, qualche anno di dimora in Firenze. E similmente componendo, se io vorrò seguir Dante, forse mi riuscirà di farmi proprio quel linguaggio e vestirne i pensieri miei e far versi de' quali non si possa dire, almeno non così subito, questa è imitazione, ma se vorrò mettermi a emulare una lettera del Caro, non sarà così. Per carità Sig. Giordani mio, non mi voglia credere un temerario, perché le ho detto sì francamente e con tanto poco riguardo alla piccolezza mia, quello che sentiva. Non isdegni di persuadermi. Questa sarà opera piccola per sé, ma sarà opera di misericordia, e degna del suo bel cuore.

Della mia Cantica,[14] e dell'affinità del Greco coll'Italiano, e dell'utilissimo consiglio ch'Ella mi dà ed io presto metterò in pratica di leggere e tradurre Erodoto e gli altri tre,[15] avrei mille cose da dirle, ma vedendo con affanno che questa lettera è eterna, e vergognandomi fieramente della mia sterminata indiscretezza, le lascio per un'altra volta, m'affretto di dirle che la ringrazierei se trovassi parole, dell'esame che ha fatto della mia Cantica, e il manoscritto non occorre che lo renda allo Stella, il quale non ne ha da far niente, ma se Ella crede che sia costì qualche suo amico il quale non isdegnerebbe di esaminarlo, Ella potrà darglielo o no secondo che giudicherà opportuno: che del *Terenzio* del Cesari[16] non ho veduto altro che il titolo, e che vorrei sapere, se Ella crede che l'opera del Cicognara[17] mi possa esser utile, perché io oramai non mi curo di leggere né di vedere se non quello che mi può esser utile veramente, perché il tempo è corto e la messe vastissima.

Quanto al Belcari[18] io mi struggo di proccurarle associati e di mostrarle il desiderio ardentissimo che ho di servirla come posso. Scrivo e fo scrivere a Macerata, a Tolentino a Roma e ad altri luoghi, raccomandando caldamente la cosa. Intendo però che molti domandano del prezzo, il quale vorrei che Ella a un di presso mi potesse dire. Farò il possibile, ma con gran dolore

14 L'*Appressamento della morte.*
15 Tucidide, Senofonte, Demostene.
16 *Le sei commedie di Terenzio recate in volgare fiorentino* da Antonio Cesari, Verona, Merlo, 1816.
17 *La Storia della scultura,* di Leopoldo Cicognara, Venezia, Picotti, 1813-1818.
18 Feo Belcari (1410-1484): *Vita del Beato Giovanni Colombini da Siena,* a cura di Antonio Cesari, Verona, Merlo, 1817. Per la ristampa di quest'opera erano necessari dei sottoscrittori.

le dico, che ci spero poco: perché quanto agli amatori della buona lingua, se di questa io parlassi ad alcuno qui, crederebbero che s'intendesse di qualche brava lingua di porco; e quanto ai devoti i quali Ella dice che vorranno piuttosto leggere una cosa bene che male scritta, questo m'arrischio a dirle che non è vero. Io con tutta la poca età, ho molta pratica di devoti, e so che anzi amano molto singolarmente i libri che a noi fanno stomaco, prima per un loro gusto particolare, del quale la sperienza m'ha chiarito che c'è veramente e non è favola; poi perché a certi concetti non già alti ma che non vanno proprio terra terra, non arrivano i poveretti, in fine (e questa è ragione onnipotente) perché se la lingua ha punto punto del non triviale, è come se 'l libro fosse in Ebraico, non s'intendendo nessun devoto di Dantesco, perché bisogna sapere che qui tutto quello che non è brodo o se è brodo non è tanto lungo, si chiama Dantesco; sì che il Salvini, per esempio, è Dantesco; il Segneri, il Bartoli,[19] e tutti i non cattivi sono Danteschi, ed oltre i non cattivi, fino la mia traduzione di Virgilio. E queste opinioni non sono già della plebe, ma dei dottissimi e letteratissimi, tanto che nella capitale della *molto excellentissima et magnifica provintia* nostra, è un cotal letteratone[20] che ne' suoi scritti per tutto toscanesimo ha l'e', che quando ci capita il *mi pare* immancabilmente gli fa da lacchè, e tutti hanno che dire sul suo stile che ha troppo dell'esquisito, al che egli risponde modestamente che lo stile del cinquecento è un bello stilc. O qui sì che le raccomando di tenersi bene i fianchi, se non vuol fare la morte di Margutte.[21] Ma come credono che Belcari e Scaramelli e Ligorio sieno cose simili, così finattantoché il libro non si vede e' se la berranno. Basta: farò quanto potrò, e lo stesso pel suo Palcani,[22] il quale con vero piacere ho letto come cosa pia-

19 Anton Maria Salvini (1653-1729), filologo ed erudito; Paolo Segneri (1624-1694) e Daniello Bartoli (1608-1685), padri gesuiti, prosatori.
20 Carlo Ercolani (1759-1831), traduttore della *Cristiade* di Marco Vida (1485-1566).
21 Personaggio del *Morgante* del Pulci (canto XIX) che muore scoppiando dalle risa vedendo una scimmia infilarsi i suoi stivali.
22 Luigi Palcani, *Le prose italiane*, Milano, Silvestri, 1817, a cura di P. Giordani.

ciuta a Lei e che viene da Lei, e di eleganza certo rarissima in materie scientifiche, le quali trattate così, sarebbero veramente piacevoli, dove ora sono ispide e orribili.

Mio Padre la ringrazia de' saluti suoi, e caramente la risaluta. Io poi che le dirò, caro Sig. Giordani mio, per consolarla della disgrazia che l'affligge?[23] se non che questa a me pure passa l'anima, e che prego Dio acciocché il più ch'è possibile in questo mondo la faccia lieta? Consolazione non le posso dar io con questa mia eloquenza d'accattone. Gliela daran certo e copiosa il suo gran sapere e la sua vera filosofia. A scrivere a me (se vuol continuarmi questo favore) non pensi se non nei momenti di ozio, e in questi pure solo quando le torni comodo. In somma non se ne pigli pensiero più che delle cose minime, perché se vedrò ch'Ella faccia altrimenti, mi terrò dallo scriverle io, e così sarò privo anche di questo piacere. In verità mi dorrebbe assai ch'Ella volesse stare sul puntuale, primieramente con me, di poi in cosa che non lo merita, anzi non lo comporta.

Come farò, signor Giordani mio, a domandarle perdono dell'averle scritto un tomo in vece di una lettera? Veramente ne arrossisco e non so che mi dire, e contuttociò gliene domando perdono. La sua terza lettera m'avea destato in mente un tumulto di pensieri, la quarta me lo ha raddoppiato. Mi sono indugiato di rispondere per non infastidirla tanto spesso, ma pigliata in mano la penna non ho potuto tenermi più. Ho risposto a un foglietto de' suoi con un foglione de' miei. Questa è la prima volta che le apro il mio cuore: come reprimere la piena de' pensieri? Un'altra volta sarò più breve, ma più breve assaissimo. Non vorrei ch'Ella s'irritasse per tanta mia indiscretezza: certo l'ira sarebbe giustissima, ma confido nella bontà del suo cuore. Mi perdoni di nuovo, caro Signor mio, e sappia che sempre pensa di Lei il suo desiderantissimo servo Giacomo Leopardi.

23 La recente morte del padre del Giordani.

X · DI PIETRO GIORDANI[1]

Milano il dì dell'Ascensione [1817]

Mio carissimo signor Contino. Se Dio non le ispirava di scrivermi il dì 30 aprile, sa ella che mi si prolungava una pungente pena? perché sapendo io quanto è VS. cortese, e non vedendo risposta a due mie, era forzato a temere o che in esse qualcosa (contro mia volontà e saputa) l'avesse offesa; o che la salute delicata di VS. avesse patito. E in questo timore mi premeva di piú l'aver letto il suo *Inno a Nettuno*,[2] accompagnato di tanto eruditissime note: parendomi impossibile che tanta erudizione, ch'io né vidi né lessi mai in alcuno della sua età, non possa aversi senza danno grave d'una salute anche piú vigorosa e gagliarda della sua. E io insisterò sempre a pregarla e scongiurarla di aver cura di questa salute. Non basta, mio caro signor Contino, cessare talora dallo studio: comprendo benissimo dover essere ciò ch'ella mi dice, che interrotta la fatica dell'applicarsi, la travagli una molestia né men grave né men perniziosa della malinconia. E perciò vorrei che non potendo costì aver piacevoli conversazioni, tanto piú frequentasse gli esercizi corporali; che già sono necessarissimi; dai quali acquisterebbe vigore allo stomaco, alacrità alla testa, robustezza alle membra, serenità all'animo. Non so se a lei piaccia il ballo; che pure sta bene a un cavaliere: non so se ella non siasi già tanto indebolito che non possa sopportare la scherma: ma il cavalcare, il nuotare, il passeggiare, la prego che non le rincrescano: e se io fossi di qualche autorità presso lei, gliele vorrei comandare. Io so-

1 Testo integrale in *Epistolario*, ed. Moroncini, I, pp. 91-94.
2 Pubblicato il 1° maggio 1817 sulla rivista dello Stella lo «Spettatore italiano», sotto la finzione di un ritrovamento di antichi testi greci.

34

no intendentissimo di malinconie; e n'ebbi tanta nella puerizia e nell'adolescenza, che credetti doverne impazzire o rimanere stupido. La mia complessione fu debolissima; nacqui moribondo, e sin dopo i vent'anni non potei mai promettermi due settimane di vita. E se ora ho comportabile sanità (non vigore), lo debbo all'aver fatto esercizio. Però le raccomando fervidamente che non voglia mancare a se stesso. Non so contraddire a molte cose che facondissimamente mi dice della sua situazione. Nondimeno pensi ch'ella ha pure un gran vantaggio: quel padre amoroso e savio, quella copiosa libreria, quell'amor degli studi ch'ella ha, molti nobili non l'hanno. E a questi che giova esser nati in Milano, o Venezia, o Napoli; se non di avere maggior numero di testimoni che disprezzino il loro poco valore? Consideri qui quanto è prezioso privilegio esser nato nella ricchezza; non mancar delle cose bisognevoli e comode; non dovere aver mai bisogno degli uomini; che tanto sono duri, ingiusti, crudeli, insolenti, stolidi! Oh, se ella potesse intender bene questa cosa! che giova nascer in una metropoli; ed aver bisogno degli uomini? Erami venuto in mente, tanto mi sento affezionato a lei, che l'anno venturo se mi riuscisse di aver accomodato le cose mie domestiche, non mi rincrescerebbe di stare per qualche tempo in quel Recanati dov'ella tanto si annoia; e starvi unicamente per interrompere un poco i suoi studi; darle un orecchio e un cuore che volentierissimo ricevessero le sue parole; forzarla a lunghe e frequenti passeggiate per cotesti colli Piceni; e distrarla un poco dalla fissazione delle malinconie. Io credo che in Recanati troverei una dozzina sufficiente; poiché a me basta *amorevolezza* e *nettezza* negli ospiti, e una sufficiente comodità: grandi lautezze non mi abbisognano: volentieri mi accomodo alla semplicità; e le grandezze che ho provate (fuori di casa mia), mi sono col provarle assicurato che non sono mai necessarie, talora a me fastidiose. Veda ella dunque in qual modo io pensi a lei. E certo ho un grande e continuo desiderio di conoscerla di persona, come rarissimo, se non unico signore; e di poterla in qualche cosuccia, secondo il mio niente, servire.

Né di Benedetto Mosca, né di niun altro sono mai stato, né mai vorrò essere *maestro*: parola, che mi fa nausea ed ira. Ma ben conobbi quel bravo giovane, e l'ho amato molto, e l'amerò sempre con desiderio: perché mi pare che avrebbe fatto del bene; e sommamente mi è doluta una tanto impensata ed immatura perdita. Era un buono e valente signore; del quale mi pareva che si dovesse sperare assai: ed è andato così giovane!

Il traduttore di Giovenale non mi appartiene punto; nol vidi, né 'l conobbi mai; e parmi che tanto di gusto negli studi come in tutto il resto mi fosse dissomigliante. Era un vecchio gesuita pavese; che morì qualche anno fa. Del mio *Panegirico* mi dica s'ella ne ha curiosità, e come glielo potrei spedire.

Le sarò gratissimo se, per quanto si può, aiuterà il Cesari nella ristampa del Belcari. Ho riso alla saporita descrizione che mi fa della letteratura Picena. Ma il Belcari non è *dantesco* nel senso che dispiacerebbe costì! È uno scrittor purissimo, e di umilissima semplicità; come le *Vite de' santi Padri*,³ ch'ell'avrà, o della edizione del Manni, o di quella del Cesari; e ch'io la prego di leggere, come la prosa che a me è paruta la piú bella e soave d'Italia. L'opera del Cicognara mi pare degnissima e necessaria ad una libreria come la sua. Io non dirò ch'ella debba leggerla ora; ma certo una tale raccolta de' monumenti perfettissimi d'arte è una gran cosa: e il non poter nulla giudicare o gustare nelle belle Arti sarebbe grande infelicità; e bellissima cosa avere per giudicarne una guida tanto intelligente come il Cicognara.

Negli studi credo che principalmente l'uom debba seguire il proprio genio. E s'ella piú ama la poesia, bene sta: Dante adunque sia sempre nelle sue mani; che a me pare il miglior maestro e de' poeti e nientemeno de' prosatori. L'evidenza, la proprietà, l'efficacia di Dante mi paiono uniche. Ella si sente raffreddare e rallentare da Cicerone: a me per contrario, Cicerone, Tacito, Livio, Demostene, Tucidide fanno non minor calore che i piú caldi poeti. Ma questo non fa nulla: quel che importa è addomesticarsi solo cogli ottimi in ciascun genere. La prego a volermi liberissimamente e prolissamente dire quanto ha notato ne' miei opuscoli. Questo è il frutto degli studi e delle amicizie sincere. Veda come io liberamente le scrivo: son degno ch'ella mi corrisponda. [...]

M'accorgo d'avere dimenticata una cosa che può importare

3 *Vite* attentamente lette da Leopardi che se ne servì per il suo *Martirio de' Santi padri*.

alla sua quiete. Ella desidera di veder Firenze; ed ha ragione. È la culla, la madre, la scuola delle belle Arti: ne è piena, e mirabilmente splendida. Per questa cagione, Ella (quando che sia) vedrà Firenze; e farà bene. VS. pensa poi ragionevolmente che la consuetudine de' buoni parlatori sia giovevolissima anzi necessaria a scriver bene: ell'ha ragione in massima: nel caso nostro però il fatto è tutto diverso. Non ci è paese in tutta Italia dove si scriva peggio che in Toscana e in Firenze; perché non ci è paese dove meno si studi la lingua, e si studino i maestri scrittori di essa (senza di che in nessuno si potrà mai scriver bene); ed oltre a ciò non è paese che parli meno italiano di Firenze. Non hanno di buona favella niente fuorché l'accento: i vocaboli, le frasi vi sono molto piú barbare che altrove. Perché ivi non si leggono se non che libri stranieri. Chiunque in Toscana sa leggere, dee VS. tenere per certissimo che non parla italiano: e questo rimane solo a quei piú poveri e rozzi che non sanno punto leggere: ma la conversazione di questi nulla potrebbe giovare a chi vuol farsi scrittore. Io non gliene parlo in aria; ma per molta esperienza con sicurezza. E di nuovo la riverisco ed abbraccio col cuore.

[*Recanati 30 Maggio 1817*].

Signore mio carissimo. L'erudizione che Ella ha trovato nelle note all'*Inno a Nettuno*, in verità e molto volgare, e a me mi è paruto di scrivere quelle note in Italia, ma in Germania o in Inghilterra me ne sarei vergognato. Io sono andato un pezzo in traccia della erudizione più pellegrina e recondita, e dai 13 anni ai 17 ho dato dentro a questo studio profondamente, tanto che ho scritto da sei o sette tomi non piccoli sopra cose erudite[1] (la qual fatica appunto è quella che mi ha rovinato) e qualche Letterato straniero che è in Roma e che io non conosco, veduto alcuno degli scritti miei, non li disapprovava, e mi facea esortare a divenire, diceva egli, gran filologo.[2] È un anno e mezzo che io quasi senza avvedermene mi son dato alle lettere belle che prima non curava,[3] e tutte le cose mie che Ella ha vedute, ed altre che non ha vedute, sono state fatte in questo tempo, sì che avendo sempre badato ai rami, non ho fatto come la quercia che *A vieppiù radicarsi il succo gira, Per poi schernir d'Austro e di Borea l'onte*[4] a fare il che mi sono adesso rivolto tutto. E l'*Inno* però e le note col resto, l'ho scritto appunto un anno fa: in questi mesi non avrei potuto reggere a quella fatica. Da questo Ella vedrà, se non l'ha già veduto, che quanto io spaccio della scoperta dell'*Inno*, è una novella.[5] Innamorato della poesia gre-

1 «I tomi cui qui si accenna sono: 1° la *Storia dell'Astronomia* (1813 e '14); 2° il *Porphyrius*, fatto in italiano nel '14 insieme con l'*Esichio Milesio*, e poi ridotto in latino; 3° i *Rethores* pure del '14; 4° i *SS Patres* e gl'*Historici*, dall'ottobre del '14 al maggio del '15; gli *Errori popolari*, nel giugno-luglio del '15; 6° *Iulius Africanus*, dall'agosto '15 al gennaio '16» (nota Moroncini).
2 David Akerblad (1763-1819), epigrafista e orientalista svedese aveva definito «veramente insigne» il lavoro filologico del Leopardi *Porphyrii de Vita Plotini*.
3 Leopardi definì «conversione» il suo passaggio dagli studi filologici e eruditi alla letteratura e alla poesia. Cfr. *Zibaldone*, 1741.
4 Citazione dal sonetto dell'Alfieri: *Già dell'ali sue calde il franco volo*.
5 *novella*: contraffazione.

ca, volli fare come Michel Angelo che sotterrò il suo Cupido, e a chi dissotterrato lo credea d'antico, portò il braccio mancante. E mi scordava che se egli era Michel Angelo io sono Calandrino;[6] oltreché la stretta necessità d'imitare, o meglio di copiare e di rimuovere dal componimento l'aria di robusto e originale, perché come un velo rado rado, anzi una rete soprapposta all'immaginario testo, ne lasciasse vedere tutti i muscoli e i lineamenti, e in somma lo lasciasse pressoché nudo a fine d'ingannare, m'impastoiò e rallentò per modo la mente che senza dubbio io ho fatto tutt'altro che poesia. Avrei caro di sapere che cosa Ella pensi dell'*Inno* e delle due *Odi*,[7] e che cosa se ne pensi costì, perché io tra le altre fortune ho quella di fare stampare le cose mie e non saper mai che cosa se ne dica, se piacciano se non piacciano, se si stimino mediocri se pessime, in guisa che un mio libro stampato è per me come se fosse manoscritto, se non che così è senza errori di scrittura, e stampato ne formica, perché io per la distanza non posso presiedere alla stampa. E in verità i 54 spropositi di cui hanno ornato il mio libretto m'hanno fatto arrossire pel povero onor mio, e m'hanno disgustato gravemente. Né io avrei mai dato il mio manoscritto allo Stella perché me lo crocifiggesse fra quelle tante schifezze del suo giornale, se egli non mi avesse promesso a chiare note di farne fare al tempo stesso un'altra edizione da parte, la quale poi si risolverà in nonnulla. Ma nel dubbio, perché egli non abbia a soffrir danno per cagion mia, se la frode costì è nota comunemente (come credo che sia, perché questi artifizi sanno di stantio e non fanno più effetto) non accade altro; se no, vorrei che Ella si contentasse di non manifestarla per ora, che le sarà facile perché niuno si curerà parlare di quella miseria. Avrà notato nelle *Odi* fra gli altri errori Ἡὶς per Εἰς, Θ ὁδούς σὲ per ὁδούς τε, Ρολιὸν per Πολιὸν, Πᾶν τὸ per Πάντα.

Non dovrei desiderare che Ella mi conoscesse di persona, perché certo mi troverà minore assai che forse non pensa: ma io tanto veramente e grandemente la amo che mi fa dare in

6 Pittore pasticcione, personaggio comico del *Decameron*.
7 Le *Odae adespotae* composte in greco e tradotte in latino col titolo *In Amorem* e *In Lunam*, due testi apocrifi che Leopardi aveva finto di ritrovare nello stesso codice dell'*Inno a Nettuno*.

pazzie il solo pensare, che l'anno vegnente, se la speranza ch'Ella mi ha dato non è vana, io vedrò Lei e le parlerò. E parimente non dovrei desiderare, che una persona che amo tanto, venisse a cercar tedio e nausea per me, ma tutte queste considerazioni non possono fare che io non lo desideri caldamente, anzi la preghi quanto posso che meni ad effetto il suo pio disegno. La dozzina mi piglierò cura di trovargliela io, e credo che quanto all'*amorevolezza* degli Ospiti Ella non istarà male, e quanto a *nettezza* s'adopreranno a poter loro. Non ci deluda, Signor mio caro, e non fraudi l'aspettazione mia e di mio padre che la saluta, e la brama vivamente.

Se il nome di maestro le dà tanta noia com'Ella dice, non gliel darò più. Io volea dire, Consigliere e guida negli studi, e spero ch'Ella non rifiuterà quest'ufficio in favor mio, se rifiuta quel nome. Mi dolgo assai quando penso che forse le avrò fatto stomaco attribuendole la traduzione di Giovenale. Ma non avendola né letta né anco veduta, non potea sapere che fosse indegna di Lei, e la memoria mi ha ingannato circa il nome dell'autore. Dunque Ella m'abbia per iscusato. Quella versione sarebbe forse di Luigi Uberto Giordani? Una lettera sopra il Libro di Giobbe che ho veduto di lui, m'è parsa molto bella e giudiziosa. Del *Panegirico* e delle altre cose sue, se Ella ne ha, ho curiosità certo, anzi desiderio grande. Non so se siano di tanta mole che non si possano spedire per la posta. Se sono, quando Ella voglia farmi sì pregiato regalo, potrà consegnarlo allo Stella che me lo spedisca con altre cose che gli ordinerò.

Quando le ho detto che Cicerone, una volta che la mia mente si trovava, come accade, in certa disposizione da bramare impressioni vive e gagliarde, mi parve (e fu in un trattato filosofico) più lento e grave che non si conveniva al mio desiderio di quel momento, non ho già voluto dire che questo e gli altri sommi prosatori mi raffreddino e rallentino. Sarebbe questa la grande infelicità o più veramente stupidità. Io comeché, forse per inclinazione di natura, ami con certa parzialità la poesia, pure leggo e studio, come posso, i prosatori, e in leggerli non mi fo forza, ma provo un diletto infinito e squisitissimo. E benché creda che non si debba cercare di divenire eccellente in molti generi, non per questo mi pare che io anche coltivando la poesia, abbia a lasciar da banda la prosa, perché sarebbe bene meschino letterato quegli che non sapesse scrivere altro che versi. E però io mi studio di coltivare ambedue i generi di scrittura insieme, e quasi con pari sollecitudine. Quello che io le cianciava nell'ultima mia intorno alla *divina mente* di Orazio, ho poi pensato che per la maniera in cui l'ho posto, avrebbe potuto muoverle ira, e nausea giustissimamente. È vero che io fino allora avea parlato di me in particolare, ma quivi tornava al generale, che tanto ha che far la mia mente con quella intesa e voluta da Orazio quanto la luna co' granchi e l'asino colla lira. Dopo che Ella mi ha fatto notare l'amicizia che è tra la lingua nostra e la greca, ho preso a riflettervi sopra seriamente e aperto qualche prosatore greco, ho trovato con grandissimo piacere che la sua osservazione è verissima e maestrevole, tantoché qualche passo di autor trecentista mi è paruto aver sembianza di traduzione dal greco. Non è maraviglia che io non mi sia accorto prima di questa parentela tanto evidente (e già probabilmente l'ingegno mio senza il suo avviso non se ne sarebbe accorto mai) perché fin qui de' prosatori nostri ho avuto per le mani piuttosto i cinquecentisti e gli altri che i trecentisti. Della maniera dei quali, che mi pare la stessa candidezza, e soavità, come avrò potuto farmi un po' di capitale in mente, voglio subito porre ad effetto il consiglio ch'Ella mi ha dato di studiare di proposito e tradurre alcuno dei più antichi prosatori greci che mi pare debba essere opera di singolare diletto e utilità.

Le cose che io volea dirle sopra i suoi opuscoli, vagliono tanto poco che io mi vergogno a cacciarle fuora. Perché Ella me lo comanda, lo farò, ma non si aspetti poi altro che qualche nulla. Ella una volta ha usato *non per tanto* negativo senza l'aggiunta del secondo *non*. Io mi ricordo di aver letto che *non per tanto* non nega senza un altro *non*, appunto come non può dire: *nondimeno egli è*, chi vuol negare che sia. Ma l'avrò letto presso qualche grammaticaccio da nulla, e a ogni modo Ella vegga la bella osservazione che è questa mia. Ho notato che Ella, come mille altri de' buoni, usa nominando le persone pel solo cognome lasciare l'articolo. Ora da qualcuno vissuto certo tempo in Toscana, ho sentito che questo là non si fa, e non si vuol che si faccia, perché, dicono, il cognome è aggettivo e non può stare da sé valendo quanto il patronimico dei greci; onde come non si dice, per esempio, Pelide assolutamente ma, il Pelide, così non si può dire, Salviati Valori Strozzi, ma il Salviati il Valori lo Strozzi. Questa ragione a me quadra e può stare che negli antichi non si trovino molti esempi contrari. Veda Ella se le par buona. Fra le sue prose in modo singolarissimo mi è piaciuta quella sopra un dipinto del Camuccini e uno del Landi,[8] dove ho ammirato la leggiadria e morbidezza straordinaria, e quella proprietà e forza tanto necessarissima e difficilissima per descrivere colle parole e mettere innanzi agli occhi un quadro. Cimento proprio terribile, e da spaventare ogni men prode e potente di Lei, mettere così apertamente alle prese l'arte di scrivere colla pittura. Ed Ella è riuscita mirabilmente. In questa tanto squisita prosa ho trovato un'opinione sopra la quale avrei qualcosa che dire. Ella ricorda in generale ai giovani pittori che senza stringente necessità della storia (e anche allora con buon giudizio e garbo) non si dee mai figurare il brutto. Poiché, soggiugne, l'ufficio delle belle arti è pur di moltiplicare e perpetuare le imagini di quelle cose o di quelle azioni cui la natura o gli uomini producono più vaghe e desiderabili: e quale consiglio o qual diletto crescere il numero o la durata delle cose moleste di che già troppo abbonda la terra? A me parrebbe che l'ufficio delle belle arti sia d'imitare la natura nel verisimile.[9] E come le massime astratte e generali che vagliono per la pittura denno anche valere per la poesia, così, secondo la sua sentenza, Omero Virgilio e gli altri grandi avrebbero errato infinite volte, e Dante sopra tutti che ha figurato il brutto così sovente. Perocché le tempeste le morti e cento e mille calamità che sono altro se non cose moleste anzi dolorosissime? E queste così innumerevoli pitture hanno moltiplicato e perpetuato i sommi poeti. E la tragedia sarebbe condannabile quasi intieramente di natura sua. Certamente le arti hanno da dilettare, ma chi può negare che il piagnere il palpitare l'inorridire alla lettura di un poeta non sia dilettoso? anzi chi non sa che è diletto-

8 In *Alcune prose di P. Giordani*, cit., pp. 73-103. Vincenzo Camuccini (1771-1844), allievo del Canova; Gaspare Landi (1756-1830), pittore piacentino.
9 Questi problemi erano allora molto dibattuti come parte della grande *querelle* fra romantici e classicisti.

sissimo? Perché il diletto nasce appunto dalla maraviglia di vedere così bene imitata la natura, che ci paia vivo e presente quello che è o nulla o morto o lontano. Ond'è che il bello il quale veduto nella natura, vale a dire nella realtà, non ci diletta più che tanto, veduto in poesia o in pittura, vale a dire in imagine, ci reca piacere infinito. E così il brutto imitato dall'arte, da questa imitazione piglia facoltà di dilettare. Se un uomo è di deformità incredibile, ritrar questa non sarebbe sano consiglio, benché vera, perché le arti debbono persuadere e far credere che il finto sia reale, e l'incredibile non si può far credere. Ma se la deformità è nel verisimile, a me pare che il vederla ritratta al naturale debba dilettare non poco. E già s'intende che sia nel luogo suo, perché se è fuor di luogo, come sarà nel quadro di cui Ella ragiona, non c'è più da discorrere. Ho detto tutto questo per ubbidienza, e perché Ella impari a non comandarmi più di queste cose. E se ho usato parole ardite e non convenienti, Ella me ne riprenda, come è dovere.

Io sapeva appuntino quanto Ella mi dice dei non idioti[10] fiorentini e toscani, e lo sapea non solo per gli scritti loro, ma anco per altre cose. Facea conto però d'imparare dagli idioti o piuttosto di rendermi famigliare col mezzo loro quella infinità di modi volgari che spessissimo stanno tanto bene nelle scritture, e quella proprietà ed efficacia che la plebe per natura sua conserva tanto mirabilmente nelle parole: pensando a Platone che dice il volgo essere stato ad Alcibiade e dover essere maestro del buon favellare, e alla donnicciuola ateniese che alla parlata conobbe Teofrasto per forestiere, e al Varchi che dice come anche al suo tempo per imparare la favella Fiorentina bisognava tratto tratto *rimescolarsi colla feccia del popolazzo* di Firenze.[11] Ma poiché Ella non crede che gl'idioti Fiorentini mi possano insegnar niente di buono, mi acquieto alla sua sentenza. E quanto all'accento le dirò del mio Recanati cosa che Ella dovrà credere a me: perché della patria potrò per tropp'odio dir troppo male (e non so se questo pur possa), ma dir troppo be-

10 *Non idioti*: non analfabeti.
11 Benedetto Varchi (1502-1565) in realtà scrive: «lasciando stare l'infima plebe, e la feccia del popolazzo, della quale non intendiamo di ragionare», nel dialogo *L'Hercolano*, Firenze, Giunti, 1570, p. 213.

ne per troppo amore non posso certo. Ella non può figurarsi quanto la pronunzia di questa città sia bella. È così piana e naturale e lontana da ogni ombra d'affettazione che i Toscani mi pare, pel pochissimo che ho potuto osservare parlando con alcuni, che favellino molto più affettato, e i Romani senza paragone. Certo i pochi forestieri che si fermano qui riconoscono questa cosa e se ne maravigliano. E questa pronunzia che non tiene punto né della leziosaggine toscana né della superbia romana, è così propria di Recanati, che basta uscir due passi del suo territorio per accorgersi di una notabile differenza, la quale in più luoghi pochissimo distanti, non che notabile è somma. Ma quello che mi pare più degno d'osservazione è che la nostra favella comune abbonda di frasi e motti e proverbi pretti toscani sì fattamente che io mi maraviglio trovando negli Scrittori una grandissima quantità di questi modi e idiotismi che ho imparati da fanciullo. E non mi fa meno stupore il sentire in bocca de' contadini e della plebe minuta parole che noi non usiamo nel favellare per fuggire l'affettazione stimandole proprie dei soli Scrittori, come *mentovato ingombro recare ragionare* ed altre molte ed alcune anche più singolari di cui non mi sovviene. Questi modi e queste parole, caro Signor mio, con singolare mio diletto le farò osservare se Ella adempierà la bella speranza che mi ha data; e sarà questa una delle pochissime o niune cose (mi perdoni questo barbarismo) che le potrò mostrare in Recanati. E potrebbe essere benissimo, perché io non sono uscito mai del mio nido, che quello che io credo proprio di Recanati sia comune a tutta l'Italia o a molte sue parti, ed allora Ella mi disingannerebbe.

Con questa speranza, benché lontana, la lascio, Signore mio Carissimo, e spero che non avrò bisogno di ricordarle che sono, ma con tutto il cuore, il suo attaccatissimo Giacomo Leopardi.

Mi scrive lo Stella che ha ricevuto da Lei un involto per me.[12] Se contiene come spero qualche suo scritto, gliene rendo un milione di grazie, e le prometto che leggendolo subito, farò conto di trattenermi con Lei presente e parlante, pensiero che mi sarà soavissimo.

12 Il pacco conteneva il *Panegirico a Napoleone*, cfr. nota 12 a p. 28.

XII · DI PIETRO GIORDANI[1]

Milano 10 Giugno [1817]

Mio carissimo Signor Contino. Quanto più ella mi scrive, più mi dà cagione di amarla e di ammirarla. Oh chi potrebbe oggi in Italia far tali scherzi; e inni greci e odi anacreontiche! Ma tutto questo mi fa sempre sospirare per la sua salute. Ella non mi dice mai se ascolta le mie preghiere, se nuota, se cavalca, se almeno passeggia. Se Dio mi concederà ch'io venga in cotesti paesi, sono già risoluto di usarle cortese violenza; e di obligarla a camminar molto, e fare esercizio. Di questo ell'ha bisogno, e non di studio. [...]

Tornando alle sue composizioni, è naturale il suo desiderio di sapere che se ne dica qui: il che non posso saper io, che vivo in Milano come in una campagna; poiché dovunque io fuggo gli uomini, che troppo conosco. Ma parlando per congettura, stimo che pochi parlino degli studi suoi così alieni dal volgo. Mio caro Contino, qui gli uomini sono come altrove. Quelli che più potrebbero e dovrebbero leggere, i nobili e i preti, sono in Lombardia come nella Marca e in tutto il mondo. Poco si legge; e quel poco, di frivolezze. Io poi non ho usanza se non del Monti, del Rosmini[2] e del Mai: coi quali parlo di lei; e più spesso coll'ultimo, ch'è di lei ammiratissimo quanto sono io. E un cenno di quel che io ne pensi lo darò pubblicamente alla prima occasione. [...]

Giustissima è la sua osservazione che la stretta affinità della lingua italiana colla greca, tanto manifesta ne' trecentisti, non poteva sentirsi ne' cinquecentisti. Lodo sommamente ch'ella s'innamori de' trecentisti; e col capitale loro voglia tradurre prose greche. [...]

1 Testo integrale in *Epistolario*, ed. Moroncini, I, p. 105.
2 Carlo Rosmini (1758-1827), storico e letterato.

Chi mai degli eruditi potrebbe filosofare con tanta e sottigliezza e delicatezza e sodezza com'ella fa sopra l'introdurre il brutto nelle imitazioni che fanno le arti? Ecco la mia opinione. Vorrei che le Arti si proponessero solamente di moltiplicare le imagini del bello, che naturalmente è raro; e di perpetuarle, poiché naturalmente sono transitorie. E il bello considero nei volti e nelle membra umane, nelle azioni degli uomini: ché la bellezza e la virtù sono le più rare e le più care cose del mondo. E gran benefizio delle arti è moltiplicarne le imagini, e prolungarne la durata. Una delle arti che è la poesia può talora anche ritrarre il contrario del bello morale; ma al solo fine di *purgare l'animo*. Sonvi però certe bruttezze *deformi* e *vili*, che anche il poeta dee sfuggire d'imitare. Veda in Omero; ci sono molti vizi magnanimi, ire, ambizioni, amori: volendo dipingere il quadro della vita, bisognava non restarsi alle sole virtù. Ma della abietta e nauseosa viltà di un Tersite veda che si passò di un solo esempio. Molte cose orrende atroci in Dante. Ma osservi che per voler dare un saggio di tutte le cose umane, pone anche un diverbio di quei due vilissimi idropici nell'Inferno: e per mostrare il suo purgato giudizio, e la nobiltà dell'animo e della educazion sua, si fa riprendere da Virgilio d'essersi fermato ad ascoltarli, «Ché voler ciò udire è *bassa voglia*».[3] La viltà è verisimile; il bene imitarla è pregio di arte: ma l'arte dee cercare degni e non indegni soggetti. Il mio pensiero è che il brutto rare volte, e solo per grande utilità e per necessarie cagioni s'introduca nelle belle arti; alla cui bellezza non si può negare che molto conferisca il suggetto. Questo è il mio pensiero: il quale va modificato secondo le savissime e verissime considerazioni ch'ella mi fa. E io dico che se la tragedia trovata in Atene non avesse avuto motivo importantissimo di far odiare i tiranni, come insopportabili agli uomini e odiosi agli dei; la tragedia sarebbe una follia detestabile: e la commedia se non isperasse di correggere i minori vizi, col contraffarli e proporli alla publica derisione, la commedia sarebbe una maligna scurrilità. La lirica e l'epica, le quali si propongono i fatti e gli affetti o virtuosi o simiglianti a virtù, sono l'anima e il cuore della poesia.

3 Cfr. *Divina Commedia*, Inferno, XXX, 148.

Piacenza 3 Luglio [1817]

[...] Io voglio fare tutto quello che piace al mio Contino, che singolarissimamente amo: però se le piace diamoci del *voi*.[2] Per quest'anno mi sarà impossibile di soddisfare al gran desiderio che ho di venire a Recanati per voi. Ma spero bene che l'anno venturo, poiché sarò stato in primavera a visitare Canova,[3] passerò l'estate a visitarvi; ché ho tante e tantissime cose da dirvi. Riveritemi e ringraziatemi parzialissimamente il vostro signor Padre. Lasciatemi raccomandarvi sempre la vostra salute. Se sapeste quanto mi preme; e quali speranze vi fondo sopra per la nostra Italia! [...]

1 Testo integrale in *Epistolario*, ed. Moroncini, I, p. 109.
2 In una lettera del 20 giugno non riprodotta, Leopardi aveva pregato Giordani di poter rivolgersi a lui con il «voi» e senza la «Signoria».
3 Lo scultore Antonio Canova (1757-1822), molto ammirato dal Giordani che aveva scritto nel 1810 un *Panegirico ad Antonio Canova*. Cfr. *Opere*, Firenze, le Monnier, 1846, I, pp. 92-147.

Recanati 14 Luglio [1817]

Vi ringrazio del bando dato alla Signoria. Carissimo Giordani, tenerissimamente vi amo. Sapeva la vostra andata a Piacenza, e sapete da che? dalla gazzetta dove sempre do un'occhiata alle *Partenze* per voi. Nondimeno avea creduto più sicuro di spedirvi a Milano il mio parere sul *Dionigi*,[1] come ho fatto in una lunga lettera insieme colla nota degli associati al Belcari, agli 11 di questo, pochi momenti prima di ricevere la vostra dei 3. Mando questa pel primo ordinario, ma dubito ch'ella vi trovi a Piacenza, perché la vostra, come vedete, m'è giunta tardi. Avrei bramato che leggeste subito l'altra mia, ma vedo che subito non l'avrete. Non ho ricevuto il *Panegirico*, ma non ve ne maravigliate, perché qui a ricevere un libro da Milano fuori di posta, dopo ch'è spedito, bisognano spessissimo due o tre quaresime di preparazione, non mai meno di una. Dunque bisognerà aspettare un anno prima di vedervi. Caro Giordani, se io fossi mio, le catene e le inferriate non mi terrebbero che non volassi a voi. Ma io sono come la montagna di Maometto, che tutto si può muovere eccetto lei, e bisogna venirla a trovare. Speranze non fondate sopra di me, che oltreché non son terreno per questo non vogliate far della mia vita più capitale che non ne fo io, che ogni giorno lo conto per guadagnato. Addio, Giordani mio. M'è gran conforto il pensare a voi in questa mia per più cagioni da qualche tempo infelicissima e orrenda vita. *Di, meliora piis:*[2] miglior vita al mio dolcissimo Giordani! Il vostro Leopardi.

1 *Lettera al Ch. Pietro Giordani sopra il Dionigi del Mai*, pubblicata postuma, ora in *Tutte le opere*, cit., I, pp. 949-60.

2 «O Dei, date miglior sorte agli uomini giusti», Virgilio, *Georgiche*, III, 513.

L'*Inno a Nettuno* ha avuto fortuna a Roma dove meno dovea. S'arrabattano per trovare quel Ciamberlano,[3] il quale per la paura è corso subito a intanarsi, e rannicchiarsi in me in maniera che siamo diventati tutt'uno. E sì come lassù il saper leggere non è da tutti, credono che la Vaticana m'abbia somministrato l'inno (quando io a bello studio ho detto ch'è stata una piccola libreria di pochissimi manoscritti) e il Custode di quella biblioteca giura che scoprirà chi ne l'abbia cavata senza saputa sua.

---

3 *quel Ciamberlano*: «Ciamberlano di S.M.I.R.A.», l'immaginario scopritore dell'*Inno a Nettuno* al quale Leopardi aveva dedicato la sua presunta traduzione.

Piacenza 24 Luglio [1817]

Mio adorato Contino. Gran piacere certamente ricevo dalla vostra amabilissima dei 14: ma anche assai dolore. Oh che è questa vita vostra *infelicissima ed orrenda?* Perdio mi lacerate il cuore. Non so indovinare ciò che vi molesti: ma troppo chiaro veggo che non siete sano, o almeno vigoroso. Per carità abbiatevi ogni possibil cura. Esercitatevi, divertitevi. Io fermamente mi son posto in cuore che voi dovete essere (e voi solo, ch'io sappia, potete essere) *il perfetto scrittore italiano,* che nell'animo mio avevo disegnato da gran tempo, a una certa foggia romanzesca, come il re di Senofonte, e l'orator di Cicerone, e tenni per verificato in voi, appena vi conobbi. Dunque non mancate a tanta gloria vostra, ed onor d'Italia, e consolazion mia. Vi scriverei molto lungamente su questo: ma sono maledettamente affrettato da importune brighe. Nulla ricevo da Milano della vostra lettera col parere sul *Dionigi*,[1] e gli associati al Colombini:[2] oh dorrebbemi pur assai che fosse smarrita. Se dopo ricevuta questa vi occorresse scrivermi, dirigete a Venezia per più sicurezza; poiché io (non so quando) ma pur di qua partendo debbo rivolgermi a quella parte. Oh se mi fosse conceduto di venirvi a visitare! ma è impossibile ora. Vogliatemi ricordare servo al signor Conte vostro padre: amatemi, e sopratutto conservatevi: ve ne supplico e ve ne scongiuro. Addio, caro e adorabile mio Contino. Vi abbraccio e riverisco mille volte con tutta l'anima. Perdonate il goffo e frettoloso scrivere. Addio addio.

1 Vedi nota 1 a lettera XIV.
2 I sottoscrittori che Leopardi doveva trovare per la ristampa dell'opera del Belcari.

Recanati 8 Agosto [1817]

Quando un giovane, Carissimo mio, dice d'essere infelice, d'ordinario s'immaginano certe cose che io non vorrei che s'immaginassero di me, singolarissimamente dal mio Giordani, per il quale solo io vorrei essere virtuoso quando bene non ci avesse altro Spettatore né alcun premio della virtù. Però vi voglio dire che benché io desideri molte cose, e anche ardentemente, come è naturale ai giovani, nessun desiderio mi ha fatto mai né mi può fare infelice, né anche quello della gloria, perché credo che certissimamente io mi riderei dell'infamia, quando non l'avessi meritata, come già da qualche tempo ho cominciato a disprezzare il disprezzo altrui,² il quale non crediate che mi possa mancare. Ma mi fa infelice primieramente l'assenza della salute, perché, oltreché io non sono quel filosofo che non mi curi della vita, mi vedo forzato a star lontano dall'amor mio che è lo studio. Ahi, mio caro Giordani, che credete voi che io faccia ora? Alzarmi la mattina e tardi, perché ora, cosa diabolica! amo più il dormire che il vegliare. Poi mettermi immediatamente a passeggiare, *e passeggiar sempre senza* MAI *aprir bocca né veder libro* sino al desinare. Desinato, passeggiar sempre nello stesso modo sino alla cena: se non che fo, e spesso sforzandomi e spesso interrompendomi e talvolta abbandonandola, una lettura di un'ora. Così vivo e son vissuto con pochissimi intervalli per sei mesi. L'altra cosa che mi fa infelice è il pensiero. Io cre-

1 Testo integrale in *Tutte le opere* di Giacomo Leopardi, con introduzione e a cura di Walter Binni, con la collaborazione di Enrico Ghidetti, 2 voll., Firenze, Sansoni, 1976 (II ed.), I, pp. 1035-36.
2 Cfr. *Zibaldone*, 70-71.

do che voi sappiate, ma spero che non abbiate provato, in che modo il pensiero possa cruciare e martirizzare una persona che pensi alquanto diversamente dagli altri, quando l'ha in balia, voglio dire quando la persona non ha alcun svagamento e distrazione, o solamente lo studio, il quale perché fissa la mente e la ritiene immobile, più nuoce di quello che giovi. A me il pensiero ha dato per lunghissimo tempo e dà tali martirii, per questo solo che m'ha avuto sempre e m'ha intieramente in balia (e vi ripeto, senza alcun desiderio) che m'ha pregiudicato evidentemente, e m'ucciderà se io prima non muterò condizione. Abbiate per certissimo che io stando come sto, non mi posso divertire più di quello che fo, che non mi diverto niente. In somma la solitudine non è fatta per quelli che si bruciano e si consumano da loro stessi. In questi giorni passati sono stato molto meglio (di maniera però che chiunque sta bene, cadendo in questo meglio, si terrebbe morto) ma è la solita tregua che dopo una lunga assenza è tornata, e già pare che si licenzi, e così sarà sempre che io durerò in questo stato, e n'ho l'esperienza continuata di sei mesi e interrotta di due anni. Nondimeno questa tregua m'avea data qualche speranza di potermi rifare mutando vita. Ma la vita non si muta, e la tregua parte, e io torno o più veramente resto qual era. Lasciamo queste ciarle, e non accade che mi rispondiate sopra questo argomento, del quale è noioso e soprattutto eccessivamente inutile a ragionare.

Avrei carissimo che mi definiste il vostro *perfetto scrittore italiano*, perché sono persuaso che per diventar mediocre bisogni mirare all'ottimo. Ma che cosa non avrei caro di sentire da voi, specialmente intorno alle nostre care Lettere belle, alle quali pensando dì e notte, non ho persona a cui dirne una parola quando tutti gli uomini naturalmente desiderano di parlare di quello che loro importa, e spesso come io fo, disprezzano tutti gli altri discorsi. Credo che se ci vedremo, io starò qualche giorno senza dirvi niente, per non sapere da che cominciare. Non sarà poco se vi darò spazio di mangiare e di dormire, che non v'assedi del continuo col mio favellare. Sto ora quanto posso coi trecentisti, innamorato di quello scrivere, e non che comprenda, ma vedo e tocco con mano, che come lo stile latino trasportato in questa lingua, non vi può star se non durissi-

52

mo, e come diciamo volgarmente, tutto d'un pezzo, così lo stile greco vi si adatta e piega, e vi sta così molle così dolce, naturale, facile, svelto, che in somma sta nel luogo suo e par fatto a posta per questa lingua. Ecco qui un nembo e una furia di pensieri, che vi vorrei dire: li serbo per quando ci vedremo. Molto vi compatisco nelle vostre brighe e molestie. Cotesti sono quelli che i Greci chiamavano ἄθλους. Spesso mi viene in bocca e mi piace assai questa parola ora che uno ἄθλος che io facessi, sarebbe l'ultimo. Se non che questo pure è un terribile ἄθλος d'ingoiarsi così i giorni e i mesi come fo io. Con qual parola italiana renderemmo questa greca? *Travaglio* ha il disgustoso ma non il grande e il vasto. Non per tanto io non m'arrischio di affermare che questa parola non si possa rendere in italiano, tanto poco mi fido di conoscere questa nostra lingua sovrana immensa onnipotente. [...] Mio padre vi saluta molto caramente. Ed·io v'abbraccio e vi lascio, o mio Giordani. Il vostro cuore vi dica quanto io v'ami. Credo che se non è quanto meritate, che solamente sia perché tanto non si possa. Addio, mio caro e soavissimo Giordani. Sono il vostro buon Leopardi.

XVII · DI PIETRO GIORDANI[1]

Piacenza 21 Settembre [1817]

[...] Che volete? è un pezzo ch'io l'ho detto a me stesso, e l'ho detto a molti; ora non posso tenermi che nol gridi a voi medesimo: *Inveni hominem.*[2] Appena lo credo a me proprio; ma è vero. Che ingegno! che bontà! E in un giovinetto! e in un nobile e ricco! e nella Marca! Per pietà, per tutte le care cose di questo mondo e dell'altro, ponete, mio carissimo Contino, ogni possibile studio a conservarvi la salute. La natura lo ha creato, voi l'avete in grandissima parte lavorato quel *perfetto scrittore italiano* che io ho in mente. Per dio, non me lo ammazzate. Dovete sapere che nella mia mente è fisso che il perfetto scrittore d'Italia debba necessariamente esser nobile e ricco. Né crediate che sia adulazione: ché anzi la vostra dolcezza si spaventerebbe se sapesse a qual segno io fierissimamente disprezzo più d'ogni altra canaglia i nobili, quando sono asini e superbi. Ma per molte ragioni, che un giorno dirò a stampa, io vorrei che la maggior parte de' nobili fosse virtuosa e culta; parendomi questa l'unica ragionevole speranza di salute all'Italia. E poi tante cose dee sapere e potere e volere lo scrittore perfetto, che non può volere e potere e sapere se di nobiltà e ricchezza non è munito. Io poi lo voglio ingegnosissimo: e non conosco (benché tanti ne conosca) un ingegno maggior del vostro. Lo voglio di costumi innocentissimi; lo voglio innamorato d'ogni genere di bello; lo voglio di cuor pietoso, e di animo alto e forte. Ed ora voi mi consolate tutto, accertandomi che sapete disprezzare gl'ingiusti disprezzi, e che dell'infamia temereste solo il meri-

1 Testo integrale in *Epistolario*, ed. Moroncini, I, pp. 123-24.
2 «Ho trovato l'uomo», *La Bibbia*, cap. II, versetto 25 delle profezie di Daniele.

54

tarla. Oh bravo! tutte quelle sopradette perfezioni già le avevo in voi notate. Lo voglio erudito, lo voglio dottissimo di greco e di latino: e in queste cose non trovo in tutta Italia un uom maturo da paragonare a voi così garzonetto. Lo voglio innamorato del trecento; lo voglio persuaso che il solo scriver bello italiano può conseguirsi coll'unire lingua del trecento a stile greco. Ed eccomi appunto dalla vostra degli 8 assicurato che voi intendete a fondo la necessità e la possibilità di questa unione. La qual cosa avendo voi intesa, non vedo che vi resti da intendere. Dunque per l'amore d'ogni cosa amabile, fate, Giacomino mio adoratissimo, di tener vivo all'Italia il suo perfetto scrittore, ch'io vedo in voi e in voi solo. [...]

XVIII · A PIETRO GIORDANI, PIACENZA

Recanati 26 Settembre 1817

Mio carissimo. Rispondo alle vostre dell'1 e del 9. Il nostro buon Mai mi ha scritto con quella cortesia che suole.[1] Ho risposto: ma non avrà ricevuta la lettera se ha intrapreso il viaggetto che mi diceva. Veramente è un bel vezzo quello dello *Spettatore*[2] di mutare a beneplacito gli scritti altrui. A me pure ha fatto tante volte questo servigio, che ho giurato di non fargli aver più sillaba del mio; ma perché è pure una cosa comoda quell'avere un giornale a sua posta, come questo finora m'è stato, temo di non diventare spergiuro una volta o l'altra. La salute in questi giorni potrebbe andar peggio. Di muoversi di qua né anche si sogna. A voi succede quello che succederà a me se mai vedrò il mondo; di averlo a noia. Allora forse non mi dispiacerà e fors'anche mi piacerà quest'eremo che ora abborro. E quando dico mondo, intendo questo mondo ordinario, perché forse volendo non otterrei, ma certo non voglio né titoli, né onori né cariche, e Dio mi scampi poi dalle prelature che mi vorrebbero gittar sul muso, Dio mi scampi da Giustiniano e dal *Digesto* che non potrei digerire in eterno.[3] Certo che non voglio vivere tra la turba; la mediocrità mi fa una paura mortale; ma io voglio alzarmi e farmi grande ed eterno coll'ingegno e collo studio: impresa ardua e forse vanissima per me, ma agli uomini bisogna non disanimarsi né disperare di loro stessi. Se

1 Lettera perduta.
2 Il periodico dello Stella. Giordani in una lettera del 9 settembre si era lamentato delle alterazioni subite da un suo articolo.
3 Accenna agli studi di diritto necessari per accedere alle più alte cariche della gerarchia ecclesiastica, secondo i desideri del padre e dello zio Antici.

però vi concedo di essere stanco del mondo, non vi concedo già di essere stanco né punto meno ardente negli studi, ne' quali vi voglio sempre caldissimo e ardentissimo anche per me, che tutte le forze in questa maladetta città bisogna che le pigli dall'animo mio e dalle lettere vostre. Però non mi parlate di queste cose con isvogliatezza, ché mi scoraggite. Non accade incolpare la penuria di libri. Già non è per voi l'apprendere, ma il far fruttare l'appreso. Se credete che io stia molto bene a libri, v'ingannate ma assai. Se sapeste che Classici mi mancano. Uno che ve ne nominassi vi farebbe arrossire per me: e certo mi darete della bestia pel capo quando verrete qua. Ma le mie entrate non bastano per comperarli: e delle altrui io non mi voglio servire più che tanto. Credo che sarete persuasissimo che qui né per governo, né per nessun'altra cosa non si stia meglio che a Piacenza. Questa poi è la capitale de' poveri e de' ladri: ma i vizi mancano (eccetto questo di rubare) perché anche le virtù. Ditemi di grazia almeno i nomi di cotesti uomini insigni che avete in patria. Qui ne abbiamo da sette mila tutti insigni per la pazienza che hanno di stare a Recanati, la quale molti Nobili vanno perdendo. Le donne poco più hanno di quello che si son portate dalla natura, se non vogliamo dire un poco meno, il che si può bene della più parte. Non credo che le grazie sieno state qui mai, né pure di sfuggita all'osteria. Nella mia brigata domestica, che non è poca, se ne sentono alla giornata delle così belle che è una maraviglia. Ma io ci ho fatto il callo e non mi fanno più male. Eccettoché adesso per queste febbri putride che corrono, qualche volta temo che non mi facciano qualche scherzo e non mi guastino lo stomaco: ma confido che questo com'è stato così sempre starà saldo, non meno pel morale che pel fisico. De' molti fratelli ne ho uno[4] con cui sono stato allevato fin da bambino (essendo minore di me di un solo anno) onde è un altro me stesso e sarà sempre insieme con voi la più cara cosa che m'abbia al mondo; e con un cuore eccellentissimo; e ingegno e studio di cui potrei dire molte cose se mi stesse bene è il mio confidente universale, e partecipe tanto o quanto degli studi e delle letture mie; dico tanto o quanto, per-

4 Per Carlo Leopardi, cfr. *Nota sui corrispondenti*, p. 583 e *Introduzione*, p. LV.

ché discordiamo molto non per l'inclinazione amando lui gli stessi studi che io, ma per le opinioni. Questi vi ama come è naturale, solo che altri vi conosca in qualche modo, e questi è il solo solissimo con cui apro bocca per parlare degli studi; il che spesso si fa e più spesso si farebbe se si potesse senza disputa, le quali sono fratellevoli ma calde. Mi duole fieramente del vostro *Panegirico* che ancora è per la strada. Oh qua bisognerebbe che venissero gl'impazienti e quelli che quando desiderano una cosa ardentemente non sanno soffrire indugio. Io pure una volta avea questi vizi, ma vi so dir io che questo inferno doma tutte le passioni. Il cavalcare che mi consigliate certo mi gioverebbe, ed è uno dei pochi esercizi che io potrei fare, dei quali non è né il nuotare né il giuocare a palla né altro tale che non molto fa mi avrebbe dato la vita ed ora mi ammazzerebbe, quando io mi ci potessi provare, che è impossibilissimo. Potrei, dico, cavalcare se avessi *molte cose* che non ho.

Vo contando, mio caro, i giorni e i mesi che mi bisogna passare prima di vedervi. Intanto scrivetemi spesso, come fate, per confortarmi e rallegrarmi, e se potete a lungo. La materia non vi può mancare sapendo quanto io brami di sentirvi parlare dei nostri cari studi. Ma se le vostre brighe ancora durano, scrivetemi brevemente. Addio carissimo. Mio padre, al quale bastò di leggere due o tre delle vostre operette per prendervi perpetuo amore, vi saluta. Io vi abbraccio con tutta l'anima. Addio.

Piacenza 1 Novembre [1817]

Tardo risponditore sono a due dolcissime del mio infinitamente caro Contino, del 26 settembre e 20 ottobre[2]: ma la sua
bontà mi assicura di perdono, perch'io fui lungamente in villa,
e pieno di fastidi: ed ugualmente perdonerà la lunghezza di
questa risposta, poiché ne' libri divini ed umani, negli antichi e
ne' moderni sta scritto che molte cose al nostro amore sono
perdonate. E puossi amare più di quel che io vi amo? nò, nò
certissimamente.

Prima di tutto vi raccomando sempre la vostra delicata salute, per la quale vivo in continua ansietà. Poi ringrazio e il padre e il fratel vostro della loro cortese benevolenza. Voi non
ringrazio punto dell'amor che mi donate; perché vi avrei per
ingiusto e per isnaturato se non mi riamaste. Libero vi fu dap-
principio amarmi o disprezzarmi. Se ora non rispondeste a tanto amor mio, fareste a voi più che a me ingiuria. Però vi amo,
con quanto amore si può; ma nulla vi ringrazio: il che vuol dire che accetto l'amor vostro non in dono ma in paga, risoluto
di amarvi infinitamente sinché sarò vivo. Non mi dite, e voglia
mi ponete di sapere, quali sieno le differenze di opinioni che
avete col vostro fratellino: ma quando e d'animo e d'ingegno è
tanto buono, ed amatore è dei medesimi studi, potete ben disputare ma non contendere: *Vivitis indigni fraternum rumpere
foedus.*[3] Esponetemi le vostre differenze; e fatemene arbitro. [...]

1 Testo integrale in *Epistolario*, ed. Moroncini, I, pp. 133-35.
2 Non riprodotta.
3 Cfr. Orazio, *Epistole*, I, III, 34-36. Il passo completo è: «Ubicumque locorum / Vivitis, indigni fraternum rumpere foedus / pascitur in vestrum redditum votiva iuvenca»
(Dovunque viviate, poiché sarebbe indegno violare il patto d'amicizia fraterna, sappiate che sto allevando una giovenca da offrire in voto per il vostro ritorno).

Molto mi piace che non vogliate ora impigliarvi in prelature; e che stimiate più l'esser grande per voi stesso, che per i nomi e per le vesti che altri può dare e togliere. Inoltre penso che l'uomo non debba prima de' trent'anni pigliare niuna di quelle risoluzioni che non ammettono pentimento, come prete, matrimonio, e simili. Vorrei similmente che potesse parervi vano e pericoloso il desiderio della gloria: ma come persuadere tal cosa a tanto ingegno in tale giovinezza? La gloria non suole mancare agli eccellenti: ma cercarla, amarla, costa assai più che non giova. Ma ora è troppo presto per questa dura filosofia. [...]

Avete le opere di Torquato Tasso? avete lette le sue prose? leggetele, per amor mio, e per vedere il meglio che io conosca di italiana eloquenza. Ma non tutte; ché vi sono insopportabili noie in quelle sue spinosissime seccature e tenebre peripatetiche. Tutte quante le lettere però, il *Dialogo del Padre di famiglia*, la lettera a Scipione Gonzaga sopra vari accidenti della sua vita, la *Risposta di Roma a Plutarco*, desidero vivamente che le leggiate: e desidero di sapere come le avrete gustate.[4] Oh, bisogna finire queste ciancie; e finisco abbracciandovi affettuosissimamente; e pregandovi che seguitiate ad amarmi e a scrivermi. Addio carissimo Contino: v'amo con tutto il cuore.

---

4 Cfr. Torquato Tasso, *Prose*, a cura di E. Mazzali, Milano-Napoli, Ricciardi, 1959.

Recanati 21 Novembre 1817

O carissimo e dolcissimo Giordani mio, vi riabbraccio con tutto il cuore e l'anima. Che è questa nuova maniera di cominciare? O Dio! voi non sapete in che pena sono stato questi giorni per voi. La cagione potete immaginarvela. Dal giorno in cui vi scrissi l'ultima mia, finoattantoché non ho ricevute le vostre dell'1 e del 6 (che le ho ricevute unitamente) sono stato non vedendo vostra lettera, in un'ansietà spaventosa. In somma ho pensato di voi quelle più acerbe cose che si possono pensare di persona più cara che la vita propria. Ho provato strette di cuore così dolorose che altre tali non mi ricordo di avere mai provato in mia vita. E perché in questi ultimi mesi la salute è andata molto meglio, mi disperava che due sole cose essendoci che mi possano togliere la pace, dico la infermità in me, e le disgrazie de' miei cari, io uscendo in certo modo da quella cadessi subito in quest'altra infelicità, la quale m'era tanto più grave quanto in quella, se non aveva, almeno poteva avere qualche sollazzo; ma in questa se gli avessi avuti, gli avrei abbandonati, perché ogni ombra di rilassamento mi facea nausea e dolore. Per liberarmi da questo strazio, avendo scritto a voi tre lettere, e non potendo far altro (che avrei fatto quanto avessi potuto) scrissi al Mai una lettera piena d'angoscia, scongiurandolo che mi desse subito nuove di voi: non ho risposta perché la scrissi per l'ordinario dietro a quello che mi portò le vostre ultime. E forse il Mai si riderà di me, e mi darà della femminetta e del bamboccio, e chi sa che anche voi non facciate così: ma se lo

1 Testo integrale in *Tutte le op.*, cit., I, pp. 1043-44.

fate, pensate che io non sono tale né sono stato se non per voi solo. Ma non poteva immaginarmi quello che era? non poteva pensare che voi foste in villa? poteva e l'ho pensato, ma questo pensiero non mi bastava. Perdonate all'amor mio se ho creduto che anche in villa, voi non vi sareste scordato di me e m'avreste scritto. E quanto alla prima cosa, son certo che non mi sono ingannato: quanto alla seconda, non mi lagno già di voi che non l'abbiate fatto: non mi posso lagnare altro che di questo amor mio, che le cose più ordinarie e naturali se le figura stranissime e miracolose. Ma se di voi non posso, di questo non mi voglio lagnare, e parimente non mi lagno del travaglio passato, poiché è stato per voi, e soprattutto poiché è stato vano. Or Dio sia benedetto poiché voi siete mio: e in verità quando ho ricevute le vostre lettere, ho sfidato tutte le sciagure del mondo a venirmi addosso e a scuotermi se potevano. Perché certo io vivo sempre con voi, e ne' miei pensieri mi trattengo con voi, e studio per piacere a voi, e già per questo miserabile sospetto, mi parea di non avere più motivo di studiare, e pensando al futuro non vedea come potessi vivere altrimenti che in uno stato simile a quello dell'anima divisa dal corpo il quale dicono i filosofi che sia violento. Ora dunque che io sono fuori di questo affanno vi prego per Dio a pensare che io non sono più io che voi, di maniera che non ci può essere disgrazia vostra che non sia altrettanto mia, e che se tanto ha potuto il sospetto solo, non si può dire quanto potrebbe la certezza. Però abbiate cura di chi vi ama più che se stesso, e se non volete che muoia, vivete, e se non volete che viva infelicissimo, vivete felice. Questo vi dico da senno, perché non vorrei ricadere nell'afflizione passata.

Non vi togliete la briga di aggiustare le differenze tra mio fratello e me, che non ne uscireste a buon termine. Sappiate che questo scellerato non vuol sentire il nome di differenze, né anche mi concede che tra noi veramente ci sieno; vedete quanto andiamo d'accordo. Le stesse controversie non vi si possono scrivere, perché sono infinite, e ne nasce tutto giorno come i funghi. Basterà che sappiate che le cagioni dalla parte di Carlo sono poco amore della patria, poco degli antichi, molto degli stranieri, moltissimo dei Francesi. Dalla parte mia ditelo voi.

Quanto al verso che mi soggiugnete, come non credo che vi sia uscito di mente quello che io vi diceva del nostro scambievole amor fraterno, così non reputo che sia niente da rispondere. [...]

Della scelta dello stato conveniamo così bene insieme che meglio non si potrebbe.[2] È un pezzo che mi sono risoluto di non risolvermi se non Dio sa quando. Dell'amor della gloria la mia massima è questa: ama la gloria: ma, primo, la sola vera: e però le lodi non meritate e molto più le finte, non solamente non le accettare ma le rigetta, non solamente non le amare ma le abbomina: secondo, abbi per fermo che in questa età facendo bene sarai lodato da pochissimi, e studiati sempre di piacere a questi pochissimi, lasciando che altri piaccia alla moltitudine e sia affogato dalle lodi: terzo, delle critiche delle maldicenze delle ingiurie dei disprezzi delle persecuzioni ingiuste fa quel conto che fai delle cose che non sono, delle giuste non ti affliggere più che dell'averle meritate: quarto, gli uomini più grandi e più famosi di te non che invidiarli, stimali e lodali a tuo potere, e inoltre amali sinceramente e gagliardamente. Con queste condizioni l'amor della gloria non mi sembra pericoloso. Κἀγὼ μὲν οὕτω πως ὑπείληφα.[3] Voi però quando avrete tempo ditemi il vostro parere, e contuttoché io sia giovane, pensate che per apprendere e seguire gli ammaestramenti vostri, mi sforzerò di parer maturo.

Poco prima di ricevere le vostre ultime, avea cominciato a leggere il Tasso, e il vostro consiglio intorno alle prose che vanno lette, m'è arrivato opportunissimo, perché già quelle sue scolasticherie e sofisticherie mi facevano dare indietro. Ve ne ringrazio e me ne servirò. Ora sono con Demostene con Cicerone col Segneri e col vostro Tasso. Bella e deliziosissima compagnia, ma ci mancate voi. *Erit ne quum te videbo?*[4] Senz'altro spero che sì: né lo spererei se stesse in me: ma poiché ora sta in voi solo, bisogna che mi contenti di sperarlo. Se mi amate, pensate a consolarmi. Mio padre e Carlo vi salutano. Addio addio. [...]

2 La scelta dello stato laicale.
3 «Anch'io in un certo modo la penso così». Cfr. Demostene, *Per la corona*, 269.
4 «Arriverà il momento che ti vedrò?»

XXI · A PIETRO GIORDANI, PIACENZA

Recanati 5 Dicembre [1817]

Mio carissimo. Alle due vostre dell'1 e 6 Novembre risposi con una lunga mia, e adesso rispondo all'altra vostra del 22. Del fratellone (non fratellino come voi lo chiamate, ch'egli è alto e fatticcione¹ da metter paura a me scriatello¹ e sottilissimo) v'ho parlato nell'ultima mia. Dei lavori miei presenti de' quali mi domandate, non vi posso dire altro se non che ora rimessomi alla peggio in un po' di trista salute, vo leggendo i miei Classici, Greci la mattina, Latini dopo pranzo, Italiani la sera; e così penso di durare un altro annetto, non iscrivendo fuori che qualche bagattella che ho in testa, e limandone due o tre altre già fatte, dopo il quale impratichitomi bene del greco e arricchitomi dell'oro dei Classici, fo conto di uscire in campo con una solenne traduzione² (tanto solenne quanto posso darla io) e poi lasciar fare alla inclinazione e alla fortuna. Ma questo è veramente un fare il conto senza l'oste, e bisognerebbe che mutassero natura due cose in me variabilissime, la salute e il volere. Il Luglio passato, la lettura de' trecentisti m'invogliò di scrivere un trattato³ del quale anni sono avea preparati e ordinati e abbandonati i materiali. Ne scrissi il principio e poi lo lasciai per miglior tempo. Se questa avesse potuto trovarvi prima che partiste per Milano, v'avrei pregato che vi faceste dare dallo Stella qualche copia del Secondo dell'*Eneide* da donare a qualcuno degli amici vostri, avvertendoli ch'ella è opera non limata dove l'autore ha corretti dopo la stampa e mutati infiniti

---

1 *Fatticcione*: grande e grosso; *scriatello*: smilzo e malaticcio.
2 Dell'*Odissea* o delle opere di Platone.
3 È il *Saggio sopra gli errori popolari degli antichi*.

64

luoghi, e in ispecie cancellata tutta quanta la stentatissima prefazione. Certo è che ora pochissimi sanno il nome mio, ma questi pochissimi non conoscono altro che quelle mie cosacce delle quali m'ho a vergognare; ed io quando s'abbia a conoscere qualche mia cosa, non mi curo che sia conosciuta altra che questa così imperfetta com'ella è. Ma questa appunto, perché tutto vada secondo il mio desiderio, posso dire con verità che l'averla fatta stampare non m'ha giovato ad altro che a donarne tre copie in tutto e per tutto, non contando io per niente quel mezzo centinaio che n'ho fatto seminare tra questa vilissima plebe Marchegiana e Romana. In somma ella è perfettissimamente ignota da coteste parti, dove pur vedo che si parla di cento altre traduzioni, che in coscienza non posso dire che sieno migliori. E questo viene che io non avendo nessunissimo commercio letterario con nessuno, non posso da me stesso spargere nessuna opera né mia né altrui né anche donandola. E lo Stella che, non potendo io donare per la ragione che ho detto, avea promesso di badare allo spaccio di quel libercolo come di cosa propria, lo lascia dormire a suo agio, com'è naturale e come ho veduto in una nota ch'ei m'ha mandata. E dorma in pace, ch'è meglio ch'io non v'abbia potuto dare questa briga.

Dell'Arici, avete fatto benissimo.⁴ Sappiate che io non ho un baiocco da spendere, ma mio padre mi provvede di tutto quello ch'io gli domando, e brama e vuole ch'io gli domandi quello che desidero. E io tra il non avere e il domandare, scelgo il non avere, eccetto se la necessità de' miei studi o la voglia troppo ardente di leggere qualche libro non mi fa forza. E dico, la voglia di qualche libro, perché niente altro che libri io gli ho domandato mai, fuor solamente un paio e mezzo di cavalli di posta, ch'egli non mi dà, perché s'è persuaso d'una cosa che non mi sono persuaso io, cioè che io abbia a fare il galantuomo in casa sua. Ma tornando ai libri, quando mi s'offre occasione spontanea di domandarne, come è questa che voi m'avete somministrata, io non ci ho nessuna ripugnanza; e però ogni volta che vi accaderà di spendere così il mio nome, voi farete piacere a me che avrò un bel libro di più da leggere, e nessunissimo di-

⁴ Giordani aveva indicato Leopardi come probabile sottoscrittore dell'edizione della *Pastorizia* di Cesare Arici (1782-1836), poeta idillico e didascalico.

spiacere a mio padre. Ben volentieri m'adoprerei per trovarvi associati, se potessi. E non voglio lasciar di dirvi che questi paesi in verità sono sterili e difficili, ma qualunque altro colla metà della mia premura ne potrebbe pur cavare assai più ch'io non potrei. Alla fine io sono un fanciullo e trattato da fanciullo, non dico in casa, dove mi trattano da bambino, ma fuori, chiunque ha qualche notizia della mia famiglia, ricevendo una mia lettera, e vedendo questo nuovo Giacomo, se pure non mi piglia per l'anima di mio Nonno morto 35 anni fa, che portò questo nome, s'appone ch'io sia uno de' fantocci di casa, e considera che rispondendo egli uomo fatto (fosse ancora un castaldo) a me ragazzo, mi fa un favore, e però con due righe mi spaccia, delle quali l'una contiene i saluti per mio padre. In Recanati poi io son tenuto quello che sono, un vero e pretto ragazzo, e i più ci aggiungono i titoli di saccentuzzo di filosofo d'eremita e che so io. Di maniera che s'io m'arrischio di confortare chicchessia a comperare un libro, o mi risponde con una risata, o mi si mette in sul serio e mi dice che non è più quel tempo, che venga avanti e vedrò io, che anch'egli dell'età mia avea questo genio di comprar libri il quale se n'è ito venendo il giudizio, che il medesimo succederà a me: e allora io ragazzo non posso alzar la voce e gridare: razza d'asini, se vi pensate ch'io m'abbia a venire simile a voi altri, v'ingannate a partito; che io non lascerò d'amare i libri se non quando mi lascerà il giudizio, il quale voi non avete avuto mai, non ch'egli vi sia venuto quando avete lasciato di amare i libri. Vedete dunque, oltre al ritratto della mia felicità presente, come io sono inettissimo a servir voi e le lettere in questo particolare e in altri tali.

Quanta stima io faccia dell'Arici potete leggerlo leggendo la bruttissima prosa ch'io misi innanzi alla *Titanomachia* d'Esiodo pubblicata mesi sono nello *Spettatore*.[5] Nondimeno vi dirò sinceramente che né quella sua Epistola malinconica tutta versi e imitazione del Pindemonte, che è nella *Biblioteca Italiana*, né il suo discorso sull'Epopea,[6] grettissimo e miserello quant'altro

5 Nel quaderno 77 del 1 giugno 1817.
6 Accenna all'epistola *Il viaggio malinconico*, in «Biblioteca Italiana», ottobre '17 e al *Discorso accademico sull'Epopeia e sulla distruzione di Gerusalemme*, ivi, agosto 1817. Arici progettava di comporre un poema in ottave, la *Gerusalemme distrutta*, di cui pubblicò nel 1819 i primi sei canti. Giordani li aveva letti manoscritti.

mai, né quel suo disegno di poema epico sopra un argomento cercato col fuscellino, che né per se stesso, umanamente parlando, importa molto, né suscita, secondo me, gran calore in chi legge la storia, non mi vanno punto pel sangue. Intorno ai vostri articoli sulla *Pastorizia*,[7] come pure a qualchedun altro degli stampati nella *Biblioteca Italiana*, avea segnate prima di amarvi quanto ora v'amo (che amato v'ho come prima ne' vostri scritti v'ho conosciuto) alcune coserelle che vi scriverò o vi dirò, *si tanti*,[8] quando saremo insieme. Vi lascio, o mio caro, abbracciandovi con tutta l'anima. Addio addio.

7 Nella «Biblioteca Italiana» del maggio, giugno, luglio 1816, Giordani aveva espresso un giudizio molto positivo sulla *Pastorizia*.
8 *Si tanti est*: se ne vale la pena.

Milano 17 Dicembre 1817

Che altri vi tratti tuttavia da ragazzo, non s'accorgendo quale e quanto uomo siate già; e che altrove non si faccia ancora gran romore de' vostri studi; pigliatelo ridendo. Non mancherà di venir tempo, e non tarderà molto che sarete conosciuto e predicato: né però sarete più felice che ora; se non quanto saprete da voi stesso godere di voi stesso. Oh crediatemi Giacomino, che il mondaccio è pure una trista vanità. E non vi parlo come bigotto; ma come uomo.

M'avete messo in gran voglia di sapere qual sarà la *solenne traduzione*, e qual sarà il *trattato* cominciato e poi *abbandonato*. Oh scrivetemelo. Dell'epistola malinconica e del discorso sul poema epico penso lo stessissimo che voi. *Pudet, pigetque*.[2] Ma del Poema[3] vidi *sei* canti manoscritti, e mi piacquero grandissimamente. Discordo da voi in una cosa sostanziale; nelle quale però vedo che con tutta la tenerezza di vostra età siete accortissimo politico: e va bene cogli uominacci: ma io che sono a rovescio del comune, non posso combinarmi colla comune prudenza: con me bisogna esser naturale. Voi dite che prima di amarmi come ora, notaste varie cose ne' miei articoli sulla *Pastorizia*, e in altri: come voleste dire che ora amandomi più o non vorreste cercare i miei errori, o non dirli. Ma, caro Giacomino, credete voi che dieci, o venti, o cento errori letterarii mi facciano essere meno galantuomo, o anche meno valente uomo di quello che sono in realtà? È vero che è di molti il voler qua-

---

1 Testo integrale in *Epistolario*, ed. Moroncini, I, pp. 147-48.
2 «Me ne vergogno e rammarico».
3 La *Gerusalemme distrutta*.

si parere infallibili: e però insegna la prudenza a non farsi accorto de' loro errori. Ma quello parmi errore goffissimo. Non è l'errare, cioè il pensar male, che disonori; ma il non aver forza di pensare. Io anzi coi soli amici che più amo tengo conto di quelle opinioni loro che non mi persuadono; e le dico loro, e cerco di trovare se più essi o io ci accostiamo al vero, o al verisimile. Però se ora più mi amate, più liberamente dovete dirmi dove sembravi che dalla somiglianza del vero le mie opinioni si discostino. Perché se anche mi diceste che alcun mio pensiero vi paresse privo d'ogni somiglianza al vero; non mi direste già per questo ch'io sia una bestia, o meno degno del vostro amore. Quante volte l'uomo discorda da se stesso! s'ama egli perciò meno, o meno si stima? Di qui prese una finissima parola Sant'Agostino nelle *Confessioni*, per esprimere le amorevolissime dispute cogli amici: *Dissentire interdum, velut ipse homo secum.*[4] Ditemi dunque, e via disputiamo amichevolissimamente. Oh io sono amicissimo di persone, che pur sinceramente mi credono un c.....e: figuratevi se può offendermi alcuno per non adottare un qualche mio pensieruzzo. Avete poi fatto bene a narrarmi così lepidamente lo stato vostro: onde eviterete che io vi dia brighe, come avrei sempre fatto, credendovi l'oracolo della Marca: ma anche il Messia quando era piccolino, non era molto ascoltato da' suoi patriotti.

Riveritemi il signor Padre, salutatemi il fratelloccio; curate molto la salute, vogliatemi bene, e scrivetemi: io sono impazientissimo di vedervi; e con desiderio inestinguibile vi abbraccio: addio.

---

4 «Dissentire interdum sine odio tamquam ipse homo secum» (dissentire talora senza risentimento, come fa l'uomo con se stesso). Cfr. S. Agostino, *Confessioni*, IV, cap. VIII.

Recanati li 29 Decembre 1817

Avendo risposto alla vostra dei 13,[1] non m'accade quanto al Senofonte altro che ripetere i ringraziamenti e di nuovo pregarvi che salutiate da mia parte il nostro caro Mai. Della traduzione di cui mi domandate, *nondum matura res est*,[2] io non dico dell'opera che né meno è cominciata, ma del pensiero, laonde non ve ne posso dir nulla, non essendo pure ben risoluto di quello che tradurrei. E in oltre mi pare d'essermi accorto che il tradurre così per esercizio vada veramente fatto innanzi al comporre, e o bisogni o giovi assai per divenire insigne scrittore, ma che per divenire insigne traduttore convenga prima aver composto ed essere bravo scrittore, e che in somma una traduzione perfetta sia opera più tosto da vecchio che da giovane. Sì che vedete che non sono manco ben certo se tradurrò. Il trattato cominciato e poi piantato era *degli errori popolari degli antichi*, intorno ai quali ho un tomo di materiali accozzati qualche anno fa: ma questo è poco o nulla, perché quasi mi dovrà essere più difficile lo scegliere che non fu l'accumulare. Del trattato proprio non ho scritto altro che poche carte.[3]

Seguita la difesa di Giacomo Leopardi accusato di politica ragazzesca verso un amico. Io non so veramente come domine vi sia potuto cascare in testa di mettervi in parata per una frase innocentissima ch'io aveva usata né più né meno per significare il tempo in cui avea segnate quelle cosucce ne' vostri artico-

1 Con una lettera del 22 dicembre, qui non riprodotta.
2 Parafrasi della favola di Fedro sulla volpe e l'uva: «la cosa non è ancora matura».
3 Leopardi aveva cominciato il rifacimento del *Saggio sopra gli errori popolari degli antichi*, ma già nel luglio lo aveva interrotto.

li. Mettetevi un poco ne' miei panni e siate contento di dirmi come avreste scritto voi per esprimere questo tempo. *Quando io non vi conosceva*, no, perché di persona né anche adesso vi conosco, di fama e di scritti anche allora vi conosceva. *Quando io non v'amava*, né pure, perché sarebbe stata una bugia, avendovi amato così tosto come vi conobbi. Come dunque? *Quando voi non mi amavate, o prima ch'io vi scrivessi, o prima di ricevere la vostra prima lettera?* Sarebbero state frasi, più goffe ch'io non so dire. Dunque scrissi: *quando io v'amava meno che ora non fo*: e vi prometto che appunto questo discorso che v'ho raccontato fece l'intelletto mio nello scegliere questa frase. Ma quando mi fosse dispiaciuto, come voi credete, d'aver notati quei vostri (che voi chiamate) errori, vorrei pur sapere che cosa mi forzava di confessarvi questo peccato, e per soprappiù di promettervi che quelle osservazioncelle ve le avrei o scritte o dette a voce. Ora giacché mi predicate tanto la schiettezza e la libertà cogli amici, sappiate ch'io riprendo in quel paragrafo della vostra lettera molte cose. Primieramente quello stesso vizio di cui m'accusate voi, dico la troppa prudenza cogli amici. Voi mi chiamate *accortissimo politico* per un detto che a intenderlo come l'intendevate voi, era una bambinaggine per non dir peggio. In verità che questo sarebbe un bel complimento da farsi a un amico: Sappiate, mio caro, che quando io non v'amava, tenea conto de' vostri errori, ma al presente, tolga Iddio! In secondo luogo riprendo che vi mettiate di proposito a provarmi certe cose, delle quali se non credete ch'io sia persuaso quant'uomo del mondo, fate male ad amarmi. Poi, che abbiate così facilmente creduto il vostro amico o sciocco o vano o scortese, e pigliato ombra per così poco. In oltre che vi chiamiate amicissimo di gente che vi reputa tutt'altro da quello che siete, di maniera che è o balorda o maligna, e non è possibile che voi la stimiate: ora io non posso né credo che un par vostro possa amare persona che altresì non istimi; e però stimando pochissimi, amo tanto pochi che a volerli contare colle dita, una mano sarebbe d'avanzo. Del resto è più che vero quello che voi dite del disputare cogli amici. Anzi io credo che cogli amici soli, o con quelli che facilmente ci potrebbero essere amici, sia ragionevole e utile il disputare. Dice santamente il mio caro Alfieri nella sua *Vita*, ch'egli non disputava mai con nessuno con cui non fosse d'accordo nelle massime. E questa credo che sia la pratica dei veri savi: onde io studiandomi di diventar savio, e in Recanati non andando d'accordo nelle massime con nessuno, non disputo mai, ed ostinatissimamente mi lascio spiattellare in faccia spropositi da stomacare i cani, senza mai aprir bocca; del che tutti, com'è naturale, mi riprendono, e dicono che bisogna dire il proprio parere, e altre cose belle; ma predicano ai porri.

Le mie noterelle sui vostri articoli ve le scriverò una volta che la carta sia men piena. Ma sono bazzecole, quando sopra una paroluzza, quando sopra un verso, e andate discorrendo; sì che non v'aspettate il parto della montagna. Se non temessi che vi dovesse parere una curiosità fanciullesca, vi domanderei quali sieno i libri che state leggendo, e che hanno forza di ritenervi a Milano; e il saper questo mi servirebbe anche di regola per le mie letture. Addio, Carissimo. State lieto voi, e amatemi e scrivetemi per far lieto me. Scriverò, finito il mese, al Sartori.[4] Addio, addio.

4 Libraio di Ancona attraverso il quale doveva ricevere i libri inviatigli.

1818

XXIV · A PIETRO GIORDANI, MILANO[1]

Recanati 16 Gennaio 1818

[...] È un pezzo, o mio caro, ch'io mi reputo immeritevole di commettere azioni basse, ma in questi ultimi giorni ho cominciato a riputarmi più che mai tale, avendo provato cotal vicenda d'animo,[2] per cui m'è parso d'accorgermi ch'io sia qual cosa meglio che non credeva, e ogni ora mi par mille, o carissimo, ch'io v'abbracci strettissimamente, e versi nel vostro cuore il mio cuore, del quale oramai ardisco pur dire che poche cose son degne. [...] Oramai comincio, o mio caro, anch'io a disprezzare la gloria, comincio a intendere insieme con voi che cosa sia contentarsi di se medesimo e mettersi colla mente più in su della fama e della gloria e degli uomini e di tutto il mondo. Ha sentito qualche cosa questo mio cuore, per la quale mi par pure ch'egli sia nobile, e mi parete pure una vil cosa voi altri uomini, ai quali se per aver gloria bisogna che m'abbassi a domandarla, non la voglio; ché posso ben io farmi glorioso presso me stesso, avendo ogni cosa in me, e più assai che voi non mi potete in nessunissimo modo dare. [...]

1 Testo integrale in *Tutte le op.*, cit., I, pp. 1048-50.
2 La breve passione d'amore per la cugina Geltrude Cassi. Cfr. *Diario del primo amore* in *Tutte le op.*, cit., I, pp. 353-59.

Recanati 13 Febbraio 1818

Perché avete tralasciato di scrivermi, o carissimo? V'ha forse dispiaciuto qualche cosa nell'ultima mia? Se così è, già sapete di certo ch'ella dispiace molto meno a voi che a me; ma io non so che cosa possa essere stata: questo so, che né voi senza ragione adirarvi, né io se non contro il volere e l'opinione mia v'ho potuto offendere. Ma non perdonerete voi un primo fallo o anche un terzo e un quarto ad un amico? e ad un amico come son io? e un fallo poi senza dubbio involontario, poiché né pure congetturando posso conoscere né come né se io abbia fallato. Ma se anche volete punirmi, punitemi altrimenti che col silenzio, e non vogliate usare con me l'estremo del rigore. M'abbandonerete anche voi così solo e abbandonato come sono? e quando ho bisogno di conforto per sostenere questa infelice vita, voi seguitando a tacere, seguiterete a sconfortarmi infinitamente come fate? O vi sono improvvisamente uscito della memoria, ed è possibile che vi siate scordato affatto di uno, il quale sapete che se morendo potrà ricordarsi, morendo si ricorderà di voi? O c'è forse qualche altra ragione del vostro silenzio? Per amor di Dio, scrivetemelo e subito: e qualunque cosa e comunque sia, scrivetemi, e fatelo come vi piace, che purché mi scriviate, sarò contento.

XXVI · DI PIETRO GIORDANI[1]

Milano 21 Febbraio [1818]

Per pietà non mi scrivete più mai lettere come quest'ultima dei 13, alla quale subito rispondo. Non potete immaginare quanto di confusione e dolore provo per avere (involontariamente) rattristato un angelo come voi, che io adoro. Ma inchiodatevi bene bene in testa, che è affatto impossibile che io mi dimentichi di voi; se non muoio, o non divento matto, o in qualunque altro modo non mi dimentico prima di me stesso. [...] Credevo di vedervi in maggio: ma bisogna soddisfare a mio fratello; che non vuole aspettare; e bisogna andar prima a Venezia. Ad ogni modo ci vedremo in quest'anno; e sarò prima da voi che in Roma, e per questa sola cagione passerò per la via di Loreto, e non per la più breve di Toscana. [...] Caro Giacomino, vi raccomando la salute, e l'allegria. Se alla salute è indispensabile assolutamente l'uscire un poco di costì, m'inginocchierò a vostro padre; e forse si troverà modo a conseguirne questa grazia. Intanto non vi abbandonate così alla tristezza. Eh, se vi toccasse di patire quel che ho patito io, e tanti altri; che fareste allora? Sappiate godere tanti vantaggi che avete. Amatemi, e non dubitate mai di me; che v'assicuro, mi fareste grande ingiuria. Non crediate che io sia egoista, come i più. Benché lontano, benché non prima veduto, vi amo tenerissimamente; e vi amerò costantissimamente. Così potesse rallegrarvi e giovarvi il mio amore. Addio. Addio.

---

1 Testo integrale in *Epistolario*, ed. Moroncini, I, pp. 159-160.

Recanati 2 Marzo 1818

[...] Della salute *sic habeto*.[2] Io per lunghissimo tempo ho creduto fermamente di dover morire alla più lunga fra due o tre anni. Ma di qua ad otto mesi addietro, cioè presso a poco da quel giorno ch'io misi piede nel mio ventesimo anno ἵνα τι καὶ δαιμόνιον ἔνθω τῷ πράγματι,[3] ho potuto accorgermi e persuadermi, non lusingandomi, o caro, né ingannandomi, che il lusingarmi e l'ingannarmi pur troppo m'è impossibile, che in me veramente non è cagione necessaria di morir presto, e purché m'abbia infinita cura, potrò vivere, bensì strascinando la vita coi denti, e servendomi di me stesso appena per la metà di quello che facciano gli altri uomini, e sempre in pericolo che ogni piccolo accidente e ogni minimo sproposito mi pregiudichi o mi uccida: perché in somma io mi sono rovinato con sette anni di studio matto e disperatissimo in quel tempo che mi s'andava formando e mi si doveva assodare la complessione. E mi sono rovinato infelicemente e senza rimedio per tutta la vita, e rendutomi l'aspetto miserabile, e dispregevolissima tutta quella gran parte dell'uomo, che è la sola a cui guardino i più; e coi più bisogna conversare in questo mondo: e non solamente i più, ma chicchessia è costretto a desiderare che la virtù non sia senza qualche ornamento esteriore, e trovandonela nuda affatto, s'attrista, e per forza di natura che nessuna sapienza può vincere, quasi non ha coraggio d'amare quel virtuoso in cui

---

1 Testo integrale in *Tutte le op.*, cit., I, pp. 1050-51.
2 «Vada sempre così».
3 «Per introdurre nella cosa un che di sovrumano» (con allusione al *daimonion* socratico) (nota Solmi).

niente è bello fuorché l'anima. Questa ed altre misere circostanze ha posto la fortuna intorno alla mia vita, dandomi una cotale apertura d'intelletto perch'io le vedessi chiaramente, e m'accorgessi di quello che sono, e di cuore perch'egli conoscesse che a lui non si conviene l'allegria, e quasi vestendosi a lutto, si togliesse la malinconia per compagna eterna e inseparabile. Io so dunque e vedo che la mia vita non può essere altro che infelice: tuttavia non mi spavento, e così potesse ella esser utile a qualche cosa, come io proccurerò di sostenerla senza viltà. Ho passato anni così acerbi, che peggio non par che mi possa sopravvenire: contuttociò non dispero di soffrire anche di più: non ho ancora veduto il mondo, e come prima lo vedrò, e sperimenterò gli uomini, certo mi dovrò rannicchiare amaramente in me stesso, non già per le disgrazie che potranno accadere a me, per le quali mi pare d'essere armato di una pertinace e gagliarda noncuranza, né anche per quelle infinite cose che mi offenderanno l'amor proprio, perché io sono risolutissimo e quasi certo che non m'inchinerò mai a persona del mondo, e che la mia vita sarà un continuo disprezzo di disprezzi e derisione di derisioni; ma per quelle cose che mi offenderanno il cuore: e massimamente soffrirò quando con tutte quelle mie circostanze che ho dette, mi succederà, come necessarissimamente mi deve succedere, e già in parte m'è succeduta una cosa più fiera di tutte, della quale adesso non vi parlo.[4] Quanto alla necessità d'uscire di qua; con quel medesimo studio che m'ha voluto uccidere, con quello tenermi chiuso a solo a solo, vedete come sia prudenza, e lasciarmi alla malinconia, e lasciarmi a me stesso che sono il mio spietatissimo carnefice. Ma sopporterò, poiché sono nato per sopportare, e sopporterò, poiché ho perduto il vigore particolare del corpo, di perdere anche il comune della gioventù: e mi consolerò con voi e col pensiero d'aver trovato un vero amico a questo mondo, cosa che ho prima conseguita che sperata. L'ultima vostra ha in data quello stesso giorno ch'io l'anno addietro vi scrissi la prima mia. È finito dunque un anno della nostra amicizia, che se noi non mutiamo natura affatto, non potrà essere sciolta fuorché da quello che

4 Altra allusione all'amore per la cugina Geltrude Cassi.

tutto scioglie. Conservatemi la mia consolazione in voi, e pensate che non essendo voi più vostro che mio, non v'è lecito, se m'amate, d'avervi poca cura. Starò aspettando la vostra visita, la quale giacché non può più essere in Maggio, pazienza: ma spero che mi compenserete il ritardo con una maggior durata. E visto che v'avrò, potrò dire che non tutti quei desiderii più focosi ch'io ho sentiti in mia vita, sono stati vani. Addio.

XXVIII · A PIETRO GIORDANI, BOLOGNA[1]

Recanati 14 Agosto 1818

[...] Io v'aspetto impazientissimamente, mangiato dalla malinconia, zeppo di desiderii, attediato, arrabbiato, bevendomi questi giorni o amari o scipitissimi, senza un filo di dolce né d'altro sapore che possa andare a sangue a nessuno. Certo ch'avendo aspettato tanto tempo la vostra visita, adesso ch'è vicina, ogni giorno mi pare un secolo, né sapendo come riempierli (e quando anche per l'ordinario sapessi, ogni cosa mi dee parer vana rispetto alla conversazione vostra) sudo il core a sgozzarli. Direte: e lo studio? In questi giorni io sono come chi ha l'ossa peste dalla fatica o dal bastone: tanto ho l'animo fiacco e rotto, che non son buono a checchessia. Godo che Bologna vi piaccia ancora tanto da non sapere come ve ne staccherete. Fate conto che sia Recanati. Allora *Il pigliarvene subito un puleggio, Un zucchero parravvi di tre cotte.*[2] Ma quando sarete a Recanati, fate conto che sia Bologna. Intanto amatemi, e, come vi ho detto, se potete senza fastidio, prima di arrivare scrivetemi. Addio. Addio.

1 Testo integrale in *Tutte le op.*, cit., I, p. 1055.
2 «L'andarvene via subito vi sembrerà una fortuna grandissima»: verso tratto da *Il Malmantile racquistato* (I, 80), di Lorenzo Lippi (1606-1665). «Pigliar il puleggio» significa partire.

XXIX · A PIETRO GIORDANI, BOLOGNA[1]

Recanati 31 Agosto 1818

Vi perdono, o Carissimo, che non avendomi ancora veduto, né perciò conosciuto bene, abbiate dubitato ch'io non fossi stanco d'amarvi: giacché sono certissimo che veduto e conosciuto che m'avrete, quando anche v'occorresse di passare un anno intiero senza mie lettere, quando anche, pregando scongiurando minacciando, non arrivaste a vedere una parola di risposta, prima crederete tutte le cose impossibili, di quello che sia cambiata punto la mia volontà verso voi. Nei mali o vostri o di un'amica vostra io non compatisco ma patisco, sì che per quanto arda e spasimi di vedervi, per quanto, come vi diceva in una delle perdute, sia fatto impazientissimo, e i giorni mi paiano secoli, e proprio non sappia come ingoiarli, contuttociò non vi posso pregare che v'affrettiate di consolarmi. Basterà che quando potrete, vi ricordiate dell'amor mio, ed ascoltiate l'amor vostro. Fra tanto v'aspetterò io, e con me un opuscolo molto sudato,[2] che sebbene, dovendo uscire alla luce, non vorrebbe aspettar tanto, e anche mi preme a bastanza, a ogni modo non lo voglio né pur toccare se prima non ne ho sentito il giudizio vostro e consultato con voi se si debba pubblicare o no. State lieto e vogliatemi bene; che non c'è persona al mondo che lo meriti quanto io; né ci sarà, perché, mio Carissimo,

1 A metà agosto Giordani, non avendo ricevuto le ultime lettere di Leopardi poiché erano andate perdute, insospettito di non essere più tanto desiderato, aveva minacciato di non recarsi più a Recanati. Ma una lettera di Leopardi del 21 agosto, finalmente giunta a destinazione, gli aveva confermato tutta l'ansia dell'attesa. A questa aveva risposto chiedendo perdono e assicurando il suo imminente arrivo.
2 Forse si tratta della *Lettera di G.L. al Ch. P. Giordani sopra il Frontone del Mai*, rimasta incompiuta e pubblicata postuma.

quale io sono presentemente, tale sarò fino alla morte, e se dopo la morte dura l'amore verso i nostri, sarò tale in eterno. E chiamo voi medesimo in testimonio che un'altra persona che v'amasse ardentemente e immutabilmente come fo io, non l'avete ancora trovata né sperate di trovarla: ed io come bramerei che ci fosse, non altrimenti, considerando me stesso, mi persuado affatto affatto che non si trova. Più lungamente spero, secondoché voi mi dite, che discorreremo fra pochi giorni. Per ora vi lascio e v'abbraccio. Addio. Addio.

XXX · A PIETRO GIORDANI, PIACENZA[1]

Recanati 19 Ottobre 1818

[...] Con questa riceverete un mio libricciuolo manoscritto.[2] Vorrei che lo faceste stampare costì o dove meglio crederete, ma in -12° o altro sesto piccolo, perché la spesa dovendosi fare dal mio privato erario, bisogna che sia molto sottile, a volernela spremere: e vedrete che o grande o piccolo che sia il sesto, il numero delle pagine non può essere altro che uno. Vedrete similmente ch'io dedico il libricciuolo al Monti. Vorrei che gli scriveste perché me ne desse licenza. Io gli scriverò nel mandargli copia del libercoletto stampato che sarà. La carta vorrei che fosse mezzana. Giudicherete voi se sia bene fare stampare qualche copia in carta velina o simile. Perdonatemi di questo fastidio che vi do. Volea dire: datemene anche voi; ma non potete, perché sarebbe per me non un fastidio ma un diletto grandissimo il servirvi in qualche cosa. Eccetto ch'io non son buono a nulla, come avete veduto qualche volta per esperienza. Io sono più che invogliatissimo dei libri che mi avete segnati. Ma quanto a me credo che Belisario[3] fosse più ricco (se però è vero quello che si racconta di lui, che non voglio che mi diate dell'ignorante) e circa a mio padre, io mi son fatto durissimo al domandare, e non mi ci so più risolvere a nessun patto.

Le cose nostre vanno di male in peggio, e avendo provato di mandare a effetto quel disegno che avevamo formato insieme

---

1 Testo integrale in *Tutte le op.*, cit., I, p. 1057.
2 Le due canzoni *All'Italia* e *Sopra il monumento di Dante*. Lettera e manoscritto andarono smarriti.
3 Secondo una leggenda il generale bizantino Belisario, caduto in disgrazia presso l'imperatore Giustiniano, si era ridotto alla mendicità.

del modo di andare a Roma, e proposto un espediente così facile che a volerci fingere una difficoltà non parea che fosse possibile, da quelli che avevamo pregato di parlarne a nostro padre, e che doveano avere più premura di giovarci, ed erano quegli stessi che voi ci consigliavate, ci siamo visti abbandonati scherniti, trattati da ignoranti da pazzarelli da scellerati, e da nostro padre derisi tranquillamente come fanciulli,[4] in maniera che persuasi finalmente che bisogna farla da disperati e confidare in noi soli solissimi al mondo, siamo oramai risoluti di vedere che cosa potremo. Vogliateci bene, o carissimo, e concedeteci quello che non costa punto, e tuttavia non l'abbiamo né qui né altrove, se non da voi, da anima nata; io dico la compassione. Vi abbracciamo con tutto il cuore. Addio.

4 Il «disegno» era quello di allontanarsi da casa per qualche tempo con l'aiuto dello zio Antici, ma Monaldo dopo aver tergiversato negò il permesso. A questo punto Leopardi sta già pensando alla fuga da casa.

Recanati 27 Novembre 1818

In somma è un pezzo che mi sono avveduto ch'io sono disgraziatissimo in tutto e per tutto, e non c'è cosa che mi prema e non mi vada a rovescio. Ecco che mentre la mia mala fortuna vuole che noi stiamo così lontani, di maniera che non possiamo alimentare l'amicizia nostra fuorché con lettere, l'arcimaledettissima negligenza delle poste mi leva quest'unico modo, e io mi dispero proprio, che oltre che mi tocca di vivere in questo carcere, mi veda oramai chiudere quella sola finestra che mi potea dare alquanto d'aria e di luce, e così mi convenga finalmente passarmela in un buio perfettissimo. Vi scrissi il 19 del passato una lettera che mi premeva, perch'era accompagnata da un certo manoscritto e questa so di certo ch'è perduta. Un'altra ve ne scrissi il 9 del corrente e questa non so se sia perduta, so bene che sei giorni dopo, cioè il 15 quando mi scrivevate l'ultima vostra non v'era arrivata. Manco male che le poste rispettano tutte le vostre, sicché poco mi dorrebbe che le mie se n'andassero al diavolo, se questo non vi desse materia di sospettare, e di rimproverarmi che da poi che v'ho conosciuto di persona, mi son fatto più scarso nello scrivervi. [...] Il manoscritto ch'io vi mandava era dedicato al Monti, e vi pregava di farlo stampare costì, e scrivere al Monti perché mi concedesse d'intitolarglielo, aggiungendo ch'io gli avrei scritto, stampato che fosse, nel mandargliene copia. Il manoscritto s'è perduto insieme colla lettera. *Sic te servavit Apollo,*[2] ma solamente quanto al farlo

1 Testo integrale in *Tutte le op.*, cit., I, pp. 1058-59.
2 «Così Apollo ti ha salvato». Orazio, *Sat.*, I, 9, 78. Allusione ironica alla satira di Orazio in cui il poeta ringrazia Apollo di averlo liberato da un seccatore.

stampare, giacché vi prego di nuovo che scriviate al Monti, avendo fatto ricopiare il libricciuolo e mandatolo a Roma, dove non lo farò pubblicare, se prima non saprò che m'abbiate impetrata la licenza che ho detto. [...] Mi domandate che leggerò questo inverno: *scilicet*,[3] libri antichi, perché i moderni qua non arrivano, e io presentemente leggendo sempre, sto in una totale ignoranza delle cose del mondo letterario. Ma nei Classici greci latini italiani m'immergerò fino alla gola. Se questa non fosse già troppo lunga vi direi di certi disegni che ho concepiti. Ora vi dirò solamente che quanto più leggo i latini e i greci, tanto più mi s'impiccoliscono i nostri anche degli ottimi secoli, e vedo che non solamente la nostra eloquenza ma la nostra filosofia, e in tutto e per tutto tanto il di fuori quanto il di dentro della nostra prosa, bisogna crearlo. Gran campo, dov'entreremo se non con molta forza, certamente con coraggio e amor di patria.

Vogliatemi bene, e non m'uscite più con quelle lagnanze, che dopo che mi avete conosciuto, non sono mica più così facile a perdonarvele. Carlo vi abbraccia, e tutti due vi salutiamo di cuore, e desideriamo che seguitiate a star bene. Addio, addio.

Mia sorella mi si raccomanda ch'io vi saluti in nome suo. Già lo feci in quella che s'è smarrita. Ora saputo il caso, ha voluto ch'io ci rimedi con quest'altra.

3 *scilicet*: naturalmente.

XXXII · A PIETRO GIORDANI, PIACENZA[1]

Recanati 14 Dicembre 1818

Mio carissimo. Ho ricevuto la vostra dei 19 del passato, scritta e spedita la mia dei 27, dalla quale avrete veduto che cosa sia quel Ms. di cui mi domandavate.[2] Ora avendolo mandato a Roma a stampare a mie proprie spese, e però dovendone essere tutte le copie in poter mio, né volendone fare distribuire a Roma altro che pochissime, avrei caro di sapere da voi come si possano mettere in giro principalmente in Lombardia, nelle mani de' librai e cose tali, non già per rifarmi punto della spesa, ma semplicemente per ottenere il fine della stampa, cioè farle andare *per manus hominum.* Io sono ignorantissimo di queste cose, non ho commercio letterario con nessuno, e con tutte queste copie in poter mio, non volendone un mezzo soldo, non so che diavolo me ne fare. Vorrei che me ne diceste due parole, ch'io farò che aspettino a Roma tanto che voi mi abbiate risposto così circa questo particolare, come circa quello ch'io vi scrissi del Monti nell'ultima mia. E perch'io vorrei servirmi di questa occasione per entrare nella conoscenza di qualcuno de' più bravi italiani vostri amici, vorrei che mi diceste dove si trovino presentemente il Rosmini, il Mustoxidi e lo Strocchi,[3] dei quali non so di certo. [...]

Nell'ultima vostra vi vedo molto malinconico, e potete cre-

1 Testo integrale in *Tutte le op.*, cit., I, pp. 1060-61.
2 Il manoscritto delle due canzoni è sempre indicato genericamente per non attirare l'attenzione della censura.
3 Andrea Mustoxidi (1785-1860), erudito e filologo a cui Leopardi aveva dedicato il manoscritto del *Saggio sopra gli errori popolari degli antichi*; Dionigi Strocchi (1762-1850), traduttore di Callimaco e di Virgilio.

dere che non so come consolarvi, se non pregandovi a concedere qualche cosa alle illusioni che vengono sostanzialmente dalla natura benefattrice universale, dove la ragione è la carnefice del genere umano, è una fiaccola che deve illuminare ma non incendiare, come pur troppo fa.[4] Vorrei bene che vi potesse confortare l'amor nostro, che se voi doveste esser lieto a proporzione che questo è grande, non so se persona del mondo sarebbe più lieta di voi. Quanto a noi due miserabili, quel tenuissimo raggio s'è dileguato,[5] e non ci resta niente a sperare da anima viva fuorché da noi stessi. Amateci, o caro, ché noi saremo sempre vostri in qualunque condizione. Addio, addio.

4 Cfr. *Zibaldone*, pp. 213-16.
5 Allude al fallimento del progettato trasferimento a Roma.

1819

XXXIII · DI PIETRO GIORDANI[1]

Piacenza 5 Gennaio 1819

[...] Mi duole assai, e vedo bisognarvi tutta la vostra costanza, per la mala riuscita di quelle speranze che si avevano di Roma.[2] E nondimeno conviene perseverare; perché parmi che né altrove possiate sperare di andare, se non a Roma, e il non uscire un poco da Recanati, sarebbe non vivere. Non credo che Mai s'induca di accettar mai l'offerta Romana.[3] Senza adulazione vi dico, che voi Giacomino non siete punto inferiore a qualunque più alto luogo possa darsi all'ingegno e al sapere; ma confesso che la obiezione degli anni è impossibile a vincere: e chi vorrà credere che di 20 anni uno sappia quanto i dottissimi di 40? Dunque non si può pensare alla Vaticana. Circa al *minutare in segreteria* mi fanno ridere le due prime *impotenze* obiettate; la *fisica* e la *morale*. Diamine; non dovete spaccar legne, che ci vogliano le forze di un facchino; quanto alla *morale*, figuratevi se rispondo. Ma può esser vera l'*impotenza economica*. Ma quando la casa non abbia che darvi, e fintantoché l'impiego non diventi lucroso, non potreste mantenervi in Roma con un qualche *benefizio semplice*, con una qualche pensione (delle quali l'attual governo papale è così prodigo)? Il cardinal Mattei[4] che può tanto per far del male, non potrà per far un bene, che infine gli sarebbe gloriosissimo? Circa la facilità mirabile di aver pensioni gratuite dal Governo Romano (ma in Roma) ne so esempi curiosissimi. E poi non si è finalmente attivato (dopo

---

1 Testo integrale in *Epistolario*, ed. Moroncini, I, pp. 208-209.
2 Le speranze di trovare un impiego alla Biblioteca Vaticana.
3 L'incarico di direttore della Biblioteca Vaticana; Mai invece non tardò ad accettarlo.
4 Alessandro Mattei (1774-1820), vescovo di Ostia e Velletri, zio della moglie di Carlo Antici.

tanti indugi, e dopo quasi una disperazione), il *Giornale scientifico e letterario*? Questo mi parrebbe ottima occasione. Monsignor Mauri che tanto lo protegge potrebbe ottenervi una pensione, perché poteste lavorare in Roma nel giornale. Se credete che io debba scriverne a Perticari e a Borghesi[5] (che molto vagliono presso il Mauri) lo farò fervidissimamente; ma non devo farlo senza vostro consenso.

Quanto all'affare di Carlino,[6] non vedo che potergli opporre: troppo vere e forti mi paiono le sue ragioni. Mettersi al collo, di 20 anni, un laccio eterno, indissolubile, non è da savio certamente; peggio poi un laccio non voluto, abborrito. Ma Carlino, non potrebbe ottenere di andare a Roma a studiar leggi? che pur sarebbe un partito da non dover dispiacere ai genitori? Oh non potete credere quanto mi affliggono e macerano le pene di due giovani così buoni e rari! Ma poiché avete un eccellente ingegno, fatevi coraggio a tolerare: a buon conto niuna contraddizione di fortuna può farvi diventare idioti. Se la cosa fosse possibile dalla parte della famiglia, io crederei poter ottenere a Carlino (se lo volesse) impiego militare a Torino, paese e corte seria, e divota, da non dover dispiacere ai vostri; e nondimeno via assai buona per conoscere un po' il mondo, e promuoversi a qualche fortuna.

Poiché siamo sul parlarci intimamente, ditemi: vogliono maritar la sorella?[7] certamente non ripugneranno a maritarla anche lontano: poiché in paese, o d'appresso non ci è molta speranza. Sarebbero rigorosi in punto di nobiltà molto, o poco? che dote darebbero? Io dico questo, senza alcun fine certo al presente: ma per esser apparecchiato, se mai qualche occasione nascesse, che io potessi pur di qualche cosa servirvi. [...]

P.S. Mi viene in mente di scrivere a Mai, ch'egli scriva a Roma per voi Giacomino; parendomi certo che l'autorità di tanto uomo se anco non potesse ottenervi nulla per ora, debba certamente mettervi colà in gran pregio; il che potrebbe pur qualche volta giovare.

5 Per Giulio Perticari cfr. *Nota sui corrispondenti*, p. 563. Bartolomeo Borghesi (1781-1860), famoso latinista.
6 Il fratello Carlo per il quale i famigliari già progettavano un ricco matrimonio.
7 Paolina.

Recanati 18 Gennaio 1819

Mio carissimo. Potete immaginare quanto m'abbia consolato dopo il vostro lungo silenzio la vostra dei 5. Del Ms. vi mando una copia stampata in Roma,[1] ed è quella che mi son fatta venire per la posta così slegata come vedete, perché le altre legate le aspetto di giorno in giorno ma per anche non sono arrivate. E arrivate che saranno io le consegnerò immediatamente in anima e in corpo al pizzicagnolo, non volendo che nessuno veda quest'obbrobrio di stampa nella quale io medesimo leggendo i miei poveri versi, me ne vergogno, che mi paiono, così vestiti di stracci, anche peggio che non sono. E aggiungete che in questa carta non hanno stampato se non 24 copie, chiamandola carta velina reale, il rimanente è in carta ordinaria, la quale io aspetto di vedere come possa essere più scellerata. E la spesa è stata maggiore a più doppi di quello ch'io mi pensava e che m'aveano detto, in maniera ch'essendosi fatta delle mie proprie facoltà, che sono così laute come sapete, m'ha spiantato affatto, lasciandomi questi versi inediti, giacch'io voglio assai prima non esser letto ch'esser letto in questa sucida forma da fare scomparire qualunque composizione angelica non che mia. E voi potrete far conto che questa copia ch'io vi mando sia manoscritta, e quando abbiate significato qualche cosa al Monti, scusarmi con lui se non do effetto al mio disegno,[2] poiché, se voi non giudicate altrimenti, sono deliberato di

---

1 È l'edizione Bourlié del 1818 delle due canzoni *All'Italia* e *Sopra il monumento di Dante*.
2 Di dedicargli le due canzoni.

non dovermi vergognare d'aver dato a leggere il suo nome così bruttamente scritto.

Dei miei disegni intorno alla prosa italiana vi scriverò forse altra volta se avrete pazienza di leggermi. Delle profferte che mi fate di scrivere in mia raccomandazione al Mai, e parimente di scrivere al Borghesi e al Perticari perché mi raccomandino al Mauri, non vi ringrazio per non mostrare o d'essermi aspettato meno dall'amor vostro, o di credere ch'io possa con qualsivoglia ringraziamento compensare il benefizio. Mi chiedete il mio consenso, il quale è intero, e noi dal canto nostro proccureremo di valerci de' vostri uffici, e di secondarli colle pratiche che saranno convenienti. Non potete credere quanto io sia sconosciuto in Roma; e non dico di non meritarlo, dico bene che infiniti altri che lo meritano quanto me, sono senza paragone più noti e stimati e lodati e riveriti che non son io, la qual cosa non mi muove punto né mi dee muovere per se stessa, ma mi pregiudica in questo ch'io non avendo nessuna fama, non ne posso cavare quelle utilità reali che ne cavano coloro che n'hanno, comunque se l'abbiano. Sicché non è dubbio che i vostri uffici non mi possano giovare assaissimo.

Dite voi, non ci sarebbe il Card. Mattei? non si potrebbe? non sarebbe facile? Se ci fosse volontà sincera ed efficace in uno solo di quelli che ci hanno in potere,[3] certo che non sarebbe impossibile a noi quello ch'è facile a venti altri di questa medesima città, e a mille di questa provincia, che con sostanze e onestà di nascita e conoscenze molto ma molto inferiori alle nostre, si mantengono o mantengono i loro figli in Roma. In somma solamente che avesse voluto chi dovrebbe volere, e non volendo dice agli altri ed anche a se stesso di non potere, è cosa palpabile che da gran tempo avremmo ottenuto il nostro desiderio. Ma non vogliono né vorranno mai se non quanto noi gli sforzeremo, sono contenti di vederci in questo stato, in questo vorrebbero di tutto cuore che morissimo, si pentono d'averci lasciato studiare, dicono formalmente in presenza nostra che hanno conosciuto i danni del sapere, al nostro fratello minore[4]

3 I genitori.
4 Luigi Leopardi (1804-1828), quartogenito di Monaldo, che in realtà era poco incline agli studi.

danno appostatamente e palesemente educazione e genio e strumenti da falegname, e i nostri desideri paiono stravaganze, e voglie pazze e intollerabili, a chi? non parlo degli altri che sono vissuti e vivono essi come vorrebbero che vivessimo noi, dico a quel nostro zio' che di dodici anni andò paggio alla corte di Baviera, tornato di diciotto visse per lo più in Roma finattanto che deputato dalla provincia a Napoleone e proposto per senatore, fatto cavaliere poi barone poi ciamberlano, andò due volte a Parigi e alla corte, ora ha stabilito il suo domicilio in Roma, trasferitaci tutta la sua famiglia, e persuasi a trasferircisi tutti i suoi fratelli e tutta la famiglia di una sorella assai meno comoda della nostra, ed ha avuto la sfacciataggine di dirmi più volte spontaneamente che sapeva di non potere educar bene i suoi figli se non fuori di qui, e poi scrivermi una lunga lettera per provarmi ch'io la fo da ignorante e da stolto pensando solamente d'uscire di Recanati.

Il progetto della milizia torinese è appunto quello che Carlo da un pezzo stima il solo che faccia per lui, ed ha intenzione di manifestarlo quando con un rifiuto virile e pertinace avrà certificato suo padre ancora tacente e persuaso di poterlo con una parola rimuovere dal suo proposito, che in tutti i modi gli bisogna abbandonare qualunque speranza fondata sul sacrifizio della libertà e della felicità di suo figlio.

Mia sorella vi risaluta, e, poiché me lo domandate, ha nome Paolina. Quanto al maritarla in paese lontano, credo che non faranno difficoltà nessuna; e parimente non istaranno gran fatto sul punto della nobiltà, come né anche lo trascureranno del tutto; ma trattandosi di femmina ch'esce di casa, si contenteranno di una civiltà competente, laddove se qualcuna ci dovesse entrare, sarebbero scrupolosissimi. Di dote non credo che facciano conto di darle più che un quarantamila lire, ma queste fanno pensiero di pigliarle dalla dote della sposa di Carlo, la quale come sarà ita in fumo, non so in che modo rimedieranno. Certo però che venendovi alle mani qualche buona occasione, non ci fareste altro che gran favore avvisandoci, che noi vedremmo pure di cavarne qualche costrutto. Addio, carissimo.

5 Carlo Antici.

Se ci volete bene, scriveteci spesso, e quando non crediate di potervi trattenere con noi quanto nell'ultima vostra, fate come vi piace, che ci soddisferemo anche del poco. V'amano v'abbracciano e vi salutano i due vostri amicissimi.[6] Addio, addio.

6 Giacomo e Carlo.

XXXV · DI PIETRO GIORDANI[1]

Piacenza 5 Febbraio [1819]

Giacomino mio. Vi scrissi l'altro dì, avvisandovi l'arrivo finalmente delle canzoni, e com'elle m'erano riuscite stupende. Ma oggi voglio partecipare con voi una consolazione che ho sentita grandissima: perché avendo mostrata quella poesia a diversi, ed intelligenti, e non facili a lodare; ella è stata esaltata con tante e tante lodi, e voi ammirato con tanta venerazione, che a Dante non si potrebbe di più. Pareano veramente fuori di se stessi; e infiammati dentro da quel fuoco potentissimo che vi fece abile a scriverle. Però io vorrei pregarvi che non gittaste le stampe; ma aveste pazienza di correggerle attentamente a mano; e le mandaste attorno, e specialmente a quelle persone che in altra mia v'indicai: perché né voi dovete più rimanere così mezzo sconosciuto; e a fare un gran romore per tutta Italia, bastano queste due miracolose canzoni. Anche mi piacerebbe che poi vi applicaste a ordinare un raccolto di tante vostre operette bellissime; che pur bisognerebbe darle fuora. Mio caro, voi da cotesta solitudine che vi ha formato sì grande uscirete e col nome e colla persona grande e maestoso, come un Sole. Non dubitate. [...]

Oh mio Giacomino, che grande e stupendo uomo siete voi già? quale onore, e forse ancora quanto bene siete destinato a fare alla nostra povera Madre Italia! Coraggio, coraggio. Abbracciatevi per me carissimamente col nostro Carlino: ricordatemi alla gentile Paolina; ma prima al Papà e alla Mamma. Io

---

1 Testo integrale in *Epistolario*, ed. Moroncini, I, pp. 218-19.

vi abbraccio con vera devozione, come un sacrosanto ingegno, e un amabilissimo. Addio addio.

Fra le molte copie che dovete distribuire delle canzoni, mandatene una al Chiarissimo Professore Giuseppe Montani[2] - Lodi. - Ditegli che ve l'ho detto io. È proprio degnissimo di leggervi e di amarvi.

Fate anche una cosa a modo mio: quando sarete conosciuto da tutto il mondo (che sarà presto), allora gittate via (come fece l'Alfieri) quel titolo di Conte, che nulla serve ad un nome celebre. Ma per ora vorrei che tutti venissero sapendo che tanta altezza e grandezza d'ingegno e di studi si trova pure in un Conte. Ai bravi è una consolazione trovare un nume tra tante bestie: appo i coglioni mette in qualche credito gli studi il vedere che un Conte non se ne sdegna. Fate a modo mio.

P. S. Oh la è una cosa grande, Giacomino mio, e che non finisce mai. Le vostre canzoni girano per questa città come fuoco elettrico: tutti le vogliono, tutti ne sono invasati. Non ho mai (mai mai) veduto né poesia né prosa, né cosa alcuna d'ingegno tanto ammirata ed esaltata. Si esclama di voi, come di un miracolo. Capisco che questo mio povero paese non è l'ultimo del mondo, poiché pur conosce il bello e raro. Oh fui pure sciocco io quando (conoscendovi anche poco) vi consigliavo ad esercitarvi prima nella prosa che nei versi: ve ne ricordate? Oh fate quel che volete: ogni bella e grande cosa è per voi: voi siete uguale a qualunque altissima impresa. Oh quanto onore avrà da voi la povera Italia; e forse ancora quanto bene. Vi abbraccio con tutta l'anima. Ribaciate Carlino.

2 Per Giuseppe Montani cfr. *Introduzione*, p. LIX e *Nota sui corrispondenti*, p. 583.

XXXVI · A PIETRO GIORDANI, PIACENZA[1]

Recanati 19 Febbraio 1819

Risponderò con una alle vostre carissime dei 3 e dei 5, e prima vi ringrazierò della amorevolezza con cui parlate delle mie Canzoni per la quale mi crescerebbe l'obbligo ch'io vi ho, se potesse crescere. Ma essendo arrivato al sommo, non può più crescere. Solamente può radicarsi e fortificarsi da vantaggio per durare, come durerà eternamente. [...] Ho saputo che il Conte Perticari, avendo letto il mio libricciuolo, non ha disapprovato i versi, ma sì bene la prosa. Come amico, e unico amico, e uomo singolarissimo nella amicizia, ditemi sinceramente e distintamente i difetti di questa prosa, giacch'è manifesto ch'io da me stesso non li conosco, perché se gli avessi conosciuti avrei proccurato di schivarli. E così farò per l'innanzi, se me li mostrerete.

Quanto alla lirica, io dopo essermi annoiato parecchi giorni colla lettura de' nostri lirici più famosi, mi sono certificato coll'esperienza di quello che parve al Parini, e pare a voi, secondo che mi diceste a voce, e credo che oramai sia divenuta sentenza comune, se non altro, degli intelligenti, che anche questo genere capitalissimo di componimento abbia tuttavia da nascere in Italia, e convenga crearlo. Ma fra i quattro principali che sono il Chiabrera il Testi il Filicaia il Guidi,[2] io metto questi due molto ma molto sotto i due primi; e nominatamente del Guidi mi maraviglio come abbia potuto venire in tanta fama che anche presentemente si ristampi con diligenza e più volte. E per-

1 Testo integrale in *Tutte le op.*, cit., I, pp. 1067-68.
2 Sui poeti Gabriello Chiabrera (1552-1638), Fulvio Testi (1593-1646), Vincenzo da Filicaia (1642-1707), Alessandro Guidi (1650-1712), cfr. *Zibaldone*, 23-28.

ché il Chiabrera con molti bellissimi pezzi, non ha solamente un'Ode che si possa lodare per ogni parte, anzi in gran parte non vada biasimata, perciò non dubito di dar la palma al Testi; il quale giudico che se fosse venuto in età meno barbara, e avesse avuto agio di coltivare l'ingegno suo più che non fece, sarebbe stato senza controversia il nostro Orazio, e forse più caldo e veemente e sublime del latino. Ma non è maraviglia che l'Italia non abbia lirica, non avendo eloquenza,[3] la quale è necessaria alla lirica a segno che se alcuno m'interrogasse qual composizione mi paia la più eloquente fra le italiane, risponderei senza indugiare, le sole composizioni liriche italiane che si meritino questo nome, cioè le tre Canzoni del Petrarca, *O aspettata*, *Spirto gentil*, *Italia mia*.

Del raccogliere le mie coserelle farò quello che mi consiglierete. Del titolo,[4] mi par tanto piccola cosa che non sia né modestia il tacerlo, né superbia il manifestarlo. Ma vi ubbidirò, anche per li motivi che mi proponete. [...]

3 Cfr. *Zibaldone*, 23.
4 Nobiliare.

XXXVII · A PIETRO GIORDANI, PIACENZA[1]

Recanati 26 Marzo 1819

[...] Mio padre è stradeliberato di non darmi un mezzo baiocco fuori di casa, vale a dire in nessun luogo, stante che neppur qui mi dà mai danaro, ma solamente mi fornisce del necessario come il resto della famiglia. Mi permette sibbene ch'io cerchi maniera d'uscir di qua senza una sua minima spesa; e dico mi permette già ch'egli non muove un dito per aiutarmi; piuttosto si moverebbe tutto quanto per impedirmi. Ora vedete che cosa posso far io, non conosciuto da nessuno, vissuto sempre in un luogo che senza il Dizionario non sapresti dove sia messo, disprezzato come fanciullo, avendo per favore segnalatissimo una riga di risposta dove mi dicano che non hanno tempo da badarmi. Dirò un'altra cosa. L'esser tutto il meglio per li preti, mi par che mi faccia piuttosto in favore che contro, atteso ch'io certo non voglio esser prete, ma l'abito, come l'ho portato finora,[2] così posso continuare a portarlo qualche altro tempo, e a Roma, particolarmente nei principii, non si domanda altro che l'abito. Il fatto sta che qualunque luogo mi dia tanto da vivere mediocrissimamente sarà convenientissimo per me, né io penso di poter uscire di questa caverna senza spogliarmi di molte comodità che non mi vagliono a niente senza l'aria e la luce aperta; io voglio dire la vista e il commercio di quel mondo e di quegli uomini fra' quali io son nato, e la conversazione di gente che dia mostra di vivere, e quel ch'è più,

1 Testo integrale in *Tutte le op.*, cit., I, pp. 1073-74. Risponde a una lettera del 13 marzo in cui Giordani lo consigliava di chiedere al padre di frequentare l'Accademia Ecclesiastica di Roma.
2 Leopardi indossò la veste di abatino fino all'estate di questo anno.

d'avere intelletto, il quale se in pochi sarà splendido, certo in niuno può esser così rugginoso e negletto com'è fra noi.

Carlo vorrebbe sapere, non già precisamente, che questo s'intende bene che non lo potete sapere nemmen voi, ma in genere, se stimate che la milizia di Torino che gli proponevate poco addietro, possa provvederlo subito di tanto che basti per vivere, benché strettissimamente, a ogni modo senza mancare del bisognevole. Ma oramai mi vergogno di parlar tanto di noi. Delle vostre brighe e malinconie vorrei che mi diceste come vadano. Mio caro, io sento riaprirmi l'anima al ritorno della primavera, ché certo due mesi addietro, era stupido oppresso insensato in modo, ch'io mi facea maraviglia a me stesso, e disperava di provar più consolazione in questo mondo. Senza fallo io spero che vi sentiate meglio anche voi, contemplando questa natura innocente, fra la malvagità degli uomini, dei quali, o mio dolcissimo, io non vedo poi che vi dobbiate dar tanto pensiero se vogliono essere scellerati. Basta che voi siate più diverso da costoro che la luce dal buio, né vi manca uno che amandovi più di se stesso, è risoluto mentre viva d'imitarvi. [...]

XXXVIII · DI CARLO ANTICI[1]

Roma 27 Marzo 1819

Nipote carissimo. Ho riveduti con sommo piacere i vostri graditi caratteri nella lettera dei 19. Con sincerissima soddisfazione vi scorgo l'applauso che han fatto in Lombardia alle due vostre canzoni, e gli elogi che ve ne han diretti alcuni letterati. Non poteva essere diversamente, subito che la nobiltà dei pensieri, vestiti in armoniosi versi, ed il caldo amor patrio campeggiano in quelle produzioni. Ancor qui mi hanno esternata la loro approvazione quelli ai quali ne ho fatto dono. [...] Dovete per altro persuadervi che l'argomento delle vostre produzioni ha maggiori attrattive per gl'Italiani del piccol Reno, del Po, e della Brenta, che per quelli dell'Arno, del Tevere e del Garigliano. La pace, la sicurezza dei giudizi, i buoni ordini di Polizia sono quei maggiori beni che si vogliono dagli uomini riuniti in società. E tutti sanno, che quei tempi di cui richiamate la gloria, quei tempi in cui scrivevano Dante, e Petrarca, e poi Macchiavello, Ariosto e Tasso, quei tempi in cui fiorivano i Buonarroti ed i Raffaelli ed armeggiavano i Trivulzi ed i Castrucci, l'Italia era in preda ai Bianchi ed ai Neri, ai Guelfi e Ghibellini, agli Eccelini, agli Oliverotti, ai Valentini, ed a tanti altri simili mostri che colle armi loro ed altrui facevano di questa Italia un soggiorno infernale. Vi esterno dunque il mio cordiale e ponderato voto, che voi dirigiate i tanti talenti e le tante cognizioni di cui Dio vi ha favorito, non a piangere con altri fantastici e sibaritici poeti il supposto valore e la non perduta gloria letteraria dei secoli anteriori, ma a far guerra ai vizj

1 Testo integrale in *Epistolario*, ed. Moroncini, I, pp. 256-58.

che imbrattano il secolo presente, ed a concorrere con gli uomini di buona volontà ad intrecciare fra i rami della nostra perfezionata civilizzazione gl'indefettibili appoggi del Cristianesimo. Se voi girate lo sguardo intorno a voi gettandolo sopra le più belle contrade di Europa, troverete che gli uomini, imbevuti delle idee rivoluzionarie, sono fuori di strada, e che la civil società, per questo solo, è ancora in uno stato oscillante. Il genio del male lotta con quello del bene, e voi dovete aguzzare i vostri talenti per combattere sotto i vessilli di questo. La vittoria è certa ed assicura palme immortali. Lasciate ogni piccola occupazione ai poveri di senno, che colle loro caduche fatiche non fanno che portar legna al bosco, empir l'aria di vano rimbombo, senza speranza di premio vero. [...]

XXXIX · DI PIETRO GIORDANI[1]

Vicenza 20 Aprile 1819

[...] Io vo sempre parlando di voi, come di cosa amatissima e rarissima. Il conte Leonardo Trissino[2] (ben l'immaginavo) non ha avute le vostre canzoni: tentate dunque di mandargliene un'altra copia: perch'io vorrei pure ch'egli e i buoni ingegni di questa città vedessero e sapessero quale e quanto miracolo è il mio Giacomino. Poiché sto qui un pezzo, spero che mi scriverete. Credo impossibile che usciate mai di Recanati se non per l'Accademia ecclesiastica di Roma; la quale mi sembra la cosa la meno impossibile di persuadere a vostro padre. Quello che importa è l'uscire. Dopo questo primo passo gli altri sarebbero tanto più agevoli. A questo porrei ogni cura; se pure è al mondo alcuno che possa, con ragioni o con preghi, ottenere qualche cosa da vostro padre. Perché trovar fuori di paese di botto un impiego che dia abbastanza da vivere, in questo mondo e in questi tempi è più che impossibilissimo. Credete voi che io, che ho già vissuto degli anni, e sono conosciuto da molti, e in molti luoghi, se io domandassi non qualche grande o mezzana cosa, ma solo d'esser preso per pedagogo di un cane, vi giuro per il paradiso e per l'inferno, che nol potrei mai ottenere. Credete che questo mondo è una maledetta cosa. E io vedo che avete pur bisogno di campo, e di luce: niente altro vi manca per esser sommo ed immortale. Io vo gridando di voi dolentemente come di un miracolo infelice: ma che giova? Ab-

---

1 Testo integrale in *Epistolario*, ed. Moroncini, I, pp. 264-65.
2 Leonardo Trissino (1778-1814), nobile vicentino protettore di letterati e artisti.

bracciate carissimamente Carlo: salutate Paolina: e vogliatemi bene. Parlerò di voi con Canova:[3] e tenterò se egli che ha più mezzi d'ogni altro uomo al mondo, ed è il miglior cuore di tutti i viventi, possa far nulla di vostro bene. V'abbraccio con tutta l'anima, e vi amo quanto non so esprimere. Addio.

3 Giambattista Sartoris Canova, fratellastro dello scultore e amico del Giordani.

Recanati 26 Aprile 1819

Mio dolcissimo. Viene a consolarmi la tua dei 20 dopo l'altra dei 10,[1] alla quale risposi costà il 19. O mio caro, sei pur sempre quell'uomo imparagonabile e unico, quali io mi figurava tutti gli uomini qualche anno addietro, ora appena mi par credibile che veramente uno se ne ritrovi. Ma quanto a me non ti dare altro pensiero che d'amarmi, giacché in questo è collocata la mia consolazione e nella speranza della morte che mi pare la sola uscita di questa miseria.[2] Perch'eccetto queste, io non trovo cosa desiderabile in questa vita, se non i diletti del cuore, e la contemplazione della bellezza, la quale m'è negata affatto in questa misera condizione. Oltre ch'i libri, e particolarmente i vostri, mi scorano insegnandomi che la bellezza appena è mai che si trovi insieme colla virtù, non ostante che sembri compagna e sorella.[3] Il che mi fa spasimare e disperare. Ma questa medesima virtù quante volte io sono quasi strascinato di malissimo grado a bestemmiare con Bruto moribondo.[4] Infelice, che per quel detto[5] si rivolge in dubbio la sua virtù, quand'io veggo per esperienza e mi persuado che sia la prova più forte che ne potesse dar egli, e noi recare in favor suo.

Poich'il trovar da vivere a primo tratto uscendo di qua, non è cosa possibile, come voi mi fate certo, assicuratevi e abbiate per articolo di fede ch'io mai e poi mai non uscirò di Recanati

1 In questa lettera Giordani per la prima volta aveva usato il «tu».
2 Cfr. *Zibaldone*, 302.
3 Cfr. *Ultimo canto di Saffo*.
4 Cfr. *Bruto minore*.
5 «Oh virtù, non sei che un nome vano!»

altro che mendicando, prima della morte di mio padre, la quale io non desidero avanti la mia. Questo abbiatelo per indubitato quanto l'amore ch'io vi porto, che né la vostra eloquenza, né di Pericle di Demostene di Cicerone di qualunque massimo Oratore, né della stessa Persuasione non rimoverebbe mio padre dal suo proposito. E l'Accademia Ecclesiastica, ricercando maggiore spesa che a me non bisognerebbe in altro luogo, è, se nel superlativo si dà comparativo, il partito più disperato: mentre quello stesso ch'io domando, che non è di vivere da Signore, né comodamente né senza disagio, ma soltanto di vivere fuori di qui, non è pure immaginabile d'ottenerlo. Ti salutano di cuore i miei due fratelli. Addio, cara e bell'anima. Riscrivo al Trissino, come ti piace.

XLI · DI GIUSEPPE MONTANI[1]

Lodi 5 Maggio 1819

Egregio Sig. Conte. Senza la sollecitudine del buon Giordani, io vivrei ancora nel desiderio delle sue magnanime Canzoni, che quasi sapessero d'aver presa falsa via, non vollero ubbidirla e venire sino a me. Stascinate però da tal uomo, si lasciarono vedere per un momento; e tanto bastommi perch'io ne rimanessi infiammatissimo, e prendessi ad amarne altamente l'Autore. Lascio tutte la doti poetiche, che in loro si trovano, e il linguaggio gravissimo or quasi più non conosciuto fra noi. Ciò che parmi in esse ancor più raro è la patria carità che le spira, e mi conferma nella opinione, che allora avremo grandi poeti quando avremo gran cittadini. Ma questo tempo felice, di cui abbiamo veduto comparire e scomparir tosto l'aurora, è più che mai lontano da noi. Però tanto più ammirabile chi nella presente bassezza fa udir voci generose, e piange, altro non potendo, la nostra indegnissima servitù, sicché a tutti ne incresca e andiamo almeno assoluti dalle colpe della Fortuna! [...] Ella si ricordi che a nessuno, quasi, staremo così attenti come a Lei. [...]

---

1 Testo integrale in *Epistolario*, ed. Moroncini, I, pp. 268-69.

Recanati 21 Maggio 1819

Stimatissimo Signor Professore. Benché la sua leggiadrissima dei 5 non sia di quelle che domandano risposta onninamente, a ogni modo avendo trovato uno scrittore così gentile e amatore così fervido di questa povera terra, non mi so dar pace s'io non m'adopro quanto più posso per confermarmi la sua benevolenza. Quando bene io fossi stato di ghiaccio verso la patria, le parole di V.S. m'avrebbero infiammato: né certamente io presumo di potere altro che pochissimo: tuttavia non lascerò che si desideri niente di quello ch'io possa, né mancherò all'esortazioni di V.S. Secondo me non è cosa che l'Italia possa sperare finattanto ch'ella non abbia libri adattati al tempo, letti ed intesi dal comune de' lettori, e che corrano dall'un capo all'altro di lei; cosa tanto frequente fra gli stranieri quanto inaudita in Italia. E mi pare che l'esempio recentissimo delle altre nazioni ci mostri chiaro quanto possano in questo secolo i libri veramente nazionali a destare gli spiriti addormentati di un popolo e produrre grandi avvenimenti. Ma per corona de' nostri mali, dal seicento in poi s'è levato un muro fra i letterati ed il popolo, che sempre più s'alza, ed è cosa sconosciuta appresso le altre nazioni. E mentre amiamo tanto i classici, non vogliamo vedere che tutti i classici greci tutti i classici latini tutti gl'italiani antichi hanno scritto pel tempo loro, e secondo i bisogni i desideri i costumi e sopra tutto, il sapere e l'intelligenza de' loro compatriotti e contemporanei. E com'essi non sarebbero sta-

---

1 Testo integrale in *Tutte le op.*, cit., I, pp. 1077-78. Questa lettera fu intercettata e distrutta dal padre. Il presente testo è della minuta autografa conservata in casa Leopardi.

ti classici facendo altrimenti, così né anche noi saremo tali mai, se non gl'imiteremo in questo ch'è sostanziale e necessario, molto più che in cento altre minuzie nelle quali poniamo lo studio principale. E fra tanto l'eloquenza italiana, e la poesia veramente calda e gravida di sentimenti e di affetti sono cose ignote, e non si trova letterato italiano ch'abbia fama oltre l'alpi, quando sentiamo di tanti stranieri famosi in tutta l'Europa. Ma V.S. dice ottimamente che allora avremo gran poeti quando avremo gran cittadini, ed io soggiungo che allora parimente avremo eloquenza, e quando avremo eloquenza e libri propriamente italiani cari e a tutta la nazione, allora ci sarà concessa qualche speranza. [...]

XLIII · A PIETRO GIORDANI, VICENZA[1]

Recanati 4 Giugno 1819

[...] Domandi notizia de' miei studi, ma sono due mesi ch'io non istudio, né leggo più niente, per malattia d'occhi, e la mia vita si consuma sedendo colle braccia in croce, o passeggiando per le stanze. I disegni mi s'accumulano in testa, ma non posso appena raccorgli frettolosamente in carta perché non mi cadano dalla memoria.[2] Ti ripeto che sto sospirando nuove di te: non me le fare aspettare gran tempo. Ma non voglio che t'affanni a scrivermi: benché non mi resti altra consolazione che questa, due righe mi basteranno. Addio. Carlo e Paolina ti risalutano e sai con che cuore. Addio. Sto qui non solamente senza un Giornale ma senza pure una gazzetta. Ho sentito ch'un giornale di Lombardia, credo la *Biblioteca italiana* di cui mi manca tutto il diciotto e il corrente, abbia sparlato di me.[3] Rileva ben poco, ma in ogni modo se ne sai niente, avrò caro che me lo scriva in due parole.

1 Testo integrale in *Tutte le op.*, cit., I, pp. 1078-79.
2 Sono i primi *Disegni letterari*. Cfr. *Tutte le op.*, cit., I, p. 367 sgg.
3 Non risulta che nella «Biblioteca Italiana» degli anni '18 e '19 siano comparsi scritti su Leopardi.

Recanati 21 Giugno 1819

[...] Della salute ho cura più che non merita né la mia né quella di nessun uomo. Da Marzo in qua mi perseguita un'ostinatissima debolezza de' nervi oculari che m'impedisce non solamente ogni lettura, ma anche ogni contenzione di mente. Nel resto mi trovo bene del corpo, e dell'animo, ardentissimo e disperato quanto mai fossi, in maniera che ne mangerei questa carta dov'io scrivo. E quel tuo povero amico?[2] tristi noi, tristi noi! Non ho più pace, né mi curo d'averne. Farò mai niente di grande? né anche adesso che mi vo sbattendo per questa gabbia come un orso? In questo paese di frati, dico proprio questo particolarmente, e in questa maledetta casa, dove pagherebbero un tesoro perché mi facessi frate ancor io, mentre, volere o non volere, a tutti i patti mi fanno viver da frate, e in età di ventun anno, e con questo cuore ch'io mi trovo, fatevi certo ch'in brevissimo io scoppierò, se di frate non mi converto in apostolo, e non fuggo di qua mendicando, come la cosa finirà certissimamente.[3]

Alcuni giorni fa m'arrivarono da Bologna la *Cronica* del Compagni, la *Vita del Giacomini*, e la *Congiura di Napoli*.[4] Ma quanto a leggergli è tutt'uno. Solamente a forza di dolore sono

1 Testo integrale in *Tutte le op.*, cit., I, pp. 1079-80.
2 Il conte Pompeo dal Toso, morto a 25 anni, amico del Giordani che lo aveva commemorato pubblicamente a Vicenza nel maggio del '19.
3 Giacomo tenterà di fuggire dalla casa paterna un mese dopo.
4 La *Cronica* di Dino Compagni (1257?-1324), la *Vita del Giacomini* di Iacopo Nardi (1476-1563) stampata a Firenze nel 1597, *La congiura de' baroni del Regno di Napoli* di Camillo Porzio (1526?-1580) stampata nel 1565.

riuscito a leggere l'*Apologia* di Lorenzino de' Medici,[5] e confermatomi nel parere che le scritture e i luoghi più eloquenti sieno dov'altri parla di se medesimo. Vedete se questi pare contemporaneo di quei miserabili cinquecentisti ch'ebbero fama d'eloquenti in Italia al tempo loro e dopo, e se par credibile che l'uno e gli altri abbiano seguito la stessa forma d'eloquenza. Dico la greca e latina che quei poverelli a forza di sudori e d'affanni trasportavano negli scritti loro così a spizzico e alla stentata ch'era uno sfinimento, laddove costui ce la porta tutta di peso, bella e viva, e la signoreggia e l'adopera da maestro, con una disinvoltura e facilità negli artifizi più sottili, nella disposizione, nei passaggi, negli ornamenti, negli affetti, e nello stile, e nella lingua (tanto arrabbiata e dura presso quegli altri per gli affettatissimi latinismi) che pare ed è non meno originale di quegli antichi, ai quali tuttavia si rassomiglia come uovo ad uovo, non solamente nelle virtù, ma in ciascuna qualità di esse. Perché quegli che parla di se medesimo non ha tempo né voglia di fare il sofista, e cercar luoghi comuni, ché allora ogni vena più scarsa mette acqua che basta, e lo scrittore cava tutto da sé, non lo deriva da lontano, sicché riesce spontaneo ed accomodato al soggetto, e in oltre caldo e veemente, né lo studio lo può raffreddare, ma conformare e abbellire, come ha fatto nel caso nostro.

Mio caro e solo amico, voglimi bene, abbiti rispetto, salutami il conte Trissino, e non ti curare ch'io ti dica s'io t'amo, e se Carlo e Paolina si ricordano di te.

5 Lorenzino de' Medici (1513-1548), autore della commedia *Aridosia* e dell'*Apologia*. Cfr. *Zibaldone*, 61.

Recanati 26 Luglio 1819

Dalla tua del secondo di questo, e da una del nostro Brighenti[2] vedo che colla mia de' 4 Giugno si smarrì la notizia ch'io ti dava di aver avuto lettera dal Montani, e trovatala molto leggiadra e piena d'amor patrio. Risposi, ma non ho avuto mai replica, e sono due mesi e più. Colpa o delle poste, o come sospetto, di una censura domestica istituita novellamente per le lettere che vanno; e questo perché *cum horrore et tremore* si sono accorti che io ἐλεύθερα φρονῶ περὶ τῶν χοινῶν.[3] Mi conforti ch'io non lasci gli studi. Ma sono quattro mesi che m'hanno lasciato essi per debolezza d'occhi, e la mia vita è spaventevole. Nell'età che le complessioni ordinariamente si rassodano, io vo scemando ogni giorno di vigore, e le facoltà corporali mi abbandonano a una a una. Questo mi consola, perché m'ha fatto disperare di me stesso, e conoscere che la mia vita non valendo più nulla, posso gittarla, come farò in breve,[4] perché non potendo vivere se non in questa condizione e con questa salute, non voglio vivere, e potendo vivere altrimenti, bisogna tentare. E il tentare così com'io posso, cioè disperatamente e alla cieca, non mi costa più niente, ora che le antiche illusioni sul mio valore, e sulle speranze della vita futura, e sul bene ch'io potea fare, e le imprese da togliere,[5] e la gloria da conseguire, mi sono sparite dagli occhi, e non mi stimo più nulla, e mi conosco assai da meno di tanti miei cittadini, ch'io disprezzava così profondamente. [...]

1 Testo integrale in *Tutte le op.*, cit., I, p. 1080.
2 Giordani da qualche tempo aveva messo in relazione Leopardi con Pietro Brigenti, editore e libraio di Bologna.
3 «La penso da liberale in politica».
4 Allusione al progettato tentativo di fuga.
5 *da togliere*: da intraprendere.

[*Recanati: senza data, ma fine di Luglio 1819*]

Mio caro. Parto di qua senz'avertene detto niente, prima
perché tu non sia responsabile della mia partenza presso veruno; poi perché il consiglio giova all'uomo irresoluto, ma al risoluto non può altro che nuocere: ed io sapeva che tu avresti
disapprovata la mia risoluzione, e postomi in nuove angustie
col cercare di distormene. Sono stanco della prudenza, che non
ci poteva condurre se non a perdere la nostra gioventù, ch'è un
bene che più non si racquista. Mi rivolgo all'ardire, e vedrò se
da lui potrò cavare maggior vantaggio. Tuttavia questa deliberazione non è repentina; benché fatta nel calore, ho lasciato
passare molti giorni per maturarla; e non ho avuto mai motivo
di pentirmene. Però la eseguisco. Era troppo evidente che se
non volevamo durar sempre in quello stato che abborrivamo,
ci conveniva prendere questo partito; e tutto il tempo ch'è
scorso non è stato altro che mero indugio. Altro mezzo che
questo non c'era: convenìa scegliere, e la scelta ben sapete che
non poteva esser dubbiosa. Ora che la legge mi fa padrone di
me stesso,[1] non ho voluto più differire quello ch'era indispensabile secondo i nostri principii. Due cagioni m'hanno determinato immediatamente, la noia orribile derivata dell'impossibilità dello studio, sola occupazione che mi potesse trattenere
in questo paese; ed un altro motivo che non voglio esprimere,
ma tu potrai facilmente indovinare.[2] E questo secondo, che per

---

1 Leopardi era diventato maggiorenne da circa un mese.
2 «Era il bisogno di godere la società e l'amore delle donne; una necessità frequentemente discussa tra i due fratelli ma Giacomo, forse, non la soddisfece mai.» (nota Moroncini).

le mie qualità sì mentali come fisiche, era capace di condurmi alle ultime disperazioni, e mi facea compiacere sovranamente nell'idea del suicidio,[3] pensa tu se non dovea potermi portare ad abbandonarmi a occhi chiusi nelle mani della fortuna. Sta bene, mio caro, e a riguardo mio sta' lieto, ch'io fo quello che doveva fare da molto tempo, e che solo mi può condurre ad una vita se non contenta, almeno più riposata. Laonde se m'ami, ti devi rallegrare: e quando io non guadagnassi altro che d'esser pienamente infelice, sarei soddisfatto, perché sai che la mediocrità non è per noi. Porto con me le mie carte, ma potendo avvenire che fossero esaminate, non voglio compromettere me, e molto meno le persone che mi hanno scritto, col portarne qualcuna che sia sospetta. Ho separate tutte quelle di questo genere, sì mie, che altrui (cioè lettere scrittemi) e postele tutte insieme sul comò della nostra stanza. Ve ne sono anche di quelle che non ho voluto portare perché non mi servivano. Te le raccomando: abbine cura e difendile: sai che non ho cosa più preziosa che i parti della mia mente e del mio cuore, unico bene che la natura m'abbia concesso. Se verranno lettere del mio Giordani per me, aprile e rispondi, e salutalo per mio nome, e informalo della mia risoluzione. Al Brighenti si debbono paoli 8 per la *Cronica del Compagni*, paoli 3 per le *Prose* del Giordani, e baiocchi 16 di errore nella spedizione del danaro per l'*Eusebio*.[4] In tutto 1 e 36. Proccura che sia soddisfatto e dimanda perdono a Paolina se i 3 paoli che mi diede pel Giordani, e i baiocchi 16 per l'uso detto di sopra, gli ho portati con me, sperando ch'Ella non avrebbe negato quest'ultimo dono al suo fratello se glielo avesse chiesto. Oh quanto avrei caro che il mio esempio servisse a illuminare i nostri genitori intorno a te ed agli altri nostri fratelli! Certissimamente ho speranza che tu sarai meno infelice di me. Addio, salutami Paolina e gli altri. Poco mi curo dell'opinione degli uomini, ma se ti si darà occasione, discolpami. Voglimi eternamente bene, che di me puoi esser sicuro sino alla morte mia. Quando mi trovi in luogo adat-

---

3 Cfr. *Zibaldone*, 82.
4 Volumi forniti dal libraio Brighenti: Eusebii Pamphili, *Chronicorum canonum libri duo*, a cura di Angelo Mai, Mediolani, Regiis typis, 1818; la *Cronica* di Dino Compagni e forse un'altra copia delle *Prose* del Giordani.

to a darti mie nuove, ti scriverò. Addio. Abbraccia questo sventurato. Non dubitare, non sarai tu così. Oh quanto meriti più di me! Che sono io? Un uomo proprio da nulla. Lo vedo e sento vivissimamente, e questo pure m'ha determinato a far quello che son per fare, affine di fuggire la considerazione di me stesso, che mi fa nausea. Finattantoché mi sono stimato, sono stato più cauto; ora che mi disprezzo, non trovo altro conforto che di gittarmi alla ventura, e cercar pericoli, come cosa di niun valore. Consegna l'inclusa a mio padre.⁵ Domanda perdono a lui, domanda perdono a mia madre in mio nome. Fallo di cuore, che te ne prego, e così fo io collo spirito. Era meglio (umanamente parlando) per loro e per me, ch'io non fossi nato, o fossi morto assai prima d'ora. Così ha voluto la nostra disgrazia. Addio, caro, addio.

5 La lettera seguente indirizzata a Monaldo.

[Recanati: senza data, ma fine di Luglio 1819]
Mio Signor Padre. Sebbene dopo aver saputo quello ch'io avrò fatto, questo foglio le possa parere indegno di esser letto, a ogni modo spero nella sua benignità che non vorrà ricusare di sentir le prime e ultime voci di un figlio che l'ha sempre amata e l'ama, e si duole infinitamente di doverle dispiacere. Ella conosce me, e conosce la condotta ch'io ho tenuta fino ad ora, e forse, quando voglia spogliarsi d'ogni considerazione locale, vedrà che in tutta l'Italia, e sto per dire in tutta l'Europa, non si troverà altro giovane, che nella mia condizione, in età anche molto minore, forse anche con doni intellettuali competentemente inferiori ai miei, abbia usato la metà di quella prudenza, astinenza da ogni piacer giovanile, ubbidienza e sommessione ai suoi genitori, ch'ho usata io. Per quanto Ella possa aver cattiva opinione di quei pochi talenti che il cielo mi ha conceduti, Ella non potrà negar fede intieramente a quanti uomini stimabili e famosi mi hanno conosciuto, ed hanno portato di me quel giudizio ch'Ella sa, e ch'io non debbo ripetere. Ella non ignora che quanti hanno avuto notizia di me, ancor quelli che combinano perfettamente colle sue massime, hanno giudicato ch'io dovessi riuscir qualche cosa non affatto ordinaria, se mi si fossero dati quei mezzi che nella presente costituzione del mondo, e in tutti gli altri tempi, sono stati indispensabili per fare riuscire un giovane che desse anche mediocri speranze di sé. Era cosa mirabile come ognuno che avesse avuto anche momentanea cognizione di me, immancabilmente si maravigliasse

1 Questa lettera affidata a Carlo non fu mai consegnata a Monaldo e fu resa nota soltanto dopo la sua morte.

ch'io vivessi tuttavia in questa città, e com'Ella sola fra tutti, fosse di contraria opinione, e persistesse in quella irremovibilmente. Certamente non l'è ignoto che non solo in qualunque città alquanto viva, ma in questa medesima, non è quasi giovane di 17 anni che dai suoi genitori non sia preso di mira, affine di collocarlo in quel modo che più gli conviene: e taccio poi della libertà ch'essi *tutti* hanno in quell'età nella mia condizione, libertà di cui non era appena un terzo quella che mi s'accordava ai 21 anno. Ma lasciando questo, benché io avessi dato saggi di me, s'io non m'inganno, abbastanza rari e precoci, nondimeno solamente molto dopo l'età consueta, cominciai a manifestare il mio desiderio ch'Ella provvedesse al mio destino, e al bene della mia vita futura nel modo che le indicava la voce di tutti. Io vedeva parecchie famiglie di questa medesima città, molto, anzi senza paragone meno agiate della nostra, e sapeva poi d'infinite altre straniere, che per qualche leggero barlume d'ingegno veduto in qualche giovane loro individuo, non esitavano a far gravissimi sacrifici affine di collocarlo in maniera atta a farlo profittare de' suoi talenti. Contuttoché si credesse da molti che il mio intelletto spargesse alquanto più che un barlume, Ella tuttavia mi giudicò indegno che un padre dovesse far sacrifizi per me, né le parve che il bene della mia vita presente e futura valesse qualche alterazione al suo piano di famiglia.[2] Io vedeva i miei parenti[3] scherzare cogl'impieghi che ottenevano dal sovrano, e sperando che avrebbero potuto impegnarsi con effetto anche per me, domandai che per lo meno mi si procacciasse qualche mezzo di vivere in maniera adattata alle mie circostanze, senza che per ciò fossi a carico della mia famiglia. Fui accolto colle risa, ed Ella non credé che le sue relazioni, in somma le sue cure si dovessero neppur esse impiegare per uno stabilimento competente di questo suo figlio. Io sapeva bene i progetti ch'Ella formava su di noi, e come per assicurare la felicità di una cosa ch'io non conosco, ma sento chiamar casa e famiglia, Ella esigeva da noi *due* il sacrifizio, non di roba né di cure, ma delle nostre inclinazioni, della gioventù, e di tutta la

2 Di riassestare il patrimonio familiare a prezzo di molte economie.
3 Lo zio Carlo Antici.

nostra vita. Il quale essendo io certo ch'Ella né da Carlo né da me avrebbe mai potuto ottenere, non mi restava nessuna considerazione a fare su questi progetti, e non potea prenderli per mia norma in verun modo. Ella conosceva ancora la miserabilissima vita ch'io menava per le orribili malinconie, ed i tormenti di nuovo genere che mi procurava la mia strana immaginazione, e non poteva ignorare quello ch'era più ch'evidente, cioè che a questo, ed alla mia salute che ne soffriva visibilissimamente, e ne sofferse sino da quando mi si formò questa misera complessione, non v'era assolutamente altro rimedio che distrazioni potenti, e tutto quello che in Recanati non si poteva mai ritrovare. Contuttociò Ella lasciava per tanti anni un uomo del mio carattere, o a consumarsi affatto in istudi micidiali, o a seppellirsi nella più terribile noia, e per conseguenza, malinconia, derivata dalla necessaria solitudine, e dalla vita affatto disoccupata, come massimamente negli ultimi mesi. Non tardai molto ad avvedermi che qualunque possibile e immaginabile ragione era inutilissima a rimuoverla dal suo proposito, e che la fermezza straordinaria del suo carattere, coperta da una costantissima dissimulazione, e apparenza di cedere, era tale da non lasciar la minima ombra di speranza. Tutto questo, e le riflessioni fatte sulla natura degli uomini, mi persuasero, ch'io benché sprovveduto di tutto, non dovea confidare se non in me stesso. Ed ora che la legge mi ha già fatto padrone di me, non ho voluto più tardare a incaricarmi della mia sorte. Io so che la felicità dell'uomo consiste nell'esser contento, e però più facilmente potrò esser felice mendicando, che in mezzo a quanti agi corporali possa godere in questo luogo. Odio la vile prudenza che ci agghiaccia e lega e rende incapaci d'ogni grande azione, riducendoci come animali che attendono tranquillamente alla conservazione di questa infelice vita senz'altro pensiero. So che sarò stimato pazzo, come so ancora che tutti gli uomini grandi hanno avuto questo nome. E perché la carriera di quasi ogni uomo di gran genio è cominciata dalla disperazione, perciò non mi sgomenta che la mia cominci così. Voglio piuttosto essere infelice che piccolo, e soffrire piuttosto che annoiarmi, tanto più che la noia, madre per me di mortifere malinconie, mi nuoce assai più che ogni disagio del corpo. I padri sogliono giudicare dei loro figli più favorevolmente degli altri, ma Ella per lo contrario ne giudica più sfavorevolmente di ogni altra persona, e quindi non ha mai creduto che noi fossimo nati a niente di grande: forse anche non riconosce altra grandezza che quella che si misura coi calcoli, e colle norme geometriche. Ma quanto a ciò molti sono d'altra opinione; quanto a noi, siccome il disperare di se stessi non può altro che nuocere, così non mi sono mai creduto fatto per vivere e morire come i miei antenati.

Avendole reso quelle ragioni che ho saputo della mia risoluzione, resta ch'io le domandi perdono del disturbo che le vengo a recare con questa medesima e con quello ch'io porto meco.[4] Se la mia salute fosse stata meno incerta avrei voluto piuttosto andar mendicando di casa in casa che toccare una spilla del suo. Ma essendo così debole come io sono, e non potendo sperar più nulla da Lei, per l'espressione ch'Ella si è lasciato a bella posta più volte uscir disinvoltamente di bocca in questo proposito, mi son veduto obbligato, per non espormi alla certezza di morire di disagio in mezzo al sentiero il secondo giorno, di portarmi nel modo che ho fatto. Me ne duole sovranamente, e questa è la sola cosa che mi turba nella mia deliberazione, pensando di far dispiacere a Lei, di cui conosco la somma bontà di cuore, e le premure datesi per farci viver soddisfatti nella nostra situazione. Alle quali io son grato sino all'estremo dell'anima, e mi pesa infinitamente di parere infetto di quel vizio che abborro quasi sopra tutti, cioè l'ingratitudine. La sola differenza di principii, che non era in verun modo appianabile, e che dovea necessariamente condurmi o a morir qui di disperazione, o a questo passo ch'io fo, è stata cagione della mia disavventura. È piaciuto al cielo per nostro gastigo che i soli giovani di questa città che avessero pensieri alquanto più che Recanatesi, toccassero a Lei per esercizio di pazienza, e che il solo padre che riguardasse questi figli come una disgrazia, toccasse a noi. Quello che mi consola è il pensare che questa è l'ultima molestia ch'io le reco, e che serve a liberarla dal continuo fastidio della mia presenza, e dai tanti altri disturbi che la mia persona le ha recati, e molto più le recherebbe per l'avvenire. Mio caro

4 Giacomo si era procurato gli arnesi per aprire la cassaforte del padre.

124

Signor Padre, se mi permette di chiamarla con questo nome, io m'inginocchio per pregarla di perdonare a questo infelice per natura e per circostanze. Vorrei che la mia infelicità fosse stata tutta mia, e nessuno avesse dovuto risentirsene, e così spero che sarà d'ora innanzi. Se la fortuna mi farà mai padrone di nulla, il mio primo pensiero sarà di rendere quello di cui ora la necessità mi costringe a servirmi. L'ultimo favore ch'io le domando, è che se mai le si desterà la ricordanza di questo figlio che l'ha sempre venerata ed amata, non la rigetti come odiosa, né la maledìca; e se la sorte non ha voluto ch'Ella si possa lodare di lui, non ricusi di concedergli quella compassione che non si nega neanche ai malfattori.

Recanati 13 Agosto 1819

Conte Xaverio amabilissimo. Avendo motivo di credere che quello che sto per narrarvi, vi sia pervenuto alle orecchie per altra parte, ed essendovi interessata la mia buona opinione, ho voluto scrivervi perché le relazioni altrui non vi facessero pensare diversamente dal vero. Io credo certo che voi già sappiate ch'io v'ingannai, quando finsi che il passaporto ch'io vi chiedeva, fosse desiderato anche da mio padre. Chiedendovelo altrimenti io sapeva che avrei manifestata la mia intenzione a mio padre, a cui voi subito ne avreste scritto. Se l'avervi fatta una sorpresa senza alcun danno vostro, e poco o niente d'altrui, è colpa in un povero giovane, che in altra guisa non potea sperare aiuto da persona vivente, confesso ch'io sono colpevole: ma vi domando perdono, e lo spero dalla vostra benignità.

Conte mio, quantunque il destino mi condanni ad avervi necessariamente per contrario, io non dispero di farvi conoscere la crudeltà di questo destino. La risoluzione ch'io aveva presa, non era né immatura né nuova. Io l'avea fissata già da un mese, e l'avea concepita fin da quando conobbi la mia condizione, e i principii immutabili di mio padre, cioè da parecchi anni. Io non sono né pentito né cangiato. Ho desistito dal mio progetto per ora, non forzato né persuaso, ma commosso e ingannato. Persuaso non poteva essere, come né anche persuadere, perché le nostre massime sono opposte, e perciò fuggo ogni discorso su questa materia, giacché il discorso non può esser concorde quando i fondamenti sono discordi. Se mi opporranno la forza, io vincerò, perché chi è risoluto di ritrovare o la morte o una

---

1 Per Saverio Broglio d'Ajano cfr. *Nota sui corrispodenti*, p. 583.

vita migliore, ha la vittoria nelle sue mani. Le mie risoluzioni non sono passeggere, come quelle degli altri, e come mio padre stimo che si persuada, per dormire i suoi sonni in pace, come suol dire. Io non voglio vivere in Recanati. Se mio padre mi procurerà i mezzi di uscire, come mi ha promesso, io vivrò grato e rispettoso, come qualunque ottimo figlio, se no, quello che doveva accadere e non è accaduto, non è altro che differito.

Mio padre crede ch'io da giovanastro inesperto non conosca gli uomini. Vorrei non conoscerli, così scellerati come sono. Ma forse sono più avanti ch'egli non s'immagina. Non creda d'ingannarmi. Se la sua dissimulazione è profonda ed eterna, sappia però ch'io non mi fido di lui, più di quello ch'egli si fidi di me. Si vanti, se vuole, d'avermi ingannato, dicendomi a chiare note, ch'egli non volendomi forzare in nessunissima guisa, non facea nessun passo per intercettarmi il passaporto. Mi parve di vedergli il cuore sulle labbra, e feci quello che non avea fatto da molti anni: gli prestai fede, fui ingannato, e per l'ultima volta. Ma conviene ch'egli mi creda ben rozzo, se giudicò che dovesse durare un inganno così grossolano, che si manifestava da sé, e ch'io non m'avvedessi che il vostro mandare il passaporto a mio padre, non fu caso ma concerto. Tanto più che quantunque la vostra lettera fosse fatta a bella posta in maniera ostensibile, egli non me ne mostrò se non parte, quattro giorni dopo ricevuta, e solamente per la necessità di proccurare che alcuni sotterfugi da lui usati con altri per salvare non la mia ma la sua fama intorno a questo fatto, combinassero colle risposte ch'io pateva dare in questo proposito. Quanto al passaporto, non me lo diede e se lo ritiene. Ed io ne sono contento perché in mia mano m'era più inutile, che non è ora sotto cento chiavi, e mi legava irresolubilmente colla buona fede, dalla quale ora son libero. Voglio parimente che sappiate ch'io non ignoro che voi manderete questa lettera a mio padre, o lo ragguaglierete del contenuto. Né mi dispiace, né temo i nuovi impedimenti ch'ei potrà mettere ai miei disegni: anzi io non esco s'egli m'apre le porte, ma se me le chiude: e mio padre se ne è bene avveduto, e perciò mostra di non oppormi nessun ostacolo. Ma il cercare d'ingannarmi non è aprirmi le porte, ed io lo considero fin da ora come un nuovo chiavistello.

Quello che mi duole più di tutto, è il sapere che si vanno incolpando di questa mia risoluzione antichissima, alcuni letterati ch'io conosco da poco tempo.[2] S'è lecito in questo caso, io vi giuro per tutto quello che v'ha di più santo, che nessuno d'essi ha mai sognato di darmi questo consiglio. Anzi s'io avessi manifestata loro la mia deliberazione son certissimo che me ne avrebbero dissuaso con tutte le loro forze. Io m'offro di far leggere a mio padre tutte quante le lettere che m'hanno scritto a una a una. Bisogna ben che mio padre si stimi il solo prudente della terra, poiché crede che persone navigate e praticissime del mondo, si vogliano impacciare negli affari di una famiglia altrui, e tirarsi addosso l'odio di un terzo per qualunque vantaggio ne potesse derivare a un loro amico. Massimamente che saprebbero bene, e sanno, ch'io partendo di qui, mi priverei d'ogni avere; sicché tornerebbe loro molto meglio il conto, ch'io me ne stessi qui aspettando e soffrendo, poich'essi non soffrirebbero già nulla con me. Quanto ai loro principii, io non m'inganno, ma li conosco, tanto che anch'io li professo. Non ignoro che possono aver delle mire interessate, ma io distinguo le cagioni dagli effetti, e quanto a questi, cioè alle massime, se non si sono avveduti ch'erano mie fin da quando io non sapeva neppure il nome di questi letterati (che non pensando come i marchegiani è naturale che siano scelleratissimi) non si vantino di quella fina conoscenza degli uomini di cui fanno tanta pompa. È ben curioso che si voglia credere ch'io, se non *messo su*, come dicono, dai letterati, non fossi capace di una determinazione, che qualunque savio nel mio caso vedrebbe esser la sola che mi rimanga. Conte mio, voi conoscete il mondo: trovatemi un altro giovane in qual paese vi piace, che sia pervenuto all'età di 21 anno con quella condotta che ho tenuto io. Crede mio padre che con un carattere ardente, con un cuore estremamente sensibile come il mio, non mi sia mai accaduto di provare quei desiderii e quegli affetti che provano e seguono tutti i giovani della terra? crede che non mi sia accaduto e molto più spesso e più violentemente degli altri? crede che non fossero capaci di spingermi alle più formidabili risoluzioni? crede che

2 Giordani, Montani ecc.

s'io ho menato fin qui quella vita che non si ricercherebbe da un cappuccino di 70 anni in tutto il rigore della espressione (e me n'appello a tutta Recanati che se ne maraviglia e allo stesso mio padre) ciò sia provenuto dalla freddezza della mia natura? Domando se questo è il premio che mi dovea aspettare: domando se c'è un altro padre nella stessa Recanati in circostanze molto più incomode del mio, che avendo un figlio delle speranze ch'io dava, non avesse fatto tutti gli sforzi possibili per proccurargli quello che a chiunque mi conosce è sembrato naturale e necessario, fuorché a mio padre: domando se i Galamini, se i Giaccherini,[3] se gli altri tanti di questa specie che di 16 anni ebbero già più libertà che non ho io di 21, sono migliori di me: domando se io ho perduto il fiore della mia gioventù, spargendo fatiche e sudori incredibili, fuggendo ogni altro piacere, rovinandomi assolutamente e per sempre la salute negli studi, per vivere in Recanati e ottener quello che ottengono tutti i miei compatrioti: domando se io dopo tanti travagli e danni, non debbo formare sulla mia vita futura altra speranza che quella che resta ai Galamini e ai Giaccherini, che menano la loro gioventù come ognun vede. E se mio padre aborrendo ogn'idea di grande e di straordinario si pente d'avermi lasciato studiare, si duole che il cielo non m'abbia fatto una talpa, e in ogni modo, non solamente non mi concede niente di straordinario ma mi nega quello che qualunque padre in qualunque luogo si fa un dovere di concedere a que' figli che mostrano un solo barlume d'ingegno, e vuole risolutamente ch'io viva e muoia come i suoi maggiori, sarà ribellione di un figlio il non sottoporsi a questa legge? Se non credete che mio padre abbia intorno a me le intenzioni che ho dette, assicuratevi che così sta la cosa, e s'egli vi mostra diversamente credetemi che v'inganna, credetemi che inganna anche altri, sapendo che pochi convengono interamente colle sue massime, credete a un giovane che benché tale, conosce profondamente il carattere delle persone colle quali è convissuto fin dalla nascita. Ed io so di certo ch'egli ha protestato che noi non usciremo di qui finch'egli viva. Ora io che voglio ch'ei viva, e voglio vivere anch'io, e

3 Famiglie nobili di Recanati.

questo da giovane e non da vecchio quando sarò inutile a tutti e a me stesso, mi gitterò disperatamente nelle mani della fortuna, e se questa mi sarà contraria come non dubito, sarò un altr'uomo perduto, e il milionesimo esempio della malvagità degli uomini.

Aggiungete le infinite e micidiali malinconie inevitabili nel mio carattere e in una vita come quella ch'io son costretto a menare. Le quali mi rovinano la salute in modo che qualunque male mi sopravvenga una volta, non mi parte mai più, per la somma forza di un animo tutto angustiato e ristretto nella sua tristezza, sopra un corpo debolissimo e travagliato; al che ognun vede non potersi dare altro rimedio se non distrazioni potenti, e capaci di far contrarre allo spirito un'abitudine diversa dalla passata.

Dirò in ultimo un'altra cosa. Io sono stato sempre spasimato della virtù: quello ch'io volea eseguire non era delitto: ma io son capace anche della colpa. Si vergognino ch'io possa dire che la virtù m'è stata sempre inutile. Il calore e la forza de' miei sentimenti si poteano diriggere a bene, ma se vorranno rivolgergli a male, l'otterranno. È gran tempo ch'io so qual è la via d'esser meno infelice in questo mondo, e ne vedo gli esempi in questa stessa città. Non mi costringano a entrarvi. Non fo gran conto di me: pur mi parrà sempre formidabile chi avendo amata la virtù da che nacque, si consegna disperatamente alla colpa.

Perdonatemi il tuono che ho preso per la prima volta in questa lettera, e che in parte mi pento d'avere usato. Io non vorrei mai scordarmi de' miei doveri, io vorrei essere infelice io solo, e vi giuro che se qualche cosa mi turbava nella risoluzione ch'io aveva formata, non erano né i pericoli a cui m'esponeva, né i biasimi altrui, de' quali non fo nessun conto, né la morte che i disagi e la povertà m'avrebbero proccurata ben presto con mia consolazione, ma il solo pensiero di dar disgusto ai miei genitori. Io ho sempre amato mio padre e l'amerò: e mi duole che voglia trattarmi come gli altri uomini, e creda l'inganno più vantaggioso con me della schiettezza, mentre mi sembra d'aver dato prove sufficienti del contrario. Ripeto ch'io non desidero se non d'essergli sempre riconoscente e rispettoso, e certamente sarò tale nel fatto, se non potrò anche nelle apparenze. Io non mi pento della condotta passata, né bramo cangiarla. Solamente prego che voglia aver qualche riguardo alle inclinazioni mie, che ora non sono più mutabili naturalmente, e contrariate mi faranno infelice fin ch'io viva, e forse peggio ch'infelice. Perdonatemi il tedio che v'ho recato con tanta lunghezza, e lo scriver frettoloso e scomposto a cagione della difficoltà somma ch'io provo ad ogni sorta di applicazione. Se non vi sdegnerete d'essermi amico, io seguirò sempre ad amarvi, non pretendendo perciò che vi astenghiate per nessun modo dal contrariarmi in tutto ciò che vi potesse occorrere per la necessità della prudenza ricevuta fra gli uomini, e dell'amicizia che vi lega a mio padre. Credetemi vostro obbligatissimo devotissimo servitore ed amico Giacomo Leopardi.

XLIX · A PIETRO GIORDANI, MILANO[1]

Recanati 20 Agosto 1819

[...] Io fuggiva di qua per sempre, e m'hanno scoperto. Non è piaciuto a Dio che usassero la forza: hanno usato le preghiere e il dolore. Non ispero più niente, benché m'abbiano promesso molto: ma io confidava in me solo, e ora che son tolto a me stesso non confido in veruno. A Carlo rimangono le stesse speranze, forse anche minori, perché in lui non hanno ancora conosciuta una disperazione capace di risolversi in qualche fatto dispiacevole. Ma poco staranno ad avvedersene. [...]

1 Testo integrale in *Tutte le op.*, cit., I, pp. 1086-87.

L · DI PIETRO GIORDANI[1]

Milano 1 Novembre 1819

[...] Reputo gran ventura che sia stato disturbato il tuo doloroso disegno. Non ti biasimo che tu l'abbi avuto in mente:
ma reputo bene, o assai minor male non averlo potuto eseguire. Non credere, o mio caro, che io non intenda la tua dolorosa
situazione: figúrati che io ho provato altrettanto e forse peggio: peggio in salute: peggio in schiavitù domestica: peggio in
spasimo dell'animo. Ma facciamo un po' i conti spassionata-
mente: vedrai che andavi a peggiorare. Ti manca una conoscenza materiale del mondo; ti manca il modo di farti meglio conoscere. Ma in sì pochi anni sei già conosciuto non poco; e quel
che più vale, hai d'ingegno e di sapere quel che in tutta Italia
hanno ben pochissimi. Hai i comodi della vita corporale; cosa
importantissima ad una complessione così delicata: hai sufficienti mezzi per occupare il tuo intelletto: e la speranza della
gloria non ti è poi tolta: perché vedi quanto ti resta a vivere: e
il tempo suol portare seco non pochi favori. All'incontro, come
esporti così all'azzardo? con una complessione delicata? senza
mezzi sicuri? in un mondo in un secolo il più egoista che mai
fosse. In chi sperare, e che? Io capisco tutto quel che devi soffrire in casa: ma per mia propria esperienza ne ho la misura.
All'incontro mi spaventa l'indefinito de' mali a cui andresti incontro uscendo così alla disperata. La tua condizione non è felice: ma uno sforzo di filosofia la può sopportare. Figúrati d'essere un carcerato: ma ariosa prigione e salubre; buon letto,
buona tavola, assai libri: oh dio; ciò è ancora meno male che

1 Testo integrale in *Epistolario*, ed. Moroncini, I, pp. 316-17.

non saper dove mangiare, né dove dormire. Chi sa; forse un qualche giorno tuo padre si piegherà: se io sapessi qual santo potesse fare questo miracolo, certamente lo invocherei. Ma frattanto invoco la tua pazienza, la tua prudenza. [...]

Recanati 19 Novembre [1819]

Sono così stordito del niente che mi circonda, che non so come abbia forza di prender la penna per rispondere alla tua del primo. Se in questo momento impazzissi, io credo che la mia pazzia sarebbe di seder sempre cogli occhi attoniti, colla bocca aperta, colle mani tra le ginocchia, senza né ridere né piangere, né muovermi altro che per forza dal luogo dove mi trovassi.[1] Non ho più lena di concepire nessun desiderio, né anche della morte, non perch'io la tema in nessun conto, ma non vedo più divario tra la morte e questa mia vita, dove non viene più a consolarmi neppure il dolore. Questa è la prima volta che la noia non solamente mi opprime e stanca, ma mi affanna e lacera come un dolor gravissimo; e sono così spaventato della vanità di tutte le cose, e della condizione degli uomini, morte tutte le passioni, come sono spente nell'animo mio, che ne vo fuori di me, considerando ch'è un niente anche la mia disperazione.[2]

Gli studi che tu mi solleciti amorosamente a continuare, non so da otto mesi in poi che cosa sieno, trovandomi i nervi degli occhi e della testa indeboliti in maniera, che non posso non solamente leggere né prestare attenzione a chi mi legga checché si voglia, ma fissar la mente in nessun pensiero di molto o poco rilievo.

Mio caro, bench'io non intenda più i nomi d'amicizia e d'amore, pur ti prego a volermi bene come fai, ed a ricordarti di me, e credere ch'io, come posso, ti amo, e ti amerò sempre, e desidero che tu mi scriva. Addio.

1 Cfr. *Zibaldone*, 85.
2 *Zibaldone*, 72.

LII · DI PIETRO GIORDANI[1]

Milano 8 Decembre 1819

[...] Oh mio Giacomino; che lettera! ma purtoppo era inevitabile che una sì lunga violenza a un animo forte in un corpo delicato finisse così. Io conosco, io sento la tua situazione: io me ne dispero. Ma che si ha a fare? Io mi raccomando a Carlino a Paolina, che ti consolino a quel modo che si può: e si uniscano a me in pregarti che tu non abbandoni il voler bene a te stesso, e l'aiutarti quanto puoi colla speranza de' possibili, colla pazienza, coll'altezza della mente, che si sdegni di soccombere alle ingiurie della fortuna. In tanta gioventù, è troppo presto e non è prudente l'abbandonarsi. Che io ti ami, anzi ti adori sempre; non devi dubitarne. E credimi che il caso tuo non è piccola parte delle mie rabbiose malinconie, e delle infinite maledizioni ch'io gitto a questo mondo; il quale solamente può parer tolerabile non che lodevole agli stolidi e ai maledetti egoisti.

Mio caro Giacomino: io non so che dirti; e il caso tuo non è più da parole. E vedi bene che io nulla posso. Ma posso amarti e compiangerti; e credimi che il cuor mi si rompe de' tuoi guai. Con sospiri infiniti e con amore immenso ti abbraccio: e Carlino e Paolina saluto caramente le mille volte. Oh mondo detestabile! Addio care anime: addio.

---

1 Testo integrale in *Epistolario*, ed. Moroncini, I, p. 320.

Recanati 17 Decembre 1819

Credeva che la facoltà di amare come quella di odiare fosse spenta nell'animo mio. Ora mi accorgo per la tua lettera ch'ella ancor vive ed opera. Bisogna pure che il mondo sia qualche cosa, e ch'io non sia del tutto morto, poiché mi sento infervorato d'affetto verso cotesto bel cuore. Dimmi, dove troverò uno che ti somigli? dimmi, dove troverò un altro ch'io possa amare a par di te? O cara anima, o sola *infandos miserata labores*[1] di questo sventurato, credi forse ch'io sia commosso della pietà che mi dimostri perch'ella è rivolta sopra di me? Or io ne son tocco perché non vedo altra vita che le lagrime e la pietà; e se qualche volta io mi trovo alquanto più confortato, allora ho forza di piangere, e piango perché sono più lieto, e piango la miseria degli uomini e la nullità delle cose. Era un tempo che la malvagità umana e le sciagure della virtù mi movevano a sdegno, e il mio dolore nasceva dalla considerazione della scelleraggine. Ma ora io piango l'infelicità degli schiavi e de' tiranni, degli oppressi e degli oppressori, de' buoni e de' cattivi, e nella mia tristezza non è più scintilla d'ira, e questa vita non mi par più degna d'esser contesa. E molto meno ho forza di conservar mal animo contro gli sciocchi e gl'ignoranti coi quali anzi proccuro di confondermi; e perché l'andamento e le usanze e gli avvenimenti e i luoghi di questa mia vita sono ancora infantili, io tengo afferrati con ambe le mani questi ultimi avanzi e queste ombre di quel benedetto e beato tempo, dov'io sperava e sognava la felicità, e sperando e sognando la godeva,

---

1 «Pietosa degli indicibili affanni», Virgilio, *Eneide*, I, 597.

ed è passato né tornerà mai più, certo mai più; vedendo con eccessivo terrore che insieme colla fanciullezza è finito il mondo e la vita per me e per tutti quelli che pensano e sentono; sicché non vivono fino alla morte se non quei molti che restano fanciulli tutta la vita. Mio caro amico, sola persona ch'io veda in questo formidabile deserto del mondo, io già sento d'esser morto, e quantunque mi sia sempre stimato buono a qualche cosa non ordinaria, non ho mai creduto che la fortuna mi avrebbe lasciato esser nulla. Sicché non ti affannare per me, ché dove manca la speranza non resta più luogo all'inquietudine, ma piuttosto amami tranquillamente come non destinato a veruna cosa, anzi certo d'esser già vissuto. Ed io ti amerò con tutto quel calore che avanza a quest'anima assiderata e abbrividita. Carlo e Paolina ti salutano di cuore. Addio.

1820

LIV · AD ANGELO MAI, ROMA[1]

Recanati 10 Gennaio 1820

Signor mio Pregiatissimo. Dopo la sua venuta in Roma[2] ho desiderato più volte di significarle com'io fossi contento d'averla ora più vicina che per l'addietro, e rinnovarle la memoria di questo suo buono ammiratore e servo. Ma il timore d'importunarla, e distorla da migliori occupazioni me n'ha sempre dissuaso. Finalmente il grido delle nuove maraviglie che V.S. sta operando[3] non mi lascia più forza di contenermi, né mentre tutta l'Europa sta per celebrare la sua preziosa scoperta, mi basta il cuore d'essere degli ultimi a rallegrarmene seco lei, e dimostrare la gioia che ne sento, non solo in comune con tutti gli studiosi, ma anche in particolare per la stima e rispettosa affezione che professo singolarmente a V.S. Ella è proprio un miracolo di mille cose, d'ingegno di gusto di dottrina di diligenza di studio infatigabile, di fortuna tutta nuova ed unica. In somma V.S. ci fa tornare ai tempi dei Petrarca e dei Poggi, quando ogni giorno era illustrato da una nuova scoperta classica, e la maraviglia e la gioia de' letterati non trovava riposo.[4] Ma ora in tanta luce d'erudizione e di critica, in tanta copia di biblioteche, in tanta folla di filologi, V.S. sola, in codici esposti da più secoli alle ricerche di qualunque studioso, in librerie frequentate da ogni sorta di dotti, scoprir tesori che si piangeano per ismarriti senza riparo sin dal primo rinascimento delle lettere, e

1 Testo integrale in *Tutte le op.*, cit., I, p. 1091.
2 Il Mai era stato nominato di recente direttore della Vaticana.
3 L'ultimo ritrovamento del Mai era stato il testo del *De re publica* di Cicerone, in un palinsesto della Vaticana.
4 Il Petrarca aveva ritrovato le *Epistulae ad Atticum* di Cicerone; Poggio Bracciolini (1380-1459) il *De rerum natura* di Lucrezio e inoltre testi di Cicerone, Stazio, Silio Italico.

il cui ritrovamento non ha avuto mai luogo neppure nelle più vane e passeggere speranze de' letterati, è un prodigio che vince tutte le maraviglie del trecento e del quattrocento.

È gran tempo ch'io avea preparato con grande amore e studio i materiali d'alcune lettere[5] per dimostrare in maniera se non bella né buona, almeno mia propria, le vere ed intime utilità e pregi delle sue scoperte, con una quantità di osservazioni critiche sui particolari di ciascheduna. Ma la mia salute intieramente disfatta, e da nove mesi un'estrema imbecillità de' nervi degli occhi e della testa, che fino m'impedisce il fissar la mente in qualunque pensiero, m'ha levato il poter dar effetto ai miei disegni. A ogni modo, perché lo strepito e lo splendore dell'ultima sua scoperta è tale da risvegliare i più sonnacchiosi e deboli, mi sono sentito anch'io stimolare dal desiderio di non restar negligente in un successo così felice. Ed essendo pur deliberato di raccogliere tutte le mie forze quasi spente per un qualche (forse l'ultimo) lavoro intorno alla grand'opera che V.S. sta per pubblicare, mi fo animo di farle una domanda che a V.S. non parrà verisimile, fuorché volendo considerare la confidenza che m'ispira la sua straordinaria benignità, e le molte prove d'affetto ch'Ella non s'è sdegnata di darmi in vari tempi: ed è che V.S. si voglia compiacere, quando l'opera starà sotto i torchi, di spedirmene i fogli di mano in mano,[6] acciò che la mia fatica abbia più spazio, non potendo essere altro che lentissima per le cagioni che ho dette. E quand'io per questo mezzo arrivassi a far qualche cosa, sempre salvo il sottoporla all'esame e al giudizio di V.S. Ella si può immaginare come ne debba crescere l'infinita riconoscenza ch'io le professo. [...]

5 La *Lettera al ch. P. Giordani sopra il Frontone del Mai* e la *Lettera al ch. P. Giordani sopra il Dionigi del Mai*, entrambe pubblicate postume.
6 Il Mai con un pretesto non esaudirà questa richiesta.

Recanati 14 Gennaio 1820

La mia de' 17 di Decembre che rispondeva alla tua così amorosa degli otto, non ti deve essere stata ricapitata, giacché non vedo replica. Neanche questa povera consolazione di parlar teco delle nostre miserie; col solo che mi sappia intendere. Con questa rispondo alla tua de' 22. Dici troppo bene ch'io forse non mi accorgerei, certamente non sentirei tutta la nullità umana, se potessi ancora trattenermi negli studi. Non ho mai trovata sorgente più durevole e certa di distrazione e dimenticanza, né illusione meno passeggera. Le parole dell'ultima tua mi confermano tuttavia maggiormente nel concetto ch'ebbi sempre del tuo cuore impareggiabile. Non accade ch'io ti parli di me. Non saresti quell'uomo che sei, se potessi dubitare dell'amor mio sempre più vivo ed intenso. Vorrei ben dimostrartelo coi fatti, ma questa dimostrazione è tolta dalla fortuna ad ambedue. Contentiamoci delle parole e della certezza scambievole del nostro affetto. Paolina e Carlo ti rendono i tuoi cari saluti. Addio.

Recanati 4 Febbraio 1820

Stimatissimo Signore. Sino dall'Ottobre p.p. credendo più sicura un'occasione a mano, che la posta, consegnai una lettera per V.S. ad un Signore di qui, che partendo per costà mi promise di ricapitargliela; ma non avendo mai veduto riscontro, credo che si sia dimenticato della sua parola. Ora sono ad annoiarla con una preghiera che la sola sua gentilezza mi dà animo di farle. Con questa sarà un mio piccolo manoscritto[2] che le invio per la posta, assicurato. Desidererei il favore che V.S. si compiacesse di darlo a stampare a mio conto in cotesta città, nel formato di 12 o 16 in maniera che non eccedesse i due fogli di stampa, in carta mediocre, eccetto una dozzina che bramerei stampata in carta di buona qualità, sia velina, sia com'Ella giudicherà più a proposito; e quanto al numero delle copie in tutto, non vorrei che uscissero dalle duecento alle trecento. E la legatura, desidererei che V.S. la facesse eseguire in carta colorata, ovvero in carta bianca stampata, come le parrà meglio. Ma soprattutto, dovendosi far la stampa in mia lontananza, la pregherei a volermi favorire di dar l'incarico della revisione a persona che vi adoperasse tutta la diligenza ch'è necessaria in queste piccole edizioni, dove ogni minimo errore riesce vergognoso, e spesso anche fa gran danno al componimento, e all'onor dell'autore. E perciò, che il revisore non trascurasse neanche la punteggiatura, ch'io ho cercato di regolare nel ms. con ogni

---

1 Per Pietro Brighenti, cfr. *Nota sui corrispondenti*, p. 583 e *Introduzione*, p. XLI.
2 Contenente le canzoni *Nello strazio di una giovane fatta trucidare col suo portato dal corruttore per mano ed arte di un chirurgo*; *Ad Angelo Mai* e *Per una donna inferma di malattia lunga e mortale*. Fu pubblicata soltanto la canzone *Ad Angelo Mai*.

esattezza, parendomi che anch'essa faccia non piccola parte della buona o cattiva qualità dello stile, massimamente in questa sorta di scritti.

Quando V.S. si voglia compiacere di favorirmi, ragguagliandomi poi della spesa, me ne crescerà infinitamente la riconoscenza ch'io le professo. Ma desidero principalmente, ch'Ella scusi il mio ardire, attribuendolo alla confidenza che ho nella sua cortesia. E con grande e sincera stima ho il bene di dichiararmi suo devotissimo obbligatissimo servitore ed amico Giacomo Leopardi.

LVII · A PIETRO GIORDANI, PIACENZA

Recanati 6 Marzo 1820

Mio carissimo. Dopo i 10 di Dicembre io ti ho scritto costà due lettere invano: della terza[1] non so, perché ai 15 di Febbraio quando mi scrivesti l'ultima volta, non ti poteva essere arrivata. Sta anch'io sospirando caldamente la bella primavera come l'unica speranza di medicina che rimanga allo sfinimento dell'animo mio; e poche sere addietro, prima di coricarmi, aperta la finestra della mia stanza, e vedendo un cielo puro e un bel raggio di luna, e sentendo un'aria tepida e certi cani che abbaiavano da lontano, mi si svegliarono alcune immagini antiche, e mi parve di sentire un moto nel cuore, onde mi posi a gridare come un forsennato, domandando misericordia alla natura, la cui voce mi pareva di udire dopo tanto tempo. E in quel momento dando uno sguardo alla mia condizione passata, alla quale era certo di ritornare subito dopo, com'è seguito, m'agghiacciai dallo spavento, non arrivando a comprendere come si possa tollerare la vita senza illusioni e affetti vivi, e senza immaginazione ed entusiasmo, delle quali cose un anno addietro si componeva tutto il mio tempo, e mi faceano così beato non ostante i miei travagli. Ora sono stecchito e inaridito come una canna secca, e nessuna passione trova più l'entrata di questa povera anima, e la stessa onnipotenza eterna e sovrana dell'amore è annullata a rispetto mio nell'età in cui mi trovo. Intanto io ti fo questi racconti che non farei a verun altro, in quanto mi rendo certo che non gli avrai per romanzeschi, sapendo com'io detesti sopra ogni cosa la maledetta affettazione corruttri-

1 Del 14 febbraio, non riprodotta.

ce di tutto il bello di questo mondo, e che tu sei la sola persona che mi possa intendere, e perciò non potendo con altri, discorro con te di questi miei sentimenti, che per la prima volta non chiamo vani. Perché questa è la miserabile condizione dell'uomo, e il barbaro insegnamento della ragione, che i piaceri e i dolori umani essendo meri inganni, quel travaglio che deriva dalla certezza della nullità delle cose, sia sempre e solamente giusto e vero.[2] E se bene regolando tutta quanta la nostra vita secondo il sentimento di questa nullità, finirebbe il mondo e giustamente saremmo chiamati pazzi, a ogni modo è formalmente certo che questa sarebbe una pazzia ragionevole per ogni verso, anzi che a petto suo tutte le saviezze sarebbero pazzie, giacché tutto a questo mondo si fa per la semplice e continua dimenticanza di quella verità universale, che tutto è nulla. Queste considerazioni io vorrei che facessero arrossire quei poveri filosofastri che si consolano dello smisurato accrescimento della ragione,[3] e pensano che la felicità umana sia riposta nella cognizione del vero, quando non c'è altro vero che il nulla, e questo pensiero, ed averlo continuamente nell'animo, come la ragion vorrebbe, ci dee condurre necessariamente e dirittamente a quella disposizione che ho detto, la quale sarebbe pazzia secondo la natura, e saviezza assoluta e perfetta secondo la ragione.

I miei nervi stanno all'ordinario. Ti abbraccio e ti bacio, e prego buon fine alle tue fatiche per mettere alquanto più vita in cotesta tua patria. Addio. Paolina e Carlo ti amano e ti salutano.

2 Cfr. *Zibaldone*, 14.
3 Cfr. *Palinodia al marchese Gino Capponi*.

LVIII · A PIETRO GIORDANI, PIACENZA[1]

Recanati 20 Marzo 1820

[...] Mi domandi che cosa io pensi e che scriva. Ma io da gran tempo non penso né scrivo né leggo cosa veruna, per l'ostinata imbecillità de' nervi degli occhi e della testa: e forse non lascerò altro che gli schizzi delle opere ch'io vo meditando, e ne' quali sono andato esercitando alla meglio la facoltà dell'invenzione che ora è spenta negl'ingegni italiani. E per quanto io conosca la piccola cosa ch'io sono, tuttavia mi spaventa il dover lasciare senza effetto quanto avea concepito. Ma ora propriamente son diventato inetto a checchessia, mi disprezzo, mi odierei m'abborrirei se avessi forza, ma l'odio è una passione, e io non provo più passioni. E non trovo altra cagione che questa perch'io non mi sia strappato il cuore dal petto mille volte. Vedo che tutto mi contraddice, e sono respinto da ogni parte, e basta ch'io desideri una cosa perché succeda il rovescio; io non so quello che fo in questo mondo.

Delle *Canzoni* di cui mi domandi, la prima e l'ultima sono scritte un anno addietro, e per questo i miei sentimenti d'oggidì non gli troverai fuorché nella seconda,[2] uscitami per miracolo dalla penna in questi ultimi giorni. Ho scritto al nostro Brighenti che ti mandi le tre copie che m'hai favorito di ricercargli. [...]

1 Testo integrale in *Tutte le op.*, cit., I, pp. 1096-97.
2 La canzone *Ad Angelo Mai*.

LIX · A PIETRO BRIGHENTI, BOLOGNA[1]

Recanati 7 Aprile 1820

Stimatissimo Signore, Padrone ed Amico. Sarebbe sempre la
massima indiscretezza, e molto più in questi tempi, l'esigere da
un amico l'impronto[2] di qualunque somma. E perciò era mia
intenzione di spedirle, com'era dovere, anticipatamente la somma necessaria per la nota edizione, quando avessi saputo stabilmente che si dovesse eseguire per conto mio. Ma V.S. forse saprà ch'io sono figlio di famiglia, e quando da principio la pregai di questa edizione, non possedeva ancora effettivamente il
danaro bisognevole, ma era persuaso che l'avrei ogni volta che
avessi voluto, e a tutti quelli che mi conoscono qui o altrove
credo che dovesse parere il medesimo. Dopo la sua compitissi-
ma dei 22 p.p. ho conosciuto di essermi ingannato, non avendo
in nessun modo potuto riuscire ad accumulare la somma intiera.[3] Abbassarmi non voglio, e non è stato mio costume mai da
quando la disgrazia volle mettermi in questo mondo. E potrà
anche far la fortuna che mi manchi il vitto e il vestire, ma non
costringermi a domandarlo neppure alla mia famiglia. Perciò
rinunzio intieramente a qualunque progetto così relativamente
a questa come a qualunque altra edizione; e perché il mio ingegno è scarsissimo, e per grande che sia qualunque ingegno,
non giova mai nulla in questo mondo, son risoluto di sacrifi-
carlo totalmente all'immutabile ed eterna scelleratezza della

---

1 Testo integrale in *Tutte le op.*, cit., I, pp. 1097-98.
2 *l'impronto*: il prestito. Brighenti in una lettera del 22 marzo aveva chiesto a Leopardi
l'invio di «una ventina di scudi» per la stampa delle canzoni.
3 Dato il rifiuto del padre alla sua richiesta di danaro, dettato più da preoccupazioni
politiche che da difficoltà finanziarie.

fortuna, col seppellirmi sempre più nell'orribile nulla nel quale son vissuto fino ad ora. Prego V.S. che non pensi più a me se non come all'uomo il più disperato che si trovi in questa terra, e che non è lontano altro che un punto dal sottrarsi per sempre alla perpetua infelicità di questa mia maledetta vita. E ringrazio sommamente il cielo d'essermi convinto dell'impotenza mia, prima che un amico qual è V.S. avesse ancora intrapreso nulla per me, che mi togliesse la possibilità di troncar l'affare come fo presentemente. [...]

LX · DI PIETRO BRIGHENTI[1]

Bologna 12 Aprile 1820

[...] Io mi figuro che a quest'ora avrà saputo averne ricevuta una anche dal suo Sig. Padre, che mi ricchiedeva di quale stampa fossi incaricato per parte di V.S. Gli ho risposto ingenuamente il vero, cioè che io era incaricato di stampare tre sue *Canzoni*, alle quale *io* aveva dato il suggerimento di unire le altre due già impresse in Roma. Dal contesto delle espressioni del Sig. Co. Monaldo io ho rilevato che questo Signore non approva tale impressione, temendo che a questi tempi vengano le *Canzoni* interpretate per insegna di qualche fazione.[...]

1 Testo integrale in *Epistolario*, ed. Moroncini, II, pp. 28-29.

Recanati 21 Aprile 1820

Stimatissimo Signor Avvocato, Padrone ed Amico. Prima di ricevere la sua gratissima dei 12 corrente, io non sapeva nulla della lettera di mio padre, come neanche presentemente ne so più che quanto Ella mi scrive. Neanche vedo come mio padre possa aver saputo quello di cui non ho mai parlato né a lui né a verun altro (avendo pochi amici fuori, e nessuno in questo barbaro paese), eccetto il caso che abbia rimescolate le mie carte, del che non mi maraviglio, né mi lagno, perché ciascuno segue i suoi principii. Quanto ai dubbi di mio padre, rispondo che io come sarò sempre quello che mi piacerà, così voglio parere a tutti quello che sono; e di non esser costretto a fare altrimenti, sono sicuro per lo stesso motivo a un di presso, per cui Catone era sicuro in Utica della sua libertà.[1] Ma io ho la fortuna di parere un coglione a tutti quelli che mi trattano giornalmente, e credono ch'io del mondo e degli uomini non conosca altro che il colore, e non sappia quello che fo, ma mi lasci condurre dalle persone ch'essi dicono, senza capire dove mi menano. Perciò stimano di dovermi illuminare e sorvegliare. E quanto alla *illuminazione*, li ringrazio cordialmente; quanto alla sorveglianza, li posso accertare che cavano acqua col crivello.

Circa le mie *canzoni*, io le metto nel gran fascio di tutti i miei detti o fatti o scritti dalla mia nascita in poi, che il mio esecrando destino ha improntato di perpetua inutilità. Io ho rinunziato a tutti i piaceri de' giovani. Dai 10 ai 21 anno io mi sono ristretto meco stesso a meditare e scrivere e studiare i libri

1 Allude al suo suicidio.

e le cose. Non solamente non ho mai chiesto un'ora di sollievo, ma gli stessi studi miei non ho domandato né ottenuto mai che avessero altro aiuto che la mia pazienza e il mio proprio travaglio. Il frutto delle mie fatiche è l'esser disprezzato in maniera straordinaria alla mia condizione, massimamente in un piccolo paese. Dopo che tutti mi hanno abbandonato, anche la salute ha preso piacere di seguirli. In 21 anno, avendo cominciato a pensare e soffrire da fanciullo, ho compito il corso delle disgrazie di una lunga vita, e sono moralmente vecchio, anzi decrepito, perché fino il sentimento e l'entusiasmo ch'era il compagno e l'alimento della mia vita, è dileguato per me in un modo che mi raccapriccia. È tempo di morire. È tempo di cedere alla fortuna; la più orrenda cosa che possa fare il giovane, ordinariamente pieno di belle speranze, ma il solo piacere che rimanga a chi dopo lunghi sforzi, finalmente s'accorga d'esser nato colla sacra e indelebile maledizione del destino.

Io la prego al possibile di non mandare il ms. a mio padre. Se già l'avesse mandato, ed egli lo rimandasse per farlo stampare con qualunque benché minima alterazione, io con quanta autorità posso avere sopra gli scritti che pur mi paiono miei, la prego e supplico a rispondere ch'io ho intieramente rinunziato al pensiero di pubblicare quelle *canzoni*, e che l'ho significato a V.S. nel modo più preciso. Quando poi egli le rimandasse senza variazione, o quando senza averle vedute, le scrivesse di farle stampare, Ella farà quello che le piacerà, essendo io in questo caso del tutto indifferente.

Quelli che presero in sinistro la mia *Canzone* sul Dante,[2] fecero male, secondo me, perché le dico espressamente *ch'io non la scrissi per dispiacere a queste tali persone*, ma parte per amor del puro e semplice vero, e odio delle vane parzialità e prevenzioni; parte perché non potendo nominar quelli[3] che queste persone avrebbero voluto, io metteva in iscena altri attori come per pretesto e figura.

Pel mio Giordani io mi getterei nelle fiamme, ma sono così spaventato della inutilità delle azioni ch'è stata la mia condan-

---

2 Alcuni liberali di Bologna avevano giudicato sfavorevolmente la polemica antifrancese della canzone *Sopra il monumento di Dante*, nella prima versione.
3 Gli austriaci.

na da quando nacqui, che appena mi resta forza di tornargli a scrivere. Ma lo farò certamente, se bene indarno, e non cederò in questa parte alla mia disgrazia.

Quanto mi consola l'amabile offerta della sua amicizia, tanto mi rattrista il racconto delle sue sventure. In somma in questo mondo basta essere immeritevole del male per abbondarne. Io sono inutile anche a me stesso, ma se la mia sorte mi concedesse di poterla mai o giovare o confortare in alcun modo, ella può esser certa ch'io ne ringrazierei la fortuna di cuore, e me ne prevarrei con quanta lena mi rimanesse. V.S. mi ami e si assicuri della mia corrispondenza, e mi scusi del disturbo che le avrò recato con questo affare. Andrà anche questo a cader nel nulla con tutte le cose mie, e con me stesso. Suo devotissimo servitore ed amico Giacomo Leopardi.

Bologna 22 aprile 1820

Veneratissimo Sig. Conte. Non ebbi torto a scriverle nell'ultima mia del 12 and. che il suo sig. Padre era desideroso di mostrarle in ogni incontro il suo affetto, e la sua stima. Egli mi ha scritto che non vorrebbe si ristampassero in questi tempi di burrasche politiche le due canzoni *All'Italia* e *Per il Dante*, ma che lascia al mio arbitrio di stampare le tre inedite, benché quella della *Donna morta col suo portato*, Egli non gradirebbe che si pubblicasse per varie ragioni assai buone, ch'Egli mi ha scritte. E perché (a parlarle con la libertà che inspira l'affetto, e la riverenza che le professo) non credo che questa sia quella delle tre canzoni, che superi la bellezza delle sorelle, e perché io ho sempre praticato che a un atto di cortesia si debba renderne un altro, io direi, che essendo Ella libero di farle stampare tutte e tre, ne stampasse due sole; cioè quella *al Mai*, e quella *per malattia*. Su di che io attenderò le savie sue risoluzioni. La spesa in questo caso sarebbe della metà, e anzi di qualche cosa di meno della metà di quanto le avevo detto. E se gradisse che fossero unite all'*Abbreviatore*[2] lo farò. [...]

Oh! quanto bramerei ch'Ella conoscesse Bologna e questi letterati, i Mezzofanti, gli Strocchi, i Marchetti ecc. presso i quali mi farei un debito di esserle guida. E io avrei la consolazione di conoscerla di persona, il che desidero con tutto l'ardore. [...] Non so s'Ella ami la musica e il teatro. Avremo qui a momenti un grandioso spettacolo. Certo Ella ama la grave e sublime letteratura, e questa pure si trova in Bologna, e sono sicuro che si troverebbe contento di questa gita. [...]

1 Testo integrale in *Epistolario*, ed. Moroncini, II, pp. 34-35.
2 «L'Abbreviatore, ossia appendice critica a tutti i giornali e altri fogli di novità libraria», giornaletto letterario diretto da Pietro Brighenti.

LXIII · A PIETRO GIORDANI, PIACENZA[1]

Recanati 24 Aprile 1820

[...] Se noi fossimo antichi, tu avresti spavento di me, vedendomi così perpetuamente maledetto dalla fortuna, e mi crederesti il più scellerato uomo del mondo.[2] Io mi getto e mi ravvolgo per terra, domandando quanto mi resta da vivere.[3] La mia disgrazia è assicurata per sempre: quanto mi resterà da portarla? quanto? Poco manca ch'io non bestemmi il cielo e la natura che par che m'abbiano messo in questa vita a bella posta perch'io soffrissi. Mi par quasi impossibile che tu m'ami. A ogni modo mi fo violenza per crederlo, e in riguardo tuo non ne posso dubitare, ma solamente rispetto alla mia sfortuna. Ché certo se tu m'ami, sei l'unico in questa terra. [...] Dov'è l'uomo più disperato di me? che piacere ho goduto in questo mondo? che speranza mi rimane? che cosa è la virtù? non capisco più niente. Addio.

1 Testo integrale in *Tutte le op.*, cit., I, p. 1099.
2 Cfr. *Zibaldone*, 3342.
3 Cfr. *La sera del dì di festa*, vv. 21-23.

Recanati 28 Aprile 1820

Stimatissimo Signor Avvocato, Padrone ed Amico. Riscontro la sua pregiatissima 22 spirante. Io ringrazio mio padre (che ho sempre riverito ed amato da vero) del permesso che mi concede di stampare le *mie* canzoni. Ma le due di Roma non vuole che si ristampino. Dice benissimo. Ha voluto saper da Lei i titoli delle inedite. Ha fatto benissimo. Non vuole che si stampi la prima. Parimente benissimo, non già secondo me, ma è ben giusto che *negli scritti miei* prevalga la sua opinione, perch'io sono e sarò sempre fanciullo, e incapace di regolarmi. Restano due canzoni. Per queste, per cui finalmente e a caso tocca a parlare a me, dico che non occorre incomodare gli stampatori, e così finisca quest'affare, e la noia ch'io le avrò recata.

Mio padre non ha veduto se non il titolo della prima inedita,[1] come lo avea veduto per accidente ancor qui, mentre io la scriveva, un anno fa; e s'immaginò subito mille sozzure nell'esecuzione, e mille sconvenienze del soggetto, che possono venire in mente a chi non mancando di molto ingegno e sufficiente lettura, non ha però nessuna idea del mondo letterario. Il titolo della seconda inedita[2] si è trovato fortunatamente innocentissimo. Si tratta di un Monsignore. Ma mio padre non s'immagina che vi sia qualcuno che da tutti i soggetti sa trarre occasione di parlar di quello che più gl'importa, e non sospetta punto che sotto quel titolo si nasconda una Canzone piena di orribile fanatismo.[3]

1 *Nello strazio di una giovane.*
2 *Ad Angelo Mai.*
3 Il Brighenti era appena diventato informatore della polizia austriaca e segnalò questa canzone appunto per il suo «fanatismo» politico, provocando il suo sequestro nel Lombardo-Veneto.

La ringrazio dell'offerta di stampare le mie *canzoni*, o sia l'avanzo di esse, nell'*Abbreviatore*. Ma io ho fatta sempre cattiva esperienza del pubblicare nei giornali le cose che non sono scritte espressamente per essi, e ho veduto che son lette da pochissimi, e lette o non lette sono subito dimenticate. V.S. farà quello che le piace del manoscritto senza rimandarmelo, tanto più che oramai comincio ad accordarmi anch'io coll'universale che mi disprezza, e a credere di aver gittato il travaglio di tanti anni in questa più bella età mia, e perduto invano, benché irreparabilmente, tutti i beni di questa vita, per giungere a scriver cose che non vagliono un fico. Ciò ch'Ella mi dice per suo proprio conto in proposito della mia canzone *Nello strazio di una giovane*, come lo tengo per giustissimo, e ne la ringrazio sopra tutto il resto, così lo riguardo per una prova certa di quello che ho detto; perché il mio povero giudizio, e l'esperienze fatte di quella canzone sopra donne e persone non letterate, secondo il mio costume, e riuscitemi assai più felicemente delle altre, mi aveano persuaso del contrario. Mi avvedo ora di essermi ingannato.

Le sono gratissimo degli amorevoli inviti che V.S. mi fa di recarmi in cotesta bella e dotta città. Ma in che cosa consisterebbe la mia infelicità particolare (dico particolare, perché delle comuni nessuno va esente, e molto meno io che sono nato per pascermene) s'io fossi libero di me stesso, e padrone di portarmi dove mi piacesse? Ella non conoscerà Recanati, ma saprà che la Marca è la più ignorante ed incolta provincia dell'Italia. Ora per confessione anche di tutti i Recanatesi, la mia città è la più incolta e morta di tutta la Marca, e fuori di qui non s'ha idea della vita che vi si mena. Ella sappia dunque ch'io non sono mai uscito né uscirò da Recanati, non conosco nessun uomo celebre, salvo il povero Giordani che venne a visitarmi a posta, e per conseguenza son certo di non poter mai conseguire neppur quella fama a cui si levano i più piccoli scrittorelli, e che non si ottiene se non per mezzo di conoscenze, e di una vita menata in mezzo al mondo, e non del tutto fuori. Essendo pur troppo vero che l'ingegno il più raro e il più sublime (quando anche io ne avessi punto) non basta neppure a far conoscere il proprio nome, senza l'aiuto di circostanze indispensabili. La musica se non è la mia prima, è certo una mia gran passione, e dev'esserlo di tutte le anime capaci d'entusiasmo.[4] I divertimenti e le distrazioni, se anche non fossero di mio genio, sono per sentimento di tutti quelli che mi conoscono il solo rimedio che resti alla mia salute già distrutta, senza il quale io vo a perire e consumarmi inevitabilmente fra poco.

V.S. mi ami e si conservi, e mi saluti caramente il nostro Giordani. Resto Suo devotissimo servitore ed amico Giacomo Leopardi.

Alle ragioni di mio padre contro la mia prima canzone inedita rispondo con un solo esempio fra i milioni che se ne trovano, e che avrei anche in mente. Il *Verter* di Goethe versa sopra un fatto ch'era conosciutissimo in Germania, e la Carolina e il marito erano vivi e verdi, quando quell'opera famosa fu pubblicata. Ebbene? Ma se volessimo seguire i gran principii prudenziali e marchegiani di mio padre, il quale, come ho detto, non ha niente di mondo letterario, scriveremmo sempre sopra gli argomenti del secolo di Aronne,[5] e i nostri scritti reggerebbero anche alla censura della *quondam* Inquisizione di Spagna. Il mio intelletto è stanco delle catene domestiche ed estranee.

4 Cfr. *Zibaldone*, 257.
5 Personaggio biblico, fratello di Mosè.

LXV · DI PIETRO BRIGHENTI[1]

Bologna 17 Maggio 1820

[...] Io voglio lusingarmi ch'Ella avrà ripreso la sua tranquillità, e non vorrà mai rattristare né se stesso, né gli amici e ammiratori, ch'Ella ha in Italia, con tenersi fermo alle idee delle quali si degnò di farmi confidenza. Delle quali più a lungo voleva parlarle, ma la sua del 28 mi ha fatto accorto, che io forse ho nel momento alcun poco perduto della sua grazia. Signore, io penserò male, e mi esprimerò peggio: debbo però a lode del vero, e per giusta soddisfazione dell'animo mio, sincerarla, che ciò che io le scrissi, era ciò che ogni altro uomo di onore, e desideroso di vederla contenta, avrebbe scritto. Le chiedo bensì umilmente scusa, ove io avessi ecceduto in libertà di sentimenti, e di parole? Che se Ella suppone che io mi sia permesso di giudicare della canzone sua *sullo strazio* ec. sono certo, che mi sarò espresso in modo a me conveniente, o almeno che tale era la mia intenzione. [...] Quanto ai manoscritti delle tre canzoni, essi sono presso di me; e giammai non ne partirono, né io li avrei consegnati ad alcuno se a un ordine di V.S. Ella dice che non se ne stampi più alcuna, e sarà obbedita. Mi pareva però che io le avessi detto che il suo Sig. Padre le permetteva tutte e tre, e solo *desiderava* che si fosse ommessa quella dello *strazio*. Io ho disdetta la commissione allo stampatore. Mi dispiace che io ebbi poi dal signor Mataloni di Pioraco la carta velina espressamente ordinata per le sue *Canzoni*, e che non so come ora impiegare. [...]

1 Testo integrale in *Epistolario*, ed. Moroncini, II, pp. 41-42.

Recanati 26 Maggio 1820

Mio Carissimo Signore. Oh no per Dio, V.S. non mi scriva ch'io mi sia raffreddato nell'amicizia verso di lei. Io scrivo con un cuore così chiuso e palpitante dalla disperazione, che non so quello ch'io mi ponga sulla carta, e premetto questo perché V.S. mi scusi da qualunque inavvertenza potessi commettere. Tornando al proposito, s'io le scrissi amaramente, non mi venne mai nel pensiero che l'amarezza dovesse cadere sopra di Lei, ma sopra quelli di cui le parlava. Quanto al giudizio sopra la mia canzone *Nello strazio*, ec., io non so come Ella abbia dovuto credere ch'io volessi riprenderla, o dolermi di Lei. Quanto io voglia deferire agli amici in tutto quello ch'io scrivo, le può far testimonio il nostro Giordani, il quale sa ch'a un suo cenno di disapprovazione ho gettato da canto degli scritti già compiuti, che m'aveano costato lunghissime fatiche. Bensì le dirò con ischiettezza che avendo per quella canzone un certo particolare affetto, il vedere che non riusciva presso di Lei, mi dispiacque, ma nella stessa maniera in cui ci dispiace se una grandine ci porta via un capitale, nel qual caso non ci lamentiamo di veruno, se non siamo pazzi, perché non è cosa che dipenda dalla volontà. Io la ringraziai di avermi palesato il suo parere, e lo feci con verità e cordialmente, perché gli amici non possono farmi maggior favore, che manifestarmi i difetti delle mie produzioncelle, o anche la vanità di tutte.

Del cortese invito di recarmi costà, che altro le risposi io, se non ch'io era sempre incatenato qui in Recanati dalla volontà de' miei? Con che non mi pareva di offenderla in nessun modo, anzi per segno di confidenza e gratitudine, entrava con Lei in un certo dettaglio di questa mia barbara situazione. E come aveva io da dolermi di una sua affettuosa premura? di cui sono

1 Testo integrale in *Tutte le op.*, cit. I. pp. 1101-02.

gratissimo così a Lei come al nostro Giordani, il quale per altro sa già da gran tempo com'io possa disporre di me.

Non si maravigli se mio padre non le risponde. Non lo fa per voler commettere una inciviltà, ma per pigrizia, e perché suol cominciare le cose con calore, e lasciarle per freddezza. Come la sua, così ha tralasciato la corrispondenza di cento altre persone indegnissime di questa trascuraggine. Ed è suo vecchio costume, che quando ha omesso una o due volte di rispondere, allora sentendosi in colpa, neanche apre più le lettere di quella tal persona, volendo *godere* in tutto e per tutto della sua *santa pace*. Per la qual *santa pace* fa *godere* a me questa spaventosa vita.

Ho veduto con gran dispiacere che il ritiro della mia commissione le reca disturbo. Che però io non potessi prevederlo, V.S. consideri. Ella non faceva difficoltà di dimezzare, anzi più che dimezzare l'edizione, nel qual caso, se la difficoltà non doveva essere intera, almeno pareva che dovesse restarne gran parte. Di più V.S. mi proponeva gentilmente di pubblicare le mie *canzoni* nell'*Abbreviatore*, e per conseguenza di rinunziare a una stampa a parte. Onde io mi credei tuttora in tempo da disdire la commissione. Ma ora che V.S. mi avverte dell'incomodo ch'Ella ne soffre, io rifletto che la canzone *Nello strazio* ec. non la posso pubblicare in opposizione al desiderio di mio padre, e molto meno col di lui danaro. Dall'altro lato se anche la Canzone è di poco merito, ella è venuta dal cuore, e io non voglio abbassarmi a chieder danaro a mio padre, per le altre due, dopo ch'egli ha fatto strage delle tre prime, e questo per paure da fanciulli, e per massime da duecentisti. Rimane ch'io stampi col mio danaro la Canzone al Mai, e per questo motivo la prego a ragguagliarmi della spesa occorrente per pubblicarla nella forma e condizioni già convenute per le altre, con premettervi la Lettera che le accludo.[2] E dietro la sua risposta, io credo di poterle spedire il danaro a posta corrente. V.S. potrebbe farne tirare un numero di copie sopraffine maggiore del convenuto per l'addietro, affine d'impiegare la carta provveduta per una stampa più considerabile. Il titolo sarà, *Canzone di Giacomo Leopardi ad Angelo Mai*, e dietro al frontespizio verrà la detta Lettera che le includo. [...]

2 È la lettera dedicatoria al conte Leonardo Trissino.

LXVII · DI PIETRO GIORDANI[1]

Piacenza 18 Giugno [1820]

Mio sfortunatissimo e amatissimo Giacomino. Anche la tua del 12 maggio si è perduta! Lo veggo e da questa dei 9 giugno, che mi ti mostra sempre affettuoso, e sempre infelice. Caro Giacomino: possiamo amarci; poiché qual forza vince gli animi? Consolarci non possiamo già: e se pur fossimo insieme, insieme piangeremmo di questa immensità di delitti e di guai, che fa detestabile ed insopportabile la vita a chi non è scellerato. Io lo veggo e lo sento che i tuoi mali non hanno misura, non hanno fine, non rimedio, non sollievo. Solo posso dirti che quando Iddio ti manderà la morte, l'accetti come un bene; e ti persuadi di non perder nulla perdendo la vita. Io ho vissuto assai più di te; e credimi che al mondo non ci è un bene per chi non è cattivo. [...] Quanto a' mali miei, che oltre la salute, pur ne ho, son di vero sasso: ma son molle e mi consumo di afflizione per gli altrui. E per i tuoi, mio Giacomino, non credi tu che io spasimi e mi disperi? Oh sì sì: ma che giova? Salutami tanto Paolina e Carlino, e ringraziali delle memoria. Ostiniamoci a scriverci, a dispetto o degli uomini o del caso, che tanto ci contrasta. Non abbiamo che sospiri e gemiti da mandarci; non conforti, non speranze: pur è qualche cosa che l'uno e l'altro di noi non sia solitario e affatto separato nelle sue angosce. Io ti feci coraggio, ti raccomandai lo sperare finché potei. Ora non ho altro che una parola da dire: pazienza pazienza: e che altro fare contro i mali irrimediabili inevitabili? [...]

1 Testo integrale in *Epistolario*, ed. Moroncini, II, pp. 51-53.

LXVIII · A PIETRO GIORDANI, PIACENZA

Recanati 30 Giugno 1820

O mio caro e doloroso amico. La tua dei 18 mi sconsola perch'io m'accorgo che tu sei caduto in quella stessa malattia d'animo che mi afflisse questi mesi passati, e dalla quale non ch'io sia veramente risorto, ma tuttavia conosco e sento che si può risorgere.[1] E le cagioni erano quelle stesse che ora producono in te il medesimo effetto: debolezza somma di tutto il corpo e segnatamente dei nervi, e totale uniformità, disoccupazione e solitudine forzata, e nullità di tutta la vita. Le quali cagioni operavano ch'io non credessi ma sentissi la vanità e noia delle cose, e disperassi affatto del mondo e di me stesso. Ma se bene anche oggi io mi sento il cuore come uno stecco o uno spino, contuttociò sono migliorato in questo ch'io giudico risolutamente di poter guarire, e che il mio travaglio deriva più dal sentimento dell'infelicità mia particolare, che dalla certezza dell'infelicità universale e necessaria. Io credo che nessun uomo al mondo in nessuna congiuntura debba mai disperare il ritorno delle illusioni, perché queste non sono opera dell'arte o della ragione, ma della natura, la quale *expellas furca, tamen usque recurret, Et* MALA *perrumpet furtim* FASTIDIA *victrix.*[2] Che farò, mio povero amico, per te, o che posso far io? Tramutare il mondo? ma neanche consolarti? Se non altro posso amarti, e questo infinitamente, come fo. Io ritorno fanciullo, e considero che l'amore sia la più bella cosa della terra, e mi pasco di vane immagini. Che cosa è barbarie se non quella condizione dove

1 Cfr. *Zibaldone*, 137 sgg.
2 «Anche se la cacciassi col forcone ritornerà sempre e trionferà subdolamente sugli ingiusti disdegni.» Orazio, *Epist.*, I, X, 24-25.

la natura non ha più forza negli uomini? Io non tengo le illusioni per mere vanità, ma per cose in certo modo sostanziali, giacché non sono capricci particolari di questo o di quello, ma naturali e ingenite essenzialmente in ciascheduno; e compongono tutta la nostra vita.[3] Come penseremo di traviare seguendo la natura? E perché vogliamo piuttosto ribellarci a costei che ce le ha date, e ha voluto che vivessimo di queste, come vivono tutti gli altri animali, anzi in certa maniera tutte le cose? giacché tutto quello che è, non è scontento di essere, eccetto noi che non siamo più quello che dovevamo e ch'eravamo da principio. Seneca diceva che la ragione ha da osservare e consultar la natura, e che il viver beato, e secondo natura, è tutta una cosa.[4] Ma la ragione moderna, all'opposto della ragione antica, non osserva né consulta se non il vero, ben altra cosa che la natura.

Io non credo che i tristi vivano meglio di noi. Se la felicità vera si potesse conseguire in qualunque modo, la realtà delle cose non sarebbe così formidabile. Ma buoni e tristi nuotano affannosamente in questo mare di travagli, dove non trovi altro porto che quello de' fantasmi e delle immaginazioni. E per questo capo mi pare che la condizione de' buoni sia migliore di quella de' cattivi, perché le grandi e splendide illusioni non appartengono a questa gente: sicché ristretti alla verità e nudità delle cose, che altro si deggiono aspettare se non tedio infinito ed eterno?

Vedi che io, disperatissimo come sono, tuttavia mi assumo l'ufficio di consolatore. Dalla qual cosa misurerai l'amore ch'io ti porto. Ma effettivamente io parlo di cuore e non fingo; anzi presumo che tu mi debba dare ascolto più che a qualunque altro, perché quelli che non hannno esperienza di sciagure, o motivo speciale e presente di tristezza, si figurano il mondo come una bella cosa, e stimano che ciascheduno pensi o debba pensare quello che fanno essi in quel tempo. Ma io giaccio immobilmente sotto un cumulo di sventure, dove non traluce nessun

---

3 Cfr. *Zibaldone*, 51.
4 In *De Vita beata*, VIII, 1-2: «Come guida dobbiamo usar la Natura... Quindi vivere felicemente è lo stesso che vivere secondo natura». Cfr. *Zibaldone*, 326-27, 375, 446-50.

raggio di speranza. Paolina e Carlo ti scongiurano che ti vogli consolare, ed aver cura di te e di noi. Cedi alle preghiere nostre. Vedi ch'io piango per te. Anche il pianto è una consolazione delle disgrazie, e io vorrei che tu la potessi provare insieme con noi. Dammi nuove della salute, abbracciami, e pensa di me spesse volte, ma questo solo, ch'io t'amo sommamente e unicamente.

LXIX · DI PIETRO BRIGHENTI[1]

Bologna 20 Agosto 1820

[...] Io mi consolo molto, che voi possiate aver mezzo di venire da queste nostre parti, e che una cattedra non vi verrebbe scontradetta.[2] In questo caso, perché, caro amico, non fate che il signor vostro Padre (il quale mi pare che debba essere degli accettissimi al governo) si adopri onde procurarvi la cattedra di eloquenza in Bologna, che è ora coperta da un asino di altissima sfera, disprezzato dai Sapienti, e messo in ridicolo con ogni sorta di impertinenze dagli Scolari? [...] La città è buonissima, e quando sapeste disprezzare le cianze di uno di quelli[3] (che ora non nomino) a cui spediste la canzone, e che sebbene d'ingegno e di abilità, è poi un matto inquietissimo, voi del resto non avreste chi non vi portasse in palma di mano. Tutto ciò sia detto fra noi in amicizia, e per desiderio che io avrei di vedervi contento, e di vedervi a me vicino.

Sì, caro amico, accettai, e con piacere, la licenza di scrivervi con la libertà e le parole degli amici. Vi accerto però che io per questo non mi allontanerò mai dal rispetto che vi debbo, e non solo perché siete un *conte*, ma perché siete un angelo di bontà e di perfezione. Ma anche coi nobili io tengo un metodo, che sembrerà forse contraddittorio, e che vi giuro non è. Io disprezzo e odio la nobiltà, come uno dei più perniciosi flagelli dei nostri paesi: non lascio mai occasione alcuna di rivoltarmi contro la nobiltà, come mai so e posso: e nel tempo istesso non è

1 Testo integrale in *Epistolario*, ed. Moroncini, II, pp. 69-70.
2 Si riferisce alla speranza comunicata da Giordani di una cattedra in un nuovo liceo di Lodi. A questa proposta Leopardi aveva risposto che il padre non si sarebbe opposto.
3 Allude a Paolo Costa (1771-1836), critico letterario e poeta lirico.

possibile che io manchi avvertitamente ad alcuna delle urbanità che i cittadini professano ai nobili, quando si ha l'incontro di trattarli. [...] Io andai lunedì a trovare alla campagna il conte Marchetti,[4] e colà erano altri, e (come si usa in villa) tutti lieti e volenterosi di bizzarrie, fra le quali si propose di andare al bagno, che è attaccato al Casino, e costruito in un canale di acqua corrente. Io che non ricuso mai di secondare le brigate, nelle quali mi trovo, mi bagnai io stesso, e il dì dopo incominciò a manifestarmisi una costipazione di testa, di gola, e di petto, che non sono più uscito di casa. [...]

4 Giovanni Marchetti (1790-1852), collaborò al *Commento dantesco* di Paolo Costa.

Recanati 28 Agosto 1820

Mio Carissimo. Mi rincresce molto il nuovo incomodo di salute che vi molesta. Abbiatevi riguardo, e un'altra volta secondate meno le brigate, e se v'invitano al bagno, rispondete come quella Signora inglese invitata alla caccia della tigre, dove avea già corso un gran pericolo, *ci sono stata*.

Quanto alla cattedra di Bologna, vi dico che non avete idea di mio padre. Non c'è affare che lo interessi così poco, quanto quelli che lo riguardano. Non vuol mantenermi fuori di qui a sue sole spese, ma non moverebbe una paglia per proccurarmi altrove un mezzo di sussistenza che mi togliesse da questa disperazione. Non ho dubbio di ottenere il suo consenso a cose fatte, ma sarebbe più facile di smuovere una montagna, che d'indurlo a fare egli stesso qualche cosa per me. Questa sua strana indolenza è conosciuta, ammirata, e dimostrata da milioni di sperimenti. Tuttavia favorite di dirmi qual sia l'emolumento di cotesta cattedra, e da chi dipenda principalmente il conferirla.

Dite benissimo dei nobili, che sono il corpo morto della società. Ma pur troppo io non vedo quale si possa chiamare il corpo vivo oggidì; perché tutte le classi sono appestate dall'egoismo distruttore di tutto il bello e di tutto il grande; e il mondo senza entusiasmo, senza magnanimità di pensieri, senza nobiltà di azioni, è cosa piuttosto morta che viva.

Dell'Abate Farini[1] mi parlò anche Giordani con molta lode. Fatemi il piacere, ditemi il nome di quello che ricevé la mia

1 Pellegrino Farini, direttore del collegio di Ravenna, al quale Brighenti aveva inviato una copia della canzone *Ad Angelo Mai*.

Canzone, e del quale dovrei disprezzare le ciarle. E vorrei sapere se mi scrivete questo in genere, o perché abbia parlato sinistramente di me, ed in che modo. Vi dico sinceranente ch'io non credo d'incontrare odi o nimicizie, perché questi si esercitano cogli uguali, e nessuno vorrà degnarsi di credermi suo uguale; ma disprezzi e scherni gli aspetto, e li ricevo da tutti quelli che tratto o vedo; laonde qualunque cosa mi raccontaste, non mi potrebbe fare impressione; e desidero di saperla per mera curiosità e divertimento.

Mi avvisate che il Conte Trissino non ha ricevuto la mia risposta alla sua 28 Luglio. Ma bisogna ch'io vi confidi un timore che mi passa per la mente. Nella dedica io trattai quell'ottimo Signore, con una certa familiarità che par che si costumi nelle cose letterarie. La sua de' 28 Luglio era piena di estrema gentilezza. Ma egli non aveva ancora ricevuto il mio libretto.[2] Mi affanna il pensare che vedutolo, egli possa aver trovata eccessiva la mia confidenza. Gli domandai già perdono scrivendogli, e torno a scrivergli. Ma perché facilmente la mia lettera andrà smarrita, fatemi il favore d'informarlo di questi miei sentimenti, e domandategli perdono in mio nome.

La scelleraggine delle donne mi spaventa, non già per me, ma perché vedo la miseria del mondo. S'io divenissi ricco o potente, ch'è impossibile, perché ho troppo pochi vizi, le donne senza fallo cercherebbero di allacciarmi. Ma in questa mia condizione, disprezzato e schernito da tutti, non ho nessun merito per attirarmi le loro lusinghe. Oltre che ho l'animo così agghiacciato e appassito dalla continua infelicità, ed anche dalla misera cognizione del vero, che prima di avere amato, ho perduto la facoltà di amare, e un Angelo di bellezza e di grazia non basterebbe ad accendermi: tanto che così giovane, potrei servir da Eunuco in qualunque serraglio.

Addio, vogliatemi bene, e datemi nuove della salute. Vi amo e vi abbraccio. Ditemi a chi debbo spedire il prezzo del *Foscolo*.[3]

2 Il libretto con la canzone *Ad Angelo Mai* era stato confiscato dalla polizia austriaca.
3 Le *Rime* del Foscolo edite da Zeffirino Re di Cesena.

LXXI · A PIETRO GIORDANI, PIACENZA[1]

Recanati 4 Settembre 1820

[...] In questi giorni, quasi per vendicarmi del mondo, e quasi anche della virtù, ho immaginato e abbozzato certe prosette satiriche.[2] Vedi che cosa mi viene in pensiero di scriverti. Non per altra cagione eccetto di conversare più lungamente con te. Addio addio.

1 Testo integrale in *Tutte le op.*, cit., I, pp. 1108-09.
2 Forse si tratta degli abbozzi delle *Operette morali* che si trovano tra le carte napoletane: il *Senofonte e Macchiavello*, il *Marco senatore*, il *Dialogo tra due bestie* e il *Dialogo di un cavallo e di un bue*.

1821

Recanati 5 Gennaio 1821

[...] Io sto competentemente bene del corpo. L'animo dopo lunghissima e ferocissima resistenza, finalmente è soggiogato, e ubbidiente alla fortuna. Non vorrei vivere, ma dovendo vivere, che giova ricalcitrare alla necessità? Costei non si può vincere se non colla morte. Io ti giuro che avrei già vinto da lungo tempo, se m'avessi potuto certificare che la morte fosse posta in arbitrio mio. Non avendo potuto, resta ch'io ceda. Né trovo oramai che altra virtù mi convenga, fuori della pazienza, alla quale io non era nato.[2]

Leggo e scrivo e fo tanti disegni, che a voler colorire e terminare quei soli che ho, non solamente schizzati, ma delineati, fo conto che non mi basterebbero quattro vite. Se bene io comprendo anzi sento tutto giorno e intensamente l'inutilità delle cose umane, contuttociò m'addolora e m'affanna la considerazione di quanto ci sarebbe da fare, e quanto poco potrò fare. Massimamente che questa sola vita che la natura mi concede, la miseria me la intorpidisce e incatena; e me la vedo sdrucciolare e sfumare tra le mani; in guisa che laddove ai miei disegni si richiederebbero molte vite, non ne avrò quasi neppur una.

I fratelli ti abbracciano e ti salutano. Scrivimi se mi vuoi bene, e più che potrai senza disagio o molestia. Addio cara anima. Ti amo quanto puoi pensare.

---

1 Testo integrale in *Tutte le op.*, cit., I, pp. 1114-15.
2 Cfr. *Zibaldone*, 112.

Roma 17 Gennaio 1821

Caro Nepote. La vostra lettera, caro Giacomo, mi ha posta molto di malumore per la disposizione dell'animo vostro in rapporto a voi stesso. Per quanto siano grandi le nostre afflizioni, noi non dobbiamo ricusare di sostenerle, allorché il liberarcene non ci sia possibile. Dobbiamo porre bensì in opera i mezzi opportuni a renderle meno gravi, ma non mai abbandonarci alla disperazione, risorsa non degli uomini, ma delle bestie. L'uomo virtuoso e cristiano si ricorda di esser soggetto al suo Dio, e però bacia la mano che lo percuote; si ricorda che ha nel suo Dio un Padre che veglia sopra di lui, che lo ama, che non lo abbandonerà; quindi apre a lui il suo cuore, gli chiede con ispirito di sommissione ciò che gli è necessario, e poi attende dal medesimo la diminuzione de' suoi mali. È da vile il non saper soffrire. Non siamo già al mondo per godere, e voi avete troppo talento per non conoscere di ciò la verità, ed esserne persuaso. A monte dunque questi pensieri che, troppo essendo tetri, denigrano l'Uomo e il Cristiano. Ricordatevi di esser savio, e che abbiamo da render conto a Dio de' nostri talenti.

Dopo però di questa predica che condonerete all'amor mio vero e sincero, non crediate che io ricusi di aiutarvi in ciò che posso. No, caro Nepote mio, mio caro Amico; credete pure che nel cuor mio trovate quello d'una Madre, e ve lo farò vedere, purché però possano li miei uffici esser giovevoli. Io parlerò con Persona[1] che possa aprirmi la strada a consolarvi, e lo farò

1 Il cardinale Ercole Consalvi (1757-1824), segretario di Stato vaticano, presso il quale la zia Ferdinanda si era adoperata per ottenere per Giacomo il posto di professore di lingua latina alla Biblioteca Vaticana. Qualche giorno più tardi Ferdinanda Mel-

quanto prima. Voi però promettetemi, prima, di abbandonare la vostra malinconia, e poi di esser paziente, se subito non si ottiene ciò che si cerca, perché niuna cosa è senza difficoltà. Fidatevi di me, vi assicuro che ho tutta la premura per voi, e che non cesserò d'informarvi di quello che opero a vostro vantaggio. Opererò con più coraggio, perché vostro Padre medesimo mi diede libertà di farlo, perché voi me lo confermate, perché vi amo teneramente. Stiamo però ai patti; voi tanquillizzatevi, e rispondetemi subito per quiete del mio spirito.

La mia tranquillità la veggo ancor lontana. Credi, mio caro Giacomo, la perdita da me fatta[2] ha operato un grande sconvolgimento nel mio animo. Io non mi conosco più, ho sempre una tetraggine interna che mi opprime, e che io procuro nascondere per quanto è possibile a tutti, ma non basta per nasconderla a me stessa. Il tempo solo potrà sanare questo mio cuore troppo sensibile, e tu porgi voti al Cielo per ottener questa pace per me. Amami, ed il tuo amore fammelo conoscere col prestare obbedienza a' miei consigli.

Addio. Saluta tutti, e credimi la tua affezionatissima Zia.

chiorri solleciterà il nipote a rivolgersi direttamente al Cardinale e a fargli scrivere da persone influenti. Giacomo scriverà a Guilio Perticari e a Giordani.

2 Della madre.

Recanati 30 Marzo 1821

Signor Conte Stimatissimo e Carissimo. È dura cosa il domandare, e peggio a chi niente ci deve, anzi di molto ci è creditore. Ma dall'una parte la vostra squisita benignità, dall'altra la disperazione della mia vita mi fanno forza ch'io vi domandi e vi preghi, anzi vi supplichi. E prima di tutto vi chiedo perdono della rozzezza di questo mio scrivere, perché la tristezza dell'animo, e l'angustia delle cose non mi lasciano tempo né spazio alla considerazione delle parole.

Io credo che voi sappiate (per la bontà che avete usata d'informarvi delle cose mie) che dall'età di dieci anni, senz'altro aiuto che l'ignoranza di chiunque ha mai conversato meco, il contrario esempio de' miei cittadini, e la noncuranza di tutti, io mi diedi furiosamente agli studi, e in questi ho consumata la miglior parte della vita umana. Ma forse non sapete che degli studi non ho raccolto finora altro frutto che il dolore. La debolezza del corpo; la malinconia profondissima e perpetua dell'animo; il dispregio e gli scherni di tutti i miei cittadini; e per ultimo, il solo conforto che mi restasse, dico l'immaginazione, e le facoltà del cuore, anch'esse poco meno che spente col vigore del corpo e colla speranza di qualunque felicità; questi sono i premi che ho conseguiti colle mie sventuratissime fatiche. La fortuna ha condannato la mia vita a mancare di gioventù: perché dalla fanciullezza io sono passato alla vecchiezza di salto, anzi alla decrepitezza sì del corpo come dell'animo[1]. Non ho provato mai da che nacqui un diletto solo; la speranza alcuni

1 Cfr. *Il sogno*, vv. 51-55.

anni; da molto in qua neppur questa. E la mia vita esteriore ed interiore è tale, che sognandola solamente, agghiaccerebbe gli uomini di paura. I miei genitori i quali vedono ch'io mi consumo e distruggo in questa prigione, e che vivendo sempre sepolto in un paese, dove non è conosciuto neanche il nome delle lettere, se avessi l'ingegno di Dante, e la dottrina di Salomone, non potrei conseguire una menoma parte di quella fama che ottengono i più scioperati e da poco; sono immutabilissimamente deliberati di non lasciarmi partire di qua, s'io non trovo una provvisione da potermi sostenere a mie spese. E de' miei portamenti, che son tali, quali non si raccontano o non si credono, in questa età mia, di persona che fosse al mondo, mi ricompensano con ricusare ostinatamente di aiutarmi a conseguire quello medesimo che mi dimostrano e prescrivono per necessario. Solamente mi lasciano la misera facoltà ch'io procuri con quasi nessuna conoscenza, e di lontano, quello ch'è difficile ad ottenere con moltissimi aiuti e patrocini, e colla presenza.

S'è domandato per me al Segretario di Stato il luogo ora vacante di professore di lingua latina nella Biblioteca Vaticana.[2] Ma S. Em. non mi conosce se non per quell'uomo oscurissimo e sconosciutissimo ch'io sono effettivamente. Mi accertano che se Mons. Mai facesse un motto in mio favore al Segretario di Stato, il negozio succederebbe. Io scrivo a Mons. Mai che da qualche tempo conosco per lettere.[3] Ma parimente mi dicono (e m'era parso già di vederlo) ch'egli è persona d'animo freddo, e bisognoso di forti stimoli a prendersi briga per chi si voglia. Ora io posso ben chiedere il benefizio, ma non meritarlo, né generalmente parlando, né (in questa mia condizione) con veruno in particolare.

Conte mio, non monta, e niuno si deve curare ch'io viva; non desidero, anzi per nessuna cosa al mondo non vorrei vivere: ma poiché non posso morire (che se potessi, vi giuro che non finirei questa lettera, anzi che sarei morto da lungo tempo), io domando misericordia alla natura che m'ha dato l'essere

2 Dalla zia Ferdinanda Melchiorri.
3 Il Mai rispose il 14 Aprile informando Leopardi che il posto era stato messo a concorso e che c'erano molti aspiranti «caldissimi».

appostatamente per vedermi a soffrire, domando misericordia ai pochissimi amici miei, perché m'aiutino a sopportare, non più la vita, ma gli anni. Io non so se voi tenghiate con Mons. Mai nessuna familiarità: ma sapendo che siete famoso e riverito, come per tutta Italia e fuori, così massimamente in Roma, ho creduto che forse potreste favorirmi in quel modo che vi piacesse, e preso ardire di supplicarvi. Ma perdonate s'io vi fo partecipare della miseria mia con queste odiose querele. Volendo tentare di vincere la mia nera fortuna ho rotto la legge ch'io m'era imposta da gran tempo, che nessuno, fuori di me, dovesse venire a parte della infelicità mia. Perdonate; e non potendo altro, e in qualunque caso, conservatemi la vostra benevolenza; perché se la natura mi condanna al dispregio ch'io merito, e la fortuna all'odio di molti che non merito, mi resti per ultima consolazione l'amore di pochissimi. Il vostro Giacomo Leopardi.

LXXV · DI GIULIO PERTICARI[1]

[*Pesaro*] *Kal. April. 1821*

[...] Voi vorreste andare a Roma: e dove? al Vaticano. Queste parole sono magnifiche. Né v'ha certo alcun uomo, da cui sien vinti quelli del *Vaticano*, e di *Roma*. Ma sapete pur voi che i nomi stanno, ed i suggetti si mutano? Ed io vi dico in verità di cuore, che Roma ha pochi dotti: e che la rea semenza vi toglie il campo alla buona: sì che per dieci fichi vi fruttano mille sorbi. Molto meno poi vi piacerebbe quella nicchia, la quale chiedete nel Vaticano. Primamente io nego, che ivi sia un posto di Professore di lingua latina. Egli è posto di *scrittore*: cioè di *amanuense*; cioè d'opera vile e ingrata: il terzo tormento dopo la corda e la rima. E voi, nato a nobili ed alte cose, vorrete porre tutta la vostra mente in officio sì vano? Nol credo: e credo che lascerete questa fatica a qualche bue pedagogo: ché tal campo è per le bestie. A questo aggiungasi la povertà della paga: perché ella è di quindici scudi: i quali appena vi basterebbero per la casa e pel servo. Né qui finisce la cosa; ma la peggiore sua condizione è quando si osserva dal canto della vostra salute. [...] Queste cose ho voluto significarvi per vostro governo.

Non di meno io scriverò al Mai: da cui sono certo che riceverò una risposta tutta adornata di dolci parole ed anche di speranze. Ma voi gli avete già visto il cuore, senza conoscerne la persona: e vi so dire che non vi siete ingannato. Intanto pensate al vostro bene: e sappiatemi dire s'io debba adoperarmi per voi anche in altre maniere. Ché io mi offero interamente al servigio vostro; siccome a giovine nato ad illustrare la sua casa, e

---

1 Testo integrale in *Epistolario*, ed. Moroncini, II, pp. 122-23.

la sua patria colle più alte virtù dell'animo e dell'ingegno. Ma
ditemi: perché non venite a Pesaro per qualche mese? Vi è
aperta la casa mia, quella de' Cassi, quella de' Lazzari:[2] avete i
Mamiani vostri cugini: avete una città intera piena di gente
che vi estima e vi onora più che non credete. [...]

2 Parenti del Leopardi.

182

Recanati 9 Aprile 1821

Caro e desiderato Amico. Non vorrei molestarvi colle parole. Ma parendomi che la vostra elegantissima e cordialissima domandi pure qualche risposta, rispondo.

Della compassione che mi concedete, quantunque rarissima in questo mondo, e verso me quasi unica, non vi ringrazio, perché qual ringraziamento è pari alla virtù? Mi confortate amorosamente ch'io non mi lasci vincere dalla tristezza, e mi ricoveri nella sapienza. Conte mio, fu detto con verità, che quegli che non è stato infelice non sa nulla; ma è parimente vero che l'infelice non può nulla: e non per altro io credo che il Tasso sieda piuttosto sotto che a fianco de' tre sommi nostri poeti, se non perch'egli fu sempre infelicissimo.[1] Tutti i beni di questo mondo sono inganni. Ma dunque togliete via questi inganni: che bene ci resta? dove ci ripariamo? che cosa è la sapienza? che altro c'insegna fuorché la nostra infelicità? In sostanza il felice non è felice, ma il misero è veramente misero, per molto che la sapienza anche più misera s'adopri di consolarlo.[2] Era un tempo ch'io mi fidava della virtù, e dispregiava la fortuna:[3] ora dopo lunghissima battaglia son domo, e disteso per terra, perché mi trovo in termine che se molti sapienti hanno conosciuto la tristezza e vanità delle cose, io, come parecchi altri, ho conosciuto anche la tristezza e vanità della sapienza.

Le corti, Roma, il Vaticano? Chi non conosce quel covile

1 Cfr. *Ad Angelo Mai*, vv. 124-132; il *Dialogo di Torquato Tasso e del suo Genio familiare*, in *Operette morali*; *Zibaldone*, 129.
2 Cfr. *Zibaldone*, 712.
3 Cfr. la canzone *Bruto minore*.

della superstizione, dell'ignoranza e de' vizi? Ma presso a poco tutto il mondo è purgatorio. Questo è proprio inferno, dove bisogna che l'uomo guardi bene di non mostrare che sappia leggere; dove non si discorre d'altra materia che di nuvolo e di sereno, o vero di donne colle parole delle taverne e de' bordelli; dove mentre per l'una parte non resta all'uomo di senno altra occupazione che gli studi, altro riposo che gli studi, per l'altra parte in tanta distanza di ogni paese e d'ogni animo colto, manca agli studi anche la speranza della gloria, ultimo inganno del sapiente. Perché volendo comporre, lascio che i concetti e le voci dello sciagurato rassomigliano allo strido sempre unisono degli uccelli notturni, ma in questa mia condizione manca l'intento e il frutto dello scrivere, non potendo primieramente stampare, né stampando divulgare.

Professore vi scrissi nel modo che mi scrivevano da Roma.[4] Ancor io l'interpretava *scrittore*, e non m'ingannava, secondo quello che voi m'avvisate. Uffizio vile: ma qual cosa è più vile della mia vita? La quale ora è tutta inutile; e s'io ne potessi spendere una metà gittando l'altra, mi sarei pure avvantaggiato non poco. Né già posso aspirare a luoghi maggiori in tanta povertà di mezzi. Oltre che ottenuto come che sia l'arbitrio di me stesso, e venuto in parte dov'io potessi vedere e parlare, forse conseguirei, non dignità né ricchezze né cose tali che non ho mai né sperato né curato, ma una tal condizione che la mia vita non fosse tutt'uno colla morte.

Al vostro caro e pietoso invito rispondo ch'eccetto il caso di una provvisione, io non potrò mai veder cielo né terra che non sia recanatese, prima di quell'accidente che la natura comanda ch'io tema, e che oltracciò, secondo natura, avverrà nel tempo della mia vecchiezza; dico la morte di mio padre. Il quale non ha altro a cuore di tutto ciò che m'appartiene, fuorché lasciarmi vivere in quella stanza dov'io traggo tutta quanta la giornata, il mese, l'anno, contando i tocchi dell'oriuolo.

Ma già mi vergogno di parlare sì lungamente di me stesso. Il perché l'abbia fatto, l'ho posto nel principio; vale a dire, acciò che il silenzio non paresse sconoscenza o noncuranza de'

4 Da parte della zia Ferdinanda.

184

vostri avvertimenti e dell'amor vostro. Delle profferte generose che mi fate di adoperarvi in vantaggio mio, vi rendo grazie con tutta l'anima. Vogliatemi bene: e s'io vi potrò mai stringer la mano e abbracciarvi, vedrete un uomo vinto ma non guasto dalla mala fortuna, e vinta la mente ma non il cuore, né la facoltà degli affetti, sebbene illanguidita. Il vostro tenero e devoto Giacomo Leopardi.

LXXVII · DI PIETRO BRIGHENTI[1]

Bologna 6 Giugno 1821

[...] Siamo pure a' perfidi tempi! Quanto era meglio educare le gambe, che la testa! Io muoio di fame, mentre due ballerini del teatro di Bologna, che ballano 5 soli minuti, hanno ottomila franchi di paga per 30 recite, e notate che questi due ballerini sono tanto mediocri nell'arte loro, quanto io sono piccolo e debole nell'arte dello scrivere. [...] Si gettano sacchi d'oro a funzionari pomposi e ignoranti, e per gli studi si grida sempre che è necessaria l'economia, e che il tesoro pubblico fallirebbe se pagasse convenientemente le persone che agli studi debbono impiegarsi: intanto persino gli spioni vanno in cocchio, e sono la delizia de' circoli dei nostri patrizi. [...]

1 Testo integrale in *Epistolario*, ed. Moroncini, II, pp. 133-34.

LXXVIII · A PIETRO GIORDANI, MILANO

Recanati 18 Giugno 1821

Odo che tu sei costì, e sperando che il corso delle poste verso Milano debba essere più diligente che verso Piacenza, rompo quel silenzio che la nostra amicizia ha tenuto sì lungo tempo. Ebbi la lettera che scrivesti in mio favore, e la risposta.[1] Dell'una e dell'altra ti rendo quelle grazie ch'io posso, cioè sommamente minori della obbligazione ch'io ti porto nell'animo, riconoscendoti per quell'uomo stupendo e incredibile, più sollecito del bene o del male altrui, che non del proprio. Dammi nuove di te, sebbene io tremo nel domandartene, temendo ch'elle abbiano ad essere le consuete e dolorose. Ma dimmi, non potresti tu di Eraclito convertirti in Democrito?[2] La qual cosa va pure accadendo a me che la stimava impossibilissima. Vero è che la Disperazione si finge sorridente. Ma il riso intorno agli uomini ed alle mie stesse miserie, al quale io mi vengo accostumando, quantunque non derivi dalla speranza, non viene però dal dolore, ma piuttosto dalla noncuranza, ch'è l'ultimo rifugio degl'infelici soggiogati dalla necessità collo spogliarli non del coraggio di combatterla, ma dell'ultima speranza di poterla vincere, cioè la speranza della morte. La mia salute non è buona ma competente, e tale che in quanto a lei non dovrei disperare di vivere a qualch'effetto. Vo lentamente leggendo, studiando e scrivacchiando. Tutto il resto del tempo lo spendo in pensare, e ridere meco stesso. Ho per le mani il dise-

1 La lettera raccomandatizia che il Giordani scrisse al Mai per il posto alla Vaticana e la risposta del Mai.
2 Filosofi presocratici rappresentati dalla tradizione il primo nell'atto di piangere, l'altro di ridere su ogni cosa.

187

gno e la materia di una che vorrei chiamare operetta, ma questa materia mi cresce tuttogiorno in modo che sarò forzato a chiamarla opera.[3] Come avrò finito di prepararla, se a Dio piacerà, metterò mano a fabbricarla, e credo che sarà presto. Ho voluto scriverti queste ciance per soddisfare all'amorevolezza che ti suol condurre a desiderare informazione delle cose mie. Rendimi il contraccambio; e ragguagliandomi della tua condizione, Dio voglia che tu mi possa confondere, e farmi restare cattivo indovino. Addio addio.

3 Il progettato *Parallelo delle 5 lingue*, dal quale si trovano molti materiali nello *Zibaldone*.

LXXIX · A PIETRO BRIGHENTI, BOLOGNA

Recanati 22 Giugno 1821

Mio Caro. La vostra ultima mi ha riempito di dolore e di compassione. Vi aspettereste voi ch'io predicassi il coraggio e la confidenza? E pur sì: anzi voglio che stiate di buon animo e confidiate. Colui che disse che la vita dell'uomo è una guerra, disse almeno tanto gran verità nel senso profano quanto nel sacro. Tutti noi combattiamo l'uno contro l'altro, e combatteremo fino all'ultimo fiato, senza tregua, senza patto, senza quartiere. Ciascuno è nemico di ciascuno, e dalla sua parte non ha altri che se stesso. Eccetto quei pochissimi che sortirono le facoltà del cuore, i quali possono aver dalla loro parte alcuni di questo numero: e voi sotto questo rispetto siete superiore a infiniti altri. Del resto o vinto o vincitore, non bisogna stancarsi mai di combattere, e lottare, e insultare e calpestare chiunque vi ceda anche per un momento. Il mondo è fatto così, e non come ce lo dipingevano a noi poveri fanciulli. Io sto qui, deriso, sputacchiato, preso a calci da tutti, menando l'intera vita in una stanza, in maniera che, se vi penso, mi fa raccapricciare. E tuttavia m'avvezzo a ridere, e ci riesco.[1] E nessuno trionferà di me, finché non potrà spargermi per la campagna, e divertirsi a far volare la mia cenere in aria. Io vi prego con tutto il cuore a farvi coraggio, non perché non senta le vostre calamità, ché le sento più delle mie: bensì perché credo che questa vita, e questo uffizio di combattere accanitamente e perpetuamente, sia stato destinato all'uomo e ad ogni animale dalla natura.

Scrissi al nostro Giordani, a' 18 di questo, a Milano. Vedrò

1 Cfr. *Zibaldone*, 1393-94.

se le mie lettere verso quella parte hanno miglior fortuna. Mi scriveste mesi fa di una traduzion latina della mia Canzone al Mai,[2] della quale non ho avuta altra notizia né prima né dopo. Se ancora l'avete, vorrei divertirmi un poco a vedere come sono stato inteso, e mi fareste piacere a mandarmela per la posta. Non uscirà certo dalle mie mani. Datemi qualche notizia della vostra edizione.[3] Della gonfiezza di stile nel vostro *Babini*,[4] io non mi accorgo, anzi mi par molto castigato. Amami, caro Brighenti, e ridiamo insieme alle spalle di questi coglioni che possiedono l'orbe terraqueo. Il mondo è fatto al rovescio come quei dannati di Dante che avevano il culo dinanzi ed il petto di dietro; e le lagrime strisciavano giù *per lo fesso*.[5] E ben sarebbe più ridicolo il volerlo raddrizzare, che il contentarsi di stare a guardarlo e fischiarlo. Il tuo Leopardi.

---

2 Il canonico Ignazio Guerrieri (1760-1825) di Fermo, aveva tradotto in latino la canzone *Ad Angelo Mai* e le due precedenti.
3 L'edizione delle *Opere* del Giordani che Brighenti stava curando.
4 *Elogio di Matteo Babini* (celebre cantante dell'epoca), Bologna, Nobili, 1821.
5 Sono gli indovini dannati nell'*Inferno*, XX, 24.

LXXX · DI PIETRO GIORDANI[1]

Milano 27 Giugno 1821

[...] La mia salute è perita irrecuperabilmente: perché quale speranza di guarire d'un male nervoso che dura più di tre anni? Il mio unico consolatore, il povero cervello, è morto, senza speranza di risurrezione. I miei occhi non soffrono più di leggere: le mie tristezze sono un oceano senza lidi e senza fondo, nel quale andrebbe sommersa l'allegria di un mondo. Io sopporto tutto questo con una pazienza stupida, come si sopportano i mali che non hanno rimedio né speranza, e sono eccessivi. Tu non ti contristare di me. Fa conto (come fo io) che io son morto; se non che io ti amo ancora indicibilmente; e ti amerò finché mi rimanga un pensiero. [...]

1 Testo integrale in *Epistolario*, ed. Moroncini, II, p. 138.

Recanati 13 Luglio 1821

La tua lettera fece il solito ed aspettato effetto, di addolorarmi. Così non era un tempo, quando io non aveva maggior consolazione che le tue lettere. Dio volesse che il dolore degli amici ti ridondasse in qualche vantaggio. Ma tu disperi della salute, e io non credo che tu lo debba fare. Io per lunghissimo tempo ho dovuto dolermi di avere un cervello dentro al cranio, perché non poteva pensare di qualunque menomo nulla, né per quanto breve spazio si voglia, senza contrazione e dolore de' nervi. Ma come non si vive se non pensando, così mi doleva che dovendo pur essere, non fossi pianta o sasso o qualunque altra cosa non ha compagno dell'esistenza il pensiero. Taccio poi degli occhi, i quali m'aveano ridotto alla natura de' gufi, odiando e fuggendo il giorno. E tuttavia questi mali, benchè non sieno dileguati, pur si vanno scemando. Il che spero anche de' tuoi, e per quanto hai caro l'affetto ch'io ti porto, vorrei che tu lo sperassi come fo io che poco avanti disperava come tu fai.

La mia Paolina questo Gennaio sarà sposa in una città dell'Urbinate, non grande, non bella, ma con persona comoda, liberissima ed umana.[1] Carlo sta benissimo di salute, e d'animo disinvolto e preparato ad ambedue le fortune,[2] anzi pure a mancar dell'una e dell'altra, che è forse la peggior condizione degli uomini, o certo de' giovani.

La mia scrittura sarà delle lingue,[3] e specialmente delle cin-

1 Il primo fidanzato di Paolina, il nobile Pietro Peroli di Urbino.
2 La favorevole e la contraria.
3 Il progettato *Parallelo delle 5 lingue*.

que che compongono la famiglia delle nostre lingue meridionali, greca latina italiana francese e spagnuola. Molto s'è disputato e si disputa della lingua in Italia, massimamente oggidì. Ma i migliori, per quello ch'io ne penso, hanno ricordata e predicata la filosofia piuttosto che adoperatala. Ora questa materia domanda tanta profondità di concetti quanta può capire nella mente umana, stante che la lingua e l'uomo e le nazioni per poco non sono la stessa cosa. Non adulo, e non ho cagione di adulare, perché niuno si compiacerebbe delle adulazioni mie. Dico che la tua lettera al Monti[4] mi pare la più filosofica di tutte le scritture stampate in Italia questi ultimi anni intorno alla lingua, e forse la più bella prosa italiana di questo secolo, eccettuato un difettuzzo, che t'è comune con quasi tutti i sommi scrittori antichi. Cioè quella tal quale oscurità che nasce non da veruna affettazione, o da negligenza, o da vizio nessuno, anzi dalle virtù dello scrivere; come dall'accuratissima fabbrica e stretta legatura de' periodi, che affaticano alquanto il lettore, e di tratto in tratto lo sforzano a rileggere qualche periodo, volendo tenere il filo de' ragionamenti, e seguire i tuoi concetti pellegrini e rimoti dall'uso comune. Il che forse accade perché, massime negli scritti filosofici e scientifici e didascalici, siamo troppo assuefatti a una sciolta e larga dicitura, che tanto giova alla facilità, quanto pregiudica alla forza e alla bellezza.

Tornando al proposito, è vano l'edificare se non cominciamo dalle fondamenta. Chiunque vorrà far bene all'Italia, prima di tutto dovrà mostrarle una lingua filosofica, senza la quale io credo ch'ella non avrà mai letteratura moderna sua propria, e non avendo letteratura moderna propria, non sarà mai più nazione. Dunque l'effetto ch'io vorrei principalmente conseguire, si è che gli scrittori italiani possano esser filosofi, inventivi e accomodati al tempo, che in somma è quanto dire scrittori e non copisti, né perciò debbano quanto alla lingua esser barbari ma italiani. Il qual effetto molti se lo sono proposto, nessuno l'ha conseguito, e nessuno, a parer mio, l'ha sufficientemente proccurato. Certo è che non lo potrà mai conseguire quel libro che oltre all'esortare, non darà notabile esempio, non solamen-

4 Apparsa nel primo volume della *Proposta di alcune correzioni ed aggiunte al Vocabolario della Crusca*.

te di buona lingua, ma di sottile e riposta filosofia; né solamente di filosofia, ma di buona lingua: ché l'effetto ricerca ambedue questi mezzi. Anche proccurerò con questa scrittura di spianarmi la strada a poter poi trattate le materie filosofiche in questa lingua che non le ha mai trattate: dico le materie filosofiche quali sono oggidì, non quali erano al tempo delle idee innate.

Ho scritto o caro, come vedi, lungamente, per soddisfare a' tuoi desiderii. E se vuoi ch'io ti compiaccia anche nell'ultima tua domanda, cioè che ripeta quello che ottimamente sai, figurati ch'io possa ripetere quello che ho detto altre volte, ma non mai dir tanto quanto vorrei, né quanto basti a significarti l'amore che ti porto, e il travaglio che sostengo per tua cagione. Da gran tempo tu sei quasi la misura e la forma della mia vita, ed io mirando sempre a te, non vivo e non provo conforto alcuno se ti vedo sconfortato e disanimato. Per Dio fa prova di reggerti se non vuoi ch'io m'abbandoni, che quanto io vivo e quanto penso e quanto m'adopero non è quasi ad altro fine che d'essere amato e pregiato da te. Addio.

LXXXII · A PIETRO GIORDANI, MILANO[1]

Recanati 26 Ottobre 1821

[...] Oh se ti potessi rivedere. Dopo tre soli anni, appena mi riconosceresti. Non più giovane, non più renitente alla fortuna, escluso dalla speranza e dal timore, escluso da' menomi e fuggitivi piaceri che tutti godono, ma tanto più caldo verso te, quanto meglio, facendo sperienza degli altri, t'ho conosciuto per quella rarissima gioia che sei. Paolina andrà sposa di un Signor Peroli a Sant'Angelo in Vado, ma non prima di questo Gennaio, come già ti scrissi, e forse a primavera. Ti saluta, e così Carlo, e si rallegrano teco di tutto cuore. Io me la passo alla buona, proponendo molto, effettuando poco, bisognoso unicamente di svagarmi e sollazzarmi, e non uscendo mai di casa. Ma essendo stanco di far guerra all'invincibile, tengo il riposo in luogo della felicità, mi sono coll'uso accomodato alla noia, nel che mi credeva incapace d'assuefazione, e ho quasi finito di patire. Della salute sto come Dio vuole, quando peggio, quando meglio, sempre inetto a lunghe applicazioni, e sempre determinato di non voler perdere il poco, sforzando il molto. [...]

1 Testo integrale in *Tutte le op.*, cit., I, pp. 1124-25.

1822

LXXXIII · A MONALDO LEOPARDI, RECANATI[1]

Spoleto 20 Novembre 1822

Carissimo Signor Padre. Scrivo in gran fretta e a un barlume per darle nuova del mio arrivo felice in questa città con ottimo tempo, e perfetta salute. Il dolore di testa ha fatto risolvere il zio Momo[2] di allungare d'un giorno il nostro viaggio. Saremo a Roma sabato, piacendo a Dio. Il zio Carlo[3] co' suoi compagni ha seguito la sua strada, e sarà a Roma venerdì. Riserbo a un'altra lettera tutte le espressioni della mia vera ed eterna gratitudine verso di Lei, e del mio fermo proposito di far sempre quello che io creda doverle essere di maggior piacere. La prego de' miei saluti alla cara Mamma, al fratello Carlo, e agli altri tre: e similmente de' saluti del zio Momo, il quale dal primo giorno del viaggio in poi, non ha più sofferto, e sta bene. Perdoni l'orridezza dello scrivere, il qual'è dopo cena, in tavola, fra molte persone che mi assordano. Le bacio le mani, e con gran tenerezza mi segno Suo affettuosissimo e riconoscentissimo figlio.

---

1 Prima lettera scritta da Leopardi in viaggio per Roma. Tre giorni dopo scriverà alla madre.
2 Il canonico Girolamo Antici, fratello di Carlo e di Adelaide.
3 Carlo Antici.

LXXXIV · DI MONALDO LEOPARDI

Recanati 25 Novembre 1822

Mio caro Figlio. Dopo oramai venticinque anni di non interrotta convivenza, duecento miglia circa corrono ora fra voi e me. Se il mio cuore non applaude a questo allontanamento, la mia ragione non lo condanna, ed io godo che voi godiate un onesto sollievo. Desidero bensì che anche per voi non sia tutto godere, e che la lontananza vi pesi, il quarto almeno di quanto mi è greve. Attendo questa sera con ansietà le nuove vostre, e del viaggio. Voi abbiatele buone di tutti noi, con affettuosissimi saluti e abbracci di tutti. Salutate cordialmente il Cavaliere, Don Girolamo, la tripudiante Donna Marianna[1] e tutta la vostra ospitatrice famiglia. Abbiatevi cura, e guardatevi, come vi dissi, da ogni sorte di pericoli. Figlio mio, voi siete per la prima volta solo in mezzo al mondo, e questo mondo è più burrascoso e cattivo che non pensate. Gli scogli che appariscono sono i meno pericolosi, ma non è facile il preservarsi dalli nascosti.

Addio, Figlio mio. Scrivetemi, e non mi nascondete qualunque vostra occorrenza. Iddio vi cuopra e vi accompagni sempre colla sua santa benedizione, come io vi benedico, e vi abbraccio di cuore. Addio. Il vostro affezionatissimo padre.

1 Moglie di Carlo Antici, nata Mattei.

Roma 25 Novembre [1822]

Carlo mio. Se tu credi che quegli che ti scrive sia Giacomo tuo fratello, t'inganni assai, perché questi è morto o tramortito, e in sua vece resta una persona che a stento si ricorda il suo nome. Credi, Carlo mio caro, che io son fuori di me, non già per la maraviglia, ché quando anche io vedessi il Demonio non mi maraviglierei: e delle gran cose che io vedo, non provo il menomo piacere, perché conosco che sono maravigliose, ma non lo sento, e t'accerto che la moltitudine e la grandezza loro m'è venuta a noia dopo il primo giorno. E perciò s'io ti dico d'aver quasi perduto la conoscenza di me stesso, non pensare né alla maraviglia, né al piacere, né alla speranza, né a veruna cosa lieta. Sappi, Carlo mio, che durante il viaggio ho sofferto il soffribile, come accade a chi viaggia a spese d'altri, e di tale[1] che cerca per ogni verso e vuole i suoi più squisiti comodi, sieno o non sieno compatibili cogli altrui. Ma ciò non ostante, per tutto il viaggio ho goduto, e goduto assai, non d'altro che dello stesso soffrire, e della noncuranza di me, e del prendere ogni momento novissime e disparatissime abitudini. E mi restava pure quel filo di speranza, del quale io sono capace, che senza infiammare né anche dilettare, pur basta a sostenere in vita. Ma giunto ch'io sono, e veduto quest'orrendo disordine, confusione, nullità, minutezza insopportabile e trascuratezza indicibile, e le altre spaventevoli qualità che regnano in questa casa; e trovatomi intieramente solo e nudo in mezzo ai miei parenti (benché nulla mi manchi), ti giuro, Carlo mio, che la pazienza

---

1 Lo zio don Girolamo Antici.

e la fiducia in me stesso, le quali per lunghissima esperienza m'erano sembrate insuperabili e inesauribili, non solamente sono state vinte, ma distrutte. Come inespertissimo delle strade, io non posso uscir di casa, né recarmi in alcun luogo, né restarvi, senza la compagnia di qualcuno della famiglia; e conseguentemente, per quanta forza io voglia fare in contrario, sono affatto obbligato a far la vita di casa Antici; quella vita la quale noi due, ragionando insieme, non sapevamo qual fosse, né in che consistesse, né come potesse reggersi, né se fosse vita in alcun modo.

Ieri fui da Cancellieri,[2] il qual è un coglione, un fiume di ciarle, il più noioso e disperante uomo della terra; parla di cose assurdamente frivole col massimo interesse, di cose somme colla maggior freddezza possibile; ti affoga di complimenti e di lodi altissime, e ti fa gli uni e l'altre in modo così gelato e con tale indifferenza, che a sentirlo, pare che l'esser uomo straordinario sia la cosa più ordinaria del mondo. In somma io sono in braccio di tale e tanta malinconia, che di nuovo non ho altro piacere se non il sonno: e questa malinconia, e l'essere sempre esposto al di fuori, tutto al contrario della mia antichissima abitudine, m'abbatte, ed estingue tutte le mie facoltà in modo ch'io non sono più buono da niente, non ispero più nulla, voglio parlare e non so che diavolo mi dire, non sento più me stesso, e son fatto in tutto e per tutto una statua. Fa' leggere questa lettera al signor Padre, al quale io non so quello che mi scrivessi da Spoleto: perché dovete sapere che io scrissi in tavola fra una canaglia di Fabrianesi, Iesini ec. i quali s'erano informati dal cameriere dell'esser mio, e già conoscevano il mio nome e qualità di *poeta* ec. ec. E un birbante di prete furbissimo ch'era con loro, si propose di dar la burla anche a me, come la dava a tutti gli altri: ma credetemi che alla prima mia risposta, cambiò tuono tutto d'un salto, e la sua compagnia divenne bonissima e gentilissima come tante pecore.

Senti, Carlo mio, se potessi esser con te, crederei di potere anche vivere, riprenderei un poco di lena e di coraggio, spererei

2 L'abate Francesco Cancellieri (1751-1826), considerato l'uomo più erudito di Roma. Nel '14 aveva lodato il *Porfirio* e testimoniato la lode all'Akerblad.

qualche cosa, e avrei qualche ora di consolazione. In verità io non ho compagnia nessuna: ho perduto me stesso; e gli altri che mi circondano, non potranno farmi compagnia in eterno. Scrivimi distesamente e ragguagliami a parte a parte dello stato dell'animo tuo, intorno al quale ho molti dubbi che mi straziano. Amami, per Dio. Ho bisogno d'amore, amore, amore, fuoco, entusiasmo, vita: il mondo non mi par fatto per me: ho trovato il diavolo più brutto assai di quello che si dipinge. Le donne romane alte e basse fanno propriamente stomaco; gli uomini fanno rabbia e misericordia. Ma tu scrivimi, e amami; e parlami assai assai di te e degli altri miei. Bacia per me la mano al signor Padre e alla Mamma, a' quali scriverò quest'altro ordinario, se ancora saprò scrivere. Salutami Paolina e Luigi e Don Vincenzo.[3] In tutti i modi faremo animo: e l'assuefazione sottentrerà e rimedierà ogni cosa. Addio, *caro ex carne mea.*[4] Addio.

3 Don Vincenzo Diotallevi, precettore di casa Leopardi.
4 «Carne della mia carne».

LXXXVI · DI CARLO LEOPARDI[1]

Recanati 29 Novembre 1822

[...] Io ti vidi partire con una freddezza ricercata: già sai da quanti dispiaceri il mio cuore era reclamato tutto intiero;[2] ti dissi addio, ti strinsi la mano, e volsi il pensiero altrove; ma appena ti vidi salito in legno, cominciai a rimproverarmi di non esser disceso per accompagnarti un lungo tratto di strada, ma era sì fortemente ritenuto! Allora mi si affacciò tutto in un momento il primo terribile assalto di dolore; allora cominciò la mia agonia. In quei momenti, Giacomo mio, che ancora tremo a ricordarmi; in quei momenti in cui io, soldato agguerrito contro tutte le disgrazie umane, dovetti darmi per vinto come un fanciullo, io era come convulso, strascinai strascinato giù per le scale, appoggiai per l'ultima volta chi non ho più riveduto, salutai, e vidi allontanarsi... [...]

Quello di cui ti prego istantemente, è di non lasciarti abbattere, di non abbandonarti: conosco perfettamente tutto quello che ti dà pena, anche indipendentemente dagli albergatori. Tu sei avvezzo ad annoiarti, ma a modo tuo, non a quello degli altri: la necessità di dir tutto il giorno parole vuote ti tormenta, tu non sei ancora rotto a questa vita, io ne sarei un poco più esperto, e vi soffrirei meno. Ma il coraggio non ti deve mancare, e sta pur certo che quando vi è questo tutte le situazioni possono passare. Alla fine per quanto io pensi, non vedo che ti possi lagnare: tu non hai perduto niente, e piuttosto hai guadagnato. Sei pure in Roma; passeggio in strade popolate, un bel

---

1 Testo integrale in *Epistolario*, ed. Moroncini, II, pp. 181-84.
2 Anche per la partenza della cugina Marietta Antici di cui era innamorato.

monumento al giorno da visitare, società numerose con varie probabilità d'incontri favorevoli, teatro; già sai che queste sono le mie condizioni per un vivere *comfortable*. Perché non esci da te? mi sembra che il timore di non ritrovare l'alloggio non possa durare più che pochi momenti; così mi ha assicurato anche Babbo, con cui ne ho discorso. Fa a mio modo: la prima bella mattina esci solo, e godi di smarrirti in Roma alla barba di tuo fratello che sta in letto, mentre dànno i più bei Soli del mondo, per non saper dove andare. Ma io desidero e spero che questi consigli t'arrivino troppo tardi, e siano prima seguiti che dati. [...]

LXXXVII · DI ADELAIDE LEOPARDI

Recanati 29 Novembre 1822

Caro carissimo Figlio. Molto mi ha rallegrato la vostra lettera,[1] ma molto più quella che avete scritta al Babbo da Spoleto. Vedo che conoscete bene i vostri doveri a suo riguardo, e ciò mi è garante della vostra buona condotta in avvenire.

Sapete quanto io vi amo sinceramente, e qual spina mi sia stata al cuore, il vedervi sempre malcontento e di mal'umore. Prego, benché indegna, il Signore e la cara nostra avvocata Maria SS.^{ma} perché vi renda pienamente felice. Mostrate molta riconoscenza a Don Girolamo, infinita al caro fratello Carlo e a Donna Marianna; per loro vedete Roma, e ne godete quanto ha di bello. Abbiatevi moltissima cura, e non trattate persone indegne. Vi ritorno mille saluti di tutti. Amatemi, e credete sempre all'affetto sincero della vostra affezzionatissima Madre che vi abbraccia e vi benedice.

1 Del 23 novembre, non riprodotta

LXXXVIII · A MONALDO LEOPARDI, RECANATI[1]

Roma 29 Novembre [*1822*]

[...] Mi consola molto il pensare ch'Ella preghi il Signore Iddio per me, affinché mi liberi da' pericoli del mondo, che certo son gravi; e ch'Ella da lontano mi benedica, e mi tenga per suo buono e fedele e tenerissimo figlio. Ma perché, quanto è possibile all'amore, Ella stia coll'animo riposato sul conto mio, le dirò che ho trovato in Roma assai maggiore sciocchezza, insulsaggine e nullità, e minore malvagità di quella ch'io m'aspettassi; e le ripeterò quello ch'io le dissi poco avanti di partire, cioè ch'io sono molto più ostinato che volubile, e molto più disprezzatore che ammiratore: e non ostante la poca pratica fatta nella conversazione degli uomini, pure mi riprometto (e in questa lusinga mi conferma anche una certa esperienza) di scoprire almeno una gran parte degli artifizi che s'adoprano per sedurre, ingannare, schernire e perdere i giovani e ogni sorta di uomini. [...]

---

1 Testo integrale in *Tutte le op.*, I, pp. 1130-31.

LXXXIX · DI PAOLINA LEOPARDI[1]

Recanati 1° Dicembre 1822

[...] Volevo dirti come sempre ti cerco, e sempre mi pare di sentire i tuoi passi, e mi muovo per vederti; ma già inutilmente, ché tu non ci sei più, e per lungo tempo. E bisogna accomodarsi a quest'idea, che sempre meno mi affliggerà, se tu mi assicurerai di amarmi ancora dove sei, e di ricordarti spesso di me che ti scrivo al suono del pianoforte di Carlo, che non mi lascia distinguere i spropositi che faccio, per terminare i quali ti lascio, salutandoti e abbracciandoti leggermente per non farti male. Addio.

---

1 Testo integrale in *Epistolario*, ed. Moroncini, II, p. 188.

Roma 3 Dicembre 1822

Cara Paolina. Che cosa volete sapere de' fatti miei? Se Roma mi piace, se mi diverto, dove sono stato, che vita faccio? Quanto alla prima domanda, non so più che rispondere, perché tutti mi domandano la stessa cosa cento volte il giorno, e volendo sempre variare nella risposta, ho consumato il frasario e i Sinonimi del Rabbi.[2] Parlando sul serio, tenete per certissimo che il più stolido Recanatese ha una maggior dose di buon senso che il più savio e più grave Romano. Assicuratevi che la frivolezza di queste bestie passa i limiti del credibile. S'io vi volessi raccontare tutti i propositi ridicoli che servono di materia ai loro discorsi, e che sono i loro favoriti, non mi basterebbe un in-foglio. Questa mattina (per dirvene una sola) ho sentito discorrere gravemente e·lungamente sopra la buona voce di un Prelato che cantò messa avanti ieri, e sopra la dignità del suo portamento nel fare questa funzione. Gli domandavano come aveva fatto ad acquistare queste belle prerogative, se nel principio della messa si era trovato niente imbarazzato, e cose simili. Il Prelato rispondeva che aveva imparato col lungo assistere alle Cappelle, che questo esercizio gli era stato molto utile, che quella è una scuola necessaria ai loro pari, che non s'era niente imbarazzato, e mille cose spiritosissime. Ho poi saputo che parecchi Cardinali e altri personaggi s'erano rallegrati con lui per il felice esito di quella messa cantata. Fate conto che tutti i propositi de' discorsi romani sono di questo gusto, e io non esage-

---

1 Testo integrale in *Tutte le op.*, cit., I, p. 1131.
2 *Sinonimi e aggiunti italiani*, di Carlo Costanzo Rabbi, Bassano, 1783; opera spesso citata negli scritti leopardiani.

ro nulla. Il materiale di Roma avrebbe un gran merito se gli uomini di qui fossero alti cinque braccia e larghi due. Tutta la popolazione di Roma non basta a riempire la piazza di San Pietro. La cupola l'ho veduta io, colla mia corta vista, a 5 miglia di distanza, mentre io era in viaggio, e l'ho veduta distintissimamente colla sua palla e colla sua croce, come voi vedete di costà gli Apennini. Tutta la grandezza di Roma non serve ad altro che a moltiplicare le distanze, e il numero de' gradini che bisogna salire per trovare chiunque vogliate. Queste fabbriche immense, e queste strade per conseguenza interminabili, sono tanti spazi gittati fra gli uomini, invece d'essere spazi che contengano uomini. Io non vedo che bellezza vi sia nel porre i pezzi degli scacchi della grandezza ordinaria sopra uno scacchiere largo e lungo quanto cotesta piazza della Madonna.[3] Non voglio già dire che Roma mi paia disabitata, ma dico che se gli uomini avessero bisogno d'abitare così al largo, come s'abita in questi palazzi, e come si cammina in queste strade, piazze, chiese, non basterebbe il globo a contenere il genere umano. [...]

3 La piazza centrale di Recanati.

Roma 6 Dicembre [1822]

[...] Veramente per me non v'è maggior solitudine che la gran compagnia; e perché questa solitudine mi rincresce, però desidero d'essere effettivamente solitario, per essere in effettiva compagnia, cioè nella tua, ed in quella del mio cuore. Senti, mio caro fratello; non mi dare del misantropo, né del codardo, né del bigotto; ma piuttosto assicurati che quello ch'io sono per dirti m'è dettato dall'esperienza, e dalla cognizione dell'animo tuo e mio. Dico, che in verità, se per qualche modo tu potessi proccurarti costì un'esistenza meno dipendente e meno povera di quella d'oggi, tu non dovresti pensare e giudicare di cedere al destino, e rilasciargli la maggior parte della felicità; ma ti dovresti fermamente persuadere di essere, se non nel migliore, certo in uno de' migliori stati possibili all'uomo. Domandami se in due settimane da che sono in Roma, io ho mai goduto pure un momento di piacere fuggitivo, di piacere rubato, preveduto o improvviso, esteriore o interiore, turbolento o pacifico, o vestito sotto qualunque forma. Io ti risponderò in buona coscienza e ti giurerò, che da quando io misi piede in questa città, mai una goccia di piacere non è caduta sull'animo mio; eccetto in quei momenti ch'io ho letto le tue lettere, i quali ti dico senz'alcuna esagerazione che sono stati i più bei momenti della mia dimora in Roma: e quelle stesse poche righe che ponesti sotto la lettera di mia Madre, furono per me come un lampo di luce che rompessero le dense e mute e deserte tenebre che mi circondavano. Dirai ch'io non so vivere; che

1 Testo integrale in *Tutte le op.*, cit., pp. 1132-33.

per te, e per altri tuoi simili il caso non andrebbe così. Ma senti i ragionamenti ed i fatti. L'uomo non può assolutamente vivere in una grande sfera, perché la sua forza o facoltà di rapporto è limitata. In una piccola città ci possiamo annoiare, ma alla fine i rapporti dell'uomo all'uomo e alle cose, esistono, perché la sfera de' medesimi rapporti è ristretta e proporzionata alla natura umana. In una grande città l'uomo vive senza nessunissimo rapporto a quello che lo circonda, perché la sfera è così grande, che l'individuo non la può riempire, non la può sentire intorno a sé, e quindi non v'ha nessun punto di contatto fra essa e lui. Da questo potete congetturare quanto maggiore e più terribile sia la noia che si prova in una grande città, di quella che si prova nelle città piccole: giacché l'indifferenza, quell'orribile passione, anzi spassione, dell'uomo, ha veramente e necessariamente la sua principal sede nelle città grandi, cioè nelle società molto estese. La facoltà sensitiva dell'uomo, in questi luoghi, si limita al solo vedere. Questa è l'unica sensazione degl'individui, che non si riflette in verun modo nell'interno. L'unica maniera di poter vivere in una città grande, e che tutti, presto o tardi, sono obbligati a tenere, è quella di farsi una piccola sfera di rapporti, rimanendo in piena indifferenza verso tutto il resto della società. Vale a dire fabbricarsi dintorno come una piccola città, dentro la grande; rimanendo inutile e indifferente all'individuo tutto il resto della medesima gran città. Per far questo, non è bisogno uscire delle città piccole. Questo è veramente un ricadere nel piccolo per forza di natura. Veniamo alle prove di fatto. Lascio stare ch'io vedo la noia dipinta sul viso di tutti i mondani di Roma. Dirò solamente questo. Voi sapete che l'unica fonte di piaceri è l'amor proprio;[2] e che questo amor proprio in ultima analisi si risolve o in ambizione o in sentimento. Quanto al sentimento, potete immaginare se una moltitudine dissipata che non pensa mai a se medesima, ne debba esser capace. Quanto all'ambizione, dovete persuadervi che in una città grande è impossibilissimo di soddisfarle. Qualunque sia il pregio a cui voi pretendiate, o bellezza, o dottrina, o nobiltà, o ricchezza, o gioventù, in una

2 Cfr. Zibaldone, 181-82.

città grande è tanta soprabbondanza di tutto questo, che non se ne fa caso veruno. Io vedo tuttogiorno uomini che riempirebbono Recanati di se medesimi, e di cui qui nessuno si cura. L'attirare gli occhi degli altri in una gran città è impresa disperata; e veramente queste tali città non son fatte se non per i monarchi, o per uomini tali che possano smisuratamente soverchiare la massima parte del genere umano in qualche loro pregio per lo più di fortuna, come ricchezza immensa, dignità vicina a quella di principe, o cose simili. Fuori di questi casi, voi non potete godere di Roma, e delle altre città grandi, se non come puro spettatore: e lo spettacolo del quale v'è impossibile di far parte, v'annoia al secondo momento, per bellissimo che sia. Lasciando da parte lo spirito e la letteratura, di cui vi parlerò altra volta (avendo già conosciuto non pochi letterati di Roma), mi ristringerò solamente alle donne, e alla fortuna che voi forse credete che sia facile di far con esse nelle città grandi. V'assicuro che è propriamente tutto il contrario. Al passeggio, in Chiesa, andando per le strade, non trovate una befana che vi guardi. Io ho fatto e fo molti giri per Roma in compagnia di giovani molto belli e ben vestiti. Sono passato spesse volte, con loro, vicinissimo a donne giovani: le quali non hanno mai alzato gli occhi; e si vedeva manifestamente che ciò non era per modestia, ma per pienissima e abituale indifferenza e noncuranza: e tutte le donne che qui s'incontrano sono così. Trattando, è così difficile il fermare una donna in Roma come in Recanati, anzi molto più, a cagione dell'eccessiva frivolezza e dissipatezza di queste bestie femminine, che oltre di ciò non ispirano un interesse al mondo, sono piene d'ipocrisia, non amano altro che il girare e divertirsi non si sa come, non *la danno* (credetemi) se non con quelle infinite difficoltà che si provano negli altri paesi. Il tutto si riduce alle donne pubbliche, le quali trovo ora che sono molto più circospette d'una volta, e in ogni modo sono così pericolose come sapete. La carta mi manca. Non finirei mai di discorrer con voi. Tutti dormono: io rubo questi momenti al sonno, perché durante il giorno, non mi lasciano un momento di libertà. Salutami tanto Paolina. Ti prego, caro Carlo, che per amor mio, quando tu mi scrivi, vogli prendere questa fatica d'allargare un poco il carattere, e lasciare fra le righe alquanto più d'intervallo a causa de' miei poveri occhi. Marietta[3] sta bene, e pare che attenda molto ogni volta che si parla di te. Puoi scrivermi liberamente sotto il mio nome, senza far lettere ostensibili ec. perch'io non mostro né le tue né le altrui, e questi di casa sono incapaci di violare le lettere che mi vengono. Questa sera ho conosciuto alcuni dotti tedeschi[4] che m'hanno alquanto confortato. Addio, ti bacio, stammi di buon animo.

---

3 Marietta Antici di cui il cugino Carlo era innamorato.
4 Leopardi conobbe in casa di Giovanni Gottardo Reinhold (1771-1838), ministro d'Olanda a Roma, alcuni dotti stranieri tra cui il Bunsen.

Roma 9 Decembre 1822

Carissimo Signor Padre. Tutte le lettere ch'io ricevo da casa mia, e specialmente le sue, mi consolano e mi rallegrano sopra ogni altra cosa, perché in verità io ebbi sempre ed avrò sempre bisogno della comunicazione del cuore e dei sentimenti, la quale non posso trovare appresso i miei ospiti,[2] quantunque non mi lascino mancare di nessun'altra cosa o necessaria o comoda. Ma i principii e gli elementi eterocliti ed affatto anomali di cui sono composti i loro naturali, e il disordine incredibile e inconcepibile che regna nel giornaliero di questa famiglia, non mi lasciano esser con loro altro che forestiere.[...] Quanto ai letterati, de' quali Ella mi domanda, io n'ho veramente conosciuto pochi, e questi pochi m'hanno tolto la voglia di conoscerne altri. Tutti pretendono d'arrivare all'immortalità in carrozza, come i cattivi Cristiani al Paradiso. Secondo loro, il sommo della sapienza umana, anzi la sola e vera scienza dell'uomo è l'Antiquaria. Non ho ancora potuto conoscere un letterato Romano che intenda sotto il nome di letteratura altro che l'Archeologia. Filosofia, morale, politica, scienza del cuore umano, eloquenza, poesia, filologia, tutto ciò è straniero in Roma, e pare un giuoco da fanciulli, a paragone del trovare se quel pezzo di rame o di sasso appartenne a Marcantonio o a Marcagrippa. La bella è che non si trova un Romano il quale realmente possieda il latino o il greco; senza la perfetta cognizione delle quali lingue, Ella ben vede che cosa mai possa essere lo studio dell'antichità. Tutto il giorno ciarlano e disputano, e si motteggiano ne' gior-

---

1 Testo integrale in *Tutte le op.*, cit., I, pp. 1133-34.
2 Gli zii Antici.

nali, e fanno cabale e partiti, e così vive e fa progressi la letteratura romana. Quanto a me, alcuni di costoro mi conoscevano
avanti il mio arrivo, altri no. Quelli mi trattano molto bene,
questi poco, come accade all'uomo nuovo, e massimamente ad
uno che non s'è mai curato di farsi conoscere in questa città, e
che non sa parlare della loro scienza favorita, o che s'annoia di
parlarne. Cancellieri è insopportabile per le estreme lodi che
colla maggiore indifferenza del mondo dice in faccia di chiunque lo va a trovare: ed è famoso per questa brutta proprietà,
che rende la sua conversazione affatto insignificante, non po-
tendosegli mai credere. Monsignor Mai è tutt'altro da questa
canaglia; è gentilissimo con tutti, compiacentissimo in parole,
politico in fatti; mostra di voler soddisfare a ciascuno, e fa in
ultimo il suo comodo; ma quanto a me, non solo non ho che
lagnarmene, anzi debbo dire che m'ha compiaciuto realmente
in ogni mia domanda, e che mi tratta quasi con rispetto. Dopo
il mio arrivo è uscita la sua *Repubblica*,[3] la quale è una bella cosa, e molto lodata da chi la capisce, come biasimata dal partito
contrario a Mai. Presto uscirà il *Frontone*[4] accresciuto del doppio da quel che fu nell'edizione di Milano, in modo che gran
parte delle sue opere viene ad essere intera e senza lagune. Ho
conosciuto il Cav. Marini[5] Direttore generale de' catasti, uomo
coltissimo, il quale mi parlò subito di Lei, e de' suoi affari al
tempo dell'annona, ne' quali anch'egli, come mi disse, ebbe
parte; e mi dimostrò molta stima per la sua persona. Ha una
ricchissima libreria, ch'è, si può dire, a disposizione di Melchiorri[6] e mia. Non è pubblica. Quivi passiamo, per lo più,
buona parte della mattina, e ordinariamente siamo soli. Presso
il Ministro d'Olanda, (che mi chiese nuove di Lei, e volle la
sua opera sulla nostra Zecca, avendola veduta annunziata nelle
Effemeridi) ho conosciuto alcuni dotti forestieri, (ben altra cosa
che i Romani). Uno de' quali venne ieri da me a posta, e spontaneamente; e mi pregò che gli comunicassi alcune osservazio-

3 M. T. Ciceronis *De re publica quae supersunt*, Romae, apud Burliaeum, 1822.
4 M. Cornelii Frontonis et M. Aurelii imperatoris *Epistulae*. L. Veri *et* Antonini Pii *et*
Appiani *Epistularum reliquiae*, editio prima romana... curante Angelo Majo, Romae,
apud Burliaeum, 1823.
5 È uno dei futuri pretendenti di Paolina.
6 Per Giuseppe Melchiorri cfr. *Nota sui corrispondenti*, p. 583.

ni ch'io sono per fare stampare; le lodò, e mi dimandò dell'ora in cui sarebbe potuto tornare a *côsare*[7] con me. Questi è un professore di letteratura greca di Monaco,[8] uomo celebre, che io conosceva già di nome da più anni in qua. La ho trattenuta di queste bagattelle, perché credo, ed Ella m'assicura che si compiace d'essere informata delle cose mie. Desidero che il suo nuovo impiego[9] le rechi il minor possibile incomodo: auguro e confido che riesca in benefizio della patria. La prego de' miei saluti a tutti i nostri, particolarmente alla Mamma, e de' miei ossequi alla Marchesa Roberti. Mi benedica: non è necessario dirle che mi comandi; solamente ne la posso pregare, perch'io abbia la consolazione di renderle qualche servigio secondo le mie forze. Il suo tenero figlio Giacomo.

7 *a côsare*: a chiacchierare.
8 Friedrich Wilhelm Thiersch (1784-1860), archeologo e umanista.
9 Quello di gonfaloniere di Recanati.

XCIII · DI CARLO LEOPARDI[1]

Recanati 12 Dicembre 1822

Buccio mio, amo Mariuccia diabolicamente. [...] Tu che sei abile, dàlle continuamente della gelosia, ti prego. È così facile ogni volta che discorri di me! Non ti stancare di dirmi sempre qualcosa di questa briccona. [...] Sai una cosa? Io sento molto la tua assenza anche in ciò, che non posso in tutto il giorno sfogarmi in un linguaggio un poco libero; non ho uno con cui ragionando accaloratamente possa buttar giù i cazzo, i per Dio ec.; sempre bisogna ritener la parola sulla bocca. [...]

1 Testo integrale in *Epistolario*, ed. Moroncini, II, pp. 199-201.

XCIV · A CARLO LEOPARDI, RECANATI[1]

Roma 16 Dicembre [1822]

Carlo mio. Se non siete persuaso di quello ch'io cercai di provarvi nell'ultima mia, *n'en parlons plus*. Io v'accerto che non solo non ho provato alcun piacere in Roma, ma sono stato sempre immerso in profondissima malinconia. Non nego però che questo non venga in gran parte dalla mia particolare costituzione morale e fisica. V'accerto ancora che quanto alle donne, qui non si fa niente nientissimo più che a Recanati. V'accerto che gli spettacoli e divertimenti sono molto più noiosi qui che a Recanati, perché in essi nessuno brilla, fuori dello stesso spettacolo e divertimento. Questo è il solo che possa brillare, e non si va allo spettacolo se non puramente per veder lo spettacolo, (cosa noiosissima), oppure per trattenersi con quelle tali poche persone che formano il piccolo circolo di ciascheduno; il qual piccolo circolo s'ha nelle città piccole meglio ancora che nelle grandi, e certamente nelle grandi è più ristretto che nelle piccole. Ma venghiamo a cose più allegre. Primieramente io non ho conosciuto né guardia né Spada nessuna.[2] Ho ben conosciuto quel fenomeno di Menicuccio Melchiorri, e pratico tuttogiorno con quel coglione di Peppe,[3] che invita mezzo mondo a mettergli tre braccia di corna. Ma per quanto pessima idea possiate aver della moglie, non è possibile che arriviate a concepire che razza di donna misera e nulla sia questa. Figuratevi una servaccia sciocchissima, bruttissima, goffissima,

1 Testo integrale in *Tutte le op.*, cit., I, pp. 1135-36.
2 Carlo gli aveva chiesto nella sua ultima lettera, a nome dello zio Peppe Antici, se avesse conosciuto la guardia Spada.
3 Il cugino Giuseppe Melchiorri. Menicuccio è un suo probabile parente.

senza una grazia negli occhi o nel portamento o in alcuna parte
della persona, senza una parola in bocca, insomma senza un *at-
trait* immaginabile al mondo; e tutto questo, essendo puttana,
o se non altro, civetta. Io non conosco le puttane d'alto affare,
ma quanto alle basse, vi giuro che la più brutta e gretta civetti-
na di Recanati vale per tutte le migliori di Roma. Ho conosciuto parecchi di questi furbi e di questi bravi. Hanno più
franchezza e più parole, ma quanto al saper fare e cavare i ragni
dai buchi, cederebbero tutti quanti ai Galamini. Un Condul-
mari[4] si mangerebbe tutta Roma viva viva in un boccone. Con-
fermatevi pure nel vostro pensiero che un buono e compito
Marchegiano vale per mezzo mondo. Io me n'accorsi fin da
Spoleto, paragonando quei Marchegiani che v'erano a tavola,
con altri pur giovanotti e galanti, nativi d'altre parti. Cancellieri mi diverte qualche volta con alcuni racconti spirituali, verbi-
grazia che il Card. Malvasia b.m. metteva le mani in petto alle
Dame della sua conversazione, ed era un *débauché* di prima sfera, e mandava all'inquisizione i mariti e i figli di quelle che le'[5]
resistevano ec. ec. Cose simili del Card. Brancadoro, simili di
tutti i Cardinali (che sono le più schifose persone della terra),
simili di tutti i Prelati, nessuno de' quali fa fortuna se non per
mezzo delle donne. Il santo Papa Pio VII deve il Cardinalato e
il Papato a una civetta di Roma. Dopo essere andato in estasi,
si diverte presentemente a discorrere degli amori e lascivie de'
suoi Cardinali e de' suoi Prelati, e ci ride, e dice loro de' *bons-
mots* e delle galanterie in questo proposito. La sua conversazione favorita è composta di alcuni secolari, buffoni di professione, de' quali ho saputo i nomi, ma non me ne ricordo. Una figlia di non so quale artista, già fovorita di Lebzeltern,[6] ottenne
per mezzo di costui, e gode presentemente una pensione di settecento scudi l'anno, tanto che, morto il suo primo marito, si è
rimaritata a un Principe. La Magatti, quella famosa puttana di
Calcagnini, esiliata a Firenze, *ha* 700 scudi di pensione dal governo, ottenuti per mezzo del principe Reale di Baviera, stato

4 Nomi di famiglie recanatesi.
5 *le*: svista per *gli*.
6 Il conte Ludwig von Lebzeltern (1774-1854), ambasciatore austriaco prima a Pietro-
burgo e poi a Napoli.

suo amico. Questo è quel principe ch'ebbe quel miracolo di guarire improvvisamente (come si lesse nelle gazzette) dalla sordità, restando più sordo di prima. Che ve ne pare? E contuttociò siate certo, che quanto al sostanziale (in materia di donne) si fa molto più a Recanati che a Roma, data però la proporzione della gente, ed escluso quello che si fa per puro purissimo denaro, il che senza dubbio è moltissimo, anzi è il più. Ma ci vuol danaro assai, perché qui non se ne manca, e non si può discorrere di bagattelle. Vi ho parlato solamente delle donne, perché della letteratura non so che mi vi dire. Orrori e poi orrori. I più santi nomi profanati, le più insigni sciocchezze levate al cielo, i migliori spiriti di questo secolo calpestati come inferiori al minimo letterato di Roma, la filosofia disprezzata come studio da fanciulli, il genio e l'immaginazione e il sentimento, nomi (non dico cose ma nomi) incogniti e forestieri ai poeti e alle poetesse di professione; l'Antiquaria messa da tutti in cima del sapere umano, e considerata costantemente e universalmente come l'unico vero studio dell'uomo. Non vi dico esagerazioni. Anzi è impossibile che vi dica abbastanza. Letterato e Antiquario in Roma è perfettamente tutt'uno. S'io non sono Antiquario, s'intende ch'io non sono letterato, e che non so nulla. E poi quel veder la gente fanatica della letteratura anche più di quello ch'io fossi in alcun tempo; quel misero traffico di gloria (giacché qui non si parla di danari, che almeno meriterebbero d'esser cercati con impegno), e di gloria invidiata, combattuta, levata come di bocca dall'uno all'altro; quei continui partiti, de' quali stando lontano non è possibile farsi un'idea; quell'eterno discorrere di letteratura (come p.e., Massucci de' suoi negozi), e discorrerne sciocchissimamente, e come di un vero mestiere, progettando tuttogiorno, criticando, promettendo, lodandosi da se stesso, magnificando persone e scritti che fanno misericordia; tutto questo m'avvilisce in modo, che s'io non avessi il rifugio della posterità, e la certezza che col tempo tutto prende il suo giusto luogo (rifugio illusorio, ma unico e necessarissimo al vero letterato), manderei la letteratura al diavolo mille volte. Quanto alla gelosia da ispirarsi,[7] la-

7 Alla cugina Marietta.

sciami pur fare; e già non ho trascurato alcune occasioni. Quanto a quella che tu provi, conosco che la lontananza l'accende e la fomenta, ma in verità, in verità non ha luogo. Donna Marianna[8] m'ha detto e ripetuto più volte che ti salutassi particolarmente a nome suo. Quest'è la prima e forse l'ultima volta che l'ubbidisco. Salutami tutti. Io sto bene. Abbiamo un freddo del diavolo, perché tira vento di tramontana. Fuori dei giorni di gran neve, non fa mai tanto freddo costì. Buona notte. Stammi allegramente, se puoi; voglimi bene e scrivimi.

8 La zia Antici.

XCV · DI MONALDO LEOPARDI[1]

Recanati 16 Decembre 1822

[...] Per mostrare al Cav. Antici una qualche gratitudine dell'ospitalità che vi presta, vorrei spedirvi un quadro acciocché glielo donaste, e sceglierei quella *Pietà* che sta in Libreria, camera terza, sulla porta delle maioliche. [...] Non vorrei però gettarlo, e che si ricevesse spregiatamente per abituale non curanza di queste cose. Ditemene il vostro parere, sicché possa determinarmi. [...]

1 Testo integrale in *Epistolario*, ed. Moroncini, II, p. 207.

1823

Recanati 9 Gennaio 1823

[...] Ho sentito nell'ultimo ordinario la proposta di De Romanis,[2] che scrivesti a Babbo. Suppongo che tu abbi deciso di rifiutarla, mentre sei andato a parlargliene. Perché, a dirla fra di noi, io non posso attribuire ad altro che a politica, non già ad ingenuità, tutto il linguaggio che tieni da che sei fuori, e non manca di fare il suo effetto. Se l'effusione vi avesse la minima parte, non potrei fare a meno di condannarti. Per provarti che ho ragione, senti. Babbo ha fatto veder la tua lettera, come fa quasi sempre: io però non ho mai avuto la sorte d'incontrarmivi, fuorché, mi pare, una volta. Parlando poi dell'offerta De Romanis con Mamma, ha detto in presenza dei ragazzi che stavano con lui al camino, che egli te ne avrebbe sconsigliato, perché questa ti darebbe i mezzi di stare a Roma, dove potresti anche prendere una dozzina. Non so come abbia avuto l'imprudenza di lasciarsi uscir questo dalla bocca. [...]

---

1 Testo integrale in *Epistolario*, ed. Moroncini, II, p. 226.
2 Giacomo aveva riferito al padre in una lettera del 4 gennaio che l'editore De Romanis gli aveva proposto di tradurre tutte le opere di Platone.

XCVII · DI MONALDO LEOPARDI[1]

Recanati 10 Gennaio 1823

[...] In ordine alla traduzione di Platone consideriamo prima
la cosa, indi il modo di eseguirla. In ordine alla cosa, dovete
misurare ponderatamente le forze vostre, non già intellettuali e
scientifiche delle quali sono persuaso, ma bensì fisiche e genia-
li, che vogliono essere consultate assai, prima di assumere un
lavoro triennale, il quale potrebbe opprimervi oppure annoiarvi. Vi conosco costante e tenace dei proponimenti, ma perché
l'osservarli non abbia a riuscirvi dannoso o molesto, misurate
prima accuratamente voi stesso, e riflettete che non è piccolo
affare l'obbligare tre anni di vita. Inoltre pensate se questo lavoro è eseguibile qui in casa vostra, come già credo, perché diversamente l'obbligarvi a lunga lontananza non gioverebbe al
vostro bene e al vostro interesse, e non potrebbe approvarsi da
me, che volentieri vi vedrò tornare in Roma frequentemente,
ma che per parte mia vi riterrò sempre domiciliato nella casa
vostra paterna, e nel paese dove riposano le ceneri dei padri vostri e miei. Fatte queste riflessioni, assumete o rigettate l'impresa, come vi detterà la vostra prudenza. [...]

1 Testo integrale in *Epistolario*, ed. Moroncini, II, pp. 228-30.

XCVIII · A CARLO LEOPARDI, RECANATI[1]

Caro Carlo. Sono in piedi, e posso dir guarito, dopo duecent'ore giuste di letto.[2] Rispondo, come ti promisi, all'ultime tue. Non t'inganni a credere che le mie effusioni ec. vengano più da politica che da altro fonte, benché non si può negare che la lontananza ravviva in qualche modo le affezioni o sopite o spente, prima perch'è lontananza, poi perché l'uomo ha sempre bisogno di qualcuno a cui creda d'interessare, e questo bisogno si sente in modo particolare quando si vive tra forestieri ed alieni e per la maggior parte ignoti. Diedi poi conto a mio padre del progetto di De Romanis[3] per pura voglia di ciarlare e d'empier la pagina, e perché 1° io non m'immaginava in alcun modo che mio padre fosse per concepirne quei sospetti che n'ha conceputi, né che dovesse temere il prolungamento della mia assenza, quando, si può dire, colla sua bocca m'aveva suggerito di proccurarmi qualche impiego da viver fuori di casa: 2° io era e sono ben lungi dal pensare quello che ha dato motivo alle inquietudini di mio padre, cioè che il ritratto[4] di quest'impresa mi potesse bastare a mantenermi in Roma. Figuratevi voi che ricca entrata sarebbe quella di cinque o seicento scudi in tutto, fra cinque o sei anni che ci bisognerebbero a terminare un'opera immensa come quella. Cento scudi l'anno al più, sarebbero pure una gran rendita. Di modo che io non ho mai posto in quest'impresa nessuna delle mie speranze, e ne diedi

1 Testo integrale in *Tutte le op.*, cit., I, pp. 1143-45.
2 Per i geloni ai piedi.
3 Il progetto di tradurre tutte le opere di Platone che Leopardi rifiutò.
4 *il ritratto*: il ricavato.

notizia a mio padre, come d'un nulla, e di questo nulla egli s'è messo in angoscia, e m'ha scritto come voi vi figuravate. Vi ringrazio molto degli schiarimenti che mi déste in questo proposito, i quali mi servirono di regola per la risposta. Del rimanente siamo quasi restati d'accordo con De Romanis. Io però dubito ancora, non mi sono legato, e risolverò con più comodo: perché la fatica è grande, il profitto è piccolo, il tempo che l'impresa richiede è lungo, ed io ho molte cose da spenderlo meglio, volendo scrivere.

Se poi mi domanderete che speranze io abbia, dove tenda, e che vantaggio pensi di ricavare da questo viaggio, ecco qua. Cercare impieghi nello Stato è opera quasi perduta. Quanto più da vicino si vede la corte, tanto più si dispera di cavarne niente. Io ho una certa amicizia col Cav. Marini Direttore generale de' Catasti. Un suo leggero impegno forse basterebbe a farmi avere un posto di Cancelliere del censo (dipendenza tutta sua) alla prima vacanza. Mio Zio Carlo⁵ mi dice che il colpo è fatto, ch'io coltivi Marini e non pensi ad altro. Io lo lascio ciarlare come ho sempre fatto. Marini non è uomo d'impegni, e ha mille raccomandazioni per questi posti ec. ec. Il mio progetto è di farmi portar via da qualche forestiere o inglese o tedesco o russo. Cancellieri, al quale solo e non ad altri, ho comunicato questo mio disegno, me lo mette per facilissimo, e conoscendo molta di questa gente, mi ha promesso di favorirmi e d'aiutarmi. Non bisogna dar gran fede a Cancellieri, ma io vedo realmente che la cosa non è difficile, so che le incette di letterati italiani ancora durano, conosco i nomi di parecchi letteratucci romani che hanno fatto fortuna o, se non altro, campano bene in quei paesi; altri ne vedo e ne conosco di persona, i quali sono stati in Germania, in Inghilterra ec. andati e tornati a spese d'altri, e là sono stati molto ben trattati e pressati a fermarsi; so che alcuni de' nostri sono stati invitati da Italinski ministro di Russia e da altri simili, a trasferirsi e stabilirsi ne' loro paesi con emolumenti ec.; e finalmente vedo cogli occhi miei quanto poco ci vuole per far fortuna con questi Signori forestieri,

5 Carlo Antici aveva sperato di ottenere una sistemazione per Giacomo attraverso il cavalier Marini.

quanto piccole abilità sono pagate da loro a gran prezzo, quanta stima concedono a ogni piccola dote letteraria che uno sappia mostrare. Dovete però sapere che la filosofia, e tutto quello che tiene al genio, insomma la vera letteratura, di qualunque genere sia, non vale un cazzo cogli stranieri: i quali non sapendo quasi niente d'italiano, non gusterebbero un cazzo le più belle produzioni che si mostrassero loro in questa lingua; e non prendono nessun interesse per chi brilla in un genere di studi inaccessibile per loro. Io dunque ho mutato abito, o piuttosto ho riassunto quello ch'io portai da fanciullo. Qui in Roma io non sono letterato (il quale nome, se vero, è inutile coi romani, inutile coi forestieri), ma sono un erudito e un grecista. Non potete credere quanto m'abbiano giovato quegli avanzi di dottrina filologica ch'io ho raccolto e raccapezzato dalla memoria delle mie occupazioni fanciullesche. Senza questi, io non sarei nulla cogli stranieri, i quali ordinariamente mi stimano, e mi danno molti segni d'approvazione. E perché in una gran città dove pur c'è qualcuno che legga, è utilissimo, anzi necessario il metter fuori qualche cosa che ti faccia conoscere, e questa, o bene o male, ti fa conoscere immancabilmente, come mi son bene accorto; per questo ho voluto scrivere qualche bagattella (tutta erudita) che verrà fuori a momenti,[6] e tu sarai il primo ad averne copia. Questo sarà il mio primo passo; dopo il quale (come n'ho molti esempi, anzi quotidiani) è probabile che diversi forestieri, ministri, ec. desiderino di conoscermi, e allora proccureremo di cavar qualche ragno. [...]

6 Sono tre articoli pubblicati sulle «Effemeridi letterarie» di Roma; i primi due: Philonis Iudaei, *Sermones tres hactenus inediti... translati per P. Io. Bapt. Aucher* (Venetiis, typis coenobii P.P. Armenorum, 1822) e le *Notae* al *De re publica* di Cicerone uscirono nel tomo IX, quaderno 27 del dicembre 1822. Il terzo articolo *Annotazioni sopra la Cronica d'Eusebio* nei quaderni 28 e seguenti dal gennaio al settembre del 1823.

XCIX · DI CARLO LEOPARDI[1]

Recanati 26 del 1823

Caro Buccio. Ti scrivo così dalla parte della fodera, perché sul diritto ti deve poi scriver la Mamma, la quale mi ha dato sacra parola di non rivoltare, sicché possiamo parlar liberamente. Sono tanto contento che ti sei guarito. Sappi, per consolarti delle duecent'ore che hai passato in letto, che contemporaneamente vi stava col tuo stesso male una persona,[2] con cui non ti sarebbe dispiaciuto di dividerlo. Quest'è la prima donna, che pure è un fiore di salute, ma è martirizzata dai geloni assai peggio di te. [...] Ti son grato delle confidenze che mi fai sui tuoi progetti. Mi ricordo la mattina in cui partiste, Peppe[3] mi parlò molto sulla possibilità della medesima combinazione che voi ora cercate. Ditemi se è vero che Marini ha tanta influenza sopra certi impieghi, e che la spenderebbe a una vostra parola. Quando non vi piaccia di profittarne, non potrei farlo io? Io non voglio che i vostri avanzi. [...]

---

1 Testo integrale in *Epistolario*, ed. Moroncini, II, pp. 242-43.
2 La cantante Clorinda Corradi che stava interpretando a Recanati la *Cenerentola* di Rossini.
3 Il cugino Giuseppe Melchiorri.

[Roma] 28 Gennaio [1823]

Cara Paolina. La tua lettera m'è stata molto gradita, come sempre mi saranno quelle che mi scriverai, ma mi dispiace pur molto di sentirti così travagliata dalla tua immaginazione.[1] Non dico già dalla immaginazione, volendo inferire che tu abbi il torto, ma voglio intendere che di là vengono tutti i nostri mali, perché infatti, non v'è al mondo né vero bene, né vero male, umanamente parlando, se non il dolore del corpo. Vorrei poterti consolare, e proccurare la tua felicità a spese della mia; ma non potendo questo, ti assicuro almeno che tu hai in me un fratello che ti ama di cuore, che ti amerà sempre, che sente l'incomodità e l'affanno della tua situazione, che ti compatisce, che in somma viene a parte di tutte le cose tue. Dopo tutto questo non ti ripeterò che la felicità umana è un sogno, che il mondo non è bello, anzi non è sopportabile, se non veduto come tu lo vedi, cioè da lontano; che il piacere è un nome, non una cosa; che la virtù, la sensibilità, la grandezza d'animo sono, non solamente le uniche consolazioni de' nostri mali, ma anche i soli beni possibili in questa vita; e che questi beni, vivendo nel mondo e nella società, non si godono né si mettono a profitto, come sogliono credere i giovani, ma si perdono intieramente, restando l'animo in un vuoto spaventevole. Queste cose già le sai, e non solo le sai, ma le credi; e nondimeno hai bisogno e desideri di vederle coll'esperienza tua propria; e questo desiderio ti rende infelice. Così accadeva a me, così accade e accaderà eternamente a tutti i giovani, così accade agli uomini

1 Paolina il 13 gennaio aveva scritto a Giacomo una lettera disperata forse per la previsione del fallimento del suo matrimonio col Peroli.

ancora e agli stessi vecchi, e così porta la natura. Vedi dunque quanto io sono lontano dal darti il torto. Ma io voglio che per amor mio tu facci qualche sforzo, ti approfitti un poco della filosofia, procuri di rallegrarti alla meglio, come io so per lunga esperienza che si può fare anche nel tuo stato, niente meno che in qualunqu'altro. E finalmente non voglio che ti disperi; perché dentro un giorno può svanire la causa delle tue malinconie, e questo è probabilissimo che avvenga; anzi è facilissimo; anzi, andando le cose naturalmente, è certissimo. Quello ch'io potrò per te, devi credere che lo farò. Intanto divèrtiti. Credi tu ch'io mi diverta più di te? No sicurissimamente. Eppure in questi ultimi giorni ho fatto, e seguo a fare, una vita molto divagata. Ma tieni per certa questa massima riconosciuta da tutti i filosofi, la quale ti potrà consolare in molte occorrenze; ed è che la felicità e l'infelicità di ciascun uomo (esclusi i dolori del corpo) è assolutamente uguale a quella di ciascun altro, in qualunque condizione o situazione si trovi questo o quello. E perciò, esattamente parlando, tanto gode e tanto pena il povero, il vecchio, il debole, il brutto, l'ignorante, quanto il ricco, il giovane, il forte, il bello, il dotto: perché ciascuno nel suo stato si fabbrica i suoi beni e i suoi mali; e la somma dei beni e dei mali che ciascun uomo si può fabbricare, è uguale a quella che si fabbrica qualunqu'altro.

Forse, volendoti consolare, t'avrò annoiata con tanta filosofia. In ogni modo stammi più allegra che puoi, ed aspettami, ch'io ti consoli a voce; se pur già a quell'ora non sarai consolata dalla fortuna. Saluti ai genitori, ai fratelli, a Carlo in particolare. Io sto bene, e ti amo. Addio.

CI · A PIETRO GIORDANI, PIACENZA[1]

Roma 1º Febbraio 1823

[...] La letteratura romana, come tu sai benissimo, è così misera, vile, stolta, nulla, ch'io mi pento d'averla veduta e vederla, perché questi miserabili letterati mi disgustano della letteratura, e il disprezzo e la compassione che ho per loro, ridonda nell'animo mio a danno del gran concetto e del grande amore ch'io aveva alle lettere. Ho recato qua certe piccole coserelle lungamente lavorate,[2] che, non senza difficoltà ed ostacoli, pur mi riescirebbe di stampare in questa città; ma son molto sospeso perché tutto quello che si pubblica qui, se non sono assolute vanità e follie, mi pare che sia gittato e perduto. Lasciando per lo più da parte i romani e gl'italiani, converso cogli stranieri, de' quali abbiamo ora alcuni di molto merito e fama. Ch'io trovi uno stabilimento[3] o in Roma (dove mi sarebbe difficile di passare i mesi caldi) o nello Stato, mi pare molto inverosimile. Ma nondimeno questo sarebbe il mio desiderio. Una piccolissima rendita mi basterebbe. Non mi curo della ricchezza, ma solamente della libertà, che non si può possedere da chi non ha niente di suo da vivere. Né anche mi curo delle Capitali. Una città mediocre mi contenterebbe. Ma questo poco ch'io desidero, non ho quasi speranza di conseguirlo in questo paese, massimamente avendo pochissimo ardire di domandarlo. Mi va

1 Testo integrale in *Tutte le op.*, cit., I, pp. 1146-48. Dopo circa un anno di interruzione della loro corrispondenza, il Giordani aveva risposto a una lettera smarrita di Leopardi con una sua del 12 gennaio.
2 «Credo che intenda delle *Canzoni* che aveva fino a questo tempo composte, e che doveva aver portate a Roma insieme con gli scritti di carattere filologico» (nota Moroncini).
3 *stabilimento*: sistemazione.

molto per la mente di collocarmi con qualche ricco forestiere che mi porti nel suo paese, dove lavorando e scrivendo chi sa ch'io non potessi vivere mediocremente? So che i ministri esteri che sono in questa corte fanno qualche ricerca di letterati o scienziati da mandare ai loro paesi; che hanno fatto questa proferta ad alcuni che non l'hanno accettata, ad altri che accettatala, oggi si trovano con qualche comodità, e pur sono persone di poco talento, e di quella dottrina che hanno potuto acquistare in Roma, giacché non parlo se non di romani. So che i disegni che ho concepiti e gli abbozzi che ho fatti in tanto tempo di solitudine, non si possono per niun modo colorire né condurre a fine in Italia, o coloriti e finiti che fossero, dovrebbero restare sul mio scrittoio; e d'altra parte, appresso a poco io non voglio scrivere se non secondo quei miei disegni, o secondo la specie o la natura di quelli. Dimmi, ti prego, il parer tuo; se credi possibile d'uscir di qua e viver bene fuori di qua; se credi che questo mi convenga; se pensi che l'utilità sia maggiore o minore della difficoltà e del travaglio che si richiede a questo effetto. [...]

Carlo e Paolina stanno bene di corpo, e saranno molto contenti d'aver le tue nuove, ché le avranno da me subito. Paolina non fu più sposa. Voleva, e ciò (lo confesso) per consiglio mio e di Carlo, fare un matrimonio alla moda, cioè d'interesse, pigliando quel signore[4] ch'era bruttissimo e di niuno spirito, ma di natura pieghevolissima e stimato ricco. S'è poi veduto che quest'ultima qualità gli era male attribuita, e il trattato ch'era già conchiuso, è stato rotto. Essa e Carlo ti amano ed hanno continua memoria di te, non credendo (come non credo io) poter trovare in tutta la vita loro un cuore e uno spirito come il tuo. [...]

4 È Andrea Peroli.

Roma 5 Febbraio [1823]

Caro Carlo. Dal tuono della tua lettera mi par di vedere che tu sei più allegro del solito, e non mi parrebbe inverisimile che tu ne fossi debitore ai colloqui avuti colla bella virtuosa,[2] e a quei sentimenti che tu provi per lei, i quali credo che rassomiglino all'amore. Te ne felicito con tutta l'anima, e prendo parte ai tuoi sentimenti così da lontano, come ho preso parte ai geloni dell'*aimable chanteuse*; ma quanto al letto, tocca a te solo di prenderne parte, se puoi, come non credo. Ti ringrazio de' tuoi sonetti,[3] a proposito de' quali mi viene quasi un sospetto che tu vogli divenire un altro Alfieri, colla differenza che questi si pose a studiare e comporre per la prima volta in età maggiore della tua, e tu in età minore non incominceresti gli studi, ma li riprenderesti, o piuttosto li continueresti. Certo è che i tuoi versi hanno moltissimo dell'Alfieresco, senza che tu forse te ne avvegga; e la cagione che t'indurrebbe alla poesia, sarebbe quella stessa d'Alfieri, cioè l'amore o un cosa di questa specie. Puoi credere, Carlo mio, quanto volentieri io farei qualunque cosa per te, cioè per me, giacché tu ed io siamo stati e saremo sempre una stessa persona ipostatica,[4] e non c'è bisogno di ripeterlo. Che Marini abbia una certa influenza sugli impieghi relativi ai catasti, è vero. Che ne sia padrone, non è vero, ma sono i soliti sogni e chimere di Zio Carlo, come ti scrissi. Io ho con lui una certa amicizia, ma di quelle amicizie fredde che si

1 Testo integrale in *Tutte le op.*, cit., I, pp. 1148-49.
2 La Corradi.
3 Ispirati dalla cantante.
4 *ipostatica*: consustanziale.

possono avere con persone occupate, che vedono un'infinità di gente ogni giorno, che hanno fatto fortuna a forza di travaglio, e con ciò si sono abituate all'egoismo, cioè al travagliare per se sole, giacché se avessero travagliato per altri, non avrebbero fatto fortuna. In ogni modo è un uomo molto cortese; ci sarebbe forse anche il suo verso di prenderlo e d'affezionarselo, e se io ne potrò profittare per te, non potrò mancare di farlo. Mi congratulo con te dell'impressioni e delle lagrime che t'ha cagionato la musica di Rossini, ma tu hai torto di credere che a noi non tocchi niente di simile. Abbiamo in Argentina la *Donna del Lago*,[5] la qual musica eseguita da voci sorprendenti è una cosa stupenda, e potrei piangere ancor io, se il dono delle lagrime non mi fosse stato sospeso, giacché m'avvedo pure di non averlo perduto affatto. Bensì è intollerabile e mortale la lunghezza dello spettacolo, che dura sei ore, e qui non s'usa d'uscire del palco proprio. Pare che questi fottuti Romani che si son fatti e palazzi e strade e chiese e piazze sulla misura delle abitazioni de' giganti, vogliano anche farsi i divertimenti a proporzione, cioè giganteschi, quasi che la natura umana, per coglionesca che sia, possa reggere e sia capace di maggior divertimento che fino a un certo segno. Non ti parlerò dello spettacolo del corso, che veramente è bello e degno d'esser veduto (intendo il corso di carnevale); né dell'impressione che m'ha prodotto il ballo veduto colla *lorgnette*. Ti dico in genere che una donna né col canto né con altro qualunque mezzo può tanto innamorare un uomo quanto col ballo: il quale pare che comunichi alle sue forme un non so che di divino, ed al suo corpo una forza, una facoltà più che umana. Tu hai veduto di questi balli da festino, ma non hanno che far niente né anche con quelli degli ultimi ballerini d'una pezza da teatro. Il waltz che questi talora eseguiscono, passa per un'inezia e una riempitura. In somma credimi che se tu vedessi una di queste ballerine in azione, ho tanto concetto dei tuoi propositi anterotici, che ti darei per cotto al primo momento. [...]

5 Opera di Rossini (1819):

238

Roma 20 Febbraio 1823

Ricevo la tua dei 9, nella quale smentisci le mie imputazioni ingiuriose alla tua costanza e alla tua esperienza in amore, e non mi lasci che rispondere.[1] Non so chi ti abbia scritto del pranzo di Mai.[2] Te ne scrissi io in altro proposito, ma questo fu in data posteriore alla tua lettera. Veramente poche consolazioni potrei provare uguali a quella di vedere effettuato il progetto che mi descrivi, circa il matrimonio di Paolina.[3] Son certo che dal tuo lato non lascerai cosa che possa giovare a questo effetto. Non so e niuno può sapere se Paolina sarà contenta nel suo nuovo stato, e con questo compagno; ma tutti sappiamo di certo che per lei non v'è miglior partito, anzi nessun partito, se non quello di maritarsi presto, e, se è possibile, con un giovane. Salutala tanto da parte mia, ed esprimile i miei sentimenti come tu credi: in seguito dammi nuove di questo affare.

Venerdì 15 febbraio 1823 fui a visitare il sepolcro del Tasso e ci piansi.[4] Questo è il primo e l'unico *piacere* che ho provato in Roma. La strada per andarvi è lunga, e non si va a quel luogo se non per vedere questo sepolcro; ma non si potrebbe anche venire dall'America per gustare il piacere delle lagrime lo spazio di due minuti? È pur certissimo che le immense spese che qui vedo fare non per altro che per proccurarsi uno o un altro piacere, sono tutte quante gettate all'aria, perché in luogo del piacere non s'ottiene altro che noia. Molti provano un sen-

1 Carlo con una lettera del 9 febbraio aveva smentito di essere innamorato della Corradi e aveva riconfermato la sua passione per la cugina Marietta Antici.
2 Leopardi era stato invitato a pranzo da monsignor Mai.
3 Con Ranieri Roccetti.
4 La tomba del Tasso è nella chiesa di Sant'Onofrio sul Gianicolo.

timento d'indignazione vedendo il cenere del Tasso, coperto e indicato non da altro che da una pietra larga e lunga circa un palmo e mezzo, e posta in un cantoncino d'una chiesuccia. Io non vorrei in nessun modo trovar questo cenere sotto un mausoleo. Tu comprendi la gran folla di affetti che nasce dal considerare il contrasto fra la grandezza del Tasso e l'umiltà della sua sepoltura. Ma tu non puoi avere idea d'un altro contrasto, cioè di quello che prova un occhio avvezzo all'infinita magnificenza e vastità de' monumenti romani, paragonandoli alla piccolezza e nudità di questo sepolcro. Si sente una trista e fremebonda consolazione pensando che questa povertà è pur sufficiente ad interessare e animar la posterità, laddove i superbissimi mausolei, che Roma racchiude, si osservano con perfetta indifferenza per la persona a cui furono innalzati, della quale o non si domanda neppur il nome, o si domanda non come nome della persona ma del monumento. Vicino al sepolcro del Tasso è quello del poeta Guidi,[5] che volle giacere *prope magnos Torquati cineres*, come dice l'iscrizione. Fece molto male. Non mi restò per lui nemmeno un sospiro. Appena soffrii di guardare il suo monumento, temendo di soffocare le sensazioni che avevo provate alla tomba del Tasso. Anche la strada che conduce a quel luogo prepara lo spirito alle impressioni del sentimento. È tutta costeggiata di case destinate alle manifatture, e risuona dello strepito de' telai e d'altri tali istrumenti, e del canto delle donne e degli operai occupati al lavoro. In una città oziosa, dissipata, senza metodo, come sono le capitali, è pur bello il considerare l'immagine della vita raccolta, ordinata e occupata in professioni utili. Anche le fisionomie e le maniere della gente che s'incontra per quella via, hanno un non so che di più semplice e di più umano che quelle degli altri; e dimostrano i costumi e il carattere di persone, la cui vita si fonda sul vero e non sul falso, cioè che vivono di travaglio e non d'intrigo, d'impostura e d'inganno, come la massima parte di questa popolazione. Lo spazio mi manca: t'abbraccio. Addio addio.

5 Alessandro Guidi (1650-1712) che volle essere sepolto «presso il grande cenere di Torquato».

CVI · DI CARLO LEOPARDI[1]

Recanati 27 Marzo 1823

[...] Senti quel che Paolina mi commette di dirti. Non so come Mamma abbia saputo, o pretenda di aver saputo, che il Cav. Marini, con cui tu scrivesti di essere in qualche relazione, è un uomo vedovo che cerca di riprender moglie, e la vuole savia, ben educata, in somma distinta dal resto delle donne per le qualità morali; della dote poi non fa gran conto. Siccome, se tutto ciò fosse vero, potrebbe averla trovata in Paolina, questa desidera che tu ci dici se egli è uomo passabile, e se per il suo fisico, per la sua età, il suo avere, sarebbe sacrifizio comportabile ad una donna lo sposarlo. Sai che la povera anima è accostumata da gran tempo all'idea dei sacrifizj, ma non le è ancora permesso il farne: Roccetti non ha detto più nulla: si aveva in vista Oswaldo Carradori, ma l'indolenza onnipotente ritiene ancora le cose poco più avanti del pensiere.

Io sto combattuto fra le difficoltà di confessarti una cosa di cui ho scrupolo, e lo scrupolo anche maggiore di avere un segreto per te. Questo secondo la vince. Sarà una settimana e mezza che faccio l'amore, di quello finto però, mentre il vero è sempre per Mariuccia, e sento continuo rimorso, ma la primavera m'ha vinto: non ho potuto fare a meno di dare un oggetto alle mie passeggiate. Ella è la figlia del Sig.' Venanzo G..., quel bocconotto notturno che tu devi aver conosciuto; va via dopo Pasqua. Ho una libertà grande, e t'assicuro che imparo *molte cose.* [...]

---

1 Testo integrale in *Epistolario*, ed. Moroncini, II, pp. 281-83.

CVII · A CARLO LEOPARDI, RECANATI[1]

Roma 5 Aprile 1823

Caro Carlo. Ti felicito sommamente del tuo nuovo amore; e altrettanto mi dispiacerebbe che a Pasqua fosse cominciata per te la Quaresima. Veramente non so qual migliore occupazione si possa trovare al mondo, che quella di fare all'amore, sia di primavera o d'autunno; e certo che il parlare a una bella ragazza vale dieci volte più che girare, come fo io, attorno all'Apollo di Belvedere o alla Venere Capitolina. [...]

1 Testo integrale in *Tutte le op.*, cit., I, pp. 1158-59.

CVIII · A MONALDO LEOPARDI, RECANATI[1]

Roma 16 Aprile 1823

[...] Mi farei difficilmente credere se dicessi che il soggiorno di Recanati per se medesimo mi sia più grato che il soggiorno di Roma. Ma come quello indubitamente mi è più caro per la presenza di Lei e della mia famiglia, così anche per tutti gli altri riguardi, Ella si deve persuadere che se io non considero il mio ritorno con gioia, neppur lo considero colla minima pena. Io sono naturalmente inclinato alla vita solitaria. Contuttociò non posso negare ch'io non desideri una vita distratta, avendo veduto per esperienza che nella solitudine io rodo e divoro me stesso. Ma fuor di ciò, qualunque soggiorno m'è indifferentissimo, e quello della mia famiglia, che non mi può essere indifferente, mi sarà sempre carissimo. La nostra partenza è fissata per li 28 del corrente. [...]

1 Testo integrale in *Tutte le op.*, cit., I, pp. 1160-61.

CIX · AD A. JACOPSSEN, BRUGES[1]

Recanati 23 Juin 1823

Mon cher ami. Je commencerai par vous remercier de tant d'expressions de bienveillance dont vous m'honorez dans votre charmante lettre, et surtout des marques de confiance que vous me donnez en me parlant de votre genre de vie, de vos pensées, de vos sentimens et de l'état de votre âme. Tout cela m'intéresse infiniment, et je ne saurais exprimer le plaisir que vous m'avez donné en m'entretenant de ces détails. Il est bien doux de voir les secrets d'un cœur comme le vôtre. Mais je croirais ne pas faire autant de cas que je le dois de l'affection que vous me témoignez, si je me laissais aller à quelque phrase qui tînt de la cérémonie. Je ne vous remercie donc pas; je me contente de vous assurer que mon cœur est tout à vous pour toujours.

Sans doute, mon cher ami, ou il ne faudrait pas vivre, ou il faudrait toujours sentir, toujours aimer, toujours espérer. La sensibilité ce serait le plus précieux de tous les dons, si l'on pouvait le faire valoir, ou s'il y avait dans ce monde à quoi l'appliquer. Je vous ai dit que l'art de ne pas souffrir est maintenant le seul que je tâche d'apprendre. Ce n'est que précisément parce que j'ai renoncé à l'espérance de vivre. Si dès les premiers essais je n'avais été convaincu que cette espérance était tout-à-fait vaine et frivole pour moi, je ne voudrais, je ne connaîtrais même pas d'autre vie que celle de l'enthousiasme. Pendant un certain temps j'ai senti le vide de l'existence comme si ç'avait été une chose réelle qui pesât rudement sur mon âme. Le néant des choses était pour moi la seule chose qui exi-

1 A. Jacopssen, letterato belga conosciuto a Roma, al quale Leopardi aveva indirizzato una lettera per noi perduta. Questa lettera dà riscontro alla risposta dello Jacopssen.

stait. Il m'était toujours présent comme un fantôme affreux; je ne voyais qu'un désert autour de moi, je ne concevais comment on peut s'assujettir aux soins journaliers que la vie exige en étant bien sûr que ces soins n'aboutiront jamais à rien. Cette pensée m'occupait tellement, que je croyais presque en perdre ma raison.

En vérité, mon cher ami, le monde ne connaît point ses véritables intérêts. Je conviendrai, si l'on veut, que la vertu, comme tout ce qui est beau et tout ce qui est grand, ne soit qu'une illusion. Mais si cette illusion était commune, si tous les hommes croyaient et voulaient être vertueux, s'ils étaient compatissans, bienfaisans généreux, magnanimes, pleins d'enthousiasme; en un mot, si tout le monde était sensible (car je ne fais aucune différence de la sensibilité à ce qu'on appelle vertu), n'en serait-on pas plus heureux? Chaque individu ne trouverait-il mille ressources dans la société? Celle-ci ne devrait-elle pas s'appliquer à réaliser les illusions autant qu'il lui serait possible, puisque le bonheur de l'homme ne peut consister dans ce qui est réel?[2]

Dans l'amour, toutes les jouissances qu'éprouvent les âmes vulgaires, ne valent pas le plaisir que donne un seul instant de ravissement et d'émotion profonde. Mais comment faire que ce sentiment soit durable, ou qu'il se renouvelle souvent dans la vie? où trouver un cœur qui lui réponde? Plusieurs fois j'ai évité pendant quelques jours de rencontrer l'objet qui m'avait charmé dans un songe délicieux. Je savais que ce charme aurait été détruit en s'approchant de la réalité. Cependant je pensais toujours à cet objet, mais je ne le considérais d'après ce qu'il était; je le contemplais dans mon imagination, tel qu'il m'avait paru dans mon songe. Était-ce une folie? suis-je romanesque? Vous en jugerez.

Il est vrai que l'habitude de réfléchir, qui est toujours propre des esprits sensibles, ôte souvent la faculté d'agir et même de jouir. La surabondance de la vie intérieure pousse toujours l'individu vers l'extérieure, mais en même temps elle fait en sorte qu'il ne sait comment s'y prendre. Il embrasse tout, il

---

2 Cfr. *Zibaldone*, 2684-85.

voudrait toujours être rempli; cependant tous les objets lui échappent, précisément parce qu'ils sont plus petits que sa capacité.[3] Il exige même de ses moindres actions, de ses paroles, de ses gestes, de ses mouvemens, plus de grâce et de perfection qu'il n'est possible à l'homme d'atteindre. Aussi, ne pouvant jamais être content de soi-même, ni cesser de s'examiner, et se défiant toujours de ses propres forces, il ne sait pas faire ce que font tous les autres.

Qu'èst-ce donc que le bonheur, mon cher ami? et si le bonheur n'est pas, qu'est-ce donc que la vie?[4] Je n'en sais rien; je vous aime, je vous aimerais toujours aussi tendrement, aussi fortement que j'aimais autrefois ces doux objets que mon imagination se plaisait à créer, ces rêves dans lesquels vous faites consister une partie du bonheur. En effet il n'appartient qu'à l'imagination de procurer à l'homme la seule espèce de bonheur positif dont il soit capable. C'est la véritable sagesse que de chercher ce bonheur dans l'idéal, comme vous faites. Pour moi, je regrette le temps où il m'était permis de l'y chercher, et je vois avec une sort d'effroi que mon imagination devient stérile, et me refuse tous les secours qu'elle me prêtait autrefois.

Cette lettre est déjà trop longue. Le plaisir de causer avec vous sur ces sujets sur lesquels vous vous expliquez avec tant de justesse et de profondeur, m'a fait oublier cette partie de votre lettre dans laquelle vous me demandez quels sont nos meilleurs écrivains philosophes. Je tâcherai de répondre à cette question dans un autre temps. À l'égard des théologiens, je ne sais presque si nous en avons, beaucoup moins si nous en avons qui soient excellens. J'ignore même s'il peut y avoir de l'excellence dans ce genre. Votre ami, M. le baron de Hert (je crois ne savoir pas écrire son nom) est-il revenu chez soi? comment se porte-t-il? Faites-lui mes complimens, et donnez-moi de ses nouvelles, je vous prie. Le bon Abbé Cancellieri[5] s'amuse toujours à faire des livres et à les publier. Mon oncle Antici[6] va partir de Rome pou venir passer l'été à Recanati. Ma santé est

3 Cfr. *Zibaldone*, 278-279.
4 Cfr. *Zibaldone*, 2753.
5 Francesco Cancellieri.
6 Lo zio Carlo Antici.

bonne. Je vis ici comme dans un ermitage: mes livres et mes promenades solitaires occupent tout mon temps. Ma vie est plus uniforme que le mouvement des astres, plus fade et plus insipide que les *parole* de notre Opéra. Adieu, mon cher ami aimez-moi, s'il est possible, autant que vous méritez d'être aimé. Parlez-moi de vos occupations, de vos desseins, de vos observations philosophiques: plus vous vous étendrez sur ces sujets plus vous m'en ferez de plaisir. Je suis, avec l'attachement le plus vif et le dévouement le plus entier Votre tendre et sincère ami G. Leopardi.[7]

7 «Amico carissimo. Innanzi tutto grazie per le numerose espressioni di benevolenza di cui mi onorate nella vostra lettera tanto bella e specialmente per l'attestazione di fiducia di cui mi fate segno, parlandomi della vostra vita, dei pensieri, dei sentimenti e dei vostri stati d'animo. Le quali cose mi interessano oltre modo, e non saprei davvero esprimere il piacere che mi avete procurato facendomi queste confidenze. È una grande gioia scoprire i segreti di un cuore come il vostro; ma temerei di non fare abbastanza onore all'affetto che mi manifestate, se mi lasciassi andare a qualche espressione troppo cerimoniosa. Pertanto non vi ringrazierò, accontentandomi di assicurarvi che il mio cuore è vostro per sempre. Non vi è dubbio, carissimo amico, o non si dovrebbe nemmeno vivere, oppure bisognerebbe aver sempre fervidi sentimenti, amare e sperare sempre. La sensibilità sarebbe il dono più prezioso di tutti, sol che lo si potesse far valere, o se ci fosse al mondo qualcosa a cui applicarla. Vi ho detto che l'arte di non soffrire è la sola che presentemente io cerchi di imparare, dal momento che ho rinunciato alla speranza di vivere. Se fin dai primi tentativi non mi fossi convinto che questa speranza era per me, assolutamente frivola e vana, non avrei desiderato, anzi nemmeno conosciuto altra vita che quella dell'entusiasmo. Per un certo tempo ho avvertito il vuoto dell'esistenza come se fosse stato qualcosa di reale che mi gravava sull'anima. Il nulla delle cose era per me la sola cosa che esistesse, e mi era presente sempre come un fantasma orribile; intorno a me non vedevo altro che un deserto, e non riuscivo a concepire come ci si potesse piegare alle necessità quotidiane della vita, ben sapendo che queste non avrebbero portato alcun frutto. Questo pensiero mi aveva preso talmente, che quasi avrei creduto di uscir di senno. In realtà, carissimo amico, il mondo non conosce il suo vero interesse. Vi concedo che la virtù, così come tutto quello che è grande e bello, sia soltanto un'illusione. Ma se questa illusione fosse comune, se tutti gli uomini credessero e volessero essere virtuosi, se fossero buoni, caritatevoli, generosi, magnanimi, pieni d'entusiasmo; se, in una parola, tutti fossero sensibili (giacché non faccio distinzione alcuna fra sensibilità e virtù) non saremmo noi forse più felici? Non troverebbe forse ogni individuo mille risorse nella società? E questa non dovrebbe allora sforzarsi, per quanto è possibile, di dare corpo alle illusioni, dal momento che la felicità dell'uomo non può aver consistenza in ciò che è reale? In amore, tutte le voluttà che provano le anime volgari, non possono stare a confronto con il piacere che deriva da un solo istante di estasi e di emozione profonda. Ma come fare in modo che questo sentimento duri nel tempo che si rinnovi spesso nella vita? dove trovare un cuore che gli si accordi? Parecchie volte ho evitato di incontrare per giorni l'oggetto che mi aveva affascinato in un sogno meraviglioso. Ero certo che l'incanto si sarebbe dissolto al contatto con la realtà. E tuttavia continuavo a pensare a quell'oggetto, ma senza consi-

derarlo così come era per davvero; lo contemplavo nella mia fantasia, quale mi era apparso in sogno. Era una follia? o sono io un sognatore? Giudicherete voi. È vero che l'abitudine alla riflessione, che è sempre stata propria delle anime sensibili, le priva spesso della facoltà di agire e persino di gioire. La sovvrabbondanza di vita interiore spinge sempre l'individuo verso quella esteriore, ma nello stesso tempo fa ch'egli non sappia come destreggiarsi. Egli si appassiona di tutto e vorrebbe essere sempre appagato e tuttavia gli oggetti gli sfuggono appunto perché sono troppo esigui in rapporto alla sua capacità. Persino da ogni propria minima azione, o parola, o gesto e movimento, esige quella grazia e quella perfezione che all'uomo non è dato raggiungere. E così, non potendo mai essere contento di sè, né cessare di analizzarsi, e diffidando sempre delle proprie forze, egli non sa fare quel che fanno tutti gli altri. Che cosa è dunque la felicità, caro amico? E se la felicità non esiste, cosa è mai la vita? Io non ne so nulla, so solo che vi amo e che vi amerò sempre con lo stesso affetto, lo stesso vigore, col quale in passato ho amato quegli oggetti dolcissimi che la mia fantasia si è dilettata a creare, quei sogni nei quali risiede, a vostro giudizio, parte della felicità. In effetti è proprio solamente della fantasia il procurare all'uomo l'unica specie di certa felicità di cui egli sia capace. La vera saggezza è appunto quella di ricercare la felicità nell'ideale, come fate voi. Quanto a me, rimpiango il tempo in cui questa ricerca mi era concessa, e non posso fare a meno di constatare con una sorta di terrore, che la mia fantasia si è fatta sterile e mi rifiuta quel soccorso che un tempo mi prestava. Questa lettera è già fin troppo lunga. Il piacere di intrattenermi con voi di cose sulle quali vi sapete esprimere con sì grande rigore e profondità mi ha fatto dimenticare quella parte della vostra lettera, nella quale mi chiedete quali sono i nostri migliori filosofi. Cercherò di rispondere un'altra volta a questa domanda. Per quel che riguarda i teologi, non saprei quasi dire se ne abbiamo e ancor meno se ne abbiamo di qualche valore. Ignoro persino se si possa parlare di valore per questo campo. Il vostro amico, il barone di Hert (temo di non saper scrivere il suo nome), è tornato a casa sua? come sta? Complimentatelo da parte mia, e datemi, per cortesia, sue notizie. Il buon Abate Cancellieri si diverte sempre a scrivere libri e a pubblicarli. Mio zio Antici partirà tra poco da Roma per venire a trascorrere l'estate a Recanati. Io sto bene. Vivo qui come in un eremo, dividendo tutto il mio tempo fra i libri e le passeggiate solitarie. La mia vita è più uniforme del moto degli astri, più grigia e insignificante delle *parole* [in italiano e in corsivo nel testo] delle nostre Opere. Addio, amico carissimo, e amatemi, se vi è possibile quanto voi stesso meritate di essere amato. Parlatemi delle vostre occupazioni, dei vostri progetti, delle vostre osservazioni filosofiche: più vi dilungherete su queste cose e più ne trarrò diletto. Vi prego di tenermi per vostro devotissimo e affettuosissimo amico G. Leopardi.» (*Traduzione di Andrea Zanzotto*).

CX · A PIETRO GIORDANI, PIACENZA[1]

Recanati 4 Agosto 1823

[...] Io dunque, mio carissimo e santo e divino amico, partii di Roma tre mesi addietro e me ne tornai nella mia povera patria; avendo goduto poco o nulla, perché di tutte l'arti quella di godere mi è la più nascosta, e niente dolendomi di ritornare al sepolcro, perché non ho mai saputo vivere. In verità era troppo tardi per cominciarsi ad assuefare alla vita non avendone avuto mai niun sentore, e gli abiti in me sono radicati per modo, che niuna forza gli può svellere. Quando io mi sentiva già vecchio, anzi decrepito, innanzi di essere stato giovane, ho dovuto richiedere a me stesso gli uffici della gioventù ch'io non aveva mai conosciuta. Ma in quest'animo ella non poteva trovar luogo. E così, colla esperienza di me stesso, mi sono certificato che la natura o l'assuefazione m'hanno disposto in modo da non poter essere altro che nulla. Non ti nego però che questa mia sepoltura non mi riesca alquanto più molesta di prima, specialmente perch'io non ci ho quella libertà che ho sperimentata fuor di qui per alcuni mesi. E la presenza degli uomini, de' quali non so più che fare, è, come tu sai, molto più fastidiosa nelle città piccole, e massimamente nella patria, che nelle capitali, dove altri può vivere anche nel mezzo delle piazze come in un deserto. Per questa cagione ho desiderato molto che avessero effetto le pratiche del buon Ministro di Prussia, il quale mi raccomandò al Segretario di Stato[2] con tanta efficacia con quanta avrebbe potuto un suo fratello. E il Cardinale l'ultima volta che lo vide (perché il Ministro partì da Roma, come saprai) gli

1 Testo integrale in *Tutte le op.*, cit., I, pp. 1168-69.
2 Il Niebuhr aveva raccomandato Leopardi al cardinale Ercole Consalvi.

253

promise espressamente e spontaneamente ch'io sarei stato provvisto, la qual promessa è quanto s'è ottenuto fin qui. Intanto il Papa muore,[3] e col Papa va il Segretario di Stato, e col Segretario di Stato la sua promessa. Il Cardinale mi fece proporre dal Ministro di prender *la roba di Corte*, mostrandomi che questa non mi costringeva a farmi prete; ma io desiderava alcun provvedimento per poter essere libero e seguitare le mie inclinazioni, non lasciare le inclinazioni e la libertà per esser provveduto.

S'io divenissi mai padrone di me stesso, sai tu per qual cagione principalmente ne sarei lieto? Perché potrei venirti a vedere e star teco per alcun tempo. Credimi ch'io desidero questa cosa tanto quanto mai desiderassi cosa alcuna, massimamente ora; e di giorno in giorno cresce questo desiderio. Non ispererei di rallegrarti né di consolarti, né pure di trattenerti piacevolmente, ancorch'io lo desideri tu sai quanto. Ma come si voglia, starei teco; e il mio pensiero si ferma in questo e ci si compiace, e non guarda più in là.

Domandi de' miei studi, i quali ora non hanno alcun fine determinato: ed anche ti confesso che l'aver mirato da vicino la falsità, l'inettitudine, la stoltezza dei giudizi letterarii, e l'universalissima incapacità di conoscere quello che è veramente buono ed ottimo e studiato, e distinguerlo dal cattivo, dal mediocre, da quello che niente costa, mi fa tener quasi per inutile quella sudatissima e minutissima perfezione nello scrivere alla quale io soleva riguardare, senza la quale non mi curo di comporre, e la quale veggo apertissimamente che da niuno, fuorché da due o tre persone in tutto, sarebbe mai sentita né goduta. Io aveva posto insieme un tometto di versi[4] simili a quei pochi che tu conosci, aggiuntoci alcune prose appartenenti alla materia; e contro quello ch'io m'aspettava e che gli altri mi predicevano, ebbi in Roma dalla Censura la facoltà di stamparlo. Ma di quelle due cose che impediscono τὴν παῤῥησίαν[5] voglio dire il timore e la speranza, l'uno non mi ha mai disturbato, l'altra mi sopravvenne per la prima volta in quel punto ch'io faceva

3 Pio VII morì il 20 agosto 1823.
4 Una raccolta di canzoni successive alle tre già stampate.
5 «La libertà di parola».

metter mano alla stampa. Così tra per questa cagione e per l'avere avuto a partir di là, differii di stampare quella mia piccola Lirica, alla quale ora, trovandomi qui confinato, non ho più niun pensiero.

Il Zio Antici ebbe la tua lettera e mi diede i tuoi saluti. Farò le tue parti con lui e coll'abate Rezzi[6] per lettera. Carlo ti ama, t'abbraccia, sta bene, e non sapendo che fare si trastulla assai colle donne. Paolina altresì ti saluta caramente. È ancor qui, che non s'è trovato mai da maritarla, e ha rifiutato varii partiti. Mia madre dice ch'io ti scriva di veder se tu potessi trovarlene uno in coteste parti. Dubito molto che la cosa ti sia possibile, perché la dote è poca. In ogni modo, acciocché tu sappi, ti dico che la dote è di settemila scudi. Quanto alla persona, così per le parti dell'animo e della educazione, come per le esteriori, credo che ci possa aver chi se ne contenti. L'età è ventidue anni; né già ella si curerebbe di più che tanta gioventù nello sposo; né anche di troppa nobiltà. [...]

6 Luigi Maria Rezzi, bibliotecario della Barberina.

CXI · DI PIETRO GIORDANI[1]

[...] L'oggetto mio principale di scriverti da questa beata Firenze (dalla quale non saprei mai risolvermi di partire) è per parlarti di uno de' più bravi e cari uomini che io abbia conosciuti, stabilito da cinque anni in questa città, alla quale ha già fatto un gran bene, e più ancora ne farà; e non solo a Firenze, ma veramente all'Italia: che non avrebbe un buon Giornale, se il Signor Giampietro Vieusseux[2] non le avesse data l'*Antologia*. Io voglio dunque che tu, sulla mia parola, dii la tua amicizia a questo Signore; che io (e sai che non son facile a contentare) metto tra i migliori e più preziosi e rari. Egli metterà qui due righe per te; e tu gli risponderai. Egli sa che è un tesoro la tua persona e la tua amicizia; ma tu devi credere altrettanto di lui. Egli potrà (e vorrà) procurare molte agevolezze di mezzi a' tuoi studi: e io vorrei che tu mandassi materie al suo giornale, che è già senza paragone il migliore (anzi il solo buono) d'Italia; e che si farà ottimo, se i migliori d'Italia si uniranno a lui. La Censura di Firenze è la più benigna in tutta Italia: il direttore Vieusseux è il solo che intenda che cosa sia e come debba esser fatto un buon giornale. [...]

---

1 Testo integrale in *Epistolario*, ed. Moroncini, III, pp. 38-39.
2 Per Giampietro Vieusseux, cfr. *Nota sui corrispondenti*, p. 583

CXII · A GIUSEPPE MELCHIORRI, ROMA[1]

Recanati 19 Dicembre 1823

[...] La vostra lettera, caro Peppino, mi ha consolato molto, perché vedo che le sventure di cui vi dolete, e che mi tenevano in pena, sono affari di amore. L'amore, anche profondo e disperato, è sempre dolce. Io sono troppo persuaso, non dico della vostra filosofia, perché la filosofia in questi casi non serve, ma della vostra accortezza e cognizione del mondo, per credervi capace d'innamorarvi in modo che la passione vi possa inquietare. Caro Peppino, non siamo più a quei tempi. Nella primissima gioventù, questo ci può accadere; ma dopo fatto esperienza delle cose, è impossibile, o è troppo fuor di ragione. Non crediate ch'io sia di marmo. Un tempo addietro io era capacissimo di una passione furiosa; ne ho provate anch'io, e per confessarvi la mia sciocchezza, vi dico che sono stato più volte vicinissimo ad ammazzarmi per ismania d'amore, ancorché in verità non avessi altra cagione di disperarmi che la mia immaginazione. Ma dopo l'esperienza, sono ben sicuro di morire e di soffrire per tutt'altro che per una donna. Farei torto al vostro buon giudizio se vi ricordassi che le donne non vagliono la pena di amarle e di patire per loro.[2] Non posso credere che mi rispondiate che la vostra è diversa dall'altre. Questa è la risposta di tutti gl'innamorati, e non sarebbe degna di voi. Voi ed io dobbiamo tenere per assioma matematico che non v'è né vi può es-

---

1 Testo integrale in *Tutte le op.*, cit., I, pp. 1175-76. Il cugino Melchiorri era stato incaricato da Leopardi di seguire presso l'editore De Romanis la stampa dell'opuscolo *Annotazioni sopra la Cronica di Eusebio*, dopo che questo testo era apparso sulle «Effemeridi letterarie».
2 «Poco prima G. aveva tradotto con cura speciale la *Satira di Simonide sopra le donne*» (nota Moroncini).

ser donna degna di essere amata da vero. Insomma io sono quasi certo che un vostro pari non è capace di amare se non per divertimento. Voi mi dite che le Lettere hanno cagionato la vostra passione. Dunque l'oggetto del vostro amore è una Minerva. Non pretendo sapere il vostro secreto: ho veduto per prova che negli affari di galanteria voi siete più misterioso e geloso che molti non sogliono essere cogli amici intimi. Mi contento di felicitarvi sulla vostra scelta, supponendo (perché così debbo supporre d'un uomo pratico come voi) che non l'abbiate fatta se non per divertirvi. In questo caso vi lodo e vi stimo assai. Allegramente, caro Peppino; ridiamoci del mondo, e sopra tutto delle donne, che son fatte a posta per questo. Ma se vi divertisse più di piangere, io son pronto a piangere con voi, e compatirvi; e quando vi serva di consolazione lo sfogarvi con me, fatelo in qualunque modo vi pare. Voi sapete ch'io v'amo; forse anche conoscete il mio cuore, e sapete che è capace d'intendere, e di prender parte alle afflizioni degli amici veri ed intrinsechi, quale voi mi siete stato, e sarete sempre, se così vi piacerà. Amatemi e scrivetemi, e soprattutto rallegratevi, perché non saprei darvi un consiglio né più utile né più ragionevole e conveniente a chiunque ha esperienza della vita, come avete voi. L'indifferenza e l'allegria sono le uniche passioni proprie, non solamente dei savi, ma di tutti quelli che hanno pratica delle cose umane, e talento, per profittare dell'esperienza. Addio addio, ti abbraccio e ti auguro il buon Natale. Salutami De Romanis e gli altri amici. Puoi dire a De Romanis che ora non avendo altra occupazione che lo studio, e trovandomi finalmente aver dato sesto a molti lavorucci che m'imbarazzavano, s'egli ha qualche cosa da prevalersi di me, sono in grado di servirlo, ed anche con prontezza.

1824

Recanati 5 Gennaio 1824

Stimatissimo Signore. Il Sig. Pietro Giordani, il quale si reputa a molto vantaggio e piacere l'averla conosciuta personalmente e l'aver potuto essere testimonio delle sue virtù, scrivendomi ch'Ella ha già fatto gran bene all'Italia, ed è per farne anche maggiore, mi esorta efficacemente a significarle la gratitudine ch'io le ne debbo come italiano e come quello che cedendo facilmente a tutti in ogni altra cosa, non mi stimo inferiore ad alcuno nell'amore verso la mia patria. Io prendo volentieri a far questo ufficio, benché finora non abbia avuto il bene di conoscerla né per vista né per lettere. Non intendo di confortarla a perseverare nelle sue nobili imprese, sapendo che non le bisognano stimoli, e che poco possono valere le persuasioni di quelli che non hanno punto di autorità né di fama. Solamente voglio mostrarle ch'io prendo parte alla stima e riconoscenza che le professano i buoni Italiani; e credo che questo ufficio, venendo da persona ignota, le debba esser più caro che in altro caso, perché dovrà darle a vedere che anche quelli che non la conoscono, l'amano, e che i suoi meriti verso l'Italia la fanno apprezzare e onorare anche da quelli che non hanno altre particolari cagioni d'esserle affezionati. Io so bene che l'Italia ha grandissima necessità d'esser sovvenuta e beneficata, com'Ella ha preso a fare; non so già dire se ne sia degna; ma posto ancora che niuna sua virtù presente lo meritasse, potrebbe pur meritarlo la memoria delle sue virtù antiche; e oggi la sua medesima indegnità, la quale è senza sua colpa, dee muovere gli animi buoni a compatirla e soccorrerla per pietà, se non per merito. Quando Ella abbia occasione di adoperarmi in cosa di suo servigio, non mi risparmi, perch'io me le offerisco di cuore per quel ch'io vaglio, e desidero poterle dare alcuna maggior testimonianza della gratitudine e della stima che mi hanno mosso a scriverle e a dichiararmele per suo devotissimo obbligatissimo servitore Giacomo Leopardi.

CXIV · DI GIAMPIETRO VIEUSSEUX[1]

Firenze 15 Gennaio 1824

[...] Io non ho altre virtù, signor Conte stimatissimo, che un amore ardente per il pubblico bene, intenzioni rette, e perseveranza. Ho capito che lo spirito del secolo ed i bisogni della società, in Italia più che altrove, richiedevano uno stabilimento e un giornale rivolto essenzialmente alle scienze morali; e ne ho fatta l'impresa, consultando le mie inclinazioni anziché le mie forze. Ho avuto la fortuna di superare le prime difficoltà; ma a tanto non sarei sicuramente pervenuto senza l'assistenza ed i consigli degli amici, che in riguardo delle intenzioni e dello zelo hanno sempre condonata la debolezza dei mezzi. [...] Io vorrei che tutti fossero ben persuasi che l'*Antologia* è un giornale italiano, anziché toscano; che cerco quanto posso di far dimenticare quello spirito municipale, che pur troppo ci ha fatto tanto male. [...] Ella mi fa la grazia di dirmi, che desidera di giovarmi in qualche cosa, e che me lo offerisce di cuore. Io so dall'amico Giordani, che Ella potrebbe giovarmi assai con i suoi scritti, e quando egli non me lo avesse detto, potrei giudicare dalla di Lei lettera, ch'Ella è fornito di quei sentimenti elevati ch'io tanto desidero di trovare nei collaboratori del mio giornale. Non solo potrebbe render conto in esso di tale o tale opera nuova venuta alla luce in qualche parte d'Italia, e che ne meritasse la pena; ma più particolarmente potrebbe imprendere a trattare delle novità scientifiche e letterarie dello Stato pontificio, ed una specie di rivista trimestrale di quanto si fa sulle sponde del Tevere sarebbe tanto più gradita dagli abitanti di quelle dell'Arno. [...]

1 Testo integrale in *Epistolario*, ed. Moroncini, III, pp. 62-63.

Recanati 2 Febbraio 1824

Stimatissimo Signore. Ho ricevuto la sua gentilissima dei 15 del passato, e l'ultimo fascicolo dell'*Antologia* ch'Ella mi ha favorito, coll'Estratto della sua Lettera proemiale premessa al primo Numero dell'anno scorso. La lettura di questo Estratto ha molto accresciuto l'ammirazione e l'amore ch'io portava e porterò sempre più d'ora innanzi alle sue virtù ed alla nobiltà del suo animo. Ella è forse il primo che in Italia abbia conosciuto che cosa debba essere un vero Giornale, e il primo certamente che n'abbia formato il disegno, e cominciato a metterlo in esecuzione. Non le bisogna usare molte parole a persuadermi delle immense difficoltà che l'è convenuto superare e che le conviene continuamente combattere nella sua bella impresa. Conosco in generale l'Italia e la Toscana quanto basta per immaginarmi tutti gli ostacoli che le si oppongono. In ogni modo, se il suo Giornale, per difetto della letteratura e delle circostanze d'Italia, è ancora lontano da quel punto che il suo squisito giudizio si propone, e che hanno conseguito parecchi Giornali stranieri, egli è nondimeno la migliore opera periodica che abbiano gl'Italiani, e superiore a quello che noi potevamo sperare.

Al gentile invito ch'Ella mi fa, ringraziandola della buona opinione che ha delle mie piccole forze, rispondo che quanto mi concederà il mio potere, sono disposto per amor suo e dell'Italia ad impiegarmi in servizio del suo Giornale. Ma con mio dispiacere mi trovo affatto inabile a farlo nel modo ch'Ella mi propone. Io vivo qui segregato dal commercio, non solo dei letterati, ma degli uomini, in una città dove chi sa leggere è un uomo raro, in un verissimo sepolcro, dove non entra un raggio di luce da niuna parte e donde non ho speranza di uscire. Ella ben vede che chi si trova fuori del mondo, non è in istato di dar notizia di quello che vi succede. Infatti io non so e non veggo mai nulla di nuovo, e fo conto di vivere in un deserto; Ella è molto meglio informata delle novità che accadono nella China, che io delle notizie letterarie o scientifiche di questo Stato.

D'altra parte, quantunque il mio giudizio non debba essere di verun peso, nondimeno per manifestarle il mio sentimento come uno del volgo, le dirò liberamente che a me parrebbe che un Giornale italiano dovesse piuttosto insegnare quello che debba farsi, che annunziare quel che si fa. Ella sa troppo bene la differenza che passa tra le circostanze d'Italia e quelle degli altri paesi d'Europa. I Giornali stranieri sono utili quando annunziano, perché hanno sempre opere degne da analizzare, o cose che meritano di essere riferite. Ma i libri che oggi si pubblicano in Italia non sono che sciocchezze, barbarie, e soprattutto rancidumi, copie e ripetizioni. Un giornale che non può annunziare se non qualche sonetto, qualche testo di lingua inedito o ristampato, qualche commentario sopra un libro antico, sopra un sasso, una moneta e cose simili, non può molto contribuire ai progressi né dello spirito umano né della nazione.[1] Fra le massime eccellenti significate nella sua Lettera proemiale, alcune delle quali meriterebbero di essere scolpite in marmo, trovo quella, che un Giornale deve promuovere principalmente il progresso e la propagazione delle scienze morali. Ora queste scienze e tutte quelle che oggi si comprendono sotto il nome di filosofia, parte principale del presente sapere in tutto il resto d'Europa, e particolarmente propria del nostro secolo, sono appunto, com'Ella sa, lo studio meno coltivato in Italia, anzi vi sarebbero affatto ignote, se non fosse per mezzo de' libri stranieri e delle traduzioni. Di modo che volendo dar conto delle produzioni recenti degl'Italiani, non si avrebbe mai campo di parlare né di morale né di filosofia. La comune povertà d'Italia è poi molto maggiore in queste provincie, e massimamente in Roma, dove il libro più importante che si pubblichi dentro l'anno, è quello che noi chiamiamo il *Cracas*.[2] S'io le di-

1 Cfr. il *Discorso sopra lo stato presente dei costumi degli Italiani*, in *Tutte le op.*, cit., I, pp. 966-83.
2 Un bollettino di annunci «Diario di Roma», detto *Cracas* dal nome dei fondatori.

cessi che in quella capitale, nello spazio di parecchi mesi, non ho avuto la fortuna di conoscere un letterato romano che mi abbia fatto desiderar l'onore della sua corrispondenza, le parrei forse o superbo o ignorante, la quale ultima qualità consento che mi appartenga, l'altra mi fu sempre alienissima. Ma io le posso dir la medesima cosa per parte di tutti i dotti stranieri che ho conosciuti in quel tempo, fra i quali il già Ministro di Prussia in Roma,[3] uomo, com'Ella saprà, dottissimo, mi diceva espressamente che non avea mai veduto un letterato romano col quale avesse bramato di parlare una seconda volta. Se i Giornali di Roma non le paiono di grande interesse, Ella si accerti che ciò non proviene principalmente da quella Censura, la quale nella pratica è molto più facile che nella massima. Ma chi conosce lo spirito de' Compilatori e Collaboratori di quei Giornali, sa quello ch'essi potrebbero fare in qualunque paese del mondo si trovassero. A me parrebbe molto utile, salvo il giudizio de' più savi di me, che un Giornale italiano si distendesse molto nel dar notizia e ragguaglio delle opere importanti che vengono uscendo fra gli stranieri, ma facendolo con articoli originali, e adattati ai bisogni d'Italia, sì per la scelta delle opere, e sì per le occasioni che se ne potrebbero trarre di ragionare sopra quello che ci conviene.

Ella dee perdonarmi la libertà del mio scrivere, la quale, come di uomo che vive fuori d'ogni commercio civile, tiene forse del selvaggio. Se qualche articolo di genere filosofico le paresse a proposito pel suo Giornale, io potrei occuparmi a scriverne al mio meglio: e come Ella sì pel suo giudizio, che per la sua posizione, è in grado di conoscere assai meglio di un solitario, come son io, quello che si conviene o ai bisogni o ai gusti presenti, s'Ella avesse qualche argomento ch'Ella credesse opportuno ad esser trattato, e conveniente al suo Giornale, non si ritenga dal propormelo, perché io vorrei pur dimostrarle col fatto la volontà che tengo di farle cosa grata, e di concorrere, secondo il mio poco potere, alla esecuzione de' suoi nobili disegni.

Con che mi confermo per sempre suo devotissimo e obbligatissimo servitore Giacomo Leopardi.

3 Il Niebuhr.

CXVI · DI GIUSEPPE MELCHIORRI[1]

Roma 28 Febbraio 1824

Caro Giacomo. Non so se saprai che Orazio Carnevalini,[2] giovane di grandi speranze e di molta virtù, è morto pochi mesi indietro. Ne sono rimasti dolenti tutti i buoni che ne conoscevano i pregi, e molti si sono mossi ad onorarne la memoria con qualche verso. In Ferrara si stamperà una raccolta di Poesie in suo onore, e so che vi scriverà Benetti, Laderchi, ed altri. Il fratello di Orazio, che conoscesti già qui in Roma, mi ha caldamente pregato per ottenere una tua canzone di quel calibro delle altre, che tu ora stampi in Bologna. Io contando sulla tua amicizia che so esser per me grandissima, ho promesso. [...]

1 Testo integrale in *Epistolario*, ed. Moroncini, III, pp. 72-73.
2 Giovane letterato romano.

Recanati 5 Marzo 1824

Caro Peppino. Non avete avuto il torto promettendo per me, perché avete dovuto credere che io fossi come sono tutti gli altri che fanno versi. Ma sappiate che in questa e in ogni altra cosa io sono molto dissimile e molto inferiore a tutti. E quanto ai versi, l'intendere la mia natura vi potrà servire da ora innanzi per qualunque simile occasione. Io non ho scritto in mia vita se non pochissime e brevi poesie. Nello scriverle non ho mai seguìto altro che un'ispirazione (o frenesia), sopraggiungendo la quale, in due minuti io formava il disegno e la distribuzione di tutto il componimento. Fatto questo, soglio sempre aspettare che mi torni un altro momento, e tornandomi (che ordinariamente non succede se non di là a qualche mese), mi pongo allora a comporre, ma con tanta lentezza, che non mi è possibile di terminare una poesia, benché brevissima, in meno di due o tre settimane. Questo è il mio metodo, e se l'ispirazione non mi nasce da sé, più facilmente uscirebbe acqua da un tronco, che un solo verso dal mio cervello. [...]

1 Testo integrale in *Tutte le op.*, cit., I, pp. 1180-81.

CXVIII · DI PIETRO BRIGHENTI[1]

Bologna 27 Marzo 1824

Mio caro Amico. [...] Io ho fatto tutte la premure presso questi Revisori, ma inutilmente, per ottenere licenza di stampare le vostre Canzoni. Uno ha detto che vi sono espressioni offensive i Monarchi, l'altro che si annulla con le note la virtù. Né io ho potuto vincerli o con la ragione, o con l'autorità del P.M. del Sacro Palazzo. Vi sono due razze invincibili, e queste sono le donne e i teologi. Tutto questo vi scrivo, perché se nonostante vi deliberate di continuare nelle massime stabilite per la edizione, io quanto prima farò un piccolo giro, e in qualche paese ne combinerò la impressione. Attenderò adunque su questo le vostre deliberazioni. E allorché avrò combinato la stampa senza altro intralcio, allora vi chiederò denaro, che adesso non occorre. [...]

---

1 Testo integrale in *Epistolario*, ed. Moroncini, III, p. 78. Nel dicembre del '23 Leopardi aveva mandato a Brighenti il manoscritto delle *Canzoni* perché le stampasse a Bologna.

CXIX · A PIETRO BRIGHENTI[1]

Recanati 3 Aprile 1824

[...] Io, caro amico, ho un grandissimo vizio, ed è che non domando licenza ai Frati quando penso né quando scrivo, e da questo viene che quando poi voglio stampare, i Frati non mi danno licenza di farlo. Vi ringrazio senza fine delle cure che avete preso per le mie Canzoni, e ve ne sento obbligo doppio, sì per la cosa in se stessa, e sì per la pena che vi deve essere costata l'avere a disputare con quella razza di gente. Dite benissimo che i teologi sono una sorta di gente così ostinata come le donne. Prima si caverebbero loro tutti i denti dalla bocca, che un'opinione dalla testa. Bensì credo che sia meglio avere a che fare colle donne, e anche col diavolo, che con loro. Del resto non veggo come si offendano i monarchi nelle mie canzoni *nuove*, e se nelle prose si annulla la virtù, io dico espressamente a chiunque ha studiato la santacroce, che intendo parlare della virtù umana, e delle teologali non entro a discorrere. Dico che nel principio di quella prosa[2] che ha dato luogo a questo rimprovero, sta scritto che la virtù è ec. ec. *umanamente parlando*, e nel fine di essa prosa si tocca la religione in modo che, fuor d'un frate revisore, niuno ci può trovar che riprendere. Io avrò molto caro che vogliate veder di combinare la stampa delle canzoni in qualche altro luogo colle avvertenze e modi che io vi specificai minutamente. [...]

---

1 Testo integrale in *Tutte le op.*, cit., I, p. 1181.
2 È la *Comparazione delle sentenze di Bruto minore e di Teofrasto vicini a morte*, posta a premessa del *Bruto minore*.

CXX · A PIETRO BRIGHENTI, BOLOGNA[1]

Recanati 22 Novembre 1824

[...] Se poteste darmi qualche notizia del modo in cui sono state accolte le mie Canzoni costì,[2] e di quello che cotesti letterati ne pensano, lo avrei caro. Credo che o non ne avranno fatto caso nessuno, o poco di bene ne avran detto, e così raccolgo dal vostro silenzio sopra ciò. Ma anche il male che ne abbiano detto scrivetemelo pure, se non vi è grave, sincerissimamente; ché io sono sempre vogliosissimo d'intenderlo, e dispostissimo a profittarne, se non altro, per lasciare il mestiere, in caso disperato. [...]

1 Testo integrale in *Tutte le op.*, cit., I, pp. 1187-88.
2 Le dieci canzoni erano state stampate nell'agosto del '24 dal Nobili di Bologna.

1825

CXXI · DI PIETRO BRIGHENTI[1]

Bologna 5 Marzo 1825

[...] Voi mi chiedete delle vostre Canzoni. Eccovi il tutto. In Lombardia quasi non sono conosciute.[2] Avendone fatte spingere poche copie a' que' paesi, ed essendo in compagnia dei Giordani, io credo che appena un paio di dozzine andarono al loro destino; le altre girano ancora con varî tomi del Giordani sulla sponda destra del Po, come le ombre che attendono la barca di Caronte. In Modena sono state lodate, in Reggio niente. Così era avvenuto in Toscana, nelle Legazioni, in Parma: ma dacché Giordani ha pubblicato la sua lettera al marchese Gino Capponi,[3] nella quale si parla di voi con tutto l'elogio che meritate, sembra che il pubblico abbia preso anche un'altra idea delle vostre Canzoni, e in poche settimane un qualche centinaio è stato cercato con premura. Ad usare il linguaggio dell'amicizia, cioè della sincerità, qui da noi alcuni hanno voluto eccepirle come talvolta oscure, e tal'altra ritornanti agli stessi pensieri. [...] In Toscana le Canzoni hanno incontrato molto di più. Io però me ne rallegro di cuore e vedo che voi andrete presto a raccogliere la piena corona; ma ci vuole pazienza, perché in Italia per far conoscere il merito di un libro ci vogliono degli anni. [...]

---

1 Testo integrale in *Epistolario*, ed. Moroncini, III, pp. 132-33.
2 Gli scritti di Leopardi erano proibiti nel Lombardo-Veneto.
3 È la lettera aperta a Gino Capponi intitolata *D'una scelta di prosatori italiani*, pubblicata nell'«Antologia» del gennaio 1825.

Milano 5 Marzo 1825

Le mando questa circolare,[1] egregio mio Signore ed Amico, non tanto per farle conoscere la mia nuova Casa, che si farebbe un pregio di servirla, quanto perché Ella sappia ch'io sono ancora al mondo, e che sono sempre pieno di stima e d'amore per Lei. Glie la mando anche per interesse, includendole qui l'annunzio delle Opere di Cicerone, affine di sentire il dotto e sincero suo parere intorno a tale impresa. E se il pregare non fosse arditezza, vorrei anche pregarla a dirmi quali traduzioni di quelle che si conoscono Ella tenga per migliori, e se, dandole ogni comodo, Ella si presterebbe a farne qualcheduna. La sua risposta mi servirà di gran lume, e quello che a me sarà anche più caro, mi proverà ch'Ella si ricorda ancora del suo vecchio amico e servitor di cuore A.F.S.

1 Circolare che annunciava la nascita della casa editrice A.F. Stella e Figli. La corrispondenza tra lo Stella e i Leopardi, padre e figlio, era rimasta interrotta dal 1817.

Recanati 13 Marzo 1825

Stimatissimo Signore ed Amico. La pregiata sua dei 5 andante mi è stata carissima, come quella che mi dimostra la memoria che Ella conserva della nostra antica amicizia, la quale mi fu, e sempre mi sarà sommamente cara per la stima personale che ho concepita di Lei e del suo carattere nel conoscerla da vicino.

Vengo subito all'impresa di cui Ella mi parla,[1] e che ho conosciuta dal manifesto acclusomi. In generale io non saprei abbastanza lodare il suo pensiero, il quale non può esser più degno di Lei né più onorevole all'Italia. Ella si propone, oltre alle traduzioni italiane, di darci tutto Cicerone nell'originale. Lodando molto anche questo proposito, le dirò che, trattandosi massimamente di un'impresa sì vasta e dispendiosa, io stimerei che fosse di una grandissima importanza la recensione del testo, ossia la scelta delle *veramente* migliori edizioni, l'accuratezza della lezione, e in breve la parte filologica dell'impresa. Io dico questo perché lo stimo molto difficile in Italia, anzi tengo per certo che senza una particolar sua cura e sollecitudine non ordinaria, la edizione sarà molto imperfetta per questa parte. Ne abbiamo esempi freschissimi, cioè di edizioni molto nitide, molto dispendiose, di classici latini, fatte in Italia, le quali non potevano esser peggio condotte in quanto alla recensione e alla lezione e alla scelta dei testi ossia delle edizioni da seguirsi, il che non è senza gravissimo scapito degli editori, che per questo difetto non potranno certamente trovare oltre i monti quello

1 Dell'edizione delle *Opere complete* di Cicerone.

spaccio che in altro caso avrebbero indubitatamente trovato le loro edizioni. Questo le dico non di mio solo capo, ma per opinione di molti filologi forestieri coi quali ho avuto occasione di parlare in questo proposito. Generalmente gli stranieri sono persuasi che in Italia non si sappia fare una edizione di un classico antico dove la recensione e la lezione non sieno più che difettose; e veramente fin qui non credo che si trovino esempi da citare in contrario. Io non sarei certamente atto a gran cose in questo particolare. Nondimeno se la diligenza, e un poco di pratica acquistata in questi studi, e alcune osservazioncelle già fatte sopra vari luoghi e libri di Cicerone, fossero di qualche profitto, io m'incaricherei volentieri, o in tutto o in parte, della recensione del testo per la sua edizione, quando io mi trovassi presente.[2] Ma in tanta lontananza, e in una città priva affatto di libri moderni, massimamente in materia filologica, io non posso neppure indicarle in particolare i fonti che io preferirei. Mi basta di averle accennato questo punto in generale, e in sostanza io credo che se la sua edizione presenterà un corpo di tutte le opere originali di Tullio veramente perfetto nella lezione, questa impresa ne avrà un vantaggio considerabilissimo, non solo in Italia, ma anche presso l'estero.

Quanto alle traduzioni, le dico liberamente che tra le pubblicate finora, io non credo che Ella possa trovarne pur una la quale (non parlando delle altre parti) non pecchi spesso e gravemente circa la vera intelligenza ed interpretazione del testo, e la quale possa stare al confronto di quelle di vari classici antichi pubblicate ultimamente in Inghilterra e massime in Germania; traduzioni che non lasciano una minima cosa a desiderare quanto all'esattezza e all'acutezza dell'intendere i veri sensi degli autori attraverso i minuti idiotismi delle lingue antiche.

Circa la sua proposizione d'incaricarmi di qualche volgarizzamento, io non posso risponderle precisamente, stando nel generale. Ma se Ella si compiacerà di specificarmi quale opera in particolare Ella desideri di avere nuovamente tradotta, io potrò

---

2 «Che debba in questa espressione vedersi una, per quanto larvata, provocazione dell'invito, che poi lo Stella, cogliendo la palla al balzo, fece a Giacomo?» (nota Moroncini).

esaminar bene l'opera e le mie forze, e dietro questo esame, darle una risposta precisa.

Ella mi comandi, in qualunque cosa mi tenga buono a servirla, e mi conservi sempre quella benevolenza che mi ha cominciata. Io sono di tutto cuore suo devotissimo Servitore ed Amico Giacomo Leopardi.

CXXIV · DI ANTONIO FORTUNATO STELLA[1]

Milano 30 Aprile 1825

[...] Con aperto animo le dico che se dalla sua volontà dipendesse il lasciar per qualche mese la patria, e non le dispiacesse di trasferirsi qui per dimorar qui tutto quel tempo che si richiedesse per incamminare bene l'impresa mia, senza pensar Ella a spesa alcuna, le scriverei subito: venga, e venga subito, che sarà ricevuta da me colle braccia aperte e festeggiata da molti. Non potendo io scriverle ciò, mi limito a pregarla di osservare il saggio di lavoro[2] che qui le includo, e dirmene poi il suo libero e schietto parere, e specialmente sul sistema che si vorrebbe seguire, coronando il parere suo col suggerirmi quelle mutazioni od aggiunte ch'Ella stimasse migliori. [...]

1 Testo integrale in *Epistolario*, ed. Moroncini, III, pp. 146-47.
2 È il saggio del Tommaseo sulla *Prima Catilinaria*, composto di un Argomento, Note, Analisi.

Recanati 6 Maggio 1825

Giordani mio. Brighenti mi si offerisce di farti ricapitare le mie lettere da Bologna, mandandole io colà. In fine io mi vergogno e mi sdegno di tanto lungo silenzio col mio solo amico. Concedimi, caro Giordani, che io ti chiami con questo titolo, e che io viva ancora con questa opinione di avere una persona al mondo che mi ami e che io ami. So che tu sei adesso molto occupato. Perciò non voglio che tu mi scriva lungamente: non ti dimando de' tuoi casi, de' tuoi pensieri, de' tuoi studi. In questi ultimi giorni ho avuta occasione di parlare di te più volte con persone venute da luoghi dove se ne parla, perché qui non ne parla altri che io con me stesso ogni giorno. Quanto più gli uomini mi paiono piante e marmi per la noia che io provo nell'usar con loro, tanto più di giorno in giorno io mi confermo nel pensiero che egli ci ha pure uno col quale vivendo e parlando, mi parrebbe vivere e parlare con un mio simile, o (per dirla meno superbamente) con un uomo: e questi sei tu; tu, solo uomo (e te lo giuro) che potrebbe farmi parere la compagnia più dolce che una solitudine disperata. Se tu mi mancassi al pensiero, in verità che il mondo mi riuscirebbe un deserto, dove io mi trovassi solo, senza relazione a cosa alcuna. Se ti piace di scrivermi, dimmi che tu stai bene, che mi ami ancora, che io, già nulla al mondo, e meno che nulla a me stesso, sono a te quel medesimo di prima, e questo mi basterà. Io studio il dì e la notte fino a tanto che la salute me lo comporta. Quando ella non lo sostiene, io passeggio per la camera qualche mese; e poi torno agli studi; e così vivo. Quanto al genere degli studi che io fo, come io sono mutato da quel che io fui, così gli studi sono mutati. Ogni cosa che tenga di affettuoso e di eloquente mi annoia, mi sa di scherzo e di fanciullaggine ridicola. Non cerco altro più fuorché il vero, che ho già tanto odiato e detestato. Mi compiaccio di sempre meglio scoprire e toccar con mano la miseria degli uomini e delle cose, e d'inorridire freddamente, speculando questo arcano infelice e terribile della vita dell'universo.[1] M'avveggo óra bene che spente che sieno le passioni, non resta negli studi altra fonte e fondamento di piacere che una vana curiosità, la soddisfazione della quale ha pur molta forza di dilettare, cosa che per l'addietro, finché mi è rimasta nel cuore l'ultima scintilla, io non poteva comprendere.

Tu hai voluto illustrare la mia oscurità con quelle amorose parole che hai dette di me al Capponi.[2] Ben debbo ringraziarti di avermi fatto noto per un momento all'Italia, come io mi sono avveduto per più riscontri, parte maravigliandomi, parte dolendomi di esser creduto da più che da nulla per le parole di un amico, senza alcun segno che abbia dato io stesso di me, né speri di dare. Ma ben sai che la stagione è passata, e che se anche io fossi nato buono a qualche cosa, come sono tanti che nascono, egli è già definito e irrevocabile che da questa disposizione non segua verun effetto.

Io sono qui senza speranza di uscire. Mi gitterei volentieri a vivere alla ventura, procacciandomi un poco di pane colla penna in qualche città grande, ma non ho né veggo modo di avere tanto che basti a non morire di fame il dì dopo che io fossi partito di qua. Così dunque mi contento di non fare né sperar cosa alcuna. Addio, anima mia. Salutami Vieusseux se ti piace, al quale ho scritto più volte senza risposta. Perdonami la noia di questa lunga lettera dove io non so quello che mi abbia detto. Io ti amo con tutta la forza del mio cuore agghiacciato. Addio, addio.

---

1 È un accenno alla sua «conversione filosofica» dall'amore per il bello alla conoscenza del vero. Cfr. *Zibaldone*, 143-44.
2 Nella citata lettera aperta a Capponi pubblicata sull'«Antologia» del gennaio '25. Gino Capponi (1792-1876), fiorentino, storico pedagogista e uomo politico. Scrisse tra l'altro il saggio *Frammento sull'educazione*. Promosse importanti istituzioni culturali.

CXXVI · AD ANTONIO FORTUNATO STELLA, MILANO[1]

Recanati 18 Maggio 1825

Mio gentilissimo Signore ed Amico. La sua carissima dei 30 Aprile mi è una nuova prova del suo carattere gentile e cordiale. E perché io soglio facilmente usar confidenza con chi la merita, e con chi mi favorisce della sua sincera amicizia, le dirò che il venire a Milano e il rivederla e abbracciarla non dipenderebbe se non da me solo, e niuna opposizione vi si troverebbe, se dipendesse similmente da me l'avere il bisognevole pel viaggio e per la dimora, il che finché io sarò quello che noi chiamiamo *figlio di famiglia*, non debbo mai sperare, per piccola cosa che sia quello che io sono assuefatto a contentarmi. [...]

Vengo ora al Saggio che Ella mi manda della sua edizione,[2] e le dirò il mio parere con tutta la libertà mia naturale. L'argomento non ha nulla che non istìa bene, eccetto forse una certa tinta un poco declamatoria, ed un cenno di censura che vi si fa sopra una parte dell'Orazione. Alla qual censura forse si potrebbe rispondere molto bene, e in ogni modo io per me non crederei conveniente per nessun conto di entrare a criticar Cicerone, massime negli Argomenti, perché le critiche sopra un uomo sommo e ammirato da tutto il mondo, quando anche sieno giuste, richiedono un discorso molto più lungo e ragionato. E non mi parrebbe opportuno che la sua edizione assumesse il carattere di edizione *critica*, come l'*Iliade* del Cesarotti o simili, poiché per questo vi vorrebbero altri materiali, altro apparato, in somma la sua edizione o muterebbe faccia, o s'ingrosserebbe straboccchevolmente. E una critica superficiale sarà sempre spregevole, perché tutto il superficiale lo è. [...]

1 Testo integrale in *Tutte le op.*, cit., I, pp. 1199-1201.
2 È il saggio del Tommaseo, ma Leopardi ignorava l'autore. Cfr. Timpanaro, *La filologia di G. Leopardi*, cit., pp. 127-29.

CXXVII · DI ANTONIO FORTUNATO STELLA[1]

Milano 8 Giugno 1825

[...] Ho veduto che il migliore espediente (dappoiché Ella non ha vincoli che le impediscono di venire qui) si è quello di pregarla di venire; soggiungendole che quanto più presto Ella verrà, tanto più ne sentirò contento ed utile. Ella si fermerà poi qui tutto quel tempo che più le sarà per piacere, certa di trovare in me più che un amico un padre, e nella mia famiglia una buona madre e degli amorosi fratelli. A spese di viaggi e dimora Ella non dovrà pensare: penserò io a tutto. Ella non avrà altro pensiero che quello di farsi condurre qui in Milano, e smontare alla mia casa posta in contrada di Santa Margherita, la cui porta è la prima a mano dritta, nel vicolo di San Salvatore. [...]

1 Testo integrale in *Epistolario*, ed. Moroncini, III, p. 159.

CXXVIII · A CARLO ANTICI, ROMA[1]

Recanati 18 Giugno 1825

Carissimo Zio. Mi si offre un'occasione di andare con poca spesa a Milano per qualche mese; ed io avendone pieno consenso da mio padre, e colla speranza di far qualche nuova conoscenza e di giovare sopra tutto alla mia salute, accetto questa opportunità, e mi dispongo a partire. Nel darle questa nuova, alla quale per l'affetto che Ella mi ha dimostrato con tante prove, ho creduto che Ella s'interesserebbe, sono anche ad incomodarla con una preghiera, ed è che Ella voglia farmi il favore di procurarmi il passaporto necessario da cotesto Ambasciatore Austriaco *per andare, stare, e tornare.* Siccome da Milano mi vien fatta premura di partir presto, perciò quanto più sollecitamente Ella potrà favorirmi, tanto il favore sarà più grande. [...]

1 Testo integrale in *Tutte le op.*, cit., I, p. 1202.

CXXIX · DI CARLO ANTICI[1]

Roma li 21 Luglio 1825

[...] Io non ho mai veduto l'ottimo Sig.r De Bunsen,[2] Incaricato di Affari di S.M. Prussiana presso la S. Sede, che non gli abbia parlato di voi e del vostro collocamento ed egli sempre uguale a se stesso me ne ha mostrato il maggior impegno. Non vi sto a dire gli ulteriori passi ch'egli avea fatto onde far sentire al Segretario di Stato,[3] e per di lui mezzo al Papa, il dovere d'impiegare convenientemente, ed a beneficio dei buoni studi, un suddito della vostra tempra che languisce in una non meritata dimenticanza. [...] Gli consegnò a tale effetto quel fascicolo dell'«Antologia» in cui si parla di voi con tanta lode, e gli mostrò quello che il dotto Niebuhr stampò a vostra lode in faccia a tutta Europa. Il Segretario di Stato gli rispose che ne avrebbe subito parlato al Papa, e che onninamente qualche cosa sarebbesi fatto subito per voi, purché voleste intraprendere qualche lavoro scientifico o letterario negl'interessi della sana Filosofia e della Religione. [...] Voi dovete scriver subito al Sig.r De Bunsen una lettera ostensibile, ch'Egli consegnerà al Segretario di Stato da cui verrà sottomessa al Papa. Spiegate in quella lettera una soave eloquenza, parlate con effusione di cuore, e mostratevi «zelatore de' buoni principj nonché avverso a quello spirito regnante d'incredulità...» [...]

1 Testo integrale in *Epistolario*, ed. Moroncini, III, pp. 166-68.
2 Per Karl Bunsen, cfr. *Nota sui corrispondenti* p. 583 e *Introduzione* p. LI.
3 Il cardinale Giulio Maria Cavazzi dei conti della Somaglia.

CXXX · A MONALDO LEOPARDI, RECANATI[1]

Bologna 22 Luglio 1825

[...] Io ho sofferto nel viaggio e qui in Bologna un caldo orribile, e dovendo girare continuamente nelle ore più abbruciate
mi sono strutto e mi struggo ogni giorno in sudore. Il termo-
metro è arrivato qui a 29 gradi. Con tutto questo, invece di
peggiorare, come io teneva per certo, sono anzi talmente migliorato della salute, che nessuno strapazzo mi fa più male,
mangio come un lupo, e il solo incomodo che io abbia è tutto
il contrario che per il passato, cioè una stitichezza di ventre che
arriva ad un grado che io non ho mai provato in mia vita. Anche gli occhi sono migliorati assai. Sono stato tentatissimo di
fermarmi qui in Bologna, città quietissima, allegrissima, ospitalissima, dove ho trovato molto buone accoglienze, ed avrei
forse modo di mantenermi con poca spesa, occupandomi di
qualche impresa letteraria che mi è stata offerta, e che non ri-
chiederebbe gran fatica, né mi obbligherebbe per troppo tempo. Ma il Sig. Moratti, (il corrispondente di Stella), mi ha rappresentato che Stella avrebbe ben ragione di dolersi di me se io
mancassi all'impegno contratto con lui, e non avendo potuto
persuaderlo colle mie ragioni, sono stato costretto quasi per
forza a consentire di veder Milano a spese di Stella. Ancora non
abbiamo determinato il giorno né il modo della partenza, ma
credo che questa sarà in breve. [...] A Milano non contrarrò
impegni troppo durevoli, perché, oltre che non piacciono a Lei,
non piacerebbero né anche a me. La ringrazio degli avvertimenti che Ella mi dà con tanto affetto, e propongo di seguirli

1 Testo integrale in *Tutte le op.*, cit., I, p. 1203.

in ogni parte. Se avrò un momento di tempo, le tornerò a scrivere prima di partire, se no, le scriverò da Milano. La prego dei miei teneri saluti alla Mamma e ai fratelli, e più la prego ad amarmi e a persuadersi della sincerità dell'affetto, con cui mi protesto Suo amorosissimo e gratissimo figlio Giacomo.

Milano 31 Luglio 1825

[...] Sono arrivato qui iersera, dopo un viaggio felice, che ho fatto in compagnia di due viaggiatori inglesi. Al primo aspetto mi pare impossibile di durar qui neppure una settimana, ma siccome l'esperienza mi ha insegnato che le mie disperazioni non sempre sono ragionevoli e non sempre si avverano, perciò non ardisco ancora di affermarti nulla, ed aspetto molto quietamente quello che porterà il tempo. Io sospiro però per Bologna, dove sono stato quasi festeggiato, dove ho contratto più amicizie assai in nove giorni, che a Roma in cinque mesi, dove non si pensa ad altro che a vivere allegramente senza diplomazie, dove i forestieri non trovano riposo per le gran carezze che ricevono, dove gli uomini d'ingegno sono invitati a pranzo nove giorni ogni settimana, dove Giordani mi assicura ch'io vivrò meglio che in qualunque altra città d'Italia, fuorché Firenze; dove potrei mantenermi con pochissima spesa, e per questa avrei parecchi mezzi già stabiliti e concertati, dove ec. ec. Milano non ha che far niente con Bologna. Milano è uno *specimen* di Parigi, ed entrando qui, si respira un'aria della quale non si può avere idea senza esservi stato. In Bologna nel materiale e nel morale tutto è bello, e niente magnifico; ma in Milano il bello che vi è in gran copia, è guastato dal magnifico e dal diplomatico, anche nei divertimenti. In Bologna gli uomini sono vespe senza pungolo, e credilo a me, che con mia infinita maraviglia ho dovuto convenire con Giordani e con Brighenti (brav'uomo) che la bontà di cuore vi si trova effettivamente, anzi

1 Testo integrale in *Tutte le op.*, cit., I, p. 1205.

vi è comunissima, e che la razza umana vi è differente da quella di cui tu ed io avevamo idea. Ma in Milano gli uomini sono come *partout ailleurs*, e quello che mi fa più rabbia è che tutti ti guardano in viso e ti squadrano da capo a piedi come a Monte Morello.[2] Del resto chi ama il divertimento, trova qui quello che non potrebbe trovare in altra città d'Italia, perché Milano nel materiale e nel morale è tutto un giardino delle Tuilleries. Ma tu sai quanta inclinazione io ho ai divertimenti. Per ora non ti dico di più, perché le cose che ti potrei dire sarebbero infinite. [...]

2 Sobborgo meridionale di Recanati dove si trova il palazzo Leopardi.

CXXXII · A CARLO ANTICI, ROMA[1]

[...] Con questo medesimo ordinario scrivo al signor de Bunsen nel modo da Lei suggeritomi. Quanto ai ringraziamenti da farsi a Lei, stimo bene di tralasciarli per non ripetere le cose che ho dovuto già dir mille volte. Quanto al signor de Bunsen, la prego a volergli significare Ella stessa la mia riconoscenza più lungamente di quello che io ho potuto fare nella mia lettera. Venendo poi all'offerta del Segretario di Stato, le dirò in confidenza che se il governo non mi darà o non mi assicurerà fuor di ogni dubbio un buono e durevole stabilimento prima ch'io venga a Roma, io non mi muoverò di qua, dove posso fissarmi per sempre, e vivere a spese d'altri; ovvero, se mi muoverò di qua, mi stabilirò piuttosto a Firenze, oppure a Bologna, dove mi sono fermato nove giorni e sono stato accolto con carezze ed onori ch'io era tanto lontano dall'aspettarmi, quanto sono lontano dal meritare, e dove tra i molti partiti che mi si offrono, ho quello di un giovane signore Veneziano[2] ricchissimo e studiosissimo che mi vuole onninamente con sé per aiutarlo negli studi. Vedrò quello che ulteriormente sarà fatto dal Segretario di Stato, ed allora mi determinerò secondo i di Lei consigli, che la prego caldamente a continuarmi.

Le dirò ancora che vaca attualmente in Bologna il posto di Segretario dell'Accademia di belle arti, il quale, come tutti mi han detto, non esige cognizioni maggiori di quelle poche che io ho, e mi lascerebbe quasi tutto il tempo libero agli studi. Il soggiorno di Bologna sarebbe per me molto più grato e più

1 Testo integrale in *Tutte le op.*, cit., I, pp. 1205-1206.
2 Il giovane Antonio Papadopoli. Cfr. *Nota sui corrispondenti*, p. 583.

profittevole che quel di Roma, perché in Roma non potrei conversare se non con letterati stranieri (giacché non vi sono *letterati romani*), il che è cosa molto difficile per me, che non sono esercitato nelle loro lingue: laddove Bologna è piena di letterati nazionali, e tutti di buon cuore, e prevenuti per me molto favorevolmente. Se il signor de Bunsen proponesse al Segretario di Stato di darmi il detto impiego, forse la cosa riuscirebbe, e in tal caso io potrei servire il Sovrano con quelle opere che gli piacesse, e il governo non avrebbe per mia cagione una nuova spesa, giacché non farebbe che tenermi in un impiego che in ogni modo dovrebb'essere occupato e pagato. [...]

CXXXIII · AL CONTE ANTONIO PAPADOPOLI, BOLOGNA[1]

Milano 6 Agosto 1825

[...] Mi trovo qui di malissima voglia, occupato in istudi che abbomino, e ricaduto nella mia vecchia e consueta malinconia, senza un solo amico, e senza niuna certezza dell'avvenire. Lo Stella vuole e si persuade a ogni patto ch'io debba essere il direttore della sua impresa.[2] Io, poco assuefatto e poco abile a trattare cogli uomini, sono in un grande impaccio, detestando da una parte la noia e l'inutilità di questo assunto, e sospirando per Bologna; ma dall'altra parte o non osando o non sapendo contrappormi al volere di Stella, perché sono pur troppo solito a cedere alle istanze altrui, non ostante ogni danno e incomodo che me ne segua, e perché l'avermi lo Stella pagato il viaggio da Recanati a Milano, mi fa credere di essere in certa maniera ridotto all'obbligazione di servirlo. Nondimeno farò pure ogni sforzo per trarre dalla mia debole e sciocca natura il vigor necessario a svilupparmi da questi lacci. Qui non ho conosciuto ancora se non pochissime persone di merito; e tra queste niuna che mi paia disposta a concedermi la sua amicizia, eccetto il Cav. Monti. [...]

1 Testo integrale in *Epistolario*, ed. Moroncini, III, pp. 182-83.
2 L'edizione delle *Opere complete* di Cicerone.

CXXXIV · DI CARLO LEOPARDI[1]

[*Recanati*] *19 Agosto 1825*

[...] Il punto più importante per me è quanto tu mi dici sull'impressione che ti ha fatta Milano: due parole mi bastano per concepire la qualità di mondo che hai trovato; specialmente, caro Buccio, di ritorno da Sinigaglia, la quale, se Milano è un saggio di Parigi, è in quei giorni, a detta di tutti, un saggio di Milano. Ho visto un mondo di cui non aveva idea, né mai me lo sarei immaginato così ostile. In conclusione anche chi non vuol niente da alcuno, per esser lasciato vivere, conviene che o si faccia in tutto similissimo agli altri, ovvero che metta fuori qualità brillanti sostenute con un coraggio piuttosto somigliante all'impudenza che alla magnanimità: diversamente egli è oggetto di un disprezzo così potente che l'uomo il più stoico non saprebbe sostenerlo. [...]

1 Testo integrale in *Epistolario*, ed. Moroncini, III, pp. 189-191.

Milano 24 Agosto 1825

Carissimo Signor Padre. Sono in gran confusione, non avendo mai ricevuto lettere da casa da che sono in Milano. L'ultima che ricevetti a Bologna era di Carlo, in data dei 25 Luglio. Io scrissi di qua subito arrivato, dando le mie nuove e domandando le loro. Stava aspettando la risposta, acciocché le lettere non s'incrociassero, perché la spesa postale qui è veramente eccessiva, e anche maggiore di quel che le scrissi. Ma non vedendo mai nulla, non posso più tardare a pregarla di farmi giungere qualche loro notizia per levarmi di pena, benché mi paia di non potere attribuire il loro silenzio se non a qualche errore di posta. Io sto bene, quantunque l'aria, i cibi e le bevande di Milano sieno il rovescio di quello che mi bisognerebbe, e forse le peggiori del mondo. Contava di partire di qua sulla fine del mese, ma vedo che senza mancare alla civiltà verso lo Stella, non potrò mettermi in viaggio se non dentro il mese venturo, nel qual termine spero di avere sbrigato tutto quello che la creanza esige che io faccia per lui, non già tutto quello che egli desidererebbe da me, perché a far questo ci vorrebbero più anni, come sa bene egli stesso, il quale mi mostra chiaramente che vorrebbe trattenermi seco quasi per sempre. Ma né Milano né una casa d'altri sono soggiorni buoni per me. Bensì se potrò essergli utile da lontano, non mancherò di farlo, e da lontano farò che anch'egli sia utile a me, perché da vicino le cose vanno in complimenti. Si compiaccia, caro Sig. Padre, di salutare teneramente tutti da mia parte, e di credermi ch'io la amo quanto Ella merita, cioè con tutto il cuore. Non mi privi dei suoi caratteri, per amor di Dio. Le chieggo la sua benedizione, e mi ripeto suo affettuosissimo figlio Giacomo.

CXXXVI · DI MONALDO LEOPARDI[1]

Recanati 30 Agosto 1825

Mio caro Figlio. Lode pure grandissima a Dio perché Milano non vi è piaciuto quanto io temevo, e ne partirete sollecitamente. Questa, figlio mio, è per vostra Madre e per me una grandissima consolazione, giacché ci avrebbe amareggiati assai o la vostra lunga dimora costì, o il vedervene partire con molto vostro rammarico.

Colla posta di avanti ieri il vostro Zio Antici mi istruì di quanto pende fra voi e lui, per farvi avere il posto di Segretario nella Accademia di Bologna, e della lettera impegnatissima scrittane dal Segretario di Stato al Legato di Bologna, ad istanza del Rappresentante di Prussia. Tutto mi riesce nuovo, ma tutto Iddio benedica, e sia per vostro bene, come sarà per nostra consolazione, se quell'ufficio, di cui non conosco estesamente gl'impegni, non v'impedirà di passare una metà dell'anno a casa. [...]

---

1 Testo integrale in *Epistolario*, ed. Moroncini, III, pp. 197-98.

Milano 7 Settembre 1825

[...] Nell'ultima mia non le dissi nulla del segretariato di Bologna, perch'è una cosa della quale io spero pochissimo, e non sapendone ancora niente di certo, non mi pareva che valesse la pena di parlarne; tanto più che anche senza l'impiego, non mi mancherebbero mezzi di vivere onoratamente in Bologna qualche parte dell'anno. [...]

Io sto bene e l'appetito che mi tornò a Bologna, non mi ha più lasciato; tanto più che qui non si cena, e il pranzo è spesso un esercizio di temperanza. Spero sempre di poter partire dentro questo mese, benché Stella che ha deciso di ritenermi in tutti i modi, mi usi tutte le cortesie possibili; il che m'imbarazza un poco, per quel gran difetto che io ho sempre avuto, di non saper dir di no anche a chi mi bastona, molto meno a chi mi prega. Ma vedrò pure di farmi forza, e intanto séguito sempre a dire di non volermi trattenere. Mi ami, caro Signor Padre, e mi saluti teneramente la Mamma. Ai fratelli scrivo qui dietro. Sono e sarò sempre il suo affettuosissimo figlio.

---

1 Testo integrale in *Tutte le op.*, cit., I, p. 1210.

CXXXVIII · A CARLO LEOPARDI, RECANATI[1]

[Milano 7 Settembre 1825]

Carluccio mio. Ho ricevuta la tua spiritosa, ingegnosa e filosofica lettera dei 17.[2] (*Obiter*,[3] io sfido tutti i letterati e belli spiriti di Milano a scrivere la metà di una lettera simile.) Tu ti sei subito avveduto di quella faticosissima attività che è necessaria, non solo per figurare, ma per essere da quanto son gli altri, anche in una semplicissima conversazione di gran mondo. Credimi che questa attività non è dei soli settentrionali, ma dei francesi molto più, e dei meridionali, e in somma di tutti, fuorché dei marchegiani, che in massa sono i soli che diano alla vita il suo vero valore, e senza esagerazione sono i più filosofi e per conseguenza i più birbanti del mondo. Ma tu non hai ben compreso il sentimento della mia lettera. L'imbarazzo di cui ti parlava, nasceva solamente dal tuono mercantile di questa casa,[4] la quale mi parve a prima vista la peggior locanda che mi fosse toccata nel viaggio. Poi le cose si sono un poco accomodate, e io mi sono assuefatto, e fin dalla prima sera, quantunque mi paresse di non poter durare, io era però intrepido, perché la mia pazienza non ha confini conosciuti. Del resto, e in casa e in Milano, io sono stato sempre *très à mon aise.* Quello spirito di osservazione curiosa e insolente che tu notasti in Sinigaglia vi fu notato anche da me, e mi parve che arrivasse a un grado da far perdere la pazienza anche a un mio pari; quantunque io trovassi la città già piena di gente e di fracasso, ch'era un infer-

1 Testo integrale in *Tutte le op.*, cit., I, pp. 1211-12.
2 Lapsus per 19.
3 *Obiter*: incidentalmente.
4 La casa dello Stella di cui era ospite.

no. Ma da ciò tu non devi prendere idea delle capitali. Quel che ti scrissi di Milano, fu una mia osservazione precipitata. Il fatto si è che in Milano nessun pensa a voi, e ciascuno vive a suo modo anche più liberamente che in Roma. Qui poi, cosa incredibile ma vera, non v'è neppur una società fuorché il passeggio ossia trottata, e il caffè; appunto come a Recanati né più né meno. Roma e Bologna, in questo, sono due Parigi a confronto di Milano. Vedi dunque quanto io era lontano dal provare il senso dello scoraggimento per non poter far figura in un luogo dove nessuno la fa, e dove centoventi mila uomini stanno insieme per caso, come centoventi mila pecore. Tanto più ch'io non m'era scoraggito niente a Bologna, e che in verità non mi sono mai trovato inferiore a nessuno nelle società dove sono stato, o a Bologna o qui. Il che non lo debbo ad altro che a quella perfettissima indifferenza che abbiamo tanto desiderata, e che ho finalmente ottenuta e radicata in modo che non ha più paura. Io desidero però molto di partir di qua, perché mi ci secco, e da Bologna ho lettere pressanti di un signore veneziano giovanetto ricchissimo e studiosissimo,[5] che par che metta dell'ambizione in avermi seco, e in dire che egli mi ha fatto tornare e restare in Bologna. Non ti dirò quanto io spasimi di rivederti. Se l'impiego[6] si ottenesse, io ti potrei riveder quasi subito, perché partirei di qua immediatamente, e le occupazioni dell'impiego credo che mi lascerebbero bene il tempo di venir costà, ed anche spesso, e starci molto. [...]

5 Antonio Papadopoli.
6 L'impiego di segretario dell'Accademia di Belle Arti di Bologna.

CXXXIX · A MONALDO LEOPARDI, RECANATI

Bologna 3 Ottobre 1825

Carissimo Signor Padre. All'ultima sua che mi giunse in Milano, ed era dei 30 di Agosto, risposi ai 7 di Settembre, e finora non ne ho ricevuto replica. Partii da Milano il 26, secondo ch'io le aveva scritto di voler partire dentro il mese, ed arrivai qua con un ottimo viaggio, la mattina dei 29. Avrei voluto scriverle subito, ma nella locanda non potei trovar calamaio con inchiostro. Qui ho tolto a pigione per un mese un appartamentino in casa di un'ottima e amorevolissima famiglia,[1] la quale pensa anche a farmi servire e a darmi da mangiare, perché io non amo di profittar molto degli inviti che mi si fanno di pranzare fuori di casa. Lo Stella, che mi ha lasciato partire con molto dispiacere, mi ha assegnato per i lavori fatti e da farsi, dieci scudi al mese, come un acconto, senza pregiudizio di quel più che potranno meritare le mie fatiche letterarie dentro l'anno. Queste fatiche sono a mia piena disposizione, cioè io potrò occuparmi a scrivere quello che vorrò, dando le mie opere a lui. Per un'ora al giorno che io spendo in leggere il latino con un ricchissimo Signore greco,[2] ricevo altri otto scudi al mese. Un'altr'ora e mezza passo a leggere il greco e il latino col Conte Papadopoli, nobile veneziano, giovane ricchissimo, studiosissimo, e mio grande amico, col quale non ho alcun discorso di danaro, ma son certo che ciò sarà senza mio pregiudizio. Eccole descritta la mia situazione, la quale proverò un poco come mi riesca. Io non cerco altro che libertà, e facoltà di studiare senza ammazzarmi. Ma veramente non trovo in nessun luo-

1 Nella casa dell'ex tenore Vincenzo Aliprandi, contigua al Teatro del Corso.
2 Pier Lisandro Polidoros.

go né la libertà né i comodi di casa mia; e finora qui in Bologna vivo molto malinconico. Ella si può poi figurare per un'altra parte, quanto ardente sia il mio desiderio di riveder Lei, la Mamma e i fratelli. L'unica cosa che mi consigli di sopportare gl'incomodi della mia situazione (la quale però non sarebbe forse incomoda a nessun altro) è l'aver provato troppo lungamente e conosciuto con troppa certezza che quanto più io cerco di non patire, tanto più patisco, perché la pigrizia, e lo studio senza distrazioni grandi e continue, sono la rovina della mia salute. Ella mi ami, e saluti caramente per me la Mamma, i fratelli, e il zio Ettore, ai quali scriverò quando avrò un poco più di agio. Io l'amo, come sempre e come debbo, con tutto il cuore, e desidero infinitamente le sue nuove e quelle della famiglia. E baciandole la mano mi ripeto teneramente suo affettuosissimo figlio Giacomo.

CXL · DI PAOLINA LEOPARDI[1]

Recanati 6 Ottobre 1825

[...] Io non ho altro a dirti, Giacomuccio mio, che quanto di cuore io mi rallegro con te per ciò che noi chiamiamo il principio delle tue felicità e della tua fortuna, quanto mai io goda nel saperti un poco più vicino a noi che non eri stando a Milano; che ci amareggiava tutti in gran modo, vedendo quanto era mai difficile l'avere tue nuove da noi desiderate a braccia aperte ad ogni venuta della posta, ma quasi sempre inutilmente. Il dirti quanto io ti amo, e quanta smania e impazienza è in me di rivederti, è inutile, poiché te lo immaginerai bene; e tutte le notti ti vedo in sogno, e mi par proprio di guardarti, di esaminarti, di aspettare ansiosamente che tu mi faccia quei racconti di cui mi parlavi e che mi promettesti in un'altra tua; ed ogni cosa mi richiama in casa la tua memoria, e mi fa tanto più *regretter*, quanto meno speranza ho di vederti. Pure a Recanati non ti vorrei vedere giammai, ma ti farò ben ricordare la promessa che mi facesti l'ultima sera. [...] Quando non saperete cosa vi fare, vedete di aver nuove di Angelina;[2] ché farebbe piacere anche a Mamma il sapere che diavolo ne è stato di essa. [...]

---

1 Testo integrale in *Epistolario*, ed. Moroncini, III, pp. 217-218.
2 Una ex cameriera di casa Leopardi, Angelina Iobbi, che aveva sposato il signor Parmegiani, eccellente cuoco di Bologna.

CXLI · A CARLO LEOPARDI, RECANATI[1]

Bologna 10 Ottobre 1825

Carluccio mio. Mi vengono le lagrime agli occhi scrivendo il tuo nome. Chi ti potrebbe dire quanto io t'amo, e quanto mai smanio di ribaciarti! Io parlo di te più frequentemente che posso, e in particolare con questo Papadopoli, ch'è un giovane quasi dell'età tua, e di principii virtuosi, generosi, ed eroici come i tuoi. È uomo capace di esser vero amico, ma nessun'amicizia sarà mai e poi mai uguale alla nostra, ch'è fondata in tante rimembranze, che è antica quanto la nostra nascita, che se uno di noi domandasse all'altro tutto il suo sangue, questo sarebbe prontissimo a darlo, e quello già certissimo di ottenerlo. Ma in somma tu non mi dici niente di te. Che fai, Carluccio mio caro? perché non mi scrivi ogni tua cosa, o allegra o trista che sia? credi tu forse che non mi prema? anzi sappi che io desidero infinitamente di saperla, non solo mica per affetto, ma proprio anche per curiosità, perché veramente le notizie vostre m'interessano e mi solleticano più assai di quelle d'ogni altra cosa al mondo, ed è per me un giubilo e un palpito quando apro lettere di casa. — Io qui sono trattato da' miei ospiti molto bene e amorosamente, ed anche con gran riguardo, perché mi stimano una gran cosa. Mi alzo alle 7. Scendo subito al caffè a far colezione. Poi studio. Alle 12 vado da Papadopoli, alle 2 dal Greco.[2] Torno a casa alle 3. Vado a pranzo alle 5, per lo più in casa, e se ho inviti mi seccano. La sera la passo come Dio vuole. Alle 11 vado a letto. Eccoti la mia vita. Quelle lezioni che mi sventrano la giornata, mi annoiano orribilmente.

1 Testo completo in *Tutte le op.*, cit., I, p. 1215.
2 Il Polidoros.

Fuor di questo non avrei di che lagnarmi. Questi letterati che da principio, come mi è stato detto e ridetto, mi guardavano con invidia e con sospetto grande, perché credevano di dovermi trovar superbo e disposto a soverchiarli, sono poi stati contentissimi della mia affabilità, e di vedere ch'io lascio luogo a tutti; dicono finora un gran bene di me, vengono a trovarmi, e sento che stimano un acquisto per Bologna la mia presenza. [...]

Bologna 10 Ottobre 1825

Paolina mia. Tu scrivi colla tua solita sensibilità, e mi consoli in tre modi; perché mostri di volermi tanto bene, perché mi persuadi che la sensibilità si trovi al mondo, perché risvegli la mia ch'è pur troppo addormentata come tu sai, non verso te in particolare ma verso tutto l'universo. Se tu pensi a me in Recanati, non credere ch'io sia tanto distratto in Bologna, e fossi anche in Parigi, ch'io non pensi a te ogni giorno. A proposito di Parigi, sappi ch'io sono venuto da Milano a Bologna con tre francesi, e da Bologna a Milano ero andato con due inglesi. Vedi quanta materia di osservazioni e di racconti per le nostre serate d'inverno, perché ti puoi immaginare con quanta dimestichezza e intimità si viva coi suoi compagni quando si viaggia, e però quanto campo io abbia avuto di osservare i costumi e i caratteri di quei signori. Aspetto qui Giordani a momenti, e già gli ho scritto del tuo sposalizio concluso.[1] Dammi pur sempre le notizie del giorno di Recanati, che ho moltissimo piacere di sentirle, perché mi son fatto curioso assai più di prima. Dà un bacio per me a Pietruccio, e mille alla Mamma, alla quale raccomanda di aversi cura. Salutami caramente Luigi, e pregalo per me che mi scriva due righe, dove mi dia le sue nuove. Finisco perché sono le dodici. Addio, mia cara, addio addio. Procurerò di aver nuove d'Angelina.

---

1 Paolina gli aveva annunciato in agosto il suo imminente matrimonio col nobile Pietro Peroli, il primo fidanzato, ora candidato per la seconda volta. Rimandato prima a Carnevale, poi a Pasqua, sfumerà definitivamente.

CXLIII · DI CARLO LEOPARDI[1]

[...] Tu mi raccontavi nell'ultima tua la distribuzione delle ore della tua giornata: oh, se dovessi farti altrettanto della mia, stenderei il giornale delle marmotte. Assicurati che la cosa è agli estremi, e che pensando a' miei casi io rido di quel riso che usava Democrito, e che è il solo pianto che gli uomini del mio temperamento possano accordare a sé stessi. Costoro[2] non sarebbero ora lontani dall'ammogliarmi; anzi al mio ritorno da Sinigaglia mi fecero scrivere a Fano per cercare informazioni sopra un partito, di cui m'era stato parlato. Quel progetto svanì, ed io da questo fondo non so a qual parte dirigermi: quanto a loro,[3] si sono, come puoi credere, rimessi al riposo. Io poi, se non fosse la necessità, tutt'altro desidererei che prender moglie.[4] Ciò che desidero veramente, è il trovarmi con te: ora non domando al destino, che di poter vivere in una città buona in tua compagnia. [...]

1 Testo integrale in *Epistolario*, ed. Moroncini, III, pp. 231-32.
2 I genitori.
3 I genitori.
4 Il matrimonio di Carlo con una donna ricca avrebbe risolto il problema della dote di Paolina.

CXLIV · A CARLO LEOPARDI, RECANATI[1]

Bologna 28 Ottobre 1825

Carlino mio caro. La tua lettera mi ha consolato e attristato a un tempo stesso, come puoi ben credere. Anzi non puoi credere quanto dolore io senta pensando alla tua situazione. Assolutamente l'ammogliarti sarebbe il meglio: veggo bene le difficoltà che ci sono, vedo che tu ne hai poca voglia, ma credo che questo sarebbe il miglior partito per te e per tutti; e se potessi contribuire in qualche modo a procurartelo, lo farei con tutta l'anima. Dimani a sera aspetto Giordani. Gli parlerò di quest'affare. Non v'è ficcanaso uguale a lui, né uomo meglio informato, né più attivo, né più amorevole. Gli raccomanderò la cosa caldamente. Una dolcissima speranza mi consola, ed è quella di rivederti presto. Oggi ho lettera di Bunsen, dove parla dell'impiego propostomi, che è la cattedra combinata di eloquenza greca e latina nella *Sapienza* di Roma:[2] e pare che se io l'accetto potrò averlo quasi subito. Oggi stesso rispondo ed accetto; al che mi muove anche il bestialissimo freddo di questo paese, che mi ha talmente avvilito da farmi immalinconichire e disperare. Scrivo vicino al fuoco che arde per dispetto in un caminaccio porco, fatto per scaldarmi appena le calcagna. Non mi dilungo di più perché la posta parte, e perché spero di abbracciarti (oh voglia Dio!) fra non molto. Carluccio mio, ti bacio. Addio. Oh quanto ti amo, quanto ti desidero, quanto ti vorrei vedere allegro, o almeno vicino a me. [...]

1 Testo integrale in *Tutte le op.*, cit., I, pp. 1219-1220.
2 Università di Roma. Tramite il Bunsen, il segretario di Stato aveva offerto a Leopardi la cattedra di eloquenza greca e latina all'Università di Roma.

CXLV · A CARLO BUNSEN, ROMA[1]

Bologna 28 Ottobre 1825

Pregiatissimo Signor Cavaliere. In questo momento ricevo l'amabilissima sua dei 25 del corrente, piena anzi ridondante di gentilezza e bontà. A quest'ora credo ch'Ella avrà ricevuta la mia dei 24, coll'acclusa ostensibile. Ora le dico che se l'emolumento della cattedra combinata di eloquenza greca e latina pare a Lei che basti a vivere onoratamente in cotesta città, Ella può fin da ora far tutti quei passi che crederà opportuni perché io ne sia graziato, giacché son disposto ad accettarla, e di recarmi costà al primo cenno del Governo. Bensì parlandole con quella confidenza e schiettezza che mi è permessa dall'amicizia ch'Ella mi dimostra, le soggiungo che io mi trovo ora in tali strettezze, che (non volendo gravare la mia famiglia) il viaggio di qui a Roma mi riuscirebbe difficile ad intraprendere, e però la pregherei di supplicare l'E.^{mo} di Stato[2] a porre il colmo alla sua bontà verso di me con farmi somministrare qualche somma sufficiente al viaggio, in caso che Sua Eminenza si degni di onorarmi e beneficarmi colla nomina alla detta cattedra combinata. [...] Il mio desiderio di riveder Lei e di profittare della sua conversazione e de' suoi lumi, è infinito. Colla dolce speranza di godere di questo bene fra poco, e colla più viva gratitudine all'amorevolezza che Ella mi ha usata e mi usa, offrendomi in ogni cosa ai suoi comandi, ho l'onore di ripetermi suo devotissimo obbligatissimo servitore affettuosissimo Giacomo Leopardi.

1 Testo integrale in *Tutte le op.*, cit., I, p. 1220.
2 Il segretario di Stato.

CXLVI · DI MONALDO LEOPARDI[1]

Recanati 29 Ottobre 1825

[...] da Roma vi offrono una Cattedra, ed una speranza di farvi Vice-Presidente della Università. Di quest'ultima cosa, che sarebbe pure qualche cosa più del volgare, non abbiate alcuna lusinga perché Roma dà solamente ai temerarii ed agl'importuni, e voi, non essendo l'uno né l'altro, non la avrete. Credo che potete contare sulla prima, perché piccola, perché la temerità non basta a sostenerla, e perché infine hanno più essi bisogno di darla che voi di riceverla. In ordine all'accettarla, non so se bramate il mio consiglio; e se lo voleste, non saprei darlo. Quanto a me che non curo e non ho bisogno di città grandi, e che sono stato sempre vaghissimo e superbissimo della mia ingenuità e indipendenza personale, sceglierei meglio una capanna, un libro e una cipolla in cima a un monte, che un impiego subalterno in Roma, dove chi non è prelato o avvocato, è niente; e dove credo che tutti gli altri impieghi sappiano di staffiere, e quelli che li sostengono, debbono essere gli umilissimi, adulantissimi servitori di tanti asini vestiti da abbati, che incassando la testa in collare rosso o pavonazzo, hanno acquistata l'infusione di tutte le scienze. [...]

1 Testo integrale in *Epistolario*, ed. Moroncini, III, pp. 243-44.

CXLVII · DI CARLO BUNSEN[1]

Roma 12 Novembre 1825

[...] Se Ella si sente τὸν δαίμονα[2] di stabilirsi a Roma, venga sul momento, perché essendo una volta qui, sarà impiegato qui in ogni modo. Per questo caso una risoluzione pronta sarebbe il migliore, e perciò mi prendo una libertà che l'amicizia, sola, che Ella mi professa, mi può permettere e scusare. Ho fatto aprire per Lei un credito del valore di venti Luigi d'oro presso il Sig.r Franc. Ant. Montanari, corrispondente del Cav.r Valentini, Console di Prussia, mio banchiere. Se ne serva quando Le pare, e non pensi al rimborso che quando Le viene commodo dopo essere impiegato. Io so che Ella farebbe l'istesso per me, e Le do la mia parola d'onore che l'accetterei da Lei. Addio, pregiatissimo e carissimo amico. Suo di cuore Bunsen.

1 Testo integrale in *Epistolario*, ed. Moroncini, III, pp. 251-52.
2 «L'ispirazione».

CXLVIII · A CARLO BUNSEN, ROMA[1]

Bologna 16 Novembre 1825

[...] Conosco benissimo la saviezza del suo consiglio di venire a Roma immediatamente, e veggo, come Ella dice, che questo sarebbe il modo sicuro di esser finalmente impiegato. Ma debbo confessarle che in questi momenti mi sarebbe assolutamente impossibile di pormi in viaggio, perché alle altre mie disgrazie si è aggiunta ora una malattia intestinale, prodotta dal calore che ho sofferto nel viaggio di Milano questa estate. La qual malattia, quantunque non grave finora, mi è però molto incomoda, e mi rende insopportabile il moto, massimamente della carrozza; e quel ch'è peggio, par molto ostinata. Questa ragione m'impedisce di profittare della veramente amorosa quanto generosa e nobile sua offerta, della quale non mi ricorderò mai senza tenerezza. Ciò ch'Ella mi scrive circa l'emolumento[2] di cotesta cattedra vacante, unito alle passate mie considerazioni sopra la insalubrità di cotesto clima nell'estate, e sopra la debolezza mia fisica e morale, poco atta a dar lezioni ad un pubblico, mi fa tornare al mio primo desiderio di vedermi collocato piuttosto qui in Bologna, dove il vivere onoratamente costa assai meno che in Roma, dove facilmente si hanno libri dagli amici, e dove il posto di Segretario dell'Accademia esigerebbe ben piccola fatica e piccolo tempo. Per tanto, se l'affare della cattedra è ancora, come Ella mi dice, *res integra*,[3] io avrei molto caro che Ella volesse continuare ad impiegare il suo credito presso l'E.^{mo} di Stato per ottenermi o il Segretariato,

1 Testo integrale in *Tutte le op.*, cit., I, pp. 1222-23.
2 Di 200 scudi, una somma irrisoria.
3 *res integra*: da decidersi.

311

o anche qualche altro piccolo emolumento qui in Bologna piuttosto che altrove. Se questo però fosse impossibile, resti sempre fermo che io accetterò la Cattedra, purché l'emolumento basti a poter vivere, e mi porterò costà al primo cenno, subito che la mia salute me lo permetta. [...]

[Bologna] 9 Decembre [1825]

Paolina mia. Ringrazia tanto e poi tanto la Mamma del suo caro dono, che io conserverò come una reliquia, e dille che la consolazione di vedere il suo carattere per me è stata tanta, che quasi dubitavo di travedere. Salutala poi mille milioni di volte per parte di Angelina,[2] che saluta anche Babbo e te e Carlo e Luigi quanto si può mai salutare al mondo. Qualche settimana fa, passeggiando per Bologna solo, come sempre, vidi scritto in una cantonata *Via Remorsella*. Mi ricordai d'Angelina e del numero 488, che tu mi scrivesti in una cartuccia la sera avanti la mia partenza. Andai, trovai Angelina, che sentendo ch'io era Leopardi, si fece rossa come la Luna quando s'alza. Poi mi disse che maggior consolazione di questa non poteva provare, che sogna di Mamma ogni notte, e poi centomila altre cose. Di salute sta benissimo, ed è ancora giovanotta e fresca più di me; colorita assai più di prima. Ha un molto bel quartiere, e fa vita molto comoda. È stata poi da me più volte col marito, che al viso, agli abiti e al tratto, par proprio un Signore. Mi hanno invitato a pranzo con gran premura, e ho promesso di andarci. Mangerò bene assai, perché si tratta di un bravo cuoco, e da quel che mi dice Angelina, ogni giorno fanno una tavola molto ghiotta. Oggi vado a portarle un Sonetto che mi ha domandato per Messa novella.[3] Puoi credere che ogni volta che mi vede, mi domanda della Mamma, di cui non può finir di parlare, e di voi altri. [...]

1 Testo integrale in *Tutte le op.*, cit., p. 1227.
2 L'ex cameriera dei Leopardi.
3 Molte e inutili ricerche sono state fatte di questo sonetto «d'occasione».

CL · DI PIERFRANCESCO LEOPARDI[1]

Recanati 13 Dicembre 1825

Mio carissimo Mucciaccio. Non potete credere quanto mi dispiacesse, quando seppi da una delle vostre, che non riceveste la lettera nella quale vi avevo scritto. Mi feci abate nel giorno dei Santi Simone e Giuda. Ritornando a casa, Babbo mi regalò una saporitissima piastra. Paolina ogni terzo dì mi dice, ho sognato Giacomo, ed anche io spesso vi rivedo, e particolarmente l'altra notte mi sembrò di rivedervi, e nel volervi riabbracciare stesi le braccia, ma cosa abbracciai? un'ombra, e mi avrebbe piaciuto più assai di aver riabbracciato voi. Ogni sera quando è portato in tavola, penso a voi, imperciocché quando ci eravate vi avvisavo che era all'ordine la cena. Questa è composizione mia, già non occorre che ve lo dica, perché lo conoscerete dallo stile senza sale col quale vi scrivo. Io sto bene, sappiatemi dire come state del vostro incommodo. Il Zio Ettore sta meglio. Tutti stanno bene. Babbo e Mamma vi mandano la benedizione. V'abbraccio e vi do un bacio. Addio, addio. Vostro affezionatissimo Fratello.

---

1 Pierfrancesco aveva 12 anni e gli era appena stato conferito il canonicato per conservare alla famiglia un beneficio ecclesiastico. Cfr. *Nota sui corrispondenti*, p. 583.

CLIII · DI MONALDO LEOPARDI[1]

Recanati 9 Gennaio 1826

[...] Vi spedirò franca una scatoletta con entro un po' di tabacco; e perché non dobbiate in modo veruno restare esposto ritirandolo dalla Posta a vostro nome,[2] lo dirigerò costì al signor Cosimo Papareschi, nome supposto che voi farete indossare a qualche povero il quale niente abbia da perdere. Fuori della scatola sarà scritto: *Semi di fiori.* Desidero che vi giunga bene e opportunamente.

Colla morte del nostro caro Zio[3] sono vacati due Benefizii di nostro Patronato domestico, uno di Santa Maria della Apparizione, della rendita di circa annui scudi 60, e l'altro di San Giovanni Battista, della rendita di circa annui scudi 150, oltre altri scudi 50 che gliene deve annualmente la casa nostra. Il primo lo destinai subito a Pietruccio, perché avendovi piccola parte di voce altre famiglie congiunte, dovevo subito procurarne la nomina, e non conveniva differire. L'altro avrei desiderato di darlo a voi, e ne ho tutto il comodo perché non ci sono altri Patroni, ma prevedo che nol vorrete, perché non vorrete assumere l'abito clericale, e l'obbligo di recitare quotidianamente l'Uffizio divino. [...]

---

1 Testo integrale in *Epistolario*, ed. Moroncini, IV, pp. 6-7.
2 Era merce di contrabbando.
3 Don Ettore Leopardi.

Bologna 13 Gennaio 1826

Carissimo Signor Padre. La ringrazio moltissimo della premura di spedirmi il tabacco che farò subito riscuotere, e mi sarà certamente molto a proposito. Similmente debbo ringraziarla dell'affettuosa offerta che Ella mi fa del benefizio. Poiché Ella mi dice che gradirebbe molto di darlo a me, io non sono alieno dal riceverlo, come son pieno di gratitudine alla sua bontà. Se in casa non vi fosse stato a chi darlo, io l'assicuro che mi sarei sottomesso a qualunque condizione per averlo. Ma ora che, con mio grandissimo piacere, Pietruccio è in istato di riceverne la nomina, mi è permesso di accettarlo con alcune riserve, che Ella troverà, spero, giuste o condonabili. La prima è che io desidererei non essere obbligato ad altro *abito e tonsura* se non quello che usano qui anche i preti, e consiste solamente in abito nero o turchino, e fazzoletto da collo nero. La seconda è che bisognerebbe che io fossi dispensato dall'obbligo dell'Uffizio divino, perché, come Ella ben vede, quest'obbligo mi priverebbe quasi della facoltà di studiare. Io non posso assolutamente leggere se non la mattina. Se questa dovessi spenderla a dir l'Uffizio, non mi resterebbe altro tempo per le mie faccende. Mi basterebbe di esser dispensato dall'Uffizio divino anche a condizione di recitare una quantità di preci equivalente, giacché, tolta la mattina, tutto il resto della giornata io non ho da far nulla, e ben volentieri ne spenderei qualche ora in preghiere determinate, purché queste non fossero da leggersi. Mi pare che si potrebbe anche rappresentare ingenuamente la cosa, e lo stato fisico de' miei occhi a chi può dar la dispensa, e che questa sarebbe una ragione sufficiente per ottenerla. Del resto, quando io fossi sicuro di ciò, se per qualche giorno, da principio, bisognasse recitar l'Uffizio divino, non ci avrei difficoltà. Mi rimetto a Lei, ed Ella saprà meglio di me, se e con quali mezzi si possa ottenere una tal dispensa prontamente.

Io sto, grazie a Dio, passabilmente di salute; e forse, o anche senza forse, starei bene, se non fosse l'inverno, che per me sarà sempre una malattia grave. Aspetto e invoco a ogni minuto la primavera. I miei tenerissimi saluti alla Mamma e ai fratelli. Veramente mi ha un poco sorpreso l'eccesso dell'impudenza usata nello spogliare il povero Zio.[1] Ella mi ami come io l'amo, che è quanto so e posso, mi benedica e mi creda suo affettuosissimo figlio Giacomo.

1 Da parte dei domestici che si erano impadroniti del suo denaro.

CLV · DI MONALDO LEOPARDI[1]

Recanati 16 Gennaio 1826

[...] Io gradirei e sommamente gradirei che vi piacesse lo stato ecclesiastico, e quindi il vestiario che gli corrisponde. [...] Se per altro lo stato ecclesiastico non vi conviene, e se consentireste solamente ad assumerlo per questa miseria del Benefizio, io vi consiglierei a non pigliarlo, perché il galantuomo deve procedere in coerenza dei suoi principii, e non conviene ricevere stipendio da un Principe, vergognandosi di portare la sua divisa. Mi pare che la benedizione di Dio non potrebbe essere né sopra di voi né sopra di me, e che insomma dobbiate restare o ecclesiastico provveduto, o laico senza beni di Chiesa. [...]

1 Testo integrale in *Epistolario*, ed. Moroncini, IV, pp. 11-12.

Bologna 25 Gennaio 1826

Carissimo Signor Padre. Le considerazioni giustissime che Ella mi pone innanzi nella cara sua dei 16, e delle quali non posso che ringraziarla, mi convincono pienamente della impossibilità di conciliare la mia vita presente colla condizione di benefiziato ecclesiastico. Quanto al mutare stato, sebbene io non lasci di apprezzare infinitamente gli amorosi consigli che Ella mi porge, e le ragioni che ne adduce, debbo confessarle con libertà e sincerità filiale che io vi provo presentemente tal repugnanza, che quasi mi assicura di non esservi chiamato, ed anche di dovere riuscire poco atto all'adempimento de' miei nuovi doveri in caso io li volessi abbracciare. Prevedo non impossibile, anzi più possibile che forse Ella stessa non crede, che col crescere dell'età, la mia disposizione si cangi totalmente, e mi conduca a quella risoluzione, alla quale ora sono così poco inclinato, ma in ciò mi pare di non dover prevenire l'effetto del tempo, prendendo oggi un partito che io sento che sarebbe affatto prematuro. Circa il benefizio, Ella può ben credere che vedendone investito un mio fratello, io ne proverò quella stessissima soddisfazione che avrei se lo vedessi nelle mie mani. In ogni modo però torno a ringraziarla con tutto il cuore della bontà con cui le è piaciuto di rimettere a me la determinazione sopra questo punto.

Qui non abbiamo gran neve, ma freddi intensissimi, che mi tormentano in modo straordinario, perché la mia ostinata riscaldazione d'intestini e di reni m'impedisce l'uso del fuoco, il camminare e lo star molto in letto. Sicché dalla mattina alla sera non trovo riposo, e non fo altro che tremare e spasimare dal freddo, che qualche volta mi dà voglia di piangere come un bambino. Ma del resto, grazie a Dio, sto bene di salute. Sospiro continuamente la primavera e il momento di baciarle la mano in presenza, come faccio ora col cuore, chiedendole la sua benedizione e ripetendomi con tutta la tenerezza possibile suo affettuosissimo figlio Giacomo.

CLVII · DI CARLO BUNSEN[1]

Roma li 27 Gennaio 1826

Pregiatissimo Signore ed amico carissimo! Corre al suo termine il primo mese dell'anno, che non doveva neppure principiare senza che io avessi avuto una risposta definitiva da comunicarle. Avrei potuto scriverle di una nuova proposizione intanto fattami, ma tanto fui dal principio persuaso che l'idea era infelicissima e la cosa imprattticabile, benché di altissima origine, che sdegnai farne parola a Lei. Ora posso dirle che l'Em.[2] voleva proporre a Sua Santità di darle un posto alla Vaticana, ma che ora resta convinto con me che metter Lei fra Mai e gli Scrittori, sarebbe un mettersi fra l'albero e la coccia, come si suol dire in tedesco. Non ho potuto dissimulare a questa occasione la mia sorpresa: ho detto che invece di pensare senza agire, sarebbe d'uopo di assegnare prima un conveniente appuntamento e poi pensare allo specifico impiego: dico *sorpresa*, perché avevo combattuto l'indegnazione e represso lo sdegno che *stat alta mente repostum*. [...] Volgo nella mia mente ancora altre idee. Ugo Foscolo si è fatto onore e ricchezze al di là delle Alpi, senza cessare di essere Italiano e Scrittore Italiano: sdegnerebbe Ella una cattedra reale di Letteratura italiana (le lezioni in favella italiana) in una città che il filologo non può nei nostri giorni ignorare? [...] Parlo in ispecie di Berlino: ma ancora a Bonn col suo bello clima la cosa non sarebbe improbabile. L'idea non mi è nuova: ma ho finora voluto aspettare il corso qui o la sua venuta. [...]

1 Testo integrale in *Epistolario*, ed. Moroncini, IV, pp. 20-22.
2 Il segretario di Stato.

CLVIII · DI MONALDO LEOPARDI[1]

Recanati 31 Gennaio 1826

[...] Finalmente sabato 28 corrente partì a codesta volta Fusello, che vi recherà le nostre buone nuove, e ci recherà le vostre. Al medesimo consegnai un piccolo bariletto di olio e una scatola dei nostri fichi. Questi oggetti sono inutili sicuramente per voi, ma forse vi serviranno per far conoscere ad altri i prodotti del nostro territorio. [...]

Venendo al Benefizio, lodo la vostra risoluzione, e lodo anche che non pensiate ad abbracciare lo stato ecclesiastico, finché non ci siate invitato da quello Spirito che spira dove vuole, e non dove sembrerebbe bene a noi che spirasse. [...]

1 Testo integrale in *Epistolario*, ed. Moroncini, IV, pp. 22-23.

CLIX · A CARLO BUNSEN, ROMA[1]

Bologna 1° Febbraio 1826

[...] Il mio affare, di cui Ella mi parla colla solita sua bontà ed affezione, è una nuova prova del quanto poco, anzi nulla, ci possiamo noi confidare in questo nostro Governo gotico,[2] le cui promesse più solenni vagliono meno che quelle di un amante ubbriaco. La idea che Ella mi propone di una cattedra in Berlino o in Bonn, è tale, che io l'assicuro che niun'altra mi potrebbe riuscir più grata e lusinghiera. Ma sventuratamente ora la mia povera salute è in uno stato così tristo, che io non ardisco fermare il pensiero in una proposizione che del resto mi sarebbe giocondissima. Crederà Ella che appena io posso sopportare l'inverno in Bologna, e che passo questi giorni in un continuo spasimo e in un tormento indicibile, cagionato dalla mia malattia d'intestini, che dal freddo riceve un grandissimo pregiudizio? Or che sarebbe nei climi di Germania? Tuttavia, la mia guarigione non essendo punto disperata, ed i medici promettendomi che a primavera io sarò ristabilito e migliorato assai, la prego caldamente a non abbandonare l'idea di cui Ella mi ha parlato, la quale credo che non esiga fretta, e che possa sopportar dilazione. A stagion migliore, consultandomi colla mia salute, io potrò risponderle più precisamente sopra la sua proposizione, che mi è carissima e mi sta sommamente a cuore, e forse anche potrò venire a Roma e cercare di trattenermi secolei a voce. Per ora Ella ben vede che mi sarebbe impossibile d'intraprendere, come Ella mi consiglia, il viaggio per co-

1 Testo integrale in *Tutte le op.*, cit., I, pp. 1235-36.
2 *gotico*: barbaro.

stà, essendo io obbligato a passare la maggior parte del giorno in letto per garantirmi da questi orridi e micidiali freddi.

Spero di poterle, di qui a non molto, mandare un esemplare del Manuale di Epitteto che si stamperà presto in Milano,[3] tradotto da me ultimamente con tutto l'amore e lo studio possibile. Vi ho premesso un brevissimo preambolo sopra la filosofia stoica, che io mi trovo avere abbracciato naturalmente, e che mi riesce utilissima. Ma Ella non può credere che miseria sia quella di Bologna e di Milano in genere filologico. Roma è una Lipsia a paragone di queste città e di tutta l'Italia superiore. La filologia è nome affatto ignoto in queste parti, ed appena con grandissima difficoltà si possono trovar classici greci in vecchie ed imperfettissime edizioni. In tutta Bologna, città di 70 m. anime, si contano tre persone che sanno il greco, e Dio sa come. [...]

3 Doveva far parte di una *Scelta di moralisti greci tradotti* che poi l'editore Stella decise di non pubblicare, e il *Manuale* sarà pubblicato postumo.

CLX · DI CARLO LEOPARDI[1]

Recanati 18 Febbraio 1826

[...] Credimi che sempre penso ai tuoi affari, e che essi soli mi sembrano degni d'interesse. Solo il tuo pensare mi soddisfa, e mi stimo meno infelice perché tu esisti. La notte spessissimo ti sogno, e mi pare di baciarti e ribaciarti. Voglimi dunque prestar fede se ti dico senza la più piccola esagerazione, che a tutto l'affetto con cui siamo stati sempre uniti, io ho aggiunto l'amore che ho tolto a me stesso, per cui sono ora indifferente; e quello che in altri tempi era capace d'ispirarmi una donna. Io non conosco più amor proprio, né amor passionato: tu sei il mio vero *moi* e la mia innamorata. [...] Tu, se vuoi far per me un voto, prega che io possa partire da questo paese, ove qualunque abilità, qualunque energia non val nulla, se non vale a lasciarlo. Sono grandi le miserie di cui il cielo ha fatto regalo alla terra, non si può negare; ma il destino di chi abita tali luoghi, sembra che superi i limiti della generosità celeste e della sofferenza terrestre.

Addio, caro Buccio. Ti saluto e ti abbraccio per tutti, e ti domando, col tuo amore, quella fiducia nel nostro, che è il desiderio di chiunque ama.

---

1 Testo integrale in *Epistolario*, ed. Moroncini, IV, pp. 37-38.

CLXI · A MONALDO LEOPARDI, RECANATI[1]

Bologna 20 Febbraio 1826

[...] I fichi e l'olio sono qui applauditissimi e graditissimi, e quantunque in casa io non fossi solito mangiar de' fichi, adesso, non so come, trovo che sono pure una cosa di un sapore eccellente, e ho pensato di salvarne un poco anche per me, giacché Ella me ne ha favorito così liberamente che ve n'è abbastanza per me e per gli altri. È ben giusta la sua maraviglia che costà non si pensi punto a far commercio di formaggio se non pochissimo e cattivo. Veramente non si può scusare l'indolenza della nostra provincia nel mettere a profitto tanti generi squisiti che essa possiede, e che eccedono il consumo dell'interno. [...]

1 Testo integrale in *Tutte le op.*, cit., I, p. 1239.

Bologna 24 Febbraio 1826

Carluccio mio. Ringraziato Dio, che finalmente rivedo i tuoi caratteri; e sappi che quel tuo silenzio tanto lungo mi aveva fatto nascere un certo terrore che tu non fossi più a casa, e che mi si volesse nascondere quel che era di te. Un ordinario prima della tua lettera ebbi il pacco, di cui ti ringrazio assai. La mia Farfa[1] fu veramente, parte la nostra libreria, parte la vettura dell'ebreo,[2] e parte Roma. Sappi però che Cesari,[3] stimato giudice supremo in queste materie, leggendo il manoscritto a Milano in presenza mia, lo giudicò per cosa del Trecento bella e buona, e così è creduto ora in Milano e qui. Le altre mie cose (eccetto i manifesti del Cicerone di Stella,[4] che io ho tutti e ti potrei mandare, ma non valgono la pena) sono stampate nel *Raccoglitore* di Milano, e però non posso spedirtele; ma sono bagattelle.[5] Altre più rilevanti che si stampano a Milano adesso,[6] te le manderò subito che ne avrò copia... Ma tu franchi dunque col tuo denaro le lettere che mi scrivi? Non lo far mai più, ché, grazie a Dio, il pagar l'importo di una lettera non mi è d'incomodo, te ne accerto; e sicuramente è di più incomodo a te che a me. Se volessi ragguagliarti minutamente della mia situazio-

---

1 L'abbazia medievale dove Leopardi voleva far credere di avere ritrovato il testo trecentista del *Martirio de' Santi Padri*. Monaldo e Carlo avevano capito subito che si trattava di un apocrifo.
2 Forse un venditore di libri usati.
3 Il famoso letterato purista padre Antonio Cesari.
4 Quelli per l'edizione delle opere complete di Cicerone.
5 Sono i primi sei *Idilli* comparsi sul «Nuovo Ricoglitore», dicembre 1825-gennaio 1826.
6 La progettata *Scelta di moralisti greci tradotti*.

ne, dovrei allungarmi assai; ma solo ti dirò che sin dopo il primo mese, cioè finito ottobre, io lasciai le lezioni (le quali se avessi dovuto continuare, la pazienza non mi avrebbe retto), e che vivo qui onoratamente e con piena indipendenza personale; e regolandomi nelle spese, passo anche per ricco presso questi di casa. Se avessi voglia e salute da faticar di più in cose letterarie, potrei anche aver dell'avanzo, perché non mi mancherebbero imprese e inviti librarii qui, e in Torino e altrove. La pittura che tu mi fai del tuo stato, penoso al solito, accresce la smania che io ho di rivederti. Ti giuro che a paragon di questo, il piacer di stare in una città grande piuttosto che a Recanati, sarebbe per me un nulla; sicché io partirei subito, se la riflessione e la ragione non mi obbligassero a cercar di assicurarmi prima del frutto di questa mia assenza, e di renderlo più stabile che si possa. Il che fatto, io ti riabbraccerò immediatamente, e ciò sarà senza dubbio in breve. In verità io desidererei di far danari, ma non già per me; bensì per poterti esser utile in qualche cosa. Questa sarebbe la maggior consolazione che la fortuna mi potesse dare, e per la quale io le perdonerei volentieri tutti i malanni che mi ha dati e mi darà. Le espressioni dell'amor tuo, se non fossero mescolate di dolore, mi rallegrerebbero l'anima. Tu, l'amor tuo, il pensiero di te, siete come la colonna e l'àncora della mia vita. Ogni parte di questa si riferisce là come a un centro. E come ho detto più volte a Giordani e a Papadopoli, che intendevano bene questa mia situazione, se io dovessi dubitare un momento che tu non mi amassi più, o non mi fossi fedele, o potessi mai per alcuna cagione cessare di esserlo, o vero che tu dubitassi punto dell'amore e della fedeltà mia; insomma se quella fede teologica, anzi quella coesistenza che noi abbiamo insieme, fosse mai sospesa; io non sarei più quello di adesso; la mia esistenza non avrebbe più il suo fondamento; e tutto il mondo cambierebbe faccia per me in un colpo, come si cambia una scena.

Salutami Babbo e Mamma, Luigi e Pietruccio. Saluta Paolina, e dille che mi scriva, e che non franchi la lettera. Addio, Carluccio mio. Credimi che se non avessi in te quella fiducia che tu mi chiedi, non avrei neppur la forza di scrivere questa lettera, né di aprir gli occhi alla luce del sole.

CLXIII · A PAOLINA LEOPARDI, RECANATI[1]

Bologna 1° Marzo 1826

[...] Giordani è un gran pezzo che non mi scrive e che non scrive più a nessuno, perché si è fatto il più pigro e divertito uomo del mondo. Quanto all'esemplare delle mie operette,[2] non dubitare, che tu ne avrai per te ed in tua proprietà esclusiva senza associarti. Io non sogno di te, perché tu sai che fuori di Recanati io non sogno mai (cosa che mi fa maraviglia, però verissima); ma penso a te vegliando, e ti amo, se è possibile, ogni giorno più. Ma che vuol dire che non mi dài nessuna nuova di te? Tu ti sei scordata una parte essenziale,[3] e però ti condanno a tornarmi a scrivere, e dirmi tutti i fatti tuoi. [...]

1 Testo integrale in *Tutte le op.*, cit., I, p. 1241.
2 Le *Operette morali* di cui aveva affidato il manoscritto a Giordani in partenza per Firenze, con la speranza che fossero presto pubblicate.
3 Riguardante l'ultimo progetto di matrimonio.

CLXIV · DI GIAMPIETRO VIEUSSEUX[1]

Firenze a dì 1° Marzo 1826

[...] Caro signor Conte, permettete ch'io ve ne faccia un dolce rimprovero, e ch'io vi conforti a combinare le cose vostre in modo che questa primavera noi ci possiamo vedere. La Toscana merita la vostra visita, ed in Firenze più che altrove trovereste ciò che da tanto tempo cercavate, ed ancora forse cercate, libri in quantità, pace e libertà, e se fosse necessario, almeno quanto altrove, i mezzi di utilizzare i vostri talenti tutti.

Giordani, usando della facoltà lasciatale, mi passò il bel manoscritto che gli aveva confidato, dal quale abbiamo estratto alcuni dialoghi che troverete inseriti nel N. 61 dell'*Antologia*, ora pubblicato, ch'io ho il piacere di mandarvi.[2] Graditelo come un pegno del mio fervido desiderio di vedere il mio giornale spesso fregiato del vostro nome; e più del nome ancora, dei vostri eccellenti scritti. Sento che queste *Operette morali* verranno probabilmente pubblicate costà, e ne godo assai pel pubblico, e per voi, tanto più che sembrano meglio fatte per comparire riunite in una raccolta, che sparse in un giornale. [...]

Ora ditemi, mio caro Conte, se avreste il tempo di scrivere qualche articolo per l'*Antologia*? [...] Più volte ho pensato ad avere per corrispondente un *hermite des apennins*, che dal fondo del suo romitorio criticherebbe la stessa *Antologia*, flagellerebbe i nostri pessimi costumi, i nostri metodi di educazione e di pubblica istruzione. Tutto ciò in fine che si può flagellare

---

1 Testo integrale in *Epistolario*, ed. Moroncini, IV, pp. 50-51.
2 I tre dialoghi pubblicati quale saggio delle *Operette* furono: il *Dialogo di Cristoforo Colombo e di Pietro Gutierrez*, il *Dialogo di Torquato Tasso e del suo genio familiare* e il *Dialogo di Timandro e di Eleandro*. Apparvero nel n. LXI dell'«Antologia» (gennaio 1826).

quando si scrive sotto il peso di una doppia censura civile ed ecclesiastica. Un altro romito dell'Arno potrebbe rispondergli. Voi sareste il romito degli Appennini. Questa forma assai piccante ammetterebbe molta libertà, e desterebbe un interesse universale. Via, ottimo mio Conte, assistetemi in questa mia intrapresa; vediamo di far sì che l'*Antologia* sia letta con frutto da questa generazione. [...]

Bologna 4 Marzo 1826

Signor mio gentilissimo, pregiatissimo e caro. Vi ringrazio dell'onore che avete fatto ai miei dialoghi di pubblicarli nel vostro Giornale, benché io m'avvegga di non aver saputo spiegare a Giordani il mio desiderio in questo proposito,[1] e benché mi abbiano un poco umiliato i molti e tremendi errori che sono corsi nella stampa (tali che spesso nel leggerla non m'intendeva io stesso), e l'ortografia barbara che vi regna. Quantunque l'articolo che mi riguarda abbia il titolo di *primo saggio*, credo che non abbiate però intenzione di pubblicare altri dialoghi, e che non ne abbiate anche copia, dopo rimandatomi il ms., della cui diligentissima spedizione vi rendo molte grazie. Se fosse altrimenti, vi pregherei, quando sia senza vostro incomodo, di sospendere per ora questa pubblicazione.

Ma soprattutto io vi debbo ringraziare e vi ringrazio sinceramente e caldamente della vostra amorosa lettera. Alle vostre espressioni graziose e cordiali, rispondo che da gran tempo io vi stimo altamente e vi amo con tutto il cuore come uomo prezioso all'Italia, della quale io direi volentieri quello che Agamennone diceva dell'esercito greco in proposito di Nestore,[2] che ella sarebbe a miglior partito se avesse dieci vostri pari. Ed aggiungo che o vedendo Giordani o scrivendogli, io non ho mancato mai di pregarlo che vi salutasse per mia parte affettuosamente.

Vengo al cortese invito di scrivere per cotesto Giornale, che

1 Leopardi aveva affidato il manoscritto delle *Operette* a Giordani perché cercasse un editore a Firenze, non per pubblicare dei dialoghi separati.
2 Cfr. *Iliade*, II, vv. 370-74.

io predico sempre, non solo come l'unico Giornale italiano, ma come tale che in molte sue parti ha l'onore di non parer fattura italiana. Credetemi che quel poco (veramente poco) che io posso, lo spenderei volentieri tutto in servizio dell'Italia e vostro, aiutandovi in cotesta impresa secondo le mie forze, e che conosco ed apprezzo l'onore che voi mi fate giudicandomi capace di esservi utile. Ma vogliate credere ancora che presentemente io ho tali impegni librarii con Milano e con altre parti, che mi occupano tutto il tempo che io posso dare allo studio; di modo che senza voler mancare alla mia parola e al mio debito, non posso prendere altri assunti; tanto più che io non sono niente buono a far molte cose in un tempo. Questo è un ostacolo occasionale e che può passare. Ma quello che voi mi proponete di divenir vostro collaboratore regolare, credo che sarà sempre incompatibile col mio stato, perché la mia salute, che certo non è per mutarsi, non si vuol sottomettere a nessuna regola del mondo, e non comporta che io mi obblighi a tempi determinati. Basta: se la stessa maledetta salute non me l'impedisce, io voglio questa primavera dare un salto a Firenze, e allora a voce potremo discorrere e risolvere di questi particolari.

Intanto, perché io non so e non ho saputo mai sopportare di esser creduto da più ch'io non sono, o atto a quello che io non so fare, permettetemi di soggiungere. La vostra idea dell'*Hermite des Apennins*, è opportunissima in sé. Ma perché questo buon Romito potesse flagellare i nostri costumi e le nostre istituzioni, converrebbe che prima di ritirarsi nel suo romitorio, fosse vissuto nel mondo, e avesse avuto parte non piccola e non accidentale nelle cose della società. Ora questo non è il caso mio. La mia vita, prima per necessità di circostanze e contro mia voglia, poi per inclinazione nata dall'abito convertito in natura e divenuto indelebile, è stata sempre, ed è, e sarà perpetuamente solitaria, anche in mezzo alla conversazione, nella quale, per dirlo all'inglese, io sono più *absent* di quel che sarebbe un cieco e sordo. Questo vizio dell'*absence* è in me incorreggibile e disperato. Se volete persuadervi della mia bestialità, domandatene a Giordani, al quale, se occorre, do pienissima licenza di dirvi di me tutto il male che io merito e che è la verità. Da questa assuefazione e da questo carattere nasce naturalmente che gli

337

uomini sono a' miei occhi quello che sono in natura, cioè una menomissima parte dell'universo,[3] e che i miei rapporti con loro e i loro rapporti scambievoli non m'interessano punto, e non interessandomi, non gli osservo se non superficialissimamente. Però siate certo che nella filosofia sociale io sono per ogni parte un vero ignorante. Bensì sono assuefatto ad osservar di continuo me stesso, cioè l'uomo in sé, e similmente i suoi rapporti col resto della natura, dai quali, con tutta la mia solitudine, io non mi posso liberare. Tenete dunque per costante che la mia filosofia (se volete onorarla con questo nome) non è di quel genere che si apprezza ed è gradito in questo secolo; è bensì utile a me stesso, perché mi fa disprezzar la vita e considerar tutte le cose come chimere, e così mi aiuta a sopportar l'esistenza; ma non so quanto possa esser utile alla società, e convenire a chi debba scrivere per un Giornale.

Questo discorso, che del resto sarebbe stato molto fuor di proposito e molto poco importante, potrà servire a determinare la vostra opinione circa la mia capacità, e circa il genere e il grado di utilità che voi potreste aspettarvi da' miei scritti, per la vostra intrapresa.

Vedete che io non vi ho parlato con minore schiettezza di quello che voi abbiate fatto a me. Credo anzi di avervi superato in questo, come facilmente mi accade. Mi auguro il piacere di riverirvi e, se me lo permetterete, di abbracciarvi presenzialmente, e desidero ancora che non tralasciate di favorirmi e rallegrarmi di tempo in tempo coi vostri caratteri. Vostro devotissimo servitore ed amico cordiale Giacomo Leopardi.

3 Cfr. *Zibaldone*, 3171-72.

CLXVI · DI CARLO LEOPARDI[1]

Recanati 7 Aprile 1826

[...] Mille trasporti ch'io non so esprimerti si formano ancora dentro di me, e tu ne sei l'oggetto. Io gemo ancora al ricordarmi quell'ultima notte in cui ci lasciammo, e la tetra passeggiata che feci per continuare a sentire il tuo legno, e il vivo rincrescimento, che provai per te, della pioggia dirotta che mi costrinse a ritirarmi. In somma per te ho ancora un cuore, e tu sei ancora il mio caro e tenero Buccio, cui nessuno salutava dopo di me al suo addormentarsi, né alcuno rivedeva al suo destarsi prima di me. Oh possa io col riabbracciarlo ritrovar la fede alle affezioni e alle speranze! Per me non valerebbe la pena di vivere: io vivo in te e per te.

---

1 Testo integrale in *Epistolario*, ed. Moroncini, IV, p. 84.

[*Bologna*] *14 Aprile* [*1826*]

Carluccio mio. Le tue lettere mi lasciano sempre un sentimento di tristezza; perché quando anche avessi mille cagioni di
gioia, che non ne ho neppur una, non potrei mai stare allegro
pensando che quell'oggetto che mi sta sempre nel cuore più assai di ogni mio bene o vero o immaginario, vive in tanta malinconia. Ti giuro che lo scopo della mia vita presente, il soggetto dei miei castelli in aria, delle mie principali speranze,
non è altro che il rivederti. Della lode sono così annoiato, che
procuro di schivarla. Gli altri piaceri che si potrebbero trovare
in una città grande, sai che non fanno per me. Sicché non ho
altra prospettiva che quella dell'amor tuo, e di tornare a goderne. Io ti rivedrò subito che avrò finito un lavorettaccio noioso
che ho per Stella,[2] e che non potrei fare a Recanati. Del resto
mi sta sempre nell'animo come potrei trovar modo di cavarti,
almeno per un poco di tempo, dal tuo deserto. Se la mia salute
fosse migliore, e potessi faticar di più, son certo che ci riuscirei.
Pure spero che qualche cosa mi debba riuscire anche nelle mie
circostanze. Tu mi stringi l'anima a ricordarmi quella notte che
ci lasciammo. Io era in una tal debolezza di corpo, che l'anima
non aveva forza di considerar la sua situazione. Mi ricordo che
montai nel legno con un sentimento di cieca e disperata rassegnazione, come se andassi a morire, o a qualche cosa di simile;
mettendomi tutto in mano al destino. Ma mi fa raccapricciar
l'idea del dolore che tu dovesti sentire, e di quella tetrissima
solitudine in cui ti lasciavo senza un pensiero consolante. Così,

1 Testo integrale in *Tutte le op.*, cit., I, p. 1249.
2 Il commento alle *Rime* del Petrarca.

Carluccio mio, ti ho fatto pur patire, senza aver potuto farti godere.

Nell'*Antologia* non sono tutte le mie operette morali, ma solo un saggio, che si ristampa adesso, in un giornale e a parte, in Milano, dove forse si stamperà anche l'intero.[3] La primavera anche qui è stata bellissima, ma mi ha prodotta quell'inquietezza di nervi che io soglio avere in questa stagione, con gl'incomodi che ne dipendono. Ma queste son cose da ridere a paragone delle pene dell'inverno o inferno, e il caldo per altra parte mi giova molto. [...]

3 Nel «Nuovo Ricoglitore» (marzo e aprile 1826) e in estratto (Milano, Stella, 1826). La prima edizione delle venti *Operette* fu stampata dallo Stella nel 1827.

CLXVIII · DI PAOLINA LEOPARDI[1]

Recanati 21 Maggio 1826

Caro Giacomuccio mio. [...] Siamo in una vera smania di vedere quelle cose che hai stampate nell'*Antologia*, e sono state inutili tutte le pratiche che abbiamo fatto per averne i quaderni da Macerata, ove ci sono; e ci daressimo a tutti i diavoli, se tanto e tanto non fosse lo stesso. Per carità, quando hai qualche cosa del tuo, non ci far languire sì miseramente; e Carlo è ben inquieto che non abbi mandato per questa occasione que' versi che recitasti in una tale Accademia,[2] e che eccitarono l'entusiasmo di quelle dame; e davvero che ce li potevi mandare. [...]

1 Testo integrale in *Epistolario*, ed. Moroncini, IV, pp. 112-13.
2 L'«Accademia dei Felsinei», dove Leopardi aveva recitato i versi dell'*Epistola al Pepoli*.

Bologna 30 Maggio 1826

Carluccio mio. Paolina mi dice che tu hai delle critiche da fare ai miei manifesti del Cicerone. Perché non me le scrivi? Ti lagni ch'io non ti abbia mandati i versi fatti per l'Accademia. Sappi che li avevo messi già nell'involto; poi li cavai, perché non avrei voluto che capitassero in altre mani che tue e di Paolina, del che non potevo esser sicuro. Ti mando per la posta le mie cose stampate nell'*Antologia*. Ma non voglio che sieno vedute se non da Paolina e da te. Leggendole, capirai la ragione. Scrivimi dunque un nome immaginario, sotto il quale io le possa dirigger costà. Fammi il piacere di dare a Babbo l'acclusa cartina, e di dire a Mamma che Angelina mi fece sapere che D. Rodriguez[1] era da qualche tempo allettato, e mostrava di voler campar poco. Ieri poi mi mandò a dire che era peggiorato assai, e che in camera sua non entrava più nessuno. Se saprò altro di nuovo, lo scriverò subito.

Che fai, Carluccio mio caro? Come mi ami? Parlai tanto di te con Gaetano Melchiorri,[2] che ti vuol proprio bene, e ti compatisce veramente di cuore. Sfogati di quando in quando con me, mio caro e sventurato. Io sarò costì fra due o tre mesi immancabilmente, se pure la mia salute non me lo rendesse impossibile affatto.

Sono entrato con una donna[3] (Fiorentina di nascita) maritata in una delle principali famiglie di qui, in una relazione, che forma ora una gran parte della mia vita. Non è giovane, ma è

---

1 Angelina è l'ex cameriera di Adelaide; il Rodriguez, un suo conoscente.
2 Uno dei tanti componenti della famiglia Melchiorri.
3 La contessa Teresa Carniani-Malvezzi. Cfr. *Nota sui corrispondenti*, p. 583.

di una grazia e di uno spirito che (credilo a me, che finora l'avevo creduto impossibile) supplisce alla gioventù, e crea un'illusione maravigliosa. Nei primi giorni che la conobbi, vissi in una specie di delirio e di febbre. Non abbiamo mai parlato di amore se non per ischerzo, ma viviamo insieme in un'amicizia tenera e sensibile, con un interesse scambievole, e un abbandono, che è come un amore senza inquietudine. Ha per me una stima altissima; se le leggo qualche mia cosa, spesso piange di cuore senz'affettazione; le lodi degli altri non hanno per me nessuna sostanza, le sue mi si convertono tutte in sangue, e mi restano tutte nell'anima. Ama ed intende molto le lettere e la filosofia; non ci manca mai materia di discorso, e quasi ogni sera io sono con lei dall'avemaria alla mezzanotte passata, e mi pare un momento. Ci confidiamo tutti i nostri secreti, ci riprendiamo, ci avvisiamo dei nostri difetti. In somma questa conoscenza forma e formerà un'epoca ben marcata della mia vita, perché mi ha disingannato del disinganno, mi ha convinto che ci sono veramente al mondo dei piaceri che io credeva impossibili, e che io sono ancora capace d'illusioni, malgrado la cognizione e l'assuefazione contraria così radicata, ed ha risuscitato il mio cuore, dopo un sonno anzi una morte completa, durata per tanti anni.

Dì a Luigi che m'ingegnerò di servirlo della musica.[4] Saluta fervidamente Babbo e Mamma, Paolina, Luigi, Pietruccio. Scrivimi, anima mia, e credi che se io vengo ricuperando della mia potenza di amare, altrettanto cresce di giorno in giorno la forza e la sensibilità dell'amore smanioso ch'io ti porto, e che per tanto tempo è stato l'unico segno di vita dell'anima mia.

4 Luigi suonava il flauto.

Bologna 5 Giugno 1826

[...] Come va la lettura del Byron? veramente questi è uno dei pochi poeti degni del secolo, e delle anime sensitive e calde come è la tua. Le Memorie del Goethe[2] hanno molte cose nuove e proprie, come tutte le opere di quell'autore, e gran parte delle altre scritture tedesche; ma sono scritte con una così salvatica oscurità e confusione, e mostrano certi sentimenti e certi principii così bizzarri, mistici e da visionario, che se ho da dirne il mio parere, non mi piacciono veramente molto. [...] Io parlo qui spesse volte e sento parlare della Franceschi,[3] che ha mossa di sé un'aspettazione grande. Se i tuoi consigli possono, come credo, nell'animo suo, confortala caldamente, non dico a lasciare i versi, ma a coltivare assai la prosa e la filosofia. Questo è quello che io mi sforzo di predicare in questa benedetta Bologna, dove pare che letterato o poeta, o piuttosto versificatore, sieno parole sinonime. Tutti vogliono far versi, ma tutti leggono più volentieri le prose: e ben sai che questo secolo non è né potrebbe esser poetico; e che un poeta, anche sommo, leverebbe pochissimo grido, e se pur diventasse famoso nella sua nazione, a gran pena sarebbe noto al resto dell'Europa, perché la perfetta poesia non è possibile a trasportarsi nelle lingue straniere, e perché l'Europa vuol cose più sode e più vere che la poesia. Andando dietro ai versi e alle frivolezze (io parlo qui

1 Testo integrale in *Tutte le op.*, cit., I, p. 1255. Per Francesco Puccinotti, cfr. *Nota sui corrispondenti*, p. 583.
2 Nella «Antologia» erano apparsi stralci di *Dichtung und Wahrheit* (Poesia e Verità) in versione italiana.
3 Caterina Franceschi (1803-1887), letterata, collaboratrice del «Giornale Arcadico», Accademica della Crusca.

generalmente), noi facciamo espresso servizio ai nostri tiranni, perché riduciamo a un giuoco e ad un passatempo la letteratura, dalla quale sola potrebbe aver sodo principio la rigenerazione della nostra patria.[4] La Franceschi, datasi agli studi così per tempo e con tale ingegno, potrà farsi immortale, se disprezzerà le lodi facili degli sciocchi, lodi che sono comuni a tanti e che durano tanto poco, e se si volgerà seriamente alle cose gravi e filosofiche, come hanno fatto e fanno le donne più famose delle altre nazioni, Ella sarà un vero onor dell'Italia, che ha molte poetesse, ma desidera una letterata.

I miei Dialoghi stampati nell'*Antologia* non avevano ad essere altro che un Saggio, e però furono così pochi e brevi. La scelta fu fatta da Giordani, che senza mia saputa mise l'ultimo per primo. Il manoscritto intero è adesso a Milano, dove si stamperà, permettendolo la Censura, del che si dubita molto. Io ti amo e parlo spesso di te con quelle lodi e in quella maniera che tu meriti. Come vanno le tue lezioni? E che belle cose stai meditando? Scrivimi, ed amami di cuore, e, se ti posso servire, adoprami. Il tuo Leopardi.

4 Cfr. *Zibaldone*, 3388-89.

CLXXI · AD ANTONIO FORTUNATO STELLA, MILANO[1]

Bologna 16 Giugno 1826

[...] Avrei voluto fare una prefazione alle *Operette morali*, ma mi è paruto che quel tuono ironico che regna in esse, e tutto lo spirito delle medesime escluda assolutamente un preambolo; e forse Ella, pensandovi, converrà con me che se mai opera dovette essere senza prefazione, questa lo debba in particolar modo. Nondimeno ho voluto supplire col dialogo di Timandro ed Eleandro, già stampato nel *Saggio*,[2] il qual Dialogo è nel tempo stesso una specie di prefazione, ed un'apologia dell'opera contro i filosofi moderni. Però l'ho collocato nel fine. Quivi è dichiarato, a me pare, abbastanza lo spirito di tutta l'opera, ed esso Dialogo potrebbe servir di norma alla Censura, per farsi un'idea complessa del sistema seguìto nel libro. La Prego caldamente ad eseguire il suo pensiero di comunicare il ms. alla Censura privatamente, e a sapermene dare una risposta decisiva, dalla quale io conosca se il libro si potrà stampare a Milano o non si potrà. Saputa questa cosa con sicurezza, io sarò tranquillo, e in caso che non si possa stampar costì, risolverò quello ch'io debba farne. [...]

1 Testo integrale in *Tutte le op.*, cit., I, pp. 1256-57. Lo Stella aveva proposto a Leopardi di scrivere una prefazione alle *Operette* che le rendesse accettabili da parte della censura.
2 Il *Saggio* dei tre dialoghi delle *Operette* pubblicato nell'«Antologia» e successivamente nella rivista dello Stella, «Nuovo Ricoglitore».

CLXXII · A PAOLINA LEOPARDI, RECANATI[1]

Bologna 23 Giugno 1826

Paolina mia. Ti mando il primo tometto del *Petrarca*.[2] Ne sto aspettando altri due, e te li manderò. Gli altri usciranno a momenti, perché il mio lavoro è ormai finito. Vedrai che sorte di fatiche toccano alle volte ai poveri letterati. Ma questa per me è la prima, e sarà certamente l'ultima di questo genere; e non avrei fatta neppur questa, se non mi ci fossi obbligato con una parola detta inconsideratamente, che mi ha fatto disperare. Pure me ne sono cavato più presto ch'io credeva.

Vo sempre sospirando il momento di riveder Recanati, che sarà certamente presto, piacendo a Dio. Qui si fa continuamente un ammazzare che consola. L'altra sera furono ammazzate quattro persone in diversi punti della città... Io finalmente sono entrato in un tantino di paura, ho cominciato ad andar con riguardo la notte, e ho cura di portar sempre danaro addosso, perché l'usanza è, che se non ti trovano danaro, ti ammazzano senza complimenti. [...]

---

1 Testo integrale in *Tutte le op.*, cit., I, pp. 1257-58.
2 Il primo volume delle *Rime* del Petrarca uscito in quei giorni «con l'interpretazione composta dal conte Giacomo Leopardi» presso l'editore Stella.

Recanati 25 Giugno 1826

Mio caro Figlio. Non vi ho scritto da molto tempo, e con ciò mi è mancato il piacere di trattenermi con voi, e quello di leggere le vostre lettere; ma risparmio le mie perché non voglio obbligarvi a scrivere, non sapendo se e quanto possa riuscirvi gravoso. Di quando in quando però è giusto che vi ricordi direttamente l'affetto mio, e non vi rincrescerà l'assicurarmi del vostro con una riga. Da quanto scrivete a Carlo e Paolina, apprendo il vostro desiderio di presto ritornare, e Iddio sa come questo è un balsamo che scende a confortare il mio cuore, il quale non è molto accostumato ai conforti. Se voi però volete ritornare per vivere con noi molto tempo, e riprendere il vostro domicilio ordinario, io ne affretto il momento coi voti più sinceri e cordiali; ma se veniste coll'animo di presto allontanarvi, e più se avete quello di ritornare a Bologna, mi parerebbe meglio l'essere fuori nell'estate che nell'inverno, massimamente dopo che avete sperimentato quanto codesti freddi vi sono riusciti fatali. In somma io non vorrei che passaste fuori di casa, o in clima più settentrionale di questo, l'inverno futuro, perché vivrei in grande agitazione per la vostra salute. Neppure però vivo tranquillo per gli omicidii che sento accadere costì, i quali, per quanto scrivete, si commettono da grassatori, sicché a garantirsene non basta il vivere lontano da inimicizie e partiti. Se dunque restate anche un poco a Bologna, mettetevi al sicuro col non uscire affatto la notte, e fate che non dobbiamo tremare per voi.

Ho veduto il tometto del *Petrarca* spedito a Paolina, e nel fronte ho desiderato il mio povero Recanati. Del resto avete fatta una fatica immensa, che deve esservi riuscita sgradita assai. La immagino diretta al comodo degli esteri che studiano la lingua nostra, e forse lo stampatore ve la ha domandata a loro contemplazione. Broglio[1] mi scrive con entusiasmo dei *Dialoghi* vostri stampati nell'*Antologia* fiorentina, e vi fa tanti saluti e rallegramenti.

Noi grazie a Dio stiamo bene, e tutti vi salutano caramente. Addio, mio caro figlio; vi abbraccio con tutto il cuore, e vi imploro da Dio mille benedizioni. Fino a tre giorni addietro abbiamo avute acque continue e dirotte, le quali minacciavano la *totalità* del nostro raccolto. Siamo ricorsi alla Madonna santissima del Rosario, e per suo istantaneo favore il tempo si è rasserenato nel primo giorno del triduo, sicché ora si miete e la raccolta sarà cattiva, ma non quale doveva fondatamente temersi. Addio, addio. Vostro affezionatissimo Padre.

P.S.   In codeste parti si troverebbe una giovane saggia, buona, ricca, nobile o no poco importa, bene educata, pia, e adattata ai nostri paesi, della quale potesse farsi una sposa per Casa nostra?[2] È difficile, ma abbiatela in mira. Sarà ora di venirci pensando.

1 L'amico di famiglia Saverio Broglic d'Ajano.
2 Per il figlio Carlo.

Bologna 3 Luglio 1826

Carissimo Signor Padre. La sua lettera mi ha cagionata una vera gioia, come sempre me ne cagionerà il trattenermi con Lei, e come mi aveva dato e mi darà sempre pena il suo lungo silenzio, se non in quanto io penserò che questo possa nascere da sue occupazioni più rilevanti e che serva a risparmiarle fastidio. Certamente, se a Dio piace, io non passerò mai più l'inverno in climi più freddi del mio nativo. Io conto, se la salute non me lo impedisse insuperabilmente, di essere in ogni modo costì pel primo entrar dell'autunno, e quanto al trattenermi, Ella disporrà di ciò a suo piacere. Intanto Ella non si dia pensiero alcuno circa la mia sicurezza. La frequenza degli omicidii in questi ultimi giorni è stata qui veramente orribile, ma io ho preso il partito di non andar mai di notte se non per le strade e i luoghi più frequentati di Bologna; sicché, fintanto che non assassineranno in mezzo alla gente (nel qual caso il pericolo sarebbe altrettanto di giorno come di notte), non mi potrà succedere sicuramente nulla. Ho anche il vantaggio di abitare nel centro della città e in faccia a un corpo di guardia, in modo che per tornare a casa non sono obbligato a traversar luoghi pericolosi.

Non ho posto il nome di Recanati in fronte al Petrarca, non certamente perché io mi vergogni della mia patria, ma perché il metterlo avanti a ogni cosa mia, mi sarebbe sembrata una affettazione; ed Ella vede che nessuno scrittore ai nostri tempi lo fa, o illustre o non illustre che sia la sua patria. Stampandosi le mie operette in un corpo, non parrà affettazione il nominar la patria, ed io lo farò senza fallo. Il Petrarca è sembrato allo Stella un'ottima speculazione, non solo per gli esteri, ma anche perché questi studi, o pedanterie, sono dominanti in Italia, e massimamente in Lombardia, dove non si conosce quasi altro; sicché egli crede di fare un bellissimo interesse stampando quest'opera, e ancor io sono della sua opinione. Del resto il lavoro è stato di somma difficoltà, lunghezza e noia. Nondimeno, benché avessi dato speranza di finirlo solo in autunno, l'ho già terminato e spedito tutto fin da ora, e se non l'avessi interrotto per cinque mesi, occupati parte in altre cose, parte nello smaniare dal freddo, che mi fece tralasciare affatto ogni studio, l'avrei terminato assai prima.

Qui, da più d'una settimana abbiamo sereno e caldo. Il tempo ha favorito la festa degli addobbi, che a me, poco amante degli spettacoli, è parsa una cosa bella e degna di esser veduta, specialmente la sera, quando tutta una lunga contrada, illuminata a giorno, con lumiere di cristallo e specchi, apparata superbamente, ornata di quadri, piena di centinaia di sedie tutte occupate da persone vestite signorilmente, par trasformata in una vera sala di conversazione.

La mia salute, grazie a Dio, è passabile. Il Zio Mosca,[1] che la saluta caramente, vorrebbe sapere che cosa è del medico Giordani, del quale non ha più notizia da molto tempo. I miei tenerissimi saluti alla Mamma e ai fratelli. I miei rispetti alla marchesa Roberti[2] e a Broglio, se Ella ha occasione di scrivergli. Ella mi ami, e se non le è grave, mi dia notizia della sua salute e delle sue occupazioni presenti. Avrò in mira quello che Ella mi scrive.[3] Sia persuasa del vivissimo e cordialissimo amore che io le porto, e dell'immensa gratitudine che le ho ed avrò per tutta la vita. Le bacio la mano coll'anima, e chiedendole la benedizione mi ripeto suo affettuosissimo figlio.

1 Raimondo Mosca imparentato coi Leopardi per parte di Virginia Mosca, madre di Monaldo.
2 Volunnia Roberti, amica di Monaldo.
3 Di trovare una moglie per Carlo.

[Bologna] Or Ora di Casa [1826]

Gentilissimo Leopardi. Iersera mi sono buscata una bella chiassata per avere avuto l'indiscretezza di trattenervi sino a mezza notte. La mia cara metà si adombra di tutte le visite che mi vengono fatte frequenti e lunghe. Ed io sono al mondo per soffrire una dose di più degli altri viventi, e per tenermi sempre esercitata nella virtù dell'asino, nella santa pazienza. Avrò il bene di vedervi venerdì sera se vi accomoda, e cominceremo l'esame del mio poemettuccio,[1] quando pur non vi dispiaccia. Serbatemi la vostra preziosa amicizia e credetemi in perpetuo vostra Serva ed Amica T.C.M.

1 *La cacciata del tiranno Gualtieri, accaduta in Firenze nel 1343*. Firenze, 1827.

[Bologna... 1826]

Caro Leopardi. Iermattina dopo la messa ebbi uno sconcerto di stomaco e bisognò che andassi a letto: lo stomaco si calmò, ma mi prese un mal di capo fortissimo. Presi una passata d'olio, e stamattina mi pareva di star meglio. Ma ora, che è l'ora di pranzo, ho tornato a star poco bene, non ho potuto né meno veder la minestra, ho preso un bicchiere di birra, e penso di tornarmi a letto. Caro mio, vi ringrazio che iersera vi piaceste di venirmi a salutare; questi tratti di vostra cordiale amicizia li serbo nel cuore, e spero che ne vedrete la mia gratitudine.

Se domattina non vi fosse incomodo, amerei di parlarvi. Dico domattina, a qualunque ora vi piaccia, perché veggo che la sera sto peggio. In seguito spero che mi rimetterò. Addio di cuore. La vostra Malvezzi.

CLXXVII · DI PAOLINA LEOPARDI[1]

Recanati 29 Luglio 1826

[...] A proposito di Carlo, Mamma aspetta sempre da voi qualche notizia sopra qualche bella e ricca ragazza che sappiate essere costì. E vi so dire, Giacomuccio mio, che ora cercano *tout de bon* questa moglie, e non trovano un corno, perché non si hanno relazioni in nessuna parte del mondo. Anche di 20 mila scudi pare si contenterebbero, perché l'acqua arriva alla gola. Saprete già le miserie di questa raccolta in ogni genere di generi, e perciò tanto peggio per noi e per me. E voi ve la ridete, e ve la riderete! [...]

---

1 Testo integrale in *Epistolario*, ed. Moroncini, IV, pp. 151-52.

Milano 6 Settembre 1826

Signore ed Amico amatissimo. Ho una cosa che aveva in mente di dirle, anche quando le scrissi la mia del dì 2. Ora per una lettera ricevuta ieri da Torino trovo necessario di farlo.

In fine delle *Rime* del Petrarca mi pare che vi potesse star bene un discorsetto, lettera, od altro di Lei per far conoscere i pregi di questo gran poeta, ed anche il suo platonismo, se occorresse. Ella forse dirà che n'è stato scritto abbastanza; e specialmente dal Tiraboschi e dal Ginguené.[1] Io le risponderei ch'Ella saprà tirar fuori delle cose pellegrine e da altri non dette, e che con questa giunta sua questo *Petrarca* nostro potrebbe servire non solo per le donne e pe' forestieri, ma anche per quelli che sono, o si credono letterati. Tale lavoro, qualora Ella ne fosse persuasa, potrebbe farlo con tutto il suo comodo, e lungo poi, o breve come più le piacesse. Per tal via, Ella potrebbe dare qualche graziosa sferzata a' saputelli e poetini de' nostri giorni, come è colui che mi scrisse da Torino,[2] il cui paragrafo di lettera riguardante il *Petrarca* troverà qui appresso trascritto. Potrà anche dir qualche cosa intorno a quelli che non credono essere la lingua del Petrarca antica ed oscura. E in tal proposito Ella troverà qui appresso trascritto anche un paragrafo di lettera del padre Cesari.[3]

Dopo tutto questo Ella farà quello che stimerà meglio. A

1 Girolamo Tiraboschi (1731-1794), autore della celebre *Storia della letteratura italiana*; Pierre-Louis Ginguené (1748-1816), autore dell'opera *Histoire littéraire d'Italie*.
2 Angelo Brofferio (1802-1866), poeta satirico e patriottico.
3 Il purista veronese padre Antonio Cesari.

me basta ch'Ella m'ami come io l'amo. Il suo cordiale amico e servo.

Paragrafo di lettera senza data da Torino:
«Non posso a meno di *dirgli* che quella Operetta del *Petrarca* colle Note mi par cosa inettissima; e degna di esser letta da uno scolaretto sgusciato dalla Grammatica. Io amo che un interprete mi svisceri i pensieri dell'Autore che ha per mano, e non già che mi condanni alla galera dei generi, numeri e casi, come si farebbe ad un quartano.»

Paragrafo di lettera del padre Cesari — 8 Luglio 1826. Verona.
«Rileggo il *Petrarca* del conte Leopardi. Egli osserva molto la sua promessa di dar la cosa *ad usum Delphini*: tocca e spiega le parole ed il senso assai bene. Ma diavolo! la lingua del Petrarca antica ed oscura? Non l'avrei voluto udire da tal uomo, che io amo ed onoro.»

CLXXIX · AD ANTONIO FORTUNATO STELLA, MILANO

Bologna 13 Settembre 1826

Signore ed Amico amatissimo. Alle carissime sue dei 2, e dei 6 del corrente, la prima delle quali mi giunse dopo chiusa già la mia ultima dei 6, Ella osserva molto bene che dopo il Tiraboschi, e soprattutto il Ginguené, ai quali ora si aggiunge anche il Foscolo co' suoi *Saggi* sopra il *Petrarca*,[1] è ben difficile il dir cosa alcuna di nuovo sopra questo poeta. Nondimeno io avrei pur qualche cosa di mio da dire sopra tal proposito, ma certamente i miei pensieri sarebbero del tutto fuori di luogo alla fine della mia interpretazione, e riuscirebbero direttamente contrarii all'interesse dell'edizione. Io le confesso che, specialmente dopo maneggiato il *Petrarca* con tutta quell'attenzione ch'è stata necessaria per interpretarlo, io non trovo in lui se non pochissime, ma veramente pochissime bellezze poetiche, e sono totalmente divenuto partecipe dell'opinione del Sismondi,[2] il quale nel tempo stesso che riconosce Dante per degnissimo della sua fama, ed anche di maggior fama se fosse possibile, confessa che nelle poesie del Petrarca non gli è riuscito di trovar la ragione della loro celebrità. I miei pensieri verserebbero tutti sopra questo punto, ed Ella ben vede che tali pensieri non sono per far fortuna in Italia a questi tempi. Il platonismo poi del Petrarca a me pare una favola, perché più d'un luogo de' suoi versi dimostra evidentissimamente che il suo amore era come quello di tanti altri, sentimentale sì, ma non senza il suo

---

1 *Saggi sopra il Petrarca* di Ugo Foscolo, pubblicati in inglese e tradotti in italiano (Vanelli, Lugano, 1824).
2 In *De la littérature du Midi de l'Europe*, Paris, Treuttel et Würtz, 1813, pp. 408-10.

scopo carnale. Il buon Torinese³ che le scrive non dovrebbe aver letta gran parte del nostro *Petrarca*. Egli ha veduto che io alcune volte noto i casi dei nomi o i generi dei verbi ec. e ciò è quando a prima vista non s'intende se il caso sia accusativo o nominativo, se il verbo sia attivo o neutro, ec. Il notar queste cose mi serve allora per rischiarare il passo in un batter d'occhio. Ma egli ha creduto che io le notassi per insegnar la grammatica. Qui in Bologna, in Romagna e in Toscana, non solo le donne, ma i primi letterati hanno fatto un'accoglienza diversa a quel mio comento; non l'hanno giudicato indegno del loro proprio uso; hanno detto che non era possibile di spiegare un autore né più pienamente e chiaramente, né con più risparmio di parole; ed alcuni mi hanno confessato di avere, coll'aiuto di quello, intesi per la prima volta parecchi luoghi che fino allora non avevano intesi mai, o vero avevano intesi a rovescio. In fine sono arrivati a dire che quello dovrebbe servir di modello a tutti i comenti; e in Bologna se ne sarebbe intrapresa subito una ristampa se non si fosse saputo che io mi vi sarei opposto con tutto il mio potere. Le critiche del Torinese e del Veronese⁴ non hanno bisogno di risposta, ed io non son solito a far conto di critiche. Nondimeno, per servirla, scriverò in forma di conclusione dell'opera, una brevissima risposta,⁵ che Ella con pienissima libertà porrà in fine del mio comento, o la rigetterà del tutto, secondo che le parrà bene.

Innanzi alla copia del paragrafo del Torinese, ho veduto nella sua lettera una cancellatura fatta assai diligentemente, la quale mi dimostra che Ella ha voluto nascondermi la persona. Se Ella conosce il mio sangue freddo in queste materie, e se mi crede abbastanza prudente ed anche abbastanza giusto per non abusare della sua confidenza, avrò caro, quando però non le dispiaccia, di sapere per curiosità il nome del Critico, il quale del resto potrà essere un bravissim'uomo.

Articoli adattati al *Ricoglitore*⁶ ne' miei mss. non si trovano. Quanto al *Dizionario filosofico*, le scrissi che io aveva pronti i

3 Il Brofferio.
4 Il padre Cesari.
5 Intitolata *Scusa dell'interprete*. Cfr. in *Tutte le op.*, cit., I, pp. 986-87.
6 La nuova rivista dello Stella.

materiali, com'è vero;[7] ma lo stile ch'è la cosa più faticosa, ci manca affatto, giacché sono gittati sulla carta con parole e frasi appena intelleggibili, se non a me solo. E di più sono sparsi in più migliaia di pagine, contenenti i miei pensieri; e per poterne estrarre quelli che appartenessero a un dato articolo, bisognerebbe che io rileggessi tutte quelle migliaia di pagine, segnassi i pensieri che farebbero al caso, li disponessi, gli ordinassi ec., tutte cose che io farò quando a Lei parrà bene che io mi dia di proposito a stendere questo *Dizionario*; ma che non si possono eseguire per il momento, e per uno o due articoli soli. Intanto pel suo *Ricoglitore* io ho un pensiero che mi par possa riuscire molto opportuno. Si è cominciato poco fa in Inghilterra a pubblicare un Giornale inglese, destinato esclusivamente alla *letteratura italiana*. Questo Giornale è sconosciuto in Italia, e nondimeno Ella sa quanto picchino la curiosità degl'italiani i giudizi degli stranieri sopra i nostri libri. Mi pare che se il *Ricoglitore* contenesse una scelta de' migliori articoli di questo Giornale tradotti in italiano, con qualche nota, osservazione, ec. del traduttore, dove bisognasse, e dove la letteratura italiana dovesse esser difesa imparzialmente; esso *Ricoglitore* acquisterebbe un grado d'interesse dei maggiori possibili, ed anche una grande utilità, pei dibattimenti urbani a cui darebbe luogo tra una nazione e l'altra, pel confronto delle opinioni letterarie delle due nazioni ec. In breve potrò avere e le manderò il titolo del detto Giornale, colle indicazioni necessarie. Io mi offro a prender sopra di me tanto la scelta quanto la traduzione degli articoli, e le note che occorrano. E se Ella aderisce a questo mio consiglio, potrà fare spedire il Giornale inglese direttamente a Bologna, per evitare le dilazioni della Censura lombarda.

Ricevo oggi da Brighenti il primo tomo del *Petrarca* e il suo magnifico *Cicerone*.[8] Per quanto ho potuto vedere con una rapida scorsa, sono rimasto veramente contentissimo delle note latine, che trovo ottime e affatto corrispondenti al gusto e all'usanza de' filologi del nostro tempo. Il resto poi dell'edizione,

---

7 Leopardi precedentemente aveva proposto allo Stella un *Dizionario filosofico e filologico* da ricavarsi dalle annotazioni dello *Zibaldone*.

8 Il primo dei dieci volumi delle opere ciceroniane: *M. Tulli Ciceronis, Epistolae*, a cura di F. Bentivoglio, con traduzione di A. Cesari, Milano, Stella, 1826-1831.

non solamente mi piace, ma mi sorprende. Il suo *Cicerone* sarà senz'alcuna controversia il più bello e il più buon *Cicerone* che abbia mai veduto l'Italia. Mi piace anche molto la prefazione del signor Soncini,[9] uomo che io non conosco se non per poche sue cose, ma che paiono a me delle meglio scritte, e che mostrano un non mediocre ingegno e studio. Le manderò poi l'errata del 4º volumetto *Petrarca*.

Le accludo la mia piccola apologia petrarchesca, della quale le ho parlato di sopra. Ella ne giudichi, e ne disponga a suo grado.

Ho poi potuto raccogliere le notizie occorrenti circa il Giornale inglese menzionato qui dietro. Non è dedicato esclusivamente alla letteratura italiana, come mi pareva di ricordarmi. Bensì nel Prospetto (che ho veduto io medesimo) si promette di accordare una particolare attenzione alla nostra letteratura, trascurata generalmente dagli altri Giornali inglesi, e si annunzia che i redattori sono, per opportune corrispondenze, in grado di ricevere sopra le nostre produzioni letterarie, maggiori e più numerose informazioni che non si sogliono avere in Inghilterra. Il titolo è *The Panoramic Miscellany*, ossia *Miscellanea Universale*. Si pubblica mensualmente in Londra dalla tipografia *Effingham Wilson*. Il primo quaderno è uscito alla fine del gennaio p.p., in 8º- fogli 9, prezzo 3 scellini e mezzo. Contiene vari pezzi relativi alla letteratura italiana, e fra gli altri un sommario della medesima dalla sua origine fino al presente. Ripeto che il dare periodicamente e regolarmente o tradotti o analizzati, colle opportune note, riflessioni ec. gli articoli di questo Giornale relativi alla nostra letteratura, mi par che dovrebbe proccurare al *Raccoglitore* un grande interesse e molti lettori.

A tutta la sua famiglia, e al Sig. Luigi[10] in particolare, i miei distinti saluti. Mi ami e mi creda sempre suo affettuosissimo amico e servitore Giacomo Leopardi.

---

9 Virgilio Soncini aveva steso le note alla traduzione italiana del Cesari, mentre quelle latine erano del Bentivoglio.
10 Il figlio dello Stella.

CLXXX · DI MONALDO LEOPARDI[1]

Recanati 16 Ottobre 1826

[...] Sono oramai quindici mesi che state fuori di casa, e avete viaggiato, e vi siete mantenuto senza il concorso mio. Dovete conoscere il mio cuore, e potete dedurne quanto dolore mi abbia arrecato il non provvedere alli vostri bisogni, o anche alli vostri piaceri; e se pure voi non avevate bisogno del mio concorso, io avevo bisogno e desiderio ardentissimo di dimostrarvi frequentemente il mio tenerissimo affetto. I tempi però veramente funesti, ma più di tutti Mamma vostra che, come sapete, mi tiene non solamente in dieta, ma in perfetto digiuno, mi hanno costretto ad un contegno, riprovato prima di tutto dal mio cuore, e poi dalla equità e quasi dalla convenienza. Nulladimeno son vivo, e quantunque alla lontana come di cosa oramai prescritta, pure ho memoria che sono il padrone di casa mia. Voi state sul tornare. Se nulla vi occorre, tanto meglio. Ma se vi bisogna denaro per il viaggio, o per pagare qualche debituccio, o comunque, ditelo all'orecchio al padre e all'amico vostro. Se niente volete, scrivetemi come se io non vi avessi scritto di ciò, perché le vostre lettere si leggono in famiglia; se poi volete, ditemi liberamente quanto, e dirigete la lettera al signor Giorgio Felini, Recanati. Mi avete inteso. [...]

---

1 Testo integrale in *Epistolario*, ed. Moroncini, IV, pp. 188-89.

CLXXXI · AD ANTONIO FORTUNATO STELLA, MILANO[1]

Bologna 18 Ottobre 1826

Signore ed Amico carissimo. Vera e viva consolazione mi hanno data le poche parole che Ella mi scrive intorno al buono stato della sua salute, la quale mi è tanto a cuore, quanto mi possono essere le più care cose del mondo. In questo tempo che Ella si è trattenuta piacevolmente nel suo Gaggiano, io sono stato combattendo con un reuma di capo, di gola e di petto, che mi ha dato la febbre per più giorni, e che ancora, benché sfebbrato, non mi lascia in pace. Questa circostanza, il timore dei rigidissimi freddi di questo paese, la memoria dell'inverno passato, nel quale, contro il mio solito, fui costretto a vivere in ozio, e incapace di ogni travaglio; finalmente il desiderio di rivedere i miei, che lo desiderano, e me ne pregano caldamente, mi avrebbero fatto determinare di portarmi a Recanati per passarvi i mesi più freddi con quei comodi che non si possono avere fuori di casa propria, e coll'aiuto dei quali io sono stato sempre solito di studiar nell'inverno più che nell'estate. Dico, *mi avrebbero fatto determinare,* perché la mia risoluzione definitiva non sarà presa prima che io abbia saputo da Lei se questo le potesse in alcun modo essere di dispiacere. Il lavoro dell'Antologia[2] (che io intraprenderò subito, poiché l'idea le piace) mi sarà molto più facile a Recanati, in mezzo alla mia libreria, di quel che sarebbe in Bologna, dove dei moltissimi libri che bisognerebbe consultare, anzi leggere attentamente per quel lavoro, io non ne avrei meco neppur uno: e il lavorar nelle bi-

1 Testo integrale in *Tutte le op.*, cit., I, p. 1270.
2 Con una lettera del 19 settembre Leopardi aveva proposto un'antologia della prosa italiana, progetto subito accolto dallo Stella.

blioteche pubbliche mi è assolutamente impossibile, perché, quando io sono in presenza d'altri, non son buono a studiare. Aspetterò la sua risposta in tal proposito, e quando a Lei non dispiaccia, partirò per Recanati alla fin del mese. Il volume, o volumi, dell'Antologia, secondo la mia intenzione, dovrebbero appresso a poco corrispondere a 600 pagine in buon ottavo, caratteri e margini non troppo grandi. [...]

CLXXXII · A CARLO PEPOLI, BOLOGNA[1]

Bologna ... 1826.

Caro Amico. Ti mando le notizie poco notabili della mia vita, e ci aggiungo due libretti,[2] dove, ai luoghi contrassegnati, troverai cose che non so se possano fare al tuo proposito. Rimando il secondo volume del Buhle[3] che la Malvezzi non ha letto, dicendo che non le par tempo di continuare una lettura così grave, che dimanda più attenzione e più studio che essa non le può dare al presente. Però non ti dar pensiero di procurarle altro volume. Voglimi bene: addio di cuore.

«Nato dal conte Monaldo Leopardi di Recanati, città della Marca di Ancona, e dalla marchesa Adelaide Antici della stessa città, ai 29 giugno del 1798, in Recanati.

«Vissuto sempre nella patria fino all'età di 24 anni.

«Precettori non ebbe se non per li primi rudimenti che apprese da pedagoghi, mantenuti espressamente in casa da suo padre. Bensì ebbe l'uso di una ricca biblioteca raccolta dal padre, uomo molto amante delle lettere.

«In questa biblioteca passò la maggior parte della sua vita, finché e quanto gli fu permesso dalla salute, distrutta da' suoi studi; i quali incominciò indipendentemente dai precettori in età di 10 anni, e continuò poi sempre senza riposo, facendone la sua unica occupazione.

---

1 Carlo Pepoli (cfr. *Nota sui corrispondenti*, p. 583) probabilmente aveva chiesto a Leopardi il suo «curriculum» in vista di una progettata edizione di tutte le sue opere che poi non fu effettuata.
2 Probabilmente il «Saggio» delle *Operette morali* pubblicato in estratto (Milano, Stella, 1826) e i *Versi* usciti quell'anno, a cura del Brighenti, presso la Stamperia delle Muse.
3 Johan Gottlieb Buhle, *Storia della filosofia moderna dal risorgimento delle lettere sino a Kant*, traduzione di V. Lancetti, Tip. di Commercio, Milano, 1821, in dodici volumi.

«Appresa, senza maestro, la lingua greca, si diede seriamente agli studi filologici, e vi perseverò per sette anni; finché, rovinatasi la vista, e obbligato a passare un anno intero (1819) senza leggere, si volse a pensare, e si affezionò naturalmente alla filosofia; alla quale, ed alla bella letteratura che le è congiunta, ha poi quasi esclusivamente atteso fino al presente.

«Di 24 anni passò in Roma, dove rifiutò la prelatura e le speranze di un rapido avanzamento offertogli dal cardinal Consalvi, per le vive istanze fatte in suo favore dal consiglier Niebuhr, allora Inviato straordinario della corte di Prussia in Roma.

«Tornato in patria, di là passò a Bologna, ecc.

«Pubblicò, nel corso del 1816 e 1817, varie traduzioni ed articoli originali nello *Spettatore*, giornale di Milano, ed alcuni articoli filologici nelle *Effemeridi* Romane del 1822:

«1° Guerra dei topi e delle rane, traduzione dal greco;[4] Milano, 1816: ristampata quattro volte in diverse collezioni.

«2° Inno a Nettuno (supposto), tradotto dal greco, nuovamente scoperto, con note e con appendice di due odi anacreontiche in greco (supposte) nuovamente scoperte; Milano, 1817.

«3° Libro secondo dell'Eneide, tradotto; Milano, 1817.

«4° Annotazioni sopra la Cronica di Eusebio, pubblicata l'anno 1818 in Milano dai Dott. Angelo Mai e Giovanni Zohrab; Roma, 1823.

«5° Canzoni sopra l'Italia, sopra il monumento di Dante che si prepara in Firenze; Roma, 1818. Canzone ad Angelo Mai, quand'ebbe scoperto i libri di Cicerone della republica; Bologna, 1820. Canzoni (cioè *Odes et non pas Chansons*); Bologna, 1824.

«6° Martirio de' SS. Padri del Monte Sinai, e dell'Eremo di Raitù, composto da Ammonio Monaco, volgarizzamento (in lingua italiana del XIV secolo, supposto) fatto nel buon secolo della lingua italiana; Milano, 1826.

«7° Saggio di operette morali; nell'*Antologia* di Firenze, nel nuovo *Raccoglitore*, giornale di Milano; e a parte, Milano, 1826.

«8° Versi (poesie varie); Bologna, 1826.»

---

4 La traduzione della *Batracomiomachia* pseudomerica.

[*s.d., ma Ottobre 1826*]

Contessa mia. L'ultima volta che ebbi il piacere di vedervi, voi mi diceste così chiaramente che la mia conversazione da solo a sola vi annoiava, che non mi lasciaste luogo a nessun pretesto per ardire di continuarvi la frequenza delle mie visite. Non crediate ch'io mi chiami offeso; se volessi dolermi di qualche cosa, mi dorrei che i vostri atti, e le vostre parole, benché chiare abbastanza, non fossero anche più chiare ed aperte. Ora vorrei dopo tanto tempo venire a salutarvi, ma non ardisco farlo senza vostra licenza. Ve la domando istantemente, desiderando assai di ripetervi a voce che io sono, come ben sapete, vostro vero e cordiale amico Giacomo Leopardi.

Recanati 6 Decembre 1826

[...] Colla schiettezza dell'amicizia, le confesso che mi affligge un poco l'intendere il pensiero, che Ella ha, di stampare le
mie *Operette morali* nella *Biblioteca amena*; pensiero del quale io
non aveva finora avuto altro cenno.[2] Le opere edite non perdono nulla, entrando nelle Raccolte; ma io ho conosciuto per
prova che le opere inedite, se per la prima volta escon fuori in
una Collezione, non levano mai rumore, perché non si considerano se non come parti e membri di un altro corpo, e come cose che non istanno da sé. Poi, un libro di argomento profondo
e tutto filosofico e metafisico, trovandosi in una *Biblioteca per
Dame*, non può che scadere infinitamente nell'opinione, la quale giudica sempre dai titoli più che dalla sostanza. La leggerezza di una tal Collezione è un pregio nel suo genere, ma non
quando sia applicata al mio libro. Finalmente l'uscir fuori a
pezzi di 108 pagine l'uno, nuocerà sommamente ad un'opera
che vorrebb'esser giudicata dall'insieme, e dal complesso sistematico, come accade di ogni cosa filosofica, benché scritta con
leggerezza apparente. È vero che Ella darà poi tutto il libro in
un corpo, ma il primo giudizio del pubblico sarà già stato formato sopra quei pezzi usciti a poco a poco, e molto lentamente: e il primo giudizio, è quello che sempre resta. Malgrado di
tutto ciò, se la cosa è assolutamente di sua convenienza, io farò
un sacrifizio del mio amor proprio e della tenerezza particolare

1 Testo integrale in *Tutte le op.*, cit., I, pp. 1273-74. Leopardi era ritornato a Recanati il
12 novembre.
2 Lo Stella intendeva pubblicare le *Operette* in fascicoli separati, ma in seguito alle rimostranze di Leopardi, le pubblicò in un unico volume nel 1827.

che ho per quel libro; e non mi opporrò; sebbene mi sarei certamente opposto a qual si fosse altro in tal caso. Ma se Ella non s'induce a inserir queste operette nella *Biblioteca amena*, se non per dar loro un qualche luogo; e del resto è indifferente su questo particolare; e non trova il suo conto a pubblicarlo altrimenti; io la pregherei a volermi rimandare il manoscritto per via sicura: e troverò altra occasione di darlo fuori, o lo riterrò presso di me più volentieri.

1827

Recanati 18 Aprile 1827

Mia cara Contessa. Finalmente un libro che mi vien da voi, mi dimostra che voi vi siete ricordata di me, una volta almeno, dopo la mia partenza: e una soprascritta di vostro carattere mi assicura che il libro non è opera postuma, e che mi viene per dono, e non per testamento o per codicillo. Le molte lettere che voi mi volevate scrivere, e mi avete promesso più volte, si son ridotte ad una soprascritta. Se mai aveste intenzione di cominciare adesso, cioè dopo cinque mesi, sappiate che non siete più in tempo, perch'io parto per Bologna questa settimana, o, al più tardi, in principio dell'altra.

Perciò non vi dirò nulla del vostro libro,[1] dove io ammiro la sobrietà e il buon giudizio della prefazione, la purità della lingua e dello stile, e le tante difficoltà superate. Né anche vi domanderò nuove di voi: perché spero che presto potrò dirvi a voce tutto quel che vorrete sapere, e domandarvi tutto quello che vorrò saper io. Intanto amatemi, come fate certamente, e credetemi *your most faithful friend, or servant, or both, or what you like*.[2]

1 La traduzione dei *Frammenti della Repubblica di Cicerone*, Bologna, Marsigli, 1827.
2 «Il vostro più fedele amico, o servitore, o tutt'e due, o ciò che vi piace.»

CLXXXVI · A FRANCESCO PUCCINOTTI, MACERATA[1]

Recanati 21 Aprile 1827

[...] Ora finalmente ti scrivo per salutarti prima della mia partenza, che sarà dopo dimani, per Bologna, donde fo conto di passare a Firenze, e starvi tutta l'estate. Spero che di tempo in tempo tu vorrai darmi nuove di te e de' tuoi studi: so bene che ogni tua lettera mi sarà carissima, perché io t'amo sempre come uomo egregio, e ti stimo come raro ingegno. Si è veduto qui un articolo sopra il Saul rappresentato costì, nel quale articolo alcuni hanno creduto scoprir la tua penna.[2] Che ho da dire? si appongono, o non si appongono?[3] Io, da più mesi, sono guarito affatto di quel male degl'intestini; se non torna. Ogni ora mi par mill'anni di fuggir via da questa porca città, dove non so se gli uomini sieno più asini o più birbanti; so bene che tutti son l'uno e l'altro. Dico tutti, perché certe eccezioni che si conterebbero sulle dita, si possono lasciar fuori del conto. Dei preti poi, dico tutti assolutamente. Quanto a me, la prima volta che in Recanati sarò uscito di casa, sarà dopo dimani, quando monterò in legno per andarmene: sicché mi hanno potuto dare poco fastidio. [...]

1 Testo integrale in *Tutte le op.*, cit., I, p. 1281.
2 Puccinotti, nella risposta a questa lettera, ammise di essere l'autore dell'articolo sul *Saul* di Alfieri.
3 *si appongono, o non si appongono?*: hanno azzeccato o no?

CLXXXVII · DI ANTONIO PAPADOPOLI[1]

Firenze 17 Maggio 1827

[...] Non so quanto io starò a Firenze, ma il certo poco. Scrivimi di te e delle cose tue, che mi sono tanto a cuore. Dimmi a un bel circa quando si leggeranno da tutti i *Dialoghi*[2] così rigorosi di filosofia e ornati di stile. Scrivimi pure se quella Contessa[3] mette fine al suo cinguettio; a me parrebbe buono che tu non la vedessi né poco né molto, perché la mi par una viltà che tu ci vada.

Amami, caro Giacomino, che io ti amo con tutto il cuore.

---

1 Testo integrale in *Epistolario*, ed. Moroncini, IV, p. 250.
2 Le *Operette morali*.
3 La Malvezzi.

CLXXXVIII · AD ANTONIO PAPADOPOLI, FIRENZE[1]

Bologna 21 Maggio 1827

[...] Ancor io sto bene (poiché tu me ne domandi), e procuro di divertirmi. Dei dialoghi,[2] che vuoi che ti dica? Mancano ancora tre fogli a finir la stampa, e questi si aspettano d'ordinario in ordinario, ma non si veggono: la casa Stella è sottosopra per le nozze del primogenito.[3] Come mai ti può capire in mente che io continui d'andare da quella puttana della Malvezzi? voglio che mi caschi il naso, se da che ho saputo le ciarle che ha fatto di me, ci sono tornato, o sono per tornarci mai; e se non dico di lei tutto il male che posso. L'altro giorno, incontrandola, voltai la faccia al muro per non vederla. Salutami di nuovo **Giordani**, e digli che, se la salute mi dura, sono determinato al tutto di rivederlo questa estate. Scrivimi qualche volta, caro mio **Papadopoli**, e dammi notizia de' tuoi viaggi, de' tuoi studi, de' tuoi pensieri. Voglimi sempre bene, e credimi ch'io te ne vorrò finch'io vivo. Addio, addio.

---

1 Testo integrale in *Tutte le op.*, cit., I, p. 1283. Partito da Recanati il 23 aprile, dopo una sosta a Bologna, Leopardi raggiunse Firenze il 21 giugno.
2 Le *Operette morali* che uscirono in giugno.
3 Del figlio Luigi.

di Milano adì 15 di Giugno del 1827

Mio carissimo Giacomo. Credo inutile il dirti che sono caduto e che ho sei ferite nel volto, perché stimo che la Contessa[2] ti avrà ragguagliato di ciò che disgraziatamente mi occorre a pena giunto a Milano; adesso nondimeno incomincio a migliorare, e tosto ti scrivo, mio amicissimo. [...]

L'avere inteso che lo Stella è a Bologna mi fa pensare che tu sia sul partire per Firenze; ma mi ti raccomando perché tu non dimentichi la impromessa che mi facesti di venire a Venezia, la quale contuttoché povera d'ogni bene al certo saprà amarti e riverirti. Dimmi se tenesti fermo di non andare da quella Signora.[3] Ho buona speranza che sì, nulladimeno mi sarà caro che tu me lo faccia certo. Da qui a un venti giorni parto alla volta di Venezia. Se posso operarmi in tuo servigio scrivimi, e sii certo che nessuno ti ama con maggior pienezza di affetto del tuo P.

---

1 Testo integrale in *Epistolario*, ed. Moroncini, IV, p. 261.
2 Anna Sampieri sorella di Carlo Pepoli.
3 La Malvezzi.

CXC · AD ANTONIO PAPADOPOLI, MILANO

Firenze 3 Luglio 1827

Mio carissimo Antonino. Dalla Contessa[1] intesi della tua disgrazia, con gran compassione e dolore. Mi consola l'intendere che tu stai meglio, e il parlare spesso di te con Giordani e cogli altri tuoi amici e conoscenti di qui, dai quali sei stimato ed amato assai; forse a quest'ora avrai potuto vedere lo Stella, il quale credo già ritornato a Milano.

Io sono qui da due settimane, trattato con molta gentilezza dai Fiorentini, ma tristo per la cattiva salute, e in particolare per la malattia degli occhi, la quale mi costringe a starmene in casa tutto il dì, senza né leggere né scrivere. Non posso uscir fuori, se non la sera al buio, come i pipistrelli. Starò qui tutta l'estate; l'inverno a Pisa, se io non mi sentirò troppo male; nel qual caso tornerò a Recanati, volendo morire in casa mia. Non so perché vogli dubitare della mia costanza in tenermi lontano da quella donna.[2] Quasi mi vergogno a dirti che essa, vedendo che io non andava più da lei, mandò a domandarmi delle mie nuove, ed io non ci andai; che dopo alcuni giorni mandò ad invitarmi a pranzo, ed io non ci andai; che sono partito per Firenze senza vederla; che non l'ho mai veduta dopo la tua partenza da Bologna. Dico che mi vergogno a raccontarti questo, perché par ch'io ti voglia provare una cosa di cui mi fai torto a dubitare. Certo che la gioventù, le bellezze, le grazie di quella strega sono tanto grandi, che ci vuol molta forza a resistere![3]

1 Anna Sampieri-Pepoli.
2 La Malvezzi.
3 La Malvezzi aveva 42 anni.

Se vedi l'Ambrosoli,[4] fammi grazia di salutarlo tanto da parte mia. Ancora non ho letto il suo articolo, perché non posso leggere; ma me ne hanno parlato. Abbiti cura, e dammi nuove di te. Io desidero sommamente di rivederti a Venezia, ma la mia salute quando mi concederà di viaggiare? Pur non dispero di venir a trovarti quest'altr'anno, di primavera. Voglimi sempre bene. Sai quanto te ne voglio io. Leopardi.

4 Francesco Ambrosoli (1797-1868), collaboratore della «Biblioteca Italiana», aveva pubblicato un articolo (maggio '27) su una traduzione di Leopardi da Giorgio Gemisto Pletone.

CXCI · A PAOLINA LEOPARDI, RECANATI[1]

Firenze 7 *Luglio* 1827

Paolina mia. Ho ricevuto la tua de' 27 Giugno, ed eccomi a darti pienissima informazione de' fatti miei. Vidi Stella a Bologna, si fermò cinque giorni, stette nella mia stessa Locanda, in una camera contigua alla mia; pranzavamo insieme, e facevamo vita in comune; lo accompagnai, lo introdussi dove volle. Da Maggio in qua, mi fa continuare il solito appuntamento;[2] ma degli arretrati *brisa*.[3] Bensì mi disse che da ora innanzi mi avrebbe fatto pagare al mese più dell'ordinario; ma non disse quanto. Qui mi fanno propriamente la corte perch'io accetti altri partiti; ma volendo e potendo faticar poco, nessun partito mi può convenire come quello di Stella; il quale per conseguenza bisogna ch'io tenga fermo più che posso. Del resto, le dimostrazioni di amicizia e di stima straordinaria che mi fece Stella, e i discorsi che tenne di me con altri, non potevano essere più lusinghieri.

Qui sono alloggiato alla Locanda della Fontana. Si paga assai e si mangia poco: ma la biancheria si cambia quasi ogni giorno. Dozzine in case particolari si trovano difficilmente, e si pagano un terzo più che a Bologna. Io ricevo molte gentilezze dai letterati fiorentini, o stabiliti in Firenze. Tutti i principali sono venuti a trovarmi. Sono stato a vedere il cav. Reinhold,[4] ora Ministro di Olanda in Toscana. Egli e la moglie salutano tanto Babbo e Mamma. La figlia, che si è fatta una bella giova-

---

1 Testo integrale in *Tutte le op.*, cit., I, p. 1287.
2 L'assegno mensile di venti scudi.
3 *brisa*: niente, in dialetto bolognese.
4 L'ambasciatore olandese conosciuto a Roma.

ne, mi domandò di te e delle Mazzagalli. Si crede che Reinhold sarà presto nominato Ministro degli affari esteri a Brusselles.

Quanto alla salute, io, grazie a Dio, sto bene; eccetto alcuni incomodi senza conseguenza. Il mio mal bolognese⁵ non si è più affacciato, neppure in viaggio. Gl'incomodi che ho, sono degli occhi e dei denti; e i denti bisogna farmeli cavare senza rimedio. La malinconia che mi dà questa sciocchezza da un mese in qua, non è credibile. [...]

5 Mal di pancia.

Firenze 16 Agosto 1827

Caro Puccinotti. Sono qui da circa due mesi, e qui da Bologna ricevo la tua carissima de' 29 di Luglio. Tu mi hai da perdonare il mio lungo silenzio, perch'io pochissimo posso scrivere, travagliato come sono da un'estrema debolezza (o comunque io la debba chiamare) de' nervi degli occhi e della testa, la quale io obbliga ad un ozio più tristo assai della morte. Certo è che un morto passa la sua giornata meglio di me. Crederai che non ho ancora ricevute le copie delle mie *Operette* speditemi da Milano? tanto bene io sono servito. La traduzioncella del Pletone fu stampata nel *Raccoglitore*,[1] il quale dovrebbe essere costì. Tu non mi dici nulla degli studi tuoi. Pensi alla tua opera fisiologica sui temperamenti? io ti esorto e ti prego a pensarci, perché ho per fermo che sarà un'opera degna dell'Italia, utile al mondo.

Caro Puccinotti, io ti voglio pur bene; avrei pur caro di vederti qui meco. Sono stanco della vita, stanco della indifferenza filosofica, ch'è il solo rimedio de' mali e della noia, ma che infine annoia essa medesima. Non ho altri disegni, altre speranze che di morire. Veramente non metteva conto il pigliarsi tante fatiche per questo fine. Starò qui fino a mezzo Ottobre; poi sono incerto se andrò a Pisa o se a Roma. Ma se mi sentirò male assai, verrò a Recanati, volendo morire in mezzo ai miei. Voglimi bene e conservami nella tua memoria.

1 È l'orazione *In morte della imperatrice Elena Paleologina* di Giorgio Gemisto Pletone, retore greco del XV-XVI secolo. La traduzione accompagnata da un discorso era comparsa nel «Nuovo Ricoglitore» del febbraio del '27, col titolo *Discorso in proposito di una orazione greca di Giorgio Gemisto Pletone e volgarizzamento della medesima.*

CXCIII · AD ANTONIO FORTUNATO STELLA, MILANO[1]

Firenze 23 Agosto 1827

[...] La supplico di cuore a voler dare effetto a quel ch'Ella mi promette, cioè di provvedere a un mezzo sicuro per farmi pervenire il danaro mensilmente, giacché pur troppo, se prima del 20 di Settembre io non avrò in mano il residuo d'Agosto (scudi romani 15 e mezzo), mi dovrò trovare in un grande imbarazzo. Del romanzo di Manzoni[2] (del quale io ho solamente sentito leggere alcune pagine) le dirò in confidenza che qui le persone di gusto lo trovano molto inferiore all'aspettazione. Gli altri generalmente lo lodano.

Circa il giudizio sopra le *Operette morali*, che Ella mi comunica,[3] che vuol che io le dica? dirò solo che non mi riesce impreveduto. Che i miei principii sieno tutti negativi, io non me ne avveggo; ma ciò non mi farebbe gran meraviglia, perché mi ricordo di quel detto di Bayle,[4] che in metafisica e in morale la *ragione* non può edificare, ma solo distruggere. Che poi le mie opinioni non sieno *fondate a ragione ma a qualche osservazione parziale*, desidero che sia vero. Sono sempre occupato dell'Enciclopedia,[5] e m'ingegno di renderla un'opera più popolare che sia possibile, anche nello stile. — Ho sentito qui qualche straniero fare elogi smisurati delle *Operette morali*. Credo che se Ella ne manderà copie fuori d'Italia, non saranno forse inutili. [...]

1 Testo integrale in *Tutte le op.*, cit., I, pp. 1291-92.
2 La prima edizione de *I promessi sposi* era uscita nel giugno del '27.
3 Per il giudizio del Tommaseo, cfr. *Introduzione* p. LXV.
4 P. Bayle (1647-1706, pensatore calvinista), in *Dizionario storico-critico* (1695-1697), Bari, Laterza, 1976, p. 23.
5 Si tratta di una progettata *Enciclopedia delle cognizioni inutili e delle cose che non si sanno* da trarsi dallo *Zibaldone*.

CXCIV · A PIETRO BRIGHENTI, BOLOGNA[1]

Firenze 30 Agosto 1827

[...] Il mio desiderio è sempre per Bologna. Vero è che oramai mi bisogna pensare a' miei quartieri d'inverno; i quali non so ancora determinare in che luogo saranno. Qui si aspetta Manzoni a momenti. Hai tu veduto il suo romanzo, che fa tanto romore, e val tanto poco? Mio carissimo, io t'amo come sempre, con tutto il cuore. [...]

1 Testo integrale in *Tutte le op.*, cit., I, p. 1292.

CXCV · DI MONALDO LEOPARDI[1]

Recanati 24 Settembre 1827

[...] Io, Figlio mio, sono contento che vi contentiate, e vi facciate onore e nome; ma ritenete pure che ciò si fa a grandi spese del mio cuore, il quale soffre indicibilmente per la vostra lontananza, e non poco ancora per il vostro scrivere così raro, che tiene in pena tutti noi. Vi ricordo poi quello che altre volte vi ho scritto, cioè che per quanto gli anni siano cattivi, saprò sempre trovare il modo per accorrere ai vostri bisogni, sicché se vi trovaste in urgenza, scrivetelo liberissimamente al Padre vostro, che vi ama più di quanto credete. [...]

1 Testo integrale in *Epistolario*, ed. Moroncini, IV, pp. 309-310.

CXCVI · A MONALDO LEOPARDI, RECANATI[1]

Firenze 4 Ottobre 1827

[...] Quanto all'inverno, io sono ben risoluto di non passarlo in Firenze. Questo clima non è molto freddo, ma infestato continuamente da venti e da nebbie. È simile in tutto e per tutto al clima di Recanati, ma io non avrei qui la decima parte dei comodi della casa propria. Subito che avrò potuto risolvermi circa la mia partenza, gliene scriverò.

Della mia vita, posso dirle solamente, che non fo altro che divertirmi. Ho fatta una quantità di conoscenze di brave persone: ho anche molti buoni amici, e il soggiorno tutto insieme non mi dispiacerebbe se non fosse così lontano dai miei.

Questo infernale inchiostro bianco mi strazia gli occhi, e però conchiudo pregandola a persuadersi dell'amore estremo ch'io le porto, e domandandole la benedizione. Il suo affettuosissimo figlio.

---

1 Testo integrale in *Tutte le op.*, cit., I, pp. 1294-95.

Firenze 30 Ottobre 1827

Paolina mia. È un pezzo che non ho nuove vostre, e mi dispiace. Ti scrivo per darti le mie. Qui, grazie a Dio, abbiamo avuto un Ottobre eccellente, un vero autunno, migliore del Settembre e della fine d'Agosto. Io n'ho profittato per passeggiare, e sono stato meglio degli occhi, e molto meglio dei denti. Ho patito un poco di stomaco, perché per paura di farmi male, non mangiavo più quasi nulla; ma ora spero di guarire, perché mi sono ravveduto, e comincio a mangiare con appetito. Quanto all'inverno prossimo, sono oramai deciso di andarlo a passare a Massa di Carrara, che è lontana di qua 70 miglia; viaggio comodissimo. Quel clima è ottimo, simile al clima di Nizza, e forse migliore di quel di Roma: non vi nevica mai, si esce e si passeggia senza ferraiuolo,[1] in mezzo alla piazza pubblica crescono degli aranci piantati in terra. Del resto la città è piccolissima (benché capitale del Ducato di Massa e Carrara), non vi sono uomini di merito, e il soggiorno è malinconico assai: sicché vedi che io prendo questa risoluzione di andar là, non certo per piacere, ma per l'assoluta necessità in cui mi trovo, di passar l'inverno in maniera, ch'io possa astenermi dal fuoco, e possa uscir molto di casa e far molto moto; per non prendere nell'inverno un mal essere che mi duri poi fino all'inverno seguente. Non partirò da Firenze finché la rigidezza dell'aria non mi caccerà, perché il soggiorno di Massa non m'invita punto. Prima di partire scriverò un'altra volta. E tu che fai? e Babbo e Mamma e Carlo e Luigi e Pietruccio che fanno? Salutami tutti: Giordani saluta tanto tanto te e Carlo. Scrivimi tutte le nuove che puoi. Io ti dirò una cosa vecchia: che voglio bene a te, e a tutti voi altri, più che alla mia vita. Addio, addio.

1 *ferraiuolo*: mantello.

CXCVIII · A PAOLINA LEOPARDI, RECANATI[1]

Pisa 12 Novembre 1827

Paolina mia. Ricevetti a Firenze la tua de' 2, la quale puoi figurarti quanto mi fosse cara: io ti aveva scritto già poco prima, stando in grande impazienza di avere le nuove di casa. Ti dissi che sarei andato a Massa, ma i miei amici di Firenze mi hanno fatto determinare per Pisa, città tanto migliore, e di clima tanto accreditato. Partii da Firenze la mattina dei 9 in posta, e arrivai la sera a Pisa, viaggio di 50 miglia. Ieri notte, per la prima volta dopo più di sei mesi e mezzo, dormii fuori di Locanda, in una casa dove mi sono collocato in pensione, a patti molto discreti. Sono rimasto incantato di Pisa per il clima: se dura così, sarà una beatitudine. Ho lasciato a Firenze il freddo di un grado sopra gelo; qui ho trovato tanto caldo, che ho dovuto gittare il ferraiuolo, e alleggerirmi di panni. L'aspetto di Pisa mi piace assai più di quel di Firenze: questo *lung'Arno* è uno spettacolo così bello, così ampio, così magnifico, così gaio, così ridente, che innamora: non ho veduto niente di simile né a Firenze né a Milano né a Roma; e veramente non so se in tutta l'Europa si trovino molte vedute di questa sorta. Vi si passeggia poi nell'inverno con gran piacere, perché v'è quasi sempre un'aria di primavera: sicché in certe ore del giorno quella contrada è piena di mondo, piena di carrozze e di pedoni: vi si sentono parlare dieci o venti lingue; vi brilla un sole bellissimo tra le dorature dei caffè, delle botteghe piene di galanterie, e nelle invetriate dei palazzi e delle case, tutte di bella architettura. Nel resto poi, Pisa è un misto di città grande e di città piccola, di cittadino e di villereccio, un misto così romantico, che non

---

1 Leopardi era passato da Firenze a Pisa il 9 novembre.

ho mai veduto altrettanto. A tutte le altre bellezze, si aggiunge la bella lingua. E poi vi si aggiunge che io, grazie a Dio, sto bene; che mangio con appetito; che ho una camera a ponente, che guarda sopra un grand'orto, con una grande apertura, tanto che si arriva a veder l'orizzonte, cosa di cui bisogna dimenticarsi in Firenze. La gente di casa è buona, e prezzi non grandi, cosa ottima per la mia borsa, la quale non è stata troppo contenta de' Fiorentini: e non vorrei che credeste ch'io fossi venuto qua in posta, come vi ho detto, per fare lo splendido: ci sono venuto con una di queste *piccole diligenze* toscane, che fanno pagar meno che le vetture.

Salutami tutti; dammi le nuove di tutti: bacia le mani per me a Babbo e a Mamma: e scrivimi, ma scrivimi presto, e dammi tutte le nuove che sai, prima di casa, poi di Recanati, poi della Marca. Dì a Carlo, se mi vuol sempre bene. Aspetto qualche notizia da Bunsen quando egli ripasserà per Bologna questo Dicembre. Così siamo rimasti d'accordo. Egli passerà pure per Recanati. Addio.

CXCIX · DI ANTONIO FORTUNATO STELLA[1]

Milano 12 Novembre 1827

Non mai per affrettarla al lavoro, ma per semplice curiosità le domando a qual punto si trova con quello della nota *Enciclopedia*.[2] Questo anche il domando, perché da molti si desidera dalla mano di Lei anche la *Crestomazia poetica*. Mi dica, senza angustiarsi, e lasciando da un canto per ora la *Enciclopedia*, per quando le potrebbe dare. [...] L'altro giorno sono stato a visitare il Monti, che era da più mesi ch'io non vedeva perché passò l'estate e parte dell'autunno a Monza; e dopo d'avergli parlato di molte persone di merito che ho veduto nel mio viaggio, non si fer che sopra di Lei, e nel congedarmi da Lui m'incaricò di salutarla in un modo, che esprimeva grande stima ed amore per Lei. [...]

1 Testo integrale in *Epistolario*, ed. Moroncini, v, p. 6.
2 La progettata *Enciclopedia delle cognizioni inutili*.

CC · DI GIAMPIETRO VIEUSSEUX[1]

Firenze 13 Novembre 1827

[...] Non basta, mio caro amico, di sapervi arrivato felicemente a Pisa, e convenientemente accasato, per consolarci della vostra assenza. Vi assicuro, e potete credermi, imperocché non sono uomo da parole lusinghiere, che il non vedervi più comparire la sera da me mi cagiona una vera pena; mi manca qualche cosa, e sempre penso a voi. Voi siete uno di quelli pochissimi uomini, coi quali mi sarei volentieri adattato a vivere, *à faire ménage.*

Quanto prima, lo spero almeno, avrò il piacere di abbracciarvi, perché devo andare a Livorno; frattanto godetevi l'aria pisana, abbiatevi cura, amatemi come vi amo, e credetemi sinceramente vostro affezionatissimo amico. [...]

---

1 Testo integrale in *Epistolario*, ed. Moroncini, v, pp. 7-8.

CCI · DI PAOLINA LEOPARDI[1]

[*Recanati*] *18 Novembre 1827*

Caro Mucietto. Ecco che vai ad allontanarti sempre più da noi, in luogo di avvicinarti, come credevo, non tanto da poterci vedere, ché non l'ho mai sperato, ma più vicino di Firenze, io me ne lusingava. E quasi mi fa pena questa tua nuova partenza, pensando che forse più di rado avremo le tue nuove, che lo sono già abbastanza e molto dolorosamente per noi. [...]

---

1 Testo integrale in *Epistolario*, ed. Moroncini, V, p. 11.

Pisa 23 Novembre 1827

Signore ed Amico amatissimo. Rispondo alla carissima sua del 12 andante, confermandole prima di tutto la mia dello stesso giorno, scritta subito dopo il mio arrivo in Pisa. Le sono molto grato della notizia che Ella mi dà intorno al Monti, al quale ho giudicato bene di scrivere per ringraziarlo direttamente dei saluti favoritimi per di Lei mezzo.

L'Enciclopedia, come cosa dipendente dalla fantasia, dalla vena e dall'umore, che non possono esser sempre al nostro comando, va più lentamente di quel ch'io vorrei; e per questa ragione io era già deliberato di pregarla a propormi qualche altro lavoro di sua soddisfazione, che dipendesse meno dalla fantasia, e del quale io potessi occuparmi negl'intervalli, e terminarlo più presto. Ora che Ella mi propone la Crestomazia poetica,[1] io mi trovo prevenuto, e non ho ragione né difficoltà che m'impedisca di abbracciare questa intrapresa. Bisogna però ch'io le faccia considerare primieramente che questo lavoro esige più studio e più quiete che la Crestomazia prosaica: si tratta di bellezze poetiche, che non si possono gustare leggendo in gran fretta o scorrendo via le pagine, come si può far nella prosa. Bisogna assaporare adagio, e questo domanda molto tempo: oltre che la letteratura italiana, quanto è povera di prosatori, altrettanto è ricca di verseggiatori, da ciascuno de' quali si potrebbe cavare qualche pezzo buono e adattato a una Crestomazia: sicché il lavoro è immenso di sua natura. Secondariamente, la

---

1 Dopo il successo della *Crestomazia* della prosa, Stella gli aveva proposto di compilarne una per la poesia.

Crestomazia di prosa, non aveva altra opera italiana con cui gareggiare; ma una Crestomazia poetica dovrà contendere con quella del Brancia,[2] che pure è molto passabile; dovrà contendere con qualche centinaio o migliaio di Parnasi, di Raccolte, di Scelte poetiche d'ogni genere, tra le quali ve ne sono pur molte per lo meno mediocri. Il fare un lavoro che per la sua perfezione si distingua notabilmente da tutta la infinità dei lavori congeneri (e senza ciò, è inutile l'intraprenderlo), richiede uno studio lungo e posato. Finalmente i miei poveri occhi che già soffrirono assai, e si risentono ancora, della fatica durata nel tanto leggere e nel tanto copiare che mi bisognò fare per l'altra Crestomazia, non mi permetteranno di darmi troppa fretta in questa seconda. Per tutte queste ragioni io fo conto di non poterle promettere la Crestomazia poetica se non pel principio dell'autunno prossimo. Ella mi saprà dire se questo termine le conviene o no. Se le conviene, io mi darò tosto all'opera con tutto l'impegno che mi permetterà la mia salute: se no, bisognerebbe pensare a qualche altro lavoro. L'abbraccio, al solito, con tutto l'animo. Il suo cordialissimo amico e servitore Giacomo Leopardi.

2 È l'*Antologia italiana, del cav. Francesco Brancia*, Parigi, Didot, 1823.

CCIII · A MONALDO LEOPARDI, RECANATI

Pisa 3 Decembre 1827

Carissimo Signor Padre. Le scrivo per desiderio di vedere di quando in quando i suoi caratteri, dei quali son privo da ben lungo tempo, e i quali Ella sa bene che io desidererei non di quando in quando, ma spesso, se ciò potesse essere senza incomodo e disturbo suo. Dopo una lunghissima irresoluzione circa il dove passar questo inverno, finalmente mi sono determinato a passarlo qui, per aver la possibilità di passeggiare assai, stante la bontà del clima, l'aria poco ventosa, le strade della città buone, e con ombra sufficiente per poter camminar di giorno senza sole. Sono venuto qua preparato a patir molto, per non istar male di salute, il che è per me inevitabile quando sono costretto a passar mesi interi senza prender aria e senza far moto: alla primavera comincio a cadere in mille incomodi, che mi durano tutta l'estate, come mi è accaduto quest'anno. Nell'autunno ho cominciato a far gran moto, e finora non l'ho mai intermesso neppure un giorno. Mi sono sentito e mi sento assai meglio che nei mesi passati, benché non lasci però di patire assai dal freddo, come avevo preveduto; perché in casa non fo altro che tremare, non potendo usar fuoco, né avendo quelle comodità impagabili e impareggiabili che avrei avute in casa. Nondimeno non mi spavento, affronto il freddo, e grazie a Dio, sto benino. Questo clima è molto meno rigoroso che quello di Firenze e di Recanati, senza paragone poi con quello di Bologna: ma il freddo si sente anche qua non poco, ed anche qua abbiamo avuto neve, benché più tardi che a Recanati, e non per tre giorni, come mi scrive Paolina, ma per un sol giorno, e senza imbiancare. Ho qui parecchi amici, e più ne avrei,

395

se volessi far visite; perché da per tutto mi è usata assai buona accoglienza: ma il freddo mi toglie il coraggio e la voglia di andare in giro, eccetto che bene inferraiuolato[1] a passeggiare; e tutto il resto del giorno e la sera me ne sto in casa al mio solito. La prego di cuore a darmi con due righe le notizie sue e di tutti, e ad assicurarmi che ella mi vuol bene. I miei saluti amorosissimi alla Mamma e ai fratelli. Le bacio la mano, domandandole la benedizione, e ricordandole che l'ama con tutta la possibile intensità e tenerezza di affetto e di gratitudine il suo Giacomo.

1 *bene inferraiuolato*: bene intabarrato.

CCIV · DI MONALDO LEOPARDI[1]

Recanati 15 Decembre 1827

Carissimo Figlio mio. Ho ricevuta la cara vostra delli 3 corrente, se voi non ricevete più spesso lettere mie, ciò non accade perché mi sia molesto lo scrivervi, ché niente mi piace tanto quanto il trattenermi col mio caro figlio; né perché voi mi scriviate tanto di raro, ciò che mi dispiace senza puntigliarmi, ché coi figli non si sta sull'etichette; ma accade perché mi pare che le lettere mie siano di molestia a voi, e che voi diate ad esse un riscontro stirato stirato, come i versi latini delli ragazzi, quasi che il vostro cuore trovasse un qualche inciampo per accostarsi al mio, il quale vorrebbe esser veduto da voi una volta sola e per un solo lampo, e questo gli basterebbe. Ultimamente poi ho taciuto con voi più lungamente del solito, perché mi è dispiaciuto un poco, e più di un poco, il non rivedervi in quest'anno, e il sentirvi destinato prima a Massa di Carrara, e poi a Pisa, senza che io ne sapessi niente, e senza che il piacere mio sul vostro andare e venire e stare in quella o in quell'altra città ci entrasse nemmeno come entra Pilato nel *Credo*; e questo dopo che la lettera vostra dei 4 ottobre, e dopo di quella non ne ebbi più, mi diceva in italiano naturale che volevate stare a casa l'inverno, e che da un momento all'altro mi avreste indicato il giorno della partenza. Iddio sa se mi preme che stiate bene, e che passiate meno male la stagione cruda, ma in primo luogo io credo che l'inverno sia freddo per tutto, e per tutto ci sia bisogno di fuoco, di panni e di cura per non soffrire; in secondo luogo credo che facciate male astenendovi dal fuoco affatto, e

1 Testo integrale in *Epistolario*, ed. Moroncini, v, pp. 31-32.

che possa bensì farvi male il troppo, ma non già un uso discreto di esso; in terzo luogo penso che qualora vi contentiate di non vivere qui in libreria, come non ci vivete costì, potrò con stufa, bussole e tappeti accomodarvi una camera, talmente che possiate vedere l'inverno senza sentirlo; e finalmente rifletto con gran dolore, che se nelle stagioni buone dovrete star fuori per accostarvi ai letterati, e per accudire alle Lettere, e nelle stagioni cattive dovrete star fuori per evitare il nostro clima troppo rigoroso, il luogo e la stagione per vivere assieme saranno il Paradiso e la eternità. Abbiate pazienza se ho dato un po' sfogo al mio cuore, che ne sentiva il bisogno, e abbracciatemi come io vi abbraccio e vi bacio tenerissimamente. [...]

Pisa 24 Decembre 1827

Carissimo Signor Padre. La carissima sua ultima non ha lasciato di contristarmi sensibilmente coi rimproveri, quantunque amorosi, che essa contiene. Ella mi riprende dell'aridità delle mie lettere; la quale deriva da mancanza di materia, ed è comune a tutte le lettere mie perché la mia vita è monotona e senza novità. Ella desidererebbe che io vedessi il suo cuore per un solo momento; e a questo proposito mi permetta che io le faccia una protesta e una dichiarazione, la quale da ora innanzi per sempre le possa servir di lume sul mio modo di sentire verso di Lei. Le dico dunque e le protesto con tutta la possibile verità, innanzi a Dio, che io l'amo tanto teneramente quanto è o fu mai possibile a figlio alcuno di amare il suo padre; che io conosco chiarissimamente l'amore che Ella mi porta, e che a' suoi benefizi e alla sua tenerezza io sento una gratitudine tanto intima e viva, quanto può mai essere gratitudine umana; che darei volentieri a Lei tutto il mio sangue, non per solo sentimento di dovere, ma di amore, o, in altri termini, non per sola riflessione, ma per efficacissimo sentimento. Se poi Ella desidera qualche volta in me più di confidenza e più dimostrazioni d'intimità verso di Lei, la mancanza di queste cose non procede da altro che dall'abitudine contratta sino dall'infanzia, abitudine imperiosa e invincibile, perché troppo antica e cominciata troppo per tempo. Se io non le dichiarai apertamente la mia intenzione circa l'inverno futuro, e se in qualche modo le feci credere che lo avrei passato a casa, ciò fu perché io stesso non

1 Testo integrale in *Tutte le op.*, cit., I, pp. 1303-05.

ne sapeva niente di più; e fui sempre indeciso sopra questo punto sino al momento che partii da Firenze per Pisa. Di questa mia risoluzione non scrissi a Lei direttamente, ma a Paolina, immaginandomi che la lettera sarebbe stata comune a tutta la famiglia, ma presentata principalmente a Lei: e d'altronde supposi, anche per le espressioni delle sue lettere passate, che circa la mia risoluzione Ella mi lasciasse in libertà di appigliarmi a quella che fosse più convenuta alla mia salute. Il viaggio da Firenze a Recanati non avrebbe potuto essere senza mio grave imbarazzo di borsa, e più grave incomodo di salute, trattandosi di cinque giorni, tra montagne, nello stato in cui mi trovavo allora. Il soggiorno poi di Recanati nell'inverno, quanto mi sarebbe stato caro per la presenza e la compagnia sua e de' miei (che io preferisco ad ogni piacere), altrettanto, senza il minimo dubbio, mi sarebbe stato micidiale alla sanità. Ella si può bene accertare che l'uso del camminetto mi è impossibile assolutamente e totalmente; giacché anche lo scaldino, il quale adopero con moderazione infinita, m'incomoda assaissimo, e il colore della mia orina è costantemente di fiamma, bench'io non beva che acqua. Ma prescindendo dal fuoco, in Recanati io non avrei potuto vivere se non in casa, perché costì non v'è mai giorno senza vento o nebbia o pioggia: e se per miracolo si ha una giornata buona, io non posso passeggiare a causa del sole, giacché non v'è ombra né in città né fuori. Un inverno passato in casa, e tutto (com'è naturale) a studiare, mi avrebbe rovinato i nervi degli occhi, e lo stomaco e collo stomaco l'intera salute, in modo da farmi poi passare un'estate infelicissima, come ho passato quest'ultima, come mi accadde prima ch'io partissi per Milano, come ho provato sempre dacché sono uscito dalla fanciullezza. Qui non v'è mai vento, mai nebbia; v'è sempre ombra, come in tutte le città grandi, e se si hanno giornate piovose, essendo io padrone delle mie ore e di pranzare la sera (come fo sempre), è ben difficile che non trovi un intervallo di tempo da poter passeggiare. Infatti, dacché sono in Pisa, non è passato giorno che io non abbia passeggiato per due in tre ore: cosa per me necessarissima, e la cui mancanza è la mia morte; perché il continuo esercizio de' nervi e muscoli del capo, senza il corrispondente esercizio di quelli delle altre parti del corpo, produce quello squilibrio totale nella macchina, che è la rovina infallibile degli studiosi, come io ho veduto in me per così lunga esperienza. Quanto al clima, dopo tre o quattro giorni di straordinario freddo in novembre (molto minore però di quello che è stato altrove), qui per tutto decembre abbiamo avuto ed abbiamo una temperatura tale, che io mi debbo difendere dal caldo più che dal freddo. Oltre la passeggiata del giorno, esco anche la sera, spesso senza ferraiuolo; leggo e scrivo a finestre aperte: e in una camera che ha mura sottilissime, e che non vede mai fuoco, bisogna che abbia gran cura di non caricarmi troppo di panni nel letto. Queste cose le possono dimostrare la differenza reale che v'è tra il clima di Pisa e quello di Recanati: e vi aggiunga che in questo mese (e così accade in tutti gli altri) abbiamo avuto finora due temporali con fulmini, e così grossi e lunghi come potrebbero essere nell'estate. In ultimo io le protesto e le giuro che non ho desiderio maggiore che quello di vivere in compagnia sua, e in seno della mia famiglia; e che quando io possa vivere a Recanati con salute sufficiente, e sufficiente possibilità di occuparmi nello studio per passatempo, io non tarderò neppure un momento a volare costì; e rinunziando alla gloria, rinunziando al piacere e al vantaggio di vivere in luogo dove io sia apprezzato, ricercato, quasi corteggiato, invece d'essere disprezzato e fuggito, come sono stato necessariamente a Recanati[2] (cosa che per altro ha pregiudicato per sempre al mio carattere), mi stabilirò costì, per vivere al suo fianco, e non allontanarmene mai più.[...]

2 Cfr. *Le ricordanze*, vv. 28 sgg.

CCVI · A GIAMPIETRO VIEUSSEUX, FIRENZE[1]

Pisa 31 Dicembre 1827

[...] Ho veduto la vostra ultima *Antologia*. Vi assicuro ch'egli è un bel fascicolo, e che fa onore al Giornale. L'articolo sul Manzoni[2] potrà trovar molti che abbiano opinioni diverse, ma certo non potrà ragionevolmente esser disprezzato. Solo quella *divinizzazione* che vi si fa del Manzoni, mi è dispiaciuta, perché ha dell'adulatorio, e gli eccessi non sono mai lodevoli. [...]

---

1 Testo integrale *Tutte le op.*, cit., I, p. 1305.
2 Si riferisce a un articolo di Nicolò Tommaseo su *I promessi sposi*, apparso nel fascicolo di ottobre del '27 dell'«Antologia», dove tra l'altro era scritto: «i difetti di questo libro dimostrano un grande ingegno, le bellezze un ingegno divino».

1828

CCVII · A PAOLINA LEOPARDI, RECANATI[1]

Pisa 21 Gennaio 1828

[...] Come state? come vi tratta l'inverno? Qui per quest'anno non ce ne accorgiamo: il Decembre è stato un Marzo, il Gennaio è un Aprile: anche l'aria in certe giornate ha un odore di primavera. Spero che anche voi altri, a proporzione, avrete un buon inverno, perché sento che la bontà della stagione sia generale. Io sto benino, e fo eterne passeggiate di giorno: ma la sera non esco: del che ho molti rimproveri da questi Signori e Signore pisane e forestiere: a tutti i quali ho protestato che non aspettino di vedermi in conversazione fino a Marzo. Ridono del mio poco coraggio, ma io li lascio ridere, e non sono voluto andare neanche alle feste magnifiche date qui (secondo il solito) al Granduca[2] da una delle principali famiglie di Pisa. Addio, Paolina mia: bacia le mani per me a Babbo e a Mamma, e dì tante cose ai fratelli. Scrivimi subito subito.

1 Testo integrale in *Tutte le op.*, cit., I, p. 1306.
2 Leopoldo II (1824-1859).

CCVIII · AD ANTONIETTA TOMMASINI, BOLOGNA

Pisa 31 Gennaio 1828

Mia cara Antonietta. Mille ringraziamenti vi debbo per la vostra affettuosissima dei 21. In me la vostra memoria non è meno viva, non langue mai; e se lascio correre qualche tempo senza scrivervi, lo fo per non annoiarvi, non avendo materia. Qui l'inverno è stato non solamente mite, ma tale che non meritava nome d'inverno. Io non me ne sono accorto, e a dirvi il vero, non finirò mai di lodarmi di questo benedettissimo clima di Pisa, che mi par proprio un paradiso ogni giorno più. De' miei studi non saprei che mi vi dire, se non che io non istudio punto: solamente leggo per passatempo qualche poco, cioè quanto mi permettono gli occhi, i quali stanno meglio che questa estate, ma non però bene, e mostrano di voler tornare a stare assolutamente male in primavera. Questi miei nervi non mi lasciano più speranza; né il mangiar poco, né il mangiar molto, né il vino, né l'acqua, né il passeggiare le mezze giornate, né lo star sempre in riposo, insomma nessuna dieta e nessun metodo mi giova. Non posso fissare la mente in un pensiero serio per un solo minuto, senza sentirmi muovere una convulsione interna, e senza che lo stomaco mi si turbi, la bocca mi divenga amara, e cose simili.

Questo vorrebbe dire che io non dovrei mai pensare a voi. Nondimeno io ci penso e ci penserò in dispetto dello stomaco e de' nervi. Tenetemi ricordato e raccomandato al professor Tommasini, che io non so se sia più amabile o più ammirabile.

Vedendo Orioli[1] favoritemi di salutarlo tanto a mio nome.

---

1 Francesco Orioli (1785-1856), professore di fisica all'Università di Bologna.

Quando io vegga la famiglia Pazzini, non mancherò di far seco le parti che voi mi commettete. Finora non ho veduto veramente che l'avvocato, il quale ha favorito di venire a trovarmi. E con lui e con altri molti si è parlato spesso e lungamente di cotesta e impareggiabile famiglia. Tanti baci a Emilietto.[2] Vogliatemi sempre bene. Addio, addio.

2 Figlio della Tommasini.

CCIX · AD ANTONIO PAPADOPOLI, VENEZIA

Pisa 25 Febbraio 1828

Mio carissimo. La tua dei 10 mi ha fatto molto piacere, e più me ne avrebbe fatto se avesse portato qualche notizia della tua salute e delle tue occupazioni presenti. Ho veduto il romanzo del Manzoni, il quale, non ostante molti difetti, mi piace assai, ed è certamente opera di un grande ingegno; e tale ho conosciuto il Manzoni in parecchi colloqui che ho avuto seco a Firenze. È un uomo veramente amabile e rispettabile. Ho veduto ancora il poema della Malvezzi.[1] Povera donna! Aveva veduto già il manoscritto. Lo Strabone e il Sinesio non ho veduti.

Io sto piuttosto bene che male; e sono contentissimo di quest'aria. Studiare e lavorare, sono cose che ho dimenticate, e dalle quali divengo alieno ogni giorno più. Con questa razza di giudizio e di critica che si trova oggi in Italia, coglione chi si affatica a pensare e a scrivere. Scrivere poi senza affaticarsi punto e senza pensare, va benissimo, e lo lodo molto, ma per me non fa, e non ci riesco. Una raccolta delle mie traduzioni dal greco mi è stata anche fatta proporre da un libraio della Marca. Non so se avrò voglia di darmene pensiero. Addio: voglimi sempre bene, e credimi tutto tuo.

1 *La cacciata del tiranno Gualtieri.*

CCX · A PAOLINA LEOPARDI, RECANATI[1]

Pisa 25 Febbraio 1828

[...] Anche qui abbiamo avuto due settimane di freddo, ma senza neve. Ora il caldo è tornato, e abbiamo primavera. Crederai che ancora non ho potuto vedere una copia della Crestomazia?[2] Stella già pensa a una seconda edizione, e in Toscana ancora non si trova la prima: tanto sono lente le communicazioni fra la Toscana e la Lombardia. Io non ho presso di me nessun quaderno dello *Spettatore*.[3] Prega tanto Babbo da parte mia a scrivermi qualche riga, quando ha tempo; perché mi dà gran pena il non vedere i suoi caratteri da tanto in qua: baciagli la mano per me. Ringrazia infinitamente Mamma di quello che mi fece scrivere da te nella tua penultima. Che fa Carluccio? e perché non mi scrive mai mai? Luigetto? Pietruccio? Io sogno sempre di voi altri, dormendo e vegliando: ho qui in Pisa una certa strada deliziosa, che io chiamo *Via delle rimembranze*: là vo a passeggiare quando voglio sognare a occhi aperti.[4] Vi assicuro che in materia d'immaginazioni, mi pare di esser tornato al mio buon tempo antico. Addio, Paolina mia. Salutami Don Vincenzo e il Curato.

---

1 *Testo integrale in Tutte le op.*, cit., I, p. 1308.
2 La *Crestomazia* della prosa pubblicata dallo Stella nell'ottobre del '27.
3 La rivista dello Stella «Lo Spettatore italiano».
4 Cfr. *Zibaldone*, 4421.

CCXI · DI PAOLINA LEOPARDI[1]

Recanati 23 Aprile 1828

Caro Muccio. Eccomi qua ad invocare una tua lettera, che tutti noi desideriamo ardentemente, appunto perché da tanto tempo la desideriamo. Non si può negare che tu sii molto parco nel darci nùove di te, ma già questo è affare deciso; poco ti ricordi di noi. Ebbene, fa' un po' quel che ti pare. [...]

1 Testo integrale in *Epistolario*, ed. Moroncini, v, pp. 72-73.

Pisa 2 Maggio 1828

Paolina mia. Tu ti lagni del mio lungo silenzio. Ma io, dopo avere risposto a Pietruccio, ti scrissi poco fa, e ti feci la stessa lagnanza: ora vedo che quella lettera non ti è arrivata. Le nuove che tu mi dai degl'incomodi sofferti da Babbo e da Mamma e da voi altri, benché gl'incomodi, grazie a Dio, siano stati leggieri, mi hanno dispiaciuto molto; anzi mi tengono ancora angustiato; e ti prego per carità, che appena avrai ricevuta questa, mi scriva subito per dirmi che tutti siete guariti perfettamente e state bene. Dimmi ancora se domani sarete andati a fare la vostra solita scampagnata. Fàtti ancora dare la lettera che scrissi a Pietruccio, e rispondi a un'interrogazione che ci troverai. Io, grazie a Dio, non ho avuto mai febbre, come voi altri: la primavera mi ha incomodato e m'incomoda ancora molto, ma non mi ha mai fatto ammalare, e gl'incomodi sono passeggeri. Ma veramente la stagione è stata cattiva ancor qui, non tanto per il freddo, quanto per l'incostanza, e per il caldo fuor di tempo. Qui e in Firenze il terremoto non si è sentito, se non da certi pochi che l'hanno detto dopo che l'han visto annunziato nella gazzetta. Dimmi se costì è stato tanto forte da metter paura. Dì a Carlo che, per baratto di copie della Crestomazia,[1] ho acquistato qui, fra certi altri libri, la storia di Ginguené, edizione francese,[2] che mi ricordo che egli leggeva con piacere. Bacia la mano a Babbo e a Mamma: salutami tutti: abbiti cura,

---

1 La *Crestomazia* della prosa.
2 *Histoire littéraire d'Italie* di P.L. Ginguené, Paris, Michaud, 1811-1819, in 9 volumi.

e non stare al sole. Io ho finita ormai la Crestomazia poetica:[3] e dopo due anni, ho fatto dei versi quest'Aprile; ma versi veramente all'antica, e con quel mio cuore d'una volta.[4] Addio, addio.

3 La *Crestomazia italiana poetica, cioè scelta di luoghi in verso italiano, insigni o per sentimento o per locuzione, raccolti e distribuiti secondo i tempi degli autori*, dal conte G. Leopardi, Milano, Stella, 1828.
4 *Il risorgimento* (composto tra il 7 e il 13 aprile) e *A Silvia* (composto tra il 19 e il 20 aprile).

Pisa 5 Maggio [1828]

Mio carissimo. Intendo che, pochi giorni sono, tu dimandasti di me a Vieusseux, mostrando maravigliarti del mio lungo silenzio. Io ho taciuto perché delle cose altrui non so nulla, e nulla potrei sapere in Pisa, che fosse d'importanza e che tu non sapessi: delle cose mie, avrei voluto dirti qualche novità, come sarebbe, che la vita mi riuscisse tollerabile: ma non ho mai avuto da raccontarti se non le cose vecchie, colle quali non ho voluto spezzarti gli orecchi. La mia vita è noia e pena: pochissimo posso studiare, e quel pochissimo è noia medesimamente: se negli studi potessi seguire ancora il mio genio, veduta la qualità dei giudizi di questo secolo, non mi darebbe più il cuore di logorarmi in far cose che mi contentassero. La mia salute è sempre tale da farmi impossibile ogni godimento: ogni menomo piacere mi ammazzerebbe: se non voglio morire, bisogna ch'io non viva.

Ma lasciando queste maledizioni, e venendo a cose che importano più, io farei torto grande a te ed a me medesimo, se ti ripetessi che ti amo sempre come amico unico, che ti adoro come uomo degno di qual si sia stato il miglior secolo della gente umana. Ma non credo di far torto nessuno a pregarti di conservarmi l'amor tuo. Quest'anno passato tu mi hai potuto conoscere meglio che per l'addietro; hai potuto vedere che io non sono nulla: questo io ti aveva già predicato più volte; questo è quello che io predico a tutti quelli che desiderano di aver notizia dell'esser mio. Ma tu non devi perciò scemarmi la tua benevolenza, la quale è fondata sulle qualità del mio cuore, e su quell'amore antico e tenero che io ti giurai nel primo fiore de' miei poveri anni, e che ti ho serbato poi sempre e ti serberò fino alla morte. E sappi (o ricòrdati) che fuori della mia famiglia tu sei il solo uomo il cui amore mi sia mai paruto tale da servirmene come di un'ara di rifugio, una colonna *dove la stanca mia vita s'appoggia*.[1]

Io tornerò presto a Firenze, ma non so ancora il giorno. Salutami Montani, Vieusseux, Capponi.[2] Addio addio.

---

1 Citazione dalla canzone *In quella parte dove Amor mi sprona*, Petrarca, *Rime*, CXXVII, v. 61.
2 Gli amici del Gabinetto Vieusseux.

CCXIV · DI MONALDO LEOPARDI[1]

Recanati 16 Maggio 1828

[...] Appena si dichiarò la malattia del nostro caro Luigi,[2] io incominciai a tremare per il giorno della Santa Croce, sospettando che il Signore lo destinasse per crocifiggere il nostro cuore, e chiamarci a parte della sua passione. Iddio ha verificati i miei dolorosi presagi. Il giorno della Santa Croce fu quello in cui si vide che la perdita era irreparabile, e il giorno seguente, in cui quest'anno per essere Domenica avevamo trasferita la festa, fu quello, in cui si spezzò la corona delle giovani olive, che erano l'allegrezza e decoro della mia mensa, in cui l'angiolo della Morte passò sopra la nostra casa, inalberandoci lo stendardo del pianto, e in cui io rimasi per sempre desolatissimo Padre. Giacomo, Figlio mio, voi sapete quanto sia sviscerato il mio amore per tutti voi miei Figli, e potete immaginare una parte del mio immenso cordoglio [...].

Noi tutti in questi giorni abbiamo ricevuti li SS. Sacramenti. Non dubito che anche voi darete questo segno di amore al caro fratello, che vi amava tanto, e prega per voi. Giacomo mio, salviamoci. Tutto il resto è vanità. Io vi prego col cuore di un Padre di leggere il capo II di Tomaso da Kempis, libro I.[3] Leggetelo per amor mio. Addio, Giacomo mio.

---

1 Testo integrale in *Epistolario*, ed. Moroncini, V, pp. 81-82.
2 Luigi, fratello di Giacomo, era morto il 4 maggio all'età di 24 anni.
3 Dell'opera *Imitazione di Cristo*.

CCXV · A MONALDO LEOPARDI, RECANATI

Pisa 18 Maggio 1828

Mio carissimo Signor Padre. Non le parlerò del mio dolore, il quale è tanto, che io non giungo ad abbracciarlo tutto intero. Sento troppo bene quanto Ella abbia bisogno di consolazioni piuttosto che d'altro; e il pensiero dello stato suo, e di quello della Mamma e dei fratelli, è uno dei principali fra quelli che mi fanno pianger tanto.

Fino dal momento che ricevetti la cara sua dei 2,[1] la lontananza in cui mi trovo da loro cominciò a diventarmi acerbissima. Ora poi essa mi riesce quasi insopportabile; e se tutto il viaggio di qui a Recanati si potesse far di notte, come si fa con sicurezza di qui a Firenze, io l'accerto senza alcuna esagerazione, che a quest'ora o sarei già in cammino alla volta loro, o sul punto di partire. Ma perché conosco che avendo a viaggiar di giorno, in questa stagione già per me inoltrata, non potrei reggere al caldo, dal quale ancor qui bisogna che mi abbia una cura straordinaria, sono costretto con mia gran pena ad aspettare fino alla stagione più fresca; nel qual tempo, se Dio mi darà vita, e tanta salute da poter solamente salire in un legno, non vi sarà cosa al mondo che mi impedisca di mettermi in viaggio per tornar fra loro. Intanto, per questi pochi mesi, la supplico a fare ch'io abbia le loro nuove colla maggior frequenza possibile: non potrei più viver quieto in nessuna maniera, se mi trovassi per qualche tempo senza notizie precise dello stato loro. Io per la mia parte non mancherò d'informarla del mio con al-

---

1 Questa lettera che annunciava una grave malattia di Luigi in realtà era stata scritta il 6, quando era già morto, ma Monaldo voleva predisporre il figlio alla notizia.

416

trettanta frequenza. Ora, grazie a Dio, sto bene, e rassegnato al voler divino.

Ebbi la sua lettera ier l'altro;[2] ma quel giorno non ebbi forza di scrivere. Non ho veduto Rossi,[3] e non me ne maraviglio, perché Ella non avrà potuto sapere il suo nome di battesimo (Antonio), ed essendo qui moltissimi i Rossi, è difficile che la lettera sia capitata al suo destino. I miei teneri saluti a tutti. Ella si abbia cura, e mi benedica. Il suo Giacomo.

2 Del 10 maggio in cui Monaldo lo informava della morte del fratello.
3 Il cavaliere Antonio Rossi era un conoscente di famiglia al quale Monaldo aveva scritto perché informasse Giacomo della morte del fratello.

CCXVI · A CARLO LEOPARDI, RECANATI

Pisa 21 Maggio 1828

Carluccio mio. Mi par quasi impossibile che tu dubiti ch'io non pensi a te ogni giorno, anzi tutto il giorno. Pur sento una specie di necessità imperiosissima di scriverti per assicurartene e per giurartelo come se credessi possibile che tu ne dubitassi. Ho una smania incredibile di rivederti e di esser teco, una smania che non mi lascia mai pace. In quest'impazienza, fintanto che io non potrò soddisfarla, non vedo altro sollievo possibile che quello di aver qualche tua riga. Scrivimi come vuoi; scrivimi due sole parole come fo anch'io; perché le cose che noi sentiamo non si possono esprimere, ed è ben naturale che le nostre lettere sieno come le grandi passioni, cioè mute. Basterà che tu mi mandi un bacio. Anch'io te ne mando uno così ardente come se noi fossimo in presenza, e ci stringessimo al petto l'uno dell'altro; il che faremo, se piace a Dio, fra non molto. Questo bacio ti dica tutto. Addio, addio. Salutami tutti.

Pisa 26 Maggio 1828

Mio caro Papà. Fra le tante cause di cordoglio che mi reca la cara sua dei 16, una cosa, oltre i motivi di religione, mi ha dato qualche conforto; ed è stata il ricevere lo sfogo del suo dolore, e l'andarmi lusingando che questo sfogo possa averlo mitigato, almeno per un momento. Io non posso intraprendere di consolarla, tanto più che sono inconsolabile anch'io. Ma tra le considerazioni che tutto il giorno sto facendo sopra il suo stato, mi dà gran pena l'immaginarmi che Ella certamente finora non avrà fatto nessuno sforzo per allontanare un poco la mente dal pensiero che la domina e la tormenta. Caro Papà, io so bene che le anime sensibili, in casi di questa sorta, quasi si vergognerebbero di se stesse se tentassero di sottrarsi al loro dolore, e se ammettessero qualche sollievo: pare come un sacro dovere l'abbandonarsi interamente e senza alcuna cura di se medesimi al pensiero che ci affligge. Ma io non posso a meno di pregarla a procurarsi un poco di distrazione: e l'animo suo troverà minor difficoltà ad esaudirmi, se penserà che io la prego per un motivo altrettanto sacro e tenero quanto è quello che cagiona il suo dolore; la prego, non per l'amor di se stessa, ma per l'amor di noi altri che viviamo in lei e per lei, e che sentiremmo scemata e mutilata la nostra vita, se in lei si scemasse la salute. Io per la parte mia posso giurarle che, parlando umanamente, non vivo se non per lei e per la mia cara famiglia: non ho mai goduto della vita se non in relazione a loro; ed ora la vita non mi è cara se non in vista del dolore che cagionerei a loro se la perdessi. Veda dunque di esaudirmi, e faccia la stessa preghiera alla Mamma per parte mia: non le posso esprimere quanto accresca la mia angustia presente il dubbio e la paura che la loro salute possa soffrire in questa circostanza. Anch'io in questi giorni ho ricevuto i SS. Sacramenti[1] colla intenzione ch'Ella sa. Di salute, grazie a Dio, sto bene. Mi vo sostenendo col pensiero di esser presto con loro, ogni altro sollievo mi riesce vano. Fra un paio si settimane, a Dio piacendo, conto d'essere a Firenze; dove mi tratterrò forse non molto, ma passerò a Siena, per andare di là a Perugia, e così lentamente, secondo la mia possibilità, avvicinarmi a casa. Papà mio, abbracci per me i fratelli, e, se pure non è superfluo il dirlo, pensi che mi troverà sempre uno de' più amorosi figli che siano mai stati o che possano essere al mondo. Il suo Giacomo.

1 Una probabile bugia per consolare il padre.

CCXVIII · DI MONALDO LEOPARDI[1]

Recanati 1° Giugno 1828

[...] Sapevo che vivevamo in una valle di pianto, ma in verità non credevo che i poveri figli di Adamo fossero capaci di tanto dolore. Voi, Giacomo mio, piangerete un giorno per la morte dei vostri genitori, ma la previdenza di queste lacrime le renderà meno inconsolabili. Quelle però di un Padre per la morte di un figlio sono imprevedute, terribili, inesauste, e lo accompagneranno al sepolcro. [...]

Non dubitate, figlio mio, che il mio cuore, quantunque ferito acerbamente e insanabilmente, sia chiuso ad ogni altro sentimento fuoriché al suo immenso dolore. Pur troppo è spezzato per sempre il bel serto della mia gloria, ma sento tutto il prezzo delle gemme che me ne restano, e di voi, caro Giacomo mio, che mi daste per primo il nome di Padre, che avete sul mio cuore il diritto di precedenza, che lo conservate in fatto con la vostra condotta, e che siete la gloria della famiglia sulla terra, e ne sarete la corona nel Cielo. [...]

1 Testo integrale in *Epistolario*, ed. Moroncini, v, pp. 88-89.

Firenze 17 Giugno 1828

Caro Papà mio. Ricevo qui da Pisa la carissima sua del primo. Le sue lettere sono assolutamente l'unica consolazione ch'io abbia; ma da quest'ultima provo tutto il conforto che può dare nelle grandi afflizioni l'amore delle persone care. Ella mi significa l'amor suo così teneramente, che giunge a rallegrarmi; tanto più ch'io sento assai bene di meritarlo interamente, se l'amore si merita coll'amore.

Io entro con tutta l'anima in ciascuna particolarità del dolor suo. Mi sarebbe impossibile di decidere se nella pena che ho provata e che provo, abbia più parte il sentimento mio proprio della nostra disgrazia comune, o la riflessione che fa nell'animo mio il dolor loro. Ma come potrei deciderlo, se la disgrazia è tanto grande, che io posso dire di non averla mai intesa bene, e di non intenderla ancora? Ho pianto macchinalmente, senza quasi sapere il perché, senza nessun pensiero determinato che mi commovesse.

Intanto Ella mi perdonerà se torno a pregarla di accettare qualche distrazione. Finché Dio ci vuole in vita, Ella è necessaria a noi, e noi a Lei: dobbiamo aver cura alla nostra salute, non più per noi stessi, ma gli uni per amor degli altri. Io per causa mia propria le raccomando con tutto il cuore di acconsentirle a trattar l'animo suo in modo, che la sua salute non ne patisca. E son certo che la mia cara Mamma e i miei cari fratelli le fanno, ciascuno in particolare, la stessa preghiera per causa loro.

È probabile che la lettera al Cav. Rossi non sia stata riscossa da alcuno, e sia restata alla posta. Ho piacere che Ella abbia veduto e gustato il romanzo cristiano di Manzoni. È veramente una bell'opera; e Manzoni è un bellissimo animo, e un caro uomo. Qui si pubblicherà fra non molto una specie di continuazione[1] di quel romanzo, la quale passa tutta per le mie mani. Sarà una cosa che varrà poco; e mi dispiace il dirlo, perché l'autore è mio amico, e ha voluto confidare a me solo questo secreto, e mi costringe a riveder la sua opera, pagina per pagina: ma io non so che ci fare. Prego però anche Lei a tener la cosa secreta affatto. Bacio la mano alla Mamma, e abbraccio teneramente i fratelli. Mi benedica: e con effusione di cuore mi ripeto suo amorosissimo figlio Giacomo.

Io, grazie a Dio, sto bene.

---

1 *La monaca di Monza* di Giovanni Rosini (1776-1855).

Firenze 19 Giugno 1828

Mia cara Antonietta, mia cara Adelaide. Della mia salute eccovi brevemente. *Tutti* i miei organi, dicono i medici, son sani; ma *nessuno* può essere adoperato senza gran pena, a causa di un'estrema, inaudita *sensibilità* che da tre anni ostinatissimamente cresce *ogni giorno*; quasi ogni azione e quasi ogni sensazione mi dà dolore. Godo assaissimo che la salute vostra sia tollerabile. Son venuto qua (dove ho pur quantità d'amici) per ragioni che sarebbe lungo a dire; starò finché dureranno i miei pochi danari; poi l'orrenda notte di Recanati mi aspetta. Non posso più scrivere. Vi saluto tenerissimamente tutti.

CCXXI · AD ADELAIDE MAESTRI, BOLOGNA[1]

Firenze 24 Giugno 1828

[...] Quest'ultimo viaggetto da Pisa a Firenze, dopo il quale, benché fatto di notte, sono stato male degl'intestini più giorni, ha potuto finire di persuadermi che io non son più fatto per muovermi. Mi viene una gran voglia di terminare una volta tanti malanni, e di rendermi immobile un poco più perfettamente; perché in verità la stizza mi monta di quando in quando: ma non temete, ché in somma avrò pazienza sino alla fine di questa maledetta vita. [...]

1 Testo integrale in *Tutte le op.*, cit., I, p. 1316.

CCXXII · DI ANTONIETTA TOMMASINI[1]

Bologna a dì 30 giugno 1828

[...] Oh mio caro, voi non sapete quanto siete amato da tutti noi, e quindi v'è tolto il conoscere in quanta afflizione noi viviamo da che ci avete fatti consapevoli della vostra misera situazione! Tolga Dio i miei giorni anzi che io dovessi sopravvivere alla disgrazia di che ci minacciate ... A quelle vostre parole sento che mi stringe il cuore, e piango a calde lacrime. Datevi pace pel bene de' vostri amici. Io, e la mia cara Adelaide, saremo a Firenze probabilmente tra breve, e volendolo voi verrà pure mio marito. Chi sa che egli con l'arte sua, e noi colla affezione che vi portiamo non potessimo togliervi da quella profonda melanconia che tanto apparisce nell'ultima vostra. Perché non vi togliete da quella solitudine spaventosa, e non venite a convivere con persone che tanto vi stimano e vi tengono carissimo siccome noi? [...]

---

1 Testo integrale in *Epistolario*, ed. Moroncini, v, pp. 104-05.

Firenze 5 Luglio 1828

Mia carissima Antonietta. Dall'amorosissima vostra ultima conosco che fu veramente un'imprudenza la mia di scrivere all'Adelaide quelle poche righe che vi hanno cagionato tanto dispiacere. La bile me le dettò, e io le lasciai correre: poi me ne pentii subito, e me ne pento ora maggiormente. Ma come assicurai allora l'Adelaide, così adesso vi giuro, che l'amore ch'io porto infinito agli amici e ai parenti, mi riterrà sempre al mondo finché il destino mi ci vorrà;[1] e di questa cosa non si parli mai più. Intanto non vi posso esprimere quanto mi commuova l'affetto che mi dimostrano le vostre care parole. Io non ho bisogno di stima, né di gloria, né d'altre cose simili; ma ho bisogno d'amore: potete immaginare quanto conto ne faccia, e in quanto gran pregio io lo tenga, trovandolo così vivo e sincero in voi e nella vostra famiglia, i quali amerei di tutto cuore, quando anche non ne fossi amato, perché così meriterebbero le vostre virtù da per se sole. Io sto non molto bene, e questa cosa mi dispiace, perché non posso far nulla e non posso muovermi; ma i miei mali fin qui non son tali che meritino l'onore di produrre un *allarme*. Perciò, quantunque il desiderio che ho di rivedervi sia sommo, vi dico però sinceramente che mi dispiacerebbe che intraprendeste il viaggio di Firenze per sola cagion mia. Quanto alle mie nuove, io non mancherò di darvene di mano in mano, come voi vorrete. Credetemi, e state sicura sul mio conto, che io non v'inganno. Del venir io a Bologna, sapete già la cagione perché non vengo. Quest'autunno (poiché ora

---

1 Cfr. il *Dialogo di Plotino e di Porfirio* in *Operette morali*.

il freddo par che mi sia meno contrario che il caldo) vedremo quello che potrò fare. Non tardate, vi prego, a darmi le nuove dell'Adelaide,[2] della quale, non ostante quello che voi mi dite per rassicurarmi, non lascio d'essere molto inquieto. Salutatela mille volte per me, e così l'egregio nostro Professore, il quale ringrazio senza fine della bontà e della premura che mi significa. Datemi ancora le nuove dell'ottimo Avvocato,[3] e salutatelo per me caramente. Abbiate cura alla vostra salute, e credetemi ch'io vi amo con tutta l'amicizia possibile; e che del resto, siccome si possono amare in un tempo due patrie come proprie, così io amo come proprie due famiglie in un tempo: la mia e la famiglia Tommasini; la quale da ora innanzi, se così vi piace, chiamerò parimente mia. Addio, mia cara Antonietta.

2 Era a letto ammalata.
3 Ferdinando Maestri, marito di Adelaide.

CCXXIV · DI MONALDO LEOPARDI[1]

Recanati 14 Luglio 1828

[...] Tutti mi domandano le cose vostre per leggere, ed io sono svergognato per non averle. Spero che venendo le porterete tutte, o almeno mi guiderete per acquistarle; e cosí faremo pace con la vostra letteratura, la quale mi ha guardato sempre di sbieco dopo quel po' di grugno che io feci alle due prime Canzoni. Ma credo che a quest'ora quel mio giudizio sarà stato giudicato da voi meno sinistramente, e che se non potete applaudire all'ingegno del vostro Padre, almeno farete ragione al mio amorosissimo cuore. [...]

---

1 Testo integrale in *Epistolario*, ed. Moroncini, v, pp. 113-14.

Firenze 24 Luglio 1828

Mio carissimo. Consegno questa lettera all'Antonietta Tommasini, pregandola di rendertela a Bologna, se tornando ti ci ritroverà, o di spedirtela a Parma, se tu sarai partito. L'Antonietta e l'Adelaide hanno fatto molto per indurmi a venir con loro a Bologna. Ora che mi manca la tua compagnia, se non fosse stata la mala disposizione della salute, che mi vieta di viaggiare con questi caldi, avrei lasciata Firenze assai volentieri, perché ti confesso che questa città senza la tua presenza, mi riesce molto malinconica. Questi viottoli, che si chiamano strade, mi affogano; questo sudiciume universale mi ammorba; queste donne sciocchissime, ignorantissime e superbe mi fanno ira; io non veggo altri che Vieusseux e la sua compagnia; e quando questa mi manca, come accade spesso, mi trovo come in un deserto. In fine mi comincia a stomacare il superbo disprezzo che qui si professa di ogni bello e di ogni letteratura: massimamente che non mi entra poi nel cervello che la sommità del sapere umano stia nel saper la politica e la statistica.[1] Anzi, considerando filosoficamente l'inutilità quasi perfetta degli studi fatti dall'età di Solone in poi per ottenere la perfezione degli stati civili e la felicità dei popoli, mi viene un poco da ridere di questo furore di calcoli e di arzigogoli politici e legislativi; e umilmente domando se la felicità de' popoli si può dare senza la felicità degl'individui.[2] I quali sono condannati alla infelicità dalla natu-

1 Per gli stessi concetti cfr. *Palinodia al Marchese Gino Capponi*, in *Canti* e *Dialogo di Tristano e di un amico*, in *Operette morali*.
2 Cfr. *Zibaldone*, 4368.

ra, e non dagli uomini né dal caso:[3] e per conforto di questa infelicità inevitabile mi pare che vagliano sopra ogni cosa gli studi del bello, gli affetti, le immaginazioni, le illusioni. Così avviene che il dilettevole mi pare utile sopra tutti gli utili, e la letteratura utile più veramente e certamente di tutte queste discipline secchissime; le quali anche ottenendo i loro fini, gioverebbero pochissimo alla felicità vera degli uomini, che sono individui e non popoli; ma quando poi gli ottengono questi loro fini? amerò che me lo insegni un de' nostri professori di *scienze storiche*.

Io tengo (e non a caso) che la società umana abbia principii ingeniti e necessari d'imperfezione, e che i suoi stati sieno cattivi più o meno, ma nessuno possa esser buono. In ogni modo, il privare gli uomini del dilettevole negli studi, mi pare che sia un vero malefizio al genere umano.

Tu, quando sarà con tuo agio, mi scriverai delle tue nuove più lungamente che potrai; a Guastalla mi saluterai il consiglier Dodici[4] (non te ne scordare); e in ogni luogo e sempre mi vorrai bene grande, perché io t'adoro. Addio, addio.

3 Cfr. *Zibaldone*, 4885-86.
4 Gaetano Dodici, amico del Giordani e del Papadopoli.

Firenze 19 Agosto 1828

Signore ed Amico amatissimo. Alla carissima sua ultima, 9 del corrente. Avrei stesa già la prefazione della Crestomazia poetica se non me lo avesse impedito un forte attacco del mio solito male d'infiammazione agl'intestini, il quale mi ha resa finora impossibile ogni seria applicazione di mente. Mi darò tutta la premura di stenderla subito che la mia povera testa potrà tornare senza pericolo alle sue funzioni: spero che sarà tosto. Intanto ella vegga se la contenta il titolo che le accludo.

Mancando ancora all'*Enciclopedia delle cognizioni inutili e delle cose che non si sanno* una buona parte di lavoro (non per li materiali ma per lo stile), veggo assai bene che non potrò condurla a fine senza impiegare in questa fatica tutto l'inverno prossimo, giacché l'inverno è la sola stagione in cui la mia salute mi permette un lavoro abbastanza assiduo. Sarebbe indiscreto il domandare che i suoi sborsi mensili mi fossero continuati fino a quell'epoca, ed io ne sono ben lontano. Bensì la necessità mi costringe a supplicarla di volere ordinare che i medesimi mi sieno continuati fino a tutto quest'anno, o almeno a tutto Novembre prossimo, nel qual tempo io potrò intraprendere il lungo viaggio che si richiede per tornare di qui a casa mia. Stante il continuo pericolo di riscaldazione e d'infiammazione a cui sono soggetto, il quale pericolo mi diventa gravissimo nel viaggiare, io non potrei effettuare al presente quel viaggio (come farei subito se potessi), e dovrò aspettare il freddo. Dalla suddetta epoca in poi cesseranno i suoi sborsi mensili, e le nostre relazioni pecuniarie; senza ch'io rinunzi però al diritto di continuare a servirla sempre nell'avvenire, tanto in materie letterarie, quanto in ogni altra cosa, secondo il mio poco potere. Intanto ella accetti le mie nuove proteste di riconoscenza ai favori che ho ricevuti da Lei fin qui: mi riverisca la sua amabile famiglia, e mi creda costantemente suo gratissimo e cordialissimo amico e servitore Giacomo Leopardi.

CCXXVII · A MONALDO LEOPARDI, RECANATI[1]

Firenze 28 Agosto 1828

[...] Le notizie che Ella mi dà, mi hanno colpito straordinariamente;[2] e in mezzo all'angustia in cui mi trovo, non posso a meno di non dolermi affettuosamente ancora di Lei, che mi abbia celato questa cosa fino a quest'ora, come se io non fossi parte interessantissima nell'affare, per l'indicibile sollecitudine che ho d'ogni cosa loro.

In questa mia lontananza, che mi riesce sempre più amara, non posso dir nulla di preciso sopra tal materia: solamente posso assicurarla che, conoscendo Carlo intimissimamente e meglio che verun altro al mondo, per aver diviso la vita con lui durante 26 anni interi, io credo, anzi so di certissimo, che il suo cuore e il suo carattere sono talmente buoni, che senza una forza soprannaturale, è impossibile che diventino cattivi. E però tengo fermamente per impossibile che Carlo riflettutamente, e in cosa grave, si riduca a mancare al dovere verso Lei e la Mamma, e a dar loro un terribile disgusto. Io resterò loro certamente sempre finché vivo;[3] e morrò per loro, se bisogna: ma mi creda, mio caro Papà, che indubitatamente Ella non perderà neanche Carlo, qualunque sieno le apparenze presenti, e i progetti che egli possa volgere in mente. Ho dubitato molto se fosse a proposito ch'io gli scrivessi: il mio cuore mi ha costretto a farlo, non per urtar la cosa di fronte, ma per mettermi in relazione con lui sopra questo affare, del quale egli non mi ha mai scritto, né fatto scrivere, né dire una sola parola. [...]

1 Testo integrale in *Tutte le op.*, cit., I, pp. 1323-24.
2 Con due lettere perdute il padre lo aveva informato che Carlo, contro la volontà sua e di Adelaide, si era fidanzato con la cugina Paolina Mazzagalli, figlia di Isabella Antici, che sposerà l'anno dopo.
3 Allude alla decisione di rimanere celibe.

Firenze 28 Agosto 1828

Carluccio mio. Tu mi scandalizzi proprio a non scrivermi niente della tua situazione attuale. Come può essere che tu non pensi più a chi t'ama con amor di sogno, e spesso piange per tenerezza pensando a te? Se tu credi ch'io possa darmi pace della tua dimenticanza, e viver tranquillo, t'inganni di molto; e se non mi scrivi, io starò male davvero, come già mi sento male per l'agitazione che mi produce il tuo silenzio in questa circostanza. Io ho bisogno che tu ti sfoghi con me, e che mi usi quella confidenza che io userei teco in ogni mia passione, ché certo tu saresti il primo, e forse il solo, che io n'informerei. Dio sa quanto ti compatisco, e tu sai ch'io t'amo più che la vita; certamente lo sai meglio che qualunque altra cosa del mondo. Vorrei scriverti molte più cose, ma gli occhi me l'impediscono. Verrò subito che potrò: ma intanto non posso stare senza relazione con te: quando anche fosse possibile che tu mi dimenticassi, tu saresti in eterno la cima d'ogni amor mio. Piú ci penso, e piú mi par impossibile che tu non mi abbi scritto.

Recanati 4 Settembre 1828

Sfogarmi? Non sarebbe tanto misero l'uomo se all'età mia potesse ancora sfogarsi. Davvero, tu conosci ancora questa parola? Quanto a me posso assicurarti che il mio cuore è come una bottiglia otturata; puoi rovesciarla quanto vuoi, resta sempre piena. Hai ragione di lagnarti che non t'ho scritto nulla, hai ragione: ma chi credi che sia più io? Quello di una volta? oibò, sono stato tagliato a pezzetti. Vivo la vita non so di chi, non è certo quella di Carlo ch'io vivo. Basta: se il mondo è questo per tutti, non v'è altro che passar via silenziosi sotto le cappe di piombo, come i dannati di Dante.

Sfogarsi? Lamentarsi! E che so io se tu hai conosciuta l'infelicità come me? Se no, a che serve il lamento? A ottener la compassione? Cosa utile davvero! Non v'è che il trattenimento fra due che abbian veduta la stessa visione orribile; questo solo merita d'esser fatto. Una volta forse parleremo, ma ancora è troppo presto. Lasciami prima giunger bene a credere che il passato è vero. Quanto al resto, vieni e vedrai. Troverai quel che rimane di me tutto tuo, e ne farai quel che ti piacerà. Addio; amami.

Firenze 18 Settembre 1828

Carluccio mio. Purché tu mi conservi te stesso, e quel tuo cuore che, come quello di tutti gli uomini nati grandi, è sempre fanciullo io non ti domando altro; e se il comunicarti con me per lettera ti dà pena, io son ben lontano dal pretenderlo. Forse ancor io, nel tuo stato, proverei ripugnanza a mettere in carta i miei sentimenti. Intanto voglimi bene, e tienimi per quello che ti ha amato e ti ama più che qualunque persona che sia mai nata o che possa nascere. Io verrò subito che potrò, e verrei ora; ma sono costretto ad aspettare il freddo, perché sai che in viaggio, la cosa che io temo e che sono obbligato ad evitare soprattutto, è la riscaldazione, a cui sono soggettissimo: e per questo pericolo, debbo anche astenermi da piccoli viaggetti di poche miglia qui ne' contorni, i quali farei con buone compagnie che m'invitano. Già sai che ho rinunziato spontaneamente al piacere di vivere in città grande, e di trovarmi tra molti buoni amici, per tornare a star con te, che mi sei sinonimo di vita. Addio.

CCXXXI · A MONALDO LEOPARDI, RECANATI[1]

Firenze 8 Novembre 1828

[...] Arrivando a Recanati avrò meco un giovin signore torinese, mio buon amico.[2] Non potrò a meno di pregarlo a smontare a casa nostra, tanto più ch'egli farà la via delle Marche, come fa il viaggio di Perugia, principalmente per tenermi compagnia. Spero che a Lei non rincrescerà questa mia libertà. Egli si tratterrà in Recanati una sera o una giornata al più. [...]

1 Testo integrale in *Tutte le op.*, cit., I, pp. 1328-29.
2 Vincenzo Gioberti. Cfr *Nota sui corrispondenti*, p. 583. Leopardi ritornò a Recanati il 20 novembre.

CCXXXII · A GIAMPIETRO VIEUSSEUX, FIRENZE

Recanati 15 Dicembre [1828]

Mio carissimo Vieusseux. Ho ricevuto la vostra affettuosa dei 4, e poco appresso, il fascicolo ultimo dell'Antologia. Dell'uno e dell'altra vi ringrazio senza fine. V'invidio onestamente la compagnia degli stimabili forestieri che mi nominate (quel Saint-Aignan[1] è egli il traduttore dell'Iliade?) e quella di Cooper. È egli vero che aspettate costì anche Walter Scott?[2] — Il fascicolo dell'antologia è pieno, al solito, di cose importanti. Circa l'articolo di Tommaseo,[3] posso assicurarvi che mi è piaciuto di molto. Senza convenir coll'autore in tutte le sue opinioni, ammiro la ricchezza e la varietà de' suoi pensieri, e sinceramente credo che un articolo di egual merito sopra quell'argomento non si vedrà in Italia. Congratulatevene col Tommaseo per mia parte, e fategli i miei saluti. — Qualche cosa si farà certamente sopra *l'argomento greco* e sopra il *romano*,[4] se lo stato della mia salute non l'impedirà: finora non ho materia di lodarmi di quest'aria: i miei poveri occhi incominciarono a patire il giorno medesimo che arrivai; così sempre mi accade; e peggiorano di continuo. Nondimeno questa pessima aria è quella che la sorte mi ha destinata. — Mi prevalgo della vostra amicizia per far tenere l'acclusa a Colletta, non sapendo dove egli si tro-

1 Potrebbe essere Nicolas-Marie, conte di Saint-Agnan (1770-1858), generale e diplomatico francese. Traduttore dell'*Iliade* fu invece Etienne Aignan (1773-1824) (nota Solmi).
2 James Fenimor Cooper (1789-1851) romanziere americano; Walter Scott (1771-1832), romanziere e poeta scozzese.
3 Una necrologia del Monti morto il 13 ottobre, apparsa sul fascicolo di ottobre dell'«Antologia».
4 Sull'opera *Prolegomeni* del Wolf e sulla *Storia romana* del Niebuhr.

vi presentemente. — Salutatemi il mio Giordani, e tutti gli amici. Non vi stancate di amarmi: il pensiero della vostra amicizia, e la ricordanza del tempo che ho passato con voi, consolano la mia solitudine, e conforteranno ancora la mia vecchiezza. — Non ho veduto l'*Arcadico*,[5] perché qui non capitano giornali letterarii. Fatemi grazia di dirmi se i libri che vi lasciai, sono stati spediti a Bologna o altrove. — Addio addio: vi abbraccio con tutto il cuore. Il vostro Leopardi.

5 Il «Giornale Arcadico» che si stampava a Roma.

CCXXXIII · AD ANTONIO PAPADOPOLI, VENEZIA[1]

Recanati 17 Dicembre 1828

[...] Il soggiorno di Recanati non mi è caro certamente, e la mia salute ne patisce assai assai; ma mio padre non ha il potere o la volontà di mantenermi fuori di casa; fo conto che la mia vita sia terminata. [...] Quando ci rivedremo noi? anzi, ci vedremo noi più? Non so veramente, mio caro Antoniuccio; e quanto a me, credo essere divenuto immobile. [...]

---

1 Testo integrale in *Tutte le op.*, cit., I, p. 1331.

CCXXXIV · DI PIETRO COLLETTA[1]

Livorno 25 Dicembre 1828

Amico mio caro Conte Leopardi. Mi ha prodotto piacer vero e sommo la vostra lettera del 16 corrente, perché di persona stimatissima e cara: ed oh così mi avesse recate migliori nuove della vostra salute e del vostro vivere. Fate animo, poiché dite fatale l'aria e la dimora di Recanati, fate animo, amico mio, a tollerarne i mali, ad ingrandirne i beni, e goderli. Sempre ho speranza che torniate fra noi, e che possiamo vivere assieme giorni migliori de' passati; e se Voi confidereste a me (amico vostro sincero e secreto) per quali condizioni tornereste in Toscana, io ne farei la mia cura continua; e chi sa che un giorno non riuscirei ad appagar le brame vostre e di noi tutti amici ed amanti di Voi. [...]

Ho desiderato e sempre e molto di farvi leggere il mio povero lavoro,[2] perché me ne aspettava bene di correzioni e di consigli; ma nella scorsa estate voi foste tanto infermo, che non osai di passarvi lo scritto. Se i voti miei s'avverassero, potrei farlo al vostro ritorno in Toscana. [...]

---

1 Testo integrale in *Epistolario*, ed. Moroncini, v, p. 168. Per P. Colletta cfr. *Nota sui corrispondenti*, p. 583.
2 La *Storia del Reame di Napoli dal 1734 al 1825*.

CCXXXV · AD ADELAIDE MAESTRI, PARMA[1]

Recanati 31 Dicembre 1828

[...] Lo stato della salute mia è l'ordinario; e questo valga a dispensarmi dall'entrare in una materia che mi annoia. Quanto a Recanati, vi rispondo ch'io ne partirò, ne scapperò, ne fuggirò subito ch'io possa; ma quando potrò? Questo è quello che non vi saprei dire. Intanto siate certa che la mia intenzione non è di star qui, dove non veggo altri che i miei di casa, e dove morrei di rabbia, di noia e di malinconia, se di questi mali si morisse. [...]

1 Testo integrale in *Tutte le op.*, cit., I, p. 1332.

CCXXXVI · DI GIAMPIETRO VIEUSSEUX[1]

Firenze 31 Dicembre 1828

[...] Voi avete sperimentato con quanto poco danaro potete vivere in Toscana; e voi avete altresì provato l'efficacia di quest'aria tirrena: come persuadere i vostri amici che quei pochi scudi che vi possono mancare per il vostro *budget*, non siano da ottenere dal vostro padre? e perché non confidate un poco più in quelle altre risorse che vi possono somministrare i vostri rari talenti? ed, oso dirlo, la tenera amicizia di chi vi ama, e stima quel che valete? Vostro padre, ne sono persuaso, quando saprà quanto giovevole è per voi il vicinato dell'Arno, sarà il primo a combattere le vostre risoluzioni; ma se voi non dite nulla, egli non potrà mai indovinarlo. Riflettete, mio caro amico, e datemi presto delle vostre nuove; e scusate in favore dell'amicizia, se tanto m'interno nelle vostre cose. [...]

1 Testo integrale in *Epistolario*, ed. Moroncini, V, pp. 170-71.

1829

CCXXXVII · A PIETRO COLLETTA, LIVORNO

Recanati 16 Gennaio 1829

Mio caro Generale. Io vi ringrazio senza fine della vostra dei 25 Dicembre. L'intendere che la vostra salute è migliorata molto, mi consola in maniera che io non vi so dire il quanto: ed anche mi rallegra moltissimo che abbiate già recato a fine il sesto libro della Storia;[1] tanto più mi rallegra, quanto mi riesce inaspettato, anzi contrario all'aspettazione. Gli altri vostri amici che l'hanno letta, ammirano i pregi intrinseci della vostra opera: io ammiro come abbiate potuto condurre un lavoro di tanta fatica fra tanti patimenti e dolori corporali che avete avuto a sostenere quasi continui; e mi confondo a pensare che, quando la mia salute è indisposta, io non son buono a che che sia, e non dico a scrivere, ma né anche solamente a conversare. Un'altra cosa mi avrebbe consolato assai se fossi stato in Toscana; ed è quel che ho da Vieusseux, che vi siete risoluto di lasciare quella vostra benedetta villa e di passare l'estate da ora innanzi cogli amici vostri a Firenze. Voi siete tanto amorevole e buono, quanto valente. Poiché volete che io vi racconti lo stato mio, per dimostrarmi grato e per ubbidirvi non ricuso il pericolo di venirvi a noia. Se io voglio vivere fuori di casa, bisogna che io viva del mio; voglio dire, non di quel di mio padre; perché mio padre non vuol mantenermi fuori, e forse non può, attesa la scarsezza grande di danari che si patisce in questa provincia, dove non vale il possedere, e i signori spendono le loro derrate in essere non trovando da convertirle in moneta; ed atteso ancora che il patrimonio di casa mia, benché sia de'

---

1 *Storia del Reame di Napoli*, cit.

maggiori di queste parti, è sommerso nei debiti. Ora, io non posso viver del mio se non lavorando molto; e lavorar molto con questa salute non potrò più in mia vita. Perciò m'è convenuto sciormi dagli obblighi ch'io aveva contratti collo Stella, e perdere quella provvisione che aveva da lui, e che mi bastava per vivere competentemente: erano, come credo che sappiate, venti scudi romani (diciannove fiorentini) al mese. Se io trovassi un impiego da faticar poco, dico un impiego pubblico ed onorevole (e gl'impieghi pubblici sogliono essere di poca fatica), volentieri l'accetterei: ma non posso trovarlo qui nello Stato, dove ogni cosa è per li preti e i frati; e fuori di qui, che speranza d'impieghi può avere un forestiero? I miei disegni letterari sono tanto più in numero, quanto è minore la facoltà che ho di metterli ad esecuzione; perché, non potendo fare, passo il tempo a disegnare.[2] I titoli soli delle opere che vorrei scrivere, pigliano più pagine; e per tutto ho materiali in gran copia, parte in capo, e parte gittati in carte così alla peggio. Di questi titoli potrò specificarvene alcuni, se voi vorrete, e quanti vorrete, in altra lettera: questa è già troppo lunga. Vogliatemi bene, e scrivetemi, come mi promettete. Se vedete il professor Doveri,[3] fatemi grazia di salutarlo per parte mia. Vi abbraccio carissimamente.

2 Cfr. *Disegni letterari* in *Tutte le op.*, cit., I, pp. 372-73.
3 Giuseppe Doveri, insegnante livornese, collaboratore dell'«Indicatore», la rivista di F.D. Guerrazzi.

CCXXXVIII · DI PIETRO COLLETTA[1]

Livorno 25 Febbraio 1829

Amico mio. Il vostro foglio dell'11,[2] ricevuto ieri l'altro (vanno le nostre lettere lentamente o impedite), mi ha istruito delle vostre determinazioni, ed io perciò vi ringrazio di questo segno di confidente amicizia. Era meco il Capponi, venuto da Firenze per consolare la mia solitudine (perché tra molta gente io qui sto solo), e con lui ragionando delle vostre cose, che direi meglio cose nostre, si videro certe possibilità, delle quali v'informerò dopo il mio ritorno in Firenze. Abbiamo speranza che si possa tenervi con noi, occupato di tali cose che non turbino la vostra libertà, e dieno per fin luogo alle ragioni tiranniche della mala salute; non confidando che non sieno esercitate.

Lascerò Livorno il dì 5 marzo; mi dirigerete a Firenze le vostre lettere. Ne riporterò salute più che mediocre, ma il pentimento di non aver punto lavorato. Desidero di giugnere al fine della mia fatica;[3] e mentre vedo che non bastano altri due anni alla composizione, un terzo alle correzioni, un quarto alla stampa, numero gli anni di vita, misuro le forze della salute, e mi viene sgomento. Speriamo bene. Quando voi foste meco a Firenze, aspetterei qualche abbreviatura al terzo anno; voi correggendo i miei libri fatti, al tempo stesso che io scriverò i nuovi.

Leggerò con piacere la continuazione[4] de' titoli delle opere che avete in animo di scrivere. Iddio ve ne conceda le forze per vostra gloria, nostro bene, ed onore d'Italia. Dei titoli che mi

1 Testo integrale in *Epistolario*, ed. Moroncini, V, pp. 188-89.
2 Lettera perduta.
3 *Storia del Reame di Napoli*, cit.
4 Nella lettera perduta Leopardi aveva iniziato l'elenco dei suoi *Disegni letterari*.

avete comunicati due mi fanno gola: *Parallelo della civiltà degli antichi e di quella de' moderni: Trattato delle passioni e de' sentimenti degli uomini*. Mi pare che la vostra figliuola prediletta sarebbe la *Natura degli uomini e delle cose*; ma io smarrito nella vastità del soggetto, non ho saputo concepire il vostro proponimento. In quanto alla civiltà, credo ancor io che i moderni, dicendo di acquistare, solamente ricuperano parte del perduto: ma in ogni cosa? No, caro amico; se ho della civiltà giusta idea, noi non siamo meno civili de' nostri antichissimi, ne' costumi, nelle applicazioni delle scienze, e per fino in qualche parte della politica; per quanto infinitamente inferiori nella politica generale, cioè negli ordini della società; e soprattutto nel sentimento della dignità umana. Vedo che sto parlando confusamente, ma come potrei esser chiaro in materia tanto vasta, trattandola in una lettera scritta rapidamente? Speriamo, Leopardi carissimo, di riunirci tra poco a Firenze, dove non mancherà desiderio ed agio di stare insieme. Io prenderò casa in città, però che la mia villa è affittata per due anni: quando ancor voi verrete, io se me ne darete il carico, cercherò stanza presso di me e de' vostri amici. Se vorrete star meco quanto vorrei star con voi, passeremo insieme molta vita: ché veramente io vi amo, ed ammiro i vostri talenti, i vostri costumi, e quel vostro bel desiderio di fare. [...]

Recanati... Marzo 1829

Mio caro Generale. Certo, se io tornerò a Firenze, e voi vivrete in città, saremo insieme moltissimo, e quasi convivremo. Oh, voi mi date pure una bella speranza. Ma per ora (perdonatemi) non voglio sperar nulla, per non rischiar di cadere da troppo grande altezza: e poi sono assuefatto a sperar poco bene, e di rado trovarmi ingannato. Nella vostra Storia[1] non veggo che servigi io vi potessi prestare, altro che pedanteschi. In questo genere vi servirei volentierissimo; e, per abbreviare a voi la fatica e scemar la noia, farei tutto quel che voleste. Io non vi desidero altro che buona salute e buona volontà; ché voi siete in tempo, non solo di terminare la vostra opera, lavorando ancora a tutto agio, ma di vederne e sentirne e goderne la fama lungamente. Della civiltà, son con voi: e se dico che resta ancora molto a ricuperare della civiltà degli antichi, non perciò intendo negare, né anche volgere in dubbio, che la moderna non abbia moltissime e bellissime parti che l'antica non ebbe.

Il trattato della natura degli uomini e delle cose, conterrebbe le questioni delle materie astratte, delle origini della ragione, dei destini dell'uomo, della felicità e simili; ma forse non sarebbe oscuro, né ripeterebbe le cose dette da altri, né mancherebbe di utilità pratica. — Seguita la notizia de' miei castelli in aria.

Storia di un'anima,[2] Romanzo che avrebbe poche avventure

---

1 *Storia del Reame di Napoli*, cit.
2 *Storia di un'anima scritta da Giulio Rivalta*. Cfr.: *Tutte le op.*, cit., I, pp. 365-66. Per le altre opere elencate: ivi, pp. 372-73.

estrinseche e queste sarebbero delle più ordinarie: ma racconterebbe le vicende interne di un animo nato nobile e tenero, dal tempo delle sue prime ricordanze fino alla morte.

Caratteri morali.

Paradossi. Non quelli di Cicerone, né quei del Zanotti,[3] né di quel genere: più lontani dall'opinione e non meno veri.

Lezioni, o Corso, o Scienza del senso comune. Cioè del modo più naturale, più ragionevole e più retto di pensare intorno alle materie più comuni nella vita, alle cose di politica, di morale e simili.

Parallelo delle cinque lingue, delle quali si compone la nostra famiglia di lingue cólte, cioè greca, latina, italiana, francese e spagnuola. La valacca[4] non è lingua cólta, nondimeno anche di quella si toccherebbe qualche cosa in trascorso; la lingua portoghese sta colla spagnuola. Di questo ho già i materiali quasi tutti; e farebbero un libro grosso. Resta l'ordinarli, e poi lo stile.

Colloqui dell'io antico e dell'io nuovo; cioè di quello che io fui, con quello ch'io sono; dell'uomo anteriore all'esperienza della vita e dell'uomo sperimentato.

Vita e Bollario della felice espettazione di Pietro secondo, papa.

Voi riderete di tanta quantità di titoli; e ancor io ne rido, e veggo che due vite non basterebbero a colorire tanti disegni. E questi non sono anche una quinta parte degli altri, ch'io lascio stare per non seccarvi di più, e perché in quelli non potrei darvi ad intendere il mio pensiero senza molte parole. Ma quando avessi tanta salute da poter comporre, sceglierei quelli che allora mi andassero più a genio; e i materiali destinati a quei disegni che non avessero esecuzione, entrerebbero per buona parte in quei lavori a cui dessi effetto. In fine, queste non sono altro che ciance, ed io di tanti disegni, secondo ogni verisimiglianza, non farò nulla; voi con un solo, non disegno, ma libro, anderete alla posterità. Dico non farò nulla, per non potere non già per non volere: ché la volontà non mi mancherebbe; e circa alla gloria, sono ancora con voi. In ogni modo, a me sarà invece di gloria l'amicizia vostra e de' vostri pari. E vi dico con verità

3 Francesco Maria Zanotti (1692-1777), in *Opere*, Bologna, 1790, pp. 271 sgg.
4 *valacca*: rumena.

che il ripensare: Ho veduto questo e quest'altro uomo amabile ed ammirabile, e sono vissuto un tempo con lui, e son certo che egli mi amava e mi ama; mi sarà un conforto grandissimo in ogni tempo, comunque la fortuna sia per disporre della vita che mi rimane. Addio, addio.

Recanati 12 Aprile 1829

Mio carissimo Vieusseux. Come scusarmi con voi del mio lunghissimo silenzio? come, se non col mio stato, e colla mia quasi impossibilità di scrivere? Non vi parlerò della mia vita, e dell'accoramento in cui passo i giorni, soffocato da una malinconia che è oramai poco men che pazzia: non voglio annoiar voi e me con discorsi tristi. Le vostre lettere sono sempre piene di amore: mi corrono le lacrime agli occhi quando mi ricordo di voi, e del tempo che ho goduto la compagnia vostra.

L'Antologia di Gennaio e di Febbraio, per quanto ne ho potuto leggere, mi è sembrata eccellente al solito. Ma voi non sapete frenarvi, né mantenere i buoni proponimenti; e i vostri fascicoli passano sempre i dieci fogli. Dite a Montani che fra i tanti amici che gli hanno fatto i suoi articoli Antologici, conti ancora mia sorella, la quale, ricevendo qui l'Antologia, è molto contenta ogni vota che vede quell'*M*.

Ricevo in questo punto la vostra ultima *senza data*. Ho piacere che il Niebuhr[1] vi sia giunto. A me non fu inutile l'averlo portato meco, perché, prima di rimandarlo, ne presi un'infinità di appunti.

Vi ringrazio delle notizie che mi date circa gli amici e circa la *Monaca di Monza:*[2] vi assicuro che mi sono sommamente grate. Ma voi non mi dite più nulla della salute vostra. Spero che la buona stagione vi abbia liberato affatto dagl'incomodi che vi cagionò il freddo.

1 È la versione inglese della *Storia Romana* del Niebuhr, che Leopardi aveva rinunciato a recensire per l'«Antologia».
2 Il romanzo di Giovanni Rosini.

Della Crestomazia poetica, io feci tutto quel che potei; ma, o fosse l'incapacità mia, o la qualità de' materiali, il lavoro venne malissimo, ed io ne sono pessimamente soddisfatto. Così ho detto sempre a tutti; e così vi prego che diciate ancor voi a Giordani, a Montani, a chiunque ve ne parlasse.

Da una frase dell'ultimo articolo del Poggi nell'*Antologia* (articolo che sicuramente fu riveduto dallo Zannoni) deduco che l'Accademia della Crusca, per non premiare le *Operette morali*, abbia intenzione di violar piuttosto le regole, decretando *spontaneamente* il premio ai *Promessi Sposi* di Manzoni, il quale certamente non è concorso. Ma, vi prego, non parlate per ora di questo mio sospetto, acciocché il parlarne non serva (se mai il sospetto non fosse vero) a suggerire questo partito agli Accademici: bensì serbatelo a memoria, come una predizione, per tenermene conto a suo tempo.

Di Gioberti non ho più nuove da un pezzo, e conosco che non riceve le mie lettere. Saluto tutti i buoni amici, e specialmente Montani, Forti, Capei,[3] Tommaseo. Non lasciate, vi supplico, di ricordarmi a ciascuno di loro *in particolare*. Vogliatemi bene; e se ci sono Santi che impetrino la morte a chi la desidera, raccomandatemi a quelli. Addio addio. Vi abbraccio. A Giordani scrissi poco fa. Il vostro Leopardi.

Sapreste voi darmi notizie fresche di Brighenti? il quale non mi ha mai spedito il pacco de' miei libri.

3 Francesco Forti, economista e letterato; Pietro Capei, giurista e filologo.

Recanati [*17 Aprile*] *1829*

Con molto mio dispiacere manco da gran tempo in qua delle vostre nuove. Alla prima ed ultima vostra dei 12 Gennaio risposi subito con una lunga lettera, nella quale vi ringraziai delle notizie letterarie che mi davate, assicurandovi che mi erano gratissime, specialmente in questa lontananza in cui vivo dal mondo civile, e che le vostre lettere non potevano essere tanto lunghe, che io non le desiderassi più lunghe ancora. Mi rallegravo con voi del vostro modo di scrivere, che mi par chiarissimo e naturalissimo, e vi pregai di non voler più indugiarvi a partecipare al pubblico qualche frutto dell'ingegno e della dottria vostra, rari assai l'uno e l'altro. Molte altre cose vi dissi, delle quali ora non mi ricordo. Sopra tutto vi raccomandai la salute; e di questa veramente sto in pena; quantunque mi persuada che la mia lettera non vi sia mai capitata, e che da questo nasca il vostro silenzio, non da indisposizione. Se la presente vi arriva, scrivetemi più presto e più lungamente che potete, e ditemi degli studi e dello stato vostro. Vieusseux da Firenze mi domanda di voi, vi saluta, desidera qualche vostro articolo per l'*Antologia*, e vorrebbe che costì, potendo, gli trovaste associati. Mio padre, tornato adesso da Roma, vi saluta caramente, e così gli altri miei. Giordani, al quale ho scritto di voi più volte, vi stima assai pel molto bene che ha sentito di voi da chi vi conosce. Addio, caro Gioberti, salutate gli egregi M. e D.[2] Amatemi quanto io v'amo, e non sarà poco; perché io v'amo quanto voi valete.

1 Unica conservata delle lettere indirizzate al Gioberti. Le altre andarono perdute durante la sua prigionia ed esilio.
2 Probabilmente i piemontesi Martini e Dettori.

Firenze 18 Aprile 1829

[...] Permettete che io vi scriva come fratello a fratello; e per maggiore verisimiglianza, come padre a figlio: Voi rispondete sinceramente, a cuore aperto. Non potreste far voi come fece il Botta?[2] Ossia, ricevere un assegnamento mensuale; lavorare a volontà, vendere i lavori; restituire le somme ricevute: tornar da capo, quando mai la vendita del libro non provvedesse ai bisogni futuri. Voi non dovreste sforzare volontà o salute a lavorare; non avreste obblighi o di tempo o di materia: se non che, dovreste far libro, non articoli per giornali; ed in questa condizione avrò incontrato anche il vostro desiderio.

Per agevolare il disegno, io vi propongo di abitare con me; cercherei (e l'ho in mira) una casa che avesse una camera ed uno stanzino per voi: è povera la mia mensa, ma voi siete discreto; e voi vivreste nella mia famiglia come tra parenti amorosi. Né del piccolo dispendio (che perciò farei più del mio proprio) voglio farvi dono; ma voi me ne rimborserete, quando che sia, col prodotto delle vostre opere. Accettando di vivere in mia casa, diminuisco i vostri bisogni. Voi ditemi oltre la casa, il vitto, la servitù, qual somma per mese sarebbe da voi desiderata; e permettete che io la trovi, a quelle condizioni che voi medesimo vorrete prescrivere. Io sarei procurator vostro, dilicato come se trattassi per me; e di ogni cosa vi avviserei prima delle vostre mosse da Recanati: mi abboccherei (se vi piace) col Giordani: farei che la vostra dignità non fusse adombrata, essendomi a cuore quanto la mia propria. [...]

1 Testo integrale in *Epistolario*, ed. Moroncini, V, pp. 219-220.
2 Carlo Botta, autore di *Storia d'Italia dal 1798 al 1814* e *Storia d'Italia continuata da quella del Guicciardini*.

Recanati 26 Aprile 1829

Mio carissimo Generale. Non fidandomi di potere io ringraziarvi abbastanza della cara vostra dei 18, scrivo a Giordani pregandolo che vi ringrazi ancora egli in mio nome. Il rimedio che voi mi proponete, d'imitare il Botta, ha moltissimi vantaggi; ma vi confesso ch'io non mi so risolvere a pubblicare in quel modo la mia mendicità. Il Botta ha dovuto farlo per mangiare: io non ho questa necessità per ora; e quando l'avessi, dubito se eleggerei prima il limosinare o il morir di fame. E non crediate che questa mia ripugnanza nasca da superbia; ma primieramente quella cosa mi farebbe vile a me stesso, e così mi priverebbe di tutte le facoltà dell'animo; poi non mi condurrebbe al mio fine, perché stando in città grande non ardirei comparire in nessuna compagnia, non godrei nulla, guardato e additato da tutti con misericordia. Io desidero poi sommamente di vivere vicino a voi o con voi, ma viver del mio, non altrimenti. Non rifiuto già d'aver debito con voi; anzi protesto che, e per tanti vostri favori passati, e per questa offerta cordialissima e liberalissima, vi ho ed avrò debito ed obbligo perpetuo. Se non accetto il partito, spero che non ve lo riputerete a torto; perché non ho amico né parente così stretto dal quale potessi accettar condizioni simili; né anche da mio padre ne accetterei, se quel che ho da mio padre non mi fosse dovuto. — Oltre il bisognevole per l'abitazione e il vitto, pochi altri danari (tre o quattro monete il mese) potrebbero bastarmi; perché del vestire sarei provveduto sufficientemente da casa. E in tutto, con un dugento o pochi più scudi l'anno, potrei pur vivere. Ma non vorrei che vi prendeste troppo pensiero e troppa pena di questa cosa: perché alla fine (intendo benissimo) se è difficile procacciar mantenimento a uno che possa fare, che sarà procacciarlo a chi, per cagione o della salute o d'altro, non può far nulla?

Voi non mi dite niente della salute vostra. Il silenzio mi par segno buono; ma pure amerei di saper di certo che state bene. E come va la Storia? Rileggendo la vostra lettera m'intenerisco a veder tanta vostra sollecitudine e tanto affetto. Siate certo che voi non fate poco per me, poiché mi amate.

CCXLIV · AD ADELAIDE MAESTRI, PARMA[1]

Recanati 22 Luglio 1829

[...] La mia salute è poco buona; ma non vi mettete in pena per questo: il mio male non è mortale, né di quelli che danno speranza di rendersi tali in breve. I mali secondari d'infiammazione (de' quali in Recanati io non aveva patito mai) sono, si può dir, cessati; ma il principale, che consiste in uno sfiancamento e una *risoluzione* de' nervi (e che era cominciato qui), con quest'aria, coll'eccesso dell'ipocondria, colla mancanza d'ogni varietà e d'ogni esercizio, è cresciuto in maniera, che non solo non posso far nulla, digerir nulla, ma non ho più requie né giorno né notte. Dell'animo però sono tranquillissimo sempre, non per filosofia, ma perché non ho più che perdere né che sperare. Quante cose vorrei dirvi! ma in due giorni non sono potuto andar più oltre di queste poche righe. Vi raccomando caldamente la salute vostra, e l'allegria.

1 Testo integrale in *Tutte le op.*, cit., I, p. 1343.

CCXLV · A GIAMPIETRO VIEUSSEUX, FIRENZE

[Recanati] 28 Agosto [1829]

Per richiamarmi alla vostra memoria fo prova di scrivere, mio caro Vieusseux; e in tre o quattro giorni (!!) forse verrò a capo di fare una corta lettera. Vidi il centesimo fascicolo dell'*Antologia*, me ne rallegrai, e vi fo i miei complimenti sinceri sopra la nobile e generosa franchezza, la schiettezza, la filantropia, la giustezza delle vedute, che splendono nel vostro *Discorso ai compilatori*. Vi assicuro che quando io ricevo un fascicolo dell'*Antologia*, mi par di ricevere, non un Numero di giornale, ma un libro. E secondo me il vostro Giornale è già in istato, non più solamente di *giovare*, ma di *fare onore* all'Italia.

Quando mi scriverete, sappiatemi dire, vi prego, in che mese del 1830 si dee fare l'aggiudicazione del premio quinquennale della Crusca.

Ebbi la vostra carissima dei 21 Maggio, e vi ringrazio cordialmente delle nuove che mi davate di letteratura e degli amici. Altrettanto vi prego di fare ogni volta che mi scriverete. Intanto ricordatemi e fate i miei saluti cordiali a Montani, Forti, Colletta, Gino, Cioni, Capei, Valeriani, Jesi, Pieri, Tommaseo, ed al conte Gommi.[1] Scrivendo io costà sì di rado, non ho torto di nominarli qui ad uno ad uno, per dimostrare che di ciascheduno mi ricordo, e che ciascuno mi sta a cuore.

Anche avrei carissimo se per mezzo de' vostri corrispondenti di Torino poteste avere qualche notizia del buon Gioberti, dal

---

1 Sono gli amici della cerchia del Vieusseux (Gino è Capponi): Gaetano Cioni (1760-1851), filologo e scienziato; Samuele Jesi (1789-1853), incisore in rame; Mario Pieri (1776-1852), matematico e letterato; Nicola Gommi Flamini, traduttore di Byron.

quale non ho risposta alle mie lettere, e sapendo che sputò sangue ed ebbe altre gravi indisposizioni a Milano, temo pur troppo fortemente che sia o malato o morto.

Fatemi poi la grazia di dire a Giordani che all'ultima che ho di lui, dei 15 Giugno, risposi ai 3 di Luglio; e che il suo tanto lungo silenzio mi tiene angustiato e afflitto.

Seguite, mio carissimo Vieusseux a beneficare l'Italia e l'umanità, ed a voler bene a me, che vi amo, come sapete, con tutto il cuore. Addio: vi abbraccio teneramente. Già si sa che, scrivendomi, prima di ogni altra cosa mi darete le nuove vostre. Addio addio. Il vostro Leopardi.

CCXLVI · A CARLO BUNSEN, ROMA[1]

Recanati 5 Settembre 1829

Mio pregiatissimo Signore ed Amico. Mio padre[2] il quale ama d'immaginarsi che nella casa paterna io stia meglio che altrove, le ha dato del mio stato un'idea ben diversa dal vero. Non solo i miei occhi, ma tutto il mio fisico, sono in istato peggiore che fosse mai. Non posso né scrivere, né leggere, né dettare, né pensare. Questa lettera sinché non l'avrò terminata, sarà la mia sola occupazione, e con tutto ciò non potrò finirla se non fra tre o quattro giorni. Condannato per mancanza di mezzi a quest'orribile e detestata dimora, e già morto ad ogni godimento e ad ogni speranza, non vivo che per patire, e non invoco che il riposo del sepolcro.

Sono dovuto entrare in questi noiosi dettagli per iscusarmi con Lei del mio tardo rispondere alla sua favoritissima dei 7 Agosto, ed ancora per discolparmi se non corrispondo al gentilissimo invito che Ella mi fa di scrivere pel nuovo Giornale archeologico[3]. Intanto le dirò con tutta sincerità che l'impresa, secondo il mio debole giudizio, non avrebbe potuto essere né meglio concepita, pensata e disegnata, né più egregiamente condotta. [...]

1 Testo integrale in *Tutte le op.*, cit., I, p. 1334.
2 Monaldo e Bunsen si erano incontrati a Roma.
3 Il «Bullettino di corrispondenza archeologica», organo dell'Istituto archeologico prussiano.

CCXLVII · DI PIETRO COLLETTA[1]

Firenze 31 Ottobre 1829

Amico mio. Una vostra lettera scritta al Giordani mi ha recato dolore e tenerezza. Oh povero il nostro amico infermo e afflitto! e poveri ancora noi che non possiamo da vicino soccorrerlo della nostra assistenza, e della pietà che ne sentiamo! L'aria di Toscana è meno malvagia per voi; e se voi poteste immaginare il modo di respirarla, e sol mancasse qualcosa per lo adempimento, confidate i vostri pensieri a me, amico vostro, tenero e discreto. Questo è il motivo del presente foglio; e il foglio è secreto: io non dirò a veruno di averlo scritto.

[...] Benché ammalato, ho fatto lungo lavoro: il morbo che mi travaglia disdegna combattere cosa tenuissima quanto il mio capo. Ho scritto due libri; e gli altri due, soli che rimangono, avranno, spero, compimento l'anno venturo. Ma non vorrei pubblicar l'opera[2] prima che voi l'aveste letta e corretta. Cento volte ho affrontato pericoli di vita senza paura; ma il presentare al pubblico dieci libri di storia, mi fa tremare. Ed ora che un certo gusto, tanto lontano dal mio stile, va per la Italia fastoso e vincitore, non è possibile che piacciano i miei libri. Ho sempre sperato che incontro alle pazzie della moda, sorgesse in due monumenti il senno del Giordani e del Leopardi, e che noi scrittorelli potessimo posare all'ombra di coteste moli. Ma l'uno non vuole, l'altro infine non potrà; i pochi e deboli resteranno esposti alle saette del romanticismo. [...]

---

1 Testo integrale in *Epistolario*, ed. Moroncini, v, pp. 257-58.
2 La citata *Storia del Reame di Napoli*.

Recanati 22 Novembre 1829

Mio caro Generale. La vostra dei 31 di Ottobre mi ha recato un gran conforto, e come nuovo segno della pietà vostra verso di me, e più ancora perché mi ha racquietato un poco circa la vostra salute, della quale io stava in gran pena. Ora ne ho buona speranza, perché mi pare d'aver potuto conoscere che la stagione fredda vi si conviene finalmente meglio che la calda. Voi sì veramente avete bisogno di moli, come dite, da stare all'ombra. La mole e il monumento, *aere perennius*[1] sarà la vostra Storia, alla quale mi rallegro che sieno cresciuti due libri: e Dio sa quanto goderei a sentirla leggere. Ma vi giuro che io non veggo né possibilità né speranza di lasciare questo esecrato soggiorno: sebbene oramai l'orrore e la disperazione del mio stato mi condurrebbero, per uscire di questo Tartaro, a deporre l'antica alterezza, ed abbracciare qualunque partito, accettare qualunque offerta: ma, fuorché morire, non veggo compenso possibile, non essendo buono a far nulla. Intanto dell'invito amoroso che voi mi fate, vi ringrazio teneramente, e quasi con lagrime, infinite volte; ed altrettante vi raccomando la salute vostra, preziosa all'Italia, e cara a me più che la mia vita, alla quale desidero voi superstite lungamente. Scrivetemi più che potete; salutate Gino[2] e Giordani nostro, il quale non mi risponde più, o che le sue lettere si perdono. Addio, addio con tutto il cuore. Il vostro amante e riconoscente Leopardi.

1 «Più duraturo del bronzo», Orazio, *Odi*, III, 30, I.
2 Capponi.

1830

CCXLIX · DI GIAMPIETRO VIEUSSEUX[1]

Firenze 7 Gennaio 1830

[...] Il Colletta vi avrà detto che va crescendo giornalmente il nostro desiderio di rivedervi in Toscana: che noi insisteremo per farvici tornare. Caro Leopardi, conviene ormai di lasciar passare questo inverno così atrocemente freddo; ma subito che colla primavera torneranno colle forze il coraggio e la speranza, allora ne riparleremo sul serio. Ne parlerò prima a voce col Colletta in un abboccamento che avrò presto seco lui a Livorno. [...]

1 Testo integrale in *Epistolario*, ed. Moroncini, V, pp. 262-64.

CCL · A GIAMPIETRO VIEUSSEUX, FIRENZE[1]

[Recanati] 8 *[Gennaio]* 1830

Mio carissimo Vieusseux. Si avvicina il tempo della decisione della Crusca circa il premio quinquennale. Vi prego molto che raccomandiate l'affar mio a tutti quegli amici che giudicherete potermi giovare. Se io spero alcun poco, spero solamente in voi ed in loro. [...]

---

1 Testo integrale in *Tutte le op.*, cit., I, p. 1346.

CCLI · DI GIAMPIETRO VIEUSSEUX[1]

Firenze 13 Febbraio 1830

[...] Mio buon amico, nulla di molto consolante abbiamo da dirvi intorno all'affare del premio:[2] il Botta[3] l'ha ottenuto, e voi avete l'*accessit*; ma l'*accessit* non è che un complimento sterile, che ad ogni modo non vi poteva essere negato; e la giustizia voleva almeno che si dividesse il premio, dandone la metà allo storico piemontese per l'importanza dell'argomento e la mole dell'opera, ed a voi l'altra metà per i pregi della lingua e dello stile, principal cosa che dovrebbe contemplare l'Accademia, istituto della quale è la lingua e non le scienze storiche. La vostra causa è stata difesa dal Capponi e dal Niccolini, ed anche lo Zannoni[4] s'è mostrato giusto a vostro riguardo; ma cosa sperare da tutti quei Canonici che formano il resto di quel consesso? A dirvela schiettamente, io poco sperava, sapendo quanto poco sono capaci quei Canonici di apprezzare il merito intrinseco dei vostri scritti; e quanto fossero capaci di apprezzarlo, come lusingarsi di trovarli imparziali? [...]

---

1 Testo integrale in *Epistolario*, ed. Moroncini, v, pp. 266-68.
2 Indetto dall'Accademia della Crusca.
3 Il premio fu vinto da Carlo Botta con l'opera *Storia d'Italia dal 1798 al 1814.*
4 G.B. Niccolini (1782-1861), tragediografo autore di *Nabucco*, *Arnaldo da Brescia* e altre opere; G.B. Zannoni (1774-1832), autore di una *Storia dell'Accademia della Crusca*, della quale fu segretario.

Recanati 21 Marzo 1830

Mio carissimo amico. Son risoluto, con quei pochi danari che mi avanzarono quando io potea lavorare, di pormi in viaggio per cercar salute o morire, e a Recanati non ritornare mai più. Non farò distinzion di mestieri; ogni condizione conciliabile colla mia salute mi converrà: non guarderò ad umiliazioni; perché non si dà umiliazione o avvilimento maggiore di quello ch'io soffro vivendo in questo centro dell'inciviltà e dell'ignoranza europea. Io non ho più che perdere, e ponendo anche a rischio questa mia vita, non rischio che di guadagnare. Ditemi *con tutta sincerità* se credete che costì potrei trovar da campare dando lezioni o trattenimenti letterarii *in casa*; e se troverei presto; perché poco tempo mi basteranno i danari per mantenermi del mio. Dico lezioni letterarie di qualunque genere; anche infimo; di lingua, di grammatica, e simili. E vorrei che mi rispondeste subito che potrete, perch'io partirò presto, e secondo la vostra risposta determinerò se debbo voltarmi a Firenze, o cercare altri barlumi di speranza in altri luoghi. Addio, caro e prezioso uomo. Avrete già la mia dei 3. Salutate Giordani, Colletta, Montani, e tutti gli amici. Vi abbraccia e vi bacia teneramente il vostro Leopardi.

Vi fo questa domanda circa il dar lezioni, perché comporre, scrivere, leggere, io non posso. Potrei dar lezioni, o sia tenere scuola, facendo leggere ad altri.

CCLIII · DI PIETRO COLLETTA[1]

Firenze 23 Marzo 1830

Ho indugiato qualche giorno a rispondere, perché Giordani e Vieusseux, motivi al vostro foglio, mi accertavano di avervi scritto; e perché io sentiva di esser vicina la fine di una faccenda da comunicarvi. Ed è finita. Sta poi a Voi, amico mio, venire a viver tra noi, provvedere alla vostra salute, compiacere i vostri amici. Mi diceste una volta che 18 francesconi al mese bastavano al vostro vivere: ebbene 18 francesconi al mese Voi avrete per un anno, a cominciare, se vi piace, dal prossimo aprile. Io passerò in vostre mani, con anticipazione da mese a mese, la somma suddetta; ma non avrò altro peso ed uffizio che passarla: nulla uscirà di mia borsa: chi dà non sa a chi dà; e Voi che ricevete, non sapete da quali. Sarà prestito qualora vi piaccia di rendere le ricevute somme; e sarà meno di prestito, se la occasione di restituire mancherà: nessuno saprebbe a chi chiedere; Voi non sapreste a chi rendere. Nessuna legge vi è imposta. Voglia il buon destino d'Italia che Voi, ripigliando salute, possiate scrivere opere degne del vostro ingegno; ma questa mia speranza non è obbligo vostro. Solamente Vi prego di portar con Voi le tante pagine di pensieri scritti, per frugar dentro e vedere se la salute vi bastasse a pubblicar qualcosa, che certamente darebbe, per il merito e il nome, frutto a vivere negli anni avvenire. Ma che che sia del futuro, un anno di aria giovevole, tra cari amici, in stanza grata, sarà per Voi buona villeggiatura, e sospensione a' vostri mali ed alle vostre afflizioni. [...]

1 Testo integrale in *Epistolario*, ed. Moroncini, V, pp. 272-73.

Recanati 2 Aprile 1830

Mio caro Generale. Né le condizioni mie sosterrebbero ch'io ricusassi il benefizio, d'onde e come che mi venisse, e voi e gli amici vostri sapete beneficare in tal forma, che ogni più schivo consentirebbe di ricever benefizio da' vostri pari. Accetto pertanto quello che mi offerite, e l'accetto così confidentemente, che non potendo (come sapete) scrivere, e poco potendo dettare, differisco il ringraziarvi a quando lo potrò fare a viva voce, che sarà presto, perch'io partirò fra pochi giorni. Per ora vi dirò solo che la vostra lettera, dopo sedici mesi di notte orribile, dopo un vivere dal quale Iddio scampi i miei maggiori nemici, è stata a me come un raggio di luce, più benedetto che non è il primo barlume del crepuscolo nelle regioni polari.

Io abitai costì tre mesi in via del Fosso (che è confusa per lo più con via Fiesolana), al numero 401, primo piano, con certe signore Busdraghi, buone persone e discrete. Se avrete tanta bontà di mandare a queste a chiedere se hanno camera *per me* che sia disoccupata, e in caso che l'abbiano, farmene avere avviso a *Bologna*, mi farete cosa carissima ed utile, perch'io andrò diritto a smontare a quell'alloggio. In caso che non l'abbiano, basterebbe senz'altro scrivere, che vi compiaceste di fare avvisare quelli della Fontana che vedano di tenermi libera la camera che io abitava.

Addio, mio caro Generale. Non vi chiedo né della salute vostra né della Storia, perché spero di parlarvene presto, e ne parleremo assai. Il vostro Leopardi.

Se mi scrivete a Bologna, piacciavi di scrivere posta ferma, altrimenti volterebbero la lettera a Recanati.

CCLV · A PAOLINA LEOPARDI, RECANATI[1]

Firenze 18 Maggio 1830

Cara Pilla. Il ritratto è bruttissimo:[2] nondimeno fatelo girare costì, acciocché i Recanatesi vedano cogli occhi del corpo (che sono i soli che hanno) che *il gobbo de Leopardi*[3] è contato per qualche cosa nel mondo, dove Recanati non è conosciuto pur di nome. L'accluso vi potrà servire per la ricupera del pacco, avendo occasioni per Ancona. La Tommasini non ha ricevuto ancora la mia lettera, dopo tante cure usate pel recapito. Pochi mesi fa, corse voce in Italia che io fossi morto, e questa nuova destò qui un dolore tanto generale, tanto sincero, che tutti me ne parlano ancora con tenerezza, e mi dipingono quei giorni come pieni d'agitazione e di lutto. Giudicate quanto io debba apprezzare l'amicizia di tali persone. Io sto della testa al solito affatto, del resto benino. Saluti già s'intendono, anche a D. Vincenzo. Scriverò presto a Mamma. Dì a Carlo che mi scriva.

1 Leopardi era ritornato a Firenze il 10 maggio.
2 È l'unico ritratto di Leopardi, eseguito a matita da Luigi Lolli nel '25 e riprodotto in rame dall'incisore Guadagnini.
3 Così era chiamato a Recanati.

[*Firenze*] *28 Maggio* [*1830*]

Cara Mamma. Sono stato ammalato del reuma che ho portato meco, né più né meno di quel ch'io fossi costì in quei brutti assalti ch'io ne pativa. Ora sto meglio, e ieri fui a pranzo in villa dal Ministro Corsini,[1] che manda ogni giorno a informarsi della mia salute.

Ricevo la cara loro dei 18. Godo assaissimo che le febrette del Papà siano cessate. Volesse Iddio che i miei mali fossero di sola fantasia perché la mia ciera è buona. Pare impossibile che si accusi d'immaginaria una così terribile incapacità d'ogni minima applicazione d'occhi e di mente, una così completa infelicità di vita, come la mia. Spero che la morte, che sempre invoco, fra gli altri infiniti beni che ne aspetto, mi farà ancor questo, di convincer gli altri della verità delle mie pene. Mi raccomandi alla Madonna, e le bacio la mano con tutta l'anima.

1 Il Consigliere di Stato Neri Corsini (1805-1859).

CCLVII · AD ANTONIETTA TOMMASINI, PARMA

[Firenze] 19 Giugno [1830]

Mia cara Antonietta, mia cara Adelaide. Della mia salute eccovi brevemente. *Tutti* i miei organi, dicono i medici, son sani; ma *nessuno* può essere adoperato senza gran pena, a causa di una estrema, inaudita *sensibilità*, che da tre anni ostinatissimamente cresce *ogni giorno*: quasi ogni azione, e quasi ogni sensazione mi dà dolore. Godo assaissimo che la salute vostra sia tollerabile. Son venuto qua (dove ho pur quantità di amici) per ragioni che sarebbe lungo a dire: starò finché dureranno i miei pochi danari; poi l'orrenda notte di Recanati mi aspetta. Non posso più scrivere. Vi saluto tenerissimamente tutti.

CCLVIII · A PAOLINA LEOPARDI, RECANATI

[*Firenze*] 15 *Novembre* [1830]

Cara Pilla. Quel forestiero che ha voluto l'*Eusebio*, è un filologo tedesco,[1] al quale, dopo molte sedute, ho fatto consegna formale di tutti i miei mss. filologici, appunti, note ec., cominciando dal *Porphyrius*.[2] Egli, se piacerà a Dio, li redigerà e completerà, e li farà pubblicare in Germania; e me ne promette danari, e un gran nome. Non potete credere quanto mi abbia consolato quest'avvenimento, che per più giorni mi ha richiamato alle idee della mia prima gioventù, e che, piacendo a Dio, darà vita ed utilità a lavori immensi, ch'io già da molt'anni consideravo come perduti affatto, per l'impossibilità di perfezionare tali lavori in Italia, pel dispregio in cui sono tali studi tra noi, e peggio pel mio stato fisico. Quel forestiero mi ha trombettato in Firenze per tesoro nascosto, per filologo superiore a tutti i filologi francesi (degl'italiani non si parla, ed egli vive a Parigi); e così dice di volermi trombettare per tutta l'Europa. Credo che non andrò più a Pisa, perché mi annoia assai quel travasamento. Se qualcuno di costà scrive a Melchiorri, gli dica che mi mandi le firme o i nomi degli associati[3] che ha fatti, se non vuol che mi sieno inutili, essendo io sul punto di farne uso. Da lui non so nulla. Addio addio. Abbraccio tutti.

1 Luigi De Sinner, in realtà era svizzero. Cfr. *Nota sui corrispondenti*, p. 583.
2 Per l'*Eusebio* vedi pag. LI e per il *Porphyrius* vedi pag. XXIII.
3 Dei sottoscrittori dell'edizione dei *Canti*, di cui era appena stato diffuso il manifesto.

1831

CCLIX · DI MONALDO LEOPARDI[1]

Recanati 21 Marzo 1831

Mio Car.mo Figlio. Come vi scrissi nello scorso ordinario, il Consiglio di questa città, in rappresentanza di tutto il Distretto, dovendo eleggere un Deputato per l'Assemblea Nazionale di Bologna, elesse voi con assoluta unanimità di voti, e coi modi più lusinghieri. Oggi la Magistratura vi scriverà d'uffizio avvisandovi che troverete le credenziali a Bologna. Non ho potuto impedire tale elezione sulla quale non si volle che aprissi bocca, e in fondo non mi è dispiaciuto che la Città vi abbia dimostrata la sua fiducia. Sarei però molto dolente se vi vedessi accettare l'incarico in questi momenti di somma incertezza nei quali ogni uomo saggio pensa a non compromettere se stesso e la sua Famiglia. [...]

1 Testo integrale in *Epistolario*, ed. Moroncini, VI, pp. 54-55. I moti rivoluzionari del '31 si erano propagati dall'Emilia alle Marche e anche a Recanati era stato costituito un Comitato provvisorio.

CCLX · A MONALDO LEOPARDI, RECANATI[1]

Firenze 29 Marzo [1831]

Mio caro Papà. Spero ch'Ella sarà contenta dell'acclusa,[2] ch'Ella suggellerà. Desidero però sommamente che la città e la provincia si scordino ora totalmente di me e de' miei: creda per certo che non possono farci cosa più vantaggiosa. Io sto benino. Gli austriaci sono a Rimini. Io le scrissi già pochi ordinarii addietro. Il suo Giacomo.

Fatta la risposta, vedo per notizie più recenti, che forse gli Austriaci saranno costì prima della presente. Credo perciò bastare, che Ella medesima risponda questo in mio nome, aggiungendo tutto ciò che le parrà convenevole. [...]

1 Testo integrale in *Tutte le op.*, cit., I, p. 1356.
2 È la lettera seguente.

Firenze 29 Marzo 1831

Illustrissimo Comitato. Sono infinitamente sensibile all'onore fattomi dalle V.ᵉ Signorie Illustrissime e dal Consiglio di cotesta Città, di eleggermi a loro Rappresentante nell'Assemblea nazionale che era per tenersi a Bologna, secondo mi viene notificato dal lor venerato dispaccio del 21 cadente. Suppongo ora le SS. VV. informate della occupazione di Bologna fatta già molti giorni addietro dalle truppe austriache, e della partenza del Governo Provvisorio da quella città, per porre la sua residenza in luogo più sicuro. Di questo luogo, il quale anco sembra cambiarsi di giorno in giorno, non è facile qui aver notizia precisa, e impossibile poi sarebbe ottenere passaporti a quella volta. Le circostanze cambiate rendono dunque, almeno per il momento, ineseguibili le disposizioni delle SS. VV. Ill.me a me relative, ma non distruggono né la gratitudine ben viva che io sento alla confidenza dimostratami da esse SS. VV., né il desiderio ardentissimo di servire cotesta mia patria, a qualunque mio costo e fatica, ogni volta che lo consentano i tempi, e che l'opera mia non paia dover essere, come in questo caso, del tutto fuori di luogo.

Sono con profondo rispetto delle Signorie Vostre Illustrissime umilissimo devotissimo obbligatissimo servitore Giacomo Leopardi.

[*Firenze*] *Il dì 1° Aprile 1831*

Amico mio carissimo. Questo è l'ultimo pagamento,[1] perché il dodicesimo. La mala fortuna mi ha colpito mortalmente nelle mie più gradite inclinazioni; però che oggi sentirei gioia grandissima nel torre a voi le sollecitudini moleste del vivere materiale, e lasciarvi il pensiero, libero di cure e sereno. Lo avrei potuto molti anni fa; oggi nol posso, perché io stesso, amico mio, stento la vita con la mia famiglia; e misuro per ogni spesa (pur quella delle medicine) il poco più, o meno. Vi dico ciò, non certamente per attristarvi, ma perché, senza queste mie necessità, conoscer voi ed abbandonarvi, mi sembrerebbe peccato.

Possa l'Italia pregiar l'opere vostre quanto esse meritano, ed arricchirvi. Il quale mio voto suppone l'altro, che io fo caldissimo, di vedervi ristabilito in salute, ed occupato a publicare i lavori che avete nello scrigno, gli altri che avete in mente.

Amen. E caramente, come padre a figliuolo, vi stringo al seno. Vostro amicissimo per la vita.

1 L'ultima rata dell'aiuto finanziario degli «amici di Toscana».

CCLXIII · AD ANTONIO RANIERI, FIRENZE[1]

[Firenze, prima dell'Ottobre 1831]
Fa' bene intendere al servitor di piazza che si tratta di donne
e non d'altro: non potrebbe egli essere una spia? Pensaci molto. Vorrei vederti innanzi che tu vada dalla Targioni.[2]

1 Per Antonio Ranieri, cfr. *Introduzione*, p. LXXXII.
2 Fanny Targioni-Tozzetti. Cfr. *Introduzione*, p. LXXXV.

CCLXIV · A GIOVANNI ROSINI, PISA[1]

Firenze 24 Maggio 1831

Amico carissimo. Una bella signora,[2] che ha una ricca collezione di autografi d'uomini illustri *d'ogni genere*, mi ha istantemente pregato a procurargliene quanti più posso. Voi avete un'immensa corrispondenza, avete conosciuto e conoscete quasi tutti gli uomini più famosi del nostro tempo; di più siete onnipotente in Pisa, e potete ottenere costì da altri tutto ciò che volete: finalmente siete buon cavaliere e cortese verso le belle signore; fatemi dunque la grazia di vedere tra le vostre carte se potete disfarvi di qualche lettera di persona illustre, e di cercare anco se costì se ne trovassero presso altri che volessero compiacervene. [...]

1 Testo integrale in *Tutte le op.*, cit., I, p. 1359.
2 Fanny Targioni-Tozzetti.

[*Firenze*] *2 Luglio* [*1831*]

Cara Pilla. Ho ricevuto il pacco in perfetto stato,[1] e ne ringrazio di cuore tutti voi. Il ritratto[2] bisogna certamente spedirlo sotto fascia, come stampa. S'io dissi *con sopraccarta*, intesi dire aperta alle estremità, cioè una fascia grande. Il cannellino, o qualche altra cosa dura, mi piacerebbe perché il ritratto non si ammaccasse: se la posta non lo vuole, levalo via: ma credo che la difficoltà non sia qui; basta che il rame passi per una stampa e non per un pacco, il che si ottiene col lasciarlo vedere.

Charlotte Bonaparte[3] est une charmante personne; pas belle, mais douée beaucoup d'esprit et de goût, et fort instruite. Elle dessine bien, elle a de beaux yeux. J'allai la voir hier au soir pour la troisième fois; elle avait été malade pendant plusieurs jours. Elle me pria d'inscrire mon nom dans son Album: cela signifie que je dois lui faire un compliment par écrit. Comme je n'aime pas les impromptus, je demandai du tems. Elle me fit promettre que je retournerais ce soir, préparé ou non.[4]

Adieu, ma chère Pille. Io, grazie a Dio, sto bene, benché sempre debole sempre incapace di godere, non potendo né leg-

1 Contenente le lettere autografe di persone illustri da regalare a Fanny.
2 È l'incisione in rame del Guadagnini.
3 Charlotte Bonaparte (1802-1839), figlia di Giuseppe ex re di Spagna, vedova di Napoleone Luigi. Il suo salotto fiorentino era frequentato da artisti e letterati di tendenze progressiste.
4 «Ch.B. è affascinante, non bella ma di molto spirito e di gusto e molto colta. Disegna bene, ha due begli occhi. Sono andato a visitarla ieri sera per la terza volta. Era stata ammalata per parecchi giorni. Mi ha pregato di firmare il suo Album: ciò significa che devo farle un complimento per iscritto. Ma poiché io non amo le improvvisazioni le ho chiesto di riflettere. Mi ha fatto promettere che tornerò stasera, preparato o no».

gere né scrivere né camminar molto, ed essendomi strapazzo ogni divertimento. Abbraccio il mio Carlo e Pietruccio (del quale perché non mi parli?), e a Babbo e a Mamma bacio la mano. Adieu, ma chère Pillule.

CCLXVI · A MONALDO LEOPARDI, RECANATI[1]

[*Firenze*] 8 *Luglio* [*1831?*]

Dio sa quanto le son grato de' suoi avvertimenti circa il mio libro. Io le giuro che l'intenzione mia fu di far *poesia in prosa*, come s'usa oggi; e però seguire ora una mitologia ed ora un'altra, ad arbitrio; come si fa in versi, senza essere perciò creduti pagani, maomettani, buddisti ec. E l'assicuro che così il libro è stato inteso generalmente, e così coll'approvazione di severissimi censori teologi è passato in tutto lo Stato romano liberamente, e da Roma, da Torino ec. mi è stato lodato da dottissimi preti. Quanto al correggere i luoghi ch'Ella accenna, e che ora io non ho presenti, le prometto che ci penserò seriamente; ma ora vede Iddio se mi sarebbe *fisicamente* possibile, non dico di correggere il libro, ma di rileggerlo. Una dichiarazione o protesta che pubblicassi, creda Ella all'esperienza che ormai ho di queste cose, che non farebbe altro che scandalo, e quel che vi fosse di pericoloso nel libro, non ne diverrebbe che più ricercato, più osservato, e più nocivo. Godo, e molti godranno, della pubblicazione del *Memoriale*.[2] Non amerei che il ritratto andasse fuori, tra quelli che non mi conoscono: è troppo brutto. Se sarà mandato a Roma, lo stampatore, malgrado di qualunque patto, ne tirerà copie per sé, come accade sempre.[3] Io, grazie a Dio, sto benino; ma occhi e testa non riguadagnano un atomo. Il suo Giacomo.

1 Risponde a una lettera perduta del padre che esprimeva il suo dissenso dalle teorie esposte nelle *Operette*.
2 *Memoriale di frate Giovanni di Niccolò da Camerino, scritto nell'anno 1371*, fascicolo I, Ancona, Baluffi, 1828. Contraffazione trecentesca di Monaldo Leopardi.
3 Non si sa a quale scopo Monaldo volesse mandare a Roma il ritratto del figlio.

CCLXVII · DI GIAMPIETRO VIEUSSEUX[1]

Firenze dì 8 Ottobre 1831

Carissimo Leopardi. A quest'ora sarete arrivato a Roma;[2] e spero, rinvigorito dal viaggio. Ma non voglio aspettare una vostra lettera per ripetervi quanto ci affligge la vostra partenza; e per darvi nuove del buon generale.[3] Egli gradì immensamente la vostra lettera; e la delicata attenzione di non esporlo al dolore dell'addio. Vorrei potervi dire ch'egli sta meglio; ma v'ingannerei. [...]

A tutti gli amici ho fatto le vostre parti, e tutti vi salutano cordialmente ... a tutti poi riuscì inaspettata la vostra mossa verso Roma — e subito il gran cerchio delle conghietture. Chi vi vuol Direttore degli studi, chi Monsignore, chi Cardinale; vi è chi di voi vorrebbe fare un Papa; ma più d'ogni altra cosa tutti vi vorrebbero sulle sponde d'Arno. Per me vi desidero dove più sarete felice e fortunato; *primo ti e poi mi*. [...]

---

1 Testo integrale in *Epistolario*, ed. Moroncini, VI, pp. 96-97.
2 Leopardi e Ranieri erano partiti per Roma il 1° ottobre.
3 Colletta morì l'11 novembre.

CCLXVIII · DI CARLOTTA LENZONI[1]

Firenze il dì 14 Ottobre 1831

[...] L'esservi esposto a questo viaggio mi consola, come una prova che vi siete rimesso in salute, ma d'altronde, spiacemi l'intendere che voi contiate di stabilirvi a Roma, e di lasciare per sempre Firenze, questa sarebbe un'ingratitudine, e voglio sperare che non sarà vero; frattanto trovandovi in Roma, e essendo in compagnia di Ranieri, al quale pure direte molte cose, in mio nome, amichevoli, non voglio privare uno de' miei più cari amici di conoscervi tutti e due. Ho già prevenuto Tenerani[2] che io vi scrivevo, che sareste andati a trovarlo al suo Studio. [...]

Manzoni a Milano mi domandò di voi ed in particolare sua Madre.[3] Lo trovai meglio in salute, e contento del felice matrimonio di sua Figlia con il giovane Azeglio.[4] [...]

---

1 Testo integrale in *Epistolario* ed. Moroncini, VI, pp. 97-98. Per Carlotta Lenzoni cfr. *Nota sui corrispondenti*, p. 583..
2 Lo scultore Pietro Tenerani (1789-1869), allievo del Thorwaldsen, amico di Carlotta Lenzoni per la quale scolpì la *Psiche abbandonata*.
3 Giulia Beccaria.
4 Massimo D'Azeglio (1798-1866), uomo di stato, letterato e pittore, sposò Giulia, figlia del Manzoni.

Roma 15 Ottobre 1831

Carluccio mio. Ti ringrazio tanto e poi tanto dell'affettuosa curiosità che ti ha dettata la tua lettera.[1] È naturale che tu non possa indovinare il motivo del mio viaggio a Roma, quando gli stessi miei amici di Firenze, che hanno pure molti dati che tu non hai, si perdono in congetture lontanissime. Dispensami, ti prego, dal raccontarti un lungo romanzo, molto dolore e molte lagrime. Se un giorno ci rivedremo, forse avrò forza di narrarti ogni cosa. Per ora sappi che la mia dimora in Roma mi è come un esilio acerbissimo, e che al più presto possibile tornerò a Firenze, forse a marzo, forse a febbraio, forse ancor prima. Ho mandato costà i libri perché a me non servono. Guàrdati, ti scongiuro, dal lasciar trasparire che vi sia mistero alcuno nella mia mossa. Parla di freddo, di progetti di fortuna, e simili. Scusami se sono così laconico: non mi soffre il cuore di dir di più; poi ho una diecina di lettere da scrivere, e gli occhi malati. Salutami la nostra Paolina e la tua Gigia;[2] e informami bene delle ciarle che N. N., e il resto di Recanati, che mi circonda e mi perseguita con visite, inventeranno parlando e scrivendo sul conto mio. Non è il minor dei dolori che provo in Roma, il vedermi quasi ripatriato; tanta parte di canaglia recanatese, ignota in tutto il resto del globo, si trova in questa città. Mi congratulo cordialmente con te de' tuoi risparmi, e ti conforto a seguire. Addio, Carluccio mio caro.

---

1 Lettera perduta in cui il fratello gli chiedeva spiegazioni del suo improvviso trasferimento a Roma.
2 Figlia di Carlo e di Paolina Mazzagalli.

CCLXX · A GIAMPIETRO VIEUSSEUX, FIRENZE

Roma 27 Ottobre 1831

Mio carissimo Vieusseux. Ho avuto dall'ottimo Capobianchi le vostre care degli 8 e 18 corrente, e l'*Antologia* di Luglio, la quale (se voi non mi avvisate altrimenti) vi renderò a Firenze colle altre che vi piacerà di spedirmi.

Ancora non posso dirvi nulla di articoli né di occupazioni letterarie, perché sono affogato di visite, di cerimonie e di noie d'ogni sorta, le quali, in questa capitale della diplomazia, bisogna anche rendere con ogni puntualità: cose che mi fanno disperare. In grosso ho veduto che il vostro fascicolo ultimo è forte di buoni articoli ancor più che l'ordinario. Ho parlato coll'Odescalchi e col Betti: ma per ora non v'è discorso di smettere il *Giornale Arcadico*,[1] del quale anzi mi par che costoro vadano più pettoruti che mai, come di un'opera Europea, di uno strumento della *civilizzazione* e del perfezionamento dell'uomo. Vi ringrazio delle nuove, ancorché dolorose, che mi date del buon Colletta: vi prego a ricordarmegli spesso, e a dirgli mille cose affettuose in mio nome.

Io ho detto costì, prima di partire, a chiunque ha voluto saperlo, e dico qui a tutti, che tornerò a Firenze, passato il freddo; e così sarà, se non muoio prima. Questo amerei che ripeteste a chi parla di prelature o di cappelli, cose ch'io terrei per ingiurie se fossero dette sul serio.[2] Ma sul serio non possono esser dette se non per volontaria menzogna, conoscendosi benissimo

1 Il «Giornale Arcadico» era diretto dal principe Pietro Odescalchi, Salvatore Betti era il segretario.
2 Cfr. *Introduzione* p. LXXXVI.

la mia maniera di pensare, e sapendosi ch'io non ho mai tradito i miei pensieri e i miei principii colle mie azioni.

Mille cordialissimi saluti all'ammirabile Gino, a Montani, a Capei, a Forti; e poi a tutti quelli che possono aver caro un saluto fatto in mio nome. A Giordani ho scritto poco fa. Ranieri vi saluta affettuosamente e vi ringrazia della memoria. Addio, carissimo Vieusseux: vi abbraccio col cuore, e vi prego a volermi bene. Il vostro Leopardi.

CCLXXI · A CARLOTTA LENZONI, FIRENZE

Roma 29 Ottobre 1831

Signora ed Amica pregiatissima. La ringrazio senza fine della carissima sua dei 14, alla quale rispondo tardi perché mi sono trovato e mi trovo propriamente oppresso da visite e da cerimonie che non mi lasciano riposare. Tra gli altri dispiaceri miei nel partir da Firenze, è stato quello di non aver potuto salutar Lei al suo ritorno da Parigi, né parlar lungamente con Lei del suo viaggio, né godere questo inverno della sua conversazione. Dico questo inverno, perché in verità non mi è mai venuto in capo di stabilirmi in Roma, come le hanno detto costì; e l'hanno detto senza mia colpa, perché prima di partire, io ho pur lasciato detto a chiunque ha voluto saperlo, che passato il freddo sarei tornato a Firenze. E ora le ripeto che se non muoio prima (cosa desiderabile molto, ma non probabile), io certissimamente in Febbraio o Marzo tornerò a Firenze. Che se dessi ascolto alla noia che mi fanno questi costumi rancidi, e il veder far di cappello a preti, e il sentir parlar di eminenze e di santità, io sarei uomo di piantar qui tutte queste belle colonne e bei palazzi e belle passeggiate, e ritornarmene costì senza nemmeno aspettare il freddo, che quest'anno non par che voglia affrettarsi.

Ho veduto il bravo ed amabile Tenerani, col quale si è parlato di Lei molto, e se ne parlerà ancora, se lo rivedrò spesso, come mi propongo. Non so se Ella conosca un'altra Psiche ch'egli sta lavorando, e che mi è parsa bellissima, come anche un bassorilievo per la sepoltura di una giovane, pieno di dolore e di costanza sublime.

Giordani mi ha scritto poco fa: ho risposto subito acchiu-

495

dendo la lettera all'Adelaide Maestri per più sicurezza di recapito. Ranieri la ringrazia caramente della memoria, e la riverisce; e io la prego assaissimo a volermi ricordare spesso al Buonarroti, al Forti, a Jesi e generalmente a tutta la sua brava e gentile conversazione. Mi voglia bene, e continui a darmi nuove della sua salute, la quale desidero e spero che si conservi buona come al presente.

E se posso servirle in Roma, mi adoperi.

CCLXXII · A FANNY TARGIONI TOZZETTI, FIRENZE

Roma 5 Dicembre [1831]

Cara Fanny. Non vi ho scritto fin qui per non darvi noia, sapendo quanto siete occupata. Ma infine non vorrei che il silenzio vi paresse dimenticanza, benché forse sappiate che il dimenticar voi non è facile. Mi pare che mi diceste un giorno, che spesso ai vostri amici migliori non rispondevate, agli altri sí, perché di quelli eravate sicura che non si offenderebbero, come gli altri, del vostro silenzio. Fatemi tanto onore di trattarmi come uno dei vostri migliori amici, e se siete molto occupata, e se lo scrivere vi affatica, non mi rispondete. Io desidero grandemente le vostre nuove, ma sarò contento di averle dal Ranieri e dal Gozzani,¹ ai quali ne domando.

Delle nuove da me non credo che vi aspettiate. Sapete che io abbomino la politica, perché credo, anzi vedo che gli individui sono infelici sotto ogni forma di governo, colpa della natura che ha fatto gli uomini all'infelicità; e rido della felicità delle *masse*, perché il mio piccolo cervello non concepisce una *massa* felice composta d'individui non felici. Molto meno potrei parlarvi di notizie letterarie, perché vi confesso, che sto in gran sospetto di perdere la cognizione delle lettere dell'abbiccí, mediante il disuso del leggere e dello scrivere. I miei amici si scandalizzano; ed essi hanno ragione di cercare gloria e di beneficare gli uomini; ma io che non presumo di beneficare, e che non aspiro alla gloria, non ho torto di passare la mia giornata disteso su un sofà, senza battere una palpebra. E trovo molto ragionevole l'usanza dei Turchi e degli altri Orientali, che si

1 Raimondo Gozzani (1807-1880), professore di diritto all'Università di Pisa.

497

contentano di sedere sulle loro gambe tutto il giorno, e guardare stupidamente in viso questa ridicola esistenza.

Ma io ho torto di scrivere queste cose a voi, che siete bella, e privilegiata dalla natura a risplendere nella vita, e trionfare del destino umano. So che ancor voi siete inclinata alla malinconia, come sono state sempre e come saranno in eterno tutte le anime gentili e d'ingegno. Ma con tutta sincerità, e non ostante la mia filosofia vera e disperata, io credo che a voi la malinconia non convenga; cioè che quantunque naturale, non sia del tutto ragionevole. Almeno così vorrei che fosse.

Ho incontrata più volte la contessa Mosti, la quale anche mi ha date le vostre nuove. Addio, cara Fanny: salutatemi le bambine. Se vi degnate di comandarmi, sapete che a me, come agli altri che vi conoscono, è una gioia e una gloria il servirvi. Il vostro Leopardi.

Roma Via de' Condotti, n° 81. 3° piano; 24 Dicembre 1831
[...] Io non potrò mai ringraziarvi abbastanza, mio carissimo
e eccellente amico, di tante e tante pene che voi vi siete date
per far conoscere in questi infelici tempi le mie povere cose.
Sarebbe impossibile trovar persona così zelante della mia riputazione, come la vostra cordialità vi fa essere. Voi avete ragione
quanto alla negligenza del Fiatti: questa è così estrema, che
non solo a Parigi, ma a Siena, 13 leghe da Firenze, egli non ha
mandato ancora un esemplare de' miei *Canti*,[2] avendo in quella
città più di 60 associati. Credo che sia scherzo ciò che voi mi
dite del testamento che avete intenzione di fare in caso che il
Cholera invada la Francia: in ogni modo i miei manoscritti a
me sarebbero inutili, non potendo io applicare più che per lo
passato; e voi, se voleste morire, dovrete farne un legato a
qualche vostro amico dotto e intelligente, che ne disponesse
come credesse meglio.
   Voi aspettate forse ch'io vi dica qualche cosa della filologia
romana. Ma la mia salute qui è stata finora così cattiva, ch'io
non posso darvi alcuna soddisfacente notizia a questo riguardo,
essendo obbligato a tenermi quasi sempre in casa. È ben vero
che spesso mi trovo onorato di visite letterarie, ma queste non
sono punto filologiche, e in generale si può dire che se qui si
conosce un poco più di latino che nell'alta Italia, il greco è
quasi sconosciuto, e la filologia quasi interamente abbandonata
in grazia dell'archeologia. La quale come felicemente possa essere coltivata senza una profonda cognizione delle lingue dotte,

1 Testo integrale in *Tutte le op.*, cit., pp. 1370-71.
2 Usciti nel marzo di quell'anno per l'editore Piatti di Firenze.

lo lascio pensare a voi. Filologi stranieri di grido non si trovano a Roma quest'anno. Io veggo assai spesso il buon Ministro di Prussia, cavalier Bunsen, amico già del povero Niebuhr. Egli ha tutte le settimane in sua casa una società di dotti, della quale io non ho potuto profittare ancora, a causa della mia salute, abitando egli assai distante da me. Egli pubblica, come sapete, insieme con Gerhard[3] (buono e bravo giovane), e con altri dotti italiani e stranieri, gli *Annali* e il *Bullettino d'Archeologia*.[4] Gli ho parlato molto di voi: egli vi conosce per fama, ma non ha veduto ancora dei vostri lavori.

Continuate, vi prego, a darmi le vostre nuove, e a tenermi informato dei vostri disegni e delle vostre speranze. Carissimo amico, voi, conoscendo la mia insufficienza, non mi onorate mai d'alcun vostro comando, mentre da altra parte voi non cessate di adoperarvi a vantaggio mio. Ma se credete che il buon volere possa compensare in qualche modo il poco potere, non mi risparmiate, vi prego. Quando mi scriverete, non mettete sulla lettera l'indirizzo della mia abitazione, perché questo in Italia è causa che le lettere si smarriscono, attesa la negligenza dei porta-lettere. Addio, mio ottimo amico. Conservatevi et amatemi. Il vostro Leopardi.

3 Eduard Gerhard (1795-1867), professore di archeologia all'Università di Berlino.
4 Periodici dell'Istituto archeologico prussiano.

CCLXXIV · A CARLO TROYA, NAPOLI[1]

Roma 29 Dicembre 1831

Chiarissimo Signore ed Amico Veneratissimo. Donna Margherita Altemps[2] le ha raccomandato il bisogno del povero Filippo,[3] ed esposta l'estremità della condizione in cui egli si trova. Lo scriverle ancor io, non è perch'io m'arroghi di poter molto nell'animo suo, né perché creda che bisognino molte preghiere a commuoverlo, ma per venire a parte dell'obbligo in ciò che Ella potrà fare a vantaggio del raccomandato. Io non so qual sia l'opinione sua circa le ragioni che Filippo crede avere di non tornare: solamente posso accertarla che il parer mio è, che Ella, quando le fossero spiegate pienamente, le stimerebbe valide e giuste, eccetto il caso che Filippo potesse (che non potrebbe) tornare per tempo corto. Ma lasciando questo da parte, perché non è materia della quale si possa discorrere con alcun frutto, il povero Filippo, per debiti contratti a fine di vivere questi sei mesi ultimi, e per le necessità urgentissime della giornata, si trova in angustie veramente orribili. Nelle quali insieme con lui mi trovo, posso benissimo dire, ancor io, perché noi due siamo una cosa sola talmente, che io non so più appena immaginare il modo come potessi vivere senza lui. Di questa nostra congiunzione, che è la maggiore che possa essere, non le dirò di più per non essere infinito. Il povero Filippo cercherà via d'impiegarsi in maniera di non aver necessità d'aiuti

1 Carlo Troya, storico napoletano amico del Ranieri; ma i loro rapporti in questo periodo si erano guastati. Cfr. *Nota sui corrispondenti*, p. 583.
2 Margherita Fabbri Altemps, sorella del patriota conte Eduardo Fabbri, amica del Ranieri e del Troya.
3 Pseudonimo di Ranieri per precauzione verso la censura.

dal padre; ma qualche cosa per sovvenire al bisogno presente, e alle spese fatte in sei mesi di totale abbandono, qualche assegnamento,[4] quanto si voglia piccolo, per tempo quanto si voglia breve, ma pure per insino a tanto ch'egli abbia potuto trovar modo di non perire di stento, ogni padre che non sia fiera dovrebbe concederlo, ed io confido moltissimo che l'interposizione di un uomo così autorevole e rispettato com'Ella è, debba indurre il padre di Filippo, anche mal suo grado, a non più negarlo. Conoscendo l'altezza dell'animo suo, sono certo che Ella non è per offendersi della libertà ch'io mi prendo di raccomandarle questa cosa di mio proprio moto e come cosa propria, nonostante le piccole differenze occorse tra Lei e Filippo. Sono breve, perché i miei occhi, come forse Ella sa, ricusano la fatica, e quando fossi distesissimo, non potrei mai raccomandarmele tanto, che fosse abbastanza alla mia sollecitudine. Dico raccomandarmele, perché l'affetto che già da più tempo mi stringe a Filippo, è tale, che le nostre sorti non sono più separabili, e raccomandando lui, raccomando me stesso; il quale vivo in grandissima pena per cagion sua. La ringrazio delle cose tanto affettuose e gentili ch'Ella si è compiaciuta di scrivere per me a Donna Margherita, e l'assicuro che l'animo mio corrisponde sensibilmente alla sua cordialità. Così possa io essere onorato dei suoi comandi, e trovarmi buono a servirla. Suo obbligatissimo servitore ed amico Giacomo Leopardi.

4 *assegnamento*: assegno.

CCLXXV · A CARLO LEOPARDI, RECANATI

Roma, ultimo dell'anno [1831]

Carluccio mio. Ti ho mandato un esemplare de' miei *Canti*[1] per mezzo di Mandolino,[2] il quale essendo venuto a trovarmi sul punto di partire, non potei scriverti allora, anzi riscriverti, perch'io t'aveva già scritto per mandarti la lettera (che ho poi bruciata) per mezzo di Corradi. Desidero che quell'esemplare non sia visto da nessuno fuorché da te, Paolina e Pietruccio; poi sia conservato gelosamente per essere posto a suo tempo nella collezione completa delle mie *opere*: giacché io non ho più altra copia. Permettimi, e non ti sdegnare ch'io taccia ancora sulle cose che tu dimandavi nell'ultima tua. Troppo lungamente dovrei scrivere per informarti del mio stato in maniera sufficiente: del resto, sappi che il venire e lo stare a Roma è stato ed è per me un grandissimo sacrifizio, e non guadagno ma rovina delle mie finanze.

Saprai che il povero Colletta è morto agli 11 di Novembre. Se puoi, fa' sapere in casa che ho riscossi alla Diligenza i 40 scudi,[3] arrivati in tempo debito, ma non consegnati prima per asinaggine di quest'Uffizio. Io sto bene; un poco seccato dei riguardi che per la stagione e per la malattia passata mi convien usare; tanto io me n'era disavvezzato negli ultimi dieci mesi. Non pensar punto a quella tale Carlotta,[4] la quale non ha niente che fare nelle mie circostanze. Addio, Carluccio mio: mille baci alla Gigia: io tornerò a Firenze probabilmente questo marzo.

1 È l'edizione Piatti del '31.
2 «Doveva essere un vetturale o commissario, che faceva servizio tra Roma e Recanati» (nota Moroncini).
3 Dono natalizio del padre.
4 Forse Carlotta Bonaparte.

1832-1833

Roma 9 Gennaio 1832

Veneratissimo Signore ed Amico. Non ho che soggiungere a quanto in proposito di Filippo le scriverà l'ottima Donna Margherita, se non solamente ringraziarla per la mia parte della sollecitudine e della forza colla quale Ella ha assunto la causa di questo mio amico, e confermarle in ogni sua particolarità il racconto che le sarà fatto da Donna Margherita, assicurandola sulla mia fede che non v'ha esagerazione alcuna, né cosa simulata o dissimulata. E in particolare mi par doverle confermare che avendo veduto dalla sua pregiatissima che l'animo del padre di Filippo o non è, o cesserà facilmente di essere così avverso al figliuolo come si era creduto, io ho posto ogni opera mia per finire d'indur Filippo a volere, com'egli già inclinava, soddisfare tutti i suoi col ritorno a Napoli. Anzi per risparmiare a lui ed a me il dolore del separarci, altra causa che lo faceva per lo passato renitente al ritorno, ho proposto di doverlo, non senza mio gravissimo incomodo, accompagnare a Napoli, e consegnarlo io stesso nelle mani del padre. Al qual viaggio egli è risoluto, ed io con lui, e si farebbe subito, se potentissime ragioni, che Donna Margherita avrà la bontà di significarle, non ci obbligassero a differirlo per due mesi, cioè fino al primo entrare della primavera. Resta che Ella voglia compiere l'opera incominciata, con cercar di ottenere costì l'adempimento delle preghiere che si fanno per mezzo dell'egregia Donna Margherita; senza il quale, facilmente le sarà manifesto, che la condizione di Filippo sarà lagrimevole, ed ancor io (se vale o se importa punto il parlar di me) mi troverò in grandi e per me novissime angustie. E con profonda gratitudine e riverenza mi ripeto Suo obbligatissimo servitore ed amico Giacomo Leopardi.

Roma 2 Febbraio 1832

I *Dialoghetti*,[1] cara Pilla, hanno avuto qui un successo completo: tutti ne parlano. Sono ricercatissimi, ed io non gli ho potuti vedere ancora. Se potete mandarmene delle copie per la posta, ve ne sarei obbligato molto; ma fatelo subito e mandatene quante potete. Ho visto e vedo più volte il buono e bravo Matteo,[2] che si raccomanda molto al papà. Io spendo qui un abisso, ma la colpa è di chi mi ha trovato questo alloggio a piazza di Spagna, centro de' forestieri, dove si paga quattro volte, e si è serviti da cani, e rubati tutto il giorno. Del resto, in ogni modo, Roma è la città d'Italia (non escluso Milano) dove colla maggior quantità di danari si ha il minor numero di comodità e di beni. Gli alloggi soprattutto sono strabocchevolmente cari l'inverno. L'estate è un'altra cosa; ma Roma allora non è abitabile. Salutami tanto Carlo, e dammi le sue nuove. Giordani vi saluta molto tutti due. Mandolino non penò punto a trovarmi, come non pena nessuno che mi voglia trovare. Via Condotti è il luogo più frequentato di Roma. L'altro piego ch'io ti diceva, è quello che mandai a Carlo. Mazzagalli[3] abita a pochi passi da me. Fino il mio padron di casa mi viene a dimandar copia dei *Dialoghetti*, quantunque non ne conosca l'autore. Addio addio.

1 *Dialoghetti sulle materie correnti nell'anno 1831*, Pesaro, Nobili, 1831; pubblicati anonimi ma di Monaldo Leopardi.
2 Matteo Antici, figlio dello zio Carlo.
3 Orazio Mazzagalli, loro parente.

Roma 16 Marzo 1832

Veneratissimo amico e signore. Non essendo mai uscito di casa, e poche volte di letto, prima della mia partenza che sarà domani, non ho potuto venire in persona, come avrei dovuto e desiderato, a prender congedo da voi e da madama vostra consorte, e a chiedere i vostri comandi per Firenze. Desidero che questa vi sia testimonio del dolore ch'io provo partendo, perché le mie indisposizioni mi abbiano impedito di godere della dotta ed amabilissima compagnia vostra quanto avrei voluto, e che vi ricordi altresì la vivissima gratitudine che io vi professo e vi professerò mentre io vivo. Credetemi, degnissimo ed ottimo amico, che nessun altro dispiacere sento io nel partir da Roma così vivo, come quello di allontanarmi da voi.

La storia del giovane Ranieri ch'io avrei voluto che egli vi raccontasse, in sostanza è questa. Non per alcuna sua colpa, ma per molte strette relazioni avute con un letterato italiano che voi conoscete (il signor Carlo Troya), col quale egli si stava allora a viaggiare per l'Italia, Ranieri fu esiliato dagli stati di Napoli sua patria, ed ebbe il dolore di ricevere la prima notizia di ciò nel momento che chiedeva a Firenze il suo passaporto per volare a rivedere sua madre moribonda, che poi morì. Richiamato nel Gennaio del 1831, egli sarebbe tornato a Napoli, se avesse avuto la certezza, o almeno la probabilità, di poterne poi riuscire. Ma accertato anzi del contrario, per l'esempio di tutti gli altri richiamati, e vedendosi costretto, se ritornava, ad abbandonare per sempre il corso di vita intrapreso nei cinque anni che aveva menati fuor della patria, cioè ad abbandonare i suoi studi, e tutte le sue più care e più utili relazioni, egli ottenne dal padre, dopo breve renitenza, di rimaner fuori. Passati però pochi mesi, il padre, uomo di natura inferma e totalmente passiva, circondato ora e dominato da acerbissimi nemici del giovane, il quale colla morte di sua madre ha perduto ogni suo appoggio, si ostinò a volere che il figlio tornasse, rivocando il consentimento dato e le promesse fatte, e gli sospese gli assegnamenti, dei quali il giovane è privo affatto da ben nove mesi. In tale stato di cose io vi dimandai il permesso di presentarvelo, con intenzione che egli, confidandovi le sue circostanze, richiedesse se, tornando egli a Napoli, aveste voluto raccomandarlo a quel Rappresentante di Prussia in maniera, che una sua parola (e questa sarebbe bastata) gli valesse ad ottenere il suo passaporto, quando fosse voluto riuscire. Ma io stesso gli dissuasi poi di parlarvene, temendo che, non ostante la sua innocenza politica e la vostra personale gentilezza, pure a cagione del posto che voi occupate, potesse parervi ed essere cosa indiscreta il dimandarvi favore per una persona incorsa una volta in sospetto del suo governo. Ora egli se ne torna con me a Firenze, risoluto di perire piuttosto che seppellirsi in un paese dove voi sapete e sa tutto il mondo come si viva.

Addio, mio veneratissimo e prezioso ed incomparabile amico. Conservatemi la vostra benevolenza; fate, vi prego, i miei complimenti a madama vostra consorte, e credetemi interamente e perpetuamente vostro Giacomo Leopardi.

[*Firenze*] *5 Aprile* [*1832*]

Caro Papà. Dal Giambene[2] ho ricevuto il tutto, meno la lettera da Lei annunziatami; il che non mi fa meraviglia, atteso il costume dell'infame posta di quell'infelice paese,[3] dove continuamente ed *a tutti* accade di ricevere una lettera 20, 30, 40 giorni dopo quello dell'arrivo che *vi è marcato sopra*; e ciò non per motivi politici, ma per una strana ed inesplicabile incapacità, per cui non sanno trovare i nomi; incapacità unica al mondo, e non paragonabile se non alle tante altre di quel povero e disperato governo. Anche qua ho trovato i *Dialoghetti* molto conosciuti, e benché i principii e lo spirito generale che qua è diverso da quel di Roma e di Modena, non li lasci divenir così popolari qui come là, tutti nondimeno rendono giustizia all'ingegno e al merito dell'autore, essendo i Toscani assai ragionevoli ed imparziali nel giudicare. La ringrazio del nuovo esemplare che me ne ha spedito, tanto più ch'io n'era rimasto affatto senza, essendomi stato ritenuto da una Signora anche l'ultimo ch'io aveva serbato per me. Se qualche cosa d'importante si conteneva nella sua ultima a Roma, spero che avrà la bontà di ripetermelo. Io ho avuto grandi disgrazie di trovare occupato il mio solito quartiere,[4] la mia solita Locanda, e poi per ultimo trovar umido il nuovo quartiere che avevo preso, onde sono obbligato a sloggiare subito con danno e con grave incomodo. Saluto teneramente tutti, e la prego con tutto il cuore a benedirmi. Il suo Giacomo.

1 Leopardi e Ranieri erano ritornati a Firenze il 22 marzo.
2 Luigi Giambene, segretario generale delle poste pontificie, che gli aveva consegnato 60 scudi da lui insistentemente richiesti al padre.
3 Lo Stato Pontificio.
4 In casa delle sorelle Busdraghi.

Caro Peppino. Tu m'hai a fare il piacere di far subito subito inserire nel *Diario di Roma* la lettera annessa.[2] Se v'è spesa, avvisamelo, e ne sarai immediatamente rimborsato. Ma per amor di Dio non mancare di farmi questo piacere in ogni modo. La cosa non compromette nessuno: è sempre lecito di annunziare la verità in questo genere. Lo stesso mio padre troverà giustissimo ch'io non mi usurpi l'onore ch'è dovuto a lui. D'altronde io non ne posso più, propriamente non ne posso più. Non voglio più comparire con questa macchia sul viso, d'aver fatto quell'infame, infamissimo, scelleratissimo libro. Qui tutti lo credono mio: perchè Leopardi n'è l'autore, mio padre è sconosciutissimo, io sono conosciuto, dunque l'autore son io. Fino il governo mi è divenuto poco amico per causa di quei sozzi, fanatici dialogacci. A Roma io non poteva più nominarmi o essere nominato in nessun luogo, che non sentissi dire: *ah, l'autore dei dialoghetti*. È impossibile ch'io ti narri tutti gli scorni che ho dovuto soffrire per quel libro. A Milano si dice in pubblico che l'autore sono io, che mi sono convertito come il Monti. A Lucca il libro corre sotto il mio nome. Io stampo in tutti i Giornali d'Italia la mia dichiarazione: essa esce a momenti in quei di Toscana. In Francia ne mando una molto più strepitosa. Ma m'importa grandemente di Roma, e benchè la cosa sia semplicissima, non lascio di raccomandarla a te caldissimamente. La cosa come ho detto, non può aver difficoltà; essendo sempre permesso di annunziare che un libro non è vostro, fosse pure il più bello e il più santo libro del mondo. [...]

1 Testo integrale in *Tutte le op.*, cit., I, p. 1381.
2 Contenente la smentita di essere l'autore dei *Dialoghetti*.

CCLXXXI · DI PAOLINA LEOPARDI[1]

Recanati 15 Maggio 1832

Caro Muccio. Carlo ti ringrazia di quanto gli dici riguardo al pus,[2] e starà attendendo che glielo mandi. — Noi poi abbiamo piacere nel sentire che tu sei *occupatissimo*: non è questo un indizio che stai bene, e che puoi lavorare? che poi le tue lettere sieno così brevi, no, noi non vi ci possiamo accomodare. Aspettare tanti giorni, quasi un mese per aver sei righe, è cosa troppo dolorosa! — Già sappiamo che sei accademico della Crusca, e supponiamo che non te ne importi niente.

L'altra notte sognavo che tu eri ammalato, e che la tua malattia era al piloro. Ho cercato per vedere cosa è questo piloro, e vedo che è una tal cosa che ha relazione con lo stomaco. Non so come diavolo mi sognassi un tale imbroglio che mi affliggeva assai: non so quanto tempo è che non ho sentito nominare questo piloro, e tanto meno capisco come potesse venirmi in mente sognando. Pure, quando mi scrivi, dimmi *precisamente* se stai bene. [...]

---

1 Testo integrale in *Epistolario*, ed. Moroncini, VI, pp. 173-74.
2 Doveva servire per vaccinare la figlia Luigia.

Firenze 24 Maggio 1832

Io non saprei mai dirvi quanto mi abbia rallegrato la vostra amabilissima lettera dei 26 Aprile, mio carissimo ed egregio amico, e con quanta gratitudine io abbia quivi veduto il conto che Voi mi date delle infinite e inapprezzabili cure da Voi prese per far della riputazione al vostro amico. Mi duole però molto, che Voi siate sì laconico sul conto vostro, tanto più che mi dite di essere mal contento della vostra posizione. Possiamo noi sperare di rivedervi in Italia? Posso io in particolare nutrir la dolce aspettativa di veder di nuovo al mio fianco un amico così dotto, così affettuoso e cordiale, così infaticabile, col quale passerei delle lunghe ore imparando, e comunicando de' sentimenti che pochi intendono? [...]

Ho ricevuto i fogli dell'*Hesperus*,[2] dei quali vi ringrazio carissimamente. Voi dite benissimo ch'egli è assurdo l'attribuire ai miei scritti una tendenza religiosa. Quels que soient mes malheurs, qu'on a jugé à propos d'étaler et que peut-être on a un peu exagérés dans ce Journal, j'ai eu assez de courage pour ne pas chercher à en diminuer le poids ni par de frivoles espérances d'une prétendue félicité future et inconnue, ni par une lâche résignation. Mes sentimens envers la destinée ont été et sont toujours ceux que j'ai exprimés dans *Bruto minore*. Ç'a été par suite de ce même courage, qu'étant amené par mes recherches à une philosophie désespérante, je n'ai pas hésité a l'em-

---

1 Testo integrale in *Tutte le op.*, cit., I, pp. 1382-83.
2 Giornale di Stoccarda dove era appena uscito (nei nn. 55-56-57-58 dell'aprile) un articolo di Friedrich Notter e Ludwig Henschel intitolato *Sopra Leopardi* e le traduzioni della poesia *Il Sogno* e dell'«operetta» *Cantico del gallo silvestre*.

brasser toute entière; tandis que de l'autre côté ce n'a été que par effet de la lâcheté des hommes, qui ont besoin d'être persuadés du mérite de l'existence, que l'on a voulu considérer mes opinions philosophiques comme le résultat de mes souffrances particulières, et que l'on s'obstine à attribuer à mes circonstances matérielles ce qu'on ne doit qu'à mon entendement. Avant de mourir, je vais protester contre cette invention de la faiblesse et de la vulgarité, et prier mes lecteurs de s'attacher à détruire mes observations et mes raisonnemens plutôt que d'accuser mes maladies.[3] [...]

Addio, mio carissimo ed eccellente amico. Se mi scrivete, non vogliate essere così breve sullo stato vostro e sulle vostre intenzioni, come nella lettera ultima. Amatemi e credetemi fin ch'io vivo tutto vostro riconoscentissimo ed affettuosissimo amico G. Leopardi.

[3] «Quali siano le mie sventure, che si è voluto ostentare e che forse si sono un po' esagerate in questo giornale, ho abbastanza coraggio per non cercare di diminuirne il peso né con frivole speranze d'una pretesa felicità futura e ignota, né con una vile rassegnazione. I miei sentimenti verso il destino sono stati e sono sempre quelli da me espressi nel *Bruto minore*. Come conseguenza di questo coraggio, essendo stato condotto dalle mie ricerche a una filosofia disperante, non ho esitato di abbracciarla tutta intera; mentre dall'altra parte è stato soltanto per effetto della viltà degli uomini (i quali hanno bisogno di essere persuasi del merito dell'esistenza), che si è voluto considerare le mie opinioni filosofiche come il risultato delle mie sofferenze personali, e che ci si ostini ad attribuire alle mie circostanze materiali quel che si deve soltanto al mio intelletto. Prima di morire, voglio protestare contro questa invenzione della debolezza e della volgarità e pregare i miei lettori di dedicarsi a demolire le mie osservazioni e i miei ragionamenti piuttosto che ad accusare le mie malattie.»

CCLXXXIII · A MONALDO LEOPARDI, RECANATI

[Firenze] 28 Maggio [1832]

Mio caro Papà. Paolina mi dice che io lascio passare i mesi senza scrivere. Questo mi prova che le mie lettere si perdono, come fra l'altre veggo che se n'è perduta una, dov'io le parlava dei libri che ho ricevuti dal Nobili,[1] e rispondeva ad alcune sue questioni. L'articolo sull'*Istoria Evangelica*, ch'Ella vedrà nell'ultimo numero dell'*Antologia*, è del Montanari di Savignano,[2] uno de' collaboratori.

Nel medesimo numero, e nel *Diario di Roma*, e forse in altri Giornali, Ella vedrà o avrà veduto una mia dichiarazione portante ch'io non sono l'autore dei *Dialoghetti*. Ella deve sapere che attesa l'identità del nome e della famiglia, e atteso l'esser io conosciuto personalmente da molti, il sapersi che quel libro è di *Leopardi* l'ha fatto assai generalmente attribuire a me. A Roma, dove la sua persona è più conosciuta, due terzi del pubblico lo credevano mio: ed io non mi era appena nominato o fatto nominare in qualunque luogo, che era salutato come autore de' *Dialoghetti*. In Toscana poi *tutti* quelli che lo credevano di Leopardi (e non di Canosa[3] e d'altri ai quali è stato attribuito) lo credevano mio. A Lucca il libro correva sotto il mio nome. Si dice ch'egli abbia operato grandi conversioni per mezzo di questa credenza: così almeno mi hanno detto molti: e il duca di Modena,[4] che probabilmente sa la verità della cosa, nondimeno

1 Annesio Nobili, editore a Bologna delle *Canzoni* del '24 e poi a Pesaro delle opere di Monaldo.
2 Giuseppe Ignazio Montanari (1801-1871), latinista.
3 Antonio Capece Minutolo principe di Canosa, ministro di polizia a Napoli.
4 L'ultrareazionario Ferdinando IV (1779-1846).

dice pubblicamente che l'autore son io, che ho cambiato opinioni, che mi sono convertito, che così fece il Monti, che così fanno i bravi uomini. E dappertutto si parla di questa mia che alcuni chiamano conversione, ed altri apostasia, ec. ec. Io ho esitato 4 mesi, e infine mi son deciso a parlare, per due ragioni.

L'una, che mi è parso indegno l'usurpare in certo modo ciò ch'è dovuto ad altri, e massimamente a Lei. Non son io l'uomo che sopporti di farsi bello degli altrui meriti. Se il romanzo di Manzoni fosse stato attribuito a me, io non dopo 4 mesi, ma il giorno che l'avessi saputo, avrei messo mano a smentire questa voce in tutti i Giornali. L'altra, ch'io non voglio né debbo soffrire di passare per convertito, né di essere assomigliato al Monti ec. ec. Io non sono stato mai né irreligioso né rivoluzionario di fatto né di massime. Se i miei principii non sono precisamente quelli che si professano ne' *Dialoghetti*, e ch'io rispetto in Lei ed in chiunque li professa di buona fede, non sono stati però mai tali, ch'io dovessi né debba né voglia disapprovarli. Il mio onore esigeva ch'io dichiarassi di non aver punto mutato opinioni, e questo è ciò ch'io ho inteso di fare ed ho fatto (per quanto oggi è possibile) in alcuni Giornali. In altri non mi è stato permesso.

Credo ch'Ella approverà la mia risoluzione. Altre cose le direi e le racconterei in tal proposito, ma i miei occhi sono troppo affaticati, e la posta parte. Forse in altra lettera tornerò sopra questo argomento. Le bacio la mano, e le chiedo di tutto cuore la benedizione. Il suo Giacomo.

CCLXXXIV · A LUIGI DE SINNER, PARIGI[1]

Mio incomparabile amico. Risposi alla vostra carissima dei
26 Aprile. Ora debbo ringraziarvi dell'altra 1° Giugno, la quale
mi è tanto più cara, quanto mi dà le nuove vostre un poco più
distesamente che la prima. Il Sig. Pestalozzi[2] mi aveva detto
che voi eravate annoiato del *Thesaurus*.[3] Comprendo bene che
il vostro ingegno e la vostra dottrina possono risplendere maggiormente in opere meno vaste e più precisamente vostre. Una
collocazione in Germania vi converrà forse meglio che ogni altra cosa. Quando a me, io deploro sinceramente che l'Italia sia
così arretrata in filologia, e così povera di risorse in ogni genere, da non lasciarmi quasi alcuna speranza di vedervi stabilito
vicino a me. La presenza vostra sarebbe per me una felicità, veramente una felicità, siccome già è un dono del cielo l'amicizia
vostra, e la bontà che voi avete per me. Le anime pari vostre
sono così rare, che conosciute una volta, sarebbe impossibile
non solo il dimenticarle, ma il non fare ogni sforzo per conser-
varsele affezionate. Voi mi dite che la nostra amicizia deve durare al di là della vita. Io non so esprimervi quanto queste parole mi consolino. Sì certo, mio prezioso amico, noi ci amere-
mo finché durerà in noi la facoltà di amare. L'amor mio sarà
pieno di gratitudine, il vostro avrà quel nobile compiacimento
che nasce dalla coscienza di aver fatto del bene.

Ho finalmente il primo fascicolo del *Thesaurus*. L'opera corrisponde alla grandissima aspettazione ch'io ne aveva. Non di-

1 Testo integrale in *Tutte le op.*, cit., I, pp. 1384-85.
2 «Probabilmente Karl Pestalozzi (1815-1869), teologo e storico, autore di·biografie di
protestanti» (nota Moroncini).
3 È la riedizione del *Thesaurus graecae linguae*, di H. Etiénne (1572), curato da De Sinner, C.B. Hase e T. Fix, Paris, Didot, 1831 sgg.

rò altro, se non che io augurerei a me stesso e alla scienza, che questo lavoro fosse continuato e terminato interamente su questo andare. Del resto i miei amici di qui mi sono intorno acciocch'io ne scriva un articolo ragionato per l'*Antologia* (che ora è il miglior Giornale letterario in Italia): e se la mia salute me lo permetterà una volta, Voi immaginate con quanto piacere io mi occuperò di questo argomento. Ma non so quanto io possa sperarlo.

Vi prego caldamente a raccomandarmi al Sig. Bothe,[4] e ringraziarlo della compiacenza colla quale egli impiega il suo bello stile a far conoscere i miei deboli scritti in Germania. Voi avete ragione circa la biografia dell'Ottonieri, nome supposto. Avrò molto caro l'esemplare che mi promettete dei fogli del Sig. Bothe. [...]

La poesia di cui vi parlò Poerio,[5] e ch'io stava componendo appunto nel tempo ch'ebbi la fortuna di conoscervi, non è stata mai terminata, né credo che lo sarà. Altre poesie inedite, destinate ad uscire in luce, non mi trovo avere. Ho bensì due dialoghi da essere aggiunti alle *operette*, l'uno *di Plotino e Porfirio* sopra il suicidio, l'altro *il Copernico* sopra la nullità del genere umano. Di queste due prose voi siete il padrone di disporre a vostro piacere: solo bisogna ch'io abbia il tempo di farle copiare, e di rivedere la copia. Esse non potrebbero facilmente pubblicarsi in Italia.[6] — Da Roma non ho ancora che delle risposte insignificanti alle questioni da Voi propostemi:[7] ma insisterò tanto, che otterrò pure qualche cosa di preciso. È ben vero che difficilmente si può far cosa alcuna alla Vaticana in tempo delle vacanze, che durano da Giugno a Novembre. Le Biblioteche di Roma son chiuse durante tutto questo tempo.

Addio, carissimo, ottimo ed impareggiabile amico. Il cielo vi dia un viaggio prospero. Non dimenticate la promessa che mi avete fatta di scrivermi almeno di Germania, ed amate sempre il vostro caldissimo amico Leopardi.

---

4 Friedrich Heinrich Bothe (1770-1855), traduttore in tedesco dell'*Ultimo canto di Saffo*, del *Canto notturno di un pastore errante dell'Asia*, del *Dialogo di Federico Ruysch e delle sue mummie* e dei *Detti memorabili di Filippo Ottonieri*.
5 Forse il primo canto dei *Paralipomeni della Batracomiomachia*.
6 Per la censura.
7 Di carattere bibliografico.

Firenze 3 Luglio 1832

Mio carissimo Papà. Iddio mi liberi dal sentir dispiacere delle cose che Ella con paterna bontà mi dice nella sua affettuosissima dei 12 Giugno.[1] Io gliene rendo grazie anzi con tutto il cuore, e con la mia solita sincerità: e piacendo a Dio, non lascerò di profittare de' suoi avvisi nel modo che mi sembrerà più conveniente e più utile. Quanto alla miniera secca nella quale era concepita la mia dichiarazione, essa era di precisa necessità, perché nessuna censura avrebbe lasciata passare una parola né favorevole né contraria al libro, o alle sue massime, o ad alcuna parte del medesimo, né avrebbe permesso una minima ombra di discussione su tal proposito. Oltre che la mia relazione coll'autore del libro era di tal natura, da escludere per parte mia ogni dimostrazione sopra di esso in qualunque senso.

Ora sono a parlarle di un argomento insolito, del quale se mi è molto dispiacevole il ragionare, non mi sarà dispiacevole punto che il mio discorso non abbia verun effetto. Io credo ch'Ella sia persuasa degli estremi sforzi ch'io ho fatti per sette anni affine di proccurarmi i mezzi di sussistere da me stesso. Ella sa che l'ultima distruzione della mia salute venne dalle fatiche sostenute quattro anni fa, per lo Stella, al detto fine. Ridotto a non poter più né leggere né scrivere né pensare (e per più di un anno né anche parlare), non mi perdetti di coraggio, e quantunque non potessi più fare, pur solamente col già fatto, aiutandomi gli amici, tentai di continuare a trovar qualche mezzo. E forse l'avrei trovato, parte in Italia, parte fuori, se

1 Lettera perduta.

l'infelicità straordinaria de' tempi non fosse venuta a congiurare colle altre difficoltà ed a renderle finalmente vincitrici. La letteratura è annientata in Europa: i librai, chi fallito, chi per fallire, chi ridotto ad un solo torchio, chi costretto ad abbandonare le imprese meglio avviate. In Italia sarebbe ridicolo ora il presumere di vender nulla con onore in materie letterarie, e di proporre ai librai delle imprese nuove: da Francia, Germania, Olanda dove io aveva mandata una gran quantità di mss. filologici[2] con fondatissime speranze di profitto, non ricevo, invece di danari, che articoli di Giornali, biografie e traduzioni. Mi trovo dunque, com'Ella può ben pensare, senza i mezzi di andare innanzi.

Se mai persona desiderò la morte così sinceramente e vivamente come la desidero io da gran tempo, certamente nessuna in ciò mi fu superiore. Chiamo Iddio in testimonio della verità di queste mie parole. Egli sa quante ardentissime preghiere io gli abbia fatte (sino a far tridui e novene) per ottener questa grazia; e come ad ogni leggera speranza di pericolo vicino o lontano, mi brilli il cuore dall'allegrezza. Se la morte fosse in mia mano, chiamo di nuovo Iddio in testimonio ch'io non le avrei mai fatto questo discorso: perché la vita *in qualunque luogo* mi è abbominevole e tormentosa. Ma non piacendo ancora a Dio d'esaudirmi, io tornerei costà a finire i miei giorni, se il vivere in Recanati, soprattutto nella mia attuale impossibilità di occuparmi, non superasse le gigantesche forze ch'io ho di soffrire. Questa verità (della quale io credo persuasa per l'ultima acerba esperienza[3] ancor Lei), mi è talmente fissa nell'animo, che malgrado del gran dolore ch'io provo stando lontano da Lei, dalla Mamma e dai fratelli, io sono invariabilmente risoluto di non tornare stabilmente costà se non morto. Io ho un estremo desiderio di riabbracciarla, e solo la mancanza de' mezzi di viaggiare ha potuto e potrà nelle stagioni propizie impedirmelo: ma tornar costà senza la materiale certezza di avere il modo di riuscirne dopo uno o due mesi, questo è ciò sopra di cui il mio partito è preso, e spero che Ella mi perdonerà se le

2 Affidati al De Sinner.
3 Il suo ultimo soggiorno a Recanati.

mie forze e il mio coraggio non si estendono fino a tollerare una vita impossibile a tollerarsi.

Non so se le circostanze della famiglia permetteranno a Lei di farmi un piccolo assegnamento di dodici scudi il mese. Con dodici scudi non si vive umanamente neppure in Firenze, che è la città d'Italia dove il vivere è più economico. Ma io non cerco di vivere umanamente: farò tali privazioni, che a calcolo fatto, dodici scudi mi basteranno. Meglio varrebbe la morte, ma la morte bisogna aspettarla da Dio. In caso che Ella potesse e volesse questo, non avrebbe che a porre di due in due mesi a mia disposizione la somma di 24 scudi presso qualche suo corrispondente in Roma, avvisandomi la persona; sopra la quale io trarrei di qua la detta somma per cambiale. Avrei caro che il suo ordine fosse per 24 francesconi, il che a Lei non porterebbe grande aumento di spesa, e a me farebbe gran divario, essendoci ora grandissima perdita nel cambio degli scudi romani o colonnati con francesconi. Ed Ella sa che i francesconi si spendono qui come costà i colonnati.

Se le circostanze, mio caro Papà, non le consentiranno di soddisfare a questa mia domanda, la prego con ogni possibile sincerità e calore a non farsi una minima difficoltà di rigettarla. Io mi appiglierò ad un altro partito: e forse a questo avrei dovuto appigliarmi senza altrimenti annoiar Lei con questo discorso: ma come il partito ch'io dico, è tale, che stante la mia salute, non è verisimile che io in breve tempo non vi soccomba, ho temuto che Ella avesse a fare un rimprovero alla mia memoria, dell'averlo abbracciato senza prima confidarmi con Lei sopra le cose che le ho esposte. Del rimanente, io da un lato provo tanto dolore nel dar noia a Lei, e dall'altro sono così lontano da ogni fine capriccioso e da ogni lieta speranza nel voler vivere fuori di costà, che ho perfino desiderato, ed ancora desidererei, che mi fosse tolta la possibilità di ogni ricorso alla mia famiglia, acciocché non potendo io mantenermi da me, e molto meno essendomi possibile il mendicare, io mi trovassi nella materiale, precisa e rigorosa necessità di morir di fame.

Scusi, mio caro Papà, questo malinconico discorso che mi è convenuto tenerle per la prima e l'ultima volta della mia vita. Si accerti della mia estremissima indifferenza circa il mio avvenire su questa terra, e se la mia domanda le riesce eccessiva, o importuna, o non conveniente, non ne faccia alcun caso.

In ogni modo, se Dio vorrà ch'io viva ancora, io non cesserò di adoperarmi, come per lo passato, con tutte le mie forze, per proccurarmi il modo di vivere senza incomodo della casa, e per far cessare le somministrazioni che ora le chiedo.

Mi benedica, mio caro Papà, e preghi Dio per me, che le bacio la mano con tutto il cuore. Mille saluti cordiali al Zio Carlo e ai cugini. Nuovamente le chiedo scusa della malinconia con la quale per necessità, e contro ogni mia voglia ed abitudine, sono venuto questa volta ad importunarla. Il suo affettuosissimo figlio Giacomo.

Firenze 16 Agosto [*1832*]

Cara Fanny. Vi scrivo dunque, benché siate prossima a tornare;[1] non più per dimandarvi le vostre nuove, ma per ringraziarvi della gentile vostra di lunedì.[2] Che abbiate gradito il mio desiderio di sentire della vostra salute, è conseguenza della vostra bontà. Mi avete rallegrato molto dicendomi che state bene, e che i bagni vi giovano, e così alle bambine, io ne stava un poco in pensiero, perché i bagni di mare non mi paiono senza qualche pericolo.

Ranieri è sempre a Bologna, e sempre occupato in quel suo amore, che lo fa per più lati infelice.[3] E pure certamente l'amore e la morte sono le sole cose belle che ha il mondo, e le sole solissime degne di essere desiderate.[4] Pensiamo, se l'amore fa l'uomo infelice, che faranno le altre cose che non sono né belle né degne dell'uomo. Ranieri da Bologna mi aveva chiesto più volte le vostre nuove: gli spedii la vostra letterina subito ieraltro.

Addio, bella e graziosa Fanny. Appena ardisco pregarvi di comandarmi, sapendo che non posso nulla. Ma se, come si dice, il desiderio e la volontà danno valore, potete stimarmi attissimo ad ubbidirvi. Ricordatemi alle bambine, e credetemi sempre vostro Leopardi.

---

1 Fanny era ai bagni di Livorno.
2 Lettera perduta.
3 Per Maddalena Pelzet. Per seguirla si era trasferito in agosto a Bologna.
4 Probabilmente appartiene a quest'epoca la composizione di *Amore e Morte*.

CCLXXXVII · DI PIETRO GIORDANI[1]

Parma 21 Agosto 1832

Giacomino mio. La tua ultima fu del 14 Giugno. Or dunque dammi un poco di tue nuove. Come stai? che fai? che nuove di Carlo e di Paolina? Salutameli moltissimo.

Sei ancora in quell'*abborrimento*, in *quella nausea* di libri e di studi? So benissimo, tutte vanità: ma di che vuoi occuparti? con che consolarti? [...]

---

1 Testo integrale in *Epistolario*, ed. Moroncini, VI, pp. 207-08.

Firenze 31 Agosto 1832

Pilla mia. In questi due mesi di silenzio che tu dici, io ho scritto almeno due volte: se non hai le lettere, non so che dire: anche a me il tuo silenzio incominciava a parere un po' lungo: la tua ultima senza data, mi era giunta ai 10 di Luglio. Ancora qui abbiamo avuto il caldo preciso di 29 gradi, eccetto forse qualche giorno di Luglio, che credo che passasse il 30. Io ne ho sofferto molta debolezza e mal essere, poiché tutta la mia salute e il mio vigore dipende dalla moderazione della temperatura, la quale mancando, sto sempre male. Gli occhi soprattutto hanno patito più del solito. Nuove non ho da darti, se non che ho riveduto qui il tuo Stendhal,[1] che è console di Francia, come saprai, a Civitavecchia, e l'altra sera parlai colla commissione medica mandata da Roma a complimentare il cholera a Parigi, la quale ci promette la venuta del morbo in Italia: predizione di cui ridono i medici di qui, perché non ci credono: ed io rido con chi crede e con chi non crede. Addio, Pilla mia. Bacio la mano al Papà e alla Mamma, e abbraccio Carlo e Pietruccio.

---

1 Il primo incontro con Stendhal, di cui la sorella era appassionata lettrice, era avvenuto durante il suo primo soggiorno fiorentino, tramite il Vieusseux.

CCLXXXIX · A PIETRO GIORDANI, PARMA

[Firenze] 6 *Settembre* [1832]

Ti ringrazio cento e cento volte della tua de' 21 di Agosto. Carlo e Paolina ti rammentano sempre e ti si raccomandano. Il povero, come altri dice, o, come dico io, il felicissimo Enrico[1] terminò il dì 26 del passato la sua corta via. Studiare, bere, fumare e usar con donne l'hanno prestamente consumato, e ridotto a perire dopo due mesi di malattia non penosa. Savissimo nella pratica, e fortunatissimo fra mille giovani! Non parlerò mai della sua sorte senza un'infinita invidia: se bene sono certissimo che, avvedutosi della morte vicina, egli volentieri avrebbe cangiato il suo stato col mio: tale essendo la pietosa dispensazione della Provvidenza, che i veri e massimi beni non toccano se non a quelli che li credono mali e gli abborrono. Non è impossibile che fra pochi giorni io parta di qua per Napoli. Ma ti prego a tener questa cosa secreta, massime se scrivi a Firenze. Pochissimo preme ad ognuno de' fatti miei, ma non tanto poco, che a me non piaccia meno di parteciparli agli altri. Salutami carissimamente i Tommasini e i Maestri e ricordami anche al Toschi.[2] Tu ben sai che se mi scrivessi lungamente, mi daresti un immenso diletto, e non mi *seccheresti*, come ti piace di dire: ma ragionevolmente non hai di che scrivermi. Amami, come devi, se il riamare è ufficio degli animi ben nati. Io penso a te sempre, e ti adoro come il maggiore spirito ch'io conosca, e come il più caro ch'io abbia. Addio addio.

1 Figlio di Carlotta Lenzoni.
2 Paolo Toschi (1788-1854), celebre incisore in rame.

[*Firenze 2 Ottobre 1832*]

Anima mia. Scrivo dal letto e perciò breve. Sono assai debole, ma mi sento molto meglio. Ti ho una compassione immensa, che non mi lascia pace. Povero Ranieri mio, ti stringo al core, senza fine. Vorrei dieci volte soffrir io quello che tu soffri, in luogo tuo. Ti rendo un milione di baci.

[*Firenze*] *17 Novembre* [*1832*]

Mia cara Mamma. Io non le scrivo mai, ed ora lo fo per disturbarla con una preghiera. Ciò è molto dispiacevole per me, ma Ella sa le cagioni del mio silenzio ordinario, e la necessità è la causa della straordinaria preghiera. È già qualche tempo ch'io scrissi al Papà ragguagliandolo delle mie circostanze; gli esposi tutti gli sforzi fatti da me finora per proccurarmi di che sussistere senza incomodar la casa; gli mostrai come e perché ciò mi sia divenuto impossibile; e finii pregandolo a volermi accordare un assegnamento mensile di 12 francesconi, coi quali avrei meschinamente proccurato di tirare avanti. Papà mi rispose di scriverne a Lei direttamente. Sono stato malato, e la convalescenza mi ha lasciato una tal debolezza d'occhi, che finora, per quanto la necessità stringesse, non ho assolutamente potuto scrivere. Oggi finalmente, non potendo anche tardar più, mi riduco a questo passo, che mi costa moltissimo, e fo a Lei la stessa preghiera che al Papà.

Creda, mia cara Mamma, che il darle questa noia è mille volte più penoso a me che a Lei. Ma d'altronde, s'io tornassi stabilmente costà, consumerei pur molto in casa, e sarei di grandissimo e continuo incomodo coi miei metodi strani di vita, e colla mia malinconia. E di più non sarei a portata di cogliere le occasioni che si presentassero di provvedermi, e di liberar la casa da questo peso, come non lascio di sperare che mi venga pur fatto una volta, vivendo in paesi dove tali occasioni si diano. Ella vede che io non dimando per viver qui, se non l'assegnamento accordato costì a Carlo. Non starò a ricordarle che io ho sempre cercato di non darle nessun disgusto, perché non credo che ciò costituisca in me nessun merito: solamente le faccio osservare, che non vorrei ora darle questo primo fastidio, se la precisa necessità non mi sforzasse.

Se otterrò da Lei, come spero, una risposta favorevole, io alla fine del mese esigerò qui da un banchiere 24 francesconi, e gliene rilascerò una cambialina pagabile dal Papà sulla fine di Decembre. L'assicuro che fin da quando scrissi al Papà, che fu ai primi di Luglio, io avrei avuto bisogno almeno del primo bimestre di Agosto e Settembre; e non sono arrivato fin qua, se non coi miei ultimissimi avanzi, ch'io avevo serbati per bisogni straordinarii, i quali non mancano mai in nessun mese. Ho detto 24 francesconi, cioè un primo bimestre di Ottobre e Novembre.

Mamà mia, mi scusi, e quando il Papà le avrà fatta leggere, come spero, la mia di Luglio, disponga Ella con lui come crede; ma sempre mi ami e mi benedica, ch'io sono e sarò eternamente Suo amorosissimo figlio Giacomo.

CCXCII · AD ANTONIO RANIERI, NAPOLI

Firenze 11 Dicembre 1832

Ranieri mio. Io credeva appena a' miei occhi leggendo la tua, dei 6.[1] Tanta vigliaccheria in animo umano e muliebre non è né sarà mai credibile se non dopo il fatto, come in questo caso. Sento ch'è affatto inutile ch'io tenti d'esprimerti la mia compassione, perché qualunque più viva parola sarebbe infinitamente inferiore al vero.

Vorrei poterti consolare da vicino, vorrei che questa cosa non si opponesse alla congiunzione, da noi tanto meditata e desiderata, dei nostri destini. Ranieri mio, tu non mi abbandonerai però mai, né ti raffredderai nell'amarmi. Io non voglio che tu ti sacrifichi per me, anzi desidero ardentemente che tu provegga prima di ogni cosa al tuo benessere; ma qualunque partito tu pigli, tu disporrai le cose in modo che noi viviamo l'uno per l'altro, o almeno io per te, solo ed ultima mia speranza.

Addio, anima mia. Ti stringo al mio cuore, che in ogni evento possibile e non possibile, sarà eternamente tuo.

1 In cui Ranieri probabilmente descriveva la rottura tra lui e la Pelzet. Ranieri era stato costretto a ritornare in famiglia a Napoli.

[*Firenze*] *25 Dicembre* [*1832*]

Ranieri mio caro. Crederai tu che le tue de' 15, 18, e 20 mi giungono tutte insieme oggi? di modo che dopo la nuova della tua malattia datami dalla tua pietosa sorella,[1] sono stato una settimana senza tue notizie? Non ti dico altro, non ti dico neppure *immagina*. Chi può immaginare al mondo la qualità di questa settimana di morte? Oh Ranieri mio, Ranieri mio, un troppo gran bene, com'è la tua amicizia, deve costare straordinarii dolori. Ed ora tremo che tu non ti abbi cura bastante, e ti dia troppa fretta a partire, in questa stagione fredda. Vedi, Ranieri mio, poiché noi dobbiamo ricongiungerci in eterno, volendo io poi seguirti in qualunque parte di questo o dell'altro mondo, vedi di non impedir tanto bene colla precipitazione. Ringrazia infinite volte la tua pietosa sorella dell'angelica bontà che l'ha mossa a scrivermi le tue nuove: a lei raccomando di non lasciarti partire se non bene ristabilito. Addio, mio solo e non compensabile tesoro, addio senza fine. Non ho veduta la Pelzet e non la vedrò, credo; non essendo verisimile ch'ella venga a trovarmi.

1 Enrichetta Ranieri Ferrigni.

CCXCIV · AD ANTONIO RANIERI, NAPOLI

[*Firenze*] *5 Gennaio* [*1833*]
Ranieri mio caro. Quanto mai m'addolora la tua dell'1. Oh
Dio mio! Ma di me non temer mai nulla: io non corro pericoli,
e se anche ammalassi, niente si conchiuderebbe, perché la vita
che ho, non è tanta, che abbia la forza di ammazzarmi. Cara-
melli[1] ride di questo mio detto ma l'approva per verissimo. Povero Ranieri mio! se gli uomini ti deridono per mia cagione,
mi consola almeno che certamente deridono per tua cagione
anche me, che sempre a tuo riguardo mi sono mostrato e mo-
strerò più che bambino. Il mondo ride sempre di quelle cose
che, se non ridesse, sarebbe costretto di ammirare; e biasima
sempre, come la volpe, quelle che invidia. Oh Ranieri mio!
quando ti ricupererò? finché non avrò ottenuto questo immenso bene, starò tremando che la cosa non possa esser vera. Addio, anima mia, con tutte le forze del mio spirito. Addio infinite volte. Non ti stancare di amarmi.

1 Il medico di Leopardi.

[Firenze] 8 *Gennaio* [1833]

Ranieri mio caro. Io t'ho sempre immancabilmente scritto, e la colpa della tua inquietudine, che mi fa un'infinita compassione, non è mia, ma della sorte, che si prende giuoco degli infelici. Non mi dispiace che tu rivegga la Pelzet, perché mi fido della tua virilità che non ti sia pericoloso il rivedere quest'oggetto infausto, non mai stato degno di te ed ora divenuto indegnissimo. Il mio timore è che non ti noccia il mutar clima in peggio, nella peggiore stagione dell'anno. Fa tu, ma non arrischiar troppo la salute: te ne prego quantunque ogni giorno che passo senza te, mi si faccia sempre più insopportabile. Addio, anima mia. Ti stringo al cuore e ti bacio mille volte. Addio con tutta l'anima.

CCXCVI · AD ANTONIO RANIERI, NAPOLI

[*Firenze*] *29 Gennaio* [*1833*]

Ranieri mio. Pensa, mi dici, che presto dobbiamo riunirci per sempre. Ben sai che questo pensiero è il mio pane quotidiano. *E questo solo ancor qui mi mantene*[1]. La Fanny è più che mai tua, e ti saluta sempre. Sai che Carlino[2] partì per New-York? Ella ha preso a farmi di gran carezze, perch'io la serva presso di te: al che *sum paratus*. Addio, anima mia cara, mille volte.

1 V. 33 della canzone *Che debb'io far? che mi consigli Amore?*, Petrarca, *Rime*, CCLXVIII.
2 «Carlo Torrigiani, che per qualche tempo era stato l'amante ‹officiale› della Fanny» (nota Moroncini).

[Firenze] 5 *Febbraio* [1833]

Ranieri mio. Non hai bisogno ch'io ti dica che dovunque e in qualunque modo tu vorrai, io sarò teco. Considera bene e freddamente le tue proprie convenienze, ma senza entusiasmo: dico senza troppo entusiasmo: e poi risolviti. La mia risoluzione è presa già da gran tempo: quella di non dividermi mai più da te. Addio.

CCXCVIII · AD ANTONIO RANIERI, NAPOLI

Firenze 9 Marzo 1833

Credimi, Ranieri mio, che questo nulla che io scrivo è più che il *maximum* del mio potere. Mio padre e i fratelli mi scrivono piangendo per non avere risposta né nuove mie da 3 mesi, e io non leggo intere le loro lettere. Tutto il giorno ti chiamo.

[Firenze] 13 Aprile [1833]

Ranieri mio. Indirizzo anche questa a Roma senza sapere se fo bene, perché ancora non ho la tua d'oggi. Dio mi conceda di rivederti prima ch'io muoia; che ormai mi pare appena probabile, non per tua colpa certamente. Addio, ὦ πολὺ ἐπιχχλούμενε,[2] addio con tutto il mio cuore.

1 Ranieri era a Roma, sulla via del ritorno a Firenze.
2 «O molto invocato.»

CCC · A PAOLINA LEOPARDI, RECANATI[1]

[*Firenze*] 6 *Maggio* [1833]

Pilla mia cara. Una mia di *due* righe, sventuratamente equivoche, ad un mio amicissimo a Roma,[2] il quale corse qua col corriere, ha cagionato a voi altri quel che sapete, ed a me l'indicibile dolore di sentir la tua a Vieusseux. Care mie anime, vede Iddio ch'io non posso, non posso scrivere: ma siate tranquillissimi: io non posso morire: la mia macchina (così dice anche il mio eccellente medico) non ha vita bastante a concepire una malattia mortale. Vi lascio per forza, abbracciando tutti con immensa tenerezza.

Dammi subito le nuove di tutti per mia quiete. — Sii anche *certissima* che in ogni caso grave non vi mancheranno mai amichevoli informazioni *di qua*.

1 La lettera precedente, mostrata da Ranieri ai parenti dei Leopardi a Roma, aveva provocato una lettera allarmata di Antici a Monaldo. Paolina aveva scritto a Vieusseux chiedendo disperatamente notizie di Giacomo.
2 Antonio Ranieri.

Firenze 1° Settembre 1833

Mio caro Papà. Alla mia salute, che non fu mai così rovinata come ora, avendomi i medici consigliato come sommo rimedio l'aria di Napoli, un mio amicissimo[1] che parte a quella volta ha tanto insistito per condurmi seco nel suo legno ch'io non ho saputo resistere e parto con lui domani. Provo un grandissimo dolore nell'allontanarmi maggiormente da lei; ed era mia intenzione di venire a passare questo inverno a Recanati. Ma sento pur troppo che quell'aria, che mi è stata sempre dannosa, ora mi sarebbe dannosissima; e d'altra parte la malattia de' miei occhi è troppo seria per confidarla ai medici ed agli speziali di costì. Avrei voluto almeno, allungando la strada, passare per Recanati. Ma ciò non era compatibile col profittare della bellissima occasione che mi si è presentata. Passato qualche mese a Napoli, se ne ritrarrò quel miglioramento che ne spero, avrò finalmente l'incredibile piacere di riabbracciarla. Da Roma, dove sarò domenica sera Le darò di nuovo le mie notizie. Sono costretto a servirmi della mano altrui, perché quelle poche ore della mattina, nelle quali con grandissimo stento potrei pure scrivere qualche riga, le spendo necessariamente a medicarmi gli occhi.

Mi benedica mio caro Papà; le bacio la mano con tutta l'anima.

---

1 Antonio Ranieri, che scrisse questa lettera sotto dettatura.

CCCII · A MONALDO LEOPARDI, RECANATI

Napoli 5 Ottobre 1833

Caro Papà. Giunsi qua felicemente cioè senza danno e senza disgrazie. La mia salute del resto non è gran cosa e gli occhi sono sempre nel medesimo stato. Pure la dolcezza del clima la bellezza della città e l'indole amabile e benevola degli abitanti mi riescono assai piacevoli. Trovo qui la sua carissima del 10 Settembre.[1] La falsa notizia data dai fogli di Francia[2] nacque dall'aver confuso me con altra persona che porta il mio cognome. Circa i miei principii non le dirò altro se non che se i tempi presenti avessero alcuna forza sopra di loro non potrebbero altro che confermarli.[3] Iddio mi conceda di assicurarnela a voce. Il suo Giacomo.

1 Lettera perduta come tutte quelle inviate dai famigliari a Napoli, dove Leopardi e Ranieri erano arrivati il 2 ottobre.
2 A causa di un'omonimia, i giornali francesi avevano diffuso la notizia del suo arresto per ragioni politiche.
3 «Monaldo cercava con ogni mezzo, a cominciare dalla persuasione, di far recedere Giacomo dalle sue idee ‹giacobine›. Aveva a questo fine cercato di farlo avvicinare a Firenze da un padre scolopio, Stanislao Gatteschi, ma la cosa non ebbe seguito» (nota Solmi).

1834-1835-1836-1837

CCCIII · DI ADELAIDE MAESTRI[1]

Parma 13 Marzo 1834

Mio caro Leopardi. Provo infinita pena dovendovi recare una dolorosa notizia. È stato arrestato l'ottimo Giordani pochi giorni sono in questa città, con grande afflizione di tutti.[2] [...]

Io mi trovava combattuta dal bisogno di scrivervi, pel desiderio che ho vivissimo d'avere vostre notizie, e quello di risparmiarvi una pena non lieve, ma ho vinto questi riguardi anche pel timore che tale nuova potesse giungervi priva d'ogni conforto. Quando mai avrò vostre lettere? dopo tutte le belle promesse che faceste a Ferdinando di scrivermi, ve ne siete fuggito a Napoli senza dirmene una parola. [...]

1 Testo integrale in *Epistolario*, ed. Moroncini, VI, pp. 263-64.
2 La polizia di Parma, a seguito del sequestro di una lettera di Giordani dove esaltava il recente assassinio del direttore di polizia, lo aveva arrestato accusandolo di essere consenziente al delitto. La sua carcerazione durò tre mesi.

CCCIV · A LUIGI DE SINNER, PARIGI[1]

Napoli 20 Marzo 1834

Mio carissimo ed eccellente amico. [...] Io per molte e fortissime ragioni sono desiderosissimo di venire a terminare i miei giorni a Parigi. La mia salute non mi spaventa più. A Napoli mi sono convinto che il nord ed il mezzogiorno sono per lo meno indifferenti ai miei mali. Le difficoltà stanno nei mezzi; e più nei mezzi di giungere costà che di viverci: perché, giunto una volta, spero che non sarebbe difficile di trovar costà da vivere così economicamente come sapete ch'io vivo in Italia. Credete voi che una nuova collezione di Classici italiani, che io dirigessi illustrassi ec. potrebbe occuparmi utilmente costì? Vi assicuro che nessuna delle intraprese di tal genere fatte finora in Francia è stata affidata ad Italiani capaci di ben guidarla. Potreste voi parlarne a qualche libraio? O conoscereste voi qualche altra intrapresa che potesse costì essermi più propria e più utile? In qualunque caso, potreste voi nella lettera che mi scriverete rispondermi sopra di ciò con un articolo ostensibile, nel quale mi dareste speranza certa che, giunto costà, io avrei tosto dove impiegarmi, nominandomi *circostanziatamente* l'impresa il libraio ec.? Con una tal lettera alla mano credo che mi sarebbe possibile di trovar qui mezzi sufficienti per condurmi a Parigi e viverci i primi mesi. Un fogliolino poi annesso alla vostra lettera mi parlerebbe del vero stato delle cose con piena sincerità. — Nei lavori ch'io intraprendessi avrei l'efficace aiuto del mio amicissimo *Ranieri*, a cui detto la presente, il quale ha congiunto coi miei i suoi destini. Egli vi saluta distintamente. [...]

1 Testo integrale in *Tutte le op.*, cit., I, pp. 1402-1403.

Addio, mio eccellente Amico. Voi comprendete che il desiderio di riabbracciarvi non è dei meno potenti fra i motivi che mi spingono a Parigi. Spero intanto che rispondendomi mi darete le vostre nuove diffusamente. Addio con tutto il cuore. Il vostro Leopardi.

P.S.   Vi prego d'indirizzar la vostra risposta al *signor Antonio Ranieri Tenti, Napoli.* Potete essere sicuro che se farò qualche uso della vostra lettera avrò ben cura di non compromettervi in alcun modo.

Napoli 5 Aprile 1834

Mio caro Papà. Dopo la sua dei 23 dicembre, alla quale risposi subito, io non ho più notizie da casa. Questo silenzio mi conferma il dispiacevole sospetto mossomi, come Le dissi, da un'espressione della sua ultima, che le mie lettere di quà non le giungano.

Il giovamento che mi ha prodotto questo clima è appena sensibile: anche dopo che io sono passato a godere la migliore aria di Napoli abitando in un'altura a vista di tutto il golfo di Portici e del Vesuvio, del quale contemplo ogni giorno il fumo ed ogni notte la lava ardente.[1] I miei occhi sono sotto una cura di sublimato corrosivo. La mia impazienza di rivederla è sempre maggiore, ed io partirò da Napoli il più presto ch'io possa, non ostante che i medici dicano che l'utilità di quest'aria non si può sperimentare che nella buona stagione.

Se Dio permette che questa lettera le giunga, mi consoli subito con le sue nuove. Le bacia la mano con tutta l'anima, e mille volte saluta la Mamma e i fratelli tenerissimamente il suo Giacomo.

1 Leopardi e Ranieri abitavano nel Palazzo Cammarota in Strada Nuova Santa Maria Ogni Bene 35.

Napoli 5 Aprile 1834

Mia cara Adelaide. Da più giorni correva qui voce dell'accaduto al nostro Giordani, ma la certezza della cosa non mi fu recata che dalla vostra lettera. Imaginatevi il mio dolore, e nel tempo stesso la gratitudine che vi ho d'avermi chiarita una cosa, nella quale ben conoscete che il dubitare e l'ignorare le circostanze mi furono di molta pena. Se avete via di fare rappresentare a Giordani il mio dolore e ch'egli abbia i miei saluti, fatelo, ché mi darete una grandissima consolazione.

Io sono guarito di quella malattia degli occhi con la quale mi trovò Ferdinando. Ma sempre ho gli occhi debolissimi, e per questo solo non vi ho scritto prima, ed ora vi scrivo per mano altrui.[1] Sempre ho desiderato di riveder voi ed i vostri; e sempre lo desidero. Ma non so quando mi sarà dato questo contento. L'aria di Napoli mi è di qualche utilità; ma nelle altre cose questo soggiorno non mi conviene molto ... Spero che partiremo di qua in breve, il mio amico ed io. Non so ancora per qual luogo. In caso che mi si desse occasione di passare da Parma, pensate se l'avrò cara! Saluto affettuosamente la mamma, il papà, Ferdinando e la Clelietta,[2] la quale non oso più baciare. Il mio amico risaluta caramente il bravo Ferdinando; e a voi bacia la mano il vostro Leopardi.

Addio, mia cara Adelaide, addio di tutto cuore.

1 *mano altrui*: di Ranieri.
2 *Clelietta*: la figlia dei Maestri.

Napoli 3 Febbraio 1835

Mio caro Papà. Sono stato per due interi mesi in una dolorosa oscurità circa le sue nuove, non vedendo risposta alla mia degli ultimi di Novembre, né sapendo come interpretare a me stesso il suo silenzio, sinché finalmente oggi mi è stata mandata dalla posta la sua carissima dei 4 Dicembre *giunta qui l'11 del med.* Più che l'altre circostanze, un freddo intenso e straordinario cominciato qui ai 10 di decembre e continuato costantemente per un mese, mi ha impedito di pormi in via, com'io sperava di fare, prima del nuovo anno. Ora il mio principale pensiero è di disporre le cose in modo, ch'io possa sradicarmi di qua al più presto; ed Ella viva sicura che quanto prima mi sarà umanamente possibile, io partirò per Recanati, essendo nel fondo dell'anima impazientissimo di rivederla, oltre il bisogno che ho di fuggire da questi Lazzaroni e Pulcinelli nobili e plebei, tutti ladri e b. f. degnissimi di Spagnuoli e di forche. La mia salute, grazie a Dio, continua a migliorare notabilmente; effetto, cred'io, della stagione sana, più che del clima. Mi benedica di nuovo, e riceva infiniti auguri d'ogni maggiore prosperità dal suo amantissimo figlio Giacomo.

Napoli 20 Giugno 1835

Veneratissimo signore ed amico. Sono dieci anni che voi aveste la generosità di mettere a mia disposizione a Bologna, dove io mi trovava, una somma con la quale io potessi fare il viaggio a Roma, che credevate utile ai miei interessi. Io mi trovo ora in una grave e non preveduta angustia, nella quale, per più ragioni, mi è impossibile di ricorrere a mio padre. Ho preso con voi una libertà che non ho e non avrei mai preso con altra persona al mondo: cioè di trarre al vostro indirizzo una cambiale per dodici luigi, i quali vi renderò al più presto che possa, e spero di poter in breve. Non aggiungo discolpe: perdonate il mio ardire, e tenetelo per una delle maggiori prove ch'io potessi mai darvi della stima quasi unica, e del rispetto in cui vi tengo. Avrei voluto evitare di porre il vostro indirizzo sulla cambiale, traendola piuttosto per qualche via indiretta; ma non essendomi sovvenuto per il momento alcun mezzo opportuno a questo effetto, e non conoscendo il nome del vostro banchiere costì, debbo pregarvi a perdonarmi anche questa specie d'inciviltà. Vostro devotissimo obbligatissimo servitore ed amico Giacomo Leopardi.

CCCIX · DI CARLO BUNSEN[1]

Villa Piccol. a Frascati li 5 Luglio 1835

Amico carissimo. Vi ringrazio che avete pensato a me e che avete giudicato bene della costanza dei miei sentimenti verso di voi. Da diversi mesi avevo più sovente dell'ordinario pensato a voi, raggirando i miei pensieri per trovare un mezzo di farvi capitare una mia lettera. La lettura delle vostre opere filosofiche m'aveva ispirate alcune idee che desideravo comunicarvi. Per confessarvelo francamente, non vi ritrovo in molte parti il mio antico *platonico* ma bensì l'osservatore acuto e ipocondriaco dell'ipocrisia degli uomini, della viltà dei caratteri del nostro tempo, dell'abuso che si fa dei nomi eternamente sagri di virtù, di amor patrio, di religione. Vorrei che lasciaste alla vostra nazione una opera filosofica che non si risentisse tanto della vostra malinconia di dover vivere in tali tempi. Alla vista dei vostri cari caratteri mi venne la speranza di sapere dove vi trovaste: ma questa è la sola cosa che in essi desidero, che vi manchi il vostro indirizzo.

È inutile il dirvi che ho onorato con vero piacere la vostra cambiale. Dio vi conservi! [...]

---

1 Testo integrale in *Epistolario*, ed. Moroncini, VI, p. 285.

CCCX · A CARLO BUNSEN, ROMA

Napoli 26 Settembre 1835

Mio caro signore ed amico. Ebbi dal dottor Schulz[1] la pregiatissima vostra dei 5 Luglio: della gentilezza della quale, e della generosità con cui vi compiaceste di estinguere la mia cambiale, vi rendo grazie senza meravigliarmene, come uomo che da gran tempo conosco l'eccellenza del vostro carattere e della vostra virtù. Io sono sempre memore del mio debito, e sempre in isperanza di estinguerlo in breve.

Ho tardato fin qui a replicare alla vostra cordialissima, aspettando di poter farvi omaggio dell'annesso volume,[2] che non si è pubblicato prima di questa settimana. Voi avete ragione che nelle mie prose la malinconia è forse eccessiva e forse anche qualche volta fa velo al mio giudizio. Datene la colpa parte al mio carattere, e parte all'età in cui furono scritte, perché a 26 anni le scrissi, e d'allora in qua, benché ristampate con qualche mia correzione, mai non ho potuto rileggerle interamente fino al giorno d'oggi. La propria mia esperienza m'insegna che il progresso dell'età, fra i tanti cangiamenti che fa nell'uomo, àltera ancora notabilmente il suo sistema di filosofia. Anche nell'annesso volume, se aveste la pazienza di scorrerlo trovereste forse qualche eccesso malinconico, e me ne riprendereste e non a torto.

Io tralasciai nell'ultima mia lettera di farvi le mie congratulazioni sul vostro nuovo titolo di Ministro Plenipotenziario. Adempio oggi, benché tardi, a questo piacevole dovere: ma nel

1 Heinrich Wilhelm Schulz, archeologo e storico dell'arte tedesco che incontrò Leopardi a Napoli, e dopo la sua morte scrisse un saggio sulla sua opera.
2 L'edizione napoletana dei *Canti*, Starita, 1835.

medesimo tempo vi confesso che sono abbastanza egoista per sapermi a fatica risolvere e desiderare che i vostri avanzamenti siano sì rapidi, che l'Italia (come odo che sia più che possibile) debba perdervi in breve. Vi assicuro, togliendo di mezzo ogni ombra di cerimonia, che il pensiero di non più rivedervi mi cagionerebbe un gran dolore. Del resto ho fiducia che in qualunque luogo i vostri nobili destini vi chiameranno, non lascerete di portare qualche rimembranza di me, come certamente nessuna lontananza potrà cancellare in me la memoria vostra.

Il dottor Schulz è ora viaggiando nella provincia occupato nelle sue ricerche storiche. Vi prego dei miei umili ossequi a madama vostra consorte, e dei miei distinti complimenti ai vostri egregi ed amabili bambini. Conservatemi nella vostra benevolenza, e credetemi vostro devotissimo ed affettuoso amico e servitore Giacomo Leopardi.

CCCXI · A LUIGI DE SINNER, PARIGI

Napoli 3 Ottobre 1835

Mio eccellente e carissimo amico. Questa volta il nostro, anzi il mio silenzio ha passato veramente ogni limite. Dopo la vostra amabilissima del Luglio del 1834, io sono stato per molti mesi incertissimo del luogo dove avrei passata la settimana vegnente, e non avrei saputo dove pregarvi d'indirizzare la vostra risposta. Poi, vedutomi stabilito ancora per qualche tempo a Napoli, ora l'imbecillità degli occhi, ora qualche piccolo studio, e finalmente il desiderio di accompagnare la mia lettera col piccolo volume[1] che vi spedisco oggi per la posta, e che non si è pubblicato prima della settimana scorsa, mi hanno ritardato il piacere di trattenermi con Voi per iscritto.

Io sperava di ricevere le vostre nuove e qualcuna delle vostre pubblicazioni recenti da Alessandro Poerio tornato qua nella primavera di quest'anno. Ma egli assorto nella profonda sapienza di un asino italiano, anzi dalmata, chiamato Niccolò Tommaseo,[2] le cui sublimi lezioni lo tennero occupato negli ultimi giorni della sua dimora in Parigi, non ebbe agio di rivedere gli amici, non mi recò di Voi altre nuove, se non che eravate definitivamente ed onorevolmente collocato costì: della qual cosa, se è vera, come spero e credo, sono veramente lieto. Vogliate dunque Voi stesso darmi con particolarità le nuove vostre, parlarmi de' vostri studi, de' vostri disegni, in fine mettermi al corrente della vostra storia, facendo sparire la laguna che il lungo silenzio passato ha posto non nella nostra amicizia, ma nelle nostre relazioni scambievoli.

1 I *Canti* dell'edizione Starita.
2 Il Tommaseo era esule a Parigi.

Io, dopo quasi un anno di soggiorno in Napoli, cominciai finalmente a sentire gli effetti benefici di quest'aria veramente salutifera: ed è cosa incontrastabile ch'io ho ricuperato qui più di quello che forse avrei osato sperare. Nell'inverno passato potei leggere, comporre e scrivere qualche cosa; nella state ho potuto attendere (benché con poco successo quanto alla correzione tipografica) alla stampa del volumetto che vi spedisco; ed ora spero di riprendere ancora in qualche parte gli studi, e condurre ancora innanzi qualche cosa durante l'inverno.

Le difficoltà, che presto conobbi, dell'esecuzione mi fecero rinunziare al pensiero che vi aveva comunicato, e sul quale sì amichevolmente vi tratteneste nella vostra ultima lettera, di scrivere in coteste Riviste.[3] Io sono a Napoli sempre, come io era a Firenze, in un modo precario, ma sempre senza alcuna veduta né alcun disegno positivo di cambiamento. Ranieri, col quale io vivo, e che solo il fulmine di Giove potrebbe dividere dal mio fianco, vi manda per mio mezzo mille complimenti, ed è assai desideroso di conoscere personalmente un uomo del quale mi ode parlare spesso e con maggiore interesse ch'io non soglio facilmente mostrare per alcuno. Chi sa se e quando sarà dato a noi tre di ritrovarci insieme? Intanto, qualunque sia la nostra scambievole lontananza, non mi dimenticate. Sarò contento se serberete di me quella memoria ch'io serbo di Voi. Scrivetemi lungamente, se volete farmi piacere. Datemi nuove letterarie più che potete, e specialmente filologiche. Non leggendo giornali io sono al buio d'ogni cosa. Da me so bene che non aspettate nuove di filologia, perché qual filologia in Italia? È vero che Mai è sul punto di vestire la porpora, e Mezzofanti[4] gli verrà appresso; ma essi ne sono debitori al gesuitismo, e non alla filologia.

Addio, mio rarissimo amico. Avete voi nuove di Gioberti? Addio: amatemi, e credetemi per la vita vostro affettuosissimo amico Leopardi.

---

3 De Sinner aveva prospettato a Leopardi di collaborare a qualche rivista francese ma Leopardi lasciò cadere il suggerimento.
4 Giuseppe Gaspare Mezzofanti (1774-1849), poliglotta, custode della Biblioteca Vaticana.

[*Napoli 4 Dicembre 1835*]

Cara Pilla. Io sapeva che Recanati aveva la strada lastricata, e rifatte le facciate de' Monaci e del palazzo Luciani, ma anche la carta di Bath,[1] e le ostie da suggellare stampate? Si vede che la civiltà fa progressi grandi da per tutto. Tu dici che di un milione di cose vorresti scrivermi, ma intanto sei stata più di un anno senza dirmi nulla. È vero ch'io scrivo poco, ma ne sapete tutti la causa; e tu che puoi scrivere molto, non ti devi mettere in animo di rendermi la pariglia, ma senza contare la mie lettere scrivermi spesso, senza pensare al carlino che mi costerà la lettera tua, perché nessun carlino mi parrà così bene speso. Bacia la mano per me alla Mamma, e salutami Carlo e Pietruccio, il quale so che legge molto, e ancor egli potrebbe di quando in quando ricordarsi del suo fratello maggiore, e dargli le sue nuove. Io, cara Pilla, muoio di malinconia sempre che penso al gran tempo che ho passato senza riveder voi altri; quando mi rivedrai, le tue accuse cesseranno. Se fosse necessario, ti direi che non sono mutato di uno zero verso voi altri, ma tra noi queste cose non si dicono se non per celia, ed io ridendo te le dico. Addio dunque: salutami D. Vincenzo, il curato, e la Marchesa,[2] dalla quale so che continui ad andare le Domeniche. Questa volta, quando ci rivedremo, non mi mancheranno racconti e storie da tenerti contenta per molte settimane la sera. Addio addio. Manda ancora un bacio per me alla Gigina.[3]

1 Pregiata carta inglese.
2 Volunnia Roberti.
3 La figlia di Carlo.

Napoli 19 Febbraio 1836

Mio carissimo Papà. Col solito inesplicabile ritardo, la sua de' 19 Dicembre, benché, per quanto pare, non aperta, non mi è stata renduta dalla posta, che ai primi di questo mese. Ringrazio caramente Lei e la Mamma del dono dei dieci scudi,[1] del quale ho già profittato nel solito modo. Mi è stato molto doloroso di sentire che la legittimità si mostri così poco grata alla sua penna di tanto che essa ha combattuto per la causa di quella.[2] Dico doloroso, non però strano: perché tale è il costume degli uomini di tutti i partiti, e perché i legittimi (mi permetterà di dirlo) non amano troppo che la loro causa si difenda con parole, atteso che il solo confessare che nel globo terrestre vi sia qualcuno che volga in dubbio la plenitudine dei loro diritti, è cosa che eccede di gran lunga la libertà conceduta alle penne dei mortali: oltre che essi molto saviamente preferiscono alle ragioni, a cui, bene o male, si può sempre replicare, gli argomenti del cannone e del carcere duro, ai quali i loro avversarii per ora non hanno che rispondere.

Mi sarebbe carissimo di ricevere la copia che ella mi esibisce completa della *Voce della Ragione*; e se volessi, com'Ella dice, disfarmene, potrei far piacere a molti, essendo il suo nome anche qui in molta stima. Ma non posso pregarla di eseguire la sua buona intenzione, perché l'impresa di ricevere libri esteri a Napoli è disperata, non solo a causa del terribile dazio (3 carlini ogni minimo volume, e 6 se il volume è grosso) il quale è

1 Dono natalizio.
2 Il governo pontificio aveva soppresso, per il suo estremismo, la rivista di Monaldo «La voce della Ragione», fondata nel 1832.

difficilissimo di evitare, ma per le interminabili misure sanitarie³ (ogni stampa estera, che sia legata con filo, sta 50 giorni in lazzaretto) e di revisione, le quali sgomentano ogni animo più risoluto. Più volte mi è stata dimandata la sua Storia evangelica, di cui dovetti disfarmi a Firenze, e il libro sulle usure:⁴ scrivendone a Lei, facilmente avrei potuto procurarmi i volumi, e il soddisfarne i richiedenti mi avrebbe fatto molto piacere: ma ho dovuto indicare alla meglio il modo che dovevano tenere per averli, senza incaricarmi del porto, come di cosa superiore alle forze ordinarie degli uomini. E così alcuni de' libri miei che mi sarebbero bisognati, e che qui non si trovano, non ho neppur pensato a farli venire di costì né d'altronde, considerando il riceverli come cosa vicina all'impossibile.

La mia salute, non ostante la cattiva stagione, è sempre, grazie a Dio, molto sufficiente. Desidero sapere che il medesimo sia stato della loro in quest'anno insigne da per tutto per malattie. Io spero che avrò l'immenso bene di riveder Lei, la Mamma e i fratelli verso la metà di Maggio, contando di partire di qua al principio di quel mese, o agli ultimi di Aprile. Ranieri la riverisce, e colla prima occasione le manderà gli altri quattro fascicoli stampati finora della sua Storia.⁵ Saluto ed abbraccio i fratelli, e bacio la mano alla Mamma ed a Lei, pregando l'uno e l'altra di raccomandarmi caldamente al Signore. La mia gioia in rivederli sarà uguale all'amore mio verso loro, il quale per la lontananza è certamente piuttosto cresciuto, se poteva crescere, che scemato. Mi benedica e mi creda Suo affettuosissimo figlio Giacomo.

3 Per la minaccia del colera.
4 *Istoria evangelica scritta in latino con le sole parole dei sacri Evangelisti, spiegata in italiano e dilucidata con annotazioni*, Pesaro, Nobili, 1832; *La giustizia nei contratti e l'usura*, Modena, Soliani, 1834, di Monaldo Leopardi.
5 *Storia d'Italia dal quinto al nono secolo ovvero da Teodosio a Carlomagno*, Brusselle, Società tipografica, 1841, di Antonio Ranieri.

CCCXIV · AD ADELAIDE MAESTRI, PARMA

Napoli 5 Marzo 1836

Mia cara Adelaide. Benché io speri sempre che voi mi conserviate nella memoria, pure mi è caro assai di averne qualche segno come sono le vostre dei 9 di Settembre e dei 20 di Febbraio, che ricevo congiuntamente. L'ultima ch'io ebbi da Parma fu della Mamma e del Papà, i quali mi promettevano una copia della terza edizione dei *Pensieri*[1] della Mamma. Ma dite loro, vi prego, che io non ho mai ricevuto né questa né quella della seconda edizione, che parimente mi fu promessa, anzi spedita, non so se a Firenze o a Roma. Così da alcune parole della vostra ultima conosco che Giordani non vi ha mentovato, e, come io credo, non ha ricevuto un libro ch'io gli mandai per la posta al principio dell'Ottobre passato.[2] Vedrei di rimandargliene, ma per qual mezzo, se la posta non è buona?

Vi ringrazio molto delle nuove che mi date della salute vostra e de' vostri. Spero che quella del Papà e della Mamma, col favore della stagione temperata, sia risorta, e la vostra convalescenza cangiata in sanità. Io da un anno e mezzo non posso altro che lodarmi della mia salute, ma soprattutto da che, circa un anno fa, sono venuto ad abitare in un luogo di questa città quasi campestre, molto alto, e d'aria asciuttissima, e veramente salubre.[3] Vengo scrivacchiando, non quanto, per mio passatempo, vorrei; perché debbo assistere ad una raccolta che si fa qui delle mie bagattelle: il primo volume della quale (in gran parte, come gli altri, inedito) è quel libro che mandai a Giordani.

1 *Pensieri d'argomento morale e letterario*, Bologna, Tip. dell'Olmo, 1829.
2 I *Canti*.
3 Dal maggio del '35 Leopardi e Ranieri abitavano a Capodimonte.

Pregai già la Mamma di fare a Ferdinando i miei ringraziamenti e parlargli del piacere che mi aveva recato la lettura del suo bell'Elogio.[4] Spero che la Mamma non avrà dimenticato di favorirmi in ciò. Salutatelo carissimamente a mio nome, e fategli anche molti saluti da parte di Ranieri, che lo ringrazia della memoria. È inutile, o piuttosto impossibile ch'io vi dica quante cose desidero che diciate per me al Papà, alla Mamma ed al mio Giordani, alla memoria affettuosa dei quali vi prego di raccomandarmi. Abbracciate anche per me la Clelietta ed Emilio.[5] Siate certi tutti che né il tempo né la lontananza né il silenzio stesso non hanno cangiato né cangeranno d'un punto l'animo mio verso voi da quello che fu quando noi convivevamo, si può dire, insieme. Addio, mia cara Adelaide; vogliatemi bene. Addio di tutto cuore.

4 *Elogio del cav. avv. e prof. D. Francesco Mazza*, Parma, Carmignani, 1834.
5 La figlia e il fratello di Adelaide.

CCCXV · DI CARLO LEBRETON[1]

Parigi 8 Marzo 1836

Monsieur. Je ne vous demanderai aucunement pardon de la liberté que je prends. Certes en me permettant d'écrire ainsi quelques lignes à tout autre personne, je croirais avoir besoin d'excuse, mais vous n'êtes pas seulement pour moi un ami illustre de Monsieur de Sinner, vous êtes le poète de tous les hommes qui sentent, et la bienveillance que me témoigne votre ami m'est une heureuse occasion de vous offrir le faible tribut de mon admiration. [...]

Oh! quand viendra le temps où je pourrai voir en réalité ce rivage, où couché sur le gazon devant la maison paternelle, vous laissiez errer vos regards et vos pensées de jeune homme sur la mer lointaine. Non, je ne descendrai pas au séjour de Gonzalve (et plut à Dieu que j'y descendisse comme lui) sans avoir contemplé la belle aurore qui éclaira les derniers adieux de votre amie, sans voir ce beau soleil d'Italie dont les premiers rayons vous présentaient encore son image. Mais plutôt mille fois être à jamais privé de ce spectacle, ne jamais jouir de ces doux souvenirs, que de vous retrouver sur votre lit de douleur quoique poétique, à la lueur de votre lampe sépulcrale.[2] [...]

1 Testo integrale in *Epistolario*, ed. Moroncini, VI, pp. 316-17. Carlo Lebreton che aveva diciotto anni era l'allievo prediletto di De Sinner.
2 Signore. Non vi chiederò scusa alcuna della libertà che mi prendo. Certo se mi permettessi di scrivere così qualche riga a chiunque altro, crederei di avere bisogno di scuse, ma voi siete per me non solo un illustre amico del signor De Sinner, voi siete il poeta di tutti gli uomini sensibili, e la benevolenza che il vostro amico mi dimostra è per me una fortunata occasione per offrirvi il modesto omaggio della mia ammirazione... Oh, quando verrà il momento in cui potrò vedere realmente questo sito ove sdraiato sull'erba davanti alla casa paterna voi lasciavate errare lo sguardo e i pensieri di giovinetto verso il mare lontano. No, io non scenderò nella dimora di Consalvo (e vo-

562

lesse Dio che io vi discendessi come lui) senza avere contemplato la bella aurora che ha illuminato l'ultimo addio della vostra amica, senza vedere il bel sole d'Italia i cui primi raggi ancora vi offrivano la sua immagine. Ma mille volte meglio essere per sempre privato di questo spettacolo, giammai gioire di questi dolci ricordi, che ritrovarvi sul letto di dolore, ancorché poetico, alla fioca luce della lampada sepolcrale.

Napoli di Casa a' 18 di Marzo 1836

Ornatissimo Signor Conte. Il recatore di questo mio biglietto è un mio alunno, il quale viene a Lei per profferirle una poesia di un suo amico. Io la prego di doverlo accogliere colla solita sua cortesia, e dirgli alla libera il suo parere intorno a' versi che le arreca.

Non occorrendomi altro a questa volta, la prego di star sana, e me le proffero di cuore Suo ob.mo Servo ed Amico.

1 Per Basilio Puoti cfr. *Nota sui corrispondenti*, p. 583.

CCCXVII · A CARLO LEBRETON, PARIGI

[*Napoli fine Giugno 1836*]

Non, Monsieur, si je cherchais des suffrages, le vôtre ne me serait pas du tout indifférent; c'est pour des âmes telles que la vôtre, pour des cœurs tendres et sensibles comme celui qui a dicté votre aimable lettre, que les poètes écrivent, et que j'aurais écrit moi si j'avais été poète.

Mon excellent ami, M. de Sinner m'a peint à vos yeux avec des couleurs trop favorables, il m'a prêté bien des ornemens; prenez garde là-dessus de ne l'en pas croire sur la parole; son amitié pour moi vous conduirait trop loin de la vérité. Dites-lui, je vous prie, que malgré le titre magnifique d'*opere* que mon libraire¹ a cru devoir donner à son recueil, je n'ai jamais fait d'ouvrage, j'ai fait seulement des essais en comptant toujours préluder, mais ma carrière n'est pas allée plus loin. Quoique ne méritant pas les autres sentimens que vous avez la bonté de me témoigner, j'accepte avec reconnaissance votre amitié, et si je vis encore quand vous viendrez en Italie, ce sera pour moi une véritable joie de vous embrasser, et un véritable plaisir d'interroger votre imagination jeune et vive sur les impressions que lui aura fait éprouver cette terre de souvenirs. G. Leopardi.

Soyez sûr, Monsieur, qu'il n'y a d'autre convenance à garder avec moi, que de dire ce que l'on sent.²

1 Saverio Starita, editore delle *Opere*, interrotte dalla censura al secondo volume.
2 No, caro signore, se cercassi un qualche consenso, il vostro non mi sarebbe affatto indifferente; i poeti scrivono proprio per anime come la vostra, per cuori teneri e sensibili come quello che ha dettato la vostra lettera così amabile e che anch'io, se solo fossi stato un poeta, avrei potuto scrivere. Amico mio devoto, il Signor De Sinner mi ha dipinto ai vostri occhi in maniera troppo benevola, facendomi bello oltre misura; badate di non prenderlo in parola; quell'amicizia che egli ha per me vi porterebbe troppo lon-

tano dalla verità. Ditegli, ve ne prego, che nonostante il titolo pomposo di *opere* [in italiano e in corsivo nel testo] che il mio editore ha creduto di dare alla raccolta da lui curata, io non ho creato mai nessuna opera, ma solamente ne ho abbozzato alcuni saggi sperando sempre che ne fossero il preludio, ma la mia carriera non è andata oltre. Pur non meritando gli altri sentimenti che avete la bontà di manifestarmi, accetto la vostra amicizia con riconoscenza, e se quando verrete in Italia sarò ancora in vita, grande gioia per me sarebbe potervi abbracciare, e un vero piacere interrogare una mente così giovane e vivace circa le impressioni che le avrà suscitato questa terra di ricordi. G. Leopardi. Siate certo, caro Signore, che la sola regola a cui dovete attenervi con me, è quella di dire sempre ciò che provate. (*Traduzione di Andrea Zanzotto*).

Napoli 25 Ottobre 1836

Mio caro Zio. Nella terribile circostanza della peste, che da otto giorni fa stragi lacrimevoli in questa città, mi sono valuto oggi sopra di lei, se pure sarà possibile di scontare la tratta, per la somma di colonnati quarantuno a vista: e do conto a mio padre di questo incomodo, che può facilmente essere l'ultimo ch'io reco alla mia famiglia. La prego a favorirmi con la solita bontà, e di tutto cuore mi ripeto suo affezionatissimo nepote.

CCCXIX · A MONALDO LEOPARDI, RECANATI[1]

Di villa 30 Ottobre 1836

Mio caro Papà. Non replicai alla carissima sua di Marzo, perché vergognandomi io stesso delle mie lunghe tardanze (benché Dio sappia quanto innocente) era risoluto di non iscriverle se non già partito o sul punto di partire per Recanati. Ma tristi necessità, delle quali non potrò mai informarla senza scrivere un volume intero, mi hanno trattenuto di giorno in giorno fino alla più trista di tutte, ch'è il choléra, scoppiato prima, com'Ella saprà, nelle provincie del Regno, e poi nella capitale. Non leggendo io i giornali, i miei amici mi avevano tenuto diligentemente celato il choléra di Ancona. Se lo avessi saputo, credo che nessuna forza avrebbe potuto impedirmi di non venire, anche a piedi, a dividere il loro pericolo. Ora per le notizie che ho potuto raccogliere, mi pare che coteste parti sieno libere, sebbene io non sono tranquillo né anche sopra di ciò; ma qui nessuno pensa più all'estero, stante la confusione che produce il choléra in una città così immensa e popolosa come Napoli. Io fortunatamente aveva potuto prima dello scoppio ritirarmi in campagna, dove vivo in un'aria eccellente, e in buona compagnia, distante da Napoli quasi 12 miglia. Sicché Ella stia riposatissima sul conto mio, perch'io uso tali cautele in qualunque genere, che, secondo ogni discorso umano, prima di me dovranno morire tutti gli altri. Ma dovendo in tali circostanze tutto farsi a forza di danari, essendo smisuratamente accresciuti i prezzi d'ogni cosa, ognuno tenendo il suo danaro chiuso, e parendo imminente una stretta, in cui non sia neppur

1 Dall'aprile Leopardi e Ranieri, per la minaccia del colera, si erano trasferiti a Torre del Greco.

possibile di trarre più sopra l'estero, fui costretto ai 25 di questo, contro ogni mia precedente aspettativa e disposizione, di valermi straordinariamente sopra lo Zio Carlo per la somma di 41 colonnati, con una tratta che solo per favore singolarissimo potei negoziare. M'inginocchio innanzi a Lei ed alla Mamma per pregarli di condonare al frangente nel quale si trova insieme con me un mezzo milione d'uomini, quest'incomodo che con estremissima ripugnanza io reco loro. La mia salute, grazie a Dio, fuorché negli occhi, è ottima in tutto. Se Dio mi dà vita, e se la peste non ci tiene ancora chiusi per lungo tempo, certissimamente io le ribacerò la mano prima di ciò che Ella forse, dopo tante speranze che intorno a questo io ho vanamente nutrite, non istarà aspettando. Mi benedica e mi raccomandi al Signore Ella e la Mamma, e se può tranquillarmi circa lo stato di cotesti luoghi, mi dia tanta consolazione. Abbraccio i fratelli, e assicurandola di nuovo che la mia posizione qui è poco meno che fuori di pericolo, con effusione di cuore mi dico Suo affettuosissimo figlio Giacomo.

[Napoli] Di villa 11 Dicembre 1836

Mio caro Papà. Io non sapeva come interpretare l'assoluta mancanza di ogni riscontro di costà, in cui sono vissuto fino a oggi che dalla posta mi vengono 7 lettere, tra le quali le sue care dei 22 Ottobre e dei 10 Novembre, e che coi miei infelicissimi occhi *incomincio* la presente. La confusione causata dal choléra, e la morte di 3 impiegati alla posta, potranno *forse* spiegarle questo ritardo. Rendo grazie senza fine a Lei ed alla Mamma della carità usatami dei 41 colonnati. Il tuono delle sue lettere alquanto secco, è giustissimo in chi fatalmente non può conoscere il vero mio stato, perch'io non ho avuto mai occhi da scrivere una lettera che non si può dettare, e che non può non essere infinita; e perché certe cose non si debbono scrivere ma dire solo a voce. Ella crede certo ch'io abbia passati fra le rose questi 7 anni, ch'io ho passati fra i giunchi marini. Quando la Mamma conoscerà che il trarre per una sovvenzione straordinaria *non può* accadermi e non mi è accaduto se non quando il bisogno è arrivato all'articolo *pane*; quando saprà che nessuno di loro si è mai trovato in sua vita, né, grazie a Dio, si troverà in angustie della terribile natura di quelle in cui mi sono trovato io *molte volte* senza *nessuna* mia colpa; quando vedrà in che panni io le tornerò davanti, e saprà ancora che il rifiuto di una cambiale significa protesto, e il protesto di una mia cambiale, non potendo io ripagare l'equivalente somma, significa pronto arresto mio personale; forse proverà qualche dispiacere dell'ostile divieto che lo Zio Antici mi annunzia in una dei 6 Nov. che mi giunge insieme colle due sue.[1]

1 Lo zio Antici comunque pagò la cambiale.

Mi è stato di gran consolazione vedere che la peste, chiamata per la gentilezza del secolo choléra, ha fatto poca impressione costì. Qui, lasciando il rimanente della trista storia, che gli occhi non mi consentono di narrare, dopo più di 50 giorni (dico a Napoli) la malattia pareva quasi cessata; ma in questi ultimi giorni la mortalità è rialzata di nuovo. Io ho notabilmente sofferto nella salute dall'umidità di questo casino nella cattiva stagione; né posso tornare a Napoli, perché chiunque v'arriva dopo una lunga assenza, è immancabilmente vittima della peste; la quale del rimanente ha guadagnato anche la campagna, e nelle mie vicinanze ne sono morte più persone.

Mio caro Papà, se Iddio mi concede di rivederla, Ella e la Mamma e i fratelli conosceranno che in questi sette anni io non ho demeritata una menoma particella del bene che mi hanno voluto innanzi, salvo se le infelicità non iscemano l'amore nei genitori e nei fratelli, come l'estinguono in tutti gli altri uomini. Se morrò prima, la mia giustificazione sarà affidata alla Provvidenza.

Iddio conceda a tutti loro nelle prossime feste quell'allegrezza che io difficilmente proverò. La prego di cuore a benedire il suo affezionatissimo figlio Giacomo.

Le ultime nuove di Napoli e contorni sul choléra, oggi 15 sono buone.

Di campagna 22 Dicembre 1836

Mio carissimo ed ottimo amico. Questa lettera sarà molto arida e digiuna, e servirà solo a mostrarvi ch'io sono ancora in vita, ma non potrà soddisfare ad alcuna delle vostre domande, perch'io mi trovo in campagna, non tanto per timore del choléra, quanto perché trovandomivi già quando tale malattia scoppiò in Napoli, che fu il 18 Ottobre, feci quello che fecero gli altri nel caso mio, cioè di restare dove si trovavano. Il choléra è ora a Napoli in declinazione, ma non punto cessato. Quando ciò sarà, io tornato a Napoli, potrò rispondere alle vostre questioni filologiche, ad una delle quali, cioè a quella che riguarda la *Storia* d'Eunapio,[2] credo di potere fino da ora rispondere negativamente. Né posso anche parlarvi dei vostri libri, dei quali vi ringrazio senza fine, e che sono impazientissimo di vedere: perché tutto quello ch'io potei sapere della vostra spedizione di Maggio prima ch'io partissi per la campagna ai 20 di Agosto, fu che il vostro pacco si trovava a Marsiglia in luogo sicuro. Le precauzioni sanitarie rendono ora difficilissimo a Napoli di ricevere oggetti dall'estero, ma queste finiranno presto, e Voi non lasciate perciò di mandarmi tutto ciò che mi avete destinato, che appena giunto che sarò in Napoli, io farò tutte le diligenze necessarie per riscuotere esattamente ciascuna delle vostre spedizioni. Voi avete molto pubblicato, del che mi rallegro. Non mi dite se l'edizione del *Crisostomo*[3] si

1 Testo integrale in *Tutte le op.*, cit., I, p. 1415.
2 De Sinner gli aveva chiesto se esisteva una copia di quest'opera nelle biblioteche napoletane.
3 Il De Sinner aveva intrapresa un'edizione di Giovanni Crisostomo (347-407).

continua, come credo; né a qual termine l'avete condotta; né se dopo il *Crisostomo* darete qualche altro *Padre*, come mi scriveste altra volta. Vi sono gratissimo dell'intenzione che avete d'indirizzarmi qualcuna delle vostre pubblicazioni: questo mi sarà un nuovo segno della vostra affezione, del quale io avrò luogo, non solo di rallegrarmi, ma d'insuperbire.

Avete voi nuove di Gioberti?[4] Ha egli mai ricevuta una mia di più mesi addietro? Borelli di Parma, che vidi a Napoli nel Giugno passato, mi disse di avere da gran tempo una lettera di Gioberti per me, la quale non ho mai potuta ricuperare dalle sue mani. Se scrivete a Gioberti, vi prego di dirgli tutto questo, salutandolo da mia parte assai caramente. Salutatemi anche il vostro buono e bravo alunno M. Lebreton, e ringraziatelo della sua lettera. Anche vi prego de' miei complimenti a M. Bothe,[5] di cui con molto interesse vedrò l'*Omero*.

L'edizione delle mie *Opere* è sospesa, e più probabilmente abolita, dal secondo volume in qua, il quale ancora non si è potuto vendere a Napoli pubblicamente, non avendo ottenuto il *publicetur*. La mia filosofia è dispiaciuta ai preti, i quali e qui ed in tutto il mondo, sotto un nome o sotto un altro, possono ancora e potranno eternamente tutto. Se volete ch'io vi spedisca per la posta un altro esemplare del 2° vol. per completare il numero 5, non avete che a scrivermelo.

Addio, mio eccellente amico. Io provo un intenso e vivissimo desiderio di riabbracciarvi, ma questo come e dove sarà soddisfatto? Temo assai che solamente κατ᾽ ἀσφοδελὸν λειμῶνα.[6] Ranieri vi riverisce e vi saluta quanto più può. Parlatemi dei vostri studi, ed amatemi sempre. Addio di tutto cuore. Vostro intero amico G. Leopardi.

Credete voi che mandando costì un esemplare delle mie o poesie o prose, con molte correzioni ed aggiunte inedite, ovvero un libro del tutto inedito,[7] si troverebbe un libraio (come

4 Esule a Bruxelles.
5 Nella sua edizione dell'*Odissea* (Lipsia 1835) il Bothe aveva pubblicato il *Discorso sopra la Batracomiomachia* di Leopardi.
6 «Sul prato d'asfodelo» (nell'al di là), Omero, *Odissea*, XI, 539.
7 I *Pensieri* o i *Paralipomeni della Batracomiomachia*.

Baudry o altri) che *senza alcun mio compenso pecuniario* ne desse un'edizione a suo conto? Io credo di no; e quella pazza bestia di Tommaseo, che disprezzato in Italia, si fa tenere un grand'uomo a Parigi, e che è nemico mio personale, si prenderebbe la pena di dissuadere qualunque libraio da tale impresa.

Scusate l'infame carta: egli è quello che si può avere alle falde del Vesuvio, dove io vivo da quattro mesi. [...]

Napoli 9 Marzo 1837

Mio caro Papà. Non ho mai ricevuto riscontro a una lunga mia di Decembre passato, né so con chi dolermi di questo, perché la nostra posta è ancora in tale stato, che potrebbe benissimo trovarvisi da qualche mese una sua lettera per me, e non essermi stata mai data. Io, grazie a Dio, sono salvo dal choléra, ma a gran costo. Dopo aver passato in campagna più mesi tra incredibili agonie, correndo ciascun giorno sei pericoli di vita ben contati, imminenti, e realizzabili d'ora in ora; e dopo aver sofferto un freddo tale, che mai nessun altro inverno, se non quello di Bologna, io aveva provato il simile; la mia povera macchina, con dieci anni di più che a Bologna, non poté resistere, e fino dal principio di Decembre, quando la peste cominciava a declinare, il ginocchio colla gamba diritta, mi diventò grosso il doppio dell'altro, facendosi di un colore spaventevole. Né si potevano consultar medici, perché una visita di medico in quella campagna lontana non poteva costar meno di 15 ducati. Così mi portai questo male fino alla metà di Febbraio, nel qual tempo, per l'eccessivo rigore della stagione, benché non uscissi punto di casa, ammalai di un attacco di petto con febbre, pure senza potere consultar nessuno. Passata la febbre da sé, tornai in città, dove subito mi riposi in letto, come convalescente, quale sono, si può dire, ancora, non avendo da quel giorno, a causa dell'orrenda stagione, potuto mai uscir di casa per ricuperare le forze coll'aria e col moto. Nondimeno la bontà e il tepore dell'abitazione mi fanno sempre più riavere; e il ginocchio e la gamba sì per la stessa ragione, sì per il letto, e sì per lo sfogo che l'umore ha avuto da altra parte, sono disenfiate in modo, che me ne trovo quasi guarito.

575

Intanto le comunicazioni col nostro Stato non sono riaperte; e fino a questi ultimi giorni ho saputo dalla Nunziatura che nessuna probabilità v'era che si riaprissero per ora. Ed è cosa naturale; perché il choléra oltre che è attualmente in vigore in più altre parti del regno, non è mai cessato neppure a Napoli, essendovi ogni giorno, o quasi ogni giorno, de' casi, che il governo cerca di nascondere. Anzi in questi ultimi giorni tali casi paiono moltiplicati, e più e più medici predicono il ritorno del contagio in primavera o in estate, ritorno che anche a me pare assai naturale, perché la malattia non ha avuto lo sfogo ordinario, forse a causa della stagione fredda. Questo incomodissimo impedimento paralizza qualunque mia risoluzione, e di più mi mette nella dura ma necessarissima necessità di fermar la casa qui *per un anno*: necessità della quale chi non è stato a Napoli non si persuaderà facilmente. Qui quartieri ammobigliati *a mese* non si trovano, come da per tutto, perché non sono d'uso, salvo a prezzi enormi, e in famiglie per lo più di ladri. Io il primo mese dopo arrivato pagai 15 ducati, e il secondo 22, e a causa della mia cassetta fui assalito di notte nella mia stanza da persone, che certamente erano quei di casa.[1] Quartieri smobigliati non si trovano a prendere in affitto se non ad anno. L'anno comincia sempre e finisce nel 4 di maggio, ma la disdetta si dà ai 4 di gennaio; e nei 4 mesi che corrono tra queste due epoche si cercano le case e si fanno i contratti. Ma le case sono qui una merce così estremamente ricercata, che per lo più, passato gennaio, non si trova un solo quartiere abitabile che sia sfittato. Ne segue che un infelice forestiero deve a gennaio sapere e decidersi fermamente di quello che farà a maggio: e se avendo disdetto il quartiere, ed essendo risoluto di partire, lascia avanzar la stagione senza provvedersi; sopraggiungendo poi o un impedimento estrinseco, come questo delle comunicazioni interrotte, o una malattia impreveduta, cosa tanto possibile a chi abbia una salute come la mia, o qualunque altro ostacolo all'andarsene, può star sicuro di dovere il 4 di maggio o accamparsi col suo letto e co' suoi mobili in mezzo alla strada, o andare alla locanda, dove la più fetida stanza, senza luce e senz'a-

1 Secondo il Ranieri questo episodio fu «una strana allucinazione».

576

ria, costa al meno possibile dodici ducati al mese, senza il servizio, che è prestato dalla più infame canaglia del mondo. Io non le racconto queste cose, se non perché Ella mi compatisca un poco dell'esser capitato in un paese pieno di difficoltà e di veri e continui pericoli, perché veramente barbaro, assai più che non si può mai credere da chi non vi è stato, o da chi vi ha passato 15 giorni o un mese vedendo le rarità.

Se questa le giunge, non mi privi, la prego, delle nuove sue, e di quelle della Mamma e dei fratelli, che abbraccio con tutta l'anima, augurando loro ogni maggior consolazione nella prossima Pasqua. Ranieri (una sorella del quale ha avuto il choléra) la riverisce distintamente. Mi benedica e mi creda infelice ma sempre affettuosissimo suo figlio Giacomo.

CCCXXIII · A MONALDO LEOPARDI, RECANATI[1]

Napoli 27 Maggio 1837

Mio carissimo papà. Ella stenterà forse a crederlo, ma la sua carissima de' 21 di marzo, segnata qui con la data del primo di aprile, mi fu mandata dalla posta agli 11 di maggio insieme con altre due lettere segnate dei tre d'aprile. Ricevuta che l'ebbi, sono stato assalito per la prima volta della mia vita da un vero e legittimo asma che m'impedisce il camminare, il giacere e il dormire, e mi trovo costretto a risponderle di mano altrui a causa del mio occhio diritto minacciato di amaurosi o di cateratta. Non so veramente donde l'amico di Fucili[2] potesse avere le buone nuove che recò di me; il quale tornato di campagna malato ai 16 di febbraio, non uscii mai di camera fino ai 15 di marzo, e da quel giorno a questo non sono arrivato ad uscire una quindicina di volte solo per passeggiare senza vedere alcuno.

Ella non creda che qui sia facile il subaffittare un quartino dopo i 4 di maggio, perché la stessa fretta che tutti hanno di provvedersi prima di quel termine, fa che, passato quello, tutti si trovano provveduti, e le case restano senza valore. I forestieri che vengono per pochi mesi non si muovono dalle locande, non potendo andare comperando e rivendendo mobili. Non subaffittando poi il quartino, più che mai difficile sarebbe, non pagando anticipatamente l'intera annata, di partire e soprattutto di estrarre i mobili e il letto, che non sono miei, perché i padroni di casa hanno il diritto non solo di ritenere il mobile, ma d'impedire il passaporto, protetti dalle leggi in ogni maniera e

1 Ultima lettera di Leopardi, di pugno del Ranieri, fu scritta diciotto giorni prima della morte.
2 Natale Fucili, canonico della cattedrale di Recanati.

578

diffidentissimi per la grandezza della città e per la marioleria universale. Tutte queste difficoltà forse si potrebbero appianare finalmente. Ma la difficoltà principale è quella del choléra, ricominciato qui, come si era previsto, ai 13 di aprile, e d'allora in qua cresciuto sempre, benché il governo si sforzi di tenerlo celato. Si teme qui che all'esempio di Marsiglia il secondo choléra sia superiore al primo, il quale anche in Marsiglia cominciò in ottobre; e fatta piccola strage ritornò in aprile. Qui il secondo choléra dovrebb'essere doppio del primo, perché la malattia avesse da Napoli il contingente proporzionato alla popolazione. Le comunicazioni furono aperte per due o tre giorni verso il 20 di aprile; ma risaputosi il ritorno del contagio, i rigori sono raddoppiati. La quarantina non si fa sulla strada di Roma, ma a Rieti, dove si va per la via degli Abruzzi ch'è piena di ladri, e chi volesse toccare Roma o sia diretto a Roma deve da Rieti tornare indietro. Il dispendio dei venti giorni sarebbe gravissimo per le tasse sulle quali nulla si può risparmiare e che sono sempre calcolate a grandi proporzioni, come accade ai poveri viaggiatori, e il pericolo non sarebbe anche piccolo di dover convivere per venti giorni con persone sospette nella camera che la discrezione degli albergatori vi assegnasse. Finalmente il partire a choléra avanzato si disapprova da tutti i periti, essendosi conosciuto per esperienza di tutti i paesi che il cambiamento dell'aria sviluppa la malattia negli individui, e non essendo pochi gli esempi di quelli che partiti sani da un luogo infetto sono morti di choléra arrivando tra le braccia dei loro parenti in un luogo sano. Se scamperò dal choléra e subito che la mia salute lo permetterà, io farò ogni possibile per rivederla in qualunque stagione, perché ancor io mi do fretta, persuaso oramai dai fatti di quello che sempre ho preveduto che il termine prescritto da Dio alla mia vita non sia molto lontano. I miei patimenti fisici giornalieri e incurabili sono arrivati con l'età ad un grado tale che non possono più crescere: spero che superata finalmente la piccola resistenza che oppone loro il moribondo mio corpo, mi condurranno all'eterno riposo che invoco caldamente ogni giorno non per eroismo, ma per il rigore delle pene che provo.

Ringrazio teneramente Lei e la Mamma del dono dei dieci

scudi, bacio le mani ad ambedue loro, abbraccio i fratelli, e prego loro tutti a raccomandarmi a Dio acciocché dopo ch'io gli avrò riveduti una buona e pronta morte ponga fine ai miei mali fisici che non possono guarire altrimenti. Il suo amorosissimo figlio Giacomo.

APPENDICE

ANTICI CARLO (1772-1849)

Nato a Recanati dal marchese Filippo e dalla contessa Teresa Montani di Pesaro. Fratello di Adelaide Antici, fin dall'infanzia fu amico di Monaldo Leopardi col quale ebbe un lungo scambio epistolare e collaborò alla sua rivista «La Voce della Ragione». Studiò al Collegio Reale di Monaco di Baviera e fu a Parigi alla corte di Napoleone dal quale ebbe le insegne di barone dell'Impero e di ciambellano di corte. Visse tra Roma e Recanati. Fu anche autore di traduzioni e di «Discorsi» recitati all'Accademia dei Disuguali Placidi di Recanati.

Lettere ricevute: CXXVIII, CXXXII, CCCXVIII.

Lettere spedite: XXXVIII, CXXIX.

Cfr. *Introduzione*, p. XXII.

BRIGHENTI PIETRO (1775-1848)

Nato a Castelvetro di Modena, si laureò in filosofia e in giurisprudenza. Durante l'epoca napoleonica fu funzionario di polizia in diverse città italiane e nel 1807 a Cesena salvò la vita al Giordani. Dopo la Restaurazione si trasferì a Bologna e si dedicò a imprese musicali, teatrali e all'editoria pubblicando le opere del Monti e del Giordani, e due periodici, «L'Abbreviatore» e «Il Caffè di Petronio».

Lettere ricevute: LVI, LIX, LXI, LXIV, LXVI, LXX, LXXIX, CXIX, CXX, CXCIV.

Lettere spedite: LX, LXII, LXV, LXIX, LXXVII, CXVIII, CXXI.

Cfr. *Introduzione*, p. XLI.

BROGLIO D'AJANO SAVERIO (1749-1834)

Nato a Macerata, amico della famiglia Leopardi. Di idee liberali, umanista, tradusse da Saffo e da Catullo.

Lettera ricevuta: XLVIII.

Cfr. *Introduzione*, p. XXXVIII.

BUNSEN CHRISTIAN KARL JOSIAS von (1791-1860)

Segretario dell'ambasciata prussiana presso la S. Sede, succeduto al Niebuhr nella carica di ambasciatore nel 1823. Storico, archeologo, teologo protestante. Scrisse sulle opere d'arte e le basiliche romane e saggi filosofici con una visione teocentrica della storia. Fondò a Roma l'Ospedale protestante e l'Istituto archeologico. Dopo la sua morte, la vedova Frances Bunsen pubblicò un libro di memorie.

Lettere ricevute: CXLV, CXLVIII, GLIX, CCXLVI, CCLXXVIII, CCCVIII, CCCX.

Lettere spedite: CXLVII, CLVII, CCCIX.

Cfr. *Introduzione*, p. LI.

CARNIANI-MALVEZZI TERESA (1785-1859)
Nata a Firenze, sposò il conte Francesco Malvezzi e visse a Bologna. Poetessa, traduttrice, scrisse il poemetto in versi sciolti *La cacciata del tiranno Gualtieri accaduta in Firenze nel 1343*; tradusse da Cicerone e il *Riccio rapito* di A. Pope.

Lettere ricevute: CLXXXIII, CLXXXV.

Lettere spedite: CLXXV, CLXXVI.

Cfr. *Introduzione*, p. LXVII.

COLLETTA PIETRO (1775-1831)
Generale e storico napoletano, ministro della guerra della Repubblica Partenopea, esule a Firenze dal 1823. Scrisse *Storia del reame di Napoli dal 1734 al 1825* pubblicata postuma nel 1834.

Lettere ricevute: CCXXXIV, CCXXXVII, CCXXXIX, CCXLIII, CCXLVIII, CCLIV.

Lettere spedite: CCXXXVIII, CCXLII, CCXLVII, CCLIII, CCLXII.

Cfr. *Introduzione*, p. LXX.

DE SINNER LOUIS (1801-1860)
Filologo e letterato svizzero. I manoscritti filologici affidatigli da Leopardi nel novembre del '30, furono da lui ceduti nel 1859 alla Biblioteca Palatina e quindi passarono alla Nazionale di Firenze.

Lettere ricevute: CCLXXIII, CCLXXXII, CCLXXXIV, CCCIV, CCCXI, CCCXXI.

Cfr. *Introduzione*, p. LXXXIV.

GIOBERTI VINCENZO (1801-1852)
Filosofo e uomo politico, esule a Parigi e a Bruxelles.

Lettera ricevuta: CCXLI.

GIORDANI PIETRO (1774-1848)
Lettere ricevute: IV, VII, IX, XI, XIV, XVI, XVIII, XX, XXI, XXIII, XXIV, XXV, XXVII, XXVIII, XXIX, XXX, XXXI, XXXII, XXXIV, XXXVI, XXXVII, XL, XLIII, XLIV, XLV, XLIX, LI, LIII, LV, LVII, LVIII, LXIII, LXVIII, LXXI, LXXII, LXXVIII, LXXXI, LXXXII, CI, CX, CXXV, CCXIII, CCXXV, CCLXXXIX.
Lettere spedite: VI, VIII, X, XII, XIII, XV, XVII, XIX, XXII, XXVI, XXXIII, XXXV, XXXIX, L, LII, LXVII, LXXX, CXI, CCLXXXVII.
Cfr. *Introduzione*, p. XXVIII.

JACOPSSEN A.M.
Letterato belga conosciuto da Leopardi a Roma.
Lettera ricevuta: CIX.
Cfr. *Introduzione*, p. LI.

LEBRETON CHARLES
Discepolo del De Sinner al Collegio Reale Enrico IV di Parigi.
Lettera ricevuta: CCCXVII.   Lettera spedita: CCCXV.

LENZONI MEDICI CARLOTTA
Nata Medici, sposò il marchese Lenzoni. Nel suo salotto fiorentino si radunavano i più noti letterati e artisti. Amica dello scultore Pietro Tenerani che per lei eseguì la *Psiche abbandonata*.
Lettera ricevuta: CCLXXI.
Lettera spedita: CCLXVIII.

LEOPARDI ANTICI ADELAIDE (1778-1857)
Madre di Giacomo, scrisse versi e preghiere.
Lettere ricevute: CCLVI, CCXCI.
Lettera spedita: LXXXVII.
Cfr. *Introduzione*, p. XIV.

LEOPARDI CARLO (1799-1878)
Secondogenito di Monaldo, fratello di Giacomo. Nel 1829 sposò la cugina Paolina Mazzagalli; rimasto vedovo si risposò a 60 anni con Teresa Teja. Ebbe impieghi nella magistratura recanatese.
Lettere ricevute: XLVI, LXXXV, XCI, XCIV, XCVIII, CII, CIII, CV, CVII,

CXXXI, CXXXVIII, CXLI, CXLV, CLXII, CLXVII, CLXIX, CCX, CCXII, CCXVI, CCXXVIII, CCXXX, CCLXIX, CCLXXV.

Lettere spedite: LXXXVI, XCIII, XCVI, XCIX, CVI, CXXXIV, CXLIII, CLX, CLXVI, CCXI, CCXXIX.

Cfr. *Introduzione*, p. LV.

LEOPARDI MONALDO (1776-1847)

Padre di Giacomo, autore di scritti di storia recanatese e marchigiana: *Annali monumentali recanatesi* e di polemiche politiche: *Dialoghetti sulle materie correnti nell'anno 1831*, Pesaro, 1831; *Prediche al popolo liberale recitate da don Musoduro* (1832); fondò e diresse un periodico ultrareazionario «La Voce della Ragione» di cui uscirono 90 fascicoli tra il 1832 e il 1835 quando il periodico fu soppresso dalla Curia per il suo estremismo.

Lettere ricevute: II, XLVII, LXXXIII, LXXXVIII, XCII, CVIII, CXXX, CXXXV, CXXXVII, CXXXIX, CLIV, CLVI, CLXI, CLXXIV, CXCVI, CCIII, CCV, CCXV, CCXVII, CCXIX, CCXXVII, CCXXXI, CCLX, CCLXVI, CCLXXIX, CCLXXXIII, CCLXXXV, CCCI, CCCII, CCCV, CCCVII, CCCXIII, CCCXIX, CCCXX, CCCXXII, CCCXXIII.

Lettere spedite: LXXXIV, XCV, XCVII, CXXXVI, CXLVI, CLIII, CLV, CLVIII, CLXXIII, CLXXX, CXCV, CCIV, CCXIV, CCXVIII, CCXXIV, CCLIX.

Cfr. *Introduzione*, p. XIV.

LEOPARDI PAOLINA (1800-1869)

Terzogenita di Monaldo, collaborò alla redazione della rivista «La Voce della Ragione». Nel '48 scrisse la memoria *Monaldo Leopardi e i suoi figli*. Era brutta, gobba, di statura bassa, di carnagione olivastra; era molto intelligente, leggeva molti romanzi e aveva una grande ammirazione per quelli di Stendhal di cui forse tradusse *La vita di Mozart*. Tradusse anche il *Viaggio notturno intorno alla mia camera* del De Maistre. Morì a Pisa per una bronchite.

Lettere ricevute: XC, C, CXLII, CXLIX, CLII, CLXIII, CLXXII, CXCI, CXCVII, CXCVIII, CCVII, CCX, CCXII, CCLV, CCLVIII, CCLXV, CCLXXVII, CCLXXXVIII, CCC, CCCXII.

Lettere spedite: LXXXIX, CIV, CXL, CLXVIII, CLXXVII, CCI, CCXI, CCLXXXI.

Cfr. *Introduzione*, p. XLVII.

LEOPARDI PIERFRANCESCO (1813-1851)
Penultimo figlio di Monaldo. Avviato alla carriera ecclesiastica, la abbandonò per scappare con la figlia di una ex cuoca di casa Leopardi. Nel '39 sposò la contessa Cleofe Ferretti di Ancona. I loro figli assicurarono la discendenza della famiglia Leopardi.
Lettera ricevuta: CLI. Lettera spedita: CL.

MAESTRI TOMMASINI ADELAIDE
Figlia del professore Giacomo e di Antonietta Tommasini, moglie dell'avvocato Ferdinando Maestri. Forse fu l'unica donna che offrì il suo amore a Leopardi.
Lettere ricevute: CCXXI, CCXXXV, CCXLIV, CCCVI, CCCXIV.
Lettera spedita: CCCIII.
Cfr. *Introduzione*, p. LXVII.

MAI ANGELO (1782-1854)
Abate, filologo e paleografo, fu prima bibliotecario dell'Ambrosiana di Milano e dal 1819 primo custode della Vaticana. Fu eletto cardinale nel '38.
Lettera ricevuta: LIV.
Cfr. *Introduzione*, pp. XXVIII, XL.

MELCHIORRI LEOPARDI FERDINANDA (1777-1822)
Unica sorella di Monaldo Leopardi, sposò a 16 anni il marchese Pietro Melchiorri, e andò a vivere a Roma. Ebbe quattro figli tra cui Giuseppe Melchiorri. Mitissima e malinconica, assomigliava a Giacomo nel carattere, nell'aspetto fisico e nel sorriso. Morì pochi mesi prima che Giacomo ottenesse di andare a Roma.
Lettera spedita: LXXIII.
Cfr. *Introduzione*, p. XLIII.

MELCHIORRI GIUSEPPE (1796-1856)
Primogenito del marchese Pietro e di Ferdinanda Leopardi, cugino di Giacomo. Studioso di erudizione storica e archeologica pubblicò una *Guida metodica di Roma* (1834), *Memorie intorno alla disfida di Barletta* (1836). Fu presidente del Museo Capitolino.
Lettere ricevute: CXII, CXVII, CCLXXX.
Lettera spedita: CXVI.

Cfr. *Introduzione*, p. XLIX.

MONTANI GIUSEPPE (1786-1833)

Nato a Cremona, letterato e critico, amico del Giordani. Collaborò al «Conciliatore»; esiliato a Firenze, dal 1824 fu tra i principali collaboratori dell'«Antologia».

Lettera ricevuta: XLII.
Lettera spedita: XLI.

MONTI VINCENZO (1754-1828)

Il poeta italiano più celebre durante la giovinezza di Leopardi. Dopo una iniziale ammirazione, Leopardi lo giudicò «poeta veramente dell'orecchio e dell'immaginazione, del cuore in nessun modo».

Lettera ricevuta: III.
Lettera spedita: V.

PAPADOPOLI ANTONIO (1802-1844)

Nato a Venezia, letterato, «caro e divino amico» per Leopardi, uomo «angelico» per il Monti. Contribuì alla fondazione della stamperia del «Gondoliere».

Lettere ricevute: CXXXIII, CLXXXVIII, CXC, CCIX, CCXXXIII.
Lettere spedite: CLXXXVII, CLXXXIX.
Cfr. *Introduzione*, p. LXI.

PEPOLI CARLO (1796-1881)

Nato a Bologna fu vicepresidente dell'Accademia dei Felsinei. Membro del Comitato provvisorio durante i moti del '31, fu costretto a emigrare a Parigi, Ginevra, Londra dove insegnò letteratura italiana all'University College. Nel '35 scrisse il libretto dei *Puritani* di V. Bellini. Nel '61 fu eletto deputato. Pubblicò quattro volumi di *Miscellanee* in versi e in prosa.

Lettera ricevuta: CLXXXII.
Cfr. *Introduzione*, p. LXVII.

PERTICARI GIULIO (1779-1822)

Nato a Savignano di Romagna, letterato, sposò Costanza figlia del Monti. Scrisse alcuni saggi: *Degli scrittori italiani del Trecento e de' loro imitatori, Dell'amore patrio di Dante e del suo libro intorno il Volgare Eloquio*. Nel 1819 fondò a Roma col Biondi, l'Odescalchi e il Betti, il «Giornale Arcadico».

Lettere ricevute: LXXIV, LXXVI.

Lettera spedita: LXXV.

PUCCINOTTI FRANCESCO (1794-1872)

Nato a Urbino, medico a Recanati, poi docente di clinica e medicina legale all'Università di Macerata. Autore di studi di storia della medicina, di ricerche sulle malattie dei lavoratori delle risaie e sulle malattie nervose.

Lettere ricevute: CLXX, CLXXXVI, CXCII.

PUOTI BASILIO (1782-1847)

Studioso della lingua italiana, tenne a Napoli dal '25 alla morte una scuola puristica di cui furono allievi De Sanctis, Settembrini e altri.

Lettera spedita: CCCXVI.

RANIERI ANTONIO (1806-1888)

Nato a Napoli di famiglia nobile; di idee liberali, in gioventù fece lunghi viaggi in Europa assieme allo storico Carlo Troya, per non compromettere la famiglia a causa delle sue idee politiche. Fu deputato e senatore. Scrisse opere letterarie: *Ginevra o l'orfanella della Nunziata* (1839), *Frate Rocco, Il liuto*; storiche: *Della storia d'Italia dal V al IX secolo ovvero da Teodosio a Carlo Magno* (1841) e *Discorsi circa le cose dell'Italia meridionale*; e il pamphlet *Sette anni di sodalizio con Giacomo Leopardi* (1880).

Lettere ricevute: CCLXIII, CCXC, CCXCII, CCXCIII, CCXCIV, CCXCV, CCXCVI, CCXCVII, CCXCVIII, CCXCIX.

Cfr. *Introduzione*, p. LXXXII.

ROSINI GIOVANNI (1776-1855)

Letterato, professore di eloquenza italiana all'Università di Pisa. Scrisse romanzi storici: *La Monaca di Monza* (1829), *Luisa Strozzi* (1833), *Conte Ugolino della Gherardesca* (1843).

Lettera ricevuta: CCLXIV.

STELLA ANTONIO FORTUNATO (1757-1833)
Nato a Venezia, segretario di Vincenzo Dandolo, provveditore della Dalmazia. Nel 1810 fondò a Milano una tipografia ed ebbe rapporti con Monaldo Leopardi per commissioni di libri, poi con Giacomo per l'edizione di alcune sue opere.
Lettere ricevute: CXXIII, CXXVI, CLXXI, CLXXIX, CLXXXI, CLXXXIV, CXCIII, CCII, CCXXVI.
Lettere spedite: CXXII, CXXIV, CXXVII, CLXXVIII, CXCIX.

TARGIONI TOZZETTI FANNY (1805-1889)
Nata a Firenze dalla famiglia Ronchivecchi, sposò il naturalista Antonio Targioni Tozzetti, professore di botanica e materia medica all'Arcispedale di Santa Maria Nuova.
Lettere ricevute: CCLXXII, CCLXXXVI.
Cfr. *Introduzione*, p. LXXXV.

TOMMASINI ANTONIETTA
Moglie di Giacomo Tommasini, dal 1823 medico onorario dell'arciduchessa Maria Luisa di Parma. Scrisse saggi morali e pedagogici: *Pensieri d'argomento morale e letterario*, *Intorno alla educazione domestica: Considerazioni*.
Lettere ricevute: CCVIII, CCXX, CCXXIII, CCLVII.
Lettera spedita: CCXXII.

TROYA CARLO (1784-1858)
Storico napoletano, amico del Ranieri.
Lettere ricevute: CCLXXIV, CCLXXVI.

VIEUSSEUX GIAMPIETRO (1779-1863)
Mercante e grande organizzatore culturale, fondò a Firenze nel 1819 il «Gabinetto scientifico-letterario» per la lettura di periodici e libri italiani e stranieri. Nel '21 fondò la rivista «Antologia» soppressa nel '33 e quindi il «Giornale agrario», «Guida all'educatore» di R. Lambruschini, e l'«Archivio storico italiano».
Lettere ricevute: CXIII, CXV, CLXV, CCVI, CCXXXII, CCXL, CCXLV, CCL, CCLII, CCLXX.
Lettere spedite: CXIV, CLXIV, CC, CCXXXVI, CCXLIX, CCLI, CCLXVII.
Cfr. *Introduzione*, p. LXX.

Prefazione   V
Introduzione biografica e guida bibliografica   XIV
Note   CIII

LA VITA E LE LETTERE

APPENDICE